Der 1. Brief an die Korinther

Der 1. Brief an die Korinther

Ein Kommentar
von Charles K. Barrett

Herausgegeben von Henry Chadwick

INTERNATIONAL CORRESPONDENCE INSTITUTE
Postfach 23 01 40
D-6100 Darmstadt 23

Die Originalausgabe erschien unter dem Titel „A Commentary on the First Epistle to the Corinthians" in der Reihe „Black's New Testament Commentaries" im Verlag Adam and Charles Black (Publishers) Ltd., 35 Bedford Row, London W. C. 1, England.

Übersetzung aus dem Englischen: Leslie Richford, B. A., 2730 Zeven.
Titelgrafik: Decker Design, 6070 Langen
Gesamtherstellung: ICI, Postfach 230 140, 6100 Darmstadt 23
ISBN: 3-923924-11-9

CIP-Kurztitelaufnahme der Deutschen Bibliothek

Barrett, Charles Kingsley:
Der erste Brief an die Korinther. Ein Kommentar/Charles Kingsley Barrett. – Hrsg. von Henry Chadwick. (Übertragung aus dem Englischen: Leslie Richford). – Darmstadt: International Correspondence Institute, 1985.
(Black's New Testament Commentaries)
Einheitssacht.: A Commentary on the First Epistle to the Corinthians ‹dt.›
ISBN: 3-923924-11-9
NE: Chadwick, Henry [Hrsg.]

Printed in Germany

INHALT

VORWORT

Die Bemerkungen, die ich im Vorwort zu meinem Römerbriefkommentar machte, gelten größtenteils auch hier. Dem Kommentar habe ich eine eigene Übersetzung des griechischen Textes beigefügt. Es war mein Bestreben, die Gedanken des Paulus in heutiger Sprache so genau wie möglich wiederzugeben. Im Text des Kommentars habe ich mich nicht gescheut, zahlreiche griechische Anmerkungen einzufügen, die dem Theologen von Nutzen sein werden; der Laie kann getrost darüber hinweglesen.

Weniger als in meinem Band zum Römerbrief habe ich mich in diesem Kommentar an die Arbeiten meiner Vorgänger angelehnt, obwohl ich aus einigen guten Büchern nicht geringen Nutzen ziehen konnte. An dieser Stelle möchte ich jedoch die Kommentare und Studien erwähnen, deren ich mich zwar bedient habe, die aber weder im Text noch in den Anmerkungen namentlich angeführt werden. Die Kommentare von G. C. Findlay und F. W. Grosheide waren hilfreich. Ausführlich hätte ich ebenfalls aus W. Schmithals, **Die Gnosis in Korinth, eine Untersuchung zu den Korintherbriefen** (FRALNT, NF 48; 1956, 3. Aufl. 1969) und U. Wilckens, **Weisheit und Torheit, eine exegetisch-religionsgeschichtliche Untersuchung zu 1. Kor. 1 und 2** (BHTh 26, 1959) zitieren können; doch habe ich mich in meinem Aufsatz **Christianity at Corinth** (BJRL 46, 1964, 269 ff.) auf diese Arbeiten bezogen. Ich fand es hier zweckmäßiger, aus Barths **Kirchlicher Dogmatik** zu zitieren, welche viele exegetische Untersuchungen zum 1. Korintherbrief enthält, und nicht aus seinem Buch über den 1. Korintherbrief (**Die Auferstehung der Toten,** 1924).

An dieser Stelle möchte ich ebenfalls meinen Dank gegenüber dem Herausgeber dieser Kommentarreihe, Professor Henry Chadwick zum Ausdruck bringen. Er war es, der mich dazu bewegen konnte, die beiden Korintherbriefe zu kommentieren. Seiner Geduld ist es zu verdanken, daß dieser Kommentar zum 1. Korintherbrief jetzt erscheinen kann. Allerdings wird er auf den Kommentar zum 2. Korintherbrief wahrscheinlich noch länger warten müssen, denn es handelt sich hierbei sicherlich um das schwierigste Buch des Neuen Testaments. Und doch möchte ich ohne allzu lange Verzögerung meine Darstellung der Beziehungen des Paulus zu seiner schwierigsten Gemeinde zum Abschluß bringen, soweit dies die Quellen und meine eigene Fähigkeit erlauben. Ich glaube, daß die Kirche unserer Zeit das apostolische Evangelium wieder entdecken muß; dazu braucht sie den Römerbrief. Sie muß aber ebenfalls den Bezug dieses Evangeliums zur Ordnung, zur Disziplin, zur Anbetung und zur Ethik wieder entdecken, und dazu braucht sie den 1. Korintherbrief. Sollte sie in der Tat zu diesen Entdeckungen gelangen, könnte das durchaus zu einem inneren Zerbruch führen, durch den sie dann in die Lage versetzt würde, auch die Botschaft des 2. Korintherbriefs zu verstehen.

Durham, im April 1967. C. K. Barrett

ABKÜRZUNGSVERZEICHNIS

Adam	C. K. Barrett, *From First Adam to Last*, 1962.
Allo	E. B. Allo, *Saint Paul: Première Epître aux Corinthiens (Etudes Bibliques)*, 1956.
Bachmann	P. Bachmann, *Der erste Brief des Paulus an die Korinther*, 4. Aufl., 1936 (Nachträge von E. Stauffer).
Background	C. K. Barrett (e. d.), *The New Testament Background: Selected Documents*, 1956.
Barth, KD	K. Barth, *Kirchliche Dogmatik*, 1936–1962.
Bauer	W. Bauer, *Griechisch-deutsches Wörterbuch zu den Schriften des NT* ..., 5. Aufl., 1958.
BD	F. Blaß/A. Debrunner, *Grammatik des neutestamentlichen Griechisch.* Bearbeitet von F. Rehkopf, 14. völlig neubearb. u. erw. Aufl., 1975.
Betz	H.-D. Betz, *Lukian von Samosata (Texte und Untersuchungen* 76*)*, 1961.
Bultmann, *Theologie*	R. Bultmann, *Theologie des Neuen Testaments*, 8. Aufl., hrsg. v. O. Merk, 1980.
Calvin	J. Calvin, *Auslegung des ersten Korintherbriefs* (Neukirchen, 1960).
„Cephas and Corinth“	C. K. Barrett, „Cephas and Corinth“, in: *Abraham unser Vater, Festschrift für Otto Michel* (hrsg. O. Betz, M. Hengel, P. Schmidt), 1963, S. 1–12.
„Christianity at Corinth“	C. K. Barrett, „Christianity at Corinth“, in: *Bulletin of the John Rylands Library* 46 (1964), S. 269–297.
Daube	D. Daube, *The New Testament and Rabbinic Judaism*, 1956.
Davies	W. D. Davies, *Paul and Rabbinic Judaism*, 1948.
Harris	W. B. Harris, *The First Epistle of Paul to the Corinthians*, 1958.
Heim	K. Heim, *Die Gemeinde des Auferstandenen*, hrsg. F. Melzer, 1949.
Héring	J. Héring, *La première épitre de saint Paul aux Corinthiens (Commentaire du Nouveau Testament VII)*, 1949.

Hurd	J. C. Hurd, *The Origin of 1 Corinthians*, 1965.
JTS	*Journal of Theological Studies*
Knox, *Gentiles*	W. L. Knox, *St. Paul and the Church of the Gentiles*, 1939.
Kümmel	s. Lietzmann
Lietzmann	H. Lietzmann, *An die Korinther I/II (Handbuch zum Neuen Testament 9)*, 5. Aufl., 1969, ergänzt von W. G. Kümmel.
Lightfoot	J. B. Lightfoot, *Notes on Epistles of St. Paul*, 1895.
Lipsius-Bonnet	R. A. Lipsius/M. Bonnet, *Acta Apostolorum Apocrypha*, 1959.
LS	H. G. Liddell/R. Scott, *A Greek-English Lexicon*, neu hrsg. von H. S. Jones und R. McKenzie, o. J.
M. I	J. H. Moulton, *A Grammar of New Testament Greek*, Bd. 1: Prolegomena, 1908.
M. II	Ders., Bd. 2: Accidence and Word Formation. Von J. H. Moulton und W. F. Howard, 1929.
M. III	Ders., Bd. 3: Syntax. Von N. Turner, 1963.
T. W. Manson, *Studies*	T. W. Manson, *Studies in the Gospels and Epistles*, hrsg. von M. Black, 1962.
MM	J. H. Moulton/G. Milligan, *The Vocabulary of the Greek Testament*, 1914–1929.
Moffatt	J. Moffatt, *The First Epistle of Paul to the Corinthians*, 1938.
Moule	C. F. D. Moule, *An Idiom Book of New Testament Greek*, 1953.
NTS	*New Testament Studies*
Robertson	A. T. Robertson, *A Grammar of the Greek New Testament in the Light of Historical Research*, 1919.
Robertson-Plummer	A. Robertson/A. Plummer, *A Critical and Exegetical Commentary on the First Epistle of St. Paul to the Corinthians (International Critical Commentary)*, 1914.
Romans	C. K. Barrett, *A Commentary on the Epistle to the Romans*, 1962.
S. B.	H. L. Strack/P. Billerbeck, *Kommentar zum Neuen Testament aus Talmud und Midrasch*, München, 1922–1961.
Schlatter	A. Schlatter, *Paulus der Bote Jesu*, 4. Aufl., Stuttgart, 1969.

Schoeps, *Paulus*	H. J. Schoeps, *Paulus. Die Theologie des Apostels im Lichte der jüdischen Religionsgeschichte*, Tübingen, 1959.
Schweitzer, *Mystik*	A. Schweitzer, *Die Mystik des Apostels Paulus*, 2. Aufl., Tübingen, 1954 (Neudruck: Tübingen, 1981).
Schweizer	E. Schweizer, *Gemeinde und Gemeindeordnung im Neuen Testament (Abhandlungen zur Theologie des Alten und Neuen Testaments 35)*, Zürich, 1959.
Sevenster, *Seneca*	J. N. Sevenster, *Paul and Seneca (Novum Testamentum:* Supplement IV*)*, 1961.
Stauffer	s. Bachmann.
Studia Paulina	*Studia Paulina in honorem J. de Zwaan* (hrsg. J. N. Sevenster/W. C. van Unnik), 1953.
'Things Sacrificed to Idols'	C. K. Barrett, 'Things Sacrificed to Idols', in: *NTS* XI, 1965, S. 138–153.
T. W. N. T.	*Theologisches Wörterbuch zum Neuen Testament*, hrsg. G. Kittel/G. Friedrich, 1933 ff.
Weiß	J. Weiß, *Der erste Korintherbrief (Meyers kritisch-exegetischer Kommentar zum Neuen Testament)*, Göttingen, 1910.
Wendland	H.-D. Wendland, *Die Briefe an die Korinther (Das Neue Testament Deutsch 7)*, 15. Aufl., Göttingen, 1980.
Whiteley	D. E. H. Whiteley, *The Theology of St. Paul*, 1964.
ZNTW	*Zeitschrift für die neutestamentliche Wissenschaft und die Kunde der älteren Kirche.*
Zuntz	G. Zuntz, *The Text of the Epistles*, 1953.

Die Herausgeber der deutschen Übersetzung möchten insbesondere dem Personal der Landeskirchlichen Bibliothek Bremen für die erwiesene Hilfe bei der Zusammenstellung des Abkürzungsverzeichnisses und der sonstigen Literaturangaben danken.

EINLEITUNG

I. KORINTH

Die Stadt Korinth lag im äußersten Südwesten der Landenge, die das griechische Festland mit dem Peloponnes verbindet. Sie war Teil eines Städtekomplexes, zu dem auch das 2,4 km nördlich am korinthischen Golf gelegene Lechäum und das 11,6 km östlich am Saronitischen Golf gelegene Kenchreä (Römer 16, 1) zählten. Die Gegend war nicht fruchtbar, doch erwiesen sich die wirtschaftlichen Vorteile als groß. Durch Korinth führte die Landstraße von Norden nach Süden; und hier wurden bis zur Fertigstellung des Korinthischen Kanals (im Jahre 67 n. Chr. von Nero angefangen und aufgegeben; erst im Jahre 1893 eröffnet) Waren über die Landenge geschafft. Eine Zeitlang hatte diese Kontrolle der Überführungsstrecke auch militärische Bedeutung[1]; wirtschaftlich war sie stets sehr wichtig, und schon bei Homer findet sich der Ausdruck „das reiche Korinth“ (*Ilias*, II 570; vgl. XIII 664). Die Ebene, in der Korinth liegt, wird von dem Hügel Akrokorinth überragt, der der Stadt als Akropolis diente. Die Entwicklung der Stadt wurde also durch wirtschaftliche und militärische Vorteile begünstigt[2]; es überrascht nicht, daß Korinth in der Antike beträchtlichen Ruhm genoß. Es ist vielmehr verwunderlich, daß die Stadt nie zur Vorherrschaft gelangte.

In der Geschichte der Stadt Korinth gibt es im Jahre 146 v. Chr. eine deutliche Zäsur. Zu dieser Zeit wurde der Achäische Bund von Rom zerschlagen. Nach der entscheidenden Schlacht bei

Leukopetra auf der Landenge konnte der Konsul Lucius Mummius Korinth einnehmen, ohne auf Widerstand zu stoßen. Die Bürger wurden getötet oder als Sklaven verkauft; die Stadt selbst wurde dem Erdboden gleich gemacht. Die Wiedererrichtung von Wohnhäusern wurde verboten. Das Gebiet gehörte fortan der Stadt Rom – mit Ausnahme eines einzigen Grundstücks, das dem Nachbarstaat Sikyon zugeteilt wurde. Bedingung hierfür war, daß die isthmischen Spiele von nun an nicht mehr in Korinth, sondern in Sikyon stattzufinden hatten. Nach 100 Jahren, in denen das Gebiet wie eine Einöde brachlag, gründete Julius Cäsar erneut die Stadt Korinth, und zwar als römische Kolonie.

Neukorinth besaß natürlich die topographischen Eigenschaften der alten Stadt, aber ansonsten hatte es mit seiner Vorgängerin sehr wenig gemein. Heute sind nur noch etwa ein halbes Dutzend Säulen vom Tempel des Apollo aus der alten griechischen Stadt zu sehen; die römische Stadt ist viel besser vertreten. Das galt auch schon zur Zeit des Pausanias[3], dessen Bericht Alt- und Neustadt vergleicht. Dort lesen wir zum Beispiel: „. . . Jährliche Opfer wurden an ihrer Statt eingesetzt, und eine Gestalt des Schreckens (*δεῖμα*) aufgestellt. Diese letzte bleibt bis in unsere Tage . . . Aber seit der Zerstörung Korinths durch die Römer und dem Verschwinden der alten Korinther werden die Opfer von den Kolonisten nicht mehr dargebracht; die Kinder schneiden sich auch nicht mehr die Haare und tragen nicht mehr schwarze Kleidung" (Pausanias 2 III 7). Die neuen Ansiedler, denen die korinthischen Traditionen wenig bedeutet haben werden, stammten aus verschiedenen Teilen des Römerreichs; viele von ihnen waren gewiß entlassene Soldaten. Zweifellos waren darunter auch Griechen, aber wir können uns unmöglich vorstellen, Korinth könnte zur Zeit des Apostels Paulus noch Merkmale griechischer Kultur getragen haben. Daß allerdings Juden in Korinth wohnten, wird durch eine Inschrift[4] belegt, die aus den fragmentierten Worten besteht: „(Syn)agoge der Hebr(äer)" [. . .*ΑΓΩΓΗ ΕΒΡ*. . .], und die ursprünglich an der Oberschwelle der Synagoge gestanden haben wird. Das Datum dieser Inschrift kann nicht genau bestimmt werden, aber durch sie wird Apg. 18, 4 bestätigt („An jedem Sabbat lehrte er in der Synagoge"). Neukorinth war also eine Weltstadt. Der Ruf für Unmoral, den das alte Korinth genoß (Vokabeln, die sich vom Namen Korinth ableiten lassen, wurden anscheinend in der Alten Komödie mit der Bedeutung *„Unzucht treiben“*, *„Hurenjäger“*, usw. benutzt), darf nicht einfach auf die 100 Jahre später entstandene Neustadt übertragen werden; man darf aber auch nicht annehmen, daß sich die Bürger der Neustadt besonders um eine Wiedergutmachung der Vergangenheit bemühten. Zur Zeit des Apostels Paulus war Korinth wahrscheinlich weder besser noch schlimmer als jede andere große Hafenstadt und jedes Wirtschaftszentrum der damaligen Zeit.

Aller Wahrscheinlichkeit nach war es nicht der düstere Ruf der Stadt, der Paulus in Furcht versetzte, als er zum ersten Mal nach Korinth kam (1. Kor. 2, 3), sondern sein Bewußtsein einer göttlichen Berufung und seiner eigenen Verantwortung. Er hatte keine Botschaft außer Jesus Christus, dem Gekreuzigten (2, 2), und hatte sich zudem entschlossen, keine menschlichen Redekünste bei der Darstellung dieses Themas zu Hilfe zu ziehen (1, 17; 2, 1). Trotzdem – oder, wie Paulus selbst gesagt hätte, gerade deswegen – bewirkte sein Predigen die Bekehrung vieler Menschen in Korinth; die ersten waren das Haus des Stephanas (16, 15) – wenigstens waren sie die ersten in Achaia, und wenn eine andere Stadt in Achaia vor Korinth evangelisiert worden ist, besitzen wir keine Nachricht darüber. Paulus hatte das einzig denkbare Fundament für eine christliche Gemeinde gelegt – Jesus Christus selbst (3, 10f.); andere Mitarbeiter sollten darauf aufbauen – der Oberbau erwies sich allerdings später im Vergleich zur Grundlage als nicht zufriedenstellend. Die Gemeinde Gottes in Korinth war keineswegs frei von Makeln und Runzeln. Vielleicht lag das zum Teil an der Zahl und an der Unterschiedlichkeit der Bauleute. Zweifelsohne wirkte Apollos in Korinth (3, 6); wahrscheinlich war auch Petrus eine Zeitlang dort[5], aber darüber haben wir keine hundertprozentige Gewißheit. Als Ergebnis hiervon sowie als Folge ihrer nur unvollendet christianisierten Neigung zum Streit teilte sich die Gemeinde in Gruppen auf, die sich jeweils auf einen christlichen Führer beriefen (1, 11f.). Der Mangel an Einheit innerhalb der Gemeinde offenbarte sich nicht nur in den Parteiungen, sondern auch bei der Feier des Herrenmahls, wo Reiche und Arme in getrennte Gruppen eingeteilt wurden (11, 18–22). An der Oberfläche des korinthischen Gemeindelebens erschienen auch andere Makel. Gemeindeglieder gingen miteinander öffentlich vor Gericht (6, 1–8); es gab den berüchtigten Unzuchtsfall

(5, 1–5); es wurde darüber gestritten, ob es rechtens sei, Götzenopferfleisch zu essen (8, 1–13; 10, 14–11, 1), es herrschte Unklarheit über die Zulässigkeit der Ehe (7, 1–40) sowie darüber, ob geschlechtliche Beziehungen außerhalb der Ehe für Christen erlaubt waren (6, 12–20). Anscheinend wurde die christliche Lehre der Auferstehung geleugnet (15, 12), und das Apostelamt des Paulus selbst wurde in Frage gestellt (4, 3.15; 9, 1f.).

In der Zwischenzeit hatte Paulus Korinth verlassen, doch war er mit der Gemeinde in Kontakt geblieben. Ihm wurde die Existenz der Parteiungen innerhalb der Gemeinde von den „Leuten der Chloë“ berichtet (1, 11). Wir wissen jedoch so gut wie nichts über diese „Leute“. Aller Wahrscheinlichkeit nach waren sie keine beauftragten Boten der Gemeinde, sondern erstatteten dem Paulus Bericht, als sie ihm zufällig begegneten. Stephanas, Fortunatus und Achaikus sind andererseits allem Anschein nach Vertreter der Gemeinde gewesen (16, 17f.). Eine Geldspende werden sie kaum überbracht haben (s. Phil. 4, 18), denn dann hätte Paulus diesen Umstand bestimmt erwähnt. Vielleicht überbrachten sie ihm den Brief, der in 1. Kor. 7, 1 erwähnt wird (s. Kommentar); wenn sie es nicht waren, die den Brief überbrachten, dann wissen wir nicht, wer ihn gebracht haben könnte. Seinerseits hatte Paulus schon einen Brief an die Korinther geschrieben (5, 9); dieser war mißverstanden worden, und er nimmt die jetzige Gelegenheit wahr, den falschen Eindruck zu berichtigen, der vermittelt worden war. Dieser frühere Brief ist möglicherweise ganz verlorengegangen. Einige Theologen wollen Teile davon in 2. Kor. 6, 14–7, 1 wiedergefunden haben; diese Ansicht wird im Kommentar zum 2. Kor. behandelt. Zur Ansicht, ein Teil oder Teile des früheren Briefes seien im 1. Kor. aufzuspüren, s. unten, S. 25–30.

Die Geschichte der Beziehungen des Paulus zu Korinth – von der wir leider wenig wissen – haben wir bisher, wie es auch richtig war, allein auf der Grundlage der als echt anzusehenden Paulusbriefe geschildert[6]. Mit dieser Schilderung stimmt jedoch die Apostelgeschichte überein. Nach Apg. erreichte Paulus Korinth nach seinem Besuch in Athen (18, 1). In Korinth begegneten ihm Aquila und Priszilla (18, 2f.; vgl. 1. Kor. 16, 19, wo Priszilla „Priska“ heißt). Dort lehrte Paulus in der Synagoge, und das mit noch größerer Freiheit, als Silas und Timotheus aus Mazedonien eintrafen (Apg. 18, 4f.). Schwierigkeiten mit den Juden führten dazu, daß sich Paulus spezieller an die Heiden wandte, vielleicht vornehmlich an die „Gottesfürchtigen", die eine Stellung zwischen Synagoge und Heidentum innehatten – vgl. 18, 7, wo wir Paulus im Hause eines Gottesfürchtigen namens Titius Justus finden; doch hatte sich Krispus (vgl. 1. Kor. 1, 14), der Synagogenvorsteher, bekehrt (Apg. 18, 6ff.). Nach einer göttlichen Ermutigung fuhr Paulus 18 Monate lang mit seinem Missionsdienst in Korinth fort.

Danach erscheint Paulus nach Apg. 18, 12–17 vor Gallio[7], der wahrscheinlich vom Sommer des Jahres 51 n. Chr. an Prokonsul in Achaia war. Wir dürfen annehmen, daß Paulus etwa im März des Jahres 50 Korinth erreichte und bis September 51 dort blieb. Allerdings handelt es sich hier um Annahmen; diese Jahreszahlen könnten vielleicht um ein Jahr zu früh angesetzt sein.

Nach einiger Zeit verließ Paulus Korinth und segelte nach Syrien ab (18, 18). Bei einer Zwischenlandung in Ephesus versprach er wiederzukommen (18, 19ff.), dann brachte er seine sogenannte Zweite Missionsreise zum Abschluß (18, 22f.). An dieser Stelle ist in der Apg. von Apollos die Rede, der von Priszilla und Aquila unterwiesen wird und dann nach Achaia reist, wo er (Apg. 19, 1: Apollos *war* dort) auch Korinth besucht. Im 19. Kapitel ist Paulus wieder in Ephesus; sein Dienst dort wird in Apg. 19, 1–20, 1 beschrieben. Er bleibt zwei Jahre und drei Monate (19, 8.10; 20, 31: *„drei Jahre"* sind durchaus damit zu vereinbaren) und schickt während dieser Zeit Timotheus und Erastus nach Mazedonien (19, 22), wobei er auch selbst eine solche Reise plant (19, 21). Diese Reisen können durchaus die gleichen sein wie 1. Kor. 16, 5.10; dann hätten wir, wenn wir der Chronologie der Apostelgeschichte Vertrauen schenken dürfen, ein ziemlich genaues Schema, nach dem wir den 1. Kor. datieren können. Paulus wird im Spätsommer des Jahres 52 Ephesus wieder erreicht haben, wenn wir ihm etwas Zeit in Antiochien und für die Reise durch das Hochland (Apg. 19, 1) lassen. Das Pfingstfest, das er, wenn möglich, in Jerusalem verbringen wollte (20, 16), wird das des Jahres 55 gewesen sein; das Pfingstfest, das in 1. Kor. 16, 8 erwähnt wird, wird das des Jahres 53, oder wahrscheinlicher 54, gewesen sein. Aller Wahrscheinlichkeit nach wurde also der 1. Kor. in den ersten Monaten des Jahres 54 oder gegen Ende des Jahres 53 verfaßt.

Der Brief erwies sich keineswegs als erfolgreich. Die Situation in Korinth sowie die Beziehung der korinthischen Gemeinde zu ihrem Apostel verschlechterten sich. Anscheinend besuchte Paulus daraufhin Korinth, was beinahe zu einer Katastrophe führte und ihm großes Leid bereitete (2. Kor. 2, 1; 12, 14; 13, 2). Er verfaßte einen strengen Brief, der ihn viele Tränen kostete (2. Kor. 2, 4; 7, 8). Er schickte Titus nach Korinth und freute sich über die Maßen über die gute Nachricht, die er von ihm erfahren durfte (2. Kor. 7, 6f.). Aber trotzdem war ein Same der Bitterkeit gesät worden; Paulus wurde von solchen verleumdet, die ihn hätten verteidigen sollen (2. Kor. 12, 11), und seine Stellung wurde von Rivalen beansprucht, denen, obwohl sie nach außen hin beeindruckender wirkten, die innere Autorität und die Gleichgestaltung mit dem Leiden Christi fehlten – gerade das waren die Kennzeichen des apostolischen Werkes des Paulus (2. Kor. 12, 12f.). Diese Begebenheiten lassen sich nur auf der Grundlage eines detaillierten Studiums des 2. Kor. rekonstruieren und im einzelnen schildern; darum sollen sie erst in der Einleitung zu meinem Kommentar zum 2. Kor. ausführlich besprochen werden. Nur sollten wir hier anmerken, daß die korinthische Gemeinde in einem Bericht des Klemens von Rom am Ende des ersten Jahrhunderts n. Chr. im alten Licht erscheint. Ehrwürdige Älteste waren abgesetzt worden, und die Gemeinde war dabei, sich in Grüppchen zu zerspalten (1. Kl. 44; 46; 47).

Zwei besondere Versuche, die Geschichte der korinthischen Gemeinde detailliert zu rekonstruieren, verdienen unsere Aufmerksamkeit. In seiner scharfsinnigen und gründlichen Studie geht Dr. J. C. Hurd[8] vom 1. Kor. aus und erforscht den Inhalt der ursprünglichen Predigt des Paulus in Korinth, des „früheren Briefes" und der Antwort der Korinther. Zusammenfassend könnte man sagen, nach Hurd seien die Korinther der ursprünglichen Predigt wesentlich näher geblieben, als es Paulus selbst war. Während seines Dienstes in Korinth habe Paulus behauptet, es „sei gut für den Mann, keine Frau zu berühren" (1. Kor. 7, 1). Als Lediger habe er geglaubt, andere sollten auch so sein wie er. Er habe „geistliche Ehen" gebilligt und sogar dazu aufgerufen. Im Hinblick auf Götzenopferfleisch habe Paulus gelehrt, daß „alles erlaubt sei" (10, 23) und daß Götzen keine wirkliche Existenz hätten (8, 4). „Wir alle haben Erkenntnis", habe er behauptet und sich wie ein Gesetzloser verhalten (9, 21). Im Gottesdienst habe er frei und offen in „Zungen“ gebetet (14, 18) und den Frauen gestattet, ohne Schleier zur Versammlung zu kommen (was aus 11, 2 hervorgeht, wo die Korinther anscheinend vorgeben, die Anweisungen des Paulus zu befolgen). Betreffs der Zukunft „sicherte er den Korinthern zu, die Parusie stehe nahe bevor, doch hatte er nichts über die Notwendigkeit einer Verwandlung des Leibes oder der Auferstehung vor dem Eingang in das Königreich gesagt. Es gab keinen Grund, von der Auferstehung zu sprechen, denn die Zeit bis zum Ende würde so kurz sein, daß niemand mit dem Tod gerechnet haben wird; es gab ebenfalls keinen Grund, von der Verwandlung des Leibes zu reden, da dieses Thema ... von der späteren Erklärung der Auferstehung verstorbener Gläubiger abhing“ (S. 285). Die Taufe und insbesondere das Herrenmahl „hielten den Tod auf und garantierten, daß alle Gläubiggewordenen bis zum Ende am Leben bleiben würden“ (S. 287). Die enthusiastische Predigt des Paulus mit seinem gesetzesfreien Evangelium habe alle diese Punkte mit eingeschlossen.

Der „frühere Brief“ wurde hingegen von einer Veränderung gekennzeichnet. Er sei geschrieben worden, um die Beschlüsse des Apostelkonzils (s. Apg. 15, 20.29; 21, 25) zu empfehlen und durchzusetzen. Hier sei es vor allem um zwei Hauptpunkte gegangen: um Unzucht und Götzendienst (a. Götzenopferfleisch; b. Verunreinigung durch Götzen). Im früheren Brief, so Hurd, wurden genau diese Punkte besprochen. In ihm habe Paulus die Ehe als Schutzmittel gegen Unzucht empfohlen und die Absonderung von bösen Menschen gefordert; auch habe er den Götzendienst verurteilt und das Essen von Götzenopferfleisch verboten; außerdem seien die Korinthen ermahnt worden, das Zungengebet mit Vorsicht zu üben und ihre Frauen verschleiert zu den Gottesdiensten kommen zu lassen. Zusätzlich habe Paulus im „früheren Brief“ erklärt, daß verstorbene Christen auferweckt würden und somit auch ihren Teil am Reich Gottes empfangen sollten. Auch eine Kollekte für die Armen sei erwähnt worden. Als die Korinther diesen Brief erhielten, seien sie natürlich verwirrt gewesen und schrieben ihrerseits dem Paulus wieder, indem sie ihm ihre Fragen schilderten: „Was meinst du nun wirklich? Sollen wir heiraten oder nicht? Dürfen wir Götzenopferfleisch essen oder nicht? Müssen die Frauen einen Schleier tragen oder nicht? Erwartest du wirklich von uns, daß wir daran glauben, die Toten werden aus dem Grab wieder auferstehen? Und wie kommt es, daß einige von uns verstorben sind, obwohl sie getauft wurden und am Brot und Wein des Herrenmahles teilhatten?"

Als Antwort auf diese Fragen habe dann Paulus den 1. Kor. verfaßt – eine ausgewogene Stellungahme, in der er die Extreme seines früheren Eifers mied und die übervorsichtige Zurückhaltung des „früheren Briefes" abschwächte. Es sei, so Hurd, für uns gut, die reifen Gedanken des kanonischen Briefes zu besitzen, doch sei es bedauerlich, daß der „jüngere, energischere Paulus, der im ersten feurigen Eifer seines neuen Glaubens viel weniger vorsichtig in seinen theologischen Aussagen war als später, und der sich der Schwächen der menschlichen Natur kaum bewußt gewesen sein kann" (S. 287), für uns verlorengegangen sei. Hurd hat viele lobenswerte Einsichten; ich habe ihn hier so ausführlich zitiert, weil ich der Hoffnung bin, ernsthafte Studenten des 1. Kor. werden sein Buch selbst lesen und ihm, soweit sie es können, folgen. Solche Studien können für die Exegese des 1. Kor. nur nützlich sein. Und doch werfen zwei Punkte einen Schatten des Zweifels auf seine Rekonstruktion der Ereignisse: 1. Nach Hurds Theorie bewegten sich die Gedanken des Paulus in sehr kurzer Zeit von der These zur Antithese und bis hin zur Synthese. Wie wir oben zeigten, verließ Paulus im September des Jahres 51 Korinth und schrieb dann wahrscheinlich in den ersten Monaten des Jahre 54, vielleicht sogar gegen Ende des Jahres 53, den 1. Kor. Innerhalb von 27 (oder möglicherweise sogar 15) Monaten also soll Paulus sein ursprüngliches Evangelium in Korinth gepredigt, dann eine *totale Umkehr* in seinem reaktionären „früheren Brief" und schließlich die ausgewogene Darstellung des 1. Kor. erreicht haben. Das ist zwar nicht unmöglich, jedoch kaum wahrscheinlich. 2. Weder im 1. Kor. noch anderswo erwähnt Paulus den Beschluß des Apostelkonzils. Vielleicht dürfen wir das seiner Verlegenheit zuschreiben: wahrscheinlicher jedoch dürfen wir diese Tatsache entweder der Unwissenheit des Apostels oder seiner Ablehnung der Autorität dieses Beschlusses für seine Gemeinden zuschreiben. Unsere Kenntnisse des Ursprungs, der Verbreitung, des Zieles und der Autorität dieses apostolischen Beschlusses sind ohnehin so begrenzt, daß darauf aufgebaute Argumente unvermeidlich nur Hypothesen sein können, die sich dann durch andere

Hypothesen stützen lassen müssen. Mir kommt es unwahrscheinlich vor, daß Paulus den „früheren Brief" geschrieben haben soll, um der korinthischen Gemeinde die Beschlüsse von Jerusalem nahezubringen.

Im großen und ganzen gesehen vermittelt der 1. Kor. kaum den Eindruck, Paulus sei „im Interesse einer theologischen und organisatorischen Neuordnung und Neudefinierung" (S. 288) besonders vorsichtig geworden. Wir lesen im 1. Kor. überhaupt sehr wenig von Organisation; statt dessen haben wir es dort mit einer Menge von frischen, schöpferischen und anregenden theologischen Gedanken zu tun.

In seinem Kommentar zum Hebräerbrief[9] macht H. W. Montefiore den Vorschlag, in Paulus' Mitarbeiter Apollos den Verfasser des Heb. zu sehen. Dieser habe, nachdem er von seinem Besuch in Korinth (Apg. 19, 1) nach Ephesus zurückgekehrt sei, von den Schwierigkeiten in der korinthischen Gemeinde gehört. Unfähig oder unwillig (1. Kor. 16, 12), Korinth erneut zu besuchen, habe er statt dessen den Heb. geschrieben. Dieser Brief, mit den besten Absichten verfaßt und an sich eine bewundernswerte Arbeit, habe jedoch einige unglückliche Resultate zur Folge gehabt, die sich im 1. Kor. widerspiegelten. Den 1. Kor. habe Paulus nicht lange danach verfaßt, um einer Situation gerecht zu werden, die zwar teils so war, wie Apollos sie angegangen war, teils aber erst durch die Einmischung des Apollos entstanden war. Bischof Montefiore entdeckt eine Anzahl Texte im 1. Kor. (bsd. 1. Kor. 1–4), die seiner Meinung nach eine Situation widerspiegeln, die durch den Heb. zustande gebracht worden sei. Erst der Brief des Apollos habe zur Bildung einer Apollos-Partei geführt. An diese habe Paulus, so Montefiore, bei seiner Diskussion der Parteiungen in der Gemeinde hauptsächlich gedacht. „Zwar wird Kephas um des Argumentes willen herangezogen (1. Kor. 1, 12; 3, 22), doch geht es in der wirklich aktuellen Fragestellung nur um Paulus und Apollos (1. Kor. 3, 5; 4, 6)" (S. 22). Paulus sei in einer schwierigen Lage gewesen. Er „hatte anscheinend eine hohe Meinung von Apollos, der ihm auch später zum Freund und Mitarbeiter wurde (Titus 3, 13). Er schrieb auch kein Wort gegen ihn, doch bezog er sich anscheinend auf den Brief, den Apollos verfaßt hatte, und wandte sich gegen den falschen Gebrauch dieses Briefes durch die Korinther" (S. 22). Bischof Montefiore führt folgende Anknüpfungspunkte an:

Hebräerbrief	**1. Korintherbrief**
2, 3 (bsd. das Wort *βεβαιοῦν*)[10]	1, 6–8
Beredsamkeit des Verfassers des Heb.	2, 1–4
5, 14; 6, 1 verführten die Korinther zu der Annahme, sie seien reif (*τέλειοι*), was Paulus bezweifelt.	2, 2.6
4, 12.13; 5, 13ff.	2, 10–16; vgl. 4, 5. Paulus besteht darauf, daß christliche Beurteilung eine Geistesgabe sei.
5, 12	3, 2
6, 7f.	3, 6.8.9
6, 1.3	3, 10–11
6, 8	3, 13–15: Paulus „scheint die Härte des Apollos abgeschwächt zu haben“ (S. 25).
Die Korinther hatten aus Apollos’ Brief abgeleitet, der einzig wahre Tempel befinde sich im Himmel. Warum sollten sie also auf Erden heilig leben?	3, 16; vgl. 2. Kor. 6,16.
3, 2–6	4, 1f., 4
Heb. besteht aus atl. Auslegungen und Gedanken.	4, 6: Paulus zeigt den Korinthern die biblischen Grenzen der Lehre des Apollos (S.26), warnt sie vielleicht, daß Apollos’ Exegese nicht weit genug gehe.
3, 1.12; 6, 1; vgl. 13, 7: Apollos nennt seine Leser seine Brüder.	4,14.1.6: Paulus nennt die Korinther seine Kinder.
10, 25–27: Apollos wirft seinen Lesern vor, sich vom Gottesdienst, einschl. der Eucharistiefeier, zu entfernen; dies sei unverzeihlich.	11, 20.25.27.29.30.32: Bei der nächsten Stufe der Entwicklung besuchten die Korinther die Eucharistiefeier wieder, mißbrauchten sie aber.

Paulus ist weniger streng und sieht das Ergebnis als Züchtigung, nicht als Verdammnis an.

Sollte Montefiores Hypothese stimmen, verstünden wir viel besser den Hintergrund und die Entstehung des 1. Kor. Doch sollte diese Theorie mit größter Vorsicht behandelt werden; in diesem Kommentar wird nicht weiter darauf eingegangen. Auch die Frage, ob überhaupt Apollos den Heb. verfaßt hat, darf hier nicht Gegenstand unserer Erörterungen sein[11]. Meiner Meinung nach jedoch sieht Paulus in 1. Kor. 1–4 nicht Apollos, sondern Kephas als mögliche Gefahr für seine Arbeit. Wie Montefiore zu Recht eingesteht, blieb Apollos stets ein Freund und Mitarbeiter des Paulus, und Paulus erwähnt ihn im 1. Kor. gerade deswegen, weil er es ihm als Freund nicht übelgenommen haben wird.

Die meisten der von Montefiore aufgezeigten Parallelen sind zu gering, zu phantastisch, um überzeugend zu wirken. Es ist traurig, daß wir nicht mehr über die historischen Umstände hinter dem 1. Kor. wissen, doch müssen wir uns wahrscheinlich damit abfinden, unwissend zu bleiben. Vielleicht können wir den Ratschlag des Paulus (1. Kor. 4, 6) einmal so übersetzen: „Es ist besser, nicht zu viel zwischen den Zeilen zu lesen."

II. DER BRIEF

Unsere Schilderung der Beziehungen des Paulus zu der korinthischen Gemeinde setzt die Echtheit und die Integrität des 1. Kor. voraus. Erstere muß auch nicht verteidigt werden, denn sie wird von keinem ernstzunehmenden Theologen in Frage gestellt. Ein Dokument zu fälschen, in dem in jeder zweiten Zeile die Sorgen der 50er Jahre des ersten christlichen Jahrhunderts sowie die persönlichen Eigenschaften des Paulus zum Ausdruck kommen, hätte die schöpferischen Fähigkeiten eines Christen am Ende des Jahrhunderts überfordert. Außerdem zitiert Klemens von Rom um ca. 95 n. Chr.[12] in seinem eigenen Brief an die Korinther den von Paulus und bezieht sich ausdrücklich auf ihn (1. Kl. 47, 1–3):

„Nehmt den Brief des seligen Apostels zur Hand. Was hat er euch zuerst, am Anfang des Evangeliums, geschrieben? Wahrlich ermahnte er euch geistlich bezüglich seiner selbst und Kephas' und Apollos', weil ihr schon damals Parteien gebildet hattet."

Auf der nächsten Seite – im 49. Kapitel – finden wir Klemens' Hoheslied der Liebe, das offensichtlich auf 1. Kor. 13 zurückgeht, wenn es auch dichterisch nicht in die Nähe des Paulusstückes gelangen kann. Bei Klemens sind auch weitere Zitate und Anspielungen auf den 1. Kor. zu entdecken.

Ignatius von Antiochien (ca. 112 n. Chr.) läßt ebenfalls erkennen, daß er mit der Sprache des 1. Kor. vertraut war. S. z. B. Ignatius an die *Epheser* 16, 1 (Die Häuser verderben, werden das Reich Gottes nicht ererben); 18, 1 (Wo ist der Weise? Wo ist der Disputant?); an die *Trallianer* 12, 3; an die *Römer* 4, 3 (Nicht wie Petrus und Paulus ermahne ich euch; sie waren Apostel ... sie waren frei); 5, 1; 9, 2 (Ich bin der letzte von ihnen, einer, der vor seiner Zeit (*ἔκτρωμα*) in die Welt geeilt war); an die *Philadelphier* 3, 3. Weiter müssen wir nicht gehen. Die Beweise für den frühen Gebrauch des 1. Kor. sind älter, eindeutiger und zahlreicher als für jedes andere Buch des Neuen Testaments. Zweifellos war der Brief den Christen des nachapostolischen Zeitalters von großem praktischen Nutzen.

Die Integrität (Einheitlichkeit) des 1. Kor. ist hingegen nicht unumstritten. Paulus hat den Brief verfaßt; aber hat er alles auf einmal geschrieben? Enthält unser 1. Kor. Teile aus verschiedenen Briefen? Die Besprechung dieser Fragen muß von der Beobachtung ausgehen, daß Paulus' Beziehungen zu Korinth gewiß komplizierter gestaltet waren, als wir dies an der Oberfläche des Neuen Testaments erkennen können. Als sicher darf gelten, (a) daß er einen Besuch in Korinth abstattete, von dem in der Apg. nicht berichtet wird – 2. Kor. 2, 1; 12, 14.21; 13, 1f. weisen auf einen traurigen Besuch hin, so daß der zu erwartende Besuch (Apg. 20, 2) nicht sein zweiter, sondern sein dritter sein müßte; und (b) daß er mindestens vier Briefe an die Korinther verfaßte

(1. Kor. 5, 9; 2. Kor. 2, 3–9; 7, 8). Es mag sein, daß von diesen vier Briefen nur zwei erhalten (1. Kor. und 2. Kor.), die anderen zwei endgültig verloren gegangen sind; es lohnt sich jedoch, sich mit der Hypothese zu beschäftigen, daß in den beiden kanonischen Briefen Teile von mehr als zwei anderen Dokumenten mit enthalten sind. Die Einheitlichkeit des 2. Kor. wird allerdings sehr stark bezweifelt, und wir werden diesem Thema in unserem Kommentar zum 2. Kor. weiter nachgehen müssen; aber Kompilationstheorien für den 1. Kor. sind verhältnismäßig rar.

Eine einfache Analyse wird von J. Héring dargeboten[13], der an drei Punkten Zeichen einer Zusammenfügung zu erkennen meint. Diese wären (a) der Widerspruch zwischen 4, 19 (wo Paulus schreibt, er werde bald nach Korinth kommen) und 16, 5–9 (wo er erklärt, daß seine Ankunft verzögert werden wird); (b) der Widerspruch zwischen 10, 1–22 (wo eine strenge Haltung zum Essen von Götzenopferfleisch eingenommen wird) und 8, 1–13 bzw. 10, 23–11, 1 (wo die ganze Angelegenheit als Sache der Rücksicht auf die Schwachen betrachtet wird); (c) die plötzliche Erneuerung der Diskussion über das Apostelamt des Paulus in Kap. 9, nachdem diese Diskussion anscheinend in Kap. 4 abgeschlossen worden ist. Auf der Grundlage dieser Beobachtungen rekonstruiert Dr. Héring zwei Briefe, von denen er behauptet, sie wären in sich kohärent:

A. 1, 1–8, 13; 10, 23–11, 1; 16,1–4.10–14.
B. 9, 1–10, 22; 11, 2–15, 58 (Kapitel 13 wird als Einheit für sich gesehen); 16, 5–9.15–24.

Nach dieser Auffassung hatten die Ereignisse folgenden Ablauf:

(a) Paulus erhält Auskünfte von den Leuten der Chloë.
(b) Die gleichen Leute, oder vielleicht Sosthenes, überreichen ihm einen Brief aus Korinth, der Fragen zur Ehe und zum Götzenopferfleisch enthält.
(c) Paulus schrieb A, in dem er die Ankunft des Timotheus, der vielleicht schon unterwegs war, ankündigt und einen eigenen baldigen Besuch verspricht. Dieser Brief wird vielleicht von den Leuten der Chloë nach Korinth gebracht.

(d) Stephanas, der in Korinth auf der Seite des Paulus gestanden hatte, kommt mit einer alarmierenden Nachricht in Ephesus an: die Korinther würden das Apostelamt des Paulus bezweifeln, könnten die Auferstehung nicht annehmen und seien allgemein nicht zu bändigen.
(e) Paulus verfaßte B, den er durch Stephanas verschickte, in der Hoffnung, er werde vor Timotheus ankommen. Er selbst blieb in Ephesus.

Ein Redakteur habe Brief B später dem Brief A hinzugefügt, vielleicht weil der Anfang von B unleserlich geworden sei; außerdem habe er 10, 23–11, 1 aus dem ursprünglichen Zusammenhang entfernt und 10, 1–22 hinzugefügt, weil es sich hier um ein einziges Thema handle; die persönlichen Anmerkungen habe er zu Kapitel 16 zusammengefaßt.

Eine kompliziertere Kompilationstheorie wird von J. Weiß vertreten[14]. Am besten zitieren wir Weiß selbst, insofern seine Theorie den 1. Kor. betrifft (*Das Urchristentum*, S. 271):

„1. Erster Brief des Paulus (A) mit energischer Bekämpfung der Teilnahme am Götzendienst, der Unzucht, der Entschleierung der Frauen, der Mißstände beim Gemeindemahl; geschrieben in Ephesus, nicht lange vor dem Verlassen der Stadt (1. Kor. 16, 18f.); Paulus kündigt sein Kommen an (1. Kor. 10, 1–23; 6, 12–20; 11, 2–34; 16, 7?; 8f.; 20f.; 2. Kor. 6, 14–7, 1).
2. Brief der Gemeinde an Paulus (7, 1), etwa überbracht von Stephanas, Fortunatus und Achaicus, erreicht den Apostel vielleicht noch in Ephesus, vielleicht erst in der Provinz Asia.
3. Lebensgefahr des Paulus in Ephesus. Paulus verläßt die Stadt, hält sich in der Provinz auf. Vorher sendet er den Timotheus und Erastus nach Mazedonien (Apg. 19, 22) und Korinth (1. Kor. 4, 17; 16, 10f.), letzteren wahrscheinlich mit einem Briefe, der seine Antwort auf die Fragen der Korinther enthält: B1 (1. Kor. 7; 8; 9; 10, 24–11, 1; 12; 13; 14; 15; 16, 1–6.7?; 15–19?). Er kündigt wieder seine Ankunft an (16, 1ff.).
4. Paulus erhält Nachricht aus Mazedonien über die Bereitwilligkeit der dortigen Gemeinden, sich am Kollektenwerk zu beteiligen (etwa durch Gaius und Aristarchos, Apg. 19, 29);

er sendet den Titus mit zwei Brüdern über Mazedonien nach Korinth, um die Kollekte zum Abschluß zu bringen (2. Kor. 8). Etwa gleichzeitig, wohl bald darauf kommen

5. die Leute der Chloe mit den Nachrichten über das Parteiwesen.
6. Paulus schreibt einen ziemlich erregten Brief B 2 (1. Kor. 1, 1–9.10–6, 11; 16, 10–14.22–24?), den er entweder gleichzeitig mit B 1 oder wenn dieser schon abgesandt, für sich allein nach Korinth sendet. Noch einmal kündigt er seine Ankunft an (4, 19), und zwar für die nächste Zeit[15]."

Der Leser sollte die Argumentation von Héring und Weiß sorgfältig verfolgen und die angegebenen Bibelstellen im Zusammenhang durchlesen. Er wird entdecken, daß die von den beiden Theologen postulierten Briefe, zusammenhängend gelesen, in der Tat einen guten Sinn ergeben. Und doch ist die Tatsache, daß beide Rekonstruktionen einen guten Sinn ergeben, eigentlich ein Argument gegen beide, denn sie können nicht beide stimmen; der Sinn, den eine oder vielleicht alle beide Rekonstruktionen ergeben, läßt sich auf den dahinterstehenden Theologen zurückführen.

Als Argument gegen solche Kompilationstheorien wird oft eingewendet, es gebe keinerlei textkritische Anknüpfungspunkte dafür. Dieses Argument ist jedoch belanglos, denn die Handschriften können uns keine Auskünfte über den Zustand paulinischer (oder auch anderer) Literatur vor deren Veröffentlichung erteilen. Es liegt auf der Hand, daß unser 1. Kor. in der jetzigen Form veröffentlicht wurde; das beweist aber keinesfalls, daß der jetzige Brief nicht aus verschiedenen Teilen zusammengesetzt wurde.

Die wichtigste Frage, die gestellt und beantwortet werden muß, ist diese: Ergibt der 1. Kor. in seiner jetzigen Gestalt einen akzeptablen Sinn, oder enthält er so viele offenbare Widersprüche, daß eine logische Argumentation nur hergestellt werden kann, indem man die einander widersprechenden Teile auseinanderpflückt und ihnen verschiedene Verfassungsdaten zuweist[16]? Hier geht es aber in erster Linie um exegetische Fragen; und daher muß ich den Leser auf den Kommentar selbst verweisen, wo die einzelnen Stellen der Reihenfolge nach besprochen werden. Wir sollten ebenfalls daran denken, daß der 2. Kor. wesentlich schwierigere Probleme als der 1. Kor. enthält, und aus diesem Grunde werde ich in der Einleitung zum Kommentar zum 2. Kor. auf den Fragenkomplex Kompilation und Integrität zurückkommen. Hier möchte ich nur darauf hinweisen, daß es mir am wahrscheinlichsten vorkommt, Paulus habe den 1. Kor. in seiner jetzigen Gestalt niedergeschrieben – von Kapitel 1 bis 16 –, und ich möchte einige Argumente zugunsten dieses Standpunktes aufzählen:

1. Der 1. Kor. ist ein langer Brief. Als er geschrieben wurde, war Paulus mit evangelistischen und pastoralen Tätigkeiten beschäftigt; außerdem ist es möglich, daß er durch ein Handwerk den eigenen Lebensunterhalt verdiente. Wieviel Freizeit ihm zum Schreiben übriggeblieben sein wird, wissen wir nicht; wir können kaum annehmen, daß es viel war! Darum wird die Niederschrift des Briefes eine ganze Zeit in Anspruch genommen haben; möglicherweise wurde die Arbeit zwischendurch beiseite gelegt und später wieder aufgenommen. Ein Brief, der unter solchen Umständen geschrieben wurde, kann durchaus gelegentliche Widersprüche aufweisen, gerade wenn zweimal das gleiche Thema aus anderer Sicht behandelt wird. Den Schreiber können außerdem zwischendurch neue Nachrichten erreicht haben; vielleicht änderte er seine Pläne, um sich den neuen Verhältnissen anzupassen.

2. Bezüglich der Pläne des Paulus selbst gibt es keine ernsthafte Schwierigkeit. Einmal davon abgesehen, daß die Kapitel 4 und 16 nicht gleichzeitig niedergeschrieben wurden, müssen wir auch feststellen, daß es in den beiden Kapiteln um verschiedene Situationen geht, die jeweils zum Ausdruck kommen. In Kap. 4 erteilt Paulus denen eine deutliche Warnung, die sich so benehmen, als würden sie den Apostel nie wieder zu sehen bekommen: „Irrt euch nicht! Ich werde wieder nach Korinth kommen, und zwar eher, als einige von euch meinen. Dann werden wir feststellen, was diese Leute nicht nur sagen, sondern auch tun können!“ In Kap. 16 hingegen schildert Paulus ganz nüchtern seine Reisepläne: „Ich werde nach Korinth kommen, und zwar ziemlich bald; doch bin ich verpflichtet, bis Pfingsten in Ephesus zu bleiben.“

3. Größere Probleme verursacht Timotheus, von dem es 4, 17 heißt, daß er schon geschickt sei, 16, 10 dagegen: „Wenn (im Sinne von „falls“) er kommt.“ Es gibt also Zweifel darüber, ob er

überhaupt ankommen wird. S. Komm. z. Stelle. Wahrscheinlich ist Timotheus entweder allein oder mit Erastus zusammen nach Mazedonien geschickt worden; Paulus hat es ihm bzw. ihnen selbst überlassen, ob sie die Reise bis nach Achaia fortsetzen wollten.

4. Der schwierigste Punkt ist im 9. Kapitel zu finden. Folgende Fragen werden hier angemeldet: Warum fängt Paulus von neuem an, über das Apostolat zu sprechen? Wie kann Kap. 9 auf Kap. 8 folgen? Warum wird die Besprechung des Götzenopferfleisches, die im 8. Kapitel angefangen wurde, auf einmal abgebrochen, nur um in Kap. 10 aus etwas anderer Sicht wieder aufgenommen zu werden? Für alle diese Fragen gibt es eine einzige Lösung, die aber einer ausführlichen Exegese bedarf, die wir im Text des Kommentars versucht haben. Bei der Frage des Götzenopferfleisches handelt es sich um ein sehr kompliziertes Problem, und zwar aus zwei Gründen: (a) Es muß zwischen dem gewöhnlichen Verzehr von Speise und dem Verzehr von Speise in bestimmten Umständen, die dem Essen die Bedeutung eines Götzendienstes verleihen, unterschieden werden. (b) Es muß sowohl der christlichen Freiheit wie auch der Verpflichtung christlicher Liebe, die zuweilen die Freiheit einschränken kann, Rechnung getragen werden. Diese Überlegungen erklären die scheinbaren Widersprüche in der Abhandlung des Paulus zum Thema Götzenopferfleisch; gleichzeitig bieten sie eine Erklärung für Kap. 9. Paulus hat an die Korinther appelliert, ihre Freiheit freiwillig einzuschränken und ihre Rechte aufzugeben. Er fügt aber sofort hinzu, daß er nichts von ihnen fordert, was er selber nicht zu leisten bereit wäre. Er hat ja auf seine eigenen apostolischen Rechte freiwillig verzichtet. Hier hätte er das Argument zum Thema fortsetzen können, aber in charakteristischer Weise hält er inne und fragt: „Warum?“ Als Antwort gibt er an, daß er auf den Genuß seiner zweifellos ihm zustehenden Rechte verzichtet hat um des Evangeliums willen (9, 12.15.18.22f.). Das bringt ihn aber zum Wesen des Evangeliums und zur gefährlichen Torheit derer, die sich einbildeten, sie würden durch Teilnahme an den Sakramenten automatisch vor Sünde und Gericht bewahrt. Erst jetzt nimmt er das Thema des Götzenopferfleisches wieder auf, und zwar nun im Lichte der Einsichten, die durch seine scheinbar abschweifenden Gedanken den Korinthern zuteil wurden.

Die Integrität des 1. Kor. wird wahrscheinlich weiterhin die theologischen Gemüter erhitzen. Die Rekonstruktionen, von denen wir oben zwei Beispiele anführten, sind keinesfalls unmöglich, aber ihre Vielfalt läßt erkennen, wie sehr sie von subjektiven Überlegungen bestimmt werden; je komplizierter eine Rekonstruktion, desto schwerer ist es zu verstehen, durch welche redaktionellen Prozesse der Brief seine jetzige Gestalt erreichte. Solange wir aber der Überzeugung sind, daß der Brief, so wie er uns überliefert ist, einen einigermaßen vernünftigen Sinn ergibt, ob historisch oder theologisch betrachtet, dürfen wir aller Wahrscheinlichkeit nach annehmen, daß wir den Brief so erhalten haben, wie er von der Feder des Autors niedergeschrieben wurde.

III. DER BEITRAG DES 1. KORINTHERBRIEFS

(a) Zur Entwicklung der Theologie

Der 1. Kor. ist alles andere als ein Werk der Dogmatik. Er ist vielmehr ein ganz praktischer Brief, der an die Christen in einer einzigen, wenn auch verworrenen, Gemeinde gerichtet wurde. Ihnen wird nicht gesagt, wie sie denken, sondern wie sie handeln, bzw. nicht handeln sollten. Und doch beruhen die praktischen Ratschläge zumeist auf erkennbaren theologischen Prinzipien; wichtiger noch scheint die Tatsache zu sein, daß die Probleme, mit denen Paulus zu ringen hatte, seine theologischen Ansichten beeinflußten oder wie ein Katalysator halfen, theologische Entwicklungen voranzutreiben, die sonst nur sehr langsam vor sich gegangen wären. Die Theologie, die hinter den Ratschlägen des Paulus an die Korinther steckt, offenbart sich am deutlichsten, wenn wir den Text des Briefes eingehend studieren; daher verweise ich auf den Kommentar selbst. In den folgenden Absätzen habe ich mich nicht darum bemüht, eine ganzheitliche Schau der paulinischen Theologie darzustellen; es handelt sich hier nicht einmal um eine ganzheitliche Theologie des 1. Kor. Es sollte vielmehr auf die Umstände hingewiesen werden, die Paulus veranlaßt haben mögen, sein theologisches Denken zu erweitern.

1. **Die Christologie.** Es gab in Korinth keine offensichtlichen christologischen Irrlehren, die Paulus dazu gezwungen hätten, positive christologische Ansichten zu schildern. In zwei Punkten wurde er aber doch veranlaßt, christologisch zu denken.

Schauen wir uns das Wort *Weisheit* (*σοφία*) näher an. Im Kommentar[17] wird gezeigt, daß das Wort Weisheit im 1. Kor. mindestens vier Bedeutungen erhält. Es gab Menschen in Korinth, die unter dem Begriff „Weisheit" in erster Linie eine Art zu predigen verstanden, in der logische und rhetorische Kunststücke vollbracht wurden, um den Hörer zu überzeugen. Die dadurch erreichte Überzeugung war dementsprechend von den rhetorischen Kunststücken abhängig. Das Argument wurde von den logischen Folgerungen des Redners getragen und daraufhin wurde geglaubt. Paulus hielt es für notwendig, darauf hinzuweisen, daß er die christliche Predigt nicht so verstand. Für ihn bestand die Kunst des Predigers darin, jene Torheit, die unmöglich überzeugen kann, nämlich den gekreuzigten Christus, den Hörern vor Augen zu malen. Diese Predigt konnte nicht wegen der menschlichen Redekunst wirksam werden, mit der sie gehalten wurde, sondern allein wegen des Inhalts – wegen Christus selbst und der Kraft des sich selbst offenbarenden Gottesgeistes, der die Predigt begleitete. Christus selbst war also die wahre Weisheit. Außerdem wurde die Weisheit (vielleicht manchmal die *Erkenntnis – γνῶσις*) als das Wesen des Heils selbst dargestellt. Sie war also nicht nur eine Methode, dcn Heilsweg weiterzugeben, sondern sie war selbst der Heilsweg, der Weg, auf dem die Menschen den Eingang in die Herrlichkeit der himmlischen Welt finden konnten. Gegenüber dieser falschen Weisheit mußte Paulus die wahre Weisheit, nämlich Christus selbst, schildern. Sie war in der Tat eine verborgene Weisheit, denn nach menschlichen Maßstäben konnte niemand erahnen, daß Christus die Kraft und Weisheit Gottes war. Und die Annahme des Evangeliums versprach außerdem keine sofortige Seligkeit, sondern verpflichtete zu einem Leben der Disziplin und des Gehorsams. Und doch mußte im Kontext der korinthischen Situation, wenn Paulus' Verständnis des Christentums durchgesetzt werden sollte, diese Gleichung herausgestellt werden: Christus ist die Weisheit Gottes.

Die Gleichung führte Paulus nicht sofort zu der hochentwickelten Weisheitschristologie, deren Anfänge wir in Kol. und Heb. finden; aber doch sind die Wurzeln einer derartigen Christologie in 1. Kor. vorhanden, und zwar nicht nur in der Besprechung der Weisheit in Kap. 1 und 2, sondern auch – sogar vornehmlich – in 8, 6, wo Christus (durch den alle Dinge, auch wir selbst, sind) die Eigenschaften der personifizierten Weisheit, wie wir sie z. B. im Buch der Weisheit Salomos sehen, übernimmt. Es ist nicht notwendig, diesen Gedanken hier darzulegen; es reicht, wenn wir bemerken, daß er überhaupt im Kontext der korinthischen Situation vorkommt.

Eine zweite christologische Entwicklung findet bei der Besprechung der Auferstehungslehre statt. Diese Besprechung wurde durch die Irrtümer der Korinther in dieser Sache notwendig gemacht (15, 12). Paulus glaubte weder an die Unsterblichkeit des Menschen, noch an eine eigenständige Auferstehung. Als Menschen stehen für ihn alle unter dem Todesurteil, einem Urteil, das gerechterweise über Adam gefällt worden war (1. Mose 2, 17; 3, 19) und das auf alle Nachkommen Adams übergegangen war. Daß die Menschheit jetzt eine neue Zukunftshoffnung haben durfte, ergab sich allein aus der Tatsache, daß Jesus von den Toten auferweckt worden war, und zwar als Erstlingsfrucht der Entschlafenen. Jesus stand also zur neuen Menschheit in der gleichen Beziehung wie Adam zur alten. In der Tat war er der letzte Adam, der himmlische Mensch, was dem „Mensch des Staubes“ aus den Schöpfungsberichten der Genesis entspricht. In welchem Sinne aber entsprach Christus Adam? Anscheinend nimmt Paulus Bezug auf das Gesicht in Dan. 7, 13, wo eine menschliche Gestalt in den Wolken des Himmels erscheint; und er leitet davon zwei gedankliche Bereiche ab: einmal den Bereich der jüdischen Menschensohn-Apokalyptik, und zum anderen die weit verbreiteten Spekulationen über einen urbildlichen Menschen. Wir können auf der Grundlage des 1. Kor.[18] unmöglich sagen, wieviel Entliehenes Paulus anzuwenden bereit war, noch was er aus dem Entliehenen machte, doch sehen wir, wie die Notwendigkeit einer Disputation mit den Korinthern (zusammen mit anderen Anlässen) ihn zu wichtigen Entwicklungen in seinem christologischen Denken führte.

2. **Die Anthropologie.** 1. Kor. 6, 12f. spiegelt ein charakteristisches und auf den ersten Blick überzeugendes Argument der Korinther wieder. Es leitete sich von der Predigt des Paulus ab, in der er die Freiheit von der Gesetzlichkeit betonte, nämlich daß „alles erlaubt" sei. Diese Schlußfolgerung wurde durch das Argument mit der Analogie menschlicher Körperfunktionen untermauert. Der Mensch sei nicht mehr durch Speisegebote verpflichtet; die Speise sei für den Bauch und der Bauch für die Speise, es sei also unwesentlich, welche Speisen eingenommen werden, denn beide, Bauch und Speise seien nur vorübergehende Erscheinungen, die das ewige Schicksal der Menschen nicht beeinflussen könnten. Aus ähnlichen Gründen dürfe das Sexualleben von allen Beschränkungen befreit werden. Weder die männlichen noch die weiblichen Geschlechtsorgane könnten den Tod überleben, darum sei es erlaubt, sie in diesem Leben frei und ohne feste Bindungen zur Befriedigung der geschlechtlichen Lust einzusetzen. Natürlich konnte Paulus diesem Argument nicht zustimmen, ohne ganz und gar die christliche Moral aufzugeben; aber wo war der Unterschied zwischen dem geschlechtlichen Bedürfnis und dem Bedürfnis nach Speise zu finden?

Als sich Paulus der Lehre von der Auferstehung der Toten zuwandte, ging es um ein damit verbundenes Problem. Er setzte sich für eine Kontinuität[19] zwischen dem Leib des gegenwärtigen Lebens und dem des zukünftigen Lebens ein. Ist das aber glaubwürdig? Welche Art Kontinuität meinte er eigentlich?

Im Text des Kommentars wird klargemacht, wie Paulus diese Fragen beantwortete. Hier wollen wir nur darauf hinweisen, daß Paulus anhand der Probleme gezwungen wurde, über das Verhältnis zwischen „Fleisch" (*σάρξ*) und „Leib" (*σῶμα*) nachzudenken, seine Auffassung der beiden Arten von Leib (dem natürlichen und dem geistlichen – *σῶμα ψυχικόν* und *σῶμα πνευματικόν*) zu entwickeln und den Einfluß der im Leibe vollbrachten Taten auf das wesentliche Leben und die Identität des Menschen zu erwägen. Diese Unterscheidungen und Beziehungen werden im 2. Kor. und im Röm. konkreter behandelt; mir will es aber scheinen, daß Paulus bei der Niederschrift vom 1. Kor. gezwungen wurde, sich mit ihnen zu befassen.

3. **Das Judentum und andere Religionen.** Der christliche Glaube des Paulus entwickelte sich in der Spannung zur jüdischen

Religion, der er eine Absage erteilte, als er Christ wurde. Zweifellos war er sich im Verlauf seines Lebens als Christ stets des Drukkes der alten Religionsgemeinschaft bewußt, und in den Jahren vor der Abfassung des 1. Kor. war er des öfteren veranlaßt worden, sich damit auseinanderzusetzen. In Korinth war das Problem nicht so akut, obwohl auch hier Spuren eines jüdischen Druckes zu verzeichnen waren[20], der dazu führte, daß Paulus seine Auffassung, die er in 7, 19 erklärt, weiter entwickelte: nämlich, daß das gegenwärtige Judentum vollkommen ohne Belang sei. Es wird kein Zufall sein, daß Paulus gerade im 1. Kor. sein Prinzip nennt (9, 20ff.), mit einem ungehemmten Pragmatismus[21] sein Verhalten seiner Umgebung anzupassen, damit er für den neuen Glauben Bekehrte gewinne. Diese zwischen Hochachtung und Geringschätzung abwechselnde Einstellung zur Tora wäre zu keiner anderen Zeit und für keine andere Person als Paulus jemals denkbar gewesen. Bedeutend ist jedoch des Apostels Verständnis für das Prinzip, daß alles „im Interesse des Evangeliums" (*διὰ τὸ εὐαγγέλιον*) getan werden müsse.

In Korinth mußte sich Paulus nicht nur mit dem Judentum, sondern auch mit einer Vielfalt anderer Religionen auseinandersetzen, die alle viele Götter und Herren (8, 5) hatten. Man diente ihnen in Tempeln und brachte ihnen verschiedene Speiseopfer dar. Ich habe schon oben (s. S. 29f.) dargelegt, daß sich die verschiedenen Stellen, in denen Paulus die Frage des Götzenopferfleisches abhandelt, nicht widersprechen (s. ebenfalls den Text des Kommentars); wahr ist jedoch, daß wir in diesen Stellen sehen können, wie Paulus zu einer klaren Stellungnahme aus christlicher Sicht vordringt. Weiter läßt er eine gewisse Analogie zwischen den heidnischen Festen, die er allerdings als Teilnahme an der Gemeinschaft mit Dämonen mißbilligt, und dem christlichen Abendmahl gelten. Das christliche Herrenmahl will auch Gemeinschaft vermitteln, nur mit einem anderen Herrn. Möglicherweise will er auch andeuten, daß das Herrenmahl in seiner eigenen Weise wie das Mahl der heidnischen Kulte ein Opfermahl sei; denn das Herrenmahl, zwar an sich kein Opfer, wurde als Folge eines Opfers und im Rückblick auf ein Opfer gefeiert (vgl. 5, 7). Paulus vergleicht die Einsetzung des Abendmahls mit der Wüstenerfahrung, wo Israel „in Mose" getauft wurde und geistliche Speise essen durfte. Im Lichte der heidnischen Parallele war

Paulus gezwungen, das Wesen der Gemeinschaft, die das Herrenmahl mit dem gekreuzigten Christus ermöglichte, durchzudenken. Die Predigt sowie die Sachargumente des Paulus blieben stets und ausschließlich vom Christentum durchdrungen, doch bemühte er sich, wie wir aus diesem Brief ersehen, um ein sensibles Eingehen auf die Umwelt.

4. **Apostelamt und christliches Vorbild.** Erst im 2. Kor. wird dieses Thema in seiner vollen Klarheit entfaltet, doch sind im ersten Brief schon die Weichen gestellt. Woran kann ein Apostel erkannt werden? Die Korinther haben anscheinend geantwortet: An seiner Redegewandtheit; an einer beeindruckenden, zur Gnosis hin tendierenden Theologie; an seinem autoritären Auftreten. Aber nach diesen Maßstäben konnte Paulus nicht als Apostel gelten. Er lehnte es ab, menschliche Argumente und weltliche Rhetorik geltend zu machen; er war bereit, die Härten eines Pionierlebens auf sich zu nehmen; und seinen Bekehrten gegenüber verhielt er sich mehr wie ein Vater als ein Meister. Aller Wahrscheinlichkeit nach wußte Paulus instinktiv, daß dies die richtige Methode war; aber der Korinther wegen mußte er sich der Frage stellen: Was ist ein Apostel – und wie kann er erkannt werden? Diese Frage ließ ihn auf den Auftrag, den er von dem auferstandenen Christus empfangen hatte, sowie auf die Tatsache, daß die Korinther, was den christlichen Glauben betraf, seine Kinder waren, zurückgreifen. Er war es, der für ihre Gemeinde das Fundament gelegt hatte. Das waren greifbare Tatsachen, die Paulus echte Autorität verliehen; doch letzten Endes konnten der Apostel und sein Werk allein durch den Herrn selbst bestätigt werden; dem äußeren Anschein nach mußte ein Apostel keinesfalls beeindruckend auftreten. Hier war nicht einmal sein eigenes reines Gewissen von Bedeutung.

In all diesen Fragen standen Paulus und seine Mitapostel nicht abseits von der Gemeinde, sondern gerade sie lieferten ihr das nötige Vorbild eines christlichen Lebenswandels. Durch die Gemeinde zu Korinth wurde Paulus gezwungen, eine Hierarchie der Werte zu formulieren. Wir dürfen annehmen, daß in Korinth von allen Geistesgaben die des Zungenredens am höchsten eingeschätzt wurde. Diese Gabe besaß Paulus auch selber; wenn Hurds[22] Annahme stimmt, hatte er die Korinther gelehrt, diese Gabe zu praktizieren und schätzen. Wir wissen natürlich nicht, wie weit dies richtig ist; aber es ist möglich, daß die Situation in Korinth Paulus dazu gebracht hatte, seine Meinung zu ändern, so daß er nun das wahre Wesen des christlichen Lebenswandels nicht mehr in nach außen hin beeindruckenden Geistesgaben, sondern in der Liebe erkannt zu haben glaubte. Es wäre töricht, zu behaupten, dies wäre Paulus erst bei der Niederschrift des 1. Kor. aufgegangen; wir dürfen sogar damit rechnen, daß Paulus in 1. Kor. 13 eine schon vorhandene Quelle eingearbeitet hat. Aber die korinthische Situation veranlaßte ihn zum Nachdenken und lieferte ihm die Gelegenheit, seine Ansichten über die christlichen Prioritäten unmißverständlich darzulegen.

(b) Zu unserer Kenntnis des Urchristentums

Zusammen bilden 1. und 2. Kor. vielleicht das wertvollste Dokument für den Historiker, der das apostolische Zeitalter studieren will. Die Folgerungen, die dem 2. Kor. zu entnehmen sind, werden in diesem Buch nicht behandelt; hier wollen wir die wichtigsten Erkenntnisse aus dem 1. Kor. zusammenfassen. Weitere Einzelheiten sind im Text des Kommentars enthalten.

1. **Die Chronologie.** Dieses Thema wurde im Zusammenhang unserer Besprechung des Datums und des Hintergrunds von 1. Kor. erörtert (S. 15ff.). Wenn wir nicht spekulieren wollen, wie verlockend das auch sein mag, können wir im 1. Kor. nur den dürftigsten Umriß der Ereignisse entdecken, die zur Abfassung des Briefes führten: Besuch des Paulus in Korinth; Gründung der Gemeinde; der „frühere Brief"; Brief aus Korinth an Paulus; die Leute der Chloë, dann auch Stephanas, Fortunatus und Achaikus bei Paulus. Möglicherweise sollten wir hier hinzufügen: Besuch des Kephas[23] sowie des Apollos in Korinth. Zwei weitere Punkte dürfen ergänzt werden:

A) Der 1. Kor. liefert uns Informationen über den Dienst des Paulus in Ephesus. In 15, 30ff. schreibt Paulus: „Warum setzen wir uns stündlich der Gefahr aus . . . Was nützt es mir, wenn ich aus rein menschlichen Überlegungen heraus mit wilden Tieren gekämpft habe?" Es ist nicht wahrscheinlich (s. Kommentar), daß sich diese Stelle auf einen buchstäblichen Kampf mit wilden Tieren in der Arena bezieht; doch bezeugt sie die großen Gefahren und Schwierigkeiten, denen sich Paulus ausgesetzt sah, und läßt erkennen, daß seiner Predigt beträchtlicher Widerstand geleistet wurde. Somit wird das Bild der „vielen Gegner" (16, 9) deutlicher.

B) Der 1. Kor. enthält die früheste, uns noch erhaltene Bezugnahme (mit der möglichen Ausnahme der allgemeinen Bemerkung Gal. 2, 10) auf die Kollekte des Paulus für die armen Heiligen. Eine ausführliche Darstellung dieser paulinischen Tätigkeit[24] gehört in den Kommentar zum 2. Kor.; aber es sollte hier angemerkt werden, daß schon damit begonnen wurde, und daß Paulus in den Gemeinden Galatiens schon Vorbereitungen getroffen hatte (16, 1).

2. **Die Struktur der Gemeinde.** Die gesellschaftliche Zusammensetzung der Gemeinde wird in 1, 26 ohne jegliche Umschweife beschrieben. Es gab nicht viele, die nach den üblichen Maßstäben als weise, mächtig oder edel gelten konnten. Auch Sklaven waren dabei (7, 21), obwohl nicht die ganze Gemeinde aus Sklaven bestand (7, 23).

Die verschiedenen Gemeindeglieder hätten zwar kaum als Korinther angesehen werden können, wenn sie nicht ein reichliches Maß an Individualismus an den Tag gelegt hätten; doch waren sie zu einer so einheitlichen Gemeinschaft zusammengebunden, daß sie Paulus mit einem „Leib" (10, 17; 12, 12–27) vergleichen konnte, bei dem jedes Glied mit dem anderen verbunden ist. Es handelte sich also, wie diese Beschreibung vermuten läßt, mehr um einen Organismus als um eine Organisation; im Brief selbst ist kaum von irgendeiner Organisation die Rede. Vor allem scheint es wenig oder keine formelle Leiterschaft gegeben zu haben. Die Abendmahlsversammlung wird beschrieben, ohne daß von einem Vorsitzenden die Rede wäre; 11, 33 läßt sogar vermuten, daß es einen solchen nicht gab. Es war kein Kassenwart vorhanden, dem man Beiträge zu entrichten hatte (16, 2). Vielleicht war es gewissermaßen ein ganz natürlicher, menschlicher Wunsch, der dazu führte, daß sich Parteien um die Namen Paulus, Apollos, Kephas und Christus bildeten. Auf jeden Fall machte Paulus nicht den Versuch, der Situation dadurch abzuhelfen, daß er die eigene Autorität unterstrich und die ganze Gemeinde an sich band, sondern er stellte heraus, daß er selbst nur Verwalter sei (4, 1), und zwar ein gewissenhafter, jedoch nicht ein besonders beeindruckender (4, 4.9–13). Und doch war er der Evangelist, dem die Korinther ihre christliche Existenz verdankten, und als solcher durfte er von sich als von ihrem Vater reden (4, 14f.); und als Vater durfte er bei Gelegenheit auch die Rute einsetzen (4, 21).

Die Anfänge einer Organisation erweisen sich in der Hervorhebung vom „Haus des Stephanas" (16, 15f.) und von anderen, die sich dem christlichen Dienst verpflichtet hatten und die bei der Leitung und der Zucht der Gemeinde zusammenarbeiteten; auch die Vielfalt an geistlichen Gaben, die der Gemeinde geschenkt waren, führte in diese Richtung (s. Kommentar zu 12, 28). Neben den Aposteln gab es Propheten und Lehrer, doch auf Grund nur des 1. Kor. ist es nicht leicht, diese letzten beiden Gruppen der Funktion und Stellung nach zu ordnen. Die Prophetie war offensichtlich eine örtliche Gabe in dem Sinn, daß sie, wie auch die Gabe des Zungenredens, von Mitgliedern der Ortsgemeinde praktiziert wurde. Aber die Propheten werden auch teilweise von Gemeinde zu Gemeinde gereist sein, um die Arbeit der Apostel zu ergänzen. Die Lehrer waren wahrscheinlich an einem Ort seßhaft; doch müssen wir zugeben, daß wir nicht wissen und aus dem 1. Kor. auch nicht erraten können, was, wie oder wen sie lehrten. Es gab auch eine Gabe des praktischen Dienstes, der Führung und der Seelsorge. Diese Befähigungen brauchen jedoch hier nicht kommentiert zu werden.

Die Korinthergemeinde in den 50er Jahren des 1. Jahrhunderts hatte, wie auch viele andere zeitgenössische Gemeinschaften, keine festgelegte Form oder Struktur. Es ging sehr lebhaft zu; viele Geistesgaben wurden manifestiert; viele Menschen leisteten einen Beitrag, der eine lang, der andere kurz, der eine still und gründlich, der andere schauspielerhaft und mit kurzlebiger Begeisterung. Allem Anschein nach hat Paulus nicht versucht, der Gemeinde eine feste Struktur zu geben; es ist jedoch möglich, anhand der anderen Bücher des Neuen Testaments zu erkennen, wie das christliche Gemeindeleben in sich die Tendenz trug, auf dem Gebiet des Wortdienstes, der Armenpflege und der Gemeindezucht feste Formen zu entwickeln[25].

3. **Die Bräuche der Gemeinde.** Es ist nicht zu erwarten, daß eine sich erst entwickelnde und so lose konstituierte Gemeinschaft ein festes Brauchtum hat. Vielleicht ist das Wort „Brauchtum"

nicht ganz passend; doch geschahen in Korinth gewisse Dinge regelmäßig wieder, und in der Tat kann keine Gesellschaft lange existieren, ohne mindestens einige mehr oder wenige feste Praktiken zu entwickeln.

Wahrscheinlich wurden alle Christen bei ihrer Aufnahme als Gemeindeglieder getauft, obwohl Paulus kein Zeugnis aus erster Hand geben kann, denn er hatte persönlich nicht viele seiner Bekehrten getauft und wußte auch nur ungewiß, wen er getauft hatte (1, 14–17). Die Argumentation in 10, 1–13 läßt durchschimmern, daß einige Christen ihre Taufe überbewerteten (vielleicht sollten wir lieber sagen: fehldeuteten), indem sie sie als Prophylaktikum verstanden, was jedoch die Taufe nie war oder sein sollte; nach 15, 29 (einige Ausleger) schrieben die Korinther dem Ritus der Taufe magische Wirkung zu.

Die Glieder der Gemeinde kamen von Zeit zu Zeit zu einer Versammlung zusammen. Bei diesen Versammlungen wurden Prophetie und Zungenreden praktiziert, und jedes Glied hatte irgendeinen Beitrag: ein Wort der Erkenntnis oder der Weisheit, eine Lehre oder eine Offenbarung, die in Form einer Weissagung oder Zungenrede weitergegeben wurde (12, 8; 14, 26). Die Anweisungen, die Paulus gibt, lassen vermuten, daß es in diesen Versammlungen recht ungestüm, sogar chaotisch, zuging; keinesfalls waren sie langweilig. Anwesend waren nicht nur Glieder der Gemeinde; auch ungläubige Außenstehende besuchten diese Versammlungen (14, 23). Schwer ist es, einzuschätzen, welche Rolle dabei die Frauen spielten, denn wir können kaum 11,5 mit 14,34 vereinbaren (s. Kommentar zu diesen Stellen). Wenn sich Paulus, was durchaus möglich ist, über ihr öffentliches Auftreten Sorgen machte, kann das daher kommen, daß die Korinther es überhaupt schwer fanden, die Beziehungen zwischen den Geschlechtern angemessen zu gestalten; einerseits lesen wir in Kap. 5 von einem Fall der Unzucht, der sogar nach heidnischen Maßstäben schockierend war; andererseits offenbart Kap. 7 eine Neigung zur Askese in geschlechtlichen Fragen – auch dann, wenn 7, 25–38 nicht auf eine frühe Form der in der späteren Kirchengeschichte bekannten geistlichen Ehen hindeutet.

Manches Mal versammelte sich die Gemeinde zu einer gemeinsamen Mahlzeit. Im Kommentar (s. zu 10, 16–21; 11, 17–34) wird notwendigerweise die Betonung auf die Abweichungen gelegt, die Paulus veranlaßten, seine Kritik zu üben; wir sollten uns aber hier einmal der Norm bewußt werden, die hinter den Abweichungen stand. Aus der Klage des Paulus, daß ein Gemeindeglied hungert, während sich das andere betrinkt, dürfen wir schließen, daß es sich um eine echte Mahlzeit handelte (nicht um eine bloß symbolische), und daß im Idealfall Reiche und Arme dazu ihre Mittel zusammenlegten. Bei dieser Mahlzeit wurden die Ereignisse um den Tod des Herrn wiederholt; so schaute das Ganze nicht nur in die Zukunft auf die Rückkehr des Herrn, sondern auch zurück. Ob allerdings diese Wiederholung die „Einsetzungsworte" mit einschloß, können wir nicht wissen. Es wird meistens vorausgesetzt, daß dies der Fall war, weil Paulus diese Worte zitiert (11, 24ff.), aber wir dürfen deswegen nicht schließen, daß diese Worte bei jeder Versammlung benutzt wurden. Paulus gibt hier die Worte Jesu wieder, um die korinthische Gemeinde zu einem richtigen Verständnis dieses Brauchs zu führen.

Weitere Einzelheiten sowie ein Versuch, die Bedeutung der christlichen Bräuche, auf die wir uns hier beziehen, zu erläutern, sind im Kommentar zu finden. Kaum ein einziger Absatz dieses Briefes enthält kein historisches Zeugnis von den Geschehnissen zu Korinth und kein theologisches Zeugnis von der positiven und schöpferischen Kritik des Paulus an diesen Geschehnissen, so wie er dies anhand seines Verständnisses des Evangeliums für nötig hielt. Darum besitzt der 1. Kor. innerhalb des Neuen Testaments eine einzigartige Stellung. Zwar enthält der Brief nicht die ausführlichste und eindeutigste Erklärung des Evangeliums des Paulus; die finden wir im Römerbrief. Auch hinsichtlich der Offenbarung des Apostelherzens des Paulus wird der 1. Kor. vom 2. Kor. übertroffen, wenn nicht auch von anderen Briefen. Aber im 1. Kor. dürfen wir diesen einen großen Vorteil erkennen: Er zeigt uns die praktische Anwendung der Theologie zur Kritik an Personen, Bräuchen, Praktiken und Ideen sowie zu deren Festigung. „So ist Theologie als biblische Theologie die Frage nach der Begründung, als praktische Theologie die Frage nach dem Ziel, als dogmatische Theologie die Frage nach dem Inhalt der der Kirche eigentümlichen Rede[26]." Als Studenten des Neuen Testaments können wir nicht zwischen biblischer, praktischer und dogmatischer Theologie unterscheiden; aber im 1. Kor. sehen wir, wie der Apostel anhand seiner primären theologischen Überzeugung eine Gemeinde auf allen diesen Gebieten befragt; und nicht nur die Substanz der Überzeugung, sondern auch die Art der Befragung ist uns „zu unserer Belehrung“ überliefert worden.

GLIEDERUNG
DES 1. KORINTHERBRIEFS

A. EINLEITUNG 1, 1–9

1. 1, 1–3: Vorwort
2. 1, 4–9: Danksagung

B. NACHRICHTEN AUS KORINTH 1, 10–6, 20

(a) Weisheit und Parteiwesen in Korinth 1, 10–4, 21

3. 1, 10–17: Die in Korinth entstandenen Gruppen
4. 1, 18–31: Das Wort vom Kreuz
5. 2, 1–5: Das einfache Zeugnis
6. 2, 6–16: Falsche und wahre Weisheit
7. 3, 1–4: Auch wahre Weisheit nicht für Unmündige
8. 3, 5–17: Paulus und Apollos
9. 3, 18–23: Paulus, Apollos, Kephas und Christus
10. 4, 1–5: Die Knechte Christi und ihre Arbeit
11. 4, 6–13: Die Korinther und ihre Apostel
12. 4, 14–21: Die Korinther und ihr Apostel; Pläne des Paulus

(b) Unzucht 5, 1–13

13. 5, 1–13: Unzucht inner- und außerhalb der Gemeinde

(c) Prozesse unter Christen 6, 1–11

14. 6, 1–11: Es sollten keine Prozesse unter Christen stattfinden, auch keine Gründe vorhanden sein, sich gegenseitig anzuklagen

(d) Die Wurzel des Problems 6, 12–20

15. 6, 12–20: Die Wurzel des Problems

C. EIN BRIEF AUS KORINTH 7, 1–16, 4

(a) Die Ehe und ähnliche Fragen 7, 1–40

16. 7, 1–7: Das Verhalten in der Ehe
17. 7, 8–24: Christliche Ehen und Mischehen, Sklaverei und Freiheit
18. 7, 25–40: Jungfrauen

(b) Götzenopferfleisch 8, 1–11,1

19. 8, 1–13: Quelle der Unruhe – Erkenntnis wurde höher geachtet als Liebe
20. 9, 1–27: Sogar ein Apostel wird um des Evangeliums willen auf seine Rechte verzichten
21. 10, 1–13: Auch solche, die getauft sind und am Abendmahl teilnehmen, sind nicht gefeit
22. 10, 14–22: Christlicher Glaube und Götzendienst vertragen sich nicht
23. 10, 23–11,1: Wesen, Maß und Grenzen der christlichen Freiheit

(c) Die christliche Versammlung 11,2–34

24. 11, 2–16: Männer und Frauen
25. 11, 17–34: Das Mahl

(d) Die Gaben des Geistes 12,1–14, 40

26. 12, 1–3: Der grundlegende Prüfstein: (a) „Jesus ist Herr“
27. 12, 4–31: Verschiedenheit der Gaben im einen Leib
28. 13, 1–13: Der grundlegende Prüfstein: (b) Die Liebe
29. 14, 1–40: Zungenreden und Weissagung, am Prüfstein gemessen

(e) Die Auferstehung 15, 1–58

30. 15, 1–11: Das gemeinsame Evangelium
31. 15, 12–22: Folgerungen aus dem Evangelium
32. 15, 23–28: Christliche Apokalypse (a)

D. SCHLUSS 16, 5–24

ÜBERSETZUNG UND KOMMENTAR

A. EINLEITUNG

1. 1, 1–3: Vorwort

(1) Paulus, berufen zum Apostel Christi Jesu durch Gottes Willen, zusammen mit Sosthenes, seinem Bruder im Glauben, (2) an die Gemeinde Gottes, die zu Korinth ist und die aus Menschen besteht, die in Christus Jesus geheiligt[27] und durch göttliche Berufung zu Heiligen geworden sind, sowie an alle, die an jedem Versammlungsort den Namen unseres Herrn Jesu Christi anrufen – ihres und unseres Herrn. (3) Ich wünsche euch Gnade und Frieden von Gott, unserem Vater, und dem Herrn Jesus Christus.

Wie in jedem Brief benutzt Paulus die übliche griechische Eingangsformel: A an B, Gruß. Hier, wie auch in jedem Brief, wird diese Formel aus christlicher Sicht erweitert durch eine Definition des Absenders und der Empfänger sowie durch einen ausführlichen Gruß. Die Erweiterung in diesem Brief ist nicht so auffällig lang wie im Röm. (1, 1–7), doch bietet sie schwierige Probleme der Textkritik, der Grammatik und der Auslegung.

Paulus beschreibt sich selbst als **berufen zum Apostel** (V. 1). Wahrscheinlich soll das Wort *berufen* (*κλητός*) im Text stehen, obwohl es in A D fehlt. Der längere Text (mit *κλητός*) könnte genausogut eine Angleichung an Röm. 1, 1 als der kürzere Text (ohne *κλητός*) an 2. Kor. 1, 1 darstellen. Für den Text mit *berufen* spricht, daß es ein Problem (– das zu beseitigen ein Kopist durch Auslassen des Wortes gedachte –) hinsichtlich des Bezuges von **durch Gottes Willen** hervorruft. Ist hier die Berufung oder das Apostolat gemeint? 2. Kor. 1, 1 weist entschieden auf das letztere, Gal. 1, 15 hingegen auf das erstere hin. Nicht nur die Berufung selbst, die auf der Straße nach Damaskus (Apg. 26, 16ff.) oder in Jerusalem (22, 21) erfolgte, sondern das Ganze der apostolischen Tätigkeit des Paulus wird vom Willen Gottes bestimmt. Die Verkündigung der Guten Nachricht ist selbst Bestandteil der Guten Nachricht, und der Dienst des Paulus innerhalb der Gemeinde ist Teil des grundlegenden göttlichen Akts, durch den die Gemeinde geschaffen wird. Daher die auf Messersschneide stehende Autorität des Paulus, die im Laufe der beiden Korintherbriefe vielfach infrage gestellt und mißverstanden wird (z.B. 1. Kor. 4; 9, 1–23; 2. Kor. 4, 1–15; 10–13). Daher auch der Mangel an Autorität seitens derer, die trotz der beeindruckenden Natur ihrer Gaben, ihres Verhaltens und ihrer Beziehungen nicht vom Willen Gottes eingesetzt worden sind, durch den allein der Mensch zu einem gültigen Dienst in der Gemeinde eingesetzt werden kann (vgl. z.B. 2. Kor. 10, 12–18; 11, 12–23).

Paulus steht nicht allein da. **Sosthenes** ist anscheinend kein Apostel, aber doch kann ihn Paulus als **Bruder im Glauben** (wörtlich: *der Bruder*) bezeichnen. Dieser Ausdruck findet sich häufig bei den Christen (z.B. Matt. 23, 8). Er beschreibt in korrekter Weise die Beziehung der Christen zueinander, die ja in Christus Jesus alle Söhne des einen Vaters sind und die darum anerkennen müssen, daß unter ihnen die üblichen Unterschiede des Geschlechts, der Rassenzugehörigkeit und der Gesellschaftsklasse aufgehört haben, von Bedeutung zu sein (Gal. 3, 28; Kol. 3, 11). Ebenfalls trifft es jedoch zu, daß dieses Wort im Judentum (z.B. 2. Makk. 1, 1; Josephus, *Bell.* Iud. II, 122 – wo die Essener gemeint sind) sowie im gesellschaftlichen und religiösen Leben des Heidentums (dazu s. Bauer und LS) eine lange Geschichte hat. Das Evangelium lieferte eine neue Existenzgrundlage und erzeugte ein neues Gefühl der Wärme; aber ein neues Vokabular hat es nicht hervorgebracht. Nach Apg. 18, 17 wurde ein gewisser Sosthenes, Vorsteher der korinthischen Synagoge, vor den Richterstuhl des Gallio geschleppt und dort geschlagen. In der Apg.

wird nicht erwähnt, daß er Christ geworden wäre. Nach dem „westlichen Text“ von Apg. 18, 17 wurde er von allen *Griechen* geschlagen, vermutlich weil er Jude war; wahrscheinlich sollte jedoch das Wort *Griechen* hier wegfallen. Dann könnten wir vielleicht die Schlußfolgerung ziehen, daß sich Griechen und Juden zusammentaten, um Sosthenes zu schlagen: die ersteren, weil er Jude war, die letzteren möglicherweise, weil er Christ geworden war oder zumindest weil er eine Verurteilung des Paulus nicht hatte bewirken können. Wir haben keine Gewißheit, daß der Sosthenes, der zusammen mit Paulus an die Korinther schrieb, früher ein führender Jude in Korinth war, es ist aber möglich, wenn nicht gar wahrscheinlich. Es gibt hier allerdings keinen Zweifel darüber, daß Paulus der führende Partner ist; dennoch wird Sosthenes der Status eines Partners eingeräumt.

Paulus und Sosthenes schreiben also **an die Gemeinde Gottes, die zu Korinth ist** (V. 2). Das Wort *Gemeinde (ἐκκλησία)* kommt im 1. Kor. 22mal vor, und die Bedeutung wird später (z. B. S. 329ff.) erläutert. Die Gemeinde in Korinth besteht offensichtlich aus einer Gruppe von Personen, die sich versammeln, um den Brief des Paulus zu lesen bzw. zu hören; doch ist sie nicht wegen irgendeiner menschlichen Struktur das, was sie wirklich ist, sondern weil sie **aus Menschen besteht, die in Christus Jesus geheiligt sind**. Ihre Heiligung (d. h. Absonderung für Gott) ist Tat Gottes. Nicht durch irgendeine eigene Handlung konnten diese Menschen zu einer Gemeinde gemacht werden. Paulus benutzt immer, wie auch hier, das gleiche Wort für die Versammlung der Christen an einem Ort wie für die ganze Gemeinschaft aller Christen (15, 9; 12, 28?; vgl. Mehrzahl oder dgl.: 4, 17; 7, 17; 11, 16; 14, 33). Darum sollte das Wort *ἐκκλησία* immer mit *Gemeinde,* nie mit „Kirche“ wiedergegeben werden. Die in Korinth bestehende Gemeinde ist für Korinth die Gemeinde Gottes; darum hat sie keine Mängel, ihr fehlen nur noch die Noch-nicht-Geretteten. Diese Gemeinde kann es sich nicht leisten, andere Gemeinden zu vernachlässigen (darum sollte sie nach Paulus am Liebesdienst an den palästinischen Christen teilhaben – 16, 1–4); und sie müssen auf allgemein verbreitete christliche Praktiken und Glaubenssätze achten (4, 17; 7, 17; 11, 16; 14, 33–36). Doch bleibt sie Gemeinde und nicht nur Teil derselben.

Die Worte, *die aus Menschen besteht, die in Christus Jesus gehei-*

ligt, finden sich in verschiedenen Handschriften an verschiedenen Stellen und gehören möglicherweise nicht zum Urtext; s. Zuntz, S. 91f. Wenn wir diese Worte weglassen, erleidet der Text keinen Verlust, denn der Sinn wird in den nächsten Worten wiederholt; und **die durch göttliche Berufung zu Heiligen geworden sind** (wörtlich: *berufene Heilige*). Die korinthischen Christen, über deren Lebensweise wir auf den nächsten Seiten etliche Beschwerden hören, sind dennoch *Heilige*; sie sind nämlich das Volk Gottes, wie es in früheren Zeiten Israel war (vgl. z. B. 2. Mose 19, 6). Sie leben nicht mehr sich selbst, sondern Gott; wenn sie also ihre Heiligkeit ernst nehmen, werden sie nicht darum herumkommen, moralische Konsequenzen zu ziehen. Doch ist das Heilig-Sein kein moralischer Zustand an sich: s. unten S. 81f., 170f. Wie in Vers 1 ist hier das Wort *„berufen"* (*κλητός*) ein Verbaladjektiv, fast ein Substantiv. Paulus ist ein berufener Mensch, der Apostel ist; die Korinther sind berufene Menschen, die heilig sind (Moule S. 95f.). Die Tatsache der Berufung ist genauso wichtig wie die ihrer Heiligkeit, und in der Tat gehören diese beiden Tatsachen sehr eng zusammen; die Mitglieder der korinthischen Gemeinde haben wie der Apostel einen Platz, wenngleich einen anderen Platz, im Ratschluß Gottes.

Die nächsten Worte, **sowie an alle, die ... den Namen unseres Herrn Jesu Christi anrufen ...** (wörtlich: *mitsamt allen denen ...*), könnten sich auf Paulus und Sosthenes (V. 1) oder auf die korinthischen Empfänger des Briefes (V. 2a) oder auf die Idee *der göttlichen Berufung als Heilige beziehen* – die Korinther teilen diese Berufung mit allen ihren Mitchristen. Jede dieser Möglichkeiten ist mit eigenen Schwierigkeiten behaftet. Es ist schwer einzusehen, wie die ganze Christengemeinde zusammen mit Paulus und Sosthenes die Gemeinde zu Korinth anreden kann; das ist einfach nicht der Fall. Diese Möglichkeit muß also gestrichen werden. Wiederum, obwohl Paulus, wenn er eine Ortsgemeinde anredet, in gewissem Sinne zugleich die ganze Gemeinde anspricht, ist dieser Brief so persönlich gehalten, daß Paulus kaum daran gedacht haben wird, daß er von allen Christen gelesen werden würde. Es kann sein, daß der ganze Ausdruck von einem Redakteur hinzugefügt wurde, als die paulinischen Briefe gesammelt, veröffentlicht und als für die ganze Kirche verbindliche, kanonische Schrift anerkannt wurden (so z. B. Weiß, S. 4).

Zwar gibt es hierfür keine Indizien im Text, aber solche Indizien wären unter diesen Umständen kaum zu erwarten (s. Einleitung, S. 27). Am sinnvollsten scheint die dritte Möglichkeit: Die Christen in Korinth sind zur Heiligkeit berufen, und diese Berufung teilen sie mit allen anderen Christen. Allerdings bietet diese Auslegung die größten grammatischen Schwierigkeiten; s. Lightfoot z. St. Wahrscheinlich sollten wir daher die zweite Möglichkeit wählen unter der Voraussetzung, Paulus meint nicht den ganzen Brief, sondern allein den christlichen Gruß, den er als nächstes schreiben will. Nicht nur der Gemeinde zu Korinth, sondern allen Gläubigen überall wünscht er Gnade und Frieden.

Den Namen Christi anzurufen heißt, sich ihm anzuvertrauen und ihn in der Anbetung oder im Gebet anzureden; vgl. Röm. 10, 13 (Zit. aus Joel 3, 5); Weiß betont hier zu sehr den Unterschied zwischen Röm., wo er das Anrufen auf die Bekehrung bezieht, und 1. Kor., wo er wiederholtes, liturgisches Anrufen sehen will. Angerufen wird Christus **an jedem Versammlungsort.** Das Substantiv (*τόπος*) bedeutet normalerweise nur *„Ort"*; das Wort ist jedoch belegt (s. Manson, *Studies*, S. 208f.) als Bezeichnung der Versammlungsräume (Synagogen) der Juden; obwohl hier die Übersetzung *an jedem Ort* einen durchaus akzeptablen Sinn ergibt, erhält der Satz eine zusätzliche Pointe, wenn wir *τόπος* als term. tech. auffassen. Das Wort könnte sich also auf jüdische Versammlungen beziehen; dann wären Judenchristen gemeint, die innerhalb des synagogalen Rahmens ihr christliches Zeugnis weitergaben. Aber wahrscheinlicher, da Paulus anscheinend nicht nur an Judenchristen, sondern an alle Christen dachte, sollten wir hier christliche Versammlungsstätten verstehen, für die dann eine jüdische Bezeichnung entliehen worden wäre. Natürlich sollten wir nicht meinen, es wären zu diesem Zeitpunkt schon besondere Gebäude zum Zweck der Anbetung errichtet worden; vgl. 16, 19: *„ihre Hausgemeinde"*. Möglich ist, daß in einigen Gebieten die Mehrheit der jüdischen Gemeinde bekehrt wurde und daß die Synagoge für den christlichen Gebrauch übernommen wurde; wir dürfen uns die Situation in Korinth jedoch nicht so denken.

In der Übersetzung haben wir die letzten Worte dieses Verses mit **ihres und unseres Herrn** wiedergegeben. Im Griechischen findet sich jedoch kein Substantiv *(ihres und unseres)*, die Pronomen könnten sich auf „*Versammlungsort*“ beziehen: alle, die den Namen unseres Herrn Jesu Christi an jedem Versammlungsort anrufen, ihrem und unserem Versammlungsort. Das ergibt durchaus einen Sinn, ist jedoch unnatürlich: wahrscheinlich will Paulus hier unterstreichen, daß alle Christen eine gemeinsame Heiligkeit wegen ihres gemeinsamen Herrn teilen. Ulrich Wickert, *ZNTW* 50 (1959), S. 79–82, bemerkt, daß Paulus, der an die Ermahnung zur Einheit denkt, die er bald darauf schreiben will (1, 10), seine eigene Solidarität mit den Korinthern *(unseres)* unterstreichen möchte. „Ich schreibe euch in der Gemeinschaft mit allen, die den Namen unseres Herrn anrufen (also auch in der Gemeinschaft mit euch, ihr streitlustigen – vgl. 1 Kor. 11, 16 – Korinther!); denn ich bin eins mit ihnen, wie wir denn alle eins sind, wo immer wir uns zum Herrn wenden mögen“ (S. 80).

Der ungläubige Grieche ließ seinen Korrespondenten grüßen (*χαίρειν*); ein Jude wünschte hingegen Frieden. Paulus wünscht seinen Lesern (V. 3) **Gnade** (*χάρις*) und **Frieden** (für die Verbindung von beiden vgl. Apk. Bar. 78, 2; 2. Makk. 1, 1) und erkennt, daß beide **von Gott, unserem Vater, und dem Herrn Jesus Christus** kommen. In 1. und 2. Kor. spielen Gnade und Friede nicht die große theologische Rolle, die sie im Röm. einnehmen; hier geht es Paulus weniger um theologische Prinzipien als um praktische Konsequenzen. Doch bleibt das theologische Prinzip vorhanden: s. insbes. 2. Kor. 8, 9 (Gnade) und Kontext; 1. Kor. 7, 15 (Friede). Gnade ist das vorhergehende Sein bzw. die vorhergehende Tat Gottes, die die Grundlage aller christlichen Existenz bildet (vgl. 1. Kor. 15, 10); Friede ist die Folge der Erlösungstat Gottes, der Zustand absoluten Heils, zu dem die Menschen zugelassen werden (vgl. Röm. 5, 1). Wenn also ein Christ einem anderen Gnade und Frieden wünscht, betet er, daß dieser die Gnade Gottes, in der er bereits steht, und den Frieden, den er bereits genießt, völliger erfassen möge.

Beides kommt von Gott, dem Vater, und vom Herrn Jesus Christus; der Vater ist die Quelle, Christus der Vermittelnde; vgl. 8, 6. Hier liefert Paulus keine fertige Lehre über die Beziehung zwischen Gott und Christus. Was er über jeden glaubt, läßt sich allein aus dem ableiten, was er über die Taten eines jeden schreibt; siehe Komm. zu 1, 30; 8, 6; und zur Herrschaft Jesu, bes. 12, 3.

(4) Stets danke ich Gott für euch wegen der Gnade Gottes, die euch in Christus Jesus gegeben wurde. (5) Denn in jeder Hinsicht, in jeglicher Art Rede und Erkenntnis, wurdet ihr in ihm reich gemacht, (6) da das gepredigte Zeugnis von Christus in eurem eigenen Erleben bestätigt wurde, (7) so daß ihr in keiner Gnadengabe Mangel leidet, während ihr auf die Offenbarung unseres Herrn Jesu Christi wartet. (8) Er wird euch bis ans Ende[28] festhalten, so daß euch am Tage unseres Herrn Jesu Christi nichts vorgeworfen werden kann. (9) Gott, durch den ihr in die Gemeinschaft mit seinem Sohn Jesus Christus, unserem Herrn, berufen wurdet, ist treu.

Wieder einmal richtet sich Paulus nach der üblichen Briefform, indem er dem Gruß eine Danksagung hinzufügt; natürlich steht seine Danksagung auf christlichem Boden und spiegelt den christlichen Standort seiner Leser wider. Das heißt, sie beruht auf (*ἐπί* m. Akk. wird gebraucht, um den Anlaß oder die Ursache anzugeben, LS) **der Gnade Gottes, die euch in Christus Jesus gegeben wurde. Gnade,** s. Komm. zu 1, 3; das Wort besitzt hier wie auch in einer Anzahl paulinischer Texte, wo der gleiche Ausdruck vorkommt (*ἡ χάρις ἡ δοθεῖσα* – Röm. 12, 3.6; 15, 15; 1. Kor. 3, 10; Gal. 2, 9), einen entwickelten Sinn. Die vorhergehende und universale Gnade Gottes begegnet einzelnen Christen als göttliches Geschenk, das ihr christliches Leben ausmacht und sie befähigt, die Dienste zu leisten, zu denen sie in der Gemeinde und für die Welt berufen sind. Die Gabe wird *in Christus Jesus* geschenkt. Diesen Ausdruck kann man auf das Verb beziehen: in der unaussprechlichen Gabe (2. Kor. 9, 15) Christi sind alle speziellen Gaben gegeben (vgl. Röm. 8, 32); oder auf *euch*: die Gabe ist euch als Menschen in Christus, d. h. in eurer Eigenschaft als Christen, geschenkt worden. Diese beiden Auslegungen sind natürlich sehr eng miteinander verbunden, aber der nächste Vers läßt vermuten, daß Paulus die zweite hier unterstreichen wollte.

In der Übersetzung wird der nächste Vers als Erklärung oder Erläuterung der *Gnade Gottes, die euch gegeben wurde*, verstanden (V. 5): **Denn** (*ὅτι*) **. . . ihr wurdet reich gemacht.** Es ist möglich, das griechische Bindewort (*ὅτι*) als Fortsetzung des Satzes

Stets danke ich . . . zu konstruieren: *Stets danke ich (dafür), daß ihr reich gemacht wurdet.* Wenn dies jedoch gemeint wäre, dürften wir ein zusätzliches *und* erwarten: Stets danke ich für . . ., *und* daß . . . Die Folge der Zuteilung von Gottes Gnade ist es, daß in Christus die Christen reich werden; daß sie also reich geworden sind, ist Hinweis darauf, daß diese Gnade tatsächlich geschenkt worden ist. Der Reichtum des Lebens als Christ ist kein seltener Gedanke in diesen Briefen (4, 8; 2. Kor. 6, 10; 8, 2.7.9; 9, 11; ansonsten spricht Paulus vom Reichtum Gottes oder Christi: Röm. 2, 4; 9, 23; 10,12; 11, 33; Phil. 4, 19); anscheinend hatten die Korinther das Maß des Reichtums, den sie besaßen, übertrieben; sie hatten ebenfalls nicht verstanden, unter welchen Bedingungen Christen ihre Reichtümer in Christus erhalten (2. Kor. 4, 7). An dieser Stelle will Paulus jedoch nicht die Reichtümer der göttlichen Gnade infrage stellen, die in Korinth empfangen worden waren, und über die er wahrscheinlich entweder durch ihren Brief (7, 1) oder mündlich durch Boten (16, 17) informiert wurde. Daß die Informationen aus Korinth stammten, läßt schon die Liste der Reichtümer vermuten. Sie wurden **in jeder Hinsicht** reich gemacht; doch wird uns nicht gesagt, daß sie an Glauben, Liebe oder Hoffnung (vgl. 13, 13 und s. unten S. 58), sondern an **jeglicher Art Rede und Erkenntnis** reich wurden. Während wir den Brief lesen, sehen wir, daß diese Art christlicher Reichtümer die Korinther am meisten beeindruckte. Paulus stellt auch niemals infrage, daß es sich hier um echte Gaben handelt (z. B. 12, 8.10; 14, 1f.), aber er weiß um einen vorzüglicheren Weg (12, 31). *Rede* wird hier wahrscheinlich die Gabe, in Zungen zu reden (s. 12, 10.28; 14, 2 usw.) mit einschließen; der Ausdruck *jegliche Art* – der im Griechischen zweimal steht, mit *Rede* und mit *Erkenntnis* – meint, daß Weissagung und jegliche Art christlicher Redegabe vorhanden ist, nicht jedoch jegliche Art rhetorischer Kunst, wie Weiß zutreffend feststellt. In den beiden Korintherbriefen wird dem Phänomen christlicher Rede große Aufmerksamkeit gewidmet; hier wollen wir also nur auf die detaillierten Erörterungen hinweisen, die wir bes. in Verbindung mit Kap. 14 in den Kommentar aufgenommen haben. Das gleiche gilt auch für die Erkenntnis; das Wort (γνῶσις) kommt in 8, 1.7.10.11; 12, 8; 13, 2.8; 14, 6; 2. Kor. 2, 14; 4, 6; 6, 6; 8, 7; 10, 5; 11, 6 vor; vgl. das verwandte Thema der Weisheit (σοφία; s. 1, 17, wo dieses

Wort zum ersten Mal erwähnt wird); und s. 'Christianity at Corinth', S. 275–286. Welche Schattierungen der Bedeutung in den verschiedenen Zusammenhängen auch vorkommen mögen – Erkenntnis bezieht sich gewiß auf intellektuelle Wahrnehmung und Anwendung christlicher Wahrheit. Daher ist sie etwas Gutes, doch ist sie der Liebe untergeordnet und kann zu einem überspitzten Individualismus führen, in dem die Sorge um den Nächsten untergeht (8, 11). An sich muß das Wort (γνῶσις, *gnosis*) nicht unbedingt einen Hinweis auf das religiöse Phänomen darstellen, das mit verwirrender Definitionsvielfalt als Gnosis bzw. Gnostizismus bezeichnet wird. Im Griechischen – wie im Deutschen – wird das Wort meistens im üblichen Sinne benutzt; doch liegt anscheinend hinter dem häufigen Gebrauch des Wortes (10mal in 1. Kor.; 6mal in 2. Kor.; 5mal in den anderen paulinischen Briefen inkl. Kol. aber ohne Eph.; 8mal im Rest des Neuen Testaments) eine spezielle Anordnung religiöser Ideen, die in Korinth und vielleicht auch anderswo verbreitet waren. Hier gibt es keinen Anlaß, auf weitere Einzelheiten einzugehen; eine weitere Beschreibung korinthischer *gnosis* wird im Komm. zu 6, 12 f.; 8, 1; 10, 23 geboten.

Die Bereicherung der Korinther in Rede und Erkenntnis wurde durch die Predigt vermittelt (V. 6). **Da,** καθώς, gibt uns zu verstehen, daß Predigt und Bereicherung gleichzeitig geschahen und sich gegenseitig bedingten. Paulus schreibt wörtlich: *das Zeugnis des Christus* (vgl. 2, 1). Der Genitiv könnte subjektivisch verstanden werden *(das von Christus getragene Zeugnis)*, was mit der Tatsache übereinstimmen würde, daß in der wahren Predigt Christus selbst spricht (vgl. Röm. 10, 14.17 und *Romans*, S. 204f.); aber der Zusammenhang (vgl. 1, 23: Wir predigen Christus als den Gekreuzigten; und 2, 2) läßt vermuten, daß er objektivisch (das Zeugnis von Christus) verstanden werden will. Diese objektiv wahre Verkündigung (zu deren Inhalt s. den Komm. zu den oben angeführten Stellen und *häufig*) **wurde in eurem eigenen Erleben bestätigt** (wörtlich: *in euch*). Der Heilige Geist selbst, Geber aller geistlichen Gaben, garantierte (vgl. 2. Kor. 1, 21; s. auch V. 8, wo das gleiche Verb – βεβαιοῦν – gebraucht wird) die Gültigkeit und Wahrhaftigkeit der Verkündigung. Die Predigt kann allein durch das Werk des Heiligen Geistes bestätigt werden: im Vergleich hierzu haben die Weisheit, die Frömmigkeit und die kirchliche Autorität des Predigers geringe Bedeutung; vgl. 9, 1; 2. Kor. 12, 11f. *Da* (oder vielleicht: *In dem Maße, wie*; s. oben) jedoch die Wahrheit der Predigt durch den Glauben, den sie hervorruft, bestätigt wird, wird die Gemeinde in geistlichen Gaben auferbaut; umgekehrt gesagt: die Gemeinde wird nur dann in Wahrheit auferbaut, wenn sie mit dem Evangelium übereinstimmt (s. Héring).

Das Ergebnis wird vielleicht mit einem gewissen Maß an freundlicher Übertreibung und einem Echo des korinthischen Eigenlobes von Paulus geschildert (V. 7): **so daß ihr in keiner Gnadengabe Mangel leidet** (nicht: so daß euch keine Gnadengabe fehlt – s. Lightfoot). Diese Übersetzung ist einfacher und natürlicher und darum vorzuziehen. Paulus meint nicht, daß die Korinther potentiell als Christen, wie unwürdig sie sein mögen, über alle Gaben, die Gott den Menschen austeilt, verfügen (vgl. Röm. 8, 32); es darf gesagt werden, daß die Probleme in Korinth nicht auf einen Mangel an Geistesgaben, sondern auf einen Mangel an Verhältnismäßigkeit und Gleichgewicht bei deren Anwendung und Einschätzung zurückzuführen waren. Wie wir oben erläuterten, bedeutet Gnade (*χάρις*) hauptsächlich die Liebe Gottes, die in Christus aktiv wurde und wird, und zweitrangig die Auswirkungen dieser Liebe im Leben der Christen (vgl. V. 4); *Gnadengabe* (*χάρισμα*; s. Schweizer, 7 i und Fußnote 377) ist eine spezifischere und konkretere Verwirklichung der Gnade Gottes. Alle korinthischen Christen hatten solche Gaben (12, 4–7); alle Christen im allgemeinen haben sie ebenfalls (Röm. 12, 6).

Gnadengaben sind eine wertvolle, sogar unentbehrliche Begleiterscheinung des christlichen Lebens, das ohne sie kein Zeugnis seines übernatürlichen Ursprungs mehr liefern kann. Sie sind jedoch nicht das Ziel des Lebens als Christ, denn Christen **warten auf die Offenbarung unseres Herrn Jesu Christi.** Diese *Offenbarung* ist die Manifestation Christi, wenn er zum Abschluß der Geschichte aus dem Himmel erscheint: der Augenblick, in Erwartung dessen die ganze Schöpfung, einschließlich der Christen, seufzt und in Geburtswehen liegt (Röm. 8, 22f.). Später im Brief wird mehr über dieses Kommen Christi in Herrlichkeit gesagt (11, 26; 15, 23.47.52; 16, 22; vgl. 3, 13; 4, 3; 5, 5; 7, 29); hier können wir nur feststellen, daß wir es mit einer zweiten Definition christlicher Existenz zu tun haben. Christen sind Christen, weil sie durch den Heiligen Geist Gnadengaben empfangen haben; und sie sind Christen, weil sie, nachdem sie durch das historische Werk Christi erlöst und berufen wurden, sein Kommen als Abschluß und Vollendung seines Werkes erwarten. Sie leben also aus der Erinnerung an das, was er getan hat, und in Erwartung dessen, was er tun wird (vgl. 11, 26). Es war ein charakteristischer Irrtum der Korinther (vgl. 4, 8; beachte: *schon*), sich auf die Gegenwart mit ihrer religiösen Spannung zu konzentrieren und den Preis, mit dem die Gegenwart erkauft wurdc (z. B. 6, 20), sowie die Tatsache, daß die Gegenwart noch unvollendet ist, zu übersehen. Teilweise, jedoch nicht gänzlich, entmythologisierte Paulus die urchristliche Apokalyptik (s. *Adam*, S. 90).

Der Gedanke an den **Tag unseres Herrn Jesu Christi** (V. 8; d. h. an den Tag des Gerichts; vgl. 3, 13; 4, 3; und den atl. „Tag des Herrn" Am. 5, 18 usw.) sollte der Wichtigtuerei der Korinther ein Ende setzen (z. B. 5, 2), sollte jedoch keinen Schrecken in ihnen hervorrufen. Es ist wahr, daß der Christ auch nicht besser als jeder andere Mensch einen Standard moralischen Verhaltens aufrechterhalten kann, der den Richter, Gott, zufriedenstellen könnte (auch wenn er ein reines Gewissen hat – vgl. 4, 4), aber er muß sich nicht selbst mühen, so zu werden, daß ihm **nichts vorgeworfen werden kann** (*ἀνέγκλητος*); Christus selbst (nicht Gott, denn es wäre schwerlich möglich, das Beziehungswort des Relativpronomens *ὅς* in V. 4 zu finden), ist der Richter, der ihn **festhalten wird** (*βεβαιώσει*; vgl. V. 6) **bis ans Ende** (in erster Linie ein zeitliches Ende; aber „*ἕως τέλους* geht leicht von der zeitlichen Bedeutung in die Bedeutung ‚völlig' über" – Schlatter z. St.). Dies will nicht besagen, daß die Christen moralisch vollkommen sind, sondern daß ihnen die Gerechtigkeit Christi selbst gegeben wird, damit sie in dem großen Gericht freigesprochen werden (vgl. Röm. 8, 33). In seiner Beschreibung der ruhigen und freudigen Erwartung des kommenden Richters, die die Christen haben dürfen, führt Paulus eigentlich die Lehre der Rechtfertigung durch den Glauben aus, nur benutzt er nicht die technischen Vokabeln, die er sonst bei der Besprechung dieser Lehre einsetzt. Doch wichtiger als der Glaube des Menschen ist die Treue Gottes, von der alles abhängt. Das Ziel (der Annahme bei Gott am Tage Jesu Christi) wird trotz der Unruhe der Menschen und insbesondere trotz des moralischen Versagens der Korinther erreicht, weil **Gott, durch den ihr in die Gemeinschaft mit seinem Sohn Jesus**

Christus, unserem Herrn, berufen wurdet, treu ist (V. 9). *Gemeinschaft* (*κοινωνία*) weist nicht nur auf eine persönliche Verbindung hin, sondern deutet auch auf ein Teilen oder Mitteilen hin. Das Wort kann sogar im gewissen Sinn „Gesellschaft" bedeuten; dann wäre hier die Bedeutung angebracht: „Gott hat euch zur Gesellschaft – d. h. zur Gemeinde – Jesu Christi berufen". Zwar entspricht der übliche paulinische Gebrauch dieses Wortes nicht einer Gleichsetzung mit dem Wort *„Gemeinde"* (vgl. z. B. 10, 16; 2. Kor. 13, 13; Phil. 1, 5; 2, 1; 3, 10), doch wäre die Übersetzung, die wir hier angegeben haben, bestätigt, wenn wir zur gleichen Zeit unterstreichen könnten, daß die Christen in ihrer Gemeinschaft mit Christus nicht an seinem Sein (so Barth), sondern an seiner Beziehung zum Vater teilhaben. Wie beim paulinischen Ausdruck „in Christus" (s. V. 4 und *Romans*, S. 127) liegt hier der Gedanke vor, daß die Christen an der Stellung des erhöhten, eschatologischen Herrn teilhaben. Diese Tatsache verbindet sich mit dem Gedanken an die Treue Gottes, die in der Gegenwart sowie in der Zukunft die einzige Garantie christlicher Existenz darstellt. Die Treue Gottes ist der bleibende Ausdruck seiner Liebe; darum ist sie der Urgrund der Danksagung des Paulus. Daß er hier nichts von einer entsprechenden Liebe, einer entsprechenden Ausdauer, einem entsprechenden Vertrauen, einer entsprechenden Treue seitens der Korinther erwähnt (s. Bachmann) ist teilweise, doch nur teilweise, von den Umständen in Korinth abhängig.

B. NACHRICHTEN AUS KORINTH

(a) Weisheit und Parteiwesen in Korinth

3. 1, 10–17: Die in Korinth entstandenen Gruppen

(10) Brüder, ich ermahne euch um des Herrn Jesu Christi willen: Seid einig in dem, was ihr sagt und laßt keine Spaltungen[29] unter euch zu; werdet vielmehr in der Einheit der Gesinnung und Meinung wiederhergestellt. (11) Ich mache diesen Appell, meine Brüder, weil mir die Mitglieder des Hauses der Chloë über euch berichtet haben, daß Streitigkeiten unter euch vorhanden sind. (12) Was ich meine, ist dies: Jeder von euch hat sein eigenes Schlagwort: „Ich gehöre zu Paulus", „Ich gehöre zu Apollos", „Ich gehöre zu Kephas", „Ich gehöre zu Christus". (13) Ist Christus aufgeteilt worden? Wurde Paulus denn für euch gekreuzigt, oder wurdet ihr auf den Namen des Paulus getauft? (14) Ich bin dankbar[30], daß ich keinen von euch außer Krispus und Gaius taufte, (15) weil deswegen keiner von euch sagen kann, daß ihr auf meinen Namen getauft wurdet[31]. (16) Ich taufte auch das Haus des Stephanas; ansonsten weiß ich nicht, ob ich noch jemanden taufte. (17) Ich taufte nur wenige von euch, denn Christus sandte mich nicht zu taufen, sondern das Evangelium zu predigen, und zwar ohne rhetorische Künste, damit nicht das Kreuz Christi seiner Bedeutsamkeit entleert werde.

Die Einleitung des Briefes ist jetzt vollständig. Obwohl diese einigermaßen formell blieb, wies schon der zweite Absatz (die Danksagung) auf das erste Hauptthema hin, mit dem jetzt begonnen wird. Eine Gemeinde, in der eine Fülle von individualistisch verstandenen und angewandten geistlichen Gaben vorhanden ist, läuft Gefahr, gespalten zu werden – besonders wenn sich diese Gaben vorrangig im Bereich der Spekulation und der Beredsamkeit bewegen. Diese Gefahr war in Korinth aktuell. Es ist nicht leicht festzustellen, wie weit die Zersetzung schon fortgeschritten war. Die Gemeinde war offenbar noch einig genug, so daß Paulus sich darauf verlassen konnte, alle Gemeindeglieder würden seinen Brief lesen oder hören. Sie trafen sich noch (obwohl mit unglücklichen Folgen, 11, 17) zur gemeinsamen Mahlzeit. Aber ihre Neigung zur Bildung von Cliquen war die erste Aufgabe ihres Pastors.

Brüder, ich ermahne euch; diese Anrede ist nicht rein formell (V. 10). Die Ermahnung beruht auf der Tatsache, daß sie untereinander *Brüder* sind (s. Komm. zu 1, 1). Sie erfolgt **um des Herrn Jesu Christi willen** (wörtlich: **durch den Namen** unseres Herrn Jesu Christi; „bei allem, was er ist und euch bedeutet" – Moffatt). Ihr solltet in einer richtigen Beziehung zu euren Mitchristen stehen, nicht weil ihr alle zu einer einzigen Organisation gehört, sondern weil ihr Brüder seid, für die Christus starb (8, 11). Paulus' Worte können allerdings auch die Bedeutung haben, daß er jetzt seine Leser mit der Autorität des Herrn Jesus Christus anredet; die ihm verliehene Autorität (sie ist keineswegs unbegrenzt, s. 4, 1; 2. Kor. 1, 24) dient dazu, die Gemeinde aufzuerbauen (als Gemeinschaft: 2. Kor. 10, 8; 13, 10). Paulus ermahnt sie also: **Seid einig in dem, was ihr sagt** (wörtlich: *daß ihr alle dasselbe reden möget*). Der Ausdruck muß nicht mehr bedeuten als eine friedliche Koexistenz (Weiß zitiert die Grabschrift zweier Ehegatten; s. auch Thukydides 4, 20; 5, 31). Er wird jedoch hier benutzt, weil die Korinther eben verschiedene Dinge sagen (1, 12). Paulus will sie dazu bewegen, solche Schlagwörter aufzugeben: **Und laßt keine Spaltungen unter euch zu.** Eine Spaltung ist ein Zerreißen (*σχίσμα*) der Gemeinde. Paulus sagt hier nicht, daß die Gemeinschaft schon zerrissen war; er bittet vielmehr, daß dies nicht zugelassen werden möge: **Werdet vielmehr in der Einheit der Gesinnung und Meinung wiederhergestellt.** Die Netze der Fischer wurden Mk. 1, 19 *„wiederhergestellt"* = repariert, geflickt, zum ursprünglichen Zustand zurückgebracht (*καταρτίζειν*); das Wort wird von Herodot (5, 28) für die Beseitigung gesellschaftlicher Unruhen benutzt. Uneinigkeit ist grundsätzlich eine Sache der *Gesinnung* und *Meinung*, d. h. der Lehre; auf dieser Ebene müssen Wiederherstellung und Versöhnung stattfinden; weder hier noch später gibt uns Paulus zu verstehen, daß die Gemeinde durch kluge Kirchenpolitik geflickt werden könnte.

Die Worte **Ich mache diesen Appell** sind dem Text hinzugefügt, weil das griechische **weil** (*γάρ*) eine solche Ergänzung fordert (V. 11). Erst nachdem er in die richtige Richtung gedeutet, nämlich auf die Einheit der Gesinnung und der Meinung, erlaubt sich

Paulus, die Auskunft zu erwähnen, die ihn aus Korinth erreicht hat: daß es der Gemeinde nicht gut geht. Diese Nachricht wurde ihm nicht offiziell von der Gemeinde mitgeteilt, und wir können nicht wissen, ob sie vor oder nach dem Brief (7, 1) und dem Besuch des Stephanas, des Fortunatus und Achaikus (16, 17) ankam. Sie wurde von **den Mitgliedern des Hauses der Chloë** überbracht. Wer Chloë war, wissen wir auch nicht. Der Name war kultischer Titel des Demeter, jedoch kaum volkstümlich (vgl. die bekannte Geschichte von Daphnis und Chloë sowie die vorübergehende Verliebtheit des Horaz, *Oden* 3, 9). Wir wissen nicht, ob die Chloë, auf die sich hier Paulus bezieht, Christin war, doch müssen einige ihrer Hausgenossen (ob Sklaven oder Freie) gläubig gewesen sein. Wir wissen nicht, ob sie zur korinthischen Gemeinde gehörten. Sie waren zwischen Korinth und Ephesus gereist, aber sie können sowohl aus der einen wie aus der anderen Stadt gestammt haben. Wir hören von diesen Reisenden nichts weiter, aber sie sollten uns daran erinnern, wie beweglich die Gesellschaft überhaupt und auch die Christen im ersten christlichen Jahrhundert waren. Paulus wird also berichtet, daß in Korinth **Streitigkeiten** (*ἔριδες*, ein paulinisches Wort: 3, 3; 2. Kor. 12, 20; Röm. 1, 29; 13, 13; Gal. 5, 20; Phil. 1, 15; im NT sonst nur 1. Tim. 6, 4; Tit. 3, 9) **vorhanden waren.** Das Wort *Spaltungen* wird im Moment nicht weiter benutzt, denn eine regelrechte Spaltung war noch nicht erfolgt; es gab jedoch Zank in der Gemeinde, und die Gemüter waren erhitzt. Ein drittes Wort für Uneinigkeit (*αἱρέσεις*) wird 11, 19 gebraucht (s. Komm.). Das Wesen der Streitigkeiten wird im nächsten Vers gezeigt.

Was ich meine, ist dies: Jeder von euch hat sein eigenes Schlagwort (V. 12). Diese Übersetzung umgeht eine kleine Schwierigkeit. Paulus meint eigentlich nicht: „Jeder von euch sagt . . .“ der eigentliche Sinn wird 3, 4 angegeben. Es werden hier vier *Schlagwörter* genannt: **„Ich gehöre zu Paulus“**, **„Ich gehöre zu Apollos“**, **„Ich gehöre zu Kephas“** (Paulus schreibt fast immer die aramäische Form Kephas – 3, 22; 9, 5; 15, 5; Gal. 1, 18; 2, 9.11.14 – und selten die griechische Form Petrus – Gal. 2, 7.8), **„Ich gehöre zu Christus“.** Bewußt oder unbewußt sind christliche Führerpersönlichkeiten zum Mittelpunkt der Streitigkeiten geworden. Zuerst müssen die Gruppen einzeln betrachtet werden, erst dann dürfen Schlußfolgerungen über den Zustand der korinthischen Gemeinde gezogen werden.

Die Existenz einer „Paulus-Gruppe" läßt schon den Widerstand gegen Paulus in Korinth vermuten. Daß einige darauf bestanden, dem Gründer der Gemeinde zur Seite zu stehen, beweist, daß andere ihn entweder angriffen oder ihn als nicht mehr aktuell abtaten und neue Missionare vorzogen. Paulus hat kein Wort des Dankes übrig für diejenigen, die ihn verbal verteidigten; entweder übertrieben sie und verfälschten somit seine Ansichten, oder sie waren vom Standpunkt der Einigkeit aus gesehen auch nicht besser als die anderen; vielleicht gelten beide Gründe. Es ist zweifelhaft, ob sich Paulus im Rest des Briefes wieder auf diese Gruppe bezieht; es gibt keinerlei Hinweis darauf, daß sie ein ernsthaftes Problem innerhalb der Gemeinde darstellte.

Apollos (es wäre gänzlich überflüssig, einen anderen Missionar desselben Namens zu postulieren) besuchte Korinth (Apg. 18, 27–19, 1), nachdem er von Priskilla und Aquila unterrichtet worden war (Apg. 18, 26). Er zog offensichtlich Anhänger an. Nach Apg. 18, 24 stammte er aus Alexandrien, und obwohl es keinen Grund gibt, anzunehmen, daß jeder Jude aus Alexandrien wie Philo war, müssen wir beachten, daß in diesem Zusammenhang die Apostelgeschichte von ihm als von einem „gelehrten" (oder „beredten" – *λόγιος*) Mann spricht. Paulus macht keinerlei Andeutung auf Unterschiede zwischen sich und Apollos, sondern versucht immer wieder, Apollos als seinen Kollegen hinzustellen (3, 6–9). Es kann sein, daß Apollos die Suche nach Weisheit (*σοφία*; s. 1, 17 und dort aufgeführte Stellen) in Korinth einführte, doch das, wenn auch eine mögliche Quelle der Unruhe (s. Einleitung, S. 31f.), war noch kein ernstzunehmender Unterschied, denn auch Paulus verkündigte *„Weisheit unter den Vollkommenen"* (2, 6). Es ist allerdings zu verstehen, daß in einer Gemeinde, in der die Redegaben so hoch eingeschätzt wurden (1, 5; 12, 8.28; 14, 26), das Auftreten eines beredten Lehrers zur Parteienbildung beitragen konnte, zumal der Gründer der Gemeinde nicht gut reden konnte (2. Kor. 10, 10) und dies auch zugab (2. Kor. 11, 6).

Es ist wahrscheinlich, wenn auch nicht sicher, daß Petrus Korinth besuchte (s. 'Cephas and Corinth'). Wir können auf jeden Fall die Entstehung der Kephas-Gruppe leichter verstehen, wenn Petrus die Gemeinde besucht hatte, obwohl eine solche Gruppe möglicherweise auch ohne seinen Besuch hätte entstehen können, denn, wie wir im 2. Kor. sehen werden, drangen Vertreter der Apostel zu Jerusalem, die nicht unbedingt von diesen dazu autorisiert worden waren, in die heidenchristlichen Gemeinden ein. Petrus selbst war der große Missionar, das reisende Haupt des Judenchristentums; Jakobus war der unbewegliche Führer, der in Jerusalem blieb. Daß die Kephas-Gruppe in irgendeiner Form das Judenchristentum vertrat, ist fast ganz sicher, und T. W. Manson hat wahrscheinlich recht, wenn er ihren Einfluß im Verlangen nach der Einhaltung der Speisegebote und nach den gesetzlichen Rechten der Gemeinschaft sowie in der Infragestellung des apostolischen Status des Paulus sieht. S. 6, 1–11; 8, 1–13; 9, 1–12; 10, 14–23 und Komm., ebenfalls 'Christianity at Corinth', S. 273, 296. Wir haben es hier mit fundamentalen Problemen zu tun, die nicht nur die Struktur der korinthischen Gemeinde, sondern die Geschichte des Urchristentums überhaupt beeinflußten. Diese Probleme können nicht aufgrund eines einzigen Verses behandelt werden; sie werden immer dann besprochen, wenn sie im Text erwähnt werden; eine ausführliche Abhandlung soll im Komm. zu 2. Kor. erfolgen.

„Ich gehöre zu Christus“. Diese Worte befinden sich in allen Hss. des 1. Kor., und wenn nicht *Christus* sich als Name in eigenartiger Weise von den anderen, *Paulus*, *Apollos* und *Kephas*, abgehoben hätte, wäre ihre Echtheit wohl nie infrage gestellt worden. Wahr ist jedoch, daß Klemens von Rom, als er um ca. 95 n. Chr. seinen ersten Brief schrieb, nur die Namen der ersten drei Gruppen von 1. Kor. 1 erwähnt (1. Kl. 47, 2), und es muß darum als möglich gelten, daß sein Exemplar des 1. Kor. (das erste, von dem wir Kenntnis haben) den Namen einer vierten Gruppe nicht enthielt. Das ist jedoch nur möglich, nicht wahrscheinlich; denn es ist genauso wahrscheinlich, daß Klemens an 3, 22 dachte; oder daß er die Worte *„Ich gehöre zu Christus“* als Berichtigung des Standpunktes der streitlustigen Korinther verstand. Wenn wir davon ausgehen (und das müssen wir, glaube ich), daß diese Worte nicht ursprünglich als Randbemerkung eines Kopisten entstanden, dann könnten wir sie als Anmerkung des Paulus auffassen. „Andere bekennen sich zu diesem oder jenem Apostel; ich fühle mich jedoch allein Christus verpflichtet.“ Dieses Verständnis des Ausdrucks umgeht die Schwierigkeiten, mit denen wir es bei der Vorstellung einer „Christus-Gruppe“ zu tun hätten

(gehörten nicht doch alle Christen zu Christus?) und verbessert nach Meinung einiger Ausleger den Zusammenhang mit dem nächsten Vers. Nur wird dann der parallelen Struktur der vier Bekenntnisse nicht ausreichend Rechnung getragen; wenn Paulus hier eine eigene Bemerkung hätte hinzufügen wollen, hätte er kaum die gleiche Form des Ausdrucks gewählt. Die Schwierigkeiten sind nicht so groß, wie dies manchmal behauptet wird, und die Verbindung, wenn auch nicht im strengen Sinn logisch, ist durchaus begreiflich, denn Paulus weiß ganz genau, daß alle die, die nach *Paulus*, *Apollos* oder *Kephas* riefen, sich trotzdem zu Christus bekannten. Sie meinten eigentlich: „Wir unterstützen den Christus, der von Paulus bzw. Apollos bzw. Kephas gepredigt wird"; oder „wir unterstützen den Christus, den wir ohne Vermittlung eines Predigers kennen". Auf diese Einstellung stellt die rhetorische Frage: Ist Christus aufgeteilt worden? eine passende Erwiderung dar.

Wenn wir also den Text der Hss. annehmen und wenn sich Paulus auf eine wirklich existierende vierte Gruppe in Korinth bezog, wie waren die Eigenschaften dieser „Christus-Gruppe"? Diese Gruppe wird höchstens noch 2. Kor. 10, 7 erwähnt, und wir können nur spekulieren, was sie für Lehren vertreten hat. Es gibt jedoch im 1. Kor. eine Reihe kontroverser Stellen, die sich mit der Christus-Gruppe in Verbindung bringen ließen, obwohl wiederum andere diese Stellen am liebsten auf die Apollos-Gruppe bezogen sehen möchten, da sie Apollos selbst in Verbindung mit dem alexandrinischen Judentum sehen. Wahrscheinlich gibt T. W. Manson den Sachverhalt treffend wieder (*Studies*, S. 207), wenn er schreibt: „Ich neige dazu, anzunehmen, daß es sich um eine Gruppe Christen handelte, für die Christus etwa gleichzusetzen war mit ‚Gott, Freiheit und Unsterblichkeit', wobei ‚Gott' einen raffinierten philosophischen Monotheismus, ‚Freiheit' die Emanzipation von den puritanischen Härten barbarischer palästinischer Behörden zum breiteren Spektrum der Selbstverwirklichung, und ‚Unsterblichkeit' die gesunde griechische Lehre im Gegensatz zur primitiven jüdischen Vorstellung einer Auferstehung meint."

J. Munck (*Paulus und die Heilsgeschichte*, 1954, bsd. S. 128–131) hat zu Recht darauf hingewiesen (wie wir auch oben erwähnten), die Existenz dieser Gruppen bedeute nicht, daß die korinthische Gemeinde in gänzlich getrennte Teile aufgesplittert worden war. Aber trotzdem befand sich die Gemeinde in einer gefährlichen Situation, nicht nur wegen ihres Mangels an Liebe (8, 1; vgl. Röm. 14, 15), so ernst dieser auch gewesen sein mag, sondern auch weil die Korinther beklagenswerterweise den Standpunkt ihrer Evangelisten und das Wesen des Evangeliums selbst nicht begriffen hatten. Nicht sie gehörten zu ihren Lehrern; ihre Lehrer gehörten ihnen (3, 21ff.) als Teil der Gesamtgabe, die Gott ihnen in Christus geschenkt hatte. Und Christus, dem sie alle gehörten, sollte nicht als alternativer Führer, sondern als einzig mögliches Fundament der ganzen Gemeinde aufgefaßt werden (3, 11 – s. Komm.).

Paulus unterstreicht die Bedeutung dessen, was in Korinth vor sich gegangen ist, durch eine Reihe rhetorischer Fragen. **Ist Christus aufgeteilt worden?** (V. 13). Einige Ausleger möchten dieses Wort nicht als Frage, sondern als Aussage auffassen: Die Gemeinde ist aufgeteilt, und in einem gewissen Sinne ist die Gemeinde Christus (vgl. 12, 12 und Komm.), darum ist Christus aufgeteilt worden. Diese Ansicht ist jedoch nicht haltbar. Der Satz ist eine Frage. Zwar enthält er nicht den normalerweise zu erwartenden Fragepartikel, *μή*, der eine negative Antwort voraussetzt und im nächsten Teil des Verses vorkommt; doch kann man das erklären (s. unten). Das Verb *μερίζειν* hat die Bedeutung: aufteilen und austeilen, nicht bloß trennen (vgl. 7, 17; 2. Kor. 10, 13; Röm. 12, 3). Paulus will hier also fragen: Meint ihr, daß Christus aus Teilen besteht, die an die verschiedenen Gruppen ausgeteilt werden können? Es gibt darum keinen Fragepartikel (*μή*; eine alternative Erklärung wäre die, daß das Wort aus Versehen vor den ersten beiden Silben von *μεμέρισται* weggelassen wurde), weil diese Frage, im Gegensatz zur nächsten, die unmöglich bejaht werden könnte, im Lichte der korinthischen Situation die Antwort „Ja“ zu erwarten scheint. Das will Paulus gerade sagen. Es gibt nur einen untrennbaren Christus; wenn ihr ihn habt, dann ist es doch unwichtig, ob ihr Paulus, Apollos oder Kephas anhangt. Anders herum gesagt: Keine Hingabe an einen dieser Lehrer könnte es ausgleichen, daß ihr Christus nicht habt. Wahrlich, Christus ist nicht aufgeteilt, aber die Gemeinde zu Korinth benimmt sich so, als wäre er es.

Wurde Paulus denn für euch gekreuzigt? Es gibt absolut keinen

Zweifel über die Antwort auf diese Frage. Es kann niemand die einzigartige, ein für allemal eingenommene Stellung des historischen Erlösers beanspruchen. Vgl. die Tatsache, daß Christus als der *Gekreuzigte* gepredigt wird (V. 23); es fällt auf, daß Paulus hier in rücksichtsvoller Weise den eigenen Namen und nicht den eines seiner Kollegen einsetzt. Oder **wurdet ihr auf den Namen des Paulus getauft?** Wiederum ist die Antwort eindeutig, obwohl es durchaus sein kann, daß der Bekehrte eine besondere Achtung für den hegte, der ihn taufte (doch s. Komm. zu 6, 11). In der Urgemeinde scheint die Taufe immer in oder auf den Namen Jesu Christi (Apg. 2, 38; 8, 16) oder „auf Christus Jesus" (Röm. 6, 3) erfolgt zu sein. Die Taufe auf den Namen der Dreieinigkeit (Matt. 28, 19) war eine spätere, wenn auch nicht sehr viel spätere, Entwicklung. Dieser Ausdruck zeigt, daß die Taufe unter der Autorität des Christus stattfindet, und daß der Täufling zum Eigentum Christi wird – er wird sozusagen dem Konto des Christus gutgeschrieben. S. weiter *Romans*, S. 121–130; *Adam*, S. 107 ff.; und S. 257 f. unten. Paulus ist selber nicht im Besitz auch nur einer kleinen Gruppe von Korinthern, und er ist kein Herr über ihren Glauben (2. Kor. 1, 24). Doch sind sie Eigentum Christi (3, 23); er ist ihr Herr (12, 3).

Paulus ist also froh, daß die Ereignisse diese Tatsachen unmißverständlich darstellen. **Ich bin dankbar, daß ich keinen von euch außer Krispus und Gaius taufte** (V. 14). Trotz der weiteren Ausnahmen, die Paulus in den nächsten Versen aufzählt, stimmte es, daß Paulus nur die wenigsten seiner Bekehrten selbst taufte. Wir dürfen davon ausgehen, daß er in anderen Gemeinden auch nicht anders gehandelt hat. Den Grund finden wir in V. 17. *Krispus* ist wahrscheinlich der Leiter der Synagoge, der in Apg. 18, 8 als einer der ersten Konvertierten erwähnt wird. *Gaius* kann unmöglich der in Apg. 19, 29 erwähnte sein, denn dieser war Mazedonier; er kann ebensowenig der Gaius von Apg. 20, 4 sein, denn dieser stammte aus Derbe (wenn wir dem westlichen Text folgen, könnte es sich hierbei um den gleichen mazedonischen Gaius handeln, der 19, 29 erwähnt wird). Wahrscheinlich handelt es sich hier aber um den Gaius, der Röm. 16, 23 als Gastgeber des Paulus und der ganzen Gemeinde (zu Korinth oder Kenchreä) bezeichnet wird. Daraus können wir schließen, daß er zusammen mit Krispus einer der ersten war, die Christen wurden.

Wenn der nächste Vers wortwörtlich übersetzt würde, hätten wir vor uns eine Angabe des Grundes, warum Paulus nur Krispus und Gaius taufte: *Ich handelte so, damit niemand sagen könnte* ... Aber der wahre Grund für diese Handlungsweise des Paulus wird in V. 17 angegeben, und der jetzt zu besprechende Vers nennt eher die Folge als das Ziel der Handlungsweise. **Weil deswegen keiner von euch sagen kann, daß ihr auf meinen Namen getauft wurdet** (V. 15). S. zu V. 13. Auch wenn Paulus seine Bekehrten selber getauft hätte, hätte er dies nicht in seinem eigenen Namen getan, aber es hätte in diesem Fall die Möglichkeit eines Mißverständnisses gegeben – gerade in der heidnischen Umgebung von Korinth, wo wir durchaus annehmen können (s. Komm. zu 10, 5; 15, 29), daß recht bald unchristliche Vorstellungen über die Sakramente in die Gemeinde eindrangen.

Paulus erinnert sich an noch jemanden, den er getauft hat. Dies zeigt, daß Paulus seine Briefe gleich in der endgültigen Form diktierte (Lietzmann): **Ich taufte auch das Haus des Stephanas; ansonsten weiß ich nicht, ob ich noch jemanden taufte** (V. 16). Es waren also noch einige, die Paulus außer Krispus und Gaius getauft hatte, doch weiß er nicht genau, wie viele es sind. *Stephanas* war einer der Korinther, die Paulus besucht hatten (16, 17); vielleicht war er anwesend, während Paulus den Brief diktierte. Meint Paulus mit dem *Haus des Stephanas* womöglich junge Kinder? Kann dieser Vers als Beweis für die Praxis der Kindertaufe in neutestamentlicher Zeit angeführt werden? Die Bedeutung des Wortes *Haus (οἶκος)* ist ausführlich kommentiert worden, doch ist sie nicht mit äußerster Genauigkeit festzulegen. Es sollte angemerkt werden, daß in 16, 15 gesagt wird, daß sich das *Haus* (hier *οἰκία*, doch sind die Wörter synonym) *des Stephanas in den Dienst an den Heiligen* gestellt habe. Das wäre kaum von Kleinkindern behauptet worden, und wir müssen davon ausgehen, daß Paulus also nur an Erwachsene dachte. Wie auch Krispus und Gaius war Stephanas ebenfalls ein früh Bekehrter (16, 15).

Es ist schwer, die Schlußfolgerung zu umgehen, daß dieser Vers eine relative Abwertung der Taufe durch Paulus nachweist (nicht nur eine Abwertung der Rolle des Taufenden – Kümmel). Paulus setzt voraus, daß alle Christen getauft wurden (12, 13), doch kann er sich nicht daran erinnern, wen er getauft habe und wen nicht. Wahrscheinlich taufte er die ersten Bekehrten, überließ aber ihnen die weitere Ausführung (vgl. Joh. 4, 1f.; Apg. 10, 48); obwohl 6, 11 uns vielleicht auch zu verstehen gibt, daß sich die meisten Christen selbst tauften. Die Angelegenheit war also nicht so wichtig, daß sie die Aufmerksamkeit des Paulus erforderlich machte.

Ich taufte nur wenige von euch (V. 17; diese Worte finden sich im Griechischen nicht, doch werden sie durch den Partikel *denn* (*γάρ*), mit dem der Vers beginnt, gefordert), **denn Christus sandte mich nicht zu taufen, sondern das Evangelium zu predigen.** Nach Ansicht des Paulus war also die Predigt viel wichtiger als die Taufe und als seine eigene Berufung. Das will er hier betonen. Er will sich in keinerlei Weise dafür entschuldigen (Bachmann), daß er so wenige seiner Bekehrten getauft hat. Es ist nicht nötig, hier auf die Bedeutung des Ausdrucks „das Evangelium zu predigen" einzugehen, denn Paulus selbst erklärt im Rest des Kapitels sowie in einem großen Teil des Briefes, was er darunter versteht. In der Predigt besteht das Wesen seines Apostolats (*sandte* = *ἀπέστειλεν*, ein Verb, das mit dem Substantiv *ἀπόστολος*, Apostel, eng verwandt ist). Die Predigt war der Stoßkeil der christlichen Missionsbemühungen; erst nachdem die evangelistische Predigt zum Wirken gekommen war, würden Menschen, die überführt, bußfertig und gläubig geworden waren, die Taufe suchen. Für die *Sendung* des Paulus s. Komm. zu 1, 1; 1. und 2. Kor. sind beide voll mit Materialien, welche zeigen, wie Paulus seinen Auftrag auffaßte.

Dieser Vers enthält Hinweise, die wir in den nächsten Absätzen besprechen müssen, über den Inhalt des von Paulus verkündigten Evangeliums sowie über die Art und Weise, in der er diesen Inhalt darlegte – **und zwar ohne rhetorische Künste** (wörtlich: *nicht in Weisheit der Rede*), **damit nicht das Kreuz Christi seiner Bedeutsamkeit entleert werde.** Damit also das Kreuz Christi nicht „verschwinde, unter dem Gewicht rhetorischer Argumente und dialektischer Subtilität entschwinde" (Lightfoot). Paulus stellt sich als Prediger und nicht als Rhetoriker dar. Die Predigt besteht aus der Verkündigung des Kreuzes; das Kreuz ist die Quelle ihrer Kraft. Die überzeugende Kraft des Kreuzes würde also nicht in vollem Maße offenbar werden, wenn in der Predigt ganz offensichtlich die Künste der menschlichen Rhetorik angewandt würden; wenn die Menschen aufgrund der beredten Predigt glauben, dann nicht mehr aufgrund des gekreuzigten Christus. Darum verwirft Paulus die *Weisheit* (*σοφία*) als Mittel der Rhetorik. Wir werden noch sehen (vgl. Komm. zu 1, 19–22.24.30; 2, 1.4–7.13; 3, 19; 12, 8 und 'Christianity at Corinth', S. 275–286), daß er das Wort Weisheit im guten wie im schlechten Sinne verwendet; an dieser Stelle beschreibt die *Weisheit* als formelle Eigenschaft einer kunstvollen Rede den Inhalt einer Predigt, in der das Kreuz beinahe als törichter Irrtum hingestellt wird.

Mit dieser Bemerkung kommt Paulus zum eigentlichen Inhalt seines Briefes. Wie im Röm. (vgl. 1, 16ff.) werden seine Gedanken und seine Worte durch eine Erwähnung des Evangeliums in Bewegung gesetzt. Das Thema ist hier im Zusammenhang mit den korinthischen Parteien in den Vordergrund gebracht worden, und es sind diese Parteien, die bis zum Ende des 4. Kapitels im unmittelbaren Blickfeld sind; doch bleibt das hinter der Behandlung der Parteien durchleuchtende Thema das des Evangeliums – und der Berufung, Verantwortung und Pflicht derer, die es predigen und derer, die es hören.

4. 1, 18–31: Das Wort vom Kreuz

(18) Denn die Botschaft des Kreuzes ist denen, die auf dem Weg zur Zerstörung sind, eine Torheit, uns aber[32], die wir auf dem Weg zum Heil sind, ist sie Gottes Kraft. (19) Denn es steht geschrieben: Ich werde die Weisheit der Weisen zerstören und ich werde die Intelligenz der Intelligenten aufheben. (20) Wo ist der Weise? Wo ist der Gelehrte? Wo ist der Disputant dieses Zeitalters? Hat nicht Gott die Weisheit der Welt zur Torheit gemacht? (21) Denn da nach dem weisen Plan Gottes die Welt durch die Ausübung ihrer eigenen Weisheit Gott nicht erkannte, faßte Gott den Ratschluß, solche, die glauben, durch die Torheit christlicher Predigt zu retten. (22) Da Juden nach Zeichen fragen und Griechen Weisheit suchen – (23) aber wir predigen den gekreuzigten Christus, den Juden ein Skandal, den Heiden eine Torheit, (24) doch denen, die berufen sind, sowohl Juden als Griechen, Christus, Gottes Kraft und Gottes Weisheit. (25) Denn diese Torheit Gottes ist weiser als die Menschen, und diese Schwäche Gottes ist stärker als die Menschen.

(26) Ihr könnt besser verstehen, was ich meine, Brüder, wenn ihr eure eigene Berufung als Christen anschaut; denn es sind nicht viele unter euch, die nach menschlichen Maßstäben als weise, nicht viele, die als mächtig, nicht viele, die als hochgeboren gelten. (27) Aber Gott erwählte das, was die Welt für töricht hält, um die weisen Männer der Welt zu beschämen. Und Gott erwählte das, was die Welt für schwach hält, um das zu beschämen, was sie für stark hält, (28) und was die Welt für niedriggeboren und verächtlich hält, sogar das, was nicht existierte, erwählte Gott, damit er das, was existierte, vernichte, (29) und damit sich niemand in Gottes Gegenwart rühme. (30) Aber ihr seid mit Gott verwandt in Christus Jesus, der als Gabe Gottes für uns zur Weisheit und Gerechtigkeit und Heiligung und auch zur Erlösung wurde; (31) damit das Schriftwort in Erfüllung gehe, in dem es heißt: Wenn sich jemand rühmen muß, soll er sich im Herrn rühmen.

In seiner Abhandlung über die korinthischen Parteien hat Paulus bisher zwar wahrheitsgemäß, doch einigermaßen oberflächlich wie folgt argumentiert: Ich taufte die wenigsten meiner Bekehrten; darum könnt ihr nicht sagen, daß ihr auf meinen Namen getauft wurdet; und darum solltet ihr auch nicht sagen: „Ich gehöre Paulus." Ähnlich solltet ihr auch nicht sagen: „Ich gehöre Apollos" oder: „Ich gehöre Kephas"; und keine Gruppe sollte für sich allein beanspruchen: „Ich gehöre Christus." Es folgt nun eine tiefergehende Behandlung des Themas. Die Schlagwörter der Parteien bezeugen alle eine Überbewertung menschlicher Weisheit und die Tatsache, daß die Korinther das Evangelium, welches zu predigen Paulus gesandt wurde, entweder mißverstanden oder falsch bewertet haben. Jetzt fängt Paulus an, die wahre Bedeutung menschlicher und göttlicher Weisheit und des Evangeliums auszulegen. Das ist seine Absicht, und diese führt er innerhalb eines christlichen Rahmens der Motivation und Entwicklung aus. Und doch muß man durchaus anerkennen, daß seine Auslegung sehr wohl an jüdische Predigten erinnert (eine von ihnen ist vielleicht Bar. 3, 9–4, 4 erhalten), die am 9. Ab über die Haphthare des Tages gehalten wurden (Jer. 8, 13–9,24). Nach dieser Ansicht verwendet Paulus das Wesentliche einer Predigt, die er vielleicht in der Synagoge gehalten hatte, und zitiert in V. 31 seinen Ausgangstext. Siehe H. St. J. Thackeray, *The Septuagint and Jewish Worship* (1921), S. 97.

Paulus hat das Kreuz Christi eben erwähnt und er greift es im neuen Absatz wieder auf: **Denn die Botschaft** (λόγος) **des Kreuzes . . .** (V. 18). Der Genitiv ist nicht subjektivisch, sondern gibt das Thema der *Botschaft* oder Rede an. Daß Paulus damit nichts anderes als das Evangelium, die Grundlage des Christentums, meint, geht klar aus dem Folgenden hervor. Das Evangelium ist einfach ein Vor-Augen-Malen (vgl. Gal. 3, 1) des gekreuzigten Christus; die Wirkung ist einfach. Es **ist denen, die auf dem Weg zur Zerstörung sind, eine Torheit, uns aber, die wir auf dem Weg zum Heil sind, ist es Gottes Kraft** (vgl. 2. Kor. 2, 15f.). Beide Gruppen werden durch ein Partizip Präsens gekennzeichnet, und obwohl das erstere von einem zusammengefügten Verb mit „perfektisierender" Präposition gebildet ist (ἀπολλυμένοις; s. M. I, S. 114f.) dürfen wir uns weder die Zerstörung noch das Heil als schon abgeschlossen vorstellen. Trotzdem ist es wahr, wie Kümmel (S. 168) in einem Vergleich mit Phil. 1, 28 und Röm. 8, 24 feststellt, daß beide Begriffe sowie der Unterschied zwischen beiden Gruppen eschatologisch sind. Zerstörung und Heil (vgl. Röm. 1, 16.18) vollziehen sich erst am letzten Tag (vgl. Röm. 9, 22; 13, 11). Die, *die auf dem Weg zur Zerstörung sind*, halten das Evangelium für *Torheit* und lehnen es darum ab. Kommen sie um, weil sie es ablehnen, oder lehnen sie es ab, weil sie umkommen sollen? Diese Art Frage läßt sich am Anfang der paulinischen Argumente oft stellen; es ist jedoch besser, man beantwortet sie erst am Ende, nachdem Paulus die Probleme der Prädestination von allen Seiten erläutert hat. Zweifellos wußte er, daß das Evangelium deswegen abgelehnt wurde, weil die Griechen es für absurd hielten, die Wahrheit über Gott bei einer Kreuzigungsszene zu finden: hier war die Weisheit haushoch überlegen. Es überrascht, daß das Gegenstück zur *Torheit* nicht in „wirklicher Weisheit" oder „der Weisheit Gottes", sondern in „der *Kraft Gottes*" zu finden ist. Hier beginnt jedoch das paulinische Verständnis des Evangeliums; vgl. Röm. 1, 16. Es war zudem recht peinlich, gerade in Korinth zuzugeben, daß es eine christliche Weisheit gibt (was Paulus in 2, 5 doch muß). Aber im Augenblick will er das Wort Weisheit als etwas Widerliches darstellen.

Paulus weiß das Alte Testament auf seiner Seite (V. 19). **Denn es steht geschrieben:**
Ich werde die Weisheit der Weisen zerstören,
Und ich werde die Intelligenz den Intelligenten aufheben.

Das Zitat entstammt Jes. 29, 14 und folgt der LXX, nur heißt es in der LXX nicht *„ich werde... aufheben"*, sondern: *„Ich werde... verbergen."* Die Änderung könnte auf Ps. 32, 10 zurückgehen (LXX: Der Herr zerstreut die Beschlüsse der Heiden, er hebt die Gedanken der Völker auf, er hebt die Beschlüsse der Regierenden auf), aber Paulus hat das Zitat auf jeden Fall der Situation, auf die er es anwenden will, angepaßt; das Aufheben könnte als radikalere Form des Verbergens gelten. Die *Weisheit*, von der hier die Rede ist, ist offensichtlich eine Weisheit dieser Welt (vgl. V. 20), eine Weisheit, die nicht mit Gott rechnet und im wesentlichen anthropozentrisch ist (und daher auch in einer engen Beziehung zu „Werken" steht – Schlatter). Sie ist die angenommene Weisheit derer, die das Evangelium als eine Torheit ablehnen. Der Sinn des Wortes *Weisheit* (*σοφία*) ist nicht mehr der von V. 17, denn es handelt sich hier nicht mehr um eine Art zu reden, sondern um eine Art zu denken; und doch ähneln sich beide, denn sie teilen ihre grundsätzliche Anthropozentrizität. Das Zitat untermauert das, was Paulus schon geschrieben hat, bringt ihn aber zugleich eine Stufe weiter; nicht nur wird die Weisheit dieser Welt im Alten Testament erwähnt, sondern dort wird deren Zerstörung vorausgesagt. Es gibt außerdem noch weitere alttestamentliche Materialien zu diesem Thema.

Wo ist der Weise? Wo ist der Gelehrte? Wo ist der Disputant dieses Zeitalters? Hat nicht Gott die Weisheit der Welt zur Torheit gemacht? (V. 20). Paulus weist hier einfach auf das Alte Testament hin, ohne eine positive Argumentation anhand der Schrift vorzunehmen, vgl. Jes. 19, 11f.; 33, 18; 44, 25; Hiob 12, 17. Wie im nächsten Vers klargemacht wird, hat Gott nun gehandelt, um das, was die Welt als Weisheit schätzt, als Torheit aufzudecken und um die arroganten, sich selbst für wichtig haltenden Weisen, Gelehrten und Disputanten in die Flucht zu schlagen. *Dieses Zeitalters* (*αἰών*) und *der Welt* (*κόσμος*) scheinen synonym zu sein. Dies entspräche der doppelten Bedeutung im späteren Hebräischen des *'olam* und wichtiger noch der natürlichen Verwandtschaft zwischen der apokalyptischen Eschatologie und dem philosophischen Idealismus. Dieses Zeitalter, im Gegensatz zu dem kommenden, diese Welt, im Gegensatz zur anderen, stellen keinen absolut verstandenen Dualismus dar. Das neue Zeitalter und die neue Welt, die unter der unmittelbaren Herrschaft Gottes stehen werden, werden das Ende aller anthropozentrischen Weisheit herbeiführen (vgl. 2, 6ff. und sinngemäß 3, 19).

Gott hat also *die Weisheit der Welt zur Torheit gemacht*, d. h. sie als Torheit offenbar werden lassen; sie zur Narrheit gemacht, indem er tat, was sie nicht zu tun vermochte, und zwar auf eine Art und Weise, die die Weisen dieser Welt als töricht abtaten. **Denn da nach dem weisen Plan** (*σοφία*) **Gottes die Welt durch die Ausübung ihrer eigenen Weisheit Gott nicht erkannte, faßte Gott den Ratschluß, solche, die** nicht Weisheit haben, sondern **glauben,** nicht durch ihre eigene Weisheit, sondern **durch die Torheit christlicher Predigt zu retten** (V. 21). Wir sahen schon, daß das Wort *Weisheit* (*σοφία*) in einem zweifachen schlechten Sinn gebraucht wird; es wird aber ebenfalls in einem zweifachen guten Sinn gebraucht. Hier bezieht es sich auf ein Schema oder einen Plan, der von Gott vorbereitet und zur Rettung der Menschheit von ihm durchgeführt wird. Diesen Plan hätten sich die Menschen nie ausgedacht, weil er mittels der christlichen Predigt in die Geschichte hineinwirkt; und diese christliche Predigt, da sie sich auf das Kreuz (V. 18) konzentriert, wird immer nach weltlichen Maßstäben als Torheit eingestuft werden. Das scheint mir der Sinn dieses Verses zu sein, aber einige Ausleger (s. die Kommentare und zusätzlich G. Bornkamm, *Gesammelte Aufsätze* II (1959), s. 120f.) verstehen die Präpostion *nach* (*ἐν*, in) örtlich, so daß es sich hier um die Weisheit Gottes handelt, die in seinen Werken offenbar wird. Obwohl sie sich mitten in dieser Offenbarung befindet, erkannte die Welt Gott nicht. S. jedoch Lightfoot, S. 161.

Paulus will hier also der Behauptung entgegentreten, die Welt habe durch die Ausübung ihrer Weisheit Gott erkannt; Paulus versteht also unter „Weisheit dieser Welt" etwas, das der Gnosis ähnelt, die in der Gotteserkenntnis einen Weg zum Heil anbot. Diese Erkenntnis hatte jedoch versagt, und dieses Versagen, so Paulus, war Teil des göttlichen Ratschlusses. Mythologisch ausgedrückt stellt dieser Ratschluß das kreisende Schwert dar, das die Menschen daran hinderte, zum Garten Eden zurückzukehren, und somit den Zugang zur unmittelbaren Erkenntnis und zum Leben versperrte (Gen. 3, 24). Gott ist genauso in seiner Schöpfung offenbar wie ein Künstler in seinen Kunsterzeugnissen, aber Gott wird in seiner Schöpfung nicht wahrgenommen, weil es keine

Gottesoffenbarung gibt, die die den Menschen erhöhende Weisheit des Menschen nicht so lange verdreht, bis sie Gott zu seinem (des Menschen) Bilde gemacht hat (dies trifft bekanntlich genau auf den Gott der Gnosis zu, der wesentlich die Selbstliebe darstellt) – d. h. keine Offenbarung, außer der Offenbarung im gekreuzigten Christus, die allein durch den Glauben als Offenbarung erkannt werden kann (vgl. Röm. 1, 19–24; *Romans*, S. 35–38; *Adam*, S. 17ff.), die in der unrühmlichen Geschichte des toten Juden am Kreuz die siegreiche Liebe Gottes erkennt und ihr vertraut. Das Heil (die Erlösung am letzten Tag, die in der Gegenwart vorweggenommen wird) kommt also nicht durch die *Gnosis*, sondern durch den Glauben, nicht durch die Weisheit, sondern durch die Torheit, wie sie aus dem menschlichen Standpunkt erscheinen muß, der Botschaft, die Paulus und seine Kollegen verkündigen (*κήρυγμα* bedeutet nicht den Akt, sondern den Inhalt der *Predigt*).

Da (V. 22; das Wort, das am Anfang von V. 21 stand, wird hier wiederholt, um eine schärfere Neuformulierung des Gedankens einzuleiten) **Juden nach Zeichen fragen und Griechen Weisheit suchen – aber wir** (Christen) **predigen** (verkündigen als Herolde; das hiermit verwandte Substantiv wurde benutzt, um den kynischen Prediger zu bezeichnen – s. Epiktet III, 22.69) **den gekreuzigten Christus, den Juden ein Skandal, den Heiden eine Torheit** (V. 23), **doch denen, die berufen sind, sowohl Juden als Griechen, Christus, Gottes Kraft und Gottes Weisheit** (V. 24). Dies ist die brillanteste epigrammatische Beschreibung dieser Welt, in der das Evangelium gepredigt wird, und des Evangeliums selbst. Daß die Juden nach *Zeichen* fragten, s. Mk. 8, 11 u. par.; s. auch die alttestamentlichen Geschichten von Israels „Versuchung des Herrn" (z. B. Num. 14, 11.22). Hier wird mangelndes Gottvertrauen an den Tag gelegt; Gott muß sich erst anhand von sichtbaren und identifizierbaren Handlungen ausweisen, durch die sein Anspruch an die Menschen und seine Fähigkeit, ihnen zu helfen, Gültigkeit gewinnen. Die fragliche Einstellung kommt oft in religiöser Form vor, doch ist sie grundsätzlich skeptisch und im wesentlichen egoistisch. Trotz der Berühmtheit des philosophischen Gedankenguts der Griechen, an das Paulus hier wohl nicht gedacht hat, sollten wir unter *Griechen* nicht Hellenen verstehen; denn die Ausdrücke Griechen und *Heiden* werden im gleichen Satz synonym eingesetzt. Die von den Griechen gesuchte Weisheit ist die der Gnosis, ein religiöses, gedankliches System ohne die Praxis der Religion (im kultischen Sinne), eine fälschlich sogenannte Offenbarung Gottes, die sich in der Wahrheit als menschliche Spekulation entpuppt. Tatsächlich haben wir hier in der jüdischen Forderung nach Zeichen und in der griechischen Suche nach Weisheit die beiden Ausdrucksformen, die religiöse bzw. die nicht-religiöse, des „Mannes von Welt“, des Menschen in seiner Entfremdung von Gott, des Menschen, der durch seine anthropozentrische Existenz seine Rebellion gegen Gott offenbar macht. Paulus bringt hier Juden und Griechen zusammen mit einem *sowohl.. als auch* (*καί... καί* – Zuntz, S. 200, läßt mit P^{46} F G Markion das erste *καί* aus), was eigentlich nicht übersetzt werden kann, was man aber mit dem Satz umschreiben könnte: *Sowohl* Juden *als auch* Griechen befinden sich im Irrtum – die Juden, weil sie nach Zeichen fragen, die Griechen, weil sie Weisheit suchen. Es erübrigt sich fast zu erwähnen, daß diese beiden Ausdrücke in der antiken Welt zu jeder anderen Zeit in einer enormen Vielfalt vermischter Formen vorkommen. Es gab z. B. eine jüdische Gnosis in Korinth. Der religiöse Egoismus wird *den gekreuzigten Christus* (um so mehr, wenn Χριστός das Amt des Messias beschreibt, obwohl es hier wahrscheinlich, wie sonst bei Paulus, nur ein Name ist) unausweichlich als *Skandal* empfinden (*σκάνδαλον* = etwas, das die Menschen zum Stolpern bringt), denn im Kreuz tut Gott genau das Gegenteil von dem, was man von ihm erwartet; der intellektuelle Egoismus der weisheitssuchenden Heidenvölker hält das gleiche Thema für *Torheit*, weil die Inkarnation, die sich in der Kreuzigung kristallisierte, leugnet, daß der Mensch Gott durch seine Spekulation finden kann, und behauptet, daß Gott dem Menschen dort begegnet ist, wo er sich gerade befindet. Wenn es also solche gibt, die das Kreuz anders auffassen, dann sind es nicht die besonders Frommen oder die außerordentlich Gelehrten, sondern die, die Gott berufen hat (vgl. 1, 2). Der genaue Sinn des Ausdrucks *αὐτοῖς δὲ τοῖς κλητοῖς* ist nicht zu ermitteln. Einige Ausleger wollten im Pronomen einen „Appell an das persönliche Erleben“ (Robertson-Plummer) sehen, doch will das Pronomen hier unsere Aufmerksamkeit mehr auf die Personen als auf ihre inneren Gefühle lenken. Es könnte sein, daß Paulus sich wieder auf die Gläubigen von V. 21 bezieht, die er hier neu definieren will. Aus der einen Sicht heraus ist der Glaube ein Kennzeichen ihrer Existenz als Christen; doch geht dem die Wahrheit voraus, daß Gott sie berufen hat. Die Initiative liegt bei ihm. Ob Paulus so dachte oder nicht, er will auf jeden Fall hier darauf hinweisen, daß jegliche Annahme des Evangeliums, ob durch Juden oder durch Griechen, sich letztendlich nicht in einer menschlichen, sondern in einer göttlichen Entscheidung gründet. Er führt uns nie die philosophischen, nicht einmal die theologischen Folgen dieser Überzeugung vor Augen und hat in 1. und 2. Kor. noch weniger darüber zu sagen als in Röm.; vgl. Röm. 9–11 und *Romans*, S. 170ff., 186–191, 220f., 227; *Adams*, S. 118. Den *Berufenen* also ist *Christus Gottes Kraft und Gottes Weisheit*. Vgl. 1, 18 und Komm. Hier ist die Sprache völlig ausgewogen; dem Zeichen und dem Skandal gegenüber steht Gottes Kraft (vgl. Röm. 1, 16), der Weisheit (wie sie von dieser Welt verstanden wird) und der Torheit gegenüber steht Gottes Weisheit. An dieser Stelle bedeutet Weisheit mehr als *„weiser Plan"*. Wie in 1, 30 (vgl. ebenfalls 8, 6) stellt die Weisheit nicht bloß den Plan, sondern auch den Inhalt des Heils dar. Paulus' Sprache spiegelt hier die Formen und die Vokabeln der Gnosis wider, doch lehnt er deren nichtchristlichen Inhalt ab.

Wenn der gekreuzigte Christus Kraft und Weisheit darstellt, dann nur im Paradoxon, denn er stellt weder einen göttlichen Zwangsakt noch ein formuliertes System der Theologie, der Metaphysik oder der Ethik dar. Paulus unterstreicht hier das Paradoxon. **Denn diese Torheit Gottes** (V. 25; nicht das abstrakte Substantiv wie V. 18.21.23, sondern das Neutrum des Adjektivs: dies weist auf einen besonderen Akt der Torheit hin; M. III., S. 14 ist ein wenig eigenartig: „Gott schien, töricht zu handeln"), **ist weiser als die Menschen, und diese Schwäche Gottes** (wieder Neutrum des Adjektivs) **ist stärker als die Menschen.** Was Gott im gekreuzigten Christus vollbracht hat, steht im direkten Widerspruch zu menschlichen Ideen der Weisheit und der Macht, doch erreicht es, was menschliche Weisheit und Macht nicht erreichen können. Es offenbart die Wahrheit über Gott (und über die Menschen); es befreit den Menschen von seiner Knechtschaft (doch ist dieses Thema noch nicht ausgeführt worden).

Die rhythmische Parallelkonstruktion dieses Absatzes (1, 18–25) sollte beachtet werden. Es handelt sich hier weder um ein Gedicht noch um einen Hebraismus; doch weist der Absatz bewußt rhetorische Stoßkraft auf durch die ausgewogene Satzzusammenstellung. Dieses Phänomen wiederholt sich im 1. Kor.: s. z. B. V. 27f. und bsd. Kap. 13.

Das Paradoxon der Handlungsweise Gottes läßt sich anhand der Zusammensetzung der Gemeinde illustrieren. **Ihr könnt besser verstehen, was ich meine** (V. 26; diese Worte geben den Sinn der griechischen Partikel *γάρ*, **denn**, wieder; die andere Lesart, **darum**, *οὖν* (D G) kehrt das Argument um), **Brüder, wenn ihr eure eigene Berufung als Christen anschaut** (für den Sinn dieses Verses ist es unerheblich, ob wir *βλέπετε* als Indikativ oder Imperativ auffassen; Schlatter weist jedoch darauf hin, daß das *γάρ* den Indikativ wahrscheinlicher macht). Wir sahen schon (V. 2.24), daß Christen solche sind, die Gott berufen hat. Paulus benutzt hier ein abstraktes Substantiv, das normalerweise den Umstand des Berufens bezeichnet; hier jedoch sind „die Umstände, unter denen ihr berufen wurdet", gemeint. Das Wort weist also auf die Art von Menschen und das Wesen der durch die Berufung zusammengerufenen Gemeinde hin. Es wird offenbar, daß Gott andere Maßstäbe anlegt als die unter den Menschen üblichen, **denn es sind nicht viele unter euch** (diese letzten beiden Worte stehen nicht im griechischen Text; Sinn und Struktur des deutschen Satzes machen sie jedoch unerläßlich), **die nach menschlichen Maßstäben** (wörtlich: **nach dem Fleisch**) **als weise, nicht viele, die als mächtig, nicht viele, die als hochgeboren gelten.** Eine Notiz über die soziale Strukturierung der Urchristenheit, mit Bezugnahme auf diesen Vers, gibt C. F. D. Moule, *The Birth of the New Testament* (Black's New Testament Commentaries Companion Volume 1, 1962), S. 156ff. Aus 7, 21 geht klar hervor, daß es in der korinthischen Gemeinde auch Sklaven gab; aber andererseits gehörte auch ein Synagogenvorsteher (Apg. 18, 8) dazu, der, obwohl er nicht unbedingt reich gewesen sein muß, wenigstens unter den Juden großes Ansehen genossen haben wird. Auch Erastus (Röm. 16, 23) wird nicht arm gewesen sein. Trotzdem gibt es keinen Zweifel, daß sich das Christentum am schnellsten unter den niedrigeren gesellschaftlichen Schichten ausbreiten konnte; darum war es gerade so anstößig. Einen interessanten Kommentar zu der Beschreibung der Gemeinde durch Paulus finden wir bei Celsus (zit. Origenes, *Gegen Celsus* III, 44 –

Bibl. der Kirchenväter Bd. 52, hrsg. Bardenhewer, Weymann, Zellinger: München, o. J., S. 254–255):

„Er sagt, ‚daß solche Anordnungen von ihnen getroffen würden: Kein Gebildeter komme heran, kein Weiser, kein Verständiger'; denn ‚solche Eigenschaften würden bei uns für übel angesehen. Sondern wenn einer ungelehrt, wenn einer unvernünftig, wenn einer ungebildet, wenn einer töricht ist, der solle getrost kommen. Indem sie solche Leute von vornherein als würdig ihres Gottes bezeichnen, wollen sie offenbar nur die einfältigen, gemeinen und stumpfsinnigen Menschen, und nur Sklaven, Weiber und Kinder überreden, und vermögen dies auch.' "

Wenn wir Celsus' Voraussetzungen annähmen, würde diese Zusammensetzung der christlichen Gemeinde die Unwahrheit der christlichen Botschaft beweisen. Mit den Voraussetzungen des Paulus jedoch beweist eben diese Zusammensetzung, wie Gott ist – nicht nur, daß er andere Maßstäbe anwendet als die in der Welt üblichen, sondern auch daß er jetzt dabei ist, die falschen Maßstäbe dieser Welt zu überwinden. Vgl. Matt. 11, 25 f. **Aber Gott erwählte das, was die Welt für töricht hält** (V. 27) – hier wird der Genitiv (*τοῦ κόσμου*) in der Bedeutung „in den Augen der Welt" übersetzt; man könnte aber auch übersetzen: „das törichte Element in der Welt", aber dies würde zu verstehen geben, daß die Welt teils töricht, teils weise ist. Es ist jedoch zweifelhaft, ob Paulus der Welt ein solches Kompliment machen wollte. Gott erwählte (*ἐξελέξατο*; vgl. Röm. 8, 33 als Verbaladjektiv) diese nicht sehr verheißungsvollen Menschen in erster Linie aus reiner Liebe, aber auch **um die weisen Männer der Welt zu beschämen** (*der Welt* – nicht im Griechischen, aber doch ein hilfreicher und sicherlich korrekter Zusatz), d. h. um zu beweisen, daß sie mit ihrer Weisheit verkehrt liegen und sie außerhalb der Reichweite des Heils zu lassen, wenn sie nicht bereit sind, töricht zu werden (vgl. 3, 18). In ähnlicher Absicht **erwählte Gott, was die Welt für schwach hält, um das zu beschämen, was sie für stark hält.** Es gibt in diesem Vers ein Problem mit den grammatischen Geschlechtsbezeichnungen. *Töricht*, *schwach* und *stark* stehen alle in der Mehrzahl des Neutrum; *weise (Männer)* steht in der Mehrzahl des Maskulinum. Dadurch sieht der Satz auch im Griechischen eigenartig aus, aber höchstwahrscheinlich brauchen wir uns nicht die Mühe zu geben, irgendeine komplizierte Erklärung hierfür zu finden. Paulus benutzt die sächlichen Formen, um verallgemeinern zu können (vielleicht will er den Korinthern eine allzu offene Beschreibung ihres eigentlichen Zustandes ersparen, denn er weiß, daß er im nächsten Vers von Dingen, die „nicht existierten" sprechen wird); aber das Eigenschaftswort *weise* läßt sich kaum in der sächlichen Form gebrauchen, darum steht es hier als einziges in der männlichen Form.

Und was die Welt für niedriggeboren (V. 28; das Gegenteil von **hochgeboren**, V. 26) **und verächtlich hält:** Paulus setzt seine Beschreibung fort, die sehr wohl auf die korinthische Gemeinde zugetroffen haben wird; aber der Schwung hinter seiner Rhetorik läßt ihn hinzufügen: **sogar das, was nicht existierte, erwählte Gott, damit er das, was existierte, vernichte** (vgl. 2. Kor. 3, 11; es handelt sich hier um einen eschatologischen Gedanken, s. Heim z. St.). Aber obwohl diese Worte rhetorisch gemeint sind, sind sie nicht sinnlos (wenn ihr Sinn auch nichts mit dem üblichen philosophischen zu tun hat). Als Gott anfing, seinen Plan durchzuführen, gab es in Korinth noch keine Gemeinde, ausgenommen im Willen Gottes. Nun existierte sie aber trotz der Gegnerschaft der anderen und der eigenen Schwäche. Die Weisheit Gottes im Evangelium ist durch dessen Auswirkungen also gerechtfertigt worden; zuletzt wird sie in der Totalität der neuen Schöpung ganz und gar gerechtfertigt werden. Außerhalb der Gemeinde also war es der Zweck der Weisheit Gottes, den Stolz dieser Welt in ihrer Weisheit und Kraft zu demütigen; innerhalb der Gemeinde hatte diese Weisheit jedoch auch ein Ziel: **Damit sich niemand** (wörtlich: *kein Fleisch*) **in Gottes Gegenwart rühme** (V.29). „Drückt negativ dasselbe aus, was positiv die Rechtfertigung besagt" (Wendland z. St.). Hier kehrt Paulus zum eigentlichen Thema zurück. Es ist ja nicht die falsche Weisheit und das Rühmen der Welt, die ihn zum Schreiben des 1. Kor. veranlaßt hat, sondern das falsche Rühmen in der Gemeinde zu Korinth, wo Christen sich der *Menschen rühmten* (3, 21 – der eigenen Apostel und Diener) und ihre eigenen Gaben falsch einschätzten (s. Komm. zu 1, 5 ff.). Das können die Christen nur, weil sie vergessen haben, daß ihre Existenz als Christen nicht vom eigenen Verdienst, sondern von der Berufung Gottes abhängt – und von der Tatsache, daß das Evangelium aus der Botschaft des Kreuzes besteht. Dies wird von Paulus im nächsten Vers ausdrücklich hervorgehoben.

Aber ihr (betont!) **seid mit Gott verwandt in Christus Jesus** (V. 30). Es wäre möglich, diesen Satz umgekehrt zu formulieren, ohne den grundlegenden Sinn einzubüßen: Es ist die Gabe Gottes, daß ihr in Christus Jesus sein dürft; ihr verdankt also eure christliche Existenz Gott – nicht euren eigenen Fähigkeiten. Doch paßt diese Umänderung nicht zum Zusammenhang, wo Christus in bezug auf die Dinge, die die Menschen in eine Beziehung zu Gott bringen, beschrieben wird. Christus ist das Mittel, Gott das Ziel (vgl. 8, 6; 15, 24). *Ihr seid mit Gott verwandt* heißt wörtlich: Ihr seid von Gott (*ἐκ θεοῦ*); vgl. den ähnlichen griechischen Ausdruck (*ἐκ πίστεως*), der den Sinn hat: auf der Grundlage des Glaubens, vom Glauben abhängig, durch den Glauben. Prägnant sagt Paulus: Nicht nur eure Vorräte an Weisheit, Kraft, usw. sind von Gott, sondern ihr verdankt ihm eure ganze Existenz. Das ist die richtige Beziehung zwischen dem Menschen und seinem Schöpfer; in Christus, in dem die *Dinge, die nicht existieren*, ins Dasein gerufen werden (V. 28; vgl. 2. Kor. 5, 17), wird diese Beziehung mittels einer neuen Schöpfung wiederhergestellt. Unter diesen Umständen ist das Rühmen ausgeschlossen (vgl. Röm. 3, 27).

Weiter definiert Paulus die Dinge, in denen der Mensch durch Jesus Christus mit Gott in eine Beziehung gebracht wird: **Jesus, der als Gabe Gottes** (Umschreibung von *ἀπὸ θεοῦ*) **für uns zur Weisheit und Gerechtigkeit und Heiligung und auch zur Erlösung wurde.** Der Ausdruck *Weisheit* (*σοφία*), dessen Bedeutung sich schon mehrmals geändert hat (1, 17.19.21.24), erhält hier noch einen neuen Sinn. In der jüdischen Spekulation (s. bsd. Spr. 8, 22–31; Weish. Sal. 7, 22–8,1) hatte die mehr oder weniger personifizierte Gestalt der Weisheit eine zunehmend wichtige Stellung als Vermittlerin zwischen Gott und Menschen in der Schöpfung und in der Mitteilung von Erkenntnis und Erlösung eingenommen. Die Weisheit war also ein Begriff, der wie zu christologischen Zwecken geschaffen war, und Paulus benutzt ihn, manchmal wie hier direkt, manchmal indem er dem Christus Funktionen und Eigenschaften zuschreibt, die im Judentum der Weisheit zugeschrieben wurden. Das Wort selber wird in seinen verschiedenen Bedeutungen in den ersten Sätzen des 1. Kor. so oft gebraucht, daß wir folgern dürfen, Paulus habe gewußt, wie beliebt das Wort in Korinth gewesen sei, und habe darum selbst über die Weisheit nachgedacht. Aber diese Schlußfolgerung unterstreicht nur die Wichtigkeit dessen, was Paulus eigentlich sagen will: Die Weisheit läßt sich nicht in der Beredsamkeit oder in der gnostischen Spekulation über das Sein Gottes entdecken; sie wird vielmehr im Heilsplan Gottes für die Welt gefunden – für eine Welt, die in ihrer eigenen Weisheit von Gott abgefallen war. Dieser Heilsplan wurde durch das Kreuz wirksam gemacht. Darum wird der gekreuzigte Christus selbst zur personifizierten Weisheit, zum Mittler Gottes in der Schöpfung (vgl. 8, 6), insbesondere (soweit wir es mit diesem Vers zu tun haben) zum Mittel Gottes, die Menschen mit sich selbst zu versöhnen.

Da er das Wort gebraucht hat, das in dieser Lage am passendsten erschien, fügt Paulus jetzt andere hinzu, die zwar die gleiche wesenhafte Mittlerschaft Christi zum Ausdruck bringen, die aber doch zu seinen Standardvokabeln gehören. Christus als die Gabe Gottes zur *Gerechtigkeit* – s. Röm. 1, 17; 3, 21; 10, 4. Der Gedanke hat eine forensische (juristische) Wurzel: der Mensch wird vor dem Gerichtshof Gottes verklagt und kann den Anforderungen des Richters nicht genügen, es sei denn, ihm werde eine Gerechtigkeit verliehen, die er selbst nicht besitzt oder erzeugen kann. Unter diesen Umständen wird ihm sein Glaube als Gerechtigkeit angerechnet (Röm. 4, 3; Gal. 3, 6; beide zitieren aus Gen. 15, 6), Christus wird ihm zur Gerechtigkeit (2. Kor. 5, 21); Gott, der Richter, sieht ihn nicht so, wie er an sich ist, sondern in Christus. *Heiligung* hat im Sprachgebrauch des Paulus meistens einen moralischen Beiklang, doch wird das Wort hier in ähnlicher Bedeutung wie *Gerechtigkeit* verwendet (vgl. 6, 11: Ihr wurdet geheiligt, ihr wurdet gerechtfertigt). Der Mensch kann sich dem heiligen Gott nur dann nähern, wenn er selbst heilig ist (vgl. Heb. 12, 14); das ist er aber an sich nicht; doch wird ihm Christus zu der *Heiligung* (Heiligkeit), die er selbst nicht besitzt; und obwohl er im moralischen Sinne weder gerecht noch heilig ist, hat er in Christus die Gerechtigkeit und Heiligkeit, die es ihm ermöglichen, sich Gott zu nähern, und die auch letztlich seine moralische Reinigung bewirken werden. Vgl. das Wort *Heilige* (1, 2). Mit dem Ausdruck *Erlösung* – einem eschatologischen Wort, das Paulus durch die Bezugnahme auf Christus in die Geschichte hereinholt – wendet sich Paulus einem etwas anderen Gedankengang zu, obwohl er an anderer Stelle (Röm. 3, 24) diesen Gedankengang mit der

Offenbarung der Gerechtigkeit in Verbindung bringt. Wenn Gott den sündigen Menschen die Gerechtigkeit und Heiligkeit des Christus zukommen läßt, findet das nicht in schriftlicher Form – formularisch – statt, es ist auch keine magisch wirksame Handlung. Die Anrechnung von Gerechtigkeit und Heiligung kann nur aufgrund des Erlösungswerkes geschehen, das Gott im gekreuzigten Christus vollbrachte. Das Thema der Erlösung oder der Befreiung, die durch Zahlung eines Kaufpreises bewirkt wird, wird hier nicht weiter entfaltet (vgl. aber 6, 20), doch will Paulus durch das Wort Erlösung hier die anderen Begriffe der Weisheit, Heiligung und Gerechtigkeit in den einzig sinnvollen Zusammenhang hineinstellen, in dem sie wirklich verstanden werden können. Die *Weisheit* ergibt sich nicht nur aus dem spekulativen Judentum; die *Gerechtigkeit* ist nicht bloß juristisches Zahlmittel; die *Heiligung* ist nicht rein religiöser Jargon; jede ist vielmehr Produkt der Selbstaufopferung Christi für die Menschen, des *Erlösungswerkes*, das Gott durch ihn vollbracht hat.

Paulus bringt diesen Absatz zum Abschluß, indem er möglicherweise (s. oben S. 70) den Text zu seiner Predigt zum 9. Ab zitiert – Jer. 9, 22f. aus der Haphthare für den Tag. Wenn der Mensch vor seinem Schöpfer nicht bestehen kann, falls ihm nicht Christus zur Seite steht, dann ist das Wort in wunderbarer Weise erfüllt worden, **in dem es heißt: Wenn sich jemand rühmen soll, soll er sich im Herrn rühmen** (V. 31). Die Menschen können sich ihrer selbst nicht rühmen, auch nicht ihrer Leistungen; sie haben nichts, was sie nicht empfangen hätten (4, 7). Aber in Christus haben sie alles (3, 21ff.), also dürfen sie sich seiner rühmen.

Das Zitat ist hier nicht genau wiedergegeben, aber der semitische Gebrauch des konditionalen Partizips als grammatikalisches Subjekt des Hauptsatzes (*Wenn sich jemand rühmen soll ...*, *ὁ καυχώμενος*; s. K. Beyer, *Semitische Syntax im Neuen Testament* I/1 (Studien zur Umwelt des Neuen Testaments 1), 1962, S. 211f.) ist auf die LXX zurückzuführen; vgl. 2. Kor. 10, 17.

5. 2, 1–5: Das einfache Zeugnis

(1) Es war in Übereinstimmung mit diesem Prinzip, Brüder, daß ich, als ich zu euch kam, mein Zeugnis von Gott[33] nicht mit herausragender Beredsamkeit oder Weisheit verkündigte. (2) Denn ich entschloß mich, in eurer Mitte nichts zu wissen außer Jesus Christus als den Gekreuzigten. (3) Und ich kam zu euch in Schwäche und in Furcht und mit großem Zittern; (4) und mein Argument und meine Verkündigung wurden nicht durch überzeugende Worte der Weisheit[34] zur Geltung gebracht, sondern durch einen Erweis des Geistes und der Kraft, (5) damit euer Glaube nicht von der menschlichen Weisheit, sondern von der Kraft Gottes abhängig sei.

Das theologische Prinzip, das Paulus am Ende des 1. Kapitels genannt hat, wirkt sich sehr praktisch aus, auch in seinem eigenen Dienst (V. 1). **Es war in Übereinstimmung mit diesem Prinzip** (dieser Zusatz zum griechischen Text zeigt den eigentlichen Sinn des emphatischen *κἀγώ*, „und ich", am Anfang des neuen Absatzes auf), **Brüder** (vgl. 1, 1), **daß ich, als ich zu euch kam, mein Zeugnis von Gott nicht mit herausragender Beredsamkeit oder Weisheit verkündigte.** Der Sinn dieses Satzes ist eindeutig, aber einige der Einzelheiten sind doch schwierig. Viele wichtige Hss. bieten *Zeugnis*, andere jedoch *Geheimnis* an. Im Griechischen sind die beiden Wörter ähnlich (*μαρτύριον – μυστήριον*), so daß wir es hier durchaus mit einem Schreibfehler zu tun haben könnten. Es ist nicht leicht, zu entscheiden, welches der beiden Wörter Paulus ursprünglich geschrieben haben wird; *Zeugnis* wird jedoch von den meisten vorgezogen, (a) weil das Wort *Geheimnis* im Zusammenhang vorkommt (2, 7; vgl. 4, 1) und die Aufmerksamkeit eines Kopisten auf sich hätte lenken können; und (b) weil *Zeugnis* besser zur anfänglichen Verkündigung des Evangeliums paßt; *Geheimnis* deutet eher auf die Weisheit hin, über die Paulus unter reifen Christen sprechen konnte (2, 6). Diese Lesart wird von Zuntz (S. 101), jedoch nicht von K. W. Clark (*Studia Paulina*, S. 57f.) bejaht. Die Kommentare nehmen verschiedene Standpunkte ein. Auch wenn wir die Lesart *Zeugnis* akzeptieren, sind die Schwierigkeiten noch lange nicht zu Ende. Paulus schreibt dann wörtlich: das *Zeugnis Gottes*, was, wie hier, als *mein Zeugnis* *von* (= über) *Gott* (objektivischer Genitiv) oder *aber als das von Gott getragene Zeugnis* (subjektivischer Genitiv) oder *gar als das von Gott initiierte Zeugnis* (Genitiv des Autors) verstanden werden kann. Wie 1, 6 (das Zeugnis des Christus) und aus ähnlichen Gründen wird die erste Möglichkeit als die wahrscheinlichste empfunden, obwohl Lightfoot die beiden Genitive in Kontrast bringt, indem er 1, 6 als objektivisch, 2, 1 als subjektivisch auffaßt: „Es ist das Zeugnis, das Gott dem Christus gibt."

In seiner Verkündigung verließ sich Paulus nicht auf *Beredsamkeit oder Weisheit*. Zu *Weisheit* s. Komm. zu 1, 17. Die beiden Substantive sind sich in der Bedeutung sehr nahe, denn *Beredsamkeit* (wörtlich: Wort, *λόγος*) meint hier vernünftige Rede, *Weisheit* wortreiche Klugheit. Sie stellen das äußere und das innere Mittel dar, durch das ein Mensch ein Argument vertreten kann: Wirksamkeit der Sprache und Geschicktheit der Argumentation. Die Worte des Paulus (*καθ' ὑπεροχὴν λόγου ἢ σοφίας*; eine sorgfältige Besprechung dieses Ausdrucks bei Bachmann) meinen nicht, daß Paulus keinerlei Beredsamkeit oder Weisheit anwendete; das wäre ja absurd (vgl. 2, 16; 12, 8). Aber diese Elemente drangen bei seinen evangelistischen Predigten nicht in den Vordergrund; er drängte sie zurück. Positiv gesehen also **entschloß ich mich, in eurer Mitte** (V. 2), da ihr die Weisheit so sehr liebt, **nichts zu wissen** (nach Moule, S. 168, der voraussetzt, daß der Negativpartikel hier an der falschen Stelle steht; vgl. *Corpus hermeticum*, 13, 16; die gegenteilige Ansicht vertritt Lightfoot) **außer Jesus Christus als den Gekreuzigten.** Nach Apg. 18, 1 war Paulus von Athen nach Korinth gezogen, so daß oft vorausgesetzt wird, daß er nach einem Versuch, in Athen bei seiner Rede auf dem Areopag das Evangelium mit der griechischen Philosophie zu verbinden (Apg. 17, 22–31), dem recht wenig Erfolg beschieden war, die Entscheidung traf, die Taktik zu ändern und von nun an nur noch das Kreuz zu verkündigen. Es gibt jedoch keinerlei Beweise für diese Phantasterei. Ob wir in der Apostelgeschichte ein genaues Bild dessen, was Paulus in Athen tatsächlich sagte, erhalten, sei einmal dahingestellt; wir dürfen jedoch sicher sein, daß Lukas alles andere als einen Mißerfolg seines Helden darstellen wollte. Hier in 1. Kor. haben wir in den Worten des Paulus keinerlei Hinweise auf eine etwaige Planänderung; er beschreibt vielmehr seine normale Praxis, wobei natürlich diese Praxis in einer

Stadt wie dem Korinth des 1. Jahrhunderts sehr aufgefallen sein wird. Paulus will seine evangelistische Methode in Korinth nicht mit seiner Methode in anderen Städten, sondern mit der in Korinth von anderen Predigern angewandten Methode vergleichen (Moffatt).

Zur Konzentration des verkündigenden Paulus auf *Jesus Christus als den Gekreuzigten* vgl. 1, 18. Paulus hat bestimmt gewußt, daß er die griechische Welt in ihrer eigenen Beredsamkeit und Weisheit nicht übertreffen, es ihr nicht einmal gleichtun konnte; und wie weise christliche Prediger in jedem Zeitalter lenkte er die Aufmerksamkeit auf das eine Thema, das die Welt nicht mit ihm teilte. Von allen Paulusbriefen sind die beiden Kor. am meisten vom christlichen Paradoxon erfüllt: Kraft, die in Schwäche vollendet wird; Arme, die vielen zum Reichtum verhelfen; verheiratete Männer, die so sind, als hätten sie keine Frauen; solche, die nichts haben, aber alles besitzen; die der Abschaum der Erde sind, sie aber zum Heil führen; solche, die sterben und doch leben; und der Kern dieses Paradoxons ist die Predigt der schwachen und dummen Botschaft vom gekreuzigten Christus, die jedoch eine Kraft und eine Weisheit besitzt, die keine menschliche Beredsamkeit bewirken kann, da sie die Kraft und Weisheit Gottes ist. Siehe unten zu V. 5.

Obwohl dies stimmt, wird der Prediger des Evangeliums nicht deswegen vor Hohn und Angriffen bewahrt; kein Wunder also, daß **ich zu euch kam in Schwäche und in Furcht und mit großem Zittern** (V. 3; kam = *ἐγενόμην*). Eine alternative Übersetzung lautet: In meinem Umgang mit euch (*πρὸς ὑμᾶς*) war ich in Schwachheit . . . (Lightfoot). Der allgemeine Sinn wäre dann aber nicht anders als hier. Lightfoots Übersetzung gewinnt an Bedeutung, wenn wir Paulus' übliche Weise, das Verb *γίνεσθαι* einzusetzen, betrachten; doch vgl. 16, 10; 1. Thess. 1, 5. Nach seinem eigenen Zeugnis war Paulus kein beeindruckender Redner (2. Kor. 10, 1.10), doch kann man sich über diese Aussage wundern, denn seine Briefe, die sich immer wie Reden lesen, besitzen, vom Inhalt gänzlich abgesehen, eine echte Beredsamkeit, die trotz aller gelegentlichen Semitismen und umgangssprachlichen Formen die Höhe griechischer Prosa erreicht. Siehe T. R. Glover, *Paul of Tarsus* (1925), S. 194–197 und sein Zitat aus E. Norden: „Aus diesen Stellen (Röm. 8 und 1. Kor. 13) erhebt sich die

Diktion des Paulus auf die Ebene des Platon im *Phaedrus*." Aber auch wenn Paulus dazu imstande gewesen wäre, lag es ihm fern, seine Redekunst einzusetzen. Auch sein Vertrauen auf die Kraft Christi und auf den Geist konnte ihm die Tatsache nicht verbergen, daß Christus immerhin der gekreuzigte Christus war, und daß es durchaus die Rolle des Predigers sein könnte, die Leiden Christi zu ergänzen. Nicht die Gefahr war die tiefste Quelle der *Furcht* und des *Zitterns* bei Paulus; aber bei aller Gegnerschaft, die sich gegen ihn erhebt, sowie bei allem Erfolg muß er die Verantwortung für das Evangelium tragen (s. Schlatter z. St.). Darum **wurden mein Argument** (V. 4; das gleiche Wort, *λόγος*, das in V. 1 mit *Beredsamkeit* übersetzt wurde; es hat eine weite Bedeutung im Griechischen: Rede in verstandesmäßiger Form; dabei liegt bald die Betonung auf Rede, bald auf verstandesmäßig, bald auf Form) **und meine Verkündigung nicht durch überzeugende Worte der Weisheit** (vgl. V. 1) **zur Geltung gebracht** (wörtlich: sie waren nicht in, *ἐν*, Worten der Weisheit; *ἐν* wird hier die Instrumentalität und nicht nur die Umstände der Rede kennzeichnen). Auch dieser Satz enthält wesentliche Text- und Sprachschwierigkeiten (s. Fußnote 34 auf S. 83). Die textlichen Probleme sind wahrscheinlich dadurch entstanden, daß Paulus das Wort „überzeugend" (*πειθός*) anhand des Verbs „überzeugen" (*πείθειν*) *selbst erfand:* s. M. II, S. 78; Robertson, S. 157; BD § 112. Die Kopisten versuchten selbstverständlich diese Schwierigkeiten zu umgehen und fügten das Eigenschaftswort *„menschlich"* vor *„Weisheit"* ein; dies ergibt einen durchaus akzeptablen Sinn, doch ist die Ergänzung nicht notwendig. Ohne weitere Definitionen benutzt Paulus das Wort *Weisheit* (*σοφία*) im guten sowie im schlechten Sinne. Der Genitiv (*σοφίας*) ist subjektivisch; Paulus meint nicht die Worte über die Weisheit, sondern Worte, die statt vom gekreuzigten Christus von der (weltlichen) Weisheit bestimmt wären.

Die Verkündigung des Paulus wurde ohne jegliche Abhängigkeit von rhetorischen Künsten **durch** (eigentlich *ἐν*, *in*, wie oben) **einen Erweis des Geistes und der Kraft** zur Geltung gebracht. Das Wort *Erweis* (*ἀπόδειξις*) hängt mit *Beweis* zusammen. Die übernatürliche Überzeugungskraft der Predigt lieferte einen besseren Beweis für dessen Wahrheit als jede logische Überzeugungskraft. Also sind die beiden Genitive (*πνεύματος* und *δυνάμεως*) beide objektivisch (da Geist und Kraft erwiesen werden) und zugleich subjektivisch (da der erwiesene Geist und die erwiesene Kraft zusammen Beweiskraft und Überzeugung erweisen). *Geist* und *Kraft* werden oft zusammen erwähnt (vgl. Apg. 1, 8); es liegt also die Vermutung nahe, daß wir es mit einem Hendiadyoin zu tun haben: ein einziger Begriff wird anhand von zwei Wörtern ausgedrückt. Als Paulus predigte, erfaßte seine Hörer (oder: einige von ihnen; vgl. 1, 18) eine göttliche Kraft und bewog sie, Buße zu tun und zu glauben; dies war das Werk des Heiligen Geistes. Vgl. hierzu z. B. Röm. 15, 19; 1. Thess. 1, 5.

Eine Predigt, die für ihre Wirksamkeit von der logischen und rhetorischen Überzeugungskraft des Predigers abhinge, würde nur einen Glauben hervorrufen können, der ohne diese Stützen nicht würde bestehen können. Ein solcher Glaube wäre also jeglicher logisch und rhetorisch geschickterer Predigt ausgesetzt. Ein solcher Glaube würde keinen Halt bieten! Die Predigt des Paulus hingegen war nicht **von der menschlichen Weisheit** abhängig, sondern **von der Kraft Gottes** (V. 5). Das ist der eigentliche Grund, warum Paulus so predigt, wie er es in Korinth tat. Zum Gegensatz zwischen menschlicher Weisheit und göttlicher Kraft vgl. 1, 18 f. Dieser Gegensatz ist kennzeichnend für die ersten Kapitel des Briefes und läßt sich mit einem anderen Gegensatz durchaus vergleichen, den wir häufig bei Paulus beobachten können, nämlich dem Gegensatz zwischen Gesetzeswerken und im Glauben angenommener Gnade Gottes (s. z. B. Röm. 3, 28; 4, 16; 11, 6). Diese Gegensätze sind besonders passend für das Gespräch mit Griechen bzw. Juden; jeder beinhaltet ein besonderes Beispiel des Unterschiedes zwischen einem anthropozentrischen und einem theozentrischen Glauben. *Menschliche* Weisheit liefert eine bedeutungsvolle Parallele zur *Weisheit dieses Zeitalters* (2, 6) und *der Welt* (1, 20).

6. 2, 6–16: Falsche und wahre Weisheit

(6) Wir reden jedoch von Weisheit unter reifen Christen, aber dabei handelt es sich nicht um eine Weisheit, die zu diesem Zeitalter oder zu den Herrschenden dieses Zeitalters gehört, die vernichtet werden. (7) Nein, wir reden von Gottes Weisheit in einem Geheimnis: von der verborgenen Weisheit, die Gott vor dem Lauf

der Zeit vorherbestimmte, und zwar zu unserer Ehre. (8) Keiner der Herrschenden dieses Zeitalters kannte diese Weisheit, denn wenn sie sie gekannt hätten, hätten sie den Herrn der Herrlichkeit nicht gekreuzigt. (9) Aber diese verborgene Weisheit ist offenbart worden, wie es die Schrift sagt:

Dinge, die kein Auge sah und kein Ohr hörte,
die keinem Menschen in den Sinn kamen,
diese Dinge hat Gott denen bereitet, die ihn lieben.

(10) Aber[35] uns hat Gott sie geoffenbart durch den Geist; denn der Geist erforscht alles, auch die Tiefen Gottes. (11) Denn welcher Teil des Menschen[36] kennt die eigentliche Wahrheit über den Menschen, wenn nicht der Geist des Menschen, der in ihm ist? In der gleichen Weise kennt niemand die eigentliche Wahrheit über Gott, wenn nicht der Geist Gottes. (12) Aber wir empfingen nicht den Geist der Welt, sondern den Geist, der von Gott kommt, damit wir über die Dinge Bescheid wüßten, die uns von Gott geschenkt worden sind. (13) Wir reden von diesen Dingen nicht mit Worten[37], die uns die menschliche Weisheit lehrt, sondern mit Worten, die uns der Geist lehrt, indem wir geistliche Wahrheiten mittels geistlicher Worte deuten[38].

(14) Ein natürlicher Mensch nimmt die Wahrheiten nicht an, die vom Geist Gottes geoffenbart werden, denn für ihn sind sie Torheit, und er kann sie nicht erkennen, denn sie werden geistlich beurteilt. (15) Der geistliche Mensch beurteilt jedoch alles, er selbst aber kann in vergleichbarer Weise von niemandem untersucht werden. (16) Denn wer hat jemals den Sinn des Herrn erkannt, daß er ihn belehren könnte? Aber wir haben den Sinn Christi.

Der vorige Absatz könnte den Eindruck vermitteln, der Christ habe mit der Weisheit absolut nichts zu tun. Das wäre jedoch eine falsche Schlußfolgerung. Im ganzen Brief, und ganz besonders an dieser Stelle, muß Paulus mit der Schwierigkeit fertig werden, daß das Wort *Weisheit* zwei – oder eigentlich vier – verschiedene Bedeutungen hat. Er benutzt es jedenfalls mit zwei unterscheidbaren negativen und zwei unterscheidbaren positiven Bedeutungen. Es wäre nützlich, diese zusammenzufassen, ehe wir mit der Erklärung des obigen Abschnittes fortfahren. Im negativen Sinn steht Weisheit für die kunstvolle Darlegung menschlicher Argumente, die das Ziel haben, den Hörer zu überzeugen. Diese Darlegung muß nicht an sich böse sein; sie wird jedoch böse, wenn sie als Ersatz für die wahre christliche Predigt eingesetzt wird und dadurch die Kraft des Heiligen Geistes verdeckt. Diese Art Weisheit wird jedoch sehr leicht zu einer ernsthaft bedrohlichen Menschenweisheit, die unbedingt vom Bösen ist, wenn sie theologische und ethische Wahrheiten nicht nach den vom gekreuzigten Christus gesetzten, sondern nach menschlichen Maßstäben beurteilt. Einem nach solchen Maßstäben Urteilenden, der letztlich nur danach fragt, was er selber glauben und tun will, erweist sich das Kreuz stets als Torheit. Für Paulus handelt es sich hier um den denkbar tiefgründigsten Irrtum, denn das Wort vom Kreuz ist gleichzeitig die Weisheit Gottes. Aber hier müssen wir auch differenzieren. Im guten Sinne gebraucht, kann Weisheit den guten Plan Gottes, die Welt mittels eines gekreuzigten Heilands zu erlösen, bezeichnen – einen Plan, den allein Gott sich hatte ausdenken können und den der Mensch erst dann verstehen kann, wenn er bereit ist, seine natürlichen, anthropozentrischen Werturteile fallenzulassen. Aber das Wort Weisheit wird auch benutzt, um das Wesen des Heils selbst, das durch diesen Heilsplan vermittelt wird, zu beschreiben. Im paulinischen Sprachgebrauch stellt das Wort Weisheit also eine Parallele zum Begriff der Gerechtigkeit dar, der benutzt wird, die Handlungsweise Gottes sowie die Gabe, die durch diese Handlungsweise vermittelt wird, zu bezeichnen. (Auch Gerechtigkeit wird in einem negativen Sinn gebraucht: z. B. Röm. 10, 3.) Die beiden positiven Bedeutungen des Wortes Weisheit lassen sich am besten durch die beiden Begriffe *Heilsplan* und *Heilsgut* zusammenfassen. („Fast alle Exegeten verstehen *σοφία* 2, 6f. als den göttlichen Heilsplan: Jedoch *σοφία* bezeichnet ... nicht den Heilsplan, sondern das wichtigste und umfassende eschatologische Heilsgut ..." – U. Wilckens, TWNT Bd. VII, S. 520, Fußnote 382.)

Dieser Umriß des paulinischen Gebrauchs des Wortes *Weisheit* wird die Auslegung des obigen Abschnittes erheblich erleichtern, der, wie Weiß anmerkt (S. 52), „zwischen der prinzipiellen Ablehnung der *σοφία* (1, 18–2, 5) und der Bekämpfung des Parteitreibens (3, 1–17)" steht. Es gibt tatsächlich eine christliche Weisheit; und es besteht tatsächlich ein Unterschied zwischen unmündigen und reifen, natürlichen und geistlichen Christen.

Man beachte den stilistisch bedingten Gebrauch der 1. Pers. Pl. (vgl. 2, 1.2.3.4; 3, 1.2 mit 2, 6.7.10.12.13.16).

Zwar gibt es eine Weisheit, die der christliche Prediger ablehnen muß. **Wir reden jedoch von Weisheit unter reifen Christen** (τέλειοι; V. 6). Nach M. III, S. 264 sollten wir hier übersetzen: ... *zu reifen Christen* (ἐν plus Dat. wird also dem einfachen Dat. gleichgesetzt); doch wird das nicht stimmen. Wenn Paulus das Verb „reden" (λαλεῖν) benutzt und dabei die Person(en) erwähnt, zu denen geredet wird, verwendet er 10mal nur den Dat. und 1mal nur πρός plus Akk. Die Präposition ἐν nach λαλεῖν wird nur in einem ganz anderen Sinn gebraucht (14, 11.21; 2. Kor. 2, 17; 12, 19; 13, 3). Es handelt sich hier nicht um eine Haarspalterei. „Wir reden *zu* ..." würde zu verstehen geben, daß allein Paulus geredet habe (vielleicht mit der Unterstützung seiner Mitarbeiter); „wir reden *unter* ..." gibt hingegen zu verstehen, daß es allen gestattet ist, zu reden, was auch 12, 8 bestätigt wird. Die christliche Weisheit beschränkt sich nicht auf eine Gruppe innerhalb der Gemeinde, sondern sie wird allen vom Heiligen Geist verliehen, wie er will. Diese Gabe ist jedoch für den *reifen Christen*. Dieses Wort wird von Paulus noch in 14, 20; Phil. 3, 15; Kol. 1, 28; 4, 12 auf Menschen angewendet. Es kommt im griechischen Alten Testament nicht häufig vor; die dortigen Vorkommen deuten auf ethische Vollkommenheit hin (z. B. Weish. 9, 6; Sir. 44, 17). Im allgemeinen wird das Wort benutzt, um solche zu bezeichnen, die erwachsen, ausgewachsen sind. Hier können wir den Ausdruck anhand von 2, 12; 3, 1 verstehen; vgl. dazu den *geistlichen Menschen* von 2, 15. Durch ihr Verhalten beweisen die korinthischen Christen, daß sie noch Kleinkinder, Unmündige sind; sie sind noch nicht reif, noch nicht geistlich, und darum auch noch nicht bereit, christliche Weisheit aufzunehmen. Es ist überflüssig, hier einen Hinweis auf die Mysterienkulte zu sehen, obwohl im ganzen Absatz eine Anlehnung an die Sprache der Gnosis (V. 10: *„die Tiefen Gottes"*!) erkennbar wird (s. Bultman, *Theologie*, S. 179; und *Corpus Hermeticum* 4, 4), so daß möglicherweise anzunehmen ist, daß den Worten des Paulus in Korinth einen mehr zur Gnosis tendierenden Inhalt beigelegt wurde, als er dies selbst meinte und voraussah.

Die Idee einer esoterischen Überlieferung wird schon im Judentum gefunden (s. J. Jeremias, *Jerusalem zur Zeit Jesu*, 1958, IIB,

S. 106–109; die Qumran-Schriftrollen können hier wenig hinzufügen), muß also nicht als aus dem Heidentum übernommen postuliert werden. Die meisten Gesellschaften ansehnlicher Größe haben Kerngruppen mit besonderen Geheimnissen. Wichtig ist hier vor allen Dingen (s. Sevenster, *Seneca*, S. 144f.), daß Paulus nicht zwischen einem einfachen, nur für Kleinkinder geeigneten Kreuzesevangelium und einem anderen, für die reifen Christen (*τέλειοι*) geeigneten Weisheitsevangelium unterscheidet. Alle Christen sind potentiell *vollkommen* oder *reif* in Christus (Kol. 1, 28), obwohl nur einige tatsächlich so sind, wie alle sein sollten. Es handelt sich hier also nicht um eine zur Gnosis tendierende Unterscheidung zwischen irdischen und geistlichen Menschen.

Die wahre christliche Weisheit wird zuerst negativ definiert – was sie nicht ist: **Es handelt sich nicht um eine Weisheit, die zu diesem Zeitalter oder zu den Herrschenden dieses Zeitalters gehört** (oder: die diesem Zeitalter oder den Herrschenden ... entspringt) – vgl. Joh. 12, 31; 14, 30; 16, 11. Wenn Paulus von *diesem* (bösen – Gal. 1, 4) *Zeitalter* spricht, stellt er es nach Art der jüdischen Apokalyptik (s. C.K. Barrett (hrsg.), *The New Testament Background: Selected Documents*, 1956, S. 239–242) in einen Gegensatz zum zukünftigen Zeitalter, in dem Gott sein Reich aufstellen und seine Auserwählten erretten wird. Eine Weisheit dieses Zeitalters kann also nur eine Weisheit sein, die aus einer Einstellung der Rebellion gegen Gott entsteht und von dieser Einstellung gekennzeichnet ist; wie prächtig und geistlich – oder auch wissenschaftlich – sie sich geben mag, sie stellt doch den Versuch des Geschöpfes dar, seine dem Schöpfer entgegengesetzte Stellung zu sichern; mit einem Wort, sie ist, was die Menschen betrifft, anthropozentrisch (vgl. S. 88f.). Doch betrifft sie eben nicht nur die Menschen. Es geht um die Weisheit der *Herrschenden dieses Zeitalters* (vgl. V. 8; und 2. Kor. 4, 4). Paulus, wie auch viele seiner Zeitgenossen, stellte sich die gegenwärtige Weltordnung als der Kontrolle übernatürlicher Wesen untergeordnet vor. Diese wurden oft mit den Planeten oder mit anderen Himmelskörpern gleichgesetzt oder identifiziert. Diese Mächte bestimmten über das Schicksal der Menschen, soweit nicht die Kraft Gottes vorhanden war, um sie zu überwinden oder zurückzuhalten. Die Weisheit dieser Wesen, die sie den Menschen übermittelten, war natürlich in der Art, wie sie hier beschrieben wird. Die nichtchristliche, gnostische Weisheit war im wesentlichen eine Selbstbetrachtung der Menschen; es war darum leicht, sie so auszulegen, daß sie die Charaktereigenschaften des natürlichen Menschen offenbarte, ohne die wirkliche Existenz der mythischen *Herrschenden* vorauszusetzen. Das ist wichtig; doch gibt es keinen Zweifel, daß Paulus an deren wirkliche Existenz glaubte; er glaubte ebenfalls, daß deren Existenz sich dem baldigen Ende näherte. Er lebte zusammen mit seinen Zeitgenossen noch in diesem gegenwärtigen Zeitalter, in dem die Herrschenden bestimmten; aber sie **werden vernichtet** (oder zunichte gemacht), und die Kräfte des zukünftigen Zeitalters waren schon am Werk (Heb. 6, 5). Paulus erlaubt nicht nur eine teilweise Entmythologisierung der urchristlichen Glaubenssätze, sondern ermutigt sogar dazu – doch eben nur teilweise.

Die wahre Weisheit, die offensichtlich mit der Apokalyptik zu tun hat, weil sie das zukünftige Zeitalter enthüllt – vgl. V. 7 *„zu unserer Ehre“* („Herrlichkeit“) –, wird jetzt von der positiven Seite her definiert, obwohl es nicht möglich ist, sie ganz einfach zu beschreiben. **Nein, wir reden von Gottes Weisheit in einem Geheimnis** (V. 7). Die letzten drei Worte können als Adjektiv aufgefaßt werden: „geheimnisvolle Weisheit Gottes“; oder aber sie sind ein Adverb und beziehen sich auf die Art und Weise, wie die Weisheit dargestellt wird. Das Fehlen des bestimmten Artikels läßt eher auf die zweite Möglichkeit schließen, aber der Ausdruck *verborgene Weisheit* (s. unten) sichert die Richtigkeit der ersten Interpretation. Paulus benutzt das Wort *Geheimnis*, um eine speziell christliche Wahrheit, oder – in der Mehrzahl – das Evangelium überhaupt (vgl. 4, 1; 13, 2; 14, 2; 15, 51; Kol. 1, 26f.; 2, 2; 4, 3) zu bezeichnen. Es ist sehr zweifelhaft, ob sich das Wort jemals auf „Mysterien“ bezieht, in die die **reifen Christen** (*τέλειοι*) dann eingeweiht worden wären. Es geht hier in der Hauptsache um den Kontrast zur weltlichen Weisheit, die seinsmäßig überzeugend ist und sein will; die Predigt vom Kreuz hingegen ist **eine verborgene Weisheit.** Sie ist in dem Sinn *verborgen*, daß sie erst an der Wende der Zeitalter, beim erst kurz zurückliegenden historischen Ereignis der Kreuzigung Christi, offenbart worden ist; als verborgene Weisheit hat sie mit **„überzeugenden Worten der Weisheit“** (V. 4) nichts zu tun. Obwohl sie erst jetzt geoffenbart wurde, ist diese Weisheit als Weisheit Gottes wie Gott ewig; **Gott hat sie vor dem Lauf der Zeit** (wörtlich: *vor den Zeitaltern*; es ist hier überflüssig, die Frage nach der Zeitlosigkeit vor der Zeit zu stellen; angesichts des 6. Verses ist es ebenfalls kaum wahrscheinlich, daß hier die *αἰῶνες* im räumlichen Sinn verstanden werden wollen; vgl. O. Cullmann, *Christus und die Zeit*, 1962, S. 57 Fußnote 1) **vorherbestimmt, und zwar zu unserer Ehre.** Vom Anfang an war es das Ziel Gottes, die Menschheit durch Christus zu erlösen; und dieses Ziel wurde stets durch paradox-artige, selbstaufopfernde Weisheit gekennzeichnet. Der Ausdruck *zu unserer Ehre* steht zwischen der Bezugnahme auf *die Herrschenden dieses Zeitalters, die vernichtet werden*, und der Bezugnahme auf Christus, den *Herrn der Herrlichkeit* (V. 8). Die Herrschenden verlieren ihre Herrlichkeit (oder Ehre: *δόξα*), weil sie gegen Gott rebellieren; Christus erhält seine Herrlichkeit gerade dadurch, daß er bis zum Tode am Kreuz gehorsam bleibt (vgl. Phil. 2, 6–11; 1. Kor. 2 geht viel weiter als das Lied im Phil., denn in V. 8 wird Jesus als *Herr der Herrlichkeit* gekreuzigt). Gottes Weisheit führt zu *unserer Ehre* (Verherrlichung) insofern, daß sie uns gehorsam werden läßt. *δόξα* ist das, was im zukünftigen Zeitalter den Menschen erwartet (z. B. 15, 43); sie wird jedoch im gewissen Sinne im gegenwärtigen Zeitalter vorweggenommen (z. B. 2. Kor. 3, 18).

Keiner der Herrschenden dieses Zeitalters (V. 8; s. Komm. zu V. 6) **kannte** (möglicherweise: *hat ge- oder erkannt*; oder: kennt. Die Wiedergabe in dieser Übersetzung wird jedoch dem Zusammenhang am besten gerecht) **diese** wahre, göttliche **Weisheit.** Entweder verstanden sie nicht den göttlichen, sich am Kreuz orientierenden Heilsplan; oder sie erkannten den gekreuzigten Christus als von Gott erwählten Mittler des Weltheils nicht an. Diese beiden Möglichkeiten müssen auseinandergehalten werden, doch ist der Unterschied letzten Endes nicht allzu groß. Die Sprache des Paulus ist hier die Sprache der Gnosis und erinnert an den Mythos des Erlösers, der in seinem Herabkommen auf die Welt unerkannt bleibt (vgl. Bultmann, *Theologie*, S. 174 ff.; Knox, *Gentiles*, S. 220 f.), doch ist hier der Mythos ganz gründlich zur Moral gemacht worden. Ob im Umriß oder in den Einzelheiten ihres Wirkens, die Weisheit Gottes wirkt durch selbstaufopfernde, sich selbst hingebende Liebe – eine Liebe, die dem Wesen der Herrschenden genau entgegengesetzt ist. Daß sie Gottes Plan nicht verstanden, geht klar aus dem nächsten Satz hervor: **Wenn sie sie gekannt hätten, hätten sie den Herrn der Herrlichkeit nicht gekreuzigt.** Bis zu diesem Punkt in unserer Auslegung haben wir die Herrschenden als die übernatürlichen Kräfte, die die Ereignisse dieses Zeitalters bestimmen, aufgefaßt; einige Ausleger, wie z. B. Lightfoot, möchten in den Herrschenden irdische Herrscher sehen wie z. B. Pilatus, den Prokurator, oder Kaiaphas, den Hohenpriester – vgl. Bar. 3, 16 –, die für die Kreuzigung Jesu verantwortlich waren. Diese Auffassung ist in V. 8 möglich, paßt aber nicht zu V. 6. Außerdem stellen die Evangelien den Dienst und nicht zuletzt auch den Tod Jesu als Konflikt mit übernatürlichen Mächten dar. Zu dieser Frage s. Héring, S. 26. In der Unfähigkeit der Herrschenden dieses Zeitalters, die Weisheit Gottes im Kreuz zu erkennen, darf sich jedoch der Mensch wiedererkennen. Der Ausdruck *Herr der Herrlichkeit* findet sich häufig in 1. Hen. (22, 14; 25, 3.7; 27, 3.4; 66, 2; 75, 3) und bedeutet in erster Linie: „Herrlicher Herr"; jedoch ist Jesus herrlich, weil er zur himmlischen Welt gehört und am Wesen Gottes teilnimmt.

Der Zusammenhang mit dem nächsten Vers ist unklar, denn Paulus fängt den Satz ohne Hauptverb an: *Aber, wie geschrieben steht, Dinge, die* ... Wir entdecken den Sinn aber, wenn wir beachten, daß in V. 8 etwas vor den Herrschenden verborgen bleibt (vgl. V. 6) und daß in V. 10 *uns* etwas geoffenbart wird; unsere Übersetzung ist also etwas frei, gibt jedoch das wieder, was Paulus gemeint haben wird: **Aber diese verborgene Weisheit ist offenbart worden** (V. 9; dieser Zusatz unterscheidet sich nicht allzusehr vom Vorschlag Allos, V. 9 als weiteres Objekt des *λαλοῦμεν* in V. 6 *zu verstehen*), **wie es die Schrift sagt:**

Dinge, die kein Auge sah und kein Ohr hörte, die keinem Menschen in den Sinn (wörtlich: *das Herz*; aber gemeint ist auf jeden Fall die Gedankenwelt. Der Ausdruck ist ein Hebraismus, was für die Feststellung der Quelle des Zitats von Bedeutung sein wird) **kamen,**

diese Dinge hat Gott denen bereitet (im Geheimen)**, die ihn lieben.**

Aber wo stehen diese Worte in der Schrift? In der Form, in der Paulus sie wiedergibt, nirgends. Wir sollten aber Jes. 64, 3 (LXX) beachten:

Vom Anfang an hörten wir nicht, noch sahen unsere Augen

irgendeinen Gott außer dir, und deine Werke, die du für solche tun wirst, die auf deine Barmherzigkeit harren;
und 65, 16:

Denn sie werden ihre erste Trübsal vergessen, und sie wird ihnen nicht in den Sinn kommen (vgl. V. 17).

Diese Jesaja-Stellen erinnern an die Worte des Paulus, sind mit ihnen aber keinesfalls identisch; auch der Sinn der Abschnitte ist anders als das, was hier Paulus sagen will. Nach dem Zeugnis des Origenes zitierte Paulus hier gar nicht aus dem Alten Testament, sondern aus der apokryphen Apokalypse des Elia; das läßt sich jedoch nicht beweisen; Einzelheiten bei Weiß. W. D. Davies (S. 307) ist der Meinung, Paulus verwende hier eine im Judentum traditionelle Sprache, um die Seligkeit des zukünftigen Zeitalters zu beschreiben; aber dies erklärt an sich nicht die Zitatformel ‚wie es die Schrift sagt' (*καθὼς γέγραπται*). Diese Formel kann nur bedeuten, daß Paulus glaubte, aus dem Alten Testament zu zitieren, und wir müssen annehmen, daß er es entweder sehr ungenau aus dem Gedächtnis tat, oder daß er sich nach einer Vorlage, vielleicht Jes. 64.65, die von unserem Text erheblich abweicht, richtete. Besprechung der Einzelheiten bei Stauffer.

Wo auch immer Paulus das Zitat hernimmt, er benutzt es, um die Bedeutung der Weisheit, der göttlichen Weisheit im Sinne des Heilsplanes, nicht der Weisheit dieser Weltzeit, zu erläutern. In seiner Weisheit hat Gott für die Seinen so gute Dinge zubereitet, wie den Menschen nie eingefallen wären. W. D. Davies wird wahrscheinlich mit der Annahme Recht haben, die Sprache sei aus den traditionellen Beschreibungen des zukünftigen Zeitalters übernommen worden, doch wird das Bild bei Paulus durch jenes Maß an Verwirklichung modifiziert, dem die neutestamentliche Eschatologie regelmäßig ausgesetzt ist. Paulus sagt nämlich nicht, wie zweifellos viele in Korinth und auch anderswo gesagt hätten, daß diese Schätze für solche bereit sind, die Gott kennen – sondern für solche, die ihn lieben (vgl. 8, 3). Nicht die *Gnosis*, sondern die Liebe ist der Prüfstein christlicher Reife und Spiritualität.

Der Mensch lernt diese Geheimnisse nicht durch eigene Leistung. **Aber uns hat Gott sie geoffenbart durch den Geist** (V. 10). Die gedankliche Verbindung dieses Satzes mit dem Vorhergehenden ist ungewiß; das *aber* (*δέ*) kennzeichnet einen Gegensatz nicht nur zu dem, was Gott in geheimnisvoller Weise bereitet hat, und was weder gehört, noch gesehen, noch gedacht war, sondern auch zur Unwissenheit der Herrschenden, und ergibt einen besseren Sinn als *denn* (*γάρ*; s. Anm. 35, S. 88; Zuntz, S. 205, zieht *δέ* vor). Der Mensch kann nicht die Wahrheit über Gott und seine Pläne entdecken; nur der Geist Gottes kann ihm diese Dinge offenbaren, **denn der Geist erforscht alles, auch die Tiefen Gottes.** Es ist der Geist, der die Hörer von der Wahrheit des Evangeliums überzeugt (2, 4), und ebenfalls der Geist, der den Sinn des im Evangelium Gegebenen erläutert (2, 12); vgl. die johanneische Lehre vom Paraklet (Joh. 16, 8–15). Auslegern bereitet das Verhältnis zwischen dem Geist und Gott sowie der Grund für das Forschen des Geistes Schwierigkeiten. Paulus übernimmt hier wahrscheinlich in einem anderen Sinn die Sprache, die vielleicht von seinen Korrespondenten in Korinth benutzt wurde (vgl. 8, 1; stoische Parallele bei Knox, *Gentiles*, S. 116 ff.). Die Menschen setzten voraus, daß sie durch Forschen Gott finden und die Tiefen seines Wesens (vgl. Off. 2, 24, die Tiefen des Satans; ebenfalls die gnostische Emanation *„Bythos" = Tiefe*) erkennen konnten. Paulus teilt nicht die Überzeugung der Gnostiker. Für ihn gibt es keine profundere Wahrheit als das Wort vom Kreuz; und nur der Geist kann von sich aus die Wahrheit über Gott erkennen und mitteilen; **denn welcher Teil des Menschen** (V. 11; oder: *welcher Mensch*, oder: *wer unter den Menschen*) **kennt die eigentliche Wahrheit über den Menschen, wenn nicht der Geist des Menschen** (sein Selbstbewußtsein würden wir vielleicht sagen)**, der in ihm ist?** Dies ist die gemeinsame Erfahrung der Menschen. Es besteht eine Analogie (eher im Bereich des Wortes *Geist* als im Bereich des Seins) zwischen Gott und dem Menschen. **In der gleichen Weise kennt** (oder: hat (er-)kannt – *ἔγνωκεν*) **niemand die eigentliche Wahrheit über Gott, wenn nicht der Geist Gottes.** Nur Gott weiß die Wahrheit über sich selbst und kann diese Wahrheit mitteilen (vgl. Matt. 11, 25 ff.; Luk. 10, 21 f.); unter den Menschen weiß nur der einzelne Mensch die Wahrheit über sich selbst, aber Gott kennt diese Wahrheit ebenfalls – und hier versagt die Analogie.

Wenn also nicht der Geist Gottes an ihm wirkt, bleibt der Mensch unwissend im Hinblick auf Gott und seinen weisen Heilsplan für diese Welt. **Aber** wir sind nicht mehr unwissend (V. 12). **Wir empfingen nicht den Geist der Welt, sondern den Geist, der von Gott kommt.** Hier erklärt Paulus nicht, was er mit dem *Geist* *der Welt* meint, aber vgl. Röm. 8, 15; 11, 8; 2. Kor. 11, 4. Röm. 8, 15 scheint rhetorisch gemeint zu sein; Paulus hat den Geist Gottes erwähnt, jetzt benutzt er einen parallelen Ausdruck, um den Charakter und die Motivation derer zu beschreiben, die den Geist Gottes nicht haben. Von diesem Vers also dürfen wir nicht auf die Existenz eines persönlichen und bösen Weltgeistes schließen. W. D. Davies hat recht, wenn er (*Christian Origins and Judaism*, 1962, S. 172f.) meint, die Parallelen aus Qumran seien nur in begrenztem Maße verwertbar; doch ist es offensichtlich, daß Paulus tatsächlich an eine geistliche Macht glaubte, die sich Gott entgegenstellt – also an einen persönlichen Geist des Bösen, den er mit dieser Welt in Verbindung bringt (2. Kor. 4, 4). Wer sich bekehrt, entkommt dem Machtbereich dieses Geistes und geht in den Machtbereich Gottes hinein (Kol. 1, 13). *Der Geist dieser Welt* läßt sich in der Tat kaum von der *Weisheit dieses Zeitalters* (V. 6) unterscheiden; die beiden Ausdrücke beschreiben eine egoistische, anthropozentrische Weisheit und Planung, durch die der Mensch für die eigenen Interessen sorgt; in diesem Zustand kann er unmöglich die göttliche Wahrheit, wie sie im gekreuzigten Christus offenbart wird, verstehen.

Uns jedoch, die wir Christen geworden sind, gab Gott seinen Geist, **damit wir über die Dinge Bescheid wüßten, die uns von Gott geschenkt worden sind.** Paulus unternimmt hier nicht einmal den Versuch, diese Dinge näher zu definieren; sie sind in der Tat mit den undefinierbaren, unbeschreibbaren Dingen (V. 9) gleichzusetzen, die in der üblichen eschatologischen Gedankenwelt der Juden zum himmlischen Leben gehörten, die aber jetzt schon den Christen reichlich geschenkt worden sind. Hier ist die Zeitform des Verbs (Partizip Aorist: *τὰ χαρισθέντα*) wichtig, weil sie zeigt, daß in V. 9 sowie im ganzen Abschnitt Paulus nicht nur an die Zukunft, sondern auch an das gegenwärtige Leben der Christen denkt.

Es ist also der Geist Gottes, der uns ein tiefgehendes Verständnis für geistliche Wahrheiten vermittelt; und der Geist ist es, der uns eine Sprache verleiht, die es uns möglich macht, uns über diese Wahrheiten zu unterhalten. **Wir reden von diesen Dingen nicht mit Worten, die uns die menschliche Weisheit lehrt** (V. 13; oder, wenn *διδακτός* mehr als ein einfaches Verbaladjektiv sein soll: ‚mit gelehrten Worten der menschlichen Weisheit' – so

Moule, S. 40; M. III, S. 211 und 234; es ist nicht nötig, hier den Einfluß des Hebräischen zu postulieren (gegen Turner)), **sondern mit Worten, die uns der Geist lehrt.** Was allein durch den Geist und nicht bloß durch den menschlichen Verstand erkannt werden kann, macht eine Sprache notwendig, die die Grenzen des menschlichen Verstandes sprengt. Es darf jedoch von Christen erörtert werden. *Wir* bezieht sich möglicherweise nur auf Paulus oder auf Paulus und seine Mitarbeiter; doch ist es wahrscheinlicher, daß alle reifen Christen (wie viele es in Korinth unter den vielen unreifen gegeben hat, können wir nicht feststellen) über tiefe, geistliche Wahrheiten sprechen können und sprechen. Dazu benutzen sie vom Geist inspirierte Worte, **indem** sie **geistliche Wahrheiten mittels geistlicher Worte deuten.** Dieser Nebensatz führte zu vielen verschiedenen Übersetzungen und Auslegungen. Es sind hier zwei Hauptprobleme, die beachtet werden müssen: (1) Was bedeutet eigentlich das Verb (*συγκρίνειν*), das hier mit *„deuten"* wiedergegeben wird? (2) Was ist das Geschlecht und was die Bedeutung des Adjektivs (*πνευματικοῖς* – die andere Lesart *πνευματικῶς* ist sicher abzulehnen), das hier mit *„geistliche Worte"* wiedergegeben wird? Diese beiden Probleme stehen miteinander in Verbindung. Das Verb kann die Bedeutung haben: „deuten", „dichten" oder sogar „verbinden" (*„montrant l'accord des choses spirituelles pour des spirituels"* – Allo). Der Form nach kann das Adjektiv ein Mask. sein; dann wäre es mit „geistliche Menschen" zu übersetzen. Aber es kann auch ein Neutr. sein, dann müßte es heißen: „geistliche Dinge" oder „geistliche Worte". Meine Übersetzung gründet sich auf den atl. Sprachgebrauch (s. z. B. Gen. 40, 8; Dan. 5, 7) sowie auf die Tatsache, daß Paulus eben gerade von Wahrheiten gesprochen hat, die durch den Heiligen Geist erst wahrgenommen und dann mitgeteilt werden. Doch spricht er im Zusammenhang ebenfalls von *reifen* und *geistlichen* Menschen, also könnte der Satz auch bedeuten: „indem wir geistliche Wahrheiten für geistliche Menschen auslegen." Die Idee eines Vergleichs läßt sich dem Text nicht entnehmen, aber das gleiche griechische Wort wird im 2. Kor. 10, 12 diese Bedeutung haben; und es ist nicht unmöglich, wenn auch nicht wahrscheinlich, daß Paulus meint: „indem wir geistliche Dinge miteinander verbinden" – entweder die Offenbarung und deren Ausdruck oder das inspirierte Wort der Weisheit mit dem inspirierten Wort der Erkenntnis (12, 8). Keine dieser Möglichkeiten kann ausgeschlossen werden; doch sind die ersten beiden wahrscheinlicher; und letzten Endes muß jeder Leser für sich entscheiden, welche Interpretationsmöglichkeit dem Zusammenhang am besten gerecht wird.

Es wäre hoffnungslos, wollte man geistliche Wahrheiten einem Menschen erklären, der nicht geistlich wäre (einem Menschen, der den Heiligen Geist nicht empfangen hätte; der geistliche Mensch ist kein Mystiker). **Ein natürlicher Mensch nimmt die Wahrheiten nicht an, die vom Geist Gottes geoffenbart werden** (V. 14). Der *natürliche Mensch* ist das Gegenstück zum *geistlichen Menschen* (vgl. V. 13.15). „Geistlich" (*πνευματικός*) ist ein Adjektiv, das vom Substantiv „Geist" (*πνεῦμα*) abgeleitet ist; „natürlich" (*ψυχικός*), das nur aus alter Gewohnheit so übersetzt wird, und weil es kaum ein anderes passendes Wort gibt, leitet sich vom Substantiv „Seele" (*ψυχή*) ab. Zum Gegensatz zwischen beiden Ausdrücken s. bes. 15, 44 und Komm. Der natürliche Mensch läßt sich am leichtesten negativ definieren: er ist ein Mensch, der den Heiligen Geist noch nicht empfangen hat. Seine natürlichen Talente und Fähigkeiten mögen noch so großartig sein; er ist nicht unbedingt ein schlechter oder böser Mensch, auch nicht unbedingt ein törichter oder gottloser Mensch. Aber weil er den Geist Gottes nicht hat, kann er geistliche Wahrheiten nicht verstehen, **denn für ihn sind sie Torheit, und er kann sie nicht erkennen, denn sie werden geistlich untersucht.** Es geht hier nicht nur um die Inspiration. Der Geist Gottes ist der Geist des gekreuzigten Christus, und die Weisheit, die der Geist lehrt, ist das Wort vom Kreuz (1, 18) – und dem natürlichen Menschen ist das eine Torheit, denn es stellt alle seine Werte infrage. **Untersucht** ist eine vielleicht nicht ganz geglückte Übersetzung von *ἀνακρίνεται*. Im nächsten Vers kommt das gleiche Wort zweimal vor, und aufgrund der dortigen Bedeutung scheint mir die Wiedergabe *untersucht* angebracht zu sein. In diesem Brief kommt das Wort ungewöhnlich häufig vor (10mal; bei Luk. nur 1mal; in der Apg. 5mal; sonst überhaupt nicht im NT), und es ist vermutet worden (Weiß), daß das Wort unter den Gegnern des Paulus in Korinth sehr beliebt war, so daß Paulus hier in seiner Erwiderung mit dem Ausdruck ein wenig spielen wollte. **Der geistliche Mensch** (V. 15; es ist vielleicht möglich, daß hier *ὁ πνευματικός* Gott selbst, den eigentlichen *„Geist-*

lichen", bezeichnet; das würde zwar zum nächsten Vers passen, jedoch nicht zum ganzen Kontext) **untersucht jedoch alles, er selbst aber kann in vergleichbarer Weise von niemandem untersucht werden.** Der Mensch, der den Geist empfangen hat („Bei Paulus ist das *πνεῦμα* aber niemals als göttliche Substanz, sondern als eine göttliche Gabe verstanden" – Kümmel, S. 171) kann alle Dinge erwägen und bewerten, weil er nicht nur mit Inspiration, sondern auch mit einem moralischen Maßstab versehen ist, an dem er alles messen kann. Dieser Satz will jedoch keinesfalls dem geistlichen Menschen Unfehlbarkeit zuschreiben. „Man könnte dabei freilich fragen: Wo ist ein Mensch, der so erleuchtet ist, daß er jede Entscheidung recht fällt? Finden wir nicht immer wieder Unwissenheit und Irrtum? Irren nicht auch die Vollkommensten? Die Antwort ist einfach: Paulus erklärt gar nicht die Wiedergeborenen für überall und immer irrtumslos; er will nur sagen, daß bei der Beurteilung von geistlichen Dingen das Fleisch immer irrt und nur der Heilige Geist irrtumslos ist" (Calvin, S. 331).

Aber in welchem Sinn kann gesagt werden, daß der geistliche Mensch selbst nicht untersucht und bewertet werden kann? Die Ausleger sind sich einig, daß er vom natürlichen Menschen nicht untersucht oder beurteilt werden kann, sie zitieren Chrysostomos, der darauf hinweist, daß ein Sehender alles sehen kann, auch das, was mit einem Blinden zusammenhängt, daß aber ein Blinder das nicht sehen kann, was mit dem Sehenden zusammenhängt. Doch will Paulus das hier nicht sagen; er sagt, daß der geistliche Mensch von niemandem untersucht und bewertet wird. Wenn wir von der Botschaft des ganzen Briefes ausgehen dürfen, meint Paulus gewißlich nicht, daß derjenige, der eine inspirierte Botschaft weiterzugeben vorgibt, nicht geprüft werden darf; in 14, 29 sagt Paulus genau das Gegenteil. Die Lösung des Problems, ist in 4, 3 f. zu finden, wo Paulus darauf hinweist, daß ihm menschliche Verurteilung oder Freisprechung nichts ausmachen, weil er allein vom Herrn gerichtet wird. Höchstwahrscheinlich meint er hier genau das gleiche.

Es folgt der Schriftbeweis. **Denn wer hat jemals den Sinn des Herrn erkannt, daß** (zum konsekutiven Relativpronomen s. Robertson, S. 274) **er ihn belehren könnte? Aber wir** (geistlichen Christen) **haben den Sinn Christi** (V. 16). Das Wort *Sinn* steht hier für *Geist* wegen Jesaja 40, 13, obwohl dieser Vers hier nicht sehr genau zitiert wird. Im Hebräischen steht dort *Geist*; die LXX lautet jedoch: „Wer kannte jemals den Sinn des Herrn (*νοῦν κυρίου*) ...“ – vgl. Röm. 11, 34. Kein Mensch kann die Tiefen des Sinnes Gottes erforschen (vgl. V. 10); niemand kann Gott zurechtweisen. Aber Paulus und seine geistlichen Kollegen haben den Sinn Christi, darum stimmt die Aussage von Vers 15. Darum wird auch Vers 16 mit *denn* (*γάρ*) eingeleitet.

„Das Denken des Paulus ist in diesen Sätzen klar und bestimmt trinitarisch“ (Wendland, S. 31). Diese Beobachtung stimmt insofern, als Paulus die drei Personen der Gottheit erwähnt und unterscheidet; man sollte jedoch hinzufügen, daß man schwerlich aus diesem Text irgendwelche Lehrsätze über das Verhältnis zwischen Christus und dem Geist ziehen dürfte, und daß das Argument durch Einführung des Wortes *Sinn* an Klarheit verliert.

7. 3, 1–4: Auch wahre Weisheit nicht für Unmündige

(1) Was mein eigenes Erleben unter euch betrifft, Brüder, konnte ich mit euch nicht als mit geistlichen Menschen, sondern nur als mit fleischlichen Menschen[39] reden, wie mit Kleinkindern in Christus. (2) Ich ernährte euch mit Milch, nicht mit fester Speise, denn feste Speise konntet ihr noch nicht ertragen. Und in der Tat könnt ihr sie auch jetzt nocht nicht ertragen[40], (3) denn noch seid ihr fleischlich[41]. Denn wo es Eifersucht und Streit[42] unter euch gibt, seid ihr da nicht fleischlich[41]? Verhaltet ihr euch nicht nach menschlicher Weise? (4) Denn wenn einer sagt: „Ich gehöre zu Paulus“, ein anderer: „Ich gehöre zu Apollos“, seid ihr da nicht Menschen – und nichts mehr?

Im vorigen Absatz hat Paulus das Thema der christlichen Weisheit erläutert; er unterstreicht nicht nur den Gegensatz zwischen ihr und der Weisheit dieses Zeitalters, sondern er nennt ihren positiven Inhalt. Jetzt kommt er aber auf die gegenwärtige Situation zurück. Es ist wahr, daß es eine christliche Weisheit gibt, über die sich reife Christen unterhalten können, aber das gilt nicht in Korinth. **Was mein eigenes Erleben unter euch betrifft** (V. 1; Umschreibung des betonten *κἀγώ*, *und ich*), **Brüder** (vgl. 1, 10; Paulus muß nicht derart kritisieren, daß er diese Anrede nicht mehr gebrauchen könnte; *geistlich* und *fleischlich* sind Bezeichnungen für jüngere und ältere, reife und unreife Brüder innerhalb der einen Familie, nicht aber Bezeichnungen für solche, die sich innerhalb oder außerhalb eines gnostischen Kreises befinden), **konnte ich nicht mit euch als mit geistlichen Menschen, sondern nur als mit fleischlichen Menschen reden** (das Verb heißt *λαλεῖν*, wie 2, 6). Zu *geistlichen Menschen* s. 2, 14 f.; gemeint sind *reife Christen* (2, 6). Vgl. ebenfalls 14, 37; Gal. 6, 1. Das Wort will nicht solche bezeichnen, die sich durch die Askese vom materiellen Leben abgesondert haben, sondern solche, die den Geist Gottes empfangen haben, und die ihre Existenz von ihm bestimmen lassen. Dementsprechend sind *fleischliche Menschen* nicht solche, die gewohnheitsmäßig körperlich sündigen, sondern solche (vgl. den *natürlichen Menschen* 2, 14), deren Existenz nicht von Gott, sondern von den eigenen oder zumindest von allgemein menschlichen Überlegungen statt von göttlichen Prinzipien bestimmt wird. Vgl. die Unterscheidung 15, 44; und s. Röm. 7, 14.

Die nächsten Worte wollen diese Aussage etwas abschwächen. Wenn Paulus die Leser **fleischlich** nennt, könnte das den Eindruck erwecken, sie wären gar keine Christen mehr, was wirklich zu weit gehen würde. Grundlage des Vergleichs ist nicht der *Geistbesitz*, sondern die *Reife*. Nun sind die Korinther keinesfalls *reif*, aber als **Kleinkinder in Christus** können sie schon gelten. D. h. sie sind keine Heiden mehr, sondern Christen; aber sie haben mit dem christlichen Lebenswandel erst einen Anfang gemacht. S. die Anrede *Brüder* (s. oben). Weil sie *in Christus* sind, haben sie eine Beziehung zum zukünftigen Zeitalter und zum Geistesbereich, aber sie werden nicht vom Geist bestimmt; sie sind also noch nicht reif. 14, 20 wird diese Metapher anders gebraucht.

Darum kann man nicht Weisheit zu ihnen reden (2, 6); oder, wie Paulus es mit einer natürlichen Metapher ausdrückt: **Ich ernährte** (V. 2; wörtlich: *Ich gab euch zu trinken*, *ἐπότισα*; es handelt sich hier um einen Fall des Zeugma: „Eine besondere Art starker Verschiebung . . .: das eine Verbum, das auf zwei Objekte (Subjekte) bezogen ist, paßt nur zu einem" – BD § 479[2]) **euch mit Milch, nicht mit fester Speise.** Diese Metapher findet sich in einer Vielfalt älterer Quellen (s. die lange Liste bei Knox, *Gentiles*, S. 111 – Philo, Mischna, Makrobius, Sallust, Epiktet, *Corpus Hermeticum*, u. a. m.), doch müssen wir uns Paulus nicht von einer bestimmten abhängig denken; er war durchaus in der Lage, selbst zu merken, welche Speise Kleinkindern gegeben wird. Die Metapher wird in ähnlicher Form, nicht im negativen Sinn, 1. Pet. 2, 2 benutzt; vgl. Heb. 5, 12 ff. An keiner dieser Stellen ist davon die Rede, daß neugetauften Bekehrten ein Milchtrunk gereicht werden soll; diese Sitte (zuerst bei Tertullian und Hippolyt bezeugt) geht auf das Neue (und das Alte) Testament zurück, nicht dagegen das NT auf diese Sitte.

Paulus' Zurückhaltung bei der Verkündigung christlicher Weisheit entsprang also nicht einem Hang zur Verheimlichung, sondern seiner Sorge um seine christlichen Brüder, **denn feste Speise konntet ihr noch nicht ertragen.** Diese Aussage wird die Korinther schwer getroffen haben; vgl. 1, 4–7. Oberflächlich gesehen gibt es in diesem Satz Schwierigkeiten. Früher (s. S. 88 ff.) sahen wir, daß christliche Weisheit im wesentlichen mit dem Wort des Kreuzes gleichzusetzen sei; und genau dieses Wort hat Paulus seinen Hörern anfänglich mitgeteilt (1, 17 f.; 2, 1 f.). Aber hier (wie auch in 2, 6) wird die Weisheit als etwas geschildert, das für Anfänger nicht gut ist. Also müssen wir die Weisheit, die Paulus zu den reifen Christen redete, eingehender definieren. Diese Weisheit beruht auf dem Kreuz, aber führt das Thema gleichzeitig fort, so daß in ihr die wesentliche Botschaft der einfachen Kreuzespredigt von den Unerfahrenen nicht herausgehört oder gar verkehrt wird. Es geht hauptsächlich um einen Unterschied in der Form, nicht im Inhalt, wie auch Milch und feste Speise beides Nahrungsmittel sind, nur ganz anders zusammengesetzt.

Die Klage des Paulus bezieht sich außerdem nicht nur, oder nicht in erster Linie, auf die Zeit seiner ersten Wirksamkeit in Korinth. **Und in der Tat** (*ἀλλά*; der Intensivierungseffekt dieses Wortes wird BD § 448 erläutert) **könnt ihr es auch jetzt noch nicht ertragen, denn noch seid ihr fleischlich** (V. 3). Die bloße Tatsache, daß einige Zeit vergangen ist, macht die Christen noch nicht reif, obwohl man dies erwarten müßte; also macht Paulus den Korinthern einen Vorwurf. „*Damals* war es zu erwarten, daß sich die Korinther wie Kleinkinder benahmen, aber *jetzt* sollten sie reif und für die wahre Weisheit aufnahmefähig sein" (Harris). **Denn wo** (zum kausalen Gebrauch von *ὅπου* s. BD § 456) **es Eifersucht** (*ζῆλος*, ursprünglich im guten Sinn der *Nachahmung*, jetzt „abgewertet" (Lightfoot)) **und Streit unter euch gibt, seid ihr da nicht**

fleischlich? Anscheinend haben die Korinther andere Maßstäbe als Paulus. Sie meinten, geistliche Gaben wie die Zungenrede oder die Prophetie würden einen Christen automatisch „geistlich" machen; aber solche Geistesgaben, wenn sie nicht von Liebe begleitet sind (13, 1–3), sind auch nur fleischlich, d. h. sie stellen dann auch nur eine anthropozentrische Spiritualität dar. *Eifersucht und Streit* stehen im klaren Gegensatz zur Liebe und zeigen ihre egoistische Lebensweise auf; anhand dieses Kriteriums kann also besser beurteilt werden, ob die Korinther geistlich sind oder nicht. **Verhaltet ihr euch nicht nach menschlicher Weise?** Diese Frage, rhetorische Wiederholung des *Seid ihr nicht fleischlich?*, zeigt noch einmal, was Paulus unter „fleischlich" versteht: eine von Gott abgeschnittene und ihm entgegengesetzte, egozentrische, sich selbst zum Ziel und Inhalt habende Lebensweise. Dieser Punkt wird in eine noch engere Beziehung zu den Ereignissen in Korinth gebracht, wenn Paulus hinzufügt (V. 4): **Denn wenn einer sagt: „Ich gehöre zu Paulus", ein anderer: „Ich gehöre zu Apollos", seid ihr da nicht Menschen – und nichts mehr?** Diese letzten drei Worte sind dem deutschen Text um der Klarheit willen hinzugefügt worden. Natürlich sind die Korinther Menschen; das Problem liegt darin, daß sie Menschen sind, die ihre absolute Abhängigkeit von Gott vergessen und ihre eigene Existenz nach den eigenen Wünschen und nicht nach dem Gebot Gottes bestimmen wollen. Es ist weiter möglich, daß der Ausdruck des Paulus eine in Korinth geläufige, gnostische Meinung wiedergibt, daß der wahre Christ die Apotheose (Vergöttlichung) erlebt habe und kein bloßer Mensch mehr sei.

Der Satz (V. 4) will mit 1, 12 verglichen werden. Hier ist die Aussage durch das Fortlassen zweier Namen deutlicher geworden. Der Name Kephas fehlt hier, weil, wie im nächsten Abschnitt gezeigt wird, Paulus die Beziehung zwischen sich und Kephas anders als die Beziehung zwischen sich und Apollos wertet. Das Nebeneinander der beiden Namen Paulus und Apollos ist in diesem Vers besonders lehrreich, denn es gab keine Auseinandersetzung und keinen Konkurrenzkampf zwischen den beiden Männern; es war weniger entschuldbar, „fleischlicher", Paulus und Apollos zu vergleichen, als Paulus und Kephas sich gegenüberzustellen. Der Name Christus kann hier deswegen fehlen, weil die Existenz der Christuspartei eine eigene Problematik aufwirft;

oder (wenn 1, 12 in diesem Sinne ausgelegt wird – s. Komm.) weil es sich gar nicht um eine Christuspartei handelte, sondern um die Erklärung des Paulus. 3, 4 kann als Bestätigung der Theorie (die ich nicht vertrete) aufgefaßt werden, es habe in Korinth nur drei Parteien gegeben. Doch hier geht es eigentlich darum, daß weder an Paulus noch an Apollos etwas nicht stimmt; was hingegen nicht stimmt, ist das laute *Ego*, mit dem jedes der Schlagwörter beginnt. Indem sie ihre christliche Freiheit mißbrauchen, um ihre Lehre zu verherrlichen, gefährden sie gerade diese Freiheit, die sie am Ende auch verlieren werden, wenn sie so weitermachen. Indem also Paulus das apostolische Evangelium verteidigt, verteidigt er ebenfalls die Freiheit der Gemeinde (s. Schlatter, z. St.).

8. 3, 5–17: Paulus und Apollos

(5) Ich habe mich selbst und Apollos namentlich erwähnt. Nun, was[43] ist Apollos? Und was ist Paulus? Diener, durch die ihr gläubig wurdet; und jeder tat einfach den Dienst, mit dem ihn der Herr beauftragt hatte. (6) Ich pflanzte an, Apollos begoß die Pflanzen; aber nicht wir, sondern Gott ließ sie wachsen. (7) Folglich ist weder der, der anpflanzt, noch der, der begießt, etwas, sondern nur der, der wachsen läßt, nämlich Gott. (8) Und der da anpflanzt und der da begießt, die sind eins, und jeder wird seinen eigenen Lohn empfangen, je nachdem wie er selbst gearbeitet hat. (9) Denn wir sind Mitarbeiter im Dienste Gottes; ihr seid Gottes Feld, Gottes Bauwerk. (10) Nach der Gnade Gottes[44], die mir zu diesem Zweck gegeben wurde, legte ich als weiser Baumeister ein Fundament, und jemand anders baut darauf auf. Jeder möge nun zusehen, wie er darauf baue, (11) denn niemand kann ein anderes Fundament legen als das, das schon gelegt ist, nämlich Jesus Christus. (12) Was auch immer einer auf dieses Fundament bauen mag, ob Gold, Silber, Edelsteine, Holz, Heu, Stroh: (13) das Werk eines jeden wird offenbar werden, denn der Tag wird es deutlich machen, weil der Tag in Feuer geoffenbart wird, und das Feuer wird prüfen, wie das Werk eines jeden beschaffen ist. (14) Wenn jemandes Werk, das er auf das eine Fundament aufgebaut hat, bleiben wird, so wird er einen Lohn empfangen; (15) wenn jemandes Werk verbrennen wird, so wird er diesen

Lohn einbüßen; er selbst aber wird gerettet werden, doch nur wie einer, der durchs Feuer geht. (16) Wißt ihr denn nicht, daß ihr Gottes Tempel seid, und daß der Geist Gottes in euch wohnt? (17) Wenn jemand Gottes Tempel zerstört, wird Gott ihn zerstören; denn der Tempel Gottes ist heilig – und das seid ihr.

Der erste Satz der Übersetzung ist ein Zusatz, um den Zusammenhang herzustellen. Der Verbindungspartikel (*οὖν*), den Paulus hier benutzt, will nicht das Argument fortsetzen, sondern zusammenfassen. **Ich habe mich selbst und Apollos namentlich erwähnt. Nun, was ist Apollos?** (V. 5; das sächliche Fragewort ist eindringlicher als das *„Wer?"*) **Und was ist Paulus?** Es könnte sein, daß uns hier nur die Antwort einfällt: „Nichts, gar nichts. Sie sind gänzlich unbedeutend. Immer, wenn auf sie die Aufmerksamkeit gelenkt wird, tritt fleischliche Beurteilung, Beurteilung nach menschlichen Maßstäben, zutage." Aber dem ist nicht so. Apostel (s. den Rest dieses Abschnitts und Kap. 4) sollen zwar nicht vergöttert werden, doch sind sie nicht unbedeutend. Paulus und Apollos sind **Diener** (Christi, nicht in erster Linie der Korinther, doch vgl. 2. Kor. 4, 5; gewiß nicht Herrscher – dagegen s. 2. Kor. 11, 20), **durch die ihr gläubig wurdet** (Aorist: *ἐπιστεύσατε*; „Auch Apollos hat Mission getrieben und neue Gemeindeglieder gewonnen, dies ergibt sich mit Notwendigkeit aus dem Aor. *ἐπιστεύσατε* in V. 5, der sehr scharf das Gläubigwerden (Röm. 13, 11; 1. Kor. 15, 11) bezeichnet – nicht aber die Weiterentwicklung des Glaubens" – Weiß, S. 76). Das Wesen ihres Dienstes wird im weiteren Verlauf des Absatzes näher definiert und in 4, 1 kristallisiert, wo ein anderes (aber nicht bedeutend anderes) Wort für *Diener* benutzt wird und der Ausdruck *Verwalter* noch hinzugefügt wird. Hier in 3, 5 steht für *Diener διάκονοι*, aus dem später unser Wort *Diakone* entstand. Offensichtlich handelt es sich hier noch nicht um einen term. tech. Erst später wurde die Differenzierung zwischen den Aufgaben der Diener anhand dieser Begriffe vorgenommen (s. z. B. 1. Tim. 3, 8–13); Apg. 6 beschreibt nicht und will nicht beschreiben, wie das Amt des Diakonats eingesetzt wurde. Hier will das Wort einzig und allein aussagen, daß Paulus und Apollos Diener waren, und zwar keine höherstehenden Diener (*διάκονος* war oft Bezeichnung eines *Kellners*), die den Willen ihres Herrn, Jesus Christus, tun, dem sie ihre Würde und Autorität, soweit sie diese besitzen, verdanken; als sie die Gemeinde in Korinth gründeten, taten sie also nur das, womit Gott sie beauftragt hatte. Sie waren nicht die Ursache, sondern nur die Werkzeuge; es war Gott selbst, der den Glauben in den Korinthern hervorrief, indem er ihnen die Diener schickte, damit sie predigten. Bei der Gründung der Gemeinde hatten die Diener allerdings verschiedene Aufgaben: **Jeder tat einfach den Dienst, mit dem ihn der Herr beauftragt hatte.** Der griechische Satz ist schwer verständlich. Wörtlich heißt es hier: „Und jedem wie (*καὶ ἑκάστῳ ὡς*) der Herr gab." Diese Aussage könnte also nicht so sehr auf die Prediger, sondern auf die Hörer gemünzt sein: *Jeder glaubte, wie es ihm der Herr schenkte*. Der Glaube war in nichts mehr Leistung der Korinther als er gutes Werk der Evangelisten war; er war die Gabe Gottes. Dies würde in der Tat einen durchaus akzeptablen, zudem noch paulinischen Sinn ergeben, und es könnte sein, daß Paulus es hier so meinte. Die hier dargebotene Übersetzung hat jedoch den Vorteil, einen Übergang zum nächsten Vers zu schaffen und zum Kontext zu passen, und darf deshalb hier vorgezogen werden. Es geht Paulus hier nicht so sehr darum, zu unterstreichen, daß der Mensch nicht von sich aus Glauben hervorrufen kann – das lehrt er allerdings anderswo. ‚Jedem' bezieht sich hier aber auf die Prediger oder Diener: *Jedem wurde vom Herrn ein Auftrag erteilt*, und jeder tat die eigene Pflicht.

Ich pflanzte an, Apollos begoß die Pflanzen (V. 6; *„die Pflanzen"* steht nicht im griechischen Text und darf nicht als allegorische Anspielung auf die Bekehrten aufgefaßt werden). Dies kann nur bedeuten, daß Paulus der erste Evangelist war, der in Korinth arbeitete (vgl. sein Prinzip Röm. 15, 20: „Dabei habe ich darauf geachtet, das Evangelium nicht dort zu verkündigen, wo der Name Christi schon bekannt gemacht war, um nicht auf einem fremden Fundament zu bauen"); Apollos kam etwas später an, setzte das Werk der Evangelisation fort und half bei der Aufgabe, die Gemeinde aufzubauen. Vgl. Apg. 18, 27–19, 1. Zur Metapher der Anpflanzung s. 9, 7; Matt. 15, 13. Aber eine Pflanze in die Erde zu tun und darüber Wasser zu gießen, ist nichts. **Aber nicht wir, sondern** (das alles die Übersetzung des einen griechischen Wortes *ἀλλά*, das hier die vorangehenden Subjekte negieren will: s. BD § 448) **Gott ließ sie wachsen.** Dies wiederholt anhand der Metapher das oben schon Gesagte (V. 5 und Komm.). Der Beginn und das Wachstum des Glaubens ist das Werk weder des Predigers noch des Hörers, sondern Gottes. Wenn dieser Vergleich gemacht wird, dann ist **folglich weder der, der anpflanzt, noch der, der begießt, etwas, sondern nur der, der wachsen läßt, nämlich Gott** (*ϑεός* steht in Apposition nach *ὁ αὐξάνων*; V. 7). Die einzige Bedeutung dessen, der anpflanzt, und dessen, der begießt, liegt darin, daß Gott ihre Arbeit annimmt und durch sie hindurch wirkt (V. 9); an und für sich haben sie keine Bedeutung.

Eine weitere Wahrheit, die in der korinthischen Situation gilt, stellt sich bald heraus. Da beide Mitarbeiter ihre ganze Bedeutung, die sie etwa haben mögen, nicht aus sich selbst, sondern aus der Tatsache, daß Gott ihre Bemühungen segnet, beziehen, wäre es absurd, den einen gegen den anderen ausspielen zu wollen (1, 12; 3, 4). **Der da anpflanzt und der da begießt, die sind eins** (V. 8; Griechisch: *ἕν*) – insofern eins, daß Ziel, Ergebnis und motivierende Kraft ihrer Arbeit identisch sind. Paulus und Apollos haben in Korinth als Freunde, nicht als Rivalen gewirkt. Nachdem er dies aber unterstrichen hat, bewegt sich Paulus charakteristischerweise jetzt wieder auf die andere Seite zu, indem er nicht nur die Einheit, sondern auch den Unterschied zwischen sich und Apollos erkennt. **Jeder** (d. h. der da anpflanzt und der da begießt, obwohl man hier die Aussage erweitern könnte) **wird seinen eigenen Lohn empfangen, je nachdem wie er selbst gearbeitet hat.** Den Gedanken des Lohnes oder der *Bezahlung* (*μισϑός*) wird von Paulus nicht weiterentwickelt, und es ist nicht klar, ob er einen Lohn im Himmel meint oder ob er an das Wachstum der Pflanzen denkt, das dem Gärtner als unmittelbarer Lohn zuteil wird. Es geht Paulus in diesem Zusammenhang hauptsächlich um die gegenwärtige Arbeit, um die Arbeiter und um ihre Früchte; daß sie bezahlt werden, soll nur unterstreichen, daß sie für einen Herrn arbeiten. **Denn wir sind Mitarbeiter im Dienste Gottes** (V. 9). Man könnte hier anders übersetzen: Wir sind Gottes Mitarbeiter (also: Mitarbeiter an Gottes Seite) – vgl. 15, 10; 2. Kor. 6, 1; aber obwohl diese zweite Möglichkeit dem griechischen Text in allem gerecht wird (M. III, S. 231 nennt keinen Grund, warum *ϑεοῦ* als Gen. poss. verstanden werden sollte) und dem restlichen Gedankengut des Paulus durchaus angemessen ist, paßt sie eben doch nicht so gut zu diesem Kontext, wo Paulus betonen will, daß

Männer wie Paulus und Apollos einander nicht rivalisierend gegenüberstehen, sondern daß sie Kollegen sind. Sie sind also nicht so sehr Mitarbeiter Gottes als seine bezahlten Handwerker.

Eine entsprechende Aussage läßt sich auch über die Korinther machen: **Ihr seid Gottes Feld, Gottes Bauwerk;** d. h. das Feld, das Gott durch seine Diener bearbeitet; das Bauwerk, das Gott durch seine Diener errichtet. Es wäre allerdings möglich, die beiden Substantive als *nomina actionis* und nicht als konkrete Objekte zu verstehen: Ihr seid die landwirtschaftliche und architektonische Arbeit, die Gott tut. Doch werden wir in den nächsten Zeilen erkennen, daß Paulus, indem er das Bild vom Garten fallenläßt, die korinthische Gemeinde als Bau [„structure"] darstellt.

Als nächsten Schritt entwickelt Paulus die Metapher des Bauwerkes. **Nach der Gnade Gottes, die mir zu diesem Zweck gegeben wurde** (V. 10; häufig bei Paulus: s. z. B. 1, 4; Röm. 12, 3; die *Gnade* ist normalerweise die Tat Gottes für die Menschen durch Jesus Christus (s. Röm. 3, 24), doch kristallisiert sie sich in bestimmten Gaben, die die Menschen empfangen), **legte ich als weiser Baumeister** (weise = *σοφός*; eigentlich wäre hier *geschickt* besser, doch habe ich mit *weise* übersetzt, um die Verbindung zum früheren Gebrauch des Wortes aufzuzeigen; Baumeister = *ἀρχιτέκτων*; s. Definition bei Platon, *Staatsmann* 259 E, 260 A – er trägt Wissen, nicht Arbeit bei, und teilt den einzelnen Arbeitern ihre Aufgaben zu) **ein Fundament, und jemand anders baut darauf auf.** In der neuen Metapher wiederholt Paulus, was er in V. 6 schon sagte; er war der ursprüngliche Evangelist, der in Korinth die ersten zum Christentum gewonnen hatte und dadurch das Fundament der Gemeinde legte (nicht die Bekehrten sind selbst das Fundament; s. V. 11). Damals hatte er sich fest entschlossen, nichts zu wissen außer Christus als den Gekreuzigten (2, 2). Die Arbeit war nicht mit der Bekehrung der Korinther zu Ende; sie mußten noch unterwiesen und auferbaut werden, außerdem sollten noch andere hinzugewonnen werden. Die Arbeit des Paulus war also der Anfang, es gab jedoch keinen Grund anzunehmen, sie wäre auch das Ende. *Jemand anders* kann *auf diesem* Fundament aufbauen; Paulus macht deutlich, daß dies richtig ist; er hat nichts dagegen. Das hat ja sein Kollege Apollos getan. Einer pflanzt an, der andere begießt; einer baut das Fundament, der andere errichtet das Haus. Nur: **Jeder möge nun zusehen, wie er**

darauf baue. Das Weiterbauen kann im guten oder im schlechten Sinne geschehen. Wer versucht, das Fundament abzuändern, baut im schlechten Sinne weiter, **denn niemand kann ein anderes Fundament legen als das, das schon gelegt ist** (V. 11; *τὸν κείμενον* betont, daß die Menschen keinen Wahl haben, wenn es um das Fundament der Gemeinde geht), **nämlich Jesus Christus.** Vgl. Gal. 1, 7; 1. Pet. 2, 5. Paulus meint nicht, daß es unmöglich wäre, eine Gemeinde oder Gemeinschaft auf einem anderen Fundament aufzubauen; aber eine solche Gemeinde kann nie Gemeinde Jesu sein. Das Fundament ist die Person Jesu Christi, nicht, wie einige Ausleger meinen, das Bekenntnis zu Jesus von Nazareth als dem Messias. Wollte hier Paulus allgemein behaupten, daß Christus der Mittelpunkt des Christentums ist? Oder dachte er an einen bestimmten Irrtum, der die Gemeinde in Korinth zu unterminieren drohte? Wahrscheinlich dachte er an einen solchen Irrtum. Es gibt gute Gründe (keine zwingenden Gründe allerdings) anzunehmen, daß auch Petrus in Korinth gewirkt hatte (s. 9, 5 und S. 62). Wenn er vielleicht nicht persönlich dagewesen ist, waren bestimmt Anhänger von ihm in Korinth, die seinen Anspruch auf eine leitende Stellung innerhalb der Gemeinde geltend zu machen suchten. So oder so bezog man sich wahrscheinlich auf Matt. 16, 18, wo Jesus dem Simon den neuen Namen Petrus (*Kephas*, Fels) gab und ihm versprach, auf diesem Felsen seine Gemeinde zu bauen. Wir erinnern uns ebenfalls an die Beschreibung (Gal. 2, 9) von Petrus, Johannes und Jakobus als „Säulen" (vgl. Eph. 2, 20). Wir können hier weder auf die Bedeutung noch auf die Echtheit des matthäischen Spruchs eingehen, doch scheint es durchaus wahrscheinlich, daß Petrus – mit oder ohne seine persönliche Einwilligung – als wahres Fundament der Gemeinde hingestellt worden ist. Im gewissen Sinne war dies auch wahr; Petrus war der erste Träger des Zeugnisses, auf dem die Gemeinde steht. Das gilt auch von den anderen Aposteln (vgl. Matt. 18, 18; Apg. 1, 8.21f.). Sie sind nicht in dem Sinne Fundament der Gemeinde, daß sie eine unerläßliche Autorität darstellen, sondern sie sind es, weil sie gerade von sich weg auf Christus hinweisen.

Wer baut, kann auch dadurch versagen, daß er die falschen Baumaterialien nimmt. Unwürdiges Baumaterial wird bloßgelegt werden. **Was auch immer einer auf dieses Fundament bauen mag**

(V. 12; oder: *Wenn einer baut*; das *wenn* will aber nur verallgemeinern; zur Konstruktion vgl. Röm. 12, 6ff.), **ob Gold, Silber, Edelsteine** (vielleicht sind wertvolle Marmorsorten gemeint; aber vgl. Jes. 54, 11f.; Offb. 17, 4; 21, 18ff.), **Holz, Heu, Stroh** (zur rhetorischen Wirkung des Asyndeton s. BD § 460): **das Werk eines jeden wird offenbar werden, denn der Tag wird es deutlich machen** (V. 13). *Der Tag* (ohne weitere Kennzeichen, aber vgl. den atl. Tag des Herrn, z. B. Am. 5, 18) ist der Tag des Gerichts; vgl. 4, 3. An diesem Tag wird Gott die Geheimnisse der Menschen richten (Röm. 2, 16), und es wird nicht möglich sein, eine mangelhafte Arbeitsweise zu verheimlichen, **weil der Tag in Feuer geoffenbart wird.** Der griechische Satz hat hier kein Subjekt, so daß es möglich wäre, so zu übersetzen: Weil das Werk eines jeden in Feuer geoffenbart wird. Aber als Subjekt ist wegen der Nähe Tag vorzuziehen; wenn *das Werk eines jeden* Subjekt wäre, würde hier Paulus einen Gedanken einfach wiederholen. Die Idee eines Gerichts durchs Feuer ist keineswegs ungewöhnlich (s. unten). Das Feuer übt nicht Vergeltung, sondern es prüft: **Das Feuer wird prüfen, wie das Werk eines jeden beschaffen ist.** Brennbares Material wird zerstört werden; der Rest wird bleiben. Also wird der Tag des Gerichts die Qualität des Beitrages zum Leben der Kirche offenbaren, den jeder (hier jeder Diener) geleistet hat. Zum Prüfen durch Feuer s. 1. Pet. 1, 7; Spr. 17, 3; Weish. 3, 6. **Wenn jemandes Werk, das er auf das eine Fundament** (ein in unserer Sprache notwendiger Zusatz) **aufgebaut hat, bleiben wird** (d. h. der Prüfung standhält, durch das Feuer unbehelligt hindurchkommt), **so wird er einen Lohn empfangen** (V. 14). Die Idee eines Lohnes fehlt bei Paulus durchaus nicht; nur kann er sich nicht vorstellen, daß Gott den Menschen etwas schuldig wäre; vgl. V. 8 und Röm. 4, 4f. Der Gedanke wird hier sozusagen nebenbei eingeführt, nicht um der eigenen Bedeutung willen, sondern um die Bestätigung Gottes zu unterstreichen. Dann geht Paulus schnell zum entgegengesetzten Fall weiter (V. 15): **Wenn jemandes Werk verbrennen wird** (im prüfenden Feuer), **so wird er diesen Lohn einbüßen.** Das Wort, das hier so übersetzt wird (*ζημιωθήσεται*), läßt sich nicht mit hundertprozentiger Gewißheit wiedergeben. Es könnte bedeuten: Er wird bestraft werden; aber das paßt nur schlecht zu dem *αὐτὸς δὲ*, das gleich darauf folgt. Es könnte ebenfalls heißen: Er wird sein Werk verlieren;

doch wäre diese Übersetzung pedantisch und nach der Aussage, das Werk werde verbrennen, vollkommen überflüssig. Die hier gewählte Übersetzung wird dem *er selbst aber* gerecht und liefert eine Verbindung zu dem *Lohn* von V. 14. Der Diener Gottes, der ungeeignete Baumaterialien oder eine unwürdige Bautechnik einsetzt, wird den Lohn nicht erhalten, den er sonst hätte bekommen können – obwohl er selbst gerettet wird. Die nächsten Worte sind also klar und bedürfen kaum einer Auslegung: **Er selbst aber wird gerettet werden** (bei der Errettung geht es also nicht um Lohn; der Mensch kann seine Errettung nicht verdienen). Weniger eindeutig ist der letzte Nebensatz des Verses: **Doch nur wie einer, der durchs Feuer geht.** (Wörtliche Übersetzung: *Aber also, nämlich wie durch Feuer*. Diese Konstruktion *οὕτως . . . ὡς* leitet eine Metapher ein, wie 9, 26, *keine Tatsache*, wie 4, 1). Das *Feuer* wird im Zusammenhang erklärt: s. V. 13. Es geht hier immer noch um das Feuer des Gerichts, nicht um ein Reinigungsfeuer, wie einige behaupten. Unwürdige Baumaterialien werden verbrannt; würdige bleiben. Es gibt in diesem Zusammenhang also keinerlei Hinweis darauf, daß der unwürdige Bauarbeiter gereinigt wird. Es wäre zwar typisch für Paulus, wenn er eine Metapher in eine neue Richtung entfaltet, doch gibt es an dieser Stelle nichts, was darauf schließen ließe, daß er es hier getan hätte, denn in V. 17 wird die Zerstörung immer noch angedroht. Es scheint hier die Tatsache im Vordergrund zu stehen, daß der Gerichtstag von einem Brand gekennzeichnet wird (vgl. 2. Thess. 1, 8; Jes. 26, 11; 31, 9; 66, 24; Dan. 7, 9 ff.; Obad. 18; Mal 3, 1 ff., 19) und daß ein Bauarbeiter, der sich bei diesem Brand in seinem eigenen, schlecht zusammengebauten Haus befindet, in Gefahr steht, selber von den Flammen verzehrt zu werden. Er wird tatsächlich entfliehen können, aber eben nur wie einer, der durch die Flammen rennt (*διὰ πυρός* ist örtlich zu verstehen) – um das nackte Überleben. Er wird sicher ans Ziel gelangen, doch riecht die Kleidung nach Feuer. Wir können die Metapher beiseitelegen und ganz deutlich sagen, was Paulus hier anscheinend meinte: Wenn judaisierende Christen wie die Jünger des Petrus versuchen, ihre alte jüdische Denkweise in die Gemeinde zu übertragen (Gal. 2, 11–14), wird es ihnen nicht gelingen; dieser von ihnen geschaffene Oberbau ist aus Holz und wird verbrennen. Sie selbst werden jedoch nicht vom Heil ausgeschlossen; aber die Zerstörung ihres Werkes wird Schmerzen und Verlust mit sich bringen.

Das Thema des Bauens bringt Paulus weiter. **Wißt ihr denn nicht** (V. 16, paulinische Ausdrucksweise; sie sollten es wissen – vielleicht hatte es ihnen Paulus selbst gesagt), **daß ihr Gottes Tempel seid, und daß der Geist Gottes in euch wohnt?** Es gibt hier keine logische Verbindung zu dem Vorangegangenen, aber wir dürfen uns denken, daß das Bauwerk, das auf dem einen Fundament Jesus Christus steht, eine Begegnungsstätte zwischen Gott und Menschen ist, wo der Mensch Gott die Ehre darbringt, die ihm zusteht. Das Bauwerk ist nicht aus Ziegelsteinen und Mörtel; es besteht vielmehr aus Menschen, und zwar solchen, die Gott verherrlichen, indem sie an ihn glauben und ihm gehorchen. Die hier von Paulus verwendete Sprache war in der hellenistischen Welt nicht ungewöhnlich, denn religiöse und moralische Philosophen erinnerten ihre Hörer an den innewohnenden Gott, der seinen Tempel, seine Wohnstätte nicht in steinernen Häusern, sondern im menschlichen Herzen hat. Epiktet ermahnt z. B. seine Hörer mit den Worten: „Wenn ein Bild Gottes gegenwärtig wäre, würdet ihr es nicht wagen, die Werke zu vollenden, die ihr tut. Aber wenn Gott selbst in euch wohnt und alles sieht und hört, schämt ihr euch nicht, über diese Dinge nachzudenken und sie zu tun?“ (II 8, 14). Dieser Gedanke wurde verschiedentlich von christlichen Schriftstellern übernommen (vornehmlich 1. Pet. 2, 5), und wird sogar in diesem Brief noch von Paulus verwendet (6, 19). Hier jedoch (vgl. 2. Kor. 6, 16f.) denkt er nicht an den einzelnen Christen als „Schrein“ des lebendigen Gottes, sondern es geht ihm vielmehr um die Gemeinde. Das ist nämlich das Thema dieser ersten Kapitel und läßt sich mit dem Gedanken der jüdischen Apokalyptik verbinden, es solle in den letzten Tagen einen neuen oder erneuerten Tempel geben (vgl. Jes. 28, 16f.; 1. Hen. 91, 13; Jub. 1, 17). Dieser eschatologische Tempel ist die Gemeinde, und das Zeichen der göttlichen Gegenwart in ihm ist der *Geist Gottes*. Später (bes. Kap. 12–14; vgl. 1, 7; 2, 5.10–16) erfahren wir mehr über die Kundgebungen des Geistes, der in der Gemeinde wohnt. Hier müssen wir nicht darauf eingehen; kein Christ in Korinth zweifelte daran – wie mangelhaft sein Verständnis für das Werk des Heiligen Geistes gewesen sein mag –, daß der Heilige Geist in seiner Gemeinde wohnte; es ist also für Paulus möglich, sofort die notwendige Schlußfolgerung zu ziehen: **Wenn jemand Gottes Tempel zerstört, wird Gott ihn zerstören** (V. 17).

Paulus denkt nicht mehr, wie V. 12–15, an jemanden, der mit falschen Baumaterialien baut und darum auf seinen Lohn verzichten muß; hier denkt er an jemanden, der abreißt und als Strafe dafür zerstört wird. In den Situationen, mit denen er es zu tun hatte, fand es Paulus wahrscheinlich selbst schwer, zwischen den beiden Möglichkeiten zu unterscheiden. Judaisierende Christen z. B. (Paulus denkt hier wahrscheinlich an solche, die zur Kephas-Partei gehören) könnten jüdische Sitten in die Gemeinde einführen oder sich gegen deren Abschaffung sträuben, ohne sich selbst oder die Gemeinde zugrundezurichten; ihre Unwilligkeit, die Speisegebote koscheren Essens aufzugeben, sollte von Christen mit besser unterwiesenem Gewissen toleriert werden (8, 7–13; 10, 28–11, 1; vgl. Röm. 14, 1–15, 6). Aber diese Speisegebote fügten auch nichts Wertvolles der Gemeinde hinzu. Der Versuch hingegen, die ganze jüdische Gesetzlichkeit in die Gemeinde hinüberzuretten, wäre nicht nur eine nicht wünschenswerte und nicht notwendige Ergänzung des christlichen Glaubens und der christlichen Praxis, sondern käme einer Zerstörung des ganzen Bauwerks gleich, einer Umstrukturierung, die am Ende gar keine Gemeinde, keine Begegnungsstätte zwischen Gott und Menschen mehr übrigläßt. Das wäre also die Zerstörung der Gemeinde, die unbedingt zur Zerstörung desjenigen führen muß, der sie durchführt, weil er selbst die Möglichkeit des Heils durch sein Handeln ausgeschlagen hat. Es scheint besser, das Wort *zerstören* so zu verstehen, als darunter die Skandale, die Kap. 5 und 6 noch erwähnt werden, vorwegzunehmen (gegen Héring).

Es wird manchmal eingewendet, daß das Verb, das Paulus hier benutzt (*φϑείρειν)* nicht mit ‚zerstören' übersetzt werden kann, weil die Gemeinde, der Tempel Gottes, ja nicht zerstört werden kann. In gewissem Sinne ist dies wahr; nicht einmal die Pforten der Hölle, geschweige denn die menschliche Gesetzlichkeit, können die Gemeinde überwinden (Matt. 16, 18). Man muß jedoch daran denken, daß Paulus an eine örtliche Manifestation des Gottestempels, an eine Lokalgemeinde denkt; und es bleibt eine Tatsache, daß in der Geschichte örtliche Gemeinden, aus welchen Gründen auch immer (auch aus Gründen der Irrlehre), aufgehört haben zu existieren (vgl. Offb. 2, 5; 3, 16 – und die geschichtliche Tatsache, daß alle sieben in den Sendschreiben erwähnten Gemeinden nicht bestehen blieben). Paulus denkt hier weiter nicht nur an Irrlehren, sondern an ein verkehrtes Verhalten. Vielleicht sollte der Gegenwartsform *φθείρει* die Bedeutung: „zu zerstören versucht" beigelegt werden, doch verlangt der Kontext eine solche Übersetzung nicht.

Zerstörung des Tempels wird unausweichlich zur Strafe führen, **denn der Tempel Gottes ist heilig – und das seid ihr.** Diese Worte erinnern an primitive Heiligkeitsvorstellungen, nach denen die Heiligkeit fast wie Strom wirkt; vgl. das Schicksal Usas, der seine Hand ausstreckte, um die heilige Bundeslade zu berühren (2. Sam. 6, 6ff.). Paulus denkt hier nicht an die Entweihung eines Kultobjekts; der Tempel, von dem er spricht, ist kein materielles Gebäude, wie der letzte Nebensatz unterstreicht. Aber die Idee eines Tempels impliziert automatisch eine Beziehung zum heiligen Gott. Wenn ein Mensch die Beziehung der Gemeinde zu Gott zerstört, indem er z. B. die Gnade durch Gesetzlichkeit ersetzt, kann das nur bedeuten, daß er selbst die Gnade ablehnt; er hat die eigene Beziehung zu Gott zerstört.

Der Sinn der letzten Worte des Satzes ist klar, nur ist die Form nicht so leicht zu erklären. Die Vulgata ist hier einfach, sie liest: *quod estis vos*, welcher (nämlich der Tempel) ihr seid. Wahrscheinlich meinte Paulus auch: Ihr seid der Tempel – nicht: Ihr seid heilig. Aber im Griechischen steht nicht die sächliche Einzahl des Relativpronomens, sondern ein Maskulinum: *οἵτινες*. Die Mehrzahl ist hier wahrscheinlich durch Angleichung an die Mehrzahl *ὑμεῖς* entstanden. Im hellenistischen Griechisch war auch schon der Unterschied zwischen den einfachen und den kombinierten Formen des Relativpronomens verwischt. Allo betont diesen Unterschied zu sehr mit seinem Vorschlag, Paulus meine jeden einzelnen *und* die ganze Gemeinde zugleich: welcher ihr *alle* seid. Doch könnte die Form, wie sie hier gebraucht wird, auf die Eigenschaft hinweisen, in der die Angeredeten als Gottes Tempel bezeichnet werden könnten: Und das (oder der) seid ihr **als Christen.** Dieses Christsein hat sowohl einen individuellen als auch einen gesamtheitlichen Aspekt.

(18) Keiner täusche sich selbst. Wenn sich jemand unter euch für weise hält nach den Maßstäben dieses Zeitalters, der soll nach den Maßstäben dieses Zeitalters töricht werden, damit er wirklich weise werde. (19) Denn die Weisheit dieser Welt ist Torheit bei Gott. Denn in der Schrift wird Gott als der beschrieben, „der die Weisen in ihrer eigenen List fängt". (20) Und wiederum: „Der Herr weiß, daß die Gedanken der Weisen umsonst sind." (21) Es rühme sich also keiner eines Menschen: denn alles gehört euch – (22) Paulus, Apollos oder Kephas, die Welt oder das Leben oder der Tod, Gegenwärtiges oder Zukünftiges – alles gehört euch, (23) und ihr gehört Christus, und Christus gehört Gott.

Die Diskussion der Weisheit und der Torheit, die sich seit 1, 18 mit Unterbrechungen fortgesetzt hat, wird hier zum Abschluß gebracht, wenn sie auch im 4. Kap. illustriert und gelegentlich wieder aufgenommen wird (6, 5; 8, 1 ff.; 10, 15; 12, 8; 13, 8–12). Zur gleichen Zeit bringt Paulus seine Besprechung der Gruppen oder Parteien in Korinth zum Abschluß, indem er aufzeigt, daß dieser Konflikt letztlich absurd ist. **Keiner täusche sich selbst** (V. 18). Paulus schreibt hier im Stil der kynisch-stoischen Diatribe (s. *Romans*, S. 43). Der Selbstbetrug ist das gemeinsame Schicksal derer, die sich selbst für weise halten; weil sie sich hierin irren, irren sie sich auch in vielen anderen Angelegenheiten. Vgl. 6, 9; 15, 33; Gal. 6, 7; und insbesondere Galater 6, 3, wo diese Angelegenheit ganz allgemein dargelegt wird. In Korinth besteht die besondere Gefahr darin, daß auch solche, die innerhalb der Gemeinde sind, sich für weise halten, und sich dadurch selbst täuschen, weil sie Weisheit nach verkehrten Maßstäben beurteilen. Solche Menschen müssen neue Maßstäbe annehmen und ihr Urteil rückgängig machen. **Wenn sich jemand unter euch** (daß Paulus nicht *ὑμῶν*, sondern *ἐν ὑμῖν* schreibt, beweist keinesfalls, daß er hier an jemanden dachte, der nicht zur korinthischen Gemeinde dazugehörte; auf jeden Fall aber spricht Paulus hier sehr verallgemeinernd) **für weise hält nach den Maßstäben dieses Zeitalters** (oder vielleicht, wenn örtlich verstanden: in diesem Zeitalter), **der soll nach den Maßstäben dieses Zeitalters töricht werden** („nach den Maßstäben dieses Zeitalters" ist dem Text hier als Erklärung hinzugefügt worden; aber einige Ausleger möchten den Ausdruck *ἐν τῷ αἰῶνι τούτῳ*, der im Griechischen nur einmal steht, nicht wie in meiner Übersetzung auf den ersten Teil des Satzes, sondern nur auf den zweiten beziehen), **damit er wirklich weise werde.** Das Wort *wirklich* wurde hier ebenfalls um der Deutlichkeit willen hinzugefügt. Zur Weisheit dieses Zeitalters s. 2, 6; sie läßt sich von der Weisheit dieser Welt nicht unterscheiden. *αἰών* und *κόσμος* sind hier austauschbar; *αἰών* bezieht sich auf die Zeit, in der die Menschen ihr Leben ohne Gott führen; *κόσμος* ist der Raum, innerhalb dessen sie dies tun. Wir sahen schon, daß diese Entschlossenheit der Menschen, ohne Bezugnahme auf Gott zu leben, das Wesen der weltlichen Weisheit ausmacht. Diese Weisheit drückt sich entweder in überzeugender Rede oder aber in einer Lebensweise bzw. in einer Religion aus, die im Menschen selbst und im Ego verwurzelt ist. Wenn sich ein Mensch nach diesen Maßstäben für weise hält, kann er von der menschlichen zur göttlichen Weisheit nicht übergehen, indem er weiser wird; er muß vielmehr die alte Weisheit leugnen, wenn er die neue bekommen will (vgl. Röm. 10, 3; Phil. 3, 6–9, wo diese Wahrheit in einem anderen Bereich erklärt wird; wenn ein Mensch wirklich gerecht, also vor Gott gerecht, sein will, muß er die eigene Gerechtigkeit verachten und ihr abschwören). Die Weisheit dieser Welt läßt sich nicht zur Weisheit Gottes weiterentwickeln oder verbessern; sie muß ganz und gar zerstört werden (vgl. 1, 19; 2, 6). **Denn die Weisheit dieser Welt** (nicht: *Zeitalter!*) **ist Torheit bei Gott** (V. 19). Zur Konstruktion s. Röm. 2, 13. Der Widerspruch wird so eindeutig wie möglich hervorgehoben. Der nächste Vers beweist allerdings, daß Paulus' Gedanken hier in eine neue Richtung gehen. Die Weisheit dieser Welt ist bei Gott Torheit, weil menschliche und göttliche Weisheit Gegensätze sind; aber es geht noch weiter: die Vertreter weltlicher Weisheit sind vor Gott nur Narren. Auch wenn sie meinen, ihn aus der Welt zu schaffen, bleibt er ihr Herr. **Denn in der Schrift wird Gott als der beschrieben** (wörtlich: *Denn es steht geschrieben*), **„der die Weisen in ihrer eigenen List fängt"** (die Konstruktion, Artikel und Partizip, läßt schließen, daß wir es hier mit einer Beschreibung Gottes zu tun haben). Die *Weisen* sind wie schlaue Tiere, für die jedoch der Jäger zu klug ist. *List* könnte andeuten, daß Paulus den Verdacht hegt, daß einige in Korinth List anwenden. **Und**

wiederum: „Der Herr weiß, daß (im Griechischen ist die Wortfolge anders) **die Gedanken** (*διαλογισμούς*: ausgedachte Pläne; das Wort kann sogar ein Komplott bezeichnen. Auch die philosophische Denkweise kann damit gemeint sein, vgl. Röm. 1, 21) **der Weisen umsonst sind,** d. h. eitel, vergeblich (V. 20). Die alttestamentlichen Zitate entstammen Hiob 5, 13 und Ps. 94, 11. Im Alten Testament haben die Worte *Weise* und *Weisheit* eine genauso vielfältige Bedeutung wie im Neuen. Das Zitat aus Hiob (vgl. Röm. 11, 35) unterscheidet sich erheblich von der Übersetzung der LXX; wahrscheinlich lag Paulus eine andere Übersetzung dieses Buches vor.

Da alle Menschen, auch die Weisesten, in Gottes Hand wie Kinder sind, ergibt sich die Folgerung: **Es rühme sich also keiner eines Menschen** (V. 21). Gerade durch ihr Parteiwesen hatten sich die Korinther der Menschen gerühmt. Der eine hatte sich des Paulus, der andere des Apollos, ein dritter des Kephas gerühmt. Aber wer sich rühmt, der soll sich allein des Herrn, nicht der Menschen, rühmen (vgl. 1, 31; Gal. 6, 14; Phil. 3, 3). Außerdem – und hier haben wir es mit Gedanken zu tun, die im nächsten Kapitel weiter ausgeführt werden – ist das Rühmen menschlicher Führer nicht nur eine Beleidigung Gottes, sondern auch eine Herabsetzung derer, die rühmen, denn durch das Rühmen wird das Verhältnis zwischen dem Christen und seinem Führer mißdeutet. Diejenigen, die sich der Führer der Gemeinde rühmten (1, 12), sagten: Ich gehöre zu Paulus, ich gehöre zu Apollos, ich gehöre zu Kephas. Aber damit stellten sie die Wahrheit auf den Kopf. Ihr gehört nicht diesem oder jenem Diener am Worte Gottes, sagt Paulus, **denn alles gehört euch** (V. 22) – die Wortdiener **Paulus, Apollos oder Kephas** (daß hier Christus nicht miterwähnt wird, darf unsere Beurteilung einer evtl. vorhandenen Christuspartei nicht beeinflussen), und alles andere auch – **die Welt oder das Leben oder der Tod, Gegenwärtiges oder Zukünftiges** – die apostolischen Diener sind also *euer* in dem Sinn, wie es schon 3, 5 gesagt wurde. Diese Tatsache wird 4, 1–5 weiter ausgeführt. Sie sind nicht Herren über das Volk Gottes, sondern Helfer zu ihrer Freude (2. Kor. 1, 24); sie predigen nicht sich selbst, sondern Christus Jesus als den Herrn; sie sind Knechte Christi und darum auch der Gemeinde (4, 5). Sich also einem Prediger derart hingebungsvoll anzuhängen, ist nicht Ausdruck christlicher Demut, sondern schlichtweg eine Leugnung der Souveränität Christi. Natürlich muß sich der Christ gelegentlich für den einen oder anderen Lehrer entscheiden, wenn es zwischen ihnen Unterschiede gibt, wie es auch zwischen Paulus und Kephas bestimmt manchmal Unterschiede gab, doch hängt diese Entscheidung von der Wahrheit, nicht jedoch von persönlicher Sympathie ab.

Von dieser Überlegung ausgehend erreicht Paulus einen Gedanken, der anscheinend nur mittelbar in den Zusammenhang paßt. Die Diener gehören euch, weil sie Diener Christi und also auch der Gemeinde sind; euch gehört aber auch *die Welt, das Leben, der Tod, Gegenwärtiges und Zukünftiges* – eigentlich schon *alles*. Offensichtlich gehören ihnen nicht im gleichen Sinne alle Dinge. Die Welt ist nicht im selben Sinne wie die Apostel Diener der Gemeinde. Aber ganz natürlich geht hier der Gedankengang des Paulus auf die Souveränität der Gemeinde als Volk Gottes über. Die Menschheit erhält ihre verlorengegangene Herrschaft in Christus und in der Gemeinschaft in Christus wieder; und weil Christus der Herr ist über die Welt, das Leben, den Tod (durch seine Kreuzigung und seine Auferstehung), über dieses und das kommende Zeitalter, sind seine Jünger nicht mehr Sklaven des Schicksals und der Verweslichkeit, sondern vielmehr freie Herren über alles. Also lebt der Christ in der Welt, aber die Welt bestimmt nicht seine Einstellung zum Leben; mit anderen Worten: er denkt nicht nach den Maßstäben dieser Welt und ihrer Weisheit (2, 2.6; ebenfalls 7, 29 ff.). Er ist zwar den Härten des Lebens und letztendlich auch dem Tod unterworfen (es sei denn, wie Paulus es für möglich hält, er lebe bis zum Anbruch des neuen Zeitalters), doch können ihn diese Erfahrungen nicht von der Liebe Gottes scheiden (Röm. 8, 38 f., wo der Gedankengang sehr ähnlich ist. Dort wird es noch klarer, daß Paulus an den Triumph des Christen über ihm entgegengesetzte geistliche und kosmische Kräfte denkt). Er lebt in diesem Zeitalter, und dessen feindlich gesinnte Herrscher (2, 6.8) werden ihn verletzen, wenn ihnen dies gelingt; aber das können sie nicht im letztendlichen Sinne, und in der bestimmten Reihenfolge (15, 23) wird er gewißlich in das zukünftige Zeitalter eingehen, denn Christus ist jetzt der Herr und wird es auch weiterhin bleiben.

Die letzte Bemerkung unterstreicht die Quelle sowie das Wesen der Herrschaft der Christen; sie ist nie losgelöst und gänzlich unabhängig, sondern hängt von der Herrschaft Christi ab: **ihr gehört Christus, und Christus gehört Gott** (V. 23). Ihr *alle* (nicht nur eine Gruppe aus der Gemeinde, vgl. 1, 12) seid Christi. Wie Sevenster, *Seneca*, S. 119, zu Recht aufzeigt, meint Paulus mit seiner christlichen Freiheit und Herrschaft etwas anderes als das *omnia illius* (der Weise) *esse dicimus* des Seneca (*de Beneficiis* VII, 8, 1; Zeno (Diogenes Laertius 7, 1, 25), Cicero (*Academicae Quaestiones* 2, 44) und andere Stoiker hatten das gleiche gesagt). Die Souveränität der Christen über die Welt geht auf die Erneuerung der Menschheit nach der von Gott gewollten Schöpfungsordnung (Gen. 1, 26.28; Ps. 8, 7–10) zurück, und diese Erneuerung findet nur in und durch Christus statt. In dem Augenblick, wo Christen versuchen, der Souveränität des Christus zu entkommen, verlieren sie den eigenen Status als erneuerte Gottesmenschen und werden wieder zu Sklaven der Schöpfung, die ihnen eigentlich untertan sein sollte (Gal. 4, 9). Wenn z. B. eine Gemeinde aufhört, wirklich Christus zu gehören, sind die Apostel gezwungen, ihre Autorität gegen sie einzusetzen, wie Paulus es gegen die Gemeinde zu Korinth tun mußte (für die umgekehrte Situation s. 2. Kor. 10–13: Wenn ein Apostel oder dessen Vertreter seine Autorität nur um der Autorität selbst willen einsetzt, verliert er jeden Anspruch auf Autorität); wenn also die Korinther aus dem Herrenmahl ihr eigenes Mahl machen (11, 20 f.) und dadurch das Joch Christi abwerfen, unterwerfen sie sich somit dem Tod (11, 30); wenn sie vergessen, daß sie mit einem hohen Preis erkauft wurden (6, 20), wenn sie betonen, daß alles erlaubt ist und vergessen, daß nicht alles zweckmäßig ist, verlieren sie die Freiheit, die sie mißbrauchen. Wenn es uns hier also scheint, als würde Paulus von seinem Hauptgedanken abgekommen sein, so kommt er doch mit großer Schärfe darauf zurück: „Alles gehört euch, und ihr gehört Christus", faßt seine ganze Botschaft an die Korinther bündig zusammen. Es ist allerdings die Meinung vertreten worden, daß der Satz *„alles gehört euch"* eine Konzession des Paulus an die „geistliche" Partei in Korinth sei (vgl. *„alles ist erlaubt"*, 6, 12); er läßt den Satz zwar gelten, grenzt ihn jedoch durch den Zusatz ein *„Ihr aber gehört Christus"*. Aber Weiß wird Recht haben, wenn er schreibt: „Mir scheint unmöglich, daß Paulus die so begeistert ausgesprochene Schilderung der christlichen Herrschaft über die Welt nur als eine Konzession, aus dem

Gedankengut der Gegner genommen, gemeint habe. Wenn er überhaupt irgendwo seine Überzeugung zum Ausdruck bringt, dann hier" (S. 88, Fußnote 1).

Der praktische Standpunkt, der jetzt geschildert worden ist, bedarf nun einer weiteren theologischen Begründung. Es ist darauf hingewiesen worden, daß die korinthischen Christen ihre wiederhergestellte Freiheit und Souveränität nicht sich selbst, sondern Christus verdanken. Aber **Christus** konnte diese Wohltat auch nur vollbringen, denn er **gehört Gott.** Es war der Gehorsam Christi bis zum Tod, der ihnen diese Freiheit erwarb; nur in ihm also genießen sie die neue Beziehung zu Gott.

Wir könnten hier einer Schwierigkeit aus dem Wege gehen, wenn wir annähmen, die Zugehörigkeit Christi zu Gott beziehe sich allein auf sein irdisches Leben und seine Menschlichkeit (so z. B. Calvin und die Mehrheit der früheren Kommentatoren), in dem er, wie es auch die Korinther tun müssen, selbstaufopfernden Gehorsam gezeigt habe. Uns verbietet jedoch der allgemeine Gedankengang des Paulus sowie die ausdrückliche Aussage in 15, 28 *(„Wenn ihm dann alles unterworfen ist, wird auch er, der Sohn, sich dem unterwerfen, der ihm alles unterworfen hat, damit Gott herrscht über alles und in allem")* eine solche Annahme. In aller Ewigkeit besteht eine Beziehung der Über- und der Unterordnung zwischen Gott-Vater und Gott-Sohn. Dies bedeutet jedoch nicht (wenn wir Vokabeln verwenden dürfen, die erst Jahre nach der Zeit des Apostels Paulus gängig waren – obwohl Lightfoot bemerkt, daß es notwendig ist, dieses Sätzchen auf die göttliche Natur Christi zu beziehen, um das nicäische Glaubensbekenntnis richtig zu verstehen), daß der Sohn nicht eines Wesens mit dem Vater sei oder daß er zu einer anderen Wesensordnung gehöre; es bedeutet vielmehr, daß der Sohn, der mit dem Vater eines Wesens ist, gerade darin von ihm unterschieden wird, daß er dem vollkommenen Liebeswillen des Vaters den Gehorsam vollkommener Liebe darbringt. Ein solcher Satz wäre natürlich viel zu formell für Paulus, der an Funktionen, nicht an Wesensarten denkt. Für ihn ist Jesus der bereitwillig Handelnde Gottes. Den Gehorsam, den die Korinther Gott schuldig sind und ihm auch leisten, insofern sie die Gerechtigkeit Christi empfangen haben und daran teilhaben, und den sie dadurch zum Ausdruck bringen oder bringen sollen, daß sie beständige ethische Fortschritte machen, brachte Christus vollkommen und vollständig und als geschichtliche Tatsache dar. Darum *gehört ihr Christus*, weil *Christus Gott gehört.*

10. 4, 1–5: Die Knechte Christi und ihre Arbeit

(1) Was sollte denn ein Mensch von uns halten? Er halte uns für Christi Knechte und Verwalter der Geheimnisse Gottes. (2) Nun aber: Was von Verwaltern verlangt wird[45], ist, daß ein Mann als vertrauenswürdig erfunden werde. (3) Mir ist es aber gleichgültig, von euch oder von einem menschlichen Gericht untersucht zu werden; nein, ich untersuche mich sogar selbst nicht. (4) Denn obwohl ich ein reines Gewissen habe, bin ich dadurch nicht gerechtfertigt. Der mich untersucht, ist der Herr. (5) Richtet also nichts vor der Zeit, bis der Herr kommen wird, der Licht auf das im Finstern Verborgene werfen und die Pläne der Herzen der Menschen bekannt machen wird. Dann wird jeder Mensch sein Maß an Lob von Gott bekommen.

In diesem neuen Absatz bringt Paulus seine Abhandlung über die arrogante und gespaltene korinthische Gemeinde zum Abschluß, soweit die Probleme aus den Beziehungen zu den apostolischen Führern hervorgehen und sich in ihnen widerspiegeln. **Was sollte denn ein Mensch** (*ἄνθρωπος*; natürlicher wäre *τις*. Es kann sein, daß Paulus hier von seinem semitischen Hintergrund beeinflußt wird, obwohl es authentische griechische Parallelen gibt, z. B. Epiktet III 23, 15; s. M. II, S. 433 und vgl. 11, 28) **von uns halten?** (V. 1; *λογίζεσθαι*: Weiß bemerkt, daß dieses Wort in 2. Kor. 10–12 nicht weniger als 6mal vorkommt und meint darum, daß es ein Lieblingswort der Paulusgegner gewesen sei, s. bes. 2. Kor. 10, 7.11.) Der griechische Text enthält hier keine Frage, er sagt wörtlich: *Also denke ein Mensch von uns, nämlich als*... Vgl. Eph. 5, 28. Die Frage wird hier in unserer Übersetzung benutzt, um so deutlich wie möglich zu unterstreichen, daß Paulus mit seinem *also* (*οὕτως*) aus dem vorher Gesagten Schlüsse über die richtige Einstellung zu christlichen Predigern ziehen will. Die Mehrzahl (*ἡμᾶς*) bezieht sich mindestens auf Paulus und Apollos, möglicherweise auch auf Kephas, obwohl als wahrscheinlich anzunehmen ist, daß Paulus nur für sich selbst und Apollos spricht (s. 4, 6); vgl. 3, 5. Wenn diese Aussage begrenzt werden muß, dann nur historisch; das, was Paulus hier sagt, darf *mutatis mutandis* verallgemeinernd auf die Rolle aller Diener in der Gemeinde angewandt werden.

Paulus beantwortet auch gleich die (nicht von ihm gestellte) Frage: **Er halte uns für Christi Knechte.** Das Wort Knecht (*ὑπηρέτης*) ist zwar anders als das Wort Diener (*διάκονος*) in 3, 5, doch ist die Bedeutung ziemlich deckungsgleich. Zum neuen Wort vgl. Luk. 1, 2 und Apg. 13, 5. Schlatter schreibt hierzu: „Von *διάκονος*, 3, 5, unterscheidet sich *ὑπηρέτης* dadurch, daß bei *διάκονος* an den Wert gedacht ist, den die Leistung des Dienenden für den hat, für den sie geschieht, während bei *ὑπηρέτης* die Betonung auf der Unterordnung und Abhängigkeit liegt, die den Diener zum ausführenden Organ für den Willen seines Gebieters macht" (S. 146). Es ist allerdings zweifelhaft, ob Paulus und seine Leser an solche feine Unterschiede gedacht haben. Jedenfalls hat der *Knecht* keine eigene Bedeutung an sich; die Arbeit, die er vollbringt, ist nicht die eigene Arbeit, sondern die Arbeit seines Herrn; der apostolische Dienst ist dadurch gekennzeichnet, daß die Apostel nicht auf sich selbst, sondern auf Christus hinweisen. Das ist keine Abwertung des apostolischen Amtes. Paulus und seine Kollegen sind **Verwalter** (*οἰκονόμοι*; vgl. das Bild der Gemeinde als Gottes *οἶκος*, Haus, 1. Tim. 3, 15) **der Geheimnisse Gottes.** Das Wort *Geheimnis* bezeichnet normalerweise im Griechischen heilige Riten (z. B. Euripides, *Die Bittenden* 173: *Δήμητρος μυστήρια*, die Geheimnisse des Demeter); später wurde das Wort ganz natürlich auf die christlichen Sakramente übertragen. Nach diesem Verständnis könnte man die „Verwalter der Geheimnisse Gottes" als Menschen auffassen, die die Sakramente austeilen; doch entspricht das nicht dem paulinischen Gebrauch des Wortes *Geheimnis*; s. bsd. 2, 7 und zusätzlich 2, 1 (?); 13, 2; 14, 2; 15, 51; Röm. 11, 25; 16, 25; 2. Thess. 2, 7; vgl. Kol. 1, 26.27; 2, 2; 4, 3. Es ist nicht leicht, diese Liste von Bibelstellen zu einer allgemeinen Aussage zusammenzufassen, doch der Sinn des Wortes in den meisten dieser Texte ist der eines heimlichen Wissens um den Ratschluß Gottes, wie er im Evangelium geoffenbart worden ist. Die Apostel sind also in erster Linie die Prediger dieses Evangeliums, „Lehrer der geoffenbarten

Wahrheiten“ (Lightfoot). Ein *Verwalter* verwaltet ein Haus; das Wort läßt vielleicht durchklingen, daß die Apostel innerhalb der Gemeinde walten. Doch suchte Paulus wahrscheinlich nur nach einem Synonym, um eine Alternative zu *Knecht* zur Hand zu haben, und darum darf die genaue Bedeutung von *Verwalter* hier nicht überbetont werden. Soweit eine Verwalterschaft vorhanden ist, ist sie durch das Evangelium bedingt. Der Zusammenhang (Kap. 4, bes. V. 9–13) macht es auf jeden Fall unmöglich, sich das Apostolat als eine Art ekklesiastisches Beamtentum vorzustellen. Epiktet beschreibt den kynischen Prediger als Knecht des Zeus (*ὑπηρέτης τοῦ Διός*, III 22, 82.95) und als Verwalter (*οἰκονόμος*, 3). Es kann durchaus sein, daß sich Paulus dieses Wortgebrauchs bewußt war.

Das Wort *Verwalter* liefert Paulus für das weitere die notwendige Gedankenverbindung. Wenn er und Apollos Verwalter sind, was wird von ihnen gefordert? Das ist offensichtlich der Sinn der nächsten Worte, nur sind Text und folglich auch Übersetzung der folgenden Worte ungewiß. Das erste Wort des Satzes (*ὧδε*) besitzt eine Vielfalt von Bedeutungsmöglichkeiten: *also, wie es ist, hierher, hier*. Es kann sogar bedeuten: In dieser Welt – d. h. es wird eine Illustration aus dem Bereich des Menschlichen folgen; vielleicht ist gemeint: Im Bereich der Gedanken, die durch den Ausdruck Verwalter hervorgerufen werden – „Um den Gedanken des Verwalters aufzunehmen ...“ Das Wort ließe sich jedoch auch mit dem unmittelbar darauffolgenden (*λοιπόν*) verbinden. Dieses zweite Wort bedeutet an sich schon „nun“ oder „zum anderen“; nach Moule, S. 161, kann diese Bedeutung auf „folglich“ ausgedehnt werden. Wenn also die beiden Worte als zusammengehörend empfunden werden, könnte man übersetzen: „Um nun das jetzt angeschnittene Thema weiter zu verfolgen ...“, „Um das Argument weiterzuführen ...“ Es kann jedoch sein, daß solche Übersetzungen zu viel in den Text hineinlesen. Wenn die den Satz eröffnende Partikel (*ὧδε*) als „hier“ im Sinne von „im Bereich der Verwalterschaft“ verstanden wird, wird der Ausdruck „von Verwaltern“ überflüssig; darum wird es uns zufriedenstellen müssen, die kombinierten Partikeln (*ὧδε λοιπόν*) die einfache Bedeutung einer Zusammenfassung zuzuschreiben, so daß wir übersetzen (V. 2): **Nun aber: Was von Verwaltern verlangt wird, ist, daß ein Mann als vertrauenswürdig erfunden werde.** Zur ganzen Textfrage s. M. E. Thrall, *Greek Particles in the New Testament*, 1962, S. 25–30. Es bleibt uns aber doch noch ein textkritisches Problem, denn es gibt eine Leseart, in der die rauhere Form erhalten ist: Nun aber: Was ihr von Verwaltern verlangt (oder, wenn man *ζητεῖτε* als Imperativ auffaßt: Was ihr von Verwaltern verlangen sollt), ist, daß ein Mann ... In einer Hs. haben wir sogar eine noch kräftigere Lesart, die Frage: Nun aber, was verlangt ihr von Verwaltern? Daß ein Mann erfunden werde ... Der Unterschied zwischen der 3. Pers. sing. pass. des Verbs (*ζητεῖται*) und der 2. Pers. pl. akt. oder imp. (*ζητεῖτε*) ist gering und wurde zudem im Altertum nicht ausgesprochen. Vielleicht paßt die 2. Pers. besser zum folgenden Vers, kann aber gerade aus diesem Grund sekundär sein. Die Verallgemeinerung über Verwalter ist die bessere Lesart. Zum Glück ergibt sich so oder so kein sehr großer Unterschied im Sinn des Textes; es wird deutlich, was Paulus sagen will. Es wird nicht von einem Verwalter verlangt, daß er Eigeninitiative, noch weniger seine persönliche Autorität, einsetzt (obwohl, wie Schlatter, S. 147, anmerkt, die Korinther gerade das anscheinend erwartet haben); es wird hingegen von ihm verlangt, daß er seinem Herrn gehorcht und sich in der Pflege der Angelegenheiten seines Herrn als vertrauenswürdig erweist. Es muß also nur gefragt werden: Nach wessen Maßstäben wird diese Vertrauenswürdigkeit beurteilt? Wer ist der Herr, dem er stehen oder fallen wird (Röm. 14, 4)?

Paulus gibt für sich selbst Antwort. **Mir ist es aber gleichgültig, von euch oder von einem menschlichen Gericht untersucht zu werden** (V. 3). Wenn Paulus auf alle Kritik an sich und an seiner Arbeit, die innerhalb der eigenen Gemeinden (um nicht von den anderen zu sprechen) laut wurde, gehört hätte, hätte er sein Apostelamt schon längst aufgegeben. Es geht nicht darum, daß er ein „dickes Fell" hatte, sondern daß er ganz einfach die Wahrheit erkannt hatte (s. Röm. 2, 1.19f.; 14, 4), daß der Mensch nicht in der Lage ist, über seinen Bruder zu richten. Man darf hier schließen, daß die Kritik an Paulus, die sich in 2. Kor. als regelrechter Angriff erweist, schon begonnen hatte. Die letzten Worte des Verses lauten wörtlich: *von (irgend-)einem Tag.* Einige Ausleger (s. BD § 5) sehen hier einen Latinismus *(dies forensis*; vgl. *diem dicere)*; es ist jedoch viel eher anzunehmen, daß wir hier an 3, 13 zurückdenken sollten, wo *vom Tag* des Gerichts des Herrn die

Rede ist. Wir haben es hier also mit dem schwachen menschlichen Versuch zu tun, das Gericht Gottes nachzuahmen. Der Mensch tut so, als wäre er selbst der Richter. Das rabbinische Judentum kennt den Unterschied zwischen „menschlichen Gerichten" (Gerichten von Fleisch und Blut) und „himmlischen Gerichten" (SB III, S. 336). Paulus lehnt alle menschlichen Versuche ab, das Werk Gottes vorwegzunehmen; **nein** (*ἀλλά*; vgl. 3, 2), **ich untersuche mich sogar selbst nicht.** Die englische Spruchweisheit lehrt, daß ein gutes Gewissen die Erfindung des Teufels ist. Paulus hat ein reines Gewissen, legt jedoch keinen Wert darauf. **Denn obwohl ich ein reines Gewissen habe** (V. 4; wir müssen entweder mit Calvin sagen: „Das sagt Paulus nicht von seinem ganzen Leben, sondern nur von seiner apostolischen Wirksamkeit" (S. 342) oder mit Lightfoot behaupten, daß es sich hier um eine hypothetische Annahme handelt und daß der Satz bedeutet: „Auch wenn ich mir keiner Schuld bewußt wäre, was nicht der Fall ist . . ."), **bin ich dadurch nicht gerechtfertigt.** Im Grundtext steht nicht das Wort *Gewissen* (*συνείδησις*), sondern das Verb *σύνοιδα*, von dem das Substantiv abgeleitet ist. Das Verb bedeutet wortwörtlich „zusammen wissen" – mit jemandem ein schuldhaftes Geheimnis teilen. Paulus teilt kein solches schuldhaftes Geheimnis mit sich selbst, aber diese Tatsache allein zeugt nur von menschlicher Unwissenheit, nicht von menschlicher Unschuld; die Rechtfertigung ist eine Handlung Gottes, nicht des Menschen, die nicht auf die Sündlosigkeit des Menschen, sondern auf die Gnade Gottes zurückgeht. Gott rechtfertigt nicht den Guten, sondern den Gottlosen (Röm. 4, 5). Paulus ist hier also weder mit Cephalus noch Platon einverstanden, obwohl er sich teilweise deren Sprache bedient: „Dem, der keine Sünde auf dem Gewissen hat (*μηδὲν ἑαυτῷ ἄδικον ξυνειδότι*), ist süße Hoffnung gegeben . . ." (*Republik* 331 A). Das Urteil des Paulus über sich selbst ist unbedeutend.

Zum paulinischen Gebrauch des Wortes *Gewissen* s. *Romans*, S. 53 und Sevenster, *Seneca*, S. 99 f., wo deutlich gemacht wird, daß es für den Stoiker Seneca das Gewissen war, das das letzte Urteil fällen würde (s. *De Ira* III.36, 2 ff.). Im Denken des Paulus hingegen war nur der Herr in der Lage, ein letztgültiges Urteil zu fällen. **Der mich untersucht** (mich zum Verhör vor seinen Gerichtshof bringt), **ist der Herr,** d. h. Christus, der Richter aller

Menschen (2. Kor. 5, 10). Der Ausdruck *Herr* kann auch Gott-Vater bezeichnen (vgl. Röm. 14, 10), aber der Zusammenhang des nächsten Verses macht das hier unwahrscheinlich (vgl. jedoch S. 128). Im griechischen Text hat das Wort *Herr* (*κύριος*) keinen Artikel. Dies kann man in der Übersetzung kaum wiedergeben, doch soll der Umstand vielleicht andeuten, daß Christus der einzige als Richter Zuständige ist.

Christen haben nicht den Auftrag, über ihre Brüder zu richten (vgl. Röm. 14, 4). **Richtet also nichts vor der Zeit.** *Richten* ist hier die einfache Form (*κρίνειν*) des Verbs, das im letzten Vers mit *untersuchen* (*ἀνακρίνειν*) übersetzt wurde. Wenn wir die beiden Ausdrücke überhaupt unterscheiden sollen, dann so, daß das Richten die Untersuchung voraussetzt (*ἀνάκρισις* bezeichnete eine gerichtliche Voruntersuchung) und das am Ende des Prozesses erreichte Urteil betont. Der Unterschied ist jedenfalls gering. Man hätte erwarten können, daß Paulus schreiben würde: Richtet *niemanden* vor der Zeit (nicht: Richtet *nichts* . . .). Vielleicht sollten wir den Satz so übersetzen: Fällt kein Urteil . . . Dadurch hätten wir in der Übersetzung zwischen *Richten* und *Untersuchung* unterschieden.

Aber es gibt in der Tat eine *Zeit*, in der Urteile gefällt werden. Paulus will hier nicht nur voreilige oder unzeitige Urteile verurteilen, sondern er denkt auch an das „Jüngste Gericht", das stattfinden wird, wenn **der Herr kommen wird.** Angesichts dieses *letzten* Gerichts müssen alle menschlichen Urteile *Vor*-urteile sein, obwohl Paulus 6, 3 anmerkt, daß Christen über Engel richten werden; er erlaubt außerdem innergemeindliche Gerichte in diesem Zeitalter, die einem ganz praktischen Zweck dienen (5, 3–5; 6, 5–6). Zur Ankunft des Herrn Jesus Christus zum Gericht vgl. Röm. 2, 16; 1. Thess. 4, 16; 2. Thess. 2, 8; und bsd. 1. Kor. 11, 26, wo sich aus dem Zusammenhang deutlich ergibt, daß an ein Gerichtsurteil gedacht ist. Die Bedeutung der Ankunft des Herrn zum Gericht wird in den folgenden Nebensätzen deutlich. Der erste dieser Nebensätze enthält eine Metapher: *der* (*ὃς καί*; wenn *καί* hier unbedingt berücksichtigt werden soll, dann müssen wir entweder so übersetzen: „der, wenn er kommt, auch . . . wird" – oder so: „der sowohl . . . werfen als auch . . . machen wird"; diese zweite Möglichkeit ist aber zweifelhaft) **Licht auf das im Finstern Verborgene werfen** wird. Das ist die Sprache der Bibel überhaupt: vgl. Ps. 139, 11–12. Die Ankunft des Christus zum Gericht wird Licht auf alle die Dinge werfen, die die Menschen geheim gehalten haben. Es wird nichts mehr verborgen sein, sondern alles bekannt. Es ist dies, *das Verborgene* (*τὰ κρυπτόμενα*), das das Objekt des Verbs (*φωτίζειν*) bildet, nicht, wie M. III S. 14 zu verstehen gibt, die Finsternis, die es verbirgt. Weiß zitiert dazu eine gute Parallele aus Epiktet I, 4, 31: ... Dem, der die Wahrheit gefunden und sie ans Licht (*φωτίσαντι*) und vor alle Menschen gebracht hat. Die Wahrheit (in diesem Zusammenhang die Wahrheit über das Verhalten und den Charakter der Menschen) ist an einem finsteren Ort verborgen; der Herr wirft einen Lichtstrahl darauf. Der nächste Teil des Satzes nennt diese Tatsache wieder, doch ohne Metapher: Christus wird **die Pläne** (oder: *Absichten*) **der Herzen der Menschen bekannt machen:** nicht nur ihre Handlungen also, die auch verborgen und unbekannt sein können, sondern sogar ihre innersten Gedanken, die sich, ob gut oder schlecht, hinter ihren öffentlichen Handlungen verbergen können. Wenn dies stattfindet, befinden wir uns jenseits aller menschlichen Urteile. **Dann wird jeder Mensch sein Maß an Lob von Gott bekommen.** Betont sind hier die Wörter „dann" und „Gott". *Dann*, beim Gericht also, nicht jetzt; von *Gott* selbst, nicht von Menschen. Klemens von Rom (1. Kl. 30, 6) legt hier nicht ganz richtig aus, wenn er schreibt: *αὐτεπαινετοὺς μισεῖ ὁ θεός*; es ist nicht allein das Eigenlob, das Paulus hier angreift, sondern jedes Lob, das rein menschlichen Ursprungs ist. Er sagt hier nichts über solche, die kein Lob, sondern Tadel zu hören bekommen werden; er denkt hier nämlich noch an die Situation in Korinth, wo einige Paulus, einige Apollos, andere Kephas loben. Aber vgl. 3, 5: der Herr setzte die Gaben und Pflichten seiner Diener fest, und es steht allein ihm zu – nicht den Korinthern –, den Dienern für getane Pflicht Lob zu spenden oder auch vorzuenthalten.

Man ist zu der Auffassung gekommen, daß aufgrund der parallelen Struktur dieses Satzes –

Der Licht auf das im Finstern Verborgene werfen
Und die Pläne der Herzen der Menschen bekannt machen wird –

Paulus aus einem apokryphen Buch zitiert haben müsse, in dem *der Herr* nicht den Messias, sondern Gott bezeichnete. Wenn Paulus hier tatsächlich zitiert, dann könnte das Zitat genausogut einem urchristlichen Lied entstammen (vgl. Eph. 5, 14). Aber diese Hypothese ist gänzlich überflüssig; Paulus verwendet einen Stil, der sich aus seinem biblischen Thema und seiner eigenen semitischen Denkweise ergibt (obwohl Parallelstrukturen keinesfalls ungriechisch sind).

11. 4, 6–13: Die Korinther und ihre Apostel

(6) Nun, meine Brüder, habe ich um euretwillen diese Dinge auf Apollos und mich bezogen, damit ihr an unserem Beispiel lernen könnt, was die Redensart bedeutet: „Nichts über das hinaus, was geschrieben steht," damit ihr nicht aufgebläht seid, jeder zugunsten des einen und gegen den anderen. (7) Denn wer unterscheidet dich von deinem Nachbarn? Und was hast du, das du nicht empfingst? Aber wenn du es empfingst, warum rühmst du dich, als hättest du es nicht empfangen? (8) Schon seid ihr gesättigt; schon seid ihr reich geworden; ohne uns seid ihr zu eurem Königreich gekommen. Ja, und ich wünsche, ihr wäret wirklich zu eurem Königreich gekommen, damit wir mit euch zusammen gekrönt würden. (9) Denn ich meine, Gott hat uns Apostel als die Letzten auftreten lassen, als zum Tode Verurteilte, denn wir wurden der ganzen Welt, sowohl Engeln als Menschen, ein Schauspiel. (10) Wir sind Toren um Christi willen, ihr seid vernünftig in Christus. Wir sind schwach, ihr seid stark. Ihr werdet in Ehren gehalten, wir in Unehren. (11) Bis zu diesem Augenblick haben wir Hunger und Durst, sind wir nackt, werden wir mit Fäusten geschlagen, sind wir heimatlos, (12) mühen wir uns ab, indem wir mit den eigenen Händen arbeiten. Wenn wir verleumdet werden, segnen wir; wenn wir verfolgt werden, halten wir stand; (13) wenn wir beschimpft werden, reden wir freundlich. Wir sind gleichsam die Sündenböcke der Welt, zum Abschaum der Erde geworden – bis heute.

Der neue Abschnitt verfolgt die gleiche gedankliche Richtung wie auch der Rest des Briefes bis hierher. Die Korinther dürfen Lehrer wie Paulus und Apollos nicht überschätzen; sie dürfen nicht aufgebläht und eingebildet sein; sie dürfen nicht über das hinaus gehen, was ihnen geboten wird; sie müssen erkennen, daß sie alles, was sie sind und haben, dem gnädigen Handeln Gottes verdanken. Doch sind viele Einzelheiten der folgenden Verse unklar.

Nun, meine Brüder, habe ich um euretwillen diese Dinge auf Apollos und mich bezogen (V. 6). In diesem Satz läßt sich das Verb (*μετεσχημάτισα*) nur schwer übersetzen. Das gleiche Verb wird im Aktiv in einem einfachen und direkten Sinn in Phil. 3, 21 gebraucht: Christus wird unseren Leib *verwandeln*. In 2. Kor. 11, 13–15 wird das Verb im Medium gebraucht, um die Veränderung des eigenen Aussehens, das Sich-Verkleiden, zu bezeichnen: Falsche Apostel verkleiden sich wie Apostel Christi, d. h. sie geben sich den Anschein echter Apostel. Satan verkleidet sich als Engel des Lichtes; seine Diener verkleiden sich oder verstellen sich als Diener der Gerechtigkeit. Das Verb wird sonst im Neuen Testament nicht gebraucht. Einige Ausleger lenken unsere Aufmerksamkeit auf den Gebrauch eines Teils des Wortes (*σχῆμα*, Form), der eine bildliche Rede bezeichnen kann. Das führt zur Auffassung, *diese Dinge* seien die Metapher des Gärtners, des Baumeisters, und des Verwalters, die Paulus auf sich und Apollos bezogen hat. Wahrscheinlich ist jedoch, daß Paulus die Argumente der letzten Absätze (außer 3, 22; aber er denkt vor allem an 3, 5–17) so gestaltet hat, als würden sie sich (nur) auf ihn und Apollos beziehen. Er hat absichtlich alle anderen Namen (bsd. den Namen Petrus; aber es kann sein, daß schon andere „falsche" Apostel in Korinth bei der Arbeit waren) weggelassen.

Paulus und Apollos also sind die Gestalten, anhand derer die Korinther ihre Lektion lernen sollen. Sie sind erwähnt worden, **damit ihr an unserem Beispiel lernen könnt, was die Redensart bedeutet: „Nichts über das hinaus, was geschrieben steht."** *An unserem Beispiel* heißt wörtlich: In uns (*ἐν ἡμῖν*); vielleicht zu übersetzen: An oder in unserem Fall, oder sogar: Durch unsere Vermittlung. Der Gebrauch des griechischen bestimmten Artikels (*τὸ Μὴ ὑπὲρ* . . .) zeigt, daß die folgenden Worte ein Zitat sind, vielleicht nicht aus einem Buch, sondern aus einer Redewendung, die möglicherweise, aber nicht notwendigerweise in Korinth geläufig gewesen ist; die Übersetzung ist schwierig, der Bezug der Worte dunkel. *Geschrieben steht* (*γέγραπται*) ist eine Formel, die regelmäßig zur Einleitung alttestamentlicher Zitate verwendet wird (z. B. 1, 19); hier ist wahrscheinlich das Alte Testament gemeint, so daß wir den Satz als Ermahnung zu einem

Leben verstehen sollten, das mit alttestamentlicher Weisung und dessen Vorbild in Einklang steht. Wenn das jedoch ungefähr der Sinn sein soll, warum schreibt Paulus: *Nichts über das hinaus*, eine undurchsichtige Art und Weise, dies auszudrücken? Im Hauptsatz steht kein Verb, dort heißt es wortwörtlich: Nicht hinaus ... Unsere Übersetzung muß umschreiben, um ein einigermaßen akzeptables Deutsch zu erreichen; wir hätten ein Verb hinzufügen können: Geht über das nicht hinaus, was geschrieben steht. Aber wir können nur Vermutungen anstellen, wenn es darum geht, festzustellen, worauf sich die Redewendung ursprünglich bezog. Es kann sein, daß die Korinther in Gefahr waren, ihre eigenen Sprichwörter und Überlieferungen als der Heiligen Schrift gleichwertig zu erachten. Schlatter sah in dem Über-die-Schrift-hinaus-Gehen das für die Christuspartei kennzeichnende Schlagwort. „In der Gemeinde wird gepredigt: ‚Alles ist erlaubt'; das war die grundsätzliche Überschreitung der Schrift; das Gesetz mit seinen Verboten, die das Erlaubte vom Verbotenen trennen, liegt hinter der Christenheit" (S. 154). Nach Stauffer (z. St.) war „Nichts über das hinaus, was geschrieben steht" eine jüdische Formel, die von der Kephas-Partei nach Korinth eingeführt wurde, von hellenistisch gesinnten Christen abgelehnt wurde und hier von Paulus in seinem eigenen Sinn verteidigt wird. „Weil wir einen Privatbrief intimster Art vor uns haben" (Lietzmann), müssen wir uns mit solchen Auslegungsversuchen abgeben; der Brief enthält natürlich viele Hinweise auf uns unbekannte Situationen, die dem Schreiber und den ursprünglichen Lesern durchaus vertraut waren. Es ist nicht notwendig, auf Vermutungen zurückzugreifen oder gar wie Moffatt anzunehmen, daß der Text hier hoffnungslos entstellt ist. Möglicherweise bezieht sich der Ausdruck *was geschrieben steht* nicht auf die Heilige Schrift im allgemeinen, sondern auf die in den ersten drei Kapiteln angeführten Stellen aus dem AT; so Hooker, dessen detaillierte Besprechung der Probleme dieses Verses (NTS 10, 127–132) gelesen werden sollte. Es läßt sich allerdings nicht leicht erkennen, wie man *über* die fraglichen Zitate hätte hinausgehen können.

Der letzte Teil des Satzes bezieht sich möglicherweise auf den Hauptsatz *(Ich habe um euretwillen diese Dinge auf Apollos und mich bezogen)*, ist jedoch wahrscheinlicher als Fortsetzung des damit-Nebensatzes zu verstehen *(damit ihr ... lernen könnt ... so daß ...).* Wiederum ist auf alle Fälle die Bedeutung schwer zu ermitteln: **damit ihr nicht aufgebläht seid, jeder zugunsten des einen und gegen den anderen.** „Jeder" heißt im Griechischen „einer" (*εἷς*). Diese Übersetzung wird mit Vorbehalten vorgeschlagen. Das Aufgebläht-Sein (*φυσιοῦσθαι*) war eine ständige Gefahr für die Korinther und typisch für sie: s. 4, 18.19; 5, 2; 8, 1; 13, 4; 2. Kor. 12, 20 (sonst im NT nur Kol. 2, 18). Dieser Zustand nahm verschiedene Formen an, z. B. das Rühmen gegen Paulus oder die moralische Gleichgültigkeit (5, 2). Angesichts der vorangehenden Verse scheint es hier am besten, den *einen* und den *anderen* als die Führer zu verstehen, die sich die Korinther ausgewählt haben. Wie töricht, einen Streit zu entfachen, indem sie Paulus gegen Apollos ausspielen wollen, wenn sich doch die beiden gegenseitig als Diener Christi anerkennen, wenn die beiden sogar harmonisch zusammenarbeiten! Das ist in der Tat nicht nur töricht, sondern ein Beispiel für den aufgeblähten Hochmut – auch wenn derjenige, der so handelt, sich vor seinem Führer zu demütigen meint. Andererseits könnte es sein, daß Paulus die Erhöhung eines Lehrers über solche meint, die zwar seine Gaben nicht besitzen, nichtsdestotrotz aber seine christlichen Brüder sind. Das wäre genauso zu bemängeln, nur als Auslegung der Worte des Paulus ist es nicht so wahrscheinlich.

Das Thema des Hochmuts wird jetzt im allgemeinen aufgegriffen. Paulus nennt ein Gegenmittel. **Denn** (als Hinweis auf den Grund, warum ihr nicht aufgebläht sein solltet) **wer unterscheidet dich von deinem Nachbarn?** (V. 7). Das Verb, das hier benutzt wird, *διακρίνειν*, wird an anderer Stelle in einem anderen Sinn verwendet, doch kann man die Bedeutung in diesem Vers nicht verkennen; vgl. Apg. 11, 12; 15, 9. Nicht gewiß ist es, ob Paulus eine Antwort auf seine rhetorische Frage erwartet hat. Eine Antwort könnte lauten: „Niemand; denn du bist tatsächlich nicht anders als dein Nachbar. Ihr seid beide Sünder, die die Vergebung als Gnadengeschenk angenommen haben." Andererseits könnte die Antwort lauten: „Insofern du dich von deinem Nächsten unterscheidest, da du besondere Gaben besitzt, ist es Gott, der dich anders machte, nicht du selbst, denn er war es, der dir die Gaben verlieh; darum hast du nichts, worüber du aufgebläht sein könntest." Hier scheint zwar die erste dieser Antworten einen besseren Sinn zu ergeben, doch muß dann erkannt werden, daß

Paulus im übrigen Vers im Sinne der zweiten Antwort weiterschreibt.

Und was hast du, das du nicht empfingst? Nichts natürlich; christliche Tugenden und christliche Weisheit sind nicht etwas, das von selbst produziert werden kann. **Aber wenn du es empfingst** (*καὶ ἔλαβες*; das *καί* unterstreicht das Verb), **warum rühmst du dich, als hättest du es nicht empfangen?** (Sondern als hättest du ein Recht darauf, es zu besitzen). Paulus denkt hier an Gaben, die von Gott empfangen wurden, nicht an Unterweisung, die von Lehrern entgegengenommen wurde; vgl. 3, 5. Es ist bekannt, daß dieser Vers eine entscheidende Rolle in der Entwicklung der Gedanken des Augustinus über die totale Verderbtheit der Menschen, die Unwiderstehlichkeit der Gnade und die Vorherbestimmung spielte. In dem, was er aus diesem Vers verallgemeinernd ableitete, hatte Augustinus nicht unrecht; doch schrieb hier Paulus ohne theologische Absichten dieser Art. Sein Motiv war durchweg praktischer Art, was auch von Calvin zu Recht erkannt wurde. Er unterläßt den Versuch, mehr Theologie aus dem Vers herauszuholen, als ursprünglich beabsichtigt war: „Es ist das Fundament christlicher Selbstbescheidung, daß der, der wirklich Vorzüge besitzt, erkennt, daß er sie nicht aus sich und von der Natur hat, sondern daß er sie aus Gottes Gnade empfangen hat, die er darum um so mehr rühmen muß“ (S. 344).

Jetzt wendet sich Paulus von der gradlinigen Argumentation ab – und der Ironie zu. Natürlich, die Korinther waren schon bereit, über ihre Apostel zu Gericht zu sitzen und jedem den ihm gebührenden Platz zuzuweisen! Es kann sein, daß die Worte des Paulus Aussagen widerspiegeln, die einige in Korinth allen Ernstes gemacht hatten. **Schon seid ihr gesättigt** (V. 8; d. h. ihr habt nicht nur *eine* Gabe von Gott empfangen, sondern alle); **schon seid ihr reich geworden** (in gewissem Sinne wahr, wie Paulus es auch gesagt hatte, s. 1, 5 und Komm.); **ohne uns** (d. h. ohne die Hilfe von so unbedeutenden Persönlichkeiten wie Paulus und Apollos) **seid ihr zu eurem Königreich gekommen.** Es wäre möglich, mindestens die ersten beiden Aussagen als ironische Fragen aufzufassen, was durchaus richtig sein könnte; die Veränderung im Stil nach V. 7 gibt jedoch zu verstehen, daß die Fragen aufgehört haben. Vielleicht benutzt hier Paulus eine Sprache, die er selbst oder die Korinther vor ihm den Stoikern entliehen hatten; s. dazu

Weiß, S. 107, der viele heidnische Paralleltexte, nicht nur aus den Stoikern, zitiert, z. B. Horaza, Sat. I, 1, 106 ff.: „Der Weise ist nur weniger als Jupiter: reich, frei, geehrt, schön und in der Tat ein König der Könige." Aber obwohl eine derartige Verbindung im Bereich des Möglichen liegt, bildet hier das Wörtchen *schon* den Schlüsselbegriff (beachte die Aoristformen *ἐπλουτήσατε, ἐβασιλεύσατε,* die nicht auf „unanständige Hast" (Lightfoot), sondern auf eschatologische Erfüllung hinweisen; vgl. 2. Tim. 2, 18 und zur möglichen Verbindung mit 1. Kor. 15 s. S. 394 f.), und sowohl Gedanken als Sprache sind eschatologisch ausgerichtet. Die Korinther verhalten sich, als wäre das zukünftige Zeitalter schon da, als hätten die „Heiligen des Höchsten" das Königreich schon ererbt (Dan. 7, 18); für sie gibt es kein „Noch nicht", das das „Schon" der realisierten Eschatologie qualifizieren würde. Hierin haben sie sich aber geirrt. „Sie mißdeuten Evangelium und Glaube und verwandeln beide in *Gnosis* und Enthusiasmus, indem sie die Vollendung schon verwirklicht glauben" (Wendland z. St.). Es ist zwar wahr, daß der Heilige Geist als Pfand (2. Kor. 1, 22; 5, 5) des Erbes schon gegeben worden ist, aber trotzdem müssen sie immer noch im Glauben, nicht im Schauen wandeln (2. Kor. 5, 7). Das Ende (1. Kor. 15, 24) ist noch nicht da, und die Zeit der Fülle und des Reichtums ist noch nicht angebrochen (vgl. Offb. 3, 17).

Gewiß, es wäre schön, wenn diese Zeit schon da wäre. **Ja, und ich wünsche, ihr wäret wirklich zu eurem Königreich gekommen, damit wir mit euch zusammen gekrönt würden.** „Gekrönt" ist hier Umschreibung, jedoch würde die wörtlichere Übersetzung *damit wir mit euch zusammen herrschten* die Zeitform des Verbs (Aorist, *συμβασιλεύσωμεν*) nicht wiedergeben können. Diese Form meint eindeutig den Anfang einer solchen Herrschaft. Diese Herrschaft (mit der Folge, daß die Zeit der Sündenherrschaft, des Leidens und des Todes vorbei wäre) wäre dem Apostel und seinen Kollegen sehr willkommen. Die nächsten Verse zeigen nämlich in sehr realistischer, wenn auch triumphierender Weise, wie sich der apostolische Dienst im praktischen Leben auswirkte; vgl. 2. Kor. 6, 4–10. Es wäre für Paulus ein neues Erleben, auf einem Thron zu sitzen, **denn** (dieses Wort leitet den Grund ein, warum Paulus wünscht, das Rühmen der Korinther könnte sich auf Tatsachen stützen) **ich meine, Gott hat uns Apostel als die Letzten auftreten**

lassen, als zum Tode Verurteilte (V. 9). Es sind die letzten vier Worte (Griechisch: *ὡς ἐπιθανατίους*), nicht, wie manchmal behauptet wird, das Verb (*ἀπέδειξεν*, vgl. Lat. *edere*), die die Metapher bestimmen (Weiß): die Apostel (vgl. 12, 28, *zuerst Apostel*) werden von Gott der Welt dargestellt wie die Elenden, die am Ende einer Vorführung in die Arena geführt werden, zum Tode Verurteilte, die durch den Kampf miteinander oder mit den Gladiatoren oder mit den wilden Tieren (vgl. 15, 32) sicherlich die eigene Hinrichtung herbeiführen. In der Tat ist dieser Zustand ein Privileg, aber nicht, wenn man ihn nach den Maßstäben dieser Welt beurteilt; denn dies ist die Stellung des Christus selbst. Nicht nur durch ihre Predigt, sondern durch ihr äußeres Schicksal verkünden die Apostel deutlich den Gekreuzigten (Gal. 3, 1). **Denn wir wurden der ganzen Welt, sowohl Engeln als Menschen, ein Schauspiel.** Das Wort *Schauspiel* (*θέατρον*) bezeichnet normalerweise den Platz (*Theater*), wo die Schauspiele aufgeführt werden; es kann jedoch keinen Zweifel geben, daß das Wort hier in etwas anderem Sinn gebraucht wird. Die letzten drei Substantive im griechischen Satz (*τῷ κόσμῳ καὶ ἀγγέλοις καὶ ἀνθρώποις*) könnten so aneinandergereiht werden: „Der Welt, und den Engeln und den Menschen“; doch ergibt die in der Übersetzung vorgezogene Wiedergabe einen besseren Sinn, der ebenfalls der Tatsache gerecht wird, daß nur vor *Welt* ein bestimmter Artikel steht (Robertson, S. 788). Die *Engel* und die *Menschen* machen zusammen die Bevölkerung der Welt aus. Auch der Stoiker stellte sich seinen Kampf gegen das Schicksal als kosmisches Schauspiel vor. Seneca z. B. schreibt: Siehe, ein würdiges Spektakel (*spectaculum*; vgl. *θέατρον*), würdig, von Gott angeschaut zu werden, ein Gottes würdiges Spektakel, ein tapferer Mensch gegen ein böses Schicksal . . . Ich kann mir nicht denken, sage ich, was Jupiter auf Erden Edleres anzuschauen hat als Cato . . . (*De Providentia* 2, 9). Es gibt jedoch einen weitreichenden Unterschied betreffs des Motivs und der Absicht, denn der Stoiker ist stolz auf das Schauspiel des Mutes und der Kraft, das er darstellt; Paulus hingegen rühmt sich seiner Schwäche und Demütigung. S. Sevenster, *Seneca*, S. 115 f.

Paulus setzt seinen Vergleich zwischen sich und seinen Mitaposteln einerseits und den mit sich selbst zufriedenen Korinthern andererseits fort. **Wir sind Toren um Christi willen** (V. 10; vgl.

2. Kor. 5, 13), **ihr seid vernünftig in Christus.** Paulus argumentiert in diesem Vers *ad hominem*. Die Korintherbriefe selbst zeigen, daß es in einem bestimmten Sinn richtig ist, ein *Tor* zu sein (s. 3, 18), daß es aber auch richtig ist, vernünftig zu sein (10, 15); aber hier ist es trotz des *um Christi willen* und des ausgleichenden *in Christus* offensichtlich, daß Paulus sagen will, er sei nach weltlichen Maßstäben töricht geworden, um im Sinne Christi weise zu werden, und daß die Vernünftigkeit der Korinther der weltlichen Weisheit sehr nahe kommt. Seine Torheit beschert ihm eine sehr unbequeme Existenz, die Vernunft der Korinther hingegen macht es ihnen möglich, aus einer angeblich besseren Stellung auf ihn herabzuschauen. Paulus setzt seine Argumentation im gleichen Ton fort: **Wir sind schwach, ihr seid stark. Ihr werdet in Ehren gehalten, wir in Unehren.** Wiederum weiß Paulus ganz genau, daß in seiner Schwäche die göttliche Kraft offenbar wird (2. Kor. 12, 9); gerade in Christus ist er schwach (2. Kor. 13, 4), und das ist es, was ihn für seine Gegner zum Objekt der Furcht macht (2. Kor. 10,4); die Stärke der Korinther hingegen wird sich aller Wahrscheinlichkeit nach als bloßer Wortschwall entpuppen (4, 19). Wenn sie *in Ehren gehalten werden* (ἔνδοξοι), er dagegen *in Unehren* (ἄτιμοι; zu diesem Wortpaar siehe 15, 43), dann wird der Maßstab Gottes nicht angewendet. Die Ironie dieses Verses liegt nicht so sehr an der Oberfläche wie in den Versen 8 und 9; dafür ist sie desto beißender.

Paulus läßt dann die Ironie fallen und fängt an, das Leben eines Apostels ganz eindeutig zu schildern. Vgl. 2. Kor. 4, 7–12; 6, 4–10; 11, 23–33. Es ist eine Veranschaulichung (Bultmann, *Theologie*, S. 351) der Leiden Christi, die Paulus hier mitteilt. **Bis zu diesem Augenblick** (V. 11): vgl. V. 13. Diese Worte deuten vielleicht auf eine besondere Leidenszeit zur Zeit der Abfassung des Briefes hin; auch 15, 32 könnte auf eine solche Zeit hinweisen; vgl. 16, 9. Es ist jedoch wahrscheinlicher, daß Paulus an dieser Stelle nur aufzeigen will, daß in diesem Zeitalter die Geschichte der Apostel kein „Happy-End" findet. Keine Pause in der Arbeit oder im Leiden darf erwartet werden; im Ggs. zu dem *„Schon"*, V. 8. **Wir haben Hunger und Durst, wir sind nackt** – zweifellos auf Reisen durch die Angriffe von Räubern oder einfach durch Mangel an Vorräten (vgl. Phil. 4, 14). **Wir werden mit Fäusten geschlagen** – nicht bloß geschlagen also, sondern wie Sklaven,

1. Pet. 2, 20, oder wie ein Verurteilter, Mk. 14, 65, in beleidigender Weise mit Fäusten geschlagen. **Wir sind heimatlos:** das Verb (*ἀστατεῖν*) wird in Jes. 58, 7 (Übersetzung des Aquila) in diesem Sinne gebraucht. Vom Anfang seiner missionarischen Tätigkeit an hatte Paulus kein bleibendes Zuhause. **Wir mühen uns ab, indem wir mit den eigenen Händen arbeiten** (V. 12). Dieser Satz bezieht sich vielleicht nur auf die Praxis des Paulus (vgl. Apg. 18, 3; 20, 34; 1. Kor. 9, 6.12.15–18; 2. Kor. 11, 9; 12, 13; 1. Thess. 2, 9; 2. Thess. 3, 8), den eigenen Lebensunterhalt durch Arbeit zu verdienen und auf die Liebesgaben der Bekehrten zu verzichten; wenn dies also der Sinn ist, würde das Partizip *ἐργαζόμενοι* einfach die Bedeutung des Verbs *abmühen* unterstreichen. Doch versteht Paulus meistens unter *abmühen* (*κοπιᾶν*) eine speziell christliche Arbeit, die Arbeit des Predigens, der Gemeindegründung und der Fürsorge für die Gemeinden (s. 15, 10; 16, 16; Röm. 16, 6.12; Gal. 4, 11; Phil. 2, 16; Kol. 1, 29; 1. Thess. 5, 12). Wenn dieser Sinn hier angenommen wird, müssen wir den Satz so umschreiben: Wir tun unseren christlichen Dienst, verdienen jedoch gleichzeitig unseren Lebensunterhalt durch säkulare Arbeit. Der Grieche würde einen Lehrer, der sich so verhielte, verachten; offensichtlich teilten die Korinther diese Verachtung; zur anderen Einstellung der Rabbiner s. SB, Bd. 3, S. 338.

Paulus nimmt das Thema der moralischen Beziehungen auf. Sein Verhalten, wie er es hier schildert, erinnert sehr stark an die Lehre Jesu, besonders an die Bergpredigt (Matt. 5, 5.10 ff. 44; Luk. 6, 21 ff. 35), die in diesen Sätzen ziemlich deutlich durchklingt. Paulus jedoch, was für ihn typisch ist, zeigt nicht, ob er sich der Tatsache bewußt ist, die Sprache Jesu zu wiederholen oder die Grundsätze Jesu zu befolgen. Vgl. Röm. 12, 14; 13, 1–10; s. *Romans*, S. 241. **Wenn wir verleumdet werden, segnen wir; wenn wir verfolgt werden, halten wir stand; wenn wir beschimpft werden, reden wir freundlich** (V. 13). Alles dies bedarf keiner Erklärung, außer dem einen Verb *freundlich reden* (*παρακαλοῦμεν*). Dieses Verb wird von Paulus mit zweifachem Sinn benutzt: (1) „ermahnen" oder abgeschwächt „bitten" (1, 10; 4, 16; 14, 31; 16, 12.15; 2. Kor. 2, 8; 5, 20; 6, 1; 8, 6; 9, 5; 10, 1; 12, 8.18 – um nur die Vorkommen in den beiden Kor. zu nennen); und (2) „trösten" (2. Kor. 1, 4.6; 2, 7; 7, 6.7.13; 13, 11). „Wir bitten ihretwegen

Gott“ scheint eine unmögliche Übersetzung zu sein; die engste Parallele finden wir 2. Kor. 2, 7: wir reden freundlich zu denen, die harte Reden führen. Zusammenfassend: **Wir sind gleichsam die Sündenböcke der Welt, zum Abschaum der Welt geworden – bis heute.** Zu den letzten beiden Worten s. Komm. zu V. 11. Es ist sehr schwierig, die genaue Bedeutung oder Nuance der Wörter *Sündenbock* (*περικαθάρματα*) und *Abschaum* (*περίψημα*) festzustellen. Das erstere ist aufgebaut auf dem Stammwort reinigen und bezieht sich vielleicht nur auf den Dreck, der während des Reinigungsprozesses ausgekehrt wird. Jedoch wurde das Wort, oder mindestens eine Kurzform davon (*κάθαρμα*; s. die Parallelen in Lukian bei Betz, S. 67, Fußnote 7), benutzt, um das Mittel zu bezeichnen, durch das ein Volk oder eine Stadt moralisch oder im religiösen Sinne gereinigt werden konnte, also auch um Menschenopfer zu bezeichnen (Einzelheiten bei Lietzmann, S. 20–21); da es aber üblich wurde, daß nur die wertlosesten der Menschen geopfert wurden (vgl. V. 9: *die zum Tode Verurteilten*), verwandelte sich der Ausdruck in ein Schimpfwort; Epiktet (III 22, 78) sagt z. B., daß Priamos „fünfzig Schurken (*περικαθάρματα*) zeugte“. Das eine Vorkommen des Wortes in der LXX (Spr. 21, 18 als Übersetzung des Hebräischen (*kopher* = Lösegeld) deutet darauf hin, daß das Wort nicht ganz den Sinn einer Reinigung durch Opfer verloren hatte; unser Ausdruck *Sündenböcke* kann vielleicht die doppelte Bedeutung von verachteten Personen und von Personen, die der Gemeinschaft einen stellvertretenden Dienst leisten, wiedergeben. Dies würde mit Paulus' Verständnis der eigenen Tätigkeit übereinstimmen (vgl. Kol. 1, 24). *Abschaum* ist ein Wort mit ähnlicher Bedeutung, obwohl es nicht ganz so einfach ist, hier die Nebenbedeutung von Opfer oder Sühne zu beweisen. Das Wort kommt vielleicht Tob. 5, 19 vor, dies ist jedoch strittig. Darum übersetzen wir einfach *Abschaum*. Es sollte jedoch angemerkt werden, daß Ignatius das Wort in einem anderen Sinne verwendet. In *IgEph* 8, 1 benutzt er nämlich dieses Wort, um zu sagen: „Ich bin euer niedrigster, hingegebenster Diener.“ Und 18, 1 schreibt er: „Mein Geist ist ein demütig gesinnter und hingegebener Diener des Kreuzes“ (s. Komm. von Lightfoot). Ignatius kann seinen Gebrauch dieses Wortes von Paulus abgeleitet haben; es würde zum Zusammenhang von 1. Kor. passen, wenn Paulus sich hier als Diener aller

Menschen in seinem Apostelamt darstellen wollte (dann wäre *πάντων* männlich); im großen und ganzen jedoch dürfen wir uns, wenn auch mit einigem Zögern, für die Übersetzung *Abschaum der Welt* entschließen (*πάντων* ist dann als sächlich aufgefaßt).

Wie auch immer der genaue Sinn dieses Verses sein mag, so ist er deutlich genug, um einen lehrreichen Vergleich zwischen Paulus und seinem Verständnis des Apostelamtes einerseits und einigen seiner Zeitgenossen andererseits (s. z. B. 2. Kor. 11, 20 und Komm. zu 2. Kor.) zu ziehen. Vielleicht waren diese Zeitgenossen teilweise aufstrebende Nachfolger des Paulus im christlichen Dienst. Es kann wenig Zweifel darüber bestehen, welche Einstellung zum Dienst dem Befehl des Herrn am meisten entspricht (z. B. Mk. 8, 34 f.; 10, 42–45; Matt. 23, 8–11).

12. 4, 14–21: Die Korinther und ihr Apostel; Pläne des Paulus

(14) Ich schreibe diese Dinge nicht in der Absicht, euch zu beschämen; nein, ich ermahne[46] euch als meine geliebten Kinder. (15) Denn wenn ihr Tausende von Erziehern in Christus habt, so doch nicht viele Väter; denn ich war es, der euch durch das Evangelium in Christus Jesus zeugte. (16) Darum bitte ich euch: Ahmt mich nach. (17) Aus diesem[47] Grunde habe ich euch Timotheus gesandt, der mein liebes und treues Kind im Herrn ist. Er wird euch an meine Wege in Christus Jesus erinnern, wie ich sie überall in jeder Gemeinde lehre. (18) Aber einige Leute haben sich aufgebläht, als würde ich nicht zu euch kommen; (19) aber ich werde zu euch kommen, und zwar schnell, wenn der Herr es will, und dann werde ich wissen, nicht wie beredt, sondern wie kraftvoll diese Aufgeblähten sind; (20) denn das Reich Gottes wird nicht durch Beredsamkeit, sondern durch Kraft wirksam. (21) Was möchtet ihr? Soll ich mit einer Rute zu euch kommen? Oder mit Liebe und einem Geist der Sanftmut?

Diesen langen ersten Abschnitt des Briefes bringt Paulus zum Abschluß. Er behandelte ein Problem, dessen Wurzeln in der Tatsache lagen, daß die Korinther die Weisheit dieser Welt der Weisheit Christi – der liebevollen, selbstaufopfernden Weisheit, die diese Welt für töricht hält – vorzogen. Wegen dieser falschen, wenn auch sehr natürlichen und sehr häufigen Wahl einer durchaus menschlichen Einstellung zum Leben hatten die korinthischen Christen eine Arroganz entwickelt, in der sie (vielleicht unbewußt) sich um ihre Missionare und Pastoren gruppierten und sie gegeneinander auszuspielen versuchten. Die Antwort des Paulus ist sowohl eine Theologie als eine Lebensweise, beides jedoch im Kreuz Christi verwurzelt. Er hat mit Vehemenz und Vollmacht geschrieben, und jeder Korinther mit auch nur einem Funken Menschlichkeit (geschweige denn christlicher Überzeugung) muß errötet sein, als er hier und bsd. in Kap. 4 das Bild seiner eigenen aufgeblasenen Wichtigtuerei und den Kontrast zu Paulus und seinen apostolischen Kollegen als verachteten, verspotteten, leidenden, aber nicht vom Ziel abzubringenden Dienern des Christus, der Gemeinde und der Menschheit vor Augen gehalten bekam. Dieses Erröten wird ihm gut getan haben; doch war das nicht die Absicht des Paulus (es sei denn im Sinne von 2. Kor. 7, 8). **Ich schreibe diese Dinge nicht in der Absicht, euch zu beschämen** (V. 14). Vgl. 6, 5; 15, 34. Das Ptz. Präs. (*ἐντρέπων*) kann schwerlich treffend übersetzt werden; der Zweck der Handlung wäre natürlicher durch ein Ptz. Fut. zum Ausdruck gebracht worden. Diese Form drückt eher den Willen des Paulus aus: Ich versuche nicht, euch zu beschämen. Ähnlicher Gebrauch des Ptz. Präs.: vgl. 1. Pet. 5, 12. **Nein, ich ermahne** (s. Fußnote 46, S. 139) **euch als meine geliebten Kinder.** Das *Ermahnen* ist typisch für die Handlungsweise des Vaters (Röm. 15, 4; Kol. 1, 28; 3, 16; 1. Thess. 5, 12.14; 2. Thess. 3, 15; vgl. Weish. 11, 10, vielleicht zitiert Paulus diesen Vers hier in indirekter Weise; Schlatter [S. 161, Fußnote 1] merkt an, daß Josephus schreibt [Jüd. Krieg I, 481]: Herodes gab ihnen als König einige strenge Verwarnungen, als Vater viele Ermahnungen, *ἐνουθέτησεν*): positive und schöpferische, in Liebe geübte Züchtigung. Betont wird „als meine geliebten Kinder"; und Paulus unterstreicht in den nächsten Sätzen die besondere Beziehung zwischen sich und den Korinthern. **Denn wenn ihr Tausende** (wörtlich: Zehntausende, *μυρίους*; doch handelt es sich hierbei um Rhetorik, nicht um Mathematik!) **von Erziehern** (vgl. Gal. 3, 24; das Wort betont eher die Funktion des Aufpassens als die des Unterweisens; ein Erzieher war damals nicht jemand, den man besonders schätzte) **in Christus** (also sind es christliche Leiter, die der Gemeinde ein christliches Verhalten beibringen und ihnen vielleicht „Weisheit“ vermitteln) **habt, so doch** (*ἀλλά*; wenigstens, jedenfalls: BD § 448) **nicht viele Väter.** In der Konstruktion der Protasis (*ἐάν* mit Konjunktiv) sehen Robertson-Plummer (vgl. auch Bachmann) ein auf die Zukunft hinweisendes Element, so etwa: „Ihr werdet niemals mehr als einen Vater gehabt haben“ als Apodosis. Dadurch wird zuviel in den griechischen Text hineingelesen. Das Verhältnis zwischen Vater und Kind ist einmalig und entspricht dem Verhältnis zwischen Prediger und Bekehrtem. Der Bekehrte erkennt, daß es gerade dieser Prediger war, der unter der Leitung Gottes für seine Bekehrung verantwortlich war. **Denn ich war es** (das Pronomen *ἐγώ* ist hier stark betont; im griechischen Text steht als nächstes Wort *ὑμᾶς*), **der euch durch das Evangelium in Christus Jesus zeugte.** Es war die missionarische Tätigkeit des Paulus, die die Korinther überhaupt zum Glauben an Christus geführt hatte. Nach *Sanhedrin* 19 b wird es einem Menschen, der dem Sohn eines Nachbarn die Thora beibringt, so angerechnet, als ob er den Jungen gezeugt hätte. Ähnliche Parallelstellen bei SB, Bd. 3, S. 340f. Hier ist Paulus (wie auch 1, 14ff.) vorsichtig, den Vergleich nicht zu weit auszudehnen. Wenn er die Korinther auch gezeugt hat (Paulus benutzt nicht die Metapher der Wiedergeburt, vgl. Joh. 3, 3.5; Tit. 3, 5), so doch nicht in eigener Kraft, sondern *durch das Evangelium* und *in Christus Jesus*. Christus ist der eigentlich Handelnde, wenn Menschen zum neuen Leben erweckt werden; das Evangelium ist das Mittel, das er benutzt, um das neue Leben hervorzurufen. Paulus benutzt nirgends den Titel „Vater“ für den christlichen Prediger (vgl. Matt. 23, 9), sondern behält sich die Metapher für die Beschreibung der besonderen Beziehung zwischen dem Evangelisten und den Menschen, die sich unter seinem Dienst bekehrt haben, vor. Hier führt er die Metapher zu einem besonderen Zweck ein: **Darum bitte ich euch** (V. 16; darum = *οὖν* = angesichts der persönlichen Beziehung zwischen uns, die ich eben beschrieben habe): **Ahmt mich** (als euren Vater) **nach.** Das wird ja von einem Sohn erwartet. Das Thema der Nachahmung wird in 11, 1 wieder aufgegriffen **(Ahmt mich nach, wie ich Christus nachahme);** vgl. Gal. 4, 12; Phil. 3, 17; 1. Thess. 1, 6; 2, 14; 2. Thess. 3, 7.9. Hinter dieser Ermahnung steckt die Tatsache, daß im Leben eines Apostels das Wesen des Gekreuzigten in besonderer Weise zum Vorschein kommt

(s. oben S. 135). Es gibt natürlich keinen Grund, warum christliche Männer nicht Christus persönlich nachahmen sollten; aber die Korinther werden nicht allzuviel über das Verhalten oder die Lebensweise Jesu gewußt haben. Paulus hingegen hatte monatelang unter ihren Augen gelebt; nicht bloß die Einzelheiten, sondern das Muster seines ganzen Lebens lieferte ihnen ein erstrebenswertes Vorbild. Wenn die Korinther so wie Paulus bereit wären, demütige Diener der Gemeinde zu sein, würden die Probleme aus ihrem Gemeindeleben bald verschwinden. Aber sie brauchten Hilfe.

Aus diesem Grunde (d. h., weil ich möchte, daß ihr mich nachahmt, und euch gern dabei helfen will) **habe ich euch Timotheus gesandt** (oder: *sende ich euch;* V. 17). Das Verb (*ἔπεμψα*) ist im Aorist; der Aor. Ind. bezeichnet normalerweise eine Handlung in der Vergangenheit, wird aber oft in Briefen benutzt, um eine noch zukünftige Handlung aus der Sicht des den Brief Lesenden zu schildern; er kann also hier präsentische Bedeutung haben. Entweder wurde Timotheus vor Abfassung des Briefes ausgesandt (wahrscheinlich, weil er in 1, 1 nicht erwähnt wird) oder spätestens mit dem Brief zusammen. Jedoch stehen wir hier angesichts von 16, 10 f. vor einem Problem. Einige Ausleger möchten hier einen Beweis dafür erkennen, daß der 1. Kor. nicht einheitlich ist, sondern nachträglich zusammengestellt wurde. Besser ist es, wenn wir davon ausgehen, daß Timotheus, der nicht der Überbringer des Briefes gewesen sein kann, eine andere Reiseroute hatte, damit er auch andere Gemeinden unterwegs besuchen konnte. S. Einleitung, S. 18, 28. Vielleicht bedeutet hier *ἔπεμψα*, daß Paulus den Timotheus, der schon nach Mazedonien unterwegs war, benachrichtigt hatte, er solle danach nach Korinth fahren. Timotheus war ein vertrautes Mitglied der Mannschaft des Paulus, der an der Evangelisationsarbeit in Korinth beteiligt war; s. Röm. 16, 21; 2. Kor. 1, 1.19; Phil. 1, 1; 2, 19; Kol. 1, 1; 1. Thess. 1, 1; 3, 2.6; 2. Thess. 1, 1; Philem. 1; Apg. 16, 1; 17, 14 f.; 18, 5; 19, 22; 20, 4; Heb. 13, 23. Die beiden Timotheusbriefe bezeugen die Überlieferung, die seinen Namen mit dem des Paulus in Verbindung brachte. An dieser Stelle wird Timotheus als **liebes und treues Kind** des Paulus **im Herrn** gelobt; d. h. er hat sich durch den Dienst des Paulus bekehrt (s. oben und vgl. Phim. 10), er ist dem Glauben treugeblieben, den er bekannte, und er hat sich die Liebe und Achtung des Paulus verdient. Darum ist er dieses Auftrages würdig. **Er wird euch an meine Wege in Christus Jesus erinnern** (da ihr sie anscheinend vergessen habt; vielleicht sollten wir eine Verbindung zum vorigen Satz schaffen und so übersetzen: *Ich habe Timotheus gesandt*... um euch zu erinnern; doch ist *ὅς* + Fut. Ind. als Finalsatz im Griechisch nicht häufig bezeugt; s. jedoch Robertson, S. 960, 989), **wie ich sie überall in jeder Gemeinde lehre.** Zum Wort *Gemeinde* s. Komm. zu 1, 2. In diesem Zusammenhang muß sich das Wort auf lokale Versammlungen von Christen beziehen; doch betont der Ausdruck *in jeder Gemeinde* die gegenseitige Abhängigkeit und Einheit aller solchen Gemeinden. Paulus' *Wege in Christus Jesus* sind moralische Maßstäbe, die in erkennbaren Verhaltensmustern zutagetreten (vgl. 7, 17; 12, 31; 14, 33; 2. Thess. 2, 15) und gelehrt werden können. Das Wort *Weg* könnte auf den jüdischen, rabbinischen Hintergrund des Paulus hinweisen (vgl. das Wort *Halacha*); im Griechischen hat es selten moralisches Gewicht. Vielleicht bezeugt dieser Vers die Liebe zum Neuen, die gezwungene Originalität, die Zügellosigkeit der Gemeinde zu Korinth.

In V. 14 fing Paulus an, weniger schroff mit seinen Lesern umzugehen; er wollte sie ja nicht ganz und gar demütigen, sondern nur dafür sorgen, daß sie in den Prinzipien des christlichen Glaubens gründlich unterwiesen wurden. Nachdem er aber wohl wieder einmal an die tatsächliche Situation eines guten Teils der korinthischen Gemeinde gedacht hat, hält er es für angebracht, den Abschnitt in etwas strengerem Ton abzuschließen. **Aber einige Leute haben sich aufgebläht** (V. 18; vgl. 4, 6; ein Wort, das für diesen Brief charakteristisch ist, wie auch die Tatsache für die Gemeinde in Korinth charakteristisch war), **als würde ich nicht zu euch kommen** (vgl. 2. Kor. 10, 14). Offensichtlich hatte Paulus während seines Dienstes in Korinth die Entwicklung der Gemeinde überwacht und trotz des Druckes, der auf ihn ausgeübt worden war, einige der Gemeindeglieder daran gehindert, ihre neue Glaubensfreiheit in ungezügelter Weise auszuleben. Als Paulus dann weg war, wurde aus der Freiheit dieser Leute Zügellosigkeit. Während seiner Abwesenheit gewöhnten sich dann diese Christen so sehr daran, sich selbst rücksichtslos zu gefallen, daß sie die Möglichkeit übersahen, Paulus könnte zurückkehren. Sie wähnten sich jetzt als Herren der Lage; **aber** (V. 19) sie irrten sich; **ich werde zu euch kommen, und zwar schnell, wenn der Herr es will.** 16, 5–9 erklärt Paulus, warum seine Reise nach Korinth aufgeschoben werden muß. Dieser scheinbare Widerspruch hat wie der in bezug auf Timotheus (4, 17; 16, 10f.) einige Ausleger in ihrer Meinung bestätigt, der 1. Kor. müsse aus Teilen verschiedener Briefe zusammengesetzt worden sein (s. Einleitung, S. 25–30). Doch kann man die Stellen auch anders erklären. Der Brief wird nicht unbedingt an einem Tag geschrieben worden sein, und es ist durchaus möglich, daß Paulus zwischen der Niederschrift von Kap. 4 und der von Kap. 16 seine Pläne änderte, ohne jedoch den Text seines Briefes neu zu fassen. Außerdem steht hinter den beiden Kapiteln jeweils eine ganz andere Motivation. In Kap. 16 führt Paulus fast einen Zeitplan auf; aber in Kap. 4 schreibt er mit erhitztem Gemüt: „Man könnte meinen, ich würde nie wieder in Korinth auftauchen; doch werde ich kommen, und vielleicht viel eher, als ihr denkt." Doch ordnet er seine Pläne dem Willen des Herrn unter – vgl. 16, 7; Jak. 4, 15. Es gab so viele Faktoren, die einen Menschen zwingen konnten, seine Pläne schnell zu ändern. Phrasen wie *wenn der Herr es will* wurden häufig verwendet, und das nicht nur von Juden und Christen.

Paulus plant also einen weiteren Aufenthalt in Korinth; **und dann werde ich wissen, nicht wie beredt, sondern wie kraftvoll diese Aufgeblähten sind** (wörtlich: *nicht das Wort, sondern die Kraft der Aufgeblähten*; zum Vergleich zwischen *λόγος* und *δύναμις* s. 2, 4.13; vgl. 2. Kor. 10, 5). In Korinth wurde viel geredet (vgl. 1, 5 und Komm.); doch steckte meistens nicht viel dahinter. Die Situation wurde später so schlimm, daß sich ein Besuch des Paulus als leidvoll und wirkungslos erwies; s. Einleitung, S. 18. Doch sind die lauten Worte der Aufgeblähten unbedeutend; **denn das Reich Gottes wird nicht durch Beredsamkeit, sondern durch Kraft wirksam** (V. 20). „Wird wirksam" ist der Übersetzung beigegeben, da im griechischen Satz das Verb fehlt; wörtlicher müßte es hier heißen: *Das Reich Gottes ist nicht in Beredsamkeit, sondern in Kraft*. Der Ausdruck *Reich Gottes* findet sich bei Paulus viel weniger als in den synoptischen Evangelien; s. Komm. zu 15, 24. Es handelt sich beim Reich Gottes um einen stets eschatologischen Begriff, der aber oft vergegenwärtigt wird; die Kraft, durch die dieses Reich wirksam wird, ist die Kraft des Heiligen Geistes (vgl. Röm. 14, 17). Durch diese *Kraft* wird der Wille Gottes ausgeführt, die Zukunft in der Gegenwart vorweggenommen. Im Kontrast dazu ist *Beredsamkeit* (λόγος) oft, nicht immer, die menschliche Redekunst; sie kann jedoch ein Werkzeug für die Kraft des Geistes darstellen (s. 2, 4; 12, 8). Es wird hier angedeutet, daß die korinthischen Behauptungen (4, 8) kaum mehr als leeres Gerede sind.

Die Entscheidung liegt bei den Korinthern. Paulus wird sie auf jeden Fall besuchen, wenn Gott es will. Soll bei diesem Besuch das gegenseitige Vertrauen von Vater und Kindern durch die Liebe, die sie zueinander haben, zum Ausdruck kommen? Oder muß der Vater seine Kinder bestrafen und züchtigen, weil sie über die ganze Familie Schande gebracht haben? **Was möchtet ihr? Soll ich mit einer Rute zu euch kommen? Oder mit Liebe und einem Geist der Sanftmut?** (V. 21; vgl. Gal. 6, 1). Gewiß, wenn Paulus mit (ἐν + Dat.; möglicherweise ein Semitismus, aber nicht unbedingt; s. M. I, S. 12; M. II, S. 23) *einer Rute* bewaffnet kommt, wird er deswegen *seine Liebe* nicht zu Hause lassen; denn auch die Liebe muß manchmal die Rute schwingen. Es geht um die Frage, ob sich diese Liebe sanftmütig oder gewaltig ausdrücken soll; die Antwort hängt nicht von der Laune des Paulus, sondern von der korinthischen Reaktion auf diese Ermahnung ab (V. 14). Die Gegenüberstellung der beiden Möglichkeiten, obwohl sie wie die von V. 14 (wo die Beschämung und die Ermahnung sich nicht gegenseitig ausschließen) nicht ganz logisch ist, bleibt trotzdem deutlich genug.

(b) Unzucht

13. 5, 1–13: Unzucht inner- und außerhalb der Gemeinde

(1) Es wird tatsächlich von Unzucht unter euch berichtet, und zwar von einer derartigen Unzucht, wie sie nicht einmal unter den Heiden praktiziert wird, daß einer mit der Frau seines Vaters zusammenlebt. (2) Und ihr seid unter diesen Umständen aufgebläht? Habt ihr nicht lieber angefangen zu trauern, damit der, der diese Tat begangen hat, von euch weggenommen würde? (3) Denn, was mich persönlich betrifft, der ich zwar dem Leibe nach abwesend, doch dem Geiste nach anwesend bin: Ich habe,

als wäre ich anwesend, meine Entscheidung über den, der diese Tat also begangen hat, schon gefällt. (4) Wenn ihr mit meinem Geist zusammen im Namen des Herrn Jesus zusammengekommen seid, sollten wir mit der Kraft unseres Herrn Jesus (5) einen solchen Menschen wie diesen zur Zerstörung seines Fleisches dem Satan übergeben, damit sein Geist am Tage des Herrn errettet werde.

(6) Nein, dieses euer Rühmen ist nichts Gutes. Wißt ihr nicht, daß ein wenig Sauerteig den ganzen Tag durchsäuert? (7) Schafft den alten Sauerteig hinaus, damit ihr frischer Teig sein könnt – wie ihr tatsächlich ungesäuert seid; denn außerdem ist unser Passahlamm, Christus, schon geopfert worden. (8) Also laßt uns das Fest feiern, nicht mit altem Sauerteig, nicht mit dem Sauerteig der Bosheit und Schlechtigkeit, sondern mit den ungesäuerten Broten der Aufrichtigkeit und Wahrheit.

(9) In meinem Brief schrieb ich euch, daß ihr nicht mit Unzüchtigen verkehren solltet – (10) nicht in dem absoluten Sinne, daß ihr den Kontakt mit den Unzüchtigen dieser Welt oder mit Habsüchtigen, Räubern, oder Götzendienern meiden solltet, denn dann müßtet ihr aus der Welt herauskommen. (11) Nein; was ich euch jetzt schreibe, ist dies: Ihr solltet mit niemandem verkehren, der als Bruder in Christus bekannt ist, der aber gleichzeitig ein Unzüchtiger, ein Habgieriger, ein Götzendiener, ein Lästerer, ein Trunkenbold oder ein Räuber ist; mit einem solchen Menschen solltet ihr nicht einmal zusammen essen. (12) Denn was habe ich die Draußenstehenden zu richten? Richtet nicht ihr selbst diejenigen, die drinnen sind[48]? (13) Die draußen sind, wird Gott richten. Schließt den bösen Menschen aus eurer Gemeinschaft aus.

Die Neigung der Korinther, hochgestochene, jedoch im wesentlichen weltliche Weisheit zu suchen, auch wenn diese die Einheit der Gemeinde aufs Spiel setzte, war vielleicht der fundamentalste und bedeutsamste Ausdruck ihrer frommen Arroganz und Einbildung, der Eigenschaften also, die Paulus als „aufgebläht" bezeichnet. Dieses Aufgebläht-Sein konnte jedoch auch anders zum Ausdruck kommen (es gibt eine wichtige Parallele in der Gnosis des zweiten Jahrhunderts); zu diesen anderen Ausdrucksformen gehörte eine Lässigkeit in bezug auf ethische Fragen. Im folgenden Absatz schreibt Paulus also nicht nur einfach über einen

Unzuchtsfall in der Gemeinde, sondern er trägt ebenfalls der korinthischen Reaktion auf diesen Fall Rechnung. Die Korinther waren nämlich fast scherzend darüber hinweggegangen; ihre Arroganz war vielleicht fast so schuldhaft wie die Tat selbst. Es kann sein, daß wir in dieser Reaktion der Gemeinde den enthusiastischen Antinomismus finden sollten, den Schlatter in der Unzucht zu erkennen glaubt. Dieser Absatz enthält auch eine Bezugnahme auf den Grund für moralische Reinheit sowie eine Unterweisung über die Gemeindezucht. „Der Unterricht über die Grenzen der christlichen Freiheit reicht von 5, 1 bis 11, 34" (so Schlatter, zu Recht).

Es wird tatsächlich (V. 1; anscheinend eine späte Entwicklung in der Bedeutung von *ὅλως*, s. LS, Art. *ὅλος* III, 4; ergibt hier jedoch einen guten Sinn; Weiß, Héring und andere legen *ὅλως* den Sinn von *ἐν ὅλῳ τῷ κόσμῳ* bei: *überall, allgemein*) **von Unzucht unter euch** (hier wird *ἐν ὑμῖν* mit *πορνεία* konstruiert; grammatikalisch korrekt wäre Lightfoots Vorschlag, mit *ἀκούεται* zu konstruieren, doch ergibt diese Möglichkeit keinen befriedigenden Sinn) **berichtet.** Paulus' Wort für Unzucht (*πορνεία*) bedeutet im strengen Sinne Prostitution oder den Verkehr mit Prostituierten; im Neuen Testament steht das Wort jedoch häufig für jegliche Art von Unkeuschheit oder sexueller Anstößigkeit. Hier wird die Bedeutung durch den nächsten Satz erklärt. **. . . und zwar von einer derartigen Unzucht, wie sie nicht einmal unter den Heiden praktiziert wird** (im Griechischen steht hier kein Verb; spätere Hss. lesen hier nach Eph. 5, 3: erwähnt wird), **daß einer mit der Frau seines Vaters zusammenlebt.** Der Satz ist schwerfällig. Auf *derartig* (*τοιαύτη*) folgt erst ein Relativpronomen (*ἥτις*) dann auch noch ein Bindewort (*ὥστε*). Paulus nennt die Tat nicht „Ehebruch", so daß wir wahrscheinlich annehmen können, daß der Vater des Unzüchtigen entweder gestorben war oder daß er sich von seiner Frau hatte scheiden lassen; und weil Paulus nicht von „Inzest" spricht, wird ebenfalls anzunehmen sein, daß es sich bei der Frau um die Stiefmutter des Unzüchtigen handelte. Über sie wird nichts mehr gesagt; wahrscheinlich war sie keine Christin: vgl. V. 12.13. Diese Praxis wird in Lev. 18, 8; 20, 11 (vgl. *Sanhedrin* 7, 4) verboten; Paulus fügt hinzu, daß es sie nicht einmal unter den Heiden gibt. Er meint nicht, daß kein Heide jemals so etwas getan hätte, sondern nur daß die Heiden eine solche Tat auch verurteilten. Das ist wahr; Lightfoot zitiert hierzu Cicero, *Pro Cluentio* 5, 14: *nubit genero socrus . . . O mulieris scelus incredibile, et praeter hanc unam . . . inauditum.* Vgl. Gaius, Inst. 1, 63: *Item amitam et materteram uxorem ducere non licet. Item eam quae mihi quondam socrus aut nurus aut privigna aut noverca fuit.* Es ist jedoch möglich, daß sich Paulus hier auf die sogenannten Noachitischen Gebote bezieht, die von den Rabbinern als göttliche Mindestforderungen an die Heiden aufgefaßt und ausgelegt wurden. Es gab Meinungsverschiedenheiten über die Frage, ob in diesen Noachitischen Geboten die Ehe eines Proselyten mit seiner verwitweten Stiefmutter erlaubt sei. Paulus (wie Aqiba) hat die Praxis offensichtlich verurteilt (zu den Details s. Daube, S. 113; SB, Bd. 3, S. 353– 358). Doch ist es nicht gewiß, und Paulus sagt auch nicht, daß es hier in Wirklichkeit um die Frage geht, ob die Bekehrung zu Christus (das Konvertieren zum christlichen Proselyten) den Menschen für geschlechtliche Beziehungen frei machte, die ihm sonst verboten worden wären; diese Sünde kann direkt aus dem korinthischen Libertinismus hervorgegangen sein (vgl. 4, 6). Zur Frage der Noachitischen Gebote und deren Anwendung bei Paulus s. *Adam*, S. 23–26. Die Zeitform des Verbs (*ἔχειν*, Inf. Präs.) zeigt, daß es sich nicht um eine einzelne Tat, sondern um eine Ehe oder um ein Konkubinat handelt. Das steht auch mit den Aoristformen in den Versen 2 und 3 in Einklang; diese sind konstativ – sie fassen das Ganze zusammen.

Für Paulus war die ganze Affäre nicht zu entschuldigen. Die Korinther sahen sie jedoch mit anderen Augen. **Und ihr seid** (V. 2; *καὶ ὑμεῖς*, betont) **unter diesen Umständen aufgebläht?** Die Worte des Paulus wollen nicht unbedingt zu verstehen geben, daß die Korinther einzig und allein wegen der unter ihnen geschehenen Unzucht *aufgebläht* waren – stolz darauf, daß dies geschehen sei; Paulus meint vielmehr, daß wenigstens diese Nadel ihre Aufgeblähtheit hätte platzen lassen müssen. Jedenfalls war die Arroganz der Korinther so ausgeartet, daß sie ausreichte, um sie über diesen Fall von Unzucht hinwegzubringen, wenn nicht auch den Fall selbst hervorzurufen. Vielleicht war dieser Unzuchtsfall ein Beispiel für die Freiheit, auf die die Korinther so stolz waren (vgl. 6, 12; 10, 23). Sie waren jetzt geistliche Menschen; was sie also mit ihrem Körper taten, hatte keine Bedeutung mehr, es sei denn, sie könnten damit zeigen, inwiefern sie die alten moralischen

Grenzen des traditionellen religiösen Lebens überschritten hatten. Diese Reaktion der Korinther war jedoch grundsätzlich verkehrt. **Habt ihr nicht lieber angefangen zu trauern** (Übersetzung des Aorist: *ἐπενθήσατε*), **damit der, der diese Tat begangen hat, von euch** (wörtlich: *aus eurer Mitte* – vielleicht ein Latinismus, s. BD § 5) **weggenommen würde?** Eine andere Übersetzung (nach M. III, S. 95 die einzige, die einen akzeptablen Sinn ergibt) würde das Fragezeichen nach *trauern* setzen. Der Rest des Satzes hieße dann: Der diese Tat beging, werde von euch weggenommen (*ἵνα* zur Einleitung eines Imperativs s. BD § 388.2). Diese Übersetzung stimmt mit dem überein, was Paulus in den folgenden Sätzen auch sagt, und könnte richtig sein. Die vorausgesetzte Konstruktion ist jedoch im NT weniger häufig, als manchmal angenommen wird (s. Moule, S. 144f.), und die hier dargebotene Übersetzung ergibt ebenfalls einen guten Sinn, wenn wir eine natürliche und typisch paulinische Ellipse annehmen: *Habt ihr nicht lieber angefangen zu trauern* – und zu zeigen, wie ernst es euch damit ist, indem ihr die nötigen Schritte einleitet – *damit der, der diese Tat begangen hat, von euch weggenommen würde?*

Es ist darauf hingewiesen worden (z. B. von S. E. Johnson in *The Scrolls and the New Testament*, hrsg. v. K. Stendahl, 1958, S. 139), daß der Ausschluß des irrenden Gemeindeglieds eine Parallele in den Zuchtregeln der Qumran-Gemeinschaft findet (1 QS 5, 26–6, 1), aber das ist nicht allzu wichtig. Jede Gemeinschaft, die auf hohe moralische Maßstäbe besteht (wie also die Gemeinde und die Qumran-Sekte), muß Grenzen setzen, deren Übertretung als unzumutbar gilt, weil eine solche Übertretung das tragende Fundament der Gemeinschaft zerstört und deshalb mit dem Ausschluß bestraft werden muß. Vielleicht gab es in der Tat eine Beziehung zwischen der Urgemeinde und der Qumran-Sekte; sie läßt sich durch Verallgemeinerungen dieser Art nicht nachweisen. Wichtig ist hier, daß die Umstände nicht nach Arroganz, sondern nach Klagestimmung rufen. Die Sünde kann zwar in die Gemeinde Eingang finden, aber wenn das passiert, ist es etwas Unnatürliches, worüber man traurig sein sollte.

Die nächsten drei Verse sind schwierig und zugleich wichtig. Es gibt eine Vielfalt an Übersetzungsmöglichkeiten (die wir hier nicht alle aufzählen können); die genaue Bedeutung einiger der einfachsten Worte des Paulus ist umstritten; und der Einfluß des ganzen Abschnitts auf unser Verständnis der paulinischen Sicht des christlichen Lebenswandels und der Gemeindezucht muß ausgewertet werden.

Denn (V. 3; jetzt werden die Gründe für die letzte Aussage genant), **was mich persönlich betrifft** (der Satz öffnet mit dem sehr betonten *ἐγὼ μέν*, das dem *ὑμεῖς* von V. 2 entspricht), **der ich zwar dem Leibe nach abwesend, doch dem Geiste nach anwesend bin: Ich habe, als wäre ich anwesend, meine Entscheidung über den, der diese Tat also begangen hat, schon gefällt.** Die Bedeutung des Teilsatzes „dem Leibe nach abwesend" ist klar genug: der Körper des Paulus befindet sich nicht in Korinth, sondern irgendwo anders (wahrscheinlich in Ephesus; s. Einleitung, S. 17). Aber was bedeutet *dem Geiste nach anwesend* (*παρὼν δὲ τῷ πνεύματι*)? Bei Paulus bezieht sich das Wort „Geist" sehr häufig auf den Geist Gottes; die Tatsache, daß hier vor Geist der bestimmte Artikel steht, könnte darauf hindeuten, daß auch hier der göttliche Geist gemeint ist; aber angesichts der hiesigen Gegenüberstellung von „Geist" und „Leib" (vor Leib steht nämlich auch der bestimmte Artikel) dürfen wir wahrscheinlich annehmen, daß Paulus das Wort „in ganz populärem Sinne" (Weiß, z. St.), nämlich psychologisch und nicht theologisch, anwendet. Vgl. Kol. 2, 5. Paulus meint seine Gedanken und seine Sorge um die Gemeinde in Korinth; zwar stimmt es, daß diese sich im Wirkungsbereich des Heiligen Geistes bewegen, doch ist dieser Gedanke nicht primär.

Paulus hat zuverlässige Informationen über die ganze Situation erhalten, darum hat er seine Entscheidung schon getroffen – *so, als wäre er tatsächlich anwesend*. Das Verb (*κέκρικα*) wird in diesem Sinne absolut, bzw. intransitiv, verstanden; es könnte jedoch auch so verstanden werden: *Ich habe schon gerichtet*... Dann wären die nächsten Worte (den, der diese Tat begangen hat) Objekt. Dadurch bliebe jedoch der Infinitiv in V. 5 (*παραδοῦναι*) ohne jegliche Verbindung zum Satz, darum sollte diese Möglichkeit nicht vorgezogen werden. Paulus hat eine Entscheidung erreicht, hat ein Urteil *im Falle* des Unzüchtigen gefällt, nämlich, daß wir übergeben sollten ...

Paulus weiß also genau, was er denkt, und zögert auch nicht, seine Meinung zu sagen. Das bedeutet allerdings nicht, daß er die eigene Meinung der Gemeinde aufzwingen will (vgl. 4, 1 und den Komm. zu Kap. 4; 2. Kor. 1, 24). Ehe gehandelt wird, müssen gewisse Bedingungen erfüllt werden. **Wenn ihr mit meinem Geist zusammen im Namen des Herrn Jesus zusammengekommen seid** (V. 4; dieses Verb, *συνάγειν*, entwickelte sich zum *terminus technicus* für das Zusammenkommen der christlichen Gemeinde), **sollten wir mit der Kraft unseres Herrn Jesus einen solchen Menschen wie diesen zur Zerstörung seines Fleisches dem Satan übergeben** (V. 5; vgl. 1. Tim. 1, 19f.). Paulus stellt sich eine Zusammenkunft der Lokalgemeinde von Korinth vor. Die am Ort wohnenden Mitglieder werden natürlich anwesend sein. Er selbst kann in diesem Sinne nicht anwesend sein, aber, wie er in V. 3 sagte, er ist dem Geiste nach anwesend (Bestätigung also der Auslegung des 3. Verses: in diesem Zusammenhang ist mit *Geist* ein Teil der Persönlichkeit des Paulus gemeint); d. h. nicht sein Körper, sondern sein Geist ist in ihrer Versammlung anwesend. Er wird durchaus einen Beitrag zur Versammlung leisten, indem die Korinther an seine Überzeugungen, seinen Charakter und seine Lebensweise zurückdenken und über seinen Willen in dieser Sache miteinander sprechen. Selbstverständlich ist es, daß die Gemeinde als christliche Gemeinschaft *im Namen des Herrn Jesus* zusammenkommt: unter seiner Autorität und mit der Absicht, ihm gehorsam zu handeln. Unter diesen Umständen wird nicht allein der Apostel, sondern die ganze Gemeinde für das Vorgehen verantwortlich sein. Später sollte die korinthische Gemeinde falschen Aposteln begegnen, die ganz anders handelten (2. Kor. 11, 13), weil sie der Gemeinde ihren eigenen Willen auferlegen wollten. Aber wie einflußreich sie auch gewesen sein mögen, konnten diese Männer nicht wie Paulus und die gehorsame Gemeinde *in der Kraft unseres Herrn Jesus* handeln. Diese Worte sind nicht bloß Wiederholung des *im Namen unseres Herrn Jesus*, sondern weisen auf die übernatürliche Kraft hin, die dem Volke Gottes zuteil wird, wenn es im Gehorsam handelt. Der Ausdruck „Name“ kann manchmal eine ähnliche Bedeutung haben (z. B. bei Heilungen und Exorzismen, wie Apg. 3, 6), aber hier, sowie allgemein in den Schriften des Paulus, wird das Wort anders verwendet. Bultmann (*Theologie*, S. 129) meint, die *Kraft* werde durch die Anrufung des *Namens* wirksam gemacht; dies mag zutreffen, wenn der Begriff *Name* in dem grundsätzlichen moralischen Sinn verstanden wird, den wir oben angedeutet haben. Der Ausdruck *mit der Kraft* . . . soll als Adverbialbestimmung zu *über-*

geben konstruiert werden; *mit* (*σύν*) bezeichnet manchmal das Mittel oder Instrument, doch ist das Wort an dieser Stelle persönlicher und meint: „mit Hilfe der . . .“ (wie z. B. bei *σὺν θεῷ* = mit Gottes Hilfe oder Segen; die Existenz dieses griechischen Ausdrucks macht es vollkommen überflüssig, auf die magischen Riten hinzuweisen, bei denen das Wort *σύν* auch benutzt wird – Robertson, S. 628; MM, Art. *σύν*).

Am besten verstehen wir den Satz so: Im Namen des Herrn versammelt, mit der Kraft des Herrn übergeben. Es sind jedoch auch andere Verbindungen vorgeschlagen worden (ausführlich bei Allo): (a) im Namen und mit der Kraft versammelt, um zu übergeben; (b) versammelt, um im Namen und mit der Kraft zu übergeben; (c) versammelt mit der Kraft, um im Namen zu übergeben. Zu (c) kann man sagen, daß *mit* ganz natürlich zu *versammelt* gehört (*σύν* mit *συναχθέντων*); doch wird der griechischen Wortstellung damit Gewalt angetan. (a) und (b) bieten sich nicht als ernsthafte Möglichkeiten an, so daß man die hier bevorzugte Übersetzung zuversichtlich bejahen darf. Es sollte beachtet werden, daß die Kraft des Herrn Jesus hinter der Handlung der versammelten Gemeinde steht. Paulus behauptet nie, diese Kräfte für sich allein in Anspruch zu nehmen, sondern er ruft die ganze Gemeinde (nicht allein die Leitenden oder Vorsitzenden, *προϊστάμενοι*, wie Allo vorschlägt) zum gemeinsamen Handeln auf. Bei Paulus bestehen keine Zweifel darüber, was die Gemeinde tun soll und welche Rolle er selbst dabei spielen sollte, doch übergeht er die Gemeinde nicht. „Dabei müht sich Paulus offenkundig, die Gemeinde als die eigentliche Trägerin der Verantwortung hinzustellen“ (Schweizer 23e, S. 175).

Einen solchen Menschen wie diesen (vgl. 2. Kor. 2, 6.7) wiederholt ganz einfach und in typisch paulinischer Weise das Objekt des Verbs übergeben, das vorher schon als *den, der diese Tat begangen hat* aufgeführt wurde. Dieser Mann soll **dem Satan zur Zerstörung seines Fleisches übergeben werden, damit sein Geist am Tage des Herrn errettet werde.** Der Tag des Herrn ist der letzte Tag (das „jüngste Gericht“), der Tag des großen Gerichts. Aus dem Rest des Kapitels, bsd. V. 7.13, geht hervor, daß Paulus die Gemeinde zum praktischen Schritt des Ausschlusses aus der Gemeinde bewegen wollte. Der Sünder muß exkommuniziert werden (wobei dieses Wort nicht in anachronistischer Weise verstanden werden darf). Dieser Vorgang war im Judentum bekannt (s. Weiß, S. 129–133). Die Auswirkungen des Ausschlusses aus der Gemeinschaft waren im christlichen Bereich schlimmer als im jüdischen, denn die neue Gemeinschaft gründete sich auf der Niederlage Satans durch Jesus (s. 15, 24–27; Phil. 2, 10f.; Kol. 2, 15). Aus dem Bereich ausgestoßen zu werden, in dem das Werk Christi galt, bedeutete nichts weniger, als in den Machtbereich des Satans ausgeliefert zu werden. „In der Kirche herrscht Christus, außerhalb aber der Satan" (Calvin, S. 351). Diese Autorität Satans in der Welt war jedoch sehr begrenzt. Wenn ein Mensch dem Satan übergeben wurde, dann nicht, damit Satan seinen Mutwillen mit ihm treibe, sondern damit er zuletzt gerettet werde; der Satan wird also tatsächlich als Instrument der Interessen Christi und der Gemeinde gesehen. Es gibt also trotz der wortgemäßen Parallele einen wesentlichen Unterschied zwischen diesem Vers und dem von Deißmann (*Licht vom Osten*, 4. Aufl., Tübingen, 1923, S. 351) angeführten Zitat: „Totendämon ... ich überantworte (*παραδίδωμι*) Dir den N. N., auf daß (*ὅπως*) ..." (*London Magical Papyrus* 46. 334ff. = K. Preisendanz, *Papyri Graecae Magicae* I, S. 192). Die Kraft Satans, obwohl sie begrenzt war, war dennoch echt. Er hatte die Macht, das *Fleisch* des Ausgestoßenen zu zerstören. Hier ist nicht nur Fleisch als Quelle des moralisch Bösen gemeint (s. z. B. Röm. 7, 5 und *Romans*, S. 137), sondern das Fleisch des Körpers selbst, ein Bereich, in dem Paulus selbst von Satan heimgesucht wurde (2. Kor. 12, 7). Gemeint ist also körperliches Leiden (vgl. Apg. 13, 11), wahrscheinlich der Tod (vgl. Apg. 5, 5.10; 1. Kor. 11, 30). Diese schreckliche Prozedur wird in der Absicht durchgeführt (*ἵνα* weist auf den Zweck hin), für den Geist dieses Menschen das Heil zu bewirken (s. V. 3.4, wo das Wort Geist, *πνεῦμα*, benutzt wird, um den menschlichen Geist zu bezeichnen – das Wesentliche am Menschen. Paulus benutzt das Wort meistens in einem anderen Sinn, aber der Begriff ist zu häufig, als daß wir hier eine Verbindung zu Qumran sehen müßten). Es ist nicht klar, wie die Zerstörung der physischen Natur des Menschen das Heil des Nicht-Materiellen an ihm erwirken kann. Es gibt nichts im Kontext, was auf die Auffassung des Leidens als Heilmittel schließen ließe. Im Judentum kam manchmal der Gedanke auf, Sünden, die am großen Versöhnungstag nicht gesühnt wurden, könnten durch den Tod des Sünders gesühnt werden (s. z. B. *Sanhedrin* 6, 2, wo sogar der Verbrecher vor seiner Hinrichtung aufgefordert wird zu sagen: Möge mein Tod die Sühne für alle meine Sünden sein!); doch geschieht nach Paulus die Sühne nicht durch den Tod des Sünders, sondern durch den Tod Christi. Vielleicht ist hier gemeint, daß dem Teufel das ihm Zustehende gewährt werden müsse, daß er aber danach nichts mehr beanspruchen kann; wenn er das Fleisch des Sünders hat, hat er keinen Anspruch auf dessen Geist. Vielleicht ist der Gedanke von 3, 15 hier in etwas anderer Form wiederholt: der Mensch selbst wird gerettet werden, er geht dabei aber nicht nur seines Werkes, sondern auch seines Fleisches verlustig.

Es geht Paulus also hauptsächlich darum, daß der verirrte Bruder gerettet werde. Es geht ihm aber auch um die Reinigung der ganzen Gemeinde. Das ist ein weiterer Grund für den Ausschluß (s. Calvin, *Institutio* IV.12, 5, wo diese Angelegenheit deutlicher abgehandelt wird als in seinem Korintherkommentar). Paulus kommt zu diesem Punkt durch den Hinweis auf die korinthische Arroganz (vgl. V. 2, *φυσιοῦσθαι*). **Nein, dieses euer Rühmen ist nichts Gutes** (V. 6). Nicht nur weil eine Gemeinde mit einem moralischen Flecken in einer viel zu gefährlichen Lage wäre, um sich rühmen zu können, sondern weil auch das Gute an und in der Gemeinde eine Gottesgabe ist (4, 7) und darum keinen Grund zum Rühmen liefert. Aber die gegenwärtige Situation in Korinth war besonders gefährlich; eine Gemeinde, die dem Verderben in diesem Maße ausgesetzt war, sollte sich lieber zurückhaltend äußern. **Wißt ihr nicht** (sie sollten es also wissen!)**, daß ein wenig** (die Korinther hatten die ganze Angelegenheit als etwas Unbedeutendes abgetan) **Sauerteig** (*ζύμη*) **den ganzen Teig durchsäuert?** Die gleiche Formulierung wird in Gal. 5, 9 benutzt. In jüdischen Kreisen wurde Sauerteig als natürliches Symbol für das Böse gesehen (Ausnahmen sind die Vergleiche in Matt. 13, 33; Luk. 13, 20 f.), weil aller Sauerteig aus dem Hause ausgeräumt werden mußte, ehe das Passahfest gefeiert werden konnte. Paulus (der vielleicht eine Halacha benutzt, die in *M. Orla* II, 12 seinem Lehrer Rabban Gamaliel dem Älteren zugeschrieben wird – s. Schoeps, *Paulus*, S. 27, Fußnote 3) setzt diese Metapher mit unterschiedlicher Betonung ein. Die erste Anwendung ist ganz klar: schon eine geringe Menge Sauerteig reicht aus, um einen ganzen Klumpen Teig zu durchsäuern, wie auch ein einziges verdorbenes Gemeindeglied ausreicht, um die ganze Gemeinde zu verderben. Darum muß die Gemeinde Zucht üben, um ihre Reinheit zu erhalten; im Einklang mit der Metapher schreibt Paulus: **Schafft den alten Sauerteig** (V. 7; d. h. den Sauerteig, der in der Zeit vor dem Passahfest benutzt wird; nach dem Fest der un gesäuerten Brote wird neuer Sauerteig ins Haus gebracht) **hinaus, damit ihr frischer Teig sein könnt,** nämlich ohne Sauerteig. Hier wird der Gemeinde ein Befehl erteilt: das Böse muß hinweggeschafft werden. Aber der Imperativ ist Ergebnis eines Indikativs: **wie ihr tatsächlich ungesäuert seid** (vielleicht müßte man substantivisch übersetzen: *wie ihr tatsächlich ungesäuerte Brote seid*). Diese Kombination von Imperativ und Indikativ stellt die fundamentale Struktur des ethischen Gedankengutes des Paulus dar (s. bsd. Röm. 6, 11–14.19 und *Romans* z. St.; Kol. 2, 20–3, 14). Das Volk Gottes ist in der Tat von der Sünde befreit worden; weil das tatsächlich der Fall ist, müssen sie jetzt der Sünde aus dem Wege gehen und im Gehorsam gegen Gottes Befehle leben. Der Imperativ ist ohne Indikativ undenkbar, denn erst dieser macht den Gehorsam möglich; der Indikativ wird jedoch verarmen, wenn ihm der Imperativ, der ihm moralische Prägnanz verleiht, entzogen wird.

Paulus schreibt weiter: **Denn außerdem ist unser Passahlamm, Christus, schon geopfert worden.** Dieser Nebensatz bietet einen zusätzlichen Grund (*καὶ γάρ*), warum die Korinther den alten Sauerteig hinwegschaffen sollten; obwohl es auch nicht falsch ist, wenn wir in ihm den Grund der Aussage *ihr seid ungesäuert* sehen. Die Analogie zum jüdischen Passahfest ist nicht vollkommen, denn es war die übliche jüdische Praxis, den alten Sauerteig auszufegen, ehe das Fest überhaupt beginnen konnte. In der christlichen Anwendung hat Gott schon vorher das Lamm zum Opfer ersehen (Gen. 22, 8; Joh. 1, 29), also bleibt es den Menschen überlassen, den Anschluß an Gottes Initiative zu gewinnen. Es ist ebenfalls wahr, daß der Opfertod Christi das einzige Mittel ist, durch das Sünde entfernt werden kann. Nirgends gibt uns Paulus eine komplette Ausarbeitung der christlichen Versöhnungstheorie, aber wie er in Röm. 3, 25 das eine große jüdische Fest (den Versöhnungstag) heranzieht, so bezieht er sich hier auf ein weiteres Fest, das Passah. Das große Thema des Passahfestes war die Befreiung, die Befreiung des Volkes Israel aus Ägypten wurde gefeiert, die Befreiung als Zustand in der Gegenwart wurde hervorgehoben; und man hoffte auf eine zukünftige Befreiung. Als Lamm Gottes faßte Christus das Eingreifen Gottes zur Befreiung seines Volkes zusammen; der Zusammenhang gibt zu verstehen (wenn auch nicht so deutlich wie Joh. 1, 29), daß Christus das Volk dadurch befreite, daß er die Bürde ihrer Schuld auf sich nahm und somit die Sünde entfernte. Zur Besprechung der Grundlage dieser Ansicht s. Komm. zu 2. Kor. 5, 21. Daß Paulus von Christus als dem Lamm Gottes sprechen konnte, will nicht heißen, daß er der Meinung war, Jesus sei (wie im Johannesevangelium, gegen die Synoptiker, die den Tod Jesu einen Tag später ansetzen) am 14. Nisan zur Zeit der Schlachtung der jüdischen Passahlämmer im Tempel gestorben (obwohl möglich ist, daß Paulus dies annahm). Die Annahme von Jesus als Lamm Gottes ist nicht von der Chronologie der Passionsgeschichte abhängig; die Idee, die wir bei Joh. finden, könnte aus dem Glauben erwachsen sein, das Abendmahl sei das neue christliche Passahfest – obwohl dieser Glaube seinerseits nicht von der synoptischen Identifizierung des Herrenmahles mit dem Passahmahl abhing.

Das Thema des Passahfestes wird jetzt in eine neue Richtung fortentwickelt: **Also laßt uns das Fest feiern** (V. 8; Lightfoot übersetzt: ‚Laßt uns stets das Fest feiern'; doch liegt hier die Betonung nicht auf der Zeitform des Verbs *ἑορτάζωμεν*, sondern auf der begleitenden Adverbialbestimmung), **nicht mit altem Sauerteig, nicht** (wörtlich: *und nicht*, aber die neue Beschreibung des Sauerteigs geht parallel zur ersten und enthält keinen Zusatz zu *alt*) **mit dem Sauerteig der Bosheit und Schlechtigkeit, sondern mit den ungesäuerten Broten der Aufrichtigkeit und Wahrheit.** Seit der Selbstaufopferung Christi leben Christen in dem Fest, das er begründete; das Leben als Christ besteht aus Danksagung zu Gott für seine mächtige Tat der Liebe und der Befreiung, eine Danksagung, die sich mindestens genauso deutlich durch Handlungen wie durch Worte ausdrückt. Wenn dies jedoch ernstgenommen werden soll, müssen Christen sich nicht nur freuen (wozu die Korinther anscheinend durchaus willig waren), sondern sie müssen eine angemessene Reinheit bewahren, indem sie den Sauerteig im übertragenen, moralischen Sinn genauso hinausfegen, wie die Juden in der Vorpassahzeit den wirklichen Sauerteig aus ihren Häusern ausfegen. Offensichtlich war im korinthischen Haus noch einiges an Sauerteig vorhanden, und einige der Korinther waren genauso offensichtlich bereit, es dabei bleiben zu lassen. Für Paulus war diese Einstellung unzumutbar. *Bosheit und Schlechtigkeit* müssen durch *Aufrichtigkeit und Wahrheit* ersetzt werden.

Es ist eindeutig, warum Paulus dieses Bild aus dem jüdischen Volksleben benutzt; das Opfer ist schon dargebracht worden, potentiell nehmen Christen an einem Fest teil, das die vollkommene Reinheit des Charakters und des Verhaltens erfordert, darum müssen sie sich jede Mühe geben, das Potentielle zu verwirklichen. Die Aussage und die Ermahnung passen also völlig zu der in diesem Kapitel besprochenen Situation. Doch warum wählt Paulus diese Form der Argumentation? Es ist oft vorgetragen worden, und es könnte auch stimmen, daß Paulus so schreibt, weil er den Brief zur Passahzeit diktierte. Wenn wir die Einheitlichkeit des 1. Kor. voraussetzen dürfen (s. Einleitung, S. 25–30), schrieb Paulus aus Ephesus, wo er eine ganze Zeit, bis zum Pfingstfest, bleiben wollte (16, 8). Es ist nicht unvernünftig, sieben oder acht Wochen zurückzurechnen und vorauszusetzen, daß Paulus zur Zeit der Niederschrift des 1. Kor. dabei war, sich auf das Passahfest vorzubereiten – und daß ihm daher die Idee kam, an dieser Stelle den Vergleich zu benutzen. Doch bezieht sich der Satz *Unser Passahlamm ist schon geopfert worden* auf das historische Ereignis der Kreuzigung, nicht auf dessen liturgische Wiederholung (Lietzmann z. St.). Es ist kaum wahrscheinlicher, daß das *Laßt uns das Fest feiern* einen Hinweis auf das Abendmahl enthält (gegen Héring). Bei Paulus scheint sich die Verwendung alttestamentlichen und jüdischen Materials auf das Passah zu beschränken; es gibt hier keinerlei Grund, wie Schoeps, *Paulus*, S. 144–152, einen Hinweis auf die Bindung Isaaks („Aqedath Jischaq") zu entdecken (vgl. *Adam*, S. 26–30).

Paulus fängt nun an, auf die Angelegenheiten der Gemeinde in Korinth einzugehen, die eine praktische und zugleich strenge Unterweisung nötig machten. Wir müssen hier die Information einflechten, daß der 1. Kor. nicht Paulus' erster Brief an die Gemeinde in Korinth war, auch nicht sein erster Versuch, mit dem Problem der Unzucht fertig zu werden. Sein früherer Brief war offensichtlich mißverstanden worden. „Wir können davon ausgehen, daß das Mißverständnis zum Teil mit Absicht geschah – sie hatten eingewendet, daß es unmöglich sei, sich gänzlich vom Bösen abzusondern, damit sie sich die Notwendigkeit ersparen konnten, ernsthaft mit dem Problem in ihrer Gemeinde aufzuräumen" (Harris). Eine weitere Besprechung der Korrespondenz des Paulus mit der korinthischen Gemeinde sowie der Versuche, den „verlorengegangenen" Brief wiederzuentdecken, findet sich in der Einleitung, S. 25 – 30. **In meinem Brief schrieb ich euch** (V. 9; dadurch, daß Paulus einen anderen Brief erwähnt, können wir sicher sein, daß es sich bei ἔγραψα nicht um den Aorist des Briefstils = ich bin dabei, euch zu *schreiben*, sondern um eine echte Vergangenheitsform handelt), **daß ihr nicht mit Unzüchtigen verkehren solltet** – im weitesten Sinne, wie wir oben zu V. 1 erläuterten. In dem Sinne, in dem Paulus – wie wir sehen werden – diesen Befehl meinte, hatte er in diesem jetzigen Brief schon ein praktisches Beispiel geliefert, als er den Korinthern zum Ausschluß des die Unzucht Praktizierenden riet. Aber die Korinther hatten den Satz in einem anderen Sinne verstanden, den Paulus nennt und sofort korrigiert: **Nicht in dem absoluten Sinne** (*πάντως*; vgl. Röm. 3, 9), **daß ihr den Kontakt mit den Unzüchtigen dieser Welt ... meiden sollt** (V. 10), nämlich mit solchen, die nie Christen geworden sind und sich darum den Lüsten uneingeschränkt hingeben, die für natürlich gehalten werden von solchen, die nur an ein Leben im Hier und Jetzt glauben (vgl. 15, 32; zu *dieser Welt* vgl. z. B. 3, 19). Paulus führt um der Vollständigkeit willen noch andere Gruppen von Sündern auf: **Habsüchtige, Räuber** und **Götzendiener.** Zur ganzen Liste vgl. 6, 9 f. und Komm. Offensichtlich kann Paulus keinen solch unmöglichen Befehl erteilt haben, **denn dann** (*ἐπεί*, sonst, wie 7, 14; 14, 16; 15, 29; Röm. 3, 6; 11, 6.22) **müßtet ihr aus der Welt herauskommen** (die Unzüchtigen gehörten ja zur Welt). In einer Stadt wie Korinth (s. Einleitung S. 14 f.) wäre es unmöglich, solchen Menschen ganz aus dem Wege zu gehen; für Paulus ist es ohnehin undenkbar, daß sich die Christen aus dem alltäglichen Leben in die Einsamkeit des Klosters zurückziehen, obwohl diese Praxis in der Antike durchaus nicht unbekannt war. Paulus versteht die theologische Wahrheit, daß Christen, auch wenn sie sich in die Einsamkeit oder in religiöse Kommunitäten zurückziehen, der Welt nicht entfliehen können; so entscheidend das Werk Jesu ist, hat es das alte Zeitalter nicht ganz zum Abschluß gebracht; das neue ist noch zukünftig. S. 15, 25f. Wenn die Korinther Paulus so verstanden haben, haben sie ihn mißverstanden. **Nein; was ich euch jetzt schreibe** (V. 11; *νῦν ἔγραψα*, wahrscheinlich Aorist des Briefstils; Ggs. V. 9; oder: *Was ich tatsächlich schrieb, war . . .;* M. III, S. 73 ist der Meinung, Paulus meinte eine „frühere Stelle im gleichen Brief"), **ist dies: Ihr solltet mit niemandem verkehren, der als Bruder in Christus bekannt ist** (*ὀνομαζόμενος*; er trägt den *Namen* eines Christen, zeigt aber durch sein Verhalten, daß er keiner ist – Weiß), **der aber gleichzeitig ein Unzüchtiger, ein Habgieriger, ein Götzendiener, ein Lästerer** (*λοίδορος* wird der vorigen Liste hinzugefügt; solche Menschen traten im öffentlichen Leben der Griechen nicht selten auf; Apollonius von Tyana begegnete einem solchen Lästerer, nämlich Bassus von Korinth; s. Philostrat, *Leben des Apollonius*, 4, 26, wo die verwandten Vokabeln *λοιδορεῖσθαι* und *λοιδορία* benutzt werden; Bassus lehrte ebenfalls eine falsche Weisheit – *σοφία*), **ein Trunkenbold oder ein Räuber ist; mit einem solchen Menschen solltet ihr nicht einmal zusammen essen.** Christen müssen die Welt annehmen, so wie sie sie vorfinden, wie es auch Jesus selbst tat, indem er mit Zöllnern und Sündern zusammen aß (z. B. Mk. 2, 15). Für sie wie für ihn erlaubte diese gesellschaftliche Freiheit auch die Möglichkeit des Kritisierens oder, wenn nötig, des Verurteilens; Kritik darf nicht auf dem leichten Wege zum Ausdruck gebracht werden, indem sich die Christen einfach zurückziehen. Was jedoch in der Gemeinde vor sich geht, ist eine ganz andere Sache; hier ist es überaus wichtig, daß die Reinheit gesucht wird. Paulus spricht hier ganz einfach vom *Bruder* (wie z. B. 1, 1); er meint jeden, der als Glied der Gemeinde anerkannt wird, dessen Lebenswandel jedoch beweist, daß er unwürdig ist. Wenn ein solcher Mensch öffentlich sündigt, muß er im eigenen Interesse (s. oben zu V. 5) sowie im Interesse der ganzen Gemeinde aus der Körperschaft ausgeschieden werden. Der einzige Grund für diesen Ausschluß aus der christlichen Gemeinschaft ist das moralische Versagen. Seine ehemaligen Freunde sollten nichts mehr mit ihm zu tun haben; Paulus fügt als besonderes Beispiel hinzu, daß sie nicht mit ihm zusammen essen sollen. Dieses Verbot zielt in erster Linie (aber nicht ausschließlich) auf den Ausschluß vom gemeinsamen Mahl der Gemeinde (Gal. 2, 12; s. 10, 16–21; 11, 17–34) sowie von privaten Besuchen der Gemeindeglieder. Es versteht sich, daß die Christen ihre Freiheit behalten, mit Ungläubigen zusammen zu essen – was manchmal dazu führt, daß sie Götzenopferfleisch zu sich nehmen; s. die Besprechung dieses Themas in den Kapiteln 8 und 10.

Strenge Zucht innerhalb der Gemeinde; vollkommene Freiheit außerhalb der Gemeinde. Dieses zweifache Prinzip läßt sich wie folgt begründen (V. 12): **Denn was habe ich die Draußenstehenden zu richten?** Die *Draußenstehenden* sind solche, die nicht zur Gemeinde gehören. Zur Konstruktion des Satzes s. BD § 299; Robertson, S. 736; vgl. Epiktet II, 17, 14; III, 22, 66. Zu dem Ausdruck *die Draußenstehenden* bei den Rabbinern s. SB, Bd. 3, S. 362. Die Aussage ist klar genug; sie stimmt mit der Erklärung des Paulus überein, daß er nicht von der Gemeinde fordert, sie müsse sich von Nicht-Christen zweifelhaften Rufes absondern. Vielmehr ist das Richten ein göttliches Vorrecht; wenn Menschen sich vornehmen, ihre Nachbarn zu verurteilen, setzen sie sich der Gefahr aus, die gleichen Sünden wie ihre Nachbarn zu begehen (Röm. 2, 1; 14, 4.10.13). Schwierigkeiten entstehen erst, wenn man diesen Vers mit 6, 2 vergleicht. Dort geht es jedoch um ein endzeitliches Gericht; hier geht es Paulus nicht um das Jüngste Gericht, sondern um die Zucht innerhalb der Gemeinde. Anders herum gesagt also: **Richtet nicht ihr selbst diejenigen, die drinnen** (innerhalb der Gemeinde) **sind?** Objekt und Subjekt sind hier beide wichtig. Das Richten ist nach innen gerichtet und hat nichts mit liebloser Kritik, sondern mit Zucht innerhalb der Gemeinde zu tun. Die Zucht gehört zum Wesen des Gemeindelebens dazu; obwohl die Gemeinde keine Unfehlbarkeit für sich in Anspruch nehmen darf, ist sie doch im Gehorsam Christus gegenüber dazu verpflichtet, alle Handlungen zu verurteilen, die zum Gehorsam Christi im Widerspruch stehen – und denjenigen auszustoßen, der solche Handlungen begeht. In der Tat steht die ganze Gemeinde unter dem Gerichtsurteil; und die ganze Gemeinde ist Richter – denn Paulus selbst nimmt nicht für sich das Recht in Anspruch, über die Glieder der Gemeinde zu richten. Die Verantwortung für das Urteil liegt bei allen Gemeindegliedern zusammen, nicht bei einer kleinen Gruppe von „Geistlichen".

Wie ist es also mit denen, die „draußen" sind? **Die draußen sind** (wie z. B. die Frau im 1. Vers, die in diesem Kapitel nicht verurteilt wird), **wird Gott richten** (V. 13), wohl beim Jüngsten Gericht am letzten Tage. Das Urteil Gottes darf von den Menschen nicht vorweggenommen werden und wird den rechtgläubigen Christen in verschiedenen Fällen überraschen (9, 27; 10, 12; Matt. 7, 22 f.). Darum (s. oben) hat kein Christ, nicht einmal ein Apostel, das Recht, solche, die außerhalb der sichtbaren Organisation der Gemeinde stehen, zu richten. Das Verb, das hier mit *wird ... richten* übersetzt wird, könnte auch als ein Präs. aufgefaßt werden: *richtet*; der einzige Unterschied in der 3. Pers. sing. zwischen den beiden Zeitformen liegt bei den Akzenten, und diese finden in den ältesten neutestamentlichen Hss. keine Anwendung (Fut.: *κρινεῖ*, Präsens: *κρίνει*; das gleiche Problem liegt in Röm. 3, 6 vor). Es ist nur aufgrund der allgemeinen Bedeutung des Textes möglich, zwischen beiden Formen zu unterscheiden. Es ist wahr, und daher eine sinnvolle Aussage, daß Gott hier und jetzt die Welt richtet („Das Verb muß gewiß präsentisch akzentuiert werden, denn es nennt ein gängiges Attribut Gottes" – Robertson-Plummer); doch ergibt es einen besseren und dem Denken des Paulus geläufigeren Sinn (vgl. Röm. 2, 5; Apg. 17, 31), wenn wir sagen, daß Gott die Welt im Jenseits richten wird.

Schließlich kommt Paulus auf die zentrale Aussage des Absatzes zurück und betont sie noch einmal. Das Gericht über die Draußenstehenden kann ruhig Gott überlassen werden, doch muß sich die Gemeinde dadurch rein erhalten, daß sie Übeltäter ausschließt. **Schließt den bösen Menschen** (wahrscheinlich den, der in V. 1 erwähnt wird; doch könnte jeder böse Mensch gemeint sein. Daß hier der schlechthin Böse, Satan, gemeint ist, läßt sich kaum vorstellen) **aus eurer Gemeinschaft aus.** Es handelt sich bei diesen Worten um ein Zitat aus Deut. 17, 7, wobei ähnliche Formulierungen in 19, 19; 22, 21.24; 24, 7 zu finden sind. Im AT ist das Verb stets sing.; hier steht es in der Mehrzahl. Dies entspricht allem, was Paulus in diesem Kapitel gesagt hat: der Gemeindeausschluß ist kein apostolisches Vorrecht; wenn er überhaupt durchgeführt wird, dann von der ganzen Gemeinschaft, in deren Händen (unter Christus als Haupt) die Macht liegt.

(c) Prozesse unter Christen

14. 6, 1–11: Es sollten keine Prozesse unter Christen stattfinden, auch keine Gründe vorhanden sein, sich gegenseitig anzuklagen

(1) Wagt jemand unter euch, wenn er mit einem anderen einen Rechtsstreit hat, vor den Ungerechten und nicht vor den Heiligen vor das Gericht zu gehen? (2) Oder wißt ihr etwa nicht, daß die Heiligen die Welt richten werden? Und wenn die Welt von euch gerichtet wird, seid ihr unwürdig, die geringfügigsten Rechtshändel zu richten? (3) Wißt ihr nicht, daß wir über Engel richten werden, geschweige denn über alltägliche Dinge? (4) Wenn ihr also nun Rechtshändel über Alltägliches habt, setzt ihr solche als Richter ein, die in der Gemeinde kein Ansehen haben? (5) Zu eurer Beschämung sage ich dies. Ist es schon soweit gekommen, daß kein einziger Weiser unter euch gefunden werden kann, der zwischen seinen Brüdern entscheiden könnte, (6) sondern der eine Bruder geht mit dem anderen Bruder vors Gericht, und das vor Ungläubigen? (7) Es ist in der Tat schon nichts anderes als ein Versagen eurerseits, daß ihr überhaupt Prozesse miteinander führt. Weshalb laßt ihr euch nicht lieber Unrecht tun? Weshalb laßt ihr euch nicht lieber berauben? (8) Aber ihr tut selbst Unrecht und beraubt andere, und dazu noch Brüder.

(9) Oder wißt ihr nicht, daß Ungerechte das Reich Gottes nicht ererben werden? Laßt euch nicht irreführen. Weder Unzüchtige noch Götzendiener noch Ehebrecher noch Lustknaben noch Knabenschänder (10) noch Diebe noch Habsüchtige, nicht Trinker, nicht Lästerer, nicht Räuber werden das Reich Gottes ererben. (11) Und das seid ihr gewesen, manche von euch; aber ihr wurdet abgewaschen, ihr wurdet geheiligt, ihr wurdet gerechtfertigt im Namen des Herrn Jesus Christus und im Geist unseres Gottes.

Paulus ist mit dem Thema der Gemeindezucht in bezug auf das Sexualleben noch nicht zu Ende gekommen; s. 6, 12 und Kap. 7; aber in 5, 12 f. hatte er vom Gericht gesprochen, und das erinnert ihn an einen weiteren Aspekt des korinthischen Gemeindelebens, von dem er gehört hatte (vielleicht durch die Leute der Chloë, 1, 11, oder durch Stephanas und seine Kollegen, 16, 17; kaum durch einen Brief der Gemeinde, 7, 1). Dieses Thema muß in diesem Brief irgendwann abgehandelt werden und wird hier an der passendsten Stelle eingeführt. Anscheinend haben Christen Rechtsstreit miteinander vor säkularen, heidnischen Gerichten ausgetragen. Aus zwei Gründen verurteilt Paulus solchen Umgang unter Brüdern: (1) Christen sollten in der Lage sein, ihre Streitfragen vor ihren eigenen Gerichten beizulegen; (2) Sie sollten sich überhaupt nicht streiten (V. 7f.).

Wagt jemand unter euch (V. 1; ein starker Ausdruck; vgl. Röm. 5, 7; 15, 18; Paulus gibt zu verstehen, daß diese Handlungsweise Gott und die Gemeinde beleidigt)**, wenn er mit einem anderen einen Rechtsstreit hat** (Paulus benutzt hier ein Wort aus dem öffentlichen Leben, *πράγμα*; mit dem *anderen* kann in diesem Zusammenhang nur ein Bruder aus der Gemeinde gemeint sein) **vor den Ungerechten und nicht vor den Heiligen vor das Gericht zu gehen?** Die Ausdrücke „Ungerechte“ und „Heilige“ sind als Übersetzung nicht zufriedenstellend; eigentlich müßte man wohl schreiben: Nicht-Christen bzw. Christen. Wenn Paulus die heidnischen Gerichte als „vor den Ungerechten“ bezeichnet, meint er nicht, daß ihre Urteile ungerecht wären; zu seiner Sicht des römischen Staates und dessen Richtern s. Röm. 13, 1–7; gerade in Korinth hatte Paulus allen Grund zu Dankbarkeit gegenüber Gallio, der sich als unparteiischer Richter erwiesen hatte (Apg. 18, 12–17); das Wort Ungerechte darf hier also nicht im moralischen, sondern im religiösen Sinn verstanden werden; die Ungerechten sind Menschen, die nicht gerechtfertigt sind, die keine Beziehung zu Gott durch Jesus Christus haben. Der Ausdruck *Heilige* (vgl. 1, 2) ist ebenfalls nicht unbedingt ethisch zu verstehen; damit sind alle Christen gemeint, die zwar ethisch heilig sein sollten, wie Gott heilig ist, es aber oft nicht sind. Paulus meint also hier nur, daß es Streitsachen gibt, die innerhalb der Gemeinde bleiben sollen. Teilweise (wenn auch nicht hundertprozentig, wie die nächsten Verse zeigen) ist es einfach nicht erwünschenswert, daß die Gemeinde ihre „schmutzige Wäsche“ vor anderen wäscht. Die Christen übernahmen von den Juden den Wunsch, ihre heidnischen Nachbarn positiv zu beeindrucken (als ethische Motivation war dies wichtig, s. 10, 32 und vgl. W. C. van Unnik, „Die Rücksicht auf die Reaktion der Nicht-Christen als Motiv in der altchristlichen Paränese“ in: *Judentum – Urchristentum – Kirche, Festschrift für Joachim Jeremias* (1960), S. 221–234; zur vergleichbaren Einstellung der Qumran-Sekte, die Regeln für das Führen von Prozessen innerhalb der eigenen Gemeinschaft aufstellte, s. M. Burrows, *The Dead Sea Scrolls* (1956), S. 235). T. W. Manson (*Studies*, S. 198) ist der Meinung, die Judenchristen in Korinth hätten Paulus auf diese Sache aufmerksam gemacht; Paulus sei ganz ihrer Meinung, nur gehe er noch darüber hinaus. Es war die jüdische Sitte, Streitfragen innerhalb der eigenen Gemeinschaft zu erledigen (SB Bd. 3, S. 362 f.); es gab ebenfalls griechische und römische, gesellschaftliche und religiöse Gemeinschaften, die die gleiche Praxis befolgten. Schade, wenn Christen, die viel eher Grund dazu hätten (s. unten), nicht auch das gleiche tun konnten!

Oder wißt ihr etwa nicht (V. 2; d. h. wenn ihr nicht mit mir einverstanden seid, kann das bedeuten, daß ihr nicht wißt . . .)**, daß die Heiligen** (vgl. 1, 2; Heim macht darauf aufmerksam, daß die ganze Gemeinde, nicht nur eine besondere Richterklasse, angesprochen wird) **die Welt richten werden?** (Oder einfach: *richten* – Diese Zweideutigkeit begegnete uns schon 5, 13; nur zeigt hier V. 3 eindeutig, daß die Zukunftsform gemeint ist). Nach 5, 12, wo Paulus sich das Recht abspricht, die Draußenstehenden zu richten, hört sich dieser Vers eigenartig an. Aber 5, 12 bezieht sich auf lieblose Kritik, die von Gemeindegliedern in der jetzigen Zeit geübt wird, 6, 2 hingegen auf die Teilnahme des Volkes Gottes am Jüngsten Gericht. Diese Teilnahme wird in vielen Apokalypsen erwähnt (C. H. Dodd, *According to the Scriptures*, 1952, S. 68, sieht Parallelen zu Dan. 7, 22; vgl. Weish. 3, 7 f.; 1. Hen. 1, 9.38 und weitere Stellen, Jub. 24, 29; s. auch Matt. 19, 28; Luk. 22, 30; Offb. 20, 4), doch wendet Paulus den Gedanken hier in neuer Weise an. **Und wenn die Welt von euch gerichtet wird** (*von euch* = wörtl. *unter euch*, *ἐν ὑμῖν*; erinnert vielleicht an den in den Papyri gefundenen technischen Gebrauch der Präposition, *in eurer Abteilung* – s. M. I, S. 103; doch wird der Ausdruck schon im klassischen Griechisch für Gerichte und Gerichtshöfe benutzt, s. Lightfoot)**, seid ihr unwürdig, die geringfügigsten Rechtshändel zu richten?** Es handelt sich hier also um ein einfaches Argument *a maiori ad minus*: Christen haben kein Recht darauf, ihre eigene (oder des Bruders) Unwürdigkeit vorzuschützen, solche Fälle zu richten, wie sie in der Welt vor sie gebracht werden können. Die Richter des Jüngsten Gerichts sind auch für Rechtshändel in diesem Zeitalter kompetent. **Wißt ihr nicht, daß wir über Engel richten werden, geschweige denn** (V. 3; *μήτι γε*; s. LS zu der sich entwickelnden Bedeutung dieses Ausdrucks; vgl. M. I, S. 240) **über alltägliche Dinge?** Nicht nur Menschen, sondern Engel erscheinen vor dem Gericht Gottes am Jüngsten Tag; die allgemeine Bezeichnung *Engel* meint bei Paulus sowohl gute als böse Engel (z. B. 2. Kor. 12, 7; ein Engel Satans). Es muß bezweifelt werden, daß nach Röm. 13, 1 (s. *Romans* z. St.) Engel als die Gewaltigen hinter dem Staatswesen angesehen werden sollten; wenn dies jedoch tatsächlich stimmen sollte, würde das hier das Argument des Paulus unterstreichen: Christen, die über Engel zu Gericht sitzen werden, sollten sich säkularen Gerichten nicht unterwerfen, denn diese Gerichte sind selbst der Autorität der Engel unterstellt, über die die Christen richten werden. *Alltägliche Dinge* sind Angelegenheiten des diesseitigen Lebens; das gleiche Eigenschaftswort steht im nächsten Vers neben *Rechtshändel* (oder Gerichte; s. Bauer zu *βιωτικός* und *κριτήριον*). **Wenn ihr also nun Rechtshändel über Alltägliches habt, setzt ihr solche als Richter ein** (V. 4; wörtlicher: *laßt ihr solche sitzen*), die in der Gemeinde kein Ansehen haben? Dieser letzte Nebensatz könnte vielleicht noch etwas schärfer übersetzt werden: die in der Gemeinde nichts gelten; das wäre vielleicht besser. Eine Gemeinschaft von solchen, die später als Richter beim Gericht Gottes auftreten werden, macht sich lächerlich, wenn sie sich auch nur vom römischen Prokonsul richten läßt, der trotz aller Bildung und Erfahrung im Gesetz sowie seiner natürlichen Tugenden nicht zum Volke Gottes gehört. Das Verb *als Richter einsetzen* (*καθίζετε*) ist hier als Indikativ und als Frage aufgefaßt worden; möglich wäre es, hier einen Imperativ zu sehen. Dann wäre der Sinn: Wenn es unbedingt notwendig ist, über alltägliche Dinge Rechtshändel zu führen, dann zeigt dadurch eure Geringschätzung solcher Angelegenheiten, daß ihr die verachtetsten Gemeindeglieder aussucht und sie als Richter einsetzt. Obwohl dies eine von der Grammatik her gesehen mögliche Auslegung wäre, die zudem noch besser als meine Übersetzung zum Wort *καθίζειν* passen würde, weil es im eigentlichen Sinne den korinthischen Christen gar nicht zustand, *Richter* überhaupt einzusetzen, kann sie doch nicht bejaht werden, denn Paulus spricht nicht in dieser geringschätzigen Weise über die geringsten Glieder der Gemeinde (die

Beschreibung in 1, 26 ist aus einem ganz anderen Blickwinkel geschrieben); und gerade in Korinth hätte sich Paulus der Gefahr nicht aussetzen wollen, in dieser Sache mißverstanden zu werden. In der Gemeinde zählt jeder etwas, gilt jeder. Wir dürfen hier auch nicht annehmen, daß der ironische Satz von den „Aufgeblähten" übernommen wurde. Die nächsten Worte bestätigen diese Auslegung (V. 5): **Zu eurer Beschämung sage ich dies:** Hoffentlich schämt ihr euch über eure Rechtshändel vor heidnischen Gerichten, wenn ihr meine Worte lest. Vgl. 4, 14; hier spricht Paulus mit größerer Freiheit, denn es geht nicht mehr um seine eigene Person als vernachlässigter Apostel. Wenn es allerdings richtig wäre, *καθίζετε* als Imperativ aufzufassen, und diejenigen, *die kein Ansehen* in der Gemeinde genießen, unbedeutende Christen sind, dann würde dieser Satz den Sinn haben: Ich sage dies nicht, damit ihr in der Tat solche Gerichte einsetzt, sondern damit ihr euch schämt (so Allo; vgl. Bachmann); doch ist diese Auslegung unwahrscheinlich.

Paulus unterstreicht seine Beschwerde. **Ist es schon soweit gekommen, daß kein einziger Weiser** (möglicherweise ironische Anspielung auf die Weisheit, deren sich die Korinther rühmten – vgl. z. B. 8, 1; aber vielleicht denkt Paulus an den jüdischen *hakam*, einen Gelehrten von niedrigerem Rang als ein Rabbi, der als Richter auftreten durfte) **unter euch gefunden werden kann** (*οὕτως οὐκ ἔνι*), **der zwischen seinen Brüdern** (vgl. 1, 1; doch ist das Wort hier betont) **entscheiden könnte** (wörtlich: *wird entscheiden können* – idiomatisches Griechisch, das in Deutsch so nicht verständlich ist), **sondern der eine Bruder geht mit dem anderen Bruder vors Gericht, und das vor Ungläubigen?** (V. 6). Dieser letzte Teil des Satzes enthält eine Anzahl Schwierigkeiten, wenn auch die Bedeutung im allgemeinen klar sein dürfte. Es wäre möglich, nach *könnte* ein Fragezeichen zu setzen; dann wäre der letzte Teil des Satzes ein Satz für sich, entweder eine Frage oder eine einfache Aussage: *Aber der eine Bruder geht*... Das Wort, das hier mit *entscheiden* wiedergegeben ist, ist nicht das einfache Verb richten, *κρίνειν*, sondern eine zusammengesetzte Form: *διακρίνειν*; vgl. 4, 7; 11, 29.31; 14, 29. Es ist zweifelhaft, ob man an dieser Stelle zwischen der kürzeren und der längeren Form unterscheiden soll; die Präposition *διά* wird wahrscheinlich hinzugefügt, weil es um eine Entscheidung *zwischen* zwei Brüdern geht;

doch gibt es hier auch eine Schwierigkeit, da der Ausdruck *seinen Brüdern* eigentlich keine Übersetzung des griechischen Textes darstellt, sondern eher eine Umschreibung. Im Griechischen steht nämlich *ἀνὰ μέσον τοῦ ἀδελφοῦ αὐτοῦ* (Einzahl). Das ergibt normalerweise gar keinen Sinn (aber vgl. Sir. 25, 18; Offb. 7, 17). Vielleicht ist hier der Text verderbt (vgl. M. III, S. 23 – nach BD § 139 – „Der Singular ist weniger als generell, sondern als Kombination des semitischen Einflusses und dessen Abkürzung anzusehen"). Die angegebene Übersetzung stellt auf jeden Fall den redlichen Versuch dar, das wiederzugeben, was Paulus gemeint haben wird. Eine Gemeinde ist in einem traurigen Zustand, wenn die Gemeindeglieder vermuten, ihnen werde eher von *Ungläubigen* als von den eigenen Brüdern Recht gesprochen.

Aber jetzt wendet sich Paulus einer noch ernsteren Anklage zu. **Es ist in der Tat** (V. 7; *μὲν οὖν*) **schon** (*ἤδη* – ehe wir also überhaupt zu der Frage kommen, wo über solche Fälle entschieden werden sollte) **nichts anderes als** (*ὅλως*) **ein Versagen** (oder *Niederlage* im Sinne einer moralischen Niederlage: *ἥττημα*; „Vom eigentlichen christlichen Standpunkt aus gesehen habt ihr schon dadurch den Prozeß verloren, daß ihr ihn überhaupt vors Gericht gebracht habt" – Harris) **eurerseits, daß ihr überhaupt Prozesse** (hier steht nicht *πράγμα* sondern *κρίμα*; *πράγμα* ist allgemeiner, wird im Zusammenhang zum juristischen Ausdruck, V. 1; dagegen ist *κρίμα* ein forensisches Fachwort) **miteinander führt.** Die bloße Existenz einer Streitfrage, die von einem Dritten entschieden werden muß, beweist schon, daß die Liebe (s. Kap. 13) über Bord geworfen und durch Selbstsucht ersetzt worden ist. Sofern dies stimmt, haben die beteiligten Christen aufgehört, Christen zu sein; sie haben eine Niederlage erlitten. Es gibt einen besseren, wenngleich schwereren Weg: **Weshalb laßt ihr euch nicht lieber Unrecht tun? Weshalb laßt ihr euch nicht berauben?** M. III, S. 57 versteht die Verben *Unrecht tun, berauben* (*ἀδικεῖσθε, ἀποστερεῖσθε*) als Media, BD § 314 faßt sie als Passivformen auf – jedoch beide im Sinne von sich . . . lassen. Paulus hätte sich hier auf die Lehre Jesu berufen können: s. z. B. Matt. 5, 39–42. Daß er es nicht tut, läßt Fragen aufkommen, die zu kompliziert sind, um in diesem Kommentar beantwortet zu werden. Kannte Paulus vielleicht die Lehre Jesu nicht? Oder nahm er vielleicht an, die Korinther kennten sie so gut, daß er sie nicht einmal daran zu erinnern brauche? Oder hatte er einen guten Grund, sich an dieser Stelle nicht auf Jesus zu berufen, wie er es dann 7, 10; 9, 14 tut? S. *Romans*, S. 241. Solche Lehre findet sich nicht nur im Neuen Testament. „Es ist nur angebracht, darauf hinzuweisen, daß auch die griechische Moralphilosophie sich der Tatsache bewußt war, daß es besser ist, Böses zu erleiden, als es selbst zu verüben" (Héring). Siehe z. B. Platon, *Gorgias*, 509 C: „Wir sagen, daß es das größere Übel ist, Unrecht zu tun, das geringere, Unrecht zu erleiden."

Paulus kann auf das christliche Ideal hinweisen; in Korinth wird dieses Ideal nicht einmal angestrebt, geschweige denn erreicht. **Aber ihr tut selbst Unrecht und beraubt andere, und dazu noch Brüder** (V. 8). Wir wissen keine Einzelheiten über die Prozesse, die in Korinth unter den Christen geführt wurden. Auch die Ereignisse von 5, 1 hätten zu einem Prozeß führen können; vgl. 2. Kor. 7, 12. Paulus entfaltet sein Argument, indem er aufzeigt, welche Folgen das Verhalten der Korinther mit sich bringt. Im griechischen Text läßt sich die Verbindung leichter erkennen als im deutschen, denn das Wort für *Ungerechte* (*ἄδικος*) ist das Adjektiv vom Verb *Unrecht tun* (*ἀδικεῖν*), das in den Versen 7 f. benutzt wird. Gemeint ist nicht, daß solche, die sich gerichtlich *verteidigen*, an sich ungerecht und ebenso vom Reiche Gottes ausgeschlossen sind wie die Unzüchtigen, Götzendiener, usw. (gegen Barth). Der neue Absatz wird mit einer Satzform eingeleitet, die Paulus nicht selten benutzt, um seine Leser an alte Wahrheiten zu erinnern, von denen er fast annehmen muß, sie hätten sie vergessen.

Oder wißt ihr nicht, daß Ungerechte das Reich Gottes nicht ererben werden? (V. 9). Der Ausdruck „Reich Gottes" ist bei Paulus verhältnismäßig selten (zu „Reich Christi" s. 15, 24). An vier Stellen (6, 9.10; 15, 50; Gal. 5, 21) von zehn (wenn wir 15, 24 als Bezugnahme auf das Reich Gottes und nicht nur auf das Reich Christi dazuzählen) spricht er vom Ererben oder Nicht-Ererben dieses Reiches. Mindestens also an diesen vier Stellen (vgl. Matt. 6, 10; Luk. 11, 2 u. a.) muß ein zukünftiges Gut gemeint sein: die Zeit der ewigen Seligkeit, wo Gott alles in allem ist, nachdem die Kräfte des Bösen überwunden worden sind (vgl. 15, 28). Die Ungerechten werden dem Wesen der Sache nach keinen Anteil an diesem Reich der Gerechtigkeit haben. Hier versteht Paulus das

Wort *ungerecht* im streng moralischen Sinne (nicht also wie in V. 1 oben) und führt dann handfeste Beispiele der Ungerechtigkeit auf, die er meint. Diese Liste wird er aufgrund eigener Beobachtungen, nicht zuletzt auch in Korinth, zusammengestellt haben, obwohl die ganze Liste an zeitgenössische heidnische und hellenistisch-jüdische „Sündenregister" erinnert; zu den Parallelen s. W. L. Knox, *Some Hellenistic Elements in Primitive Christianity* (1944), S. 5. **Laßt euch nicht irreführen.** Diese Aufforderung findet sich häufig in der griechischen Diatribe; doch vgl. 15, 33; Gal. 6, 7; Luk. 21, 8; Jak. 1, 16. Gerade in solchen Angelegenheiten betrügen sich die Menschen selbst, indem sie sich zu überzeugen versuchen, daß Gott seine moralischen Forderungen doch nicht ernst meine. **Weder Unzüchtige** (im weitesten Sinne, s. Komm. zu 5, 1) **noch Götzendiener noch Ehebrecher noch Lustknaben noch Knabenschänder** (gemeint sind mit *Lustknaben* und *Knabenschändern* die passiven bzw. aktiven Partner in männlichen homosexuellen Beziehungen) **noch Diebe noch Habsüchtige** (V. 10; s. 5, 11 oben und Komm.), **nicht Trinker, nicht Lästerer, nicht Räuber** (wenn zwischen *Räuber*, *ἅρπαξ*, und *Dieb*, *κλέπτης*, unterschieden werden soll, dann wohl darin, daß der Räuber zusätzlich Gewalt ausübt) **werden das Reich Gottes** (s. oben) **ererben** (im AT im Sinne von: *Besitz erhalten von . . .*; vgl. Gen. 15, 7; dazu Matt. 5, 5; 1. Pet. 1, 4). Trotz der oben erwähnten Parallelen schreibt Paulus nicht bloß in literarischen Ausdrücken, sondern er spricht das größte aller Wunder an – nämlich die Gemeinde der Erlösten, Sünder, die aus ihrem alten Leben gerettet wurden durch die Kraft Gottes. **Und das seid ihr gewesen, manche von euch** (V. 11; *ταῦτά τινες ἦτε*). Calvin (S. 357) meint, daß das Wörtchen *τινες* hier überflüssig wäre, aber der Satz ergäbe ohne es keinen befriedigenden Sinn. Nicht alle Korinther waren Unzüchtige, Diebe, usw., gewesen; aber in der korinthischen Gemeinde wird eine ganze Reihe solcher ehemals unmoralischen Personen oder Verbrecher gewesen sein. Ehe der moderne Christ das Versagen der Heiligen zu Korinth hastig verurteilt, sollte er einmal an diesen Hintergrund der Gemeinde denken. So waren sie gewesen. **Aber** (dieses Wörtchen wird vor jedem der Verben in diesem Satz wiederholt, kann jedoch in dieser Weise im Deutschen unmöglich wiedergegeben werden) **ihr wurdet abgewaschen, ihr wurdet geheiligt, ihr wurdet gerechtfer-**

tigt (*δικαιοῦν* erinnert an *ἀδικεῖν, ἄδικος*) **im Namen des Herrn Jesus Christus und im Geist unseres Gottes.** Von den drei Verben stehen das zweite und dritte hier im Passiv; das erste ist hingegen ein Medium und bezeichnet im allgemeinen eine Handlung, die in bezug auf den Handelnden geschieht – es wird also oft am besten durch ein Reflexiv wiedergegeben. Es kann sein, daß das hier auch der Fall ist (ihr habt euch abgewaschen), aber das Passiv von *λούειν* ist ohnehin selten, so daß man annehmen darf, hier werde ein Medium einfach statt des Passivs eingesetzt (so A. Oepke, TWNT Bd IV, S. 306). Das gleiche Verb wird in Apg. 22, 16 ebenfalls als Medium benutzt. Dort ermahnt Ananias den neubekehrten Paulus: „Steh auf, laß dich taufen und wasche deine Sünden ab, indem du seinen Namen anrufst!" Hier, in 6, 11, ist es durchaus wahrscheinlich, daß die Bezugnahme auf den *Namen des Herrn Jesus Christus* an die Taufe erinnern will, obwohl die Tatsache, daß hier Paulus nicht den Fachausdruck verwendet (es wäre genauso leicht gewesen, den Ausdruck *ἐβαπτίσθητε* (= ihr wurdet getauft) einzusetzen), zeigt, daß es ihm um die innere Bedeutung der Handlung, nicht um den äußeren Ritus ging. Die Taufe wird auch sonst mit dem Namen Jesus in Verbindung gebracht (z. B. Apg. 2, 38; Paulus schreibt von einer Taufe *εἰς Χριστόν*, z. B. Röm. 6, 3); ebenfalls steht sie mit der Gabe des Geistes in einem Zusammenhang (12, 13). Die Taufe wird jedenfalls als freiwillige Handlung eines erwachsenen Gläubigen dargestellt (vielleicht ist dies der Grund, warum hier das Medium steht: die Korinther hatten sich freiwillig taufen lassen – so Bachmann); andererseits geht es zu weit, wenn behauptet wird, die Form des Verbs zeige, daß der Einzelne die Taufe an sich selbst vollzogen habe – vgl. 1, 14.16; aber hinter der Entscheidung des Gläubigen steht die Tat Gottes in Christus, durch die die Menschen kraft der Vergebung aus ihrer Schuld befreit und somit gereinigt werden. Wenn *ihr wurdet abgewaschen* die Zustimmung des Christen unterstreicht, so betonen die anderen beiden Verben das wesentliche Werk Gottes. *Ihr wurdet geheiligt* weist nicht auf eine ethische Entwicklung hin, sonst könnte das Verb nicht vor *ihr wurdet gerechtfertigt* stehen; der Sinn ist vielmehr: Ihr wurdet von Gott als sein Eigentum beansprucht; er machte euch zu Gliedern seines heiligen Volkes – in der Sprache des Paulus also zu Heiligen (*ἅγιοι*). Doch besitzt hier der Ausdruck *ihr wurdet gerechtfertigt* wahrscheinlich den typisch paulinischen Sinn: Ihr wurdet vor dem Gericht Gottes freigesprochen; obwohl einige Ausleger der Meinung sind, Paulus habe hier den „gemeinchristlichen" Sinn des Wortes (Bultmann, *Theologie*, S. 139) hervorheben wollen, etwa: Ihr wurdet moralisch gerecht gemacht. Wenn wir den Vers jedoch als Einheit betrachten, so ergibt sich von selbst, daß Paulus nicht sagen will, die Korinther seien gut, heilig oder gerecht gemacht worden; aus dem ganzen Brief geht hervor, daß sie noch eine lange Wegstrecke bis zum Ziel der Tugendhaftigkeit vor sich haben. Paulus sagt vielmehr, daß die Korinther trotz ihrer großen Sünden um Christi willen von der Schuld befreit, mit Gott vereinigt und freigesprochen worden sind. Und doch steckt der Vers voller ethischer Implikationen. Durch das, was Gott an ihnen getan hatte, ist ihnen die Möglichkeit eines neuen Lebens eröffnet worden; sie sind in der Sprache von 5, 7 „ungesäuerte Brote"; sie müssen jetzt den alten Sauerteig ausfegen und das christliche Fest in Aufrichtigkeit und Wahrheit feiern. Da wir es hier mit Kapitel 6 und nicht mit Kapitel 10 zu tun haben, dürfen wir annehmen, daß Paulus sich auf die moralischen Auswirkungen der Bekehrung *in nobis* bezieht, die im Werk Christi *extra nos* und *pro nobis* verwurzelt und in der Taufe besiegelt sind. Schweitzer (Mystizismus, S. 254) wird dagegen nicht Recht haben, wenn er behauptet: „Mit dieser Anspielung auf die durch die Taufe hervorgebrachte Veränderung will er sie nicht trösten, sondern lächelt darüber, daß sie meinen, als Getaufte nun ohne irgendwelche innere Anstrengung etwas anderes zu sein als vorher." Die Korinther waren Ehebrecher, u. a.; aber das sind sie seit ihrer Bekehrung nicht mehr. Nur zeigen sie ihren Mangel an Vollkommenheit dadurch, daß sie Prozesse gegeneinander führen; jetzt sollten sie moralisch genauso vollkommen gerecht und heilig werden, wie sie es theologisch durch Anteil an der Heiligkeit und Gerechtigkeit Christi schon sind.

Formell gründet sich der Ausdruck *im Namen des Herrn Jesus Christus* auf die Taufe; prinzipiell zeigt er aber, daß das an den Korinthern geschehene Gnadenwerk vom Werk Gottes in Christus Jesus abhängt – und von ihrer Beziehung zu Gott selbst. In ähnlicher Weise kann man *im Geist unseres Gottes* als Anspielung auf die Geistverleihung bei der Taufe auffassen, doch ist es der Geist, der die Heiligung bewirkt (s. Röm. 8, 8f.; Gal. 5, 22–25);

er steht auch mit der Rechtfertigung in Verbindung (s. Röm. 8, 4; 14, 17). Wie *das seid ihr gewesen* bestätigt, will Paulus in diesem Vers, ohne allzusehr auf die Heilsordnung zu achten, das Bekehrungserlebnis schildern, welches das Leben der Korinther verwandelt hatte. Durch das Werk des Heiligen Geistes in der christlichen Predigt angesprochen und überzeugt, hatten sie durch die Taufe den in ihnen entstandenen Glauben zum Ausdruck gebracht; ihre Sünden wurden weggewaschen, sie wurden zu Gott geführt und zu Mitgliedern des Volkes Gottes gemacht; sie wurden sogar zu gerechtfertigten Gläubigen, die in der Kraft des Geistes Gottes lebten.

Beachten sollte man die unbewußte Dreieinigkeitstheologie der letzten Worte: *des Herrn Jesus Christus, Geist, unseres Gottes*. Die trinitarische Theologie ist – wenigstens in ihrer neutestamentlichen Form – nicht aus Spekulationen heraus entstanden, sondern sie ist aus der Tatsache hervorgegangen, daß Christen, wenn sie von dem Zeugnis ablegten, was Gott an und in ihnen getan hatte, diese dreifältige Sprache benutzten mußten, wenn sie allem gerecht werden wollten.

(d) Die Wurzel des Problems

15. 6, 12–20: Die Wurzel des Problems

(12) „Alles ist mir erlaubt"; aber nicht alles ist zweckmäßig. „Alles ist mir erlaubt"; aber ich werde mich nicht von irgend etwas beherrschen lassen. (13) „Speisen sind für den Bauch, und der Bauch ist für die Speisen; und Gott wird beide, Bauch und Speisen, vernichten." Aber der Leib ist nicht für die Unzucht, sondern gehört dem Herrn, und der Herr gehört dem Leib; (14) und Gott hat den Herrn auferweckt und wird auch uns auferwecken[49]. (15) Wißt ihr nicht, daß eure Leiber Glieder Christi sind? Soll ich denn die Glieder Christi wegnehmen und sie zu Gliedern einer Hure machen? Nein! (16) Oder wißt ihr nicht, daß der, der sich an eine Hure bindet, ein Leib mit ihr ist? Denn die zwei, sagt die Schrift, werden ein Fleisch. (17) Aber wer sich an den Herrn bindet, der ist ein Geist mit ihm.

(18) Fliehet die Unzucht! Jede Sünde, die ein Mensch begehen mag, ist außerhalb seines Leibes; aber wer Unzucht begeht, versündigt sich gegen den eigenen Leib. (19) Oder wißt ihr nicht, daß euer Leib der Tempel des Heiligen Geistes ist, der in euch ist, den ihr von Gott habt, und daß ihr nicht euch selbst gehört? (20) Nein, denn ihr wurdet zu einem teuren Preis erkauft; also verherrlicht nun Gott[50] in eurem Leibe.

Die Verse 9–11 geben Paulus den Anhaltspunkt, den er braucht, um auf das Thema sexuelle Freizügigkeit zurückzukommen, das er am Ende des 5. Kapitels abgebrochen hat und das er aus positiver Sicht während seiner Besprechung der Ehe in Kap. 7 behandeln will. In Kap. 5 war Paulus von einem konkreten Anlaß ausgegangen, hier von einem Prinzip oder einer Voraussetzung; anscheinend zitiert er eine Quelle aus Korinth. Dadurch kann er den korinthischen Libertinismus auf tieferer Ebene abhandeln. Seine Besprechung des Prinzips geht in 8, 1–3; 10, 23 weiter.

„Alles ist mir erlaubt“ (V. 12). Es wird allgemein anerkannt, daß diese Worte ein Zitat darstellen, das in Korinth im Umlauf war; s. z. B. Moule, S. 196. Wie wir noch sehen werden, erklärt sich Paulus prinzipiell mit diesen Worten einverstanden, doch kann er die Schlußfolgerungen, die daraus gezogen werden, nicht teilen. Was war die Quelle des Zitats? Im Hinblick auf den ganzen Zusammenhang und auf die Wiederholung dieses Schlagwortes in 10, 23 – wobei 8, 7–13 auch in Betracht gezogen werden sollte – müssen wir annehmen, daß diese Worte von einer gnostischen Partei in Korinth geprägt wurden (s. Komm. zu 1, 12 und „Christianity at Corinth“). Wir wissen, daß der voll entfaltete Gnostizismus des 2. Jh. manchmal in Richtung Askese, manchmal in Richtung Libertinismus abdriftete. Die Geringschätzung des Materiellen (s. V. 13.18 f. unten) hätte zu dieser moralischen Gleichgültigkeit beitragen können; „Alles ist mir erlaubt“ – das heißt, nichts, was im Leib oder mit dem Leib gemacht wird, ist wichtig, und darum darf absolut alles getan werden. Es wird auch die Ansicht vertreten, Paulus selbst habe diese Worte in Korinth als antijüdische Polemik gebraucht und die Korinther hätten ihn mißverstanden (so z. B. Hurd; s. Einleitung). Paulus habe also die christliche Freiheit gegen solche behauptet, die die Gemeinde an die jüdische Gesetzlichkeit hatten binden wollen (z. B. 9, 1; Gal. 5, 1). Jetzt bekommt er in diesem Zusammenhang seine eigenen Worte wieder zu hören. Das ist möglich und nicht mit der anderen Auslegung unvereinbar, da die Gnostiker in Korinth durchaus in der Lage waren, die Worte des Paulus in einem anderen Sinne zu gebrauchen, als er sie ursprünglich gemeint hatte. Aber in Verbindung mit der Gemeinde in Korinth klingen die Worte nicht besonders antijüdisch. Hier sowie in Kap. 8 und 10 wird die Freiheit in gnostischer bzw. in halbgnostischer Umgebung besprochen. Der angegebene Grund für die leibliche Freiheit ist die Tatsache, daß der Leib vernichtet wird; daher muß seine Handlungsweise unbedeutend sein. Schlatter mag wohl Recht haben, wenn er den Anspruch auf Gebrauch der Dirne mit der in Kap. 7 besprochenen Einstellung der Korinther zur Ehe in Verbindung bringt. Dort wird nämlich gesagt, die Ehe sei zu vermeiden; Verheiratete sollten auf den Geschlechtsverkehr verzichten. Es hätte in Korinth argumentiert werden können (vor allem durch die Christinnen, Schlatter, S. 198), daß es rechtens sei, wenn ein Mann seine Frau „rein" halte und gelegentliche geschlechtliche Befriedigung bei der Dirne finde.

„Alles ist mir erlaubt." Paulus bestreitet dies nicht, sondern ergänzt: **Aber nicht alles ist zweckmäßig** (*συμφέρει*; wie die vielen Zitate bei Weiß beweisen, war dieses Wort in der populären Philosophie beliebt; bei Paulus vgl. 10, 23; 12, 7; 2. Kor. 8, 10; 12, 1). Die christliche Existenz hängt in der Tat nicht von der Einhaltung bestimmter Regeln ab, ob diese nun jüdischen, heidnischen, gnostischen oder gar christlichen Ursprungs sind; christliche Existenz geht aus der freien Gnade Gottes hervor, der aus reiner Liebe solche Menschen annimmt, die seine guten Gesetze übertreten. Es folgt jedoch daraus nicht, daß es gut oder zweckmäßig ist, wenn ein Christ in unverantwortlicher Weise seine Freiheit zum Tragen bringt (vgl. Gal. 5, 13; 1. Pet. 2, 16). Wahr ist, daß nur die Liebe und Handlungen, die durch die Liebe motiviert sind, für das Volk Gottes zweckmäßig sind, denn nur solche Handlungen der Liebe bauen auf (8, 1); obwohl der Gehorsam dem Gesetz gegenüber nicht mehr das Mittel der Rechtfertigung darstellt, bleibt das Gesetz Gottes trotzdem bestehen (9, 21) – in Christus ist es vereinfacht und zugleich bestärkt (das *Gesetz Christi*, Gal. 6, 2). Das Gesetz zeigt nicht mehr den Weg des Heils, macht aber doch noch auf unzweckmäßige Wege oder Handlungsweisen aufmerksam;

denn solche Handlungsweisen führen unausweichlich zur Auflösung der Gesellschaft und zum Verderben des menschlichen Lebens. Die christliche Freiheit muß durch die Rücksicht auf andere eingeschränkt werden.

Christliche Freiheit muß auch durch die Rücksichtnahme auf das eigene Wohlergehen begrenzt sein. **„Alles ist mir erlaubt"; aber ich werde mich nicht von irgend etwas beherrschen lassen.** Es gibt hier ein kleines Wortspiel, das sich vielleicht etwas übertrieben so wiedergeben ließe: „Alles ist in meiner Macht, doch will ich mich nicht der Macht irgendeines dieser Dinge ausliefern." Das Pronomen *irgendein* (*ὑπό τινος*) wird als sächlich aufgefaßt (eines der *Dinge*, die zusammen die *πάντα* ausmachen). Wäre das Wort jedoch ein Maskulinum, müßten wir hier übersetzen: Ich will mich nicht irgend jemandes Macht ausliefern" – indem ich mich z. B. mit einer Hure vereinige. Aber der Gedanke des Paulus geht tiefer. Er sieht, daß es möglich ist, sich im Namen der Freiheit zu versklaven, sich der Macht unzweckmäßiger Praktiken auszuliefern, sich letzten Endes in der Gewalt des eigenen Triebes zu befinden. Der Korinther, der von sich meint, er dürfe als überlegener geistlicher Mensch mit der Dirne Geschlechtsverkehr haben, wird entdecken, daß er sich einer strengeren Gewalt als der des Gebotes „Du sollst nicht ehebrechen" ausgeliefert hat. Im gewissen Sinne ist Paulus also bereit, dieses Schlagwort „Alles ist mir erlaubt" in Kauf zu nehmen, doch muß es ganz genau definiert werden. Christliche Freiheit ist etwas anderes als Freizügigkeit, denn Freizügigkeit ist keine Steigerung, sondern Einengung der Freiheit.

Die nächsten Worte setzen wahrscheinlich das Zitat fort (V. 13): **„Speisen sind für den Bauch, und der Bauch ist für die Speisen; und Gott wird beide, Bauch und Speisen, vernichten."** Dies ist ein *rationales*, vielleicht gnostisches Argument für die Freiheit, die Speisegebote zu ignorieren. Wahrscheinlich hat Paulus den Satz nicht selber formuliert, und er macht in keinerlei Weise aufmerksam auf die Parallele in der Lehre Jesu (Mk. 7, 19); doch nimmt Paulus den Gedanken anscheinend an. Er versucht nicht wie beim ersten Zitat, die Aussage zu definieren oder zu bestimmen (obwohl er auch hier etwas Wichtiges hinzufügt); aber in der Besprechung der Frage des Götzenopferfleisches (8, 8; 10, 25 ff.) nimmt er im wesentlichen den gleichen Standpunkt ein: Was ich auch esse, es geht in den Bauch und wird dort verdaut und aufgelöst; nach dem natürlichen Lauf der Dinge wird mein Bauch nach meinem Tode ebenfalls aufgelöst. Es ist doch Gott selbst, der die Verdauung der Speisen und die Auflösung des Leibes angeordnet hat; wie können wir es daher als von ewiger Bedeutung ansehen, welche Speisen ich zu mir nehme? Angesichts des 15. Kapitels hätte man erwarten können, daß Paulus dieses ganze Argument aufgrund der zu erwartenden Auferstehung des Leibes einschränken würde, aber er tut es nicht, und wir müssen uns daran erinnern, daß Paulus in der Auferstehung einen anderen, verwandelten Leib erwartete (s. 15, 35–44; 2. Kor. 5, 1–5; Phil. 3, 21). Außerdem meint Paulus mit *Leib* viel mehr als nur die Zusammenfügung physischer Organe wie des *Bauches*. Es mag jedenfalls wahr sein, daß der ursprüngliche Kontext des in 15, 12 erwähnten Unglaubens das Argument dafür darstellte, daß die Handlungen des Leibes für die Ewigkeit unwichtig seien (siehe unten).

Was also die Speisegebote betrifft, kann das Argument der Korinther stehen gelassen werden. Christen müssen die Speisegebote tatsächlich nicht einhalten. Aber nun ist Paulus wieder anderer Meinung als seine Briefpartner. Es geht ja im ganzen Absatz um den Geschlechtsverkehr mit einer Dirne; und wir müssen voraussetzen, daß es in Korinth einige gegeben hat, die aus dem die Speisegebote betreffenden Argument mit der gleichen Begründung auf die Beziehung zur Dirne geschlossen haben: Wenn es dem Christen erlaubt sei, ohne Rücksicht auf die Speisegebote den einen physischen Appetit zu befriedigen, dann müsse es nach den gleichen Kriterien erlaubt sein, den geschlechtlichen Appetit auf die bequemste Weise zu befriedigen. Wahrscheinlich wollte Paulus dieses Argument der Korinther nicht ausdrücklich erwähnen, obwohl es für die eigene Argumentation von Vorteil gewesen wäre, wenn er es gewagt hätte; auf jeden Fall bietet Paulus hier keine qualifizierte Bejahung des Grundsatzes, sondern er verneint ihn als Prinzip. Der Geschlechtsverkehr mit einer Dirne ist nicht nur verboten, sondern eine Unmöglichkeit (vgl. Barth, KD, Bd. 3/2, S. 369ff.). **Aber der Leib ist nicht für die Unzucht, sondern gehört dem Herrn** (oder: *ist für den Herrn*), **und der Herr gehört dem Leib** (oder: *ist für den Leib*). Bauch und Speise, ja; Leib und Unzucht, nein! Es ist bedeutsam, wenn Paulus hier nicht mehr Bauch, sondern Leib schreibt; bei Paulus bedeutet *Leib* (σῶμα) immer mehr als organisches Gewebe. Auch der „natürliche Leib" ist beseelt (hat eine ψυχή); und wenn es einen natürlichen Leib gibt, so gibt es auch (15, 44) einen geistlichen Leib, der vom Geist (πνεῦμα) bestimmt wird. *Leib* ist also eines der Worte, die Paulus benutzt, um nicht etwa einen Teil der menschlichen Persönlichkeit, sondern den Menschen als Menschen zu bezeichnen. Der *Bauch* ist ein materielles Organ, das ich eine kurze Zeit brauche; der *Leib* aber – das bin ich. Das Argument also, dessen sich die Korinther anscheinend bedient haben, stellt einen Trugschluß dar. Es gibt einfach keine Analogie zwischen der Verdauung der Speisen durch den Bauch und dem Gebrauch des Leibes zur Unzucht. Der Leib ist für den Dienst des Herrn da (vgl. Röm. 6, 12.13.19; 12, 1), und der Herr hat sich selbst für den Leib dahingegeben; die beiden sollen auf ewig vereinigt werden – in der Schwäche und im Leid, das der Gläubige in diesem Zeitalter mit Christus teilt (2. Kor. 6, 10; 12, 9 f.) sowie in dem herrlichen Zustand nach der Verherrlichung des Leibes (15, 51; 2. Kor. 5, 1–5; Phil. 3, 21). Hier also sowie im Rest des Absatzes kann es sein, daß Paulus die libertinistischen Ansprüche der Christus-Partei zurückweist, indem er aufzeigt, was es wirklich heißt, zu Christus zu gehören (so Schlatter). Er setzt sein Argument fort, indem er die Hauptaussage verdeutlicht (V. 14): **Und Gott hat den Herrn auferweckt und wird auch uns auferwecken.** Im Gegensatz zum Essen ist der Geschlechtsverkehr eine Handlung, die den ganzen Menschen mit einbezieht; darum hat er nicht Anteil an der Vergänglichkeit der physischen Glieder, sondern an der Kontinuität des Auferstehungslebens. In diesem Vers benutzt Paulus zwei Verben: einmal die einfache Form „auferwecken" (ἐγείρειν), einmal die erweiterte Form „(heraus-)auferwecken" (ἐξεγείρειν). Es ist jedoch zu bezweifeln, daß in der Bedeutung ein beachtenswerter Unterschied vorhanden ist. Wichtiger ist die Frage der Lesarten am Ende des Verses (vgl. Fußnote 49, S. 172): *wird auferwekken, auferweckte, auferweckt* (Fut., Aor., Präs.). Jede diese Möglichkeiten findet in den Hss. ausreichend frühe Belege, um als ursprünglich gelten zu können, aber Zuntz (S. 256 f.) zieht zu Recht den Vergleich zu 2. Kor. 4, 14; Paulus' Argument bekommt allein durch die Zukunftsform die nötige Überzeugungskraft. Weil der *Leib* nicht etwas rein Vergängliches ist, sondern auferweckt werden wird, sollten die Menschen ihn nicht mehr zur Unzucht gebrauchen.

Der nächste Vers wiederholt das Argument und bekräftigt es. **Wißt ihr nicht** (V. 15; wie üblich – vgl. 6, 2 usw. – gibt Paulus zu verstehen, daß seine Leser es wissen müßten, daß sie sich jedoch so verhalten, als wüßten sie es nicht), **daß eure Leiber Glieder Christi sind?** Vgl. Röm. 12, 5; Kol. 1, 18.24. Paulus benutzt die Metapher des Leibes auf verschiedene Weise. In 12, 12–27 gibt es *einen* Leib Christi; hier sind die vielen menschlichen Leiber Glieder des Christus, jeder einzelne mit ihm verbunden und jeder einzelne (wenigstens im Idealfall) ihm zur Verfügung stehend. Es folgt die Konsequenz: **Soll ich denn die Glieder Christi wegnehmen und sie zu Gliedern einer Hure machen?** Das Bild ändert sich hier etwas, denn Paulus denkt jetzt an die einzelnen Glieder, die den menschlichen Leib ausmachen. Alle gehören Christus und sind, obwohl sie in einem gewissen Sinne noch sich selbst gehören, doch in der Tat sein. Soll ich ihm die Glieder, die ihm gehören, verweigern und sie statt dessen der Hure zum Gebrauch übergeben? Wenn man den Fall so schildert – und Paulus hat zweifellos recht –, dann ist der Umstand undenkbar. *Nein!* Aber vielleicht würden die Korinther die Voraussetzung des Paulus bestreiten, indem sie behaupteten, der Verkehr mit der Hure sei nicht mit einer Wegnahme der Glieder Christi gleichzusetzen. Dann sollten sie es besser wissen, denn die Schrift beweist, daß sie Unrecht hätten. **Oder** (V. 16; vgl. 6, 9 und Komm.) **wißt ihr nicht, daß der, der sich an eine Hure bindet** (hier wird *κολλώμενος* als Med. aufgefaßt; im AT wird das Wort für die geschlechtliche Vereinigung sowie im religiösen Sinne benutzt) **e i n Leib mit ihr ist?** Die beiden Worte *mit ihr* stehen nicht im griechischen Text, doch brauchen wir sie in der Übersetzung, um den Sinn zu vervollständigen. **Denn die zwei, sagt die Schrift** (im Griechischen hat das Verb kein Subjekt; ohne die eigentliche Bedeutung des Satzes zu ändern, könnte man auch übersetzen: sagt *Gott*; oder: *heißt es* (unpersönlich)), **werden e i n Fleisch.** Vielleicht will es uns zuerst scheinen, als ob Paulus *Fleisch* anstelle von *Leib* hätte schreiben sollen; aber er zitiert hier Gen. 2, 24 und benutzt das Wort, um seine Argumentation wesentlich voranzubringen. In seiner Anthropologie ist *Leib* ein neutraler Ausdruck; er stellt das menschliche Ich an der Stätte der Entscheidung dar. Er kann Diener der Sünde, aber auch Diener der Gerechtigkeit sein. Wer seinen Leib einer Hure zur Verfügung stellt und so e i n Leib mit ihr wird, der hat mit seinem Leib die falsche Entscheidung getroffen – und ist Fleisch geworden. Für Paulus hat das Wort (nicht ohne Ausnahme) eine negative Bedeutung; es beschreibt die verkehrte, gefallene menschliche Natur. Diese Natur ist nicht deswegen verderbt, weil sie im physischen Bereich besteht, sondern weil sie in ihrer Ganzheit von Gott abgefallen ist und anthropozentrisch lebt. Der Leib besitzt jedoch – nicht in der eigenen Kraft, sondern kraft des Wirkens des Heiligen Geistes – die Fähigkeit, sich in die richtige Richtung zu wenden und theozentrisch zu leben. Wenn dies geschieht, wechselt er hinüber in den Bereich des Geistes – nicht weil er aufhört, zur materiellen Welt zu gehören, sondern weil er als Ganzheit vom Geist Gottes bestimmt wird. Das Zitat aus Gen. 2, 24 macht es Paulus möglich, das Argument wie folgt fortzusetzen (V. 17): **Aber wer sich an den Herrn bindet** (*κολλώμενος* wie V. 16), **der ist ein Geist mit ihm.** Die letzten beiden Worte sind wieder ein Zusatz zum Zwecke der Klarheit. *Der Herr* (Christus) ist das Mittel, durch das der Mensch die theozentrische Existenz erreichen kann, die mit „Leben im Geist" gemeint ist. Angesichts des Wechsels von *Fleisch* auf *Geist* ist es schwer einzusehen, wie Schweitzer (*Mystizismus*, S. 127) diesen Text benutzen kann, um zu beweisen, daß das „Sein in Christo" eine körperliche Vereinigung darstellt – „gleichartig mit der leiblichen Gemeinschaft zwischen Mann und Frau." Damit meinen wir nicht, daß die Bindung an Christus im modernen Sinn rein *„geistig"* wäre. Die Bindung an ihn wird in erster Linie durch seine Initiative möglich, die er durch körperliche Handlungen und körperliches Leid zum Ausdruck gebracht hat (vgl. V. 20 unten: *denn ihr wurdet zu einem teuren Preis erkauft*); in zweiter Linie wird sie durch den Glauben möglich – also durch die Hingabe der Glieder, die ihm jetzt gehören, weil er sie erkauft hat. Paulus will dieses Argument weiter ausführen, doch beginnt er seinen neuen Absatz mit einem kräftigen Imperativ.

Fliehet die Unzucht! (V. 18; *φεύγετε τὴν πορνείαν*; vgl. 10, 14, wo die Konstruktion lautet: *φεύγειν ἀπό*; nach Robertson, S. 471, gibt es hier einen tatsächlichen Unterschied, nur sagt er nicht, welchen – und es ist schwerlich vorstellbar, daß ein solcher Unterschied wesentlich sein könnte); also nicht nur *meidet*, sondern *fliehet*! Die Versuchungen zur Unzucht waren in Korinth so häufig, daß allein die Mißbilligung dieser Sünde wahrscheinlich nicht reichen würde; tatkräftige Gegenmaßnahmen waren erforderlich. Das gleiche gilt für die Sünde des Götzendienstes (10, 14).

Die nächsten Worte bringen uns zu einem schweren exegetischen Problem. **Jede Sünde, die ein Mensch begehen mag, ist außerhalb seines Leibes; aber wer Unzucht begeht, versündigt sich gegen den eigenen Leib.** Hier wird also ein Unterschied zwischen der Unzucht und allen anderen Sünden hinsichtlich ihrer Beziehung zum menschlichen Leib festgestellt. Können wir diesen Unterschied gelten lassen? „Tatsächlich sind auch Schlemmerei, Trunksucht, Selbstverstümmelung und gar Selbstmord Verbrechen gegen den eigenen Leib" (Lietzmann z. St.). Um diese Schwierigkeit zu überwinden, schlägt Moule (S. 196 f.) vor, den Satz: *„Jede Sünde ... außerhalb seines Leibes"* als Schlagwort der korinthischen Libertinisten aufzufassen. Dann würde Paulus antworten, daß die Unzucht keine Sünde sei, die außerhalb des Leibes und ohne Wirkung auf den Leib geschehe; sie sei vielmehr Sünde gegen den Leib und müsse darum gemieden werden. Doch kann diese attraktive Erklärung nicht ganz befriedigen, weil die Antwort des Paulus die allgemeine Voraussetzung anzunehmen scheint – er macht nur eine Ausnahme (vgl. V. 12 f.), was uns zum ursprünglichen Problem zurückbringt. Vielleicht ist es besser, wir setzen voraus, Paulus schreibe hier ziemlich informell und nicht in der Art der Moralphilosophie. Diese Auffassung geht allerdings auf Calvin zurück:· „Paulus meint mit dem ‚eigenen Leib' doch unseren menschlichen Leib, der von der Unzucht nur noch viel mehr als die Hand von Raub und Mord, die Zunge von Fluchen und falschem Eid und der Körper von der Trunksucht verunreinigt wird. Ihr Schandmal ist dem Körper tiefer eingebrannt als das von anderen Sünden" (Calvin, S. 360). Verhältnismäßig betrachtet also sind die anderen Sünden *außerhalb des Leibes* (das Wort wird hier für die Summe der einzelnen Glieder verwandt – vgl. V. 15; der Körper ist der physische Teil des Menschen, der ihm von Gott gegeben worden ist, damit er dadurch sein Ich zum Ausdruck bringen kann). Die Unzucht ist eine Sünde, und nicht nur gegen Gott, auch nicht nur gegen die andere Person, die daran beteiligt ist, sondern gegen den Leib dessen, der sie begeht. Dieser Leib soll dem Herrn, jedoch nicht der Hure, zur Verfügung stehen (V. 13); ihm wird Unrecht getan, wenn er zu anderen

Zwecken benutzt wird. Es kann sein, daß hier Paulus' Argument den jüdischen Glauben widerspiegelt, daß der Mensch, als er geschaffen wurde, zweigeschlechtlich gewesen sei (Daube S. 79ff., 84), doch hängt das Argument nicht von diesem Glauben ab; die stoischen Parallelen zu der Schlußfolgerung des Paulus wurden anhand anderer Argumente und aufgrund anderer Voraussetzungen erreicht.

Da Paulus an Christen schreibt, für die die Bestimmung des Leibes teilweise und in einer vorläufigen Form erreicht worden ist, kann er seine Meinung noch genauer und noch kräftiger formulieren. **Oder wißt ihr nicht** (V. 19; zu diesem „Paulinismus" s. V. 16), **daß euer Leib der Tempel** (oder: *Schrein*, vgl. 3, 16f. und Komm.) **des Heiligen Geistes ist, der in euch ist, den ihr von Gott habt, und daß ihr nicht euch selbst gehört?** Obwohl die Sprache hier der von 3, 16f. ähnelt, ist der Gedanke anders. Dort dachte Paulus an die Gemeinde als Wohnort des Geistes, hier denkt er in Übereinstimmung mit den hellenistischen Parallelen (viele Beispiele bei Weiß) an den einzelnen Christen. Es ist nicht inkonsequent, die Metapher in dieser zweifachen Weise zu verwenden; beide Gedanken sind richtig und werden in einem ihnen angemessenen Zusammenhang vorgebracht. Wenn es um die Einheit und Reinheit der christlichen Gemeinde geht, erinnert Paulus daran, daß die Gemeinde der „Schrein" ist, in dem der Geist Gottes wohnt. Wenn es um die Reinheit und Einheit des moralischen Lebenswandels des Einzelchristen geht, erinnert er daran, daß der Heilige Geist in jedem Christen wohnt, und daß darum die Christen den Schrein des Geistes nicht verunreinigen sollten. Stoische Moralisten argumentierten ähnlich (z.B. Epiktet, zitiert im Komm. zu 3, 16); das Argument gewinnt jedoch an Kraft, wenn wir bedenken, daß der göttliche Geist nicht kraft der Natur, sondern kraft der Gnade im Menschen wohnt. Dieser göttliche Geist läßt sich zudem nur als Ausdruck der moralischen Heiligkeit Christi begreifen.

Man könnte nach „habt" das Fragezeichen setzen und mit *und daß ihr nicht euch selbst gehört* einen neuen Satz bilden. Es ist jedoch unwahrscheinlich, daß Paulus einen solchen Satz mit dem einfachen *und* (*καί*) begonnen hätte, so daß es letztlich besser erscheint, die Frage auszudehnen. Diese erinnert die Korinther an Dinge, die sie eigentlich nie hätten vergessen dürfen: (a) Daß der

Heilige Geist in ihnen wohnt; (b) daß sie nicht Eigentümer des eigenen Leibes sind, nicht einmal des eigenen Ichs. Sie wurden geschaffen und vorausbestimmt, Christus zu dienen, nicht Huren zur Verfügung zu stehen; sie haben nicht das Recht, mit ihren Gliedern zu tun, was sie wollen. Dies leitet sich nicht allein von der Schöpfungslehre ab. *Ihr gehört nicht euch selbst:* **Nein, denn ihr wurdet zu einem teuren Preis erkauft** (V. 20). Als der Mensch die Freiheit von Gott hinweg und die Möglichkeit, der eigene Meister zu sein, suchte (s. die Abwandlung über Adam in Röm. 1, 20–23; 5, 12–21), wurde er zum Sklaven der Sünde, wodurch der Tod herrschte (Röm. 5, 17; 6, 23). Aus dieser Knechtschaft (wie wir in V. 19 sehen, im wesentlichen eine Gebundenheit an das Ich) konnte er nur befreit werden, indem er das wurde, wozu er einst erschaffen wurde – Sohn und Diener Gottes. Darum die Beschränkungen der christlichen Freiheit in V. 12. Seine Freiheit im Dienst für Gott wurde durch das Werk Christi wiederhergestellt. Dieses Werk Christi wird hier und anderswo (Röm. 3, 24; Gal. 3, 13; 4, 5) als das Zahlen eines Lösegeldes oder ein „Erkaufen" beschrieben. Das Verfahren sakraler Freilassung, in dem der Sklave „zur Freiheit" (Gal. 5, 1) erkauft wurde im Namen irgendeines Gottes, kann Paulus als Analogie gedient und ihm eine hilfreiche Terminologie zur Verfügung gestellt haben; doch leitete er die fundamentale Idee des Loskaufs vom Alten Testament ab, wo der Begriff in verschiedenem Zusammenhang vorkommt (z. B. Ex. 6, 6; 13, 13; Ruth 4, 4ff.; Psalm 103, 4; Jes. 43, 1). *Zu einem teuren Preis* wird wahrscheinlich nicht die Höhe des bezahlten Lösegelds, sondern die vollendete Tatsache des Bezahlens unterstreichen wollen.

In Übereinstimmung mit dem Zusammenhang betont hier Paulus nicht die Freiheit, die aus dem Bezahlen des Lösegeldes hervorgeht, sondern die Tatsache, daß die Befreiten zum Dienst für Gott befreit worden sind. *Ihr wurdet zu einem teuren Preis erkauft;* **also verherrlicht nun Gott in eurem Leibe.** Negativ gesehen, will dieser Satz sagen: Verwendet euren Körper nicht zur Unzucht! Aber die Aussage ist an sich positiv. Was sie auch tun, Christen müssen zur Ehre Gottes handeln (10, 31). Es ist typisch für Paulus (vgl. z. B. Röm. 12, 1), daß er hinzufügt: *In eurem Leibe.* „Es wäre undenkbar, daß Seneca eine solche Aussage machen könnte. Nach seiner Vorstellung konnten Geist und Seele die Götter verherrlichen, aber nicht der verachtenswerte Leib, der für die Reinheit des Geistes eine ständige Bedrohung darstellt" (Sevenster, *Seneca*, S. 76). Nach Paulus jedoch sind es die konkreten Umstände, in denen die physischen Glieder wirken, wo Gott gedient werden muß. Daß Generationen späterer Christen diese Wahrheit nicht begriffen, spiegelt sich in den verschiedenen Lesarten wider (s. Fußnote 50, S. 173).

C. EIN BRIEF AUS KORINTH

(a) Die Ehe und ähnliche Fragen

16. 7, 1–7: Das Verhalten in der Ehe

(1) Betreffs der Dinge, die ihr geschrieben habt: „Es ist gut für den Mann, keine Frau zu berühren." (2) Ja, aber weil Fälle der Unzucht vorkommen, soll jeder Mann seine eigene Frau haben, und jede Frau soll ihren eigenen Mann haben. (3) Der Mann soll der Frau die schuldige Pflicht[51] entrichten, ebenso die Frau dem Mann. (4) Es ist nicht die Frau, sondern der Mann, der über den Leib der Frau Autorität hat; und in gleicher Weise ist es nicht der Mann, sondern die Frau, die über den Leib des Mannes Autorität hat. (5) Beraubt einander nicht, es sei denn im gegenseitigen Einvernehmen und auf begrenzte Zeit, damit ihr zum Gebet Muße habt; dann seid wieder zusammen, damit euch Satan nicht aufgrund eurer Unenthaltsamkeit verführe. (6) Dies sage ich aber als Zugeständnis, nicht als Gebot. (7) Ich wünsche, alle Menschen wären so, wie ich es bin; doch hat jedermann seine eigene Gabe von Gott, der eine so, der andere so.

Das Thema sexueller Anstößigkeiten hat Paulus seit 5, 1, wo er anfängt, darüber zu schreiben, gründlich besprochen; jetzt geht er zum verwandten Thema der Ehe über, obwohl er, wie der 2. Vers schon zeigt, gezwungen ist, die Ehe im Lichte der verkehrten Ansichten, die in Korinth überhandnehmen, zu schildern. Es geht auch sofort aus diesem Abschnitt hervor, daß die Themen dieses und des folgenden Kapitels nicht wie Kap. 1 bis 4 und wahrscheinlich auch Kap. 5 und 6 Ergebnis der Benachrichtigung des Paulus durch Boten gewesen sind, sondern von den Korinthern selbst durch einen Brief an den Apostel aufkamen.

Betreffs der Dinge, die ihr geschrieben habt (V. 1): eine ähnliche Formel (*περὶ δέ*) leitet auch in 7, 25; 8, 1; 12, 1; 16, 1 besondere Themen ein. Es ist wahrscheinlich anzunehmen (s. Einleitung), daß die Korinther an Paulus geschrieben hatten, um seinen Rat über gewisse Fragen des Verhaltens und des Lebenswandels einzuholen. Anscheinend zitiert Paulus ab und zu aus diesem Schreiben, und aus den Antworten, die er gibt, ist es wenigstens teilweise möglich, den Brief der Korinther zu rekonstruieren. Hier ist insbesondere die Arbeit Hurds zu erwähnen, allerdings mit den in der Einleitung ausführlich geschilderten Vorbehalten. **„Es ist gut für den Mann, keine Frau zu berühren.“** Wenn wir diese Worte als Zitat aus dem Brief der Korinther an Paulus auffassen, räumen wir einige der Schwierigkeiten aus dem Wege. Diese Auffassung wird wahrscheinlich anzunehmen sein (vgl. 6, 12f. und Komm; s. Jeremias in *Studia Paulina*, S. 151). Aber auch sie kann die Hauptschwierigkeit nicht beseitigen; denn, auch wenn Paulus den Satz nicht selber formulierte, zitiert er ihn doch, ohne unmittelbar darauf hinzuweisen, daß er ihn mißbillige. Danach jedoch erlaubt Paulus nicht nur die Ehe, sondern mißbilligt die geschlechtliche Enthaltung innerhalb der Ehe. Wenn er, wie es scheint, die Aussage der Korinther bestätigt, dann müssen wir wie Calvin diese Aussage etwa so erklären: „Kann man sagen: Es ist gut, keine Frau zu berühren, folglich ist es schlecht, wenn man es dennoch tut? Nein. Paulus braucht hier das Wort „gut“ nicht in dem Sinn, daß es im Gegensatz zum Bösen und Schändlichen sei“ (S. 362). Geschlechtliche Beziehungen innerhalb der Ehe sind nicht verkehrt; doch aus verschiedenen Gründen (s. unten) ist es besser, sie nicht aufzunehmen. S. auch Lightfoot zu den Grenzen, innerhalb derer das Zölibat hier befürwortet wird. Im Zusammenhang betrachtet sind diese Grenzen doch wohl das Produkt des Denkens des Paulus und nicht des der Korinther.

Im Hinblick auf die Aussage, die hier von Paulus übernommen

wird, weisen SB Bd. 3, S. 367, darauf hin, daß „dieser Grundsatz den Anschauungen der alten Synagoge“ nicht entsprach. Paulus übernahm nicht einfach die Ansichten zur Ehe, die in seiner jüdischen Umwelt gängig waren. Dort wurde die Ehe sogar als Pflicht aller Männer angesehen. Wichtiger noch, die Ansichten des Paulus scheinen im Widerspruch zu denen des Alten Testaments zu stehen; s. bes. Gen. 2, 18, wo eine verbale Parallele zu dem Satz „Es ist gut für den Mann, keine Frau zu berühren“ gefunden wird: „Es ist nicht gut, daß der Mensch allein bleibt“ (*οὐ καλὸν εἶναι τὸν ἄνθρωπον μόνον*; vgl. Tob. 8, 6). Wenn wir mit Calvin sagen, daß sich der Genesis-Text auf die Zeit vor dem Sündenfall beziehe, in der die Sünde die göttliche Eheordnung noch nicht verdorben gehabt habe, ist das eine nur teilweise Erklärung, denn die alttestamentlichen Autoren haben aller Wahrscheinlichkeit nach diesen Unterschied nicht gemacht; der Schöpfungsbericht wurde erzählt, um die Ehe, wie sie in der sündhaften Welt bekannt war, als Anordnung Gottes zu rechtfertigen. In späteren Versen schwächt Paulus diese Aussage, daß es für den Mann gut sei, keine Frau zu berühren, so stark ab, daß es unmöglich sein dürfte, seine Einstellung als asketisch und dualistisch und dem Alten Testament entgegengesetzt zu beschreiben (gegen Bultmann, *Theologie*, S. 203). Parallelen (s. Betz, S. 75) finden sich zwar bei Philosophen, die sich der Ehe enthielten, aber die Einstellung der Korinther wird im Zusammenhang ihrer christlichen Überzeugungen entstanden sein. „Das Verlangen nach der Ehelosigkeit bricht jeden Zusammenhang mit dem Judentum ab, ist aber deshalb nicht griechisch. Denkbar ist es nur unter dem Schutz des Satzes: ‚Alles ist mir erlaubt‘, und dieser Satz hat mit den griechischen Überlieferungen nichts zu tun, sondern war die christliche Antwort auf den jüdischen Gesetzesdienst“ (Schlatter, S. 212). Paulus geht es hier um die Zweckmäßigkeit; er benutzt das Wort *gut* nicht im moralischen Sinne (Héring zieht den Vergleich zu Jona 4, 3.8 und Gen. 2, 18, und weist darauf hin, daß „für den Christen als Glied der Gemeinde die Einsamkeit des ersten Adam nicht existiert“). Der Zustand des Ledigseins ist aus verschiedenen Gründen pragmatischer Art etwas sehr Wünschenswertes – glückselig die, die diesen Zustand ertragen können; aber die Ehe ist im schlimmsten Falle mühsam und keinesfalls unethisch, sondern sie wurde von Gott eingesetzt.

Es ist nicht falsch, wenn die Korinther behaupteten, es sei *für den Mann gut, keine Frau zu berühren.* **Ja, aber weil Fälle der Unzucht vorkommen, soll jeder Mann seine eigene Frau haben, und jede Frau soll ihren eigenen Mann haben** (V. 2; „zufälliges Verbot der Polygamie" – Lightfoot). Das Wort *Unzucht* steht hier in der Mehrzahl und wird dementsprechend übersetzt: Fälle der Unzucht (M. III, S. 28 spricht ohne Grund von einem *pluralis poeticus*, fügt allerdings hinzu, daß die Mehrzahl als *‚Fälle der Unzucht'* gedeutet werden darf). Wir wissen schon um einen bestimmten Fall der Unzucht im weitesten Sinne des Wortes (5, 1), und der allgemeine Ton des Briefes läßt erkennen, daß sogar innerhalb der Gemeinde zu Korinth das moralische Verhalten manches zu wünschen übrig ließ. Paulus sagt hier nicht, daß die Ehe lediglich als Prophylaktikum gegen die Unzucht zu sehen sei, sondern nur, daß sie auch diesem Zwecke dienen könne. Männer und Frauen haben einen Geschlechtstrieb, und wenn dieser innerhalb der von Gott selbst eingesetzten Lebensgemeinschaft zum Ausdruck kommt, ist es nicht so wahrscheinlich, daß er sich in von Gott verbotenen Wegen ausdrücken wird. Allerdings muß es sich um eine echte und keine „geistliche" Ehe handeln. **Der Mann soll der Frau die schuldige Pflicht entrichten, ebenso die Frau dem Mann** (V. 3). Hier (im Gegensatz zu V. 1) stimmt Paulus ganz und gar mit der Meinung des Judentums überein. Er bringt diese Meinung in einem wohllautenden chiastischen Satz zum Ausdruck, der in deutscher Übersetzung nicht mit dieser Knappheit wiedergegeben werden kann. Der gleichlautende Ratschlag für Mann und Frau wird durch einen ähnlichen Parallelsatz unterstrichen und begründet (V. 4): **Es ist nicht die Frau, sondern der Mann, der über den Leib der Frau Autorität hat; und in gleicher Weise ist es nicht der Mann, sondern die Frau, die über den Leib des Mannes Autorität hat.** Die genaue Parallele fällt hier besonders auf. In der Ehe sind die Rechte des Mannes und der Frau gleich und gegenseitig. Wenn der Mann Autorität über seine Frau hat, so hat sie die gleiche Autorität über ihn. Diese Behauptung muß uns vor Augen bleiben, während wir Paulus' weitere Ausführungen über die Beziehungen zwischen Mann und Frau betrachten. **Beraubt einander nicht, es sei denn** (V. 5; es gibt keinen ernsthaften Zweifel über die Bedeutung dieses Ausdrucks, doch ist die griechische Wortverbindung ungewöhnlich: *εἰ μήτι* ἄν; s. M. I, S. 169; BD § 376) **im gegenseitigen Einvernehmen und auf begrenzte Zeit, damit ihr zum Gebet Muße habt; dann seid wieder zusammen.** Paulus wiederholt in negativer Form (und mit einem an die Rabbiner erinnernden Wortschatz; s. Daube, S. 365) das Gebot von V. 3. Die Ehe muß eine echte Ehe sein, und jeder Versuch eines der Partner, sie zu vergeistigen, führt dazu, daß der andere Partner beraubt wird. Es gibt allerdings Ausnahmefälle; die Enthaltsamkeit ist erlaubt, wenn sie *im gegenseitigen Einvernehmen* erfolgt (dann wird niemand beraubt) und *auf begrenzte Zeit*, wodurch die Gefahr verringert wird. Der Zweck der Enthaltsamkeit ist, daß die Partner Muße zum Gebet haben. Im Judentum wurde anerkannt (s. *Berakoth* 2, 5), daß der Neuverheiratete nicht die Pflicht hatte, das Sch^{e}ma zu sprechen – aus dem offensichtlichen Grund, daß er mit seinen Gedanken nicht dabei sein würde und von daher dem Gebet nicht die nötige Aufmerksamkeit würde widmen können. Es läßt sich keineswegs aus diesem Satz des Paulus ableiten, daß er den Geschlechtsverkehr für verunreinigend hielt, so daß er das Gebet unmöglich oder unpassend gemacht hätte. *Dann seid wieder zusammen* ist im Griechischen kein Imperativ, sondern Finalsatz (nach ἵνα): damit ihr wieder zusammen sein könnt. Nach Meinung einiger Ausleger (z. B. Lietzmann) ist der Satz nicht ganz logisch („καὶ πάλιν ... ἦτε ist an den Satz mit ἵνα logisch ungenau attrahiert: Zweck der Verabredung ist zu beten, nicht auch ‚wieder beisammen zu sein'."). Darum wollen manche hier das Bindewort ἵνα imperativisch auffassen: Dann müßt ihr wieder zusammenkommen. Doch ist hier nur der Einwand unlogisch. Die Trennung der Partner wird ja durchgeführt, damit sie Zeit zum Gebet haben; sie wird *im gegenseitigen Einvernehmen und auf begrenzte Zeit* durchgeführt, damit, wenn das religiöse Ziel erreicht ist, die Partner wieder zusammenkommen. Zum imperativischen ἵνα s. S. 209.

Die Rückkehr zu den normalen ehelichen Beziehungen ist wichtig, **damit euch Satan nicht aufgrund eurer Unenthaltsamkeit verführe.** *Unenthaltsamkeit* (im Sinne eines unüberwindbaren Verlangens nach geschlechtlichen Beziehungen) muß vorausgesetzt werden; wenn das Ehepaar diese Einstellung der Unenthaltsamkeit nicht hätte, hätte es wohl nicht geheiratet (vgl. V. 1f.). Wenn das sexuelle Verlangen nicht auf legitimem Wege befriedigt wird, wird der Satan (s. 5, 5; hier begegnet uns Satan jedoch nicht als Zerstörer, sondern als einer, der zum Bösen versucht) die verheirateten, aber unbefriedigten Partner versuchen, dieses Verlangen durch Unzucht zu befriedigen.

Dies sage ich aber als Zugeständnis, nicht als Gebot (V. 6). Worauf bezieht sich das *dies*? Man hat verschiedene Vorschläge gemacht. (a) Es bezieht sich auf V. 2 oder auf den ganzen Abschnitt V. 2–5, wo Paulus zur Ehe aufruft und ermahnt, nur vorübergehend auf den Geschlechtsverkehr zu verzichten. Nach dieser Auffassung meint Paulus also: Ich *befehle* euch nicht zu heiraten, wenn ich schreibe: „Jeder Mann soll seine eigene Frau haben ...“, sondern ich mache euch nur das Zugeständnis, daß ihr heiraten dürft. (b) *Dies* bezieht sich nur auf V. 5 b, die Rückkehr zu normalen geschlechtlichen Beziehungen nach einer Unterbrechung derselben zum Zwecke des Gebetes. Ich mache euch das Zugeständnis, daß ihr zu den normalen Beziehungen zurückkehren könnt, doch sage ich nicht, daß ihr dies müßt. Wenn wir zwischen diesen beiden Möglichkeiten wählen müßten, dann müßten wir (a) vorziehen. Doch paßt eine weitere Auslegungsmöglichkeit besser zum Kontext (s. Komm. zum nächsten Vers). (c) *Dies* bezieht sich auf den ganzen 5. Vers, wo *es sei denn* eine Art Zugeständnis einleitet. Paulus will sagen: Ihr solltet euch nicht gegenseitig berauben, aber gegenüber den Asketen unter euch (deren Stimme in V. 1 gehört wurde) mache ich dieses Zugeständnis: Wenn es Mann und Frau beide wünschen, können sie übereinkommen, eine Zeitlang auf den ehelichen Verkehr zu verzichten, um sich ohne Ablenkung dem Gebet widmen zu können. Seid euch aber darüber im klaren: es handelt sich um ein Zugeständnis und nicht um ein Gebot! Wenn ihr euch in dieser Weise verhaltet, muß die Zeit von vornherein begrenzt sein. Ihr müßt wieder zusammenkommen. Wir müssen uns jetzt dem nächsten Vers zuwenden und sehen, welche Verbindung er mit V. 6 aufweist.

Ich wünsche (V. 7; *θέλω*), **alle Menschen wären so, wie ich es bin.** Dieser Vers unterliegt oft einer Fehlübersetzung: Ich wünschte, alle Menschen könnten so sein wie ich. Wenn Paulus einen unerfüllbaren Wunsch zum Ausdruck bringen will, benutzt er (korrekterweise) das Imperfekt (z. B. Gal. 4, 20: *ἤθελον δὲ παρεῖναι* – er weiß, daß er nicht anwesend sein kann; vgl. Röm. 9, 3: *ηὐχόμην*); wenn Paulus wie hier das Präsens verwendet, will er einen Wunsch zum Ausdruck bringen, der durchaus in Erfüllung gehen kann und soll (zahlreiche Beispiele; s. 11, 3; 14, 5). Es handelt sich also fast um einen Befehl. Der richtige Sinn wird von Bachmann wiedergegeben, obwohl er nicht die Exegese vertritt, die wir hier annehmen: „Was er darum wünscht, kann nicht die bloße Ehelosigkeit an sich, sondern nur dies sein, daß die Widerstandsfähigkeit gegen sinnliche Reizungen, wie er für seine Person sich ihrer zu erfreuen andeutet, und wie sie ihm ermöglichte, ehelos zu leben, allen zu eigen wäre." In V. 8, wie wir sehen werden, gehen Sprache und Gedanken in eine neue Richtung; in diesem Vers erklärt Paulus jedoch seinen uneingeschränkten christlichen Wunsch, alle Menschen mögen Gott gehorsam (s. Komm. zu 7, 29) und frei von der Unzucht leben, frei von dem zügellosen Ausdruck und der ungehorsamen Befriedigung des in ihnen hochkommenden Triebes. Dies kann Paulus, im Namen Gottes, absolut verlangen. Aber er sieht ein, daß der gewünschte Lebensstil verschieden aussehen kann: **Doch hat jedermann seine eigene Gabe von Gott, der eine so, der andere so.** Der eine drückt seinen Gehorsam Gott gegenüber in der Ehe aus, der andere im Ledig-Bleiben. Zu *Gabe* (*χάρισμα*) s. 1, 7. Ansonsten spricht Paulus von solchen Gaben als vom Heiligen Geist geschenkt, und wenn er hier *von Gott* sagt, wird er auch nichts anderes meinen. Moderne Ausleger (z. B. Barth, KD III/4, S. 160–164) neigen zur Schlußfolgerung, Paulus lehre, die Ehe mache ebenso wie das Zölibat eine besondere Gnadengabe von Gott erforderlich, aber – obwohl es gewiß nicht wahr wäre, anzunehmen, daß Paulus der Ehe nur negative Bedeutung zuschreibt (s. 11, 11f. und vgl. 2. Kor. 11, 2 sowie weiteres Material in Briefen, die möglicherweise nicht von Paulus geschrieben wurden) – Paulus will hier betonen, daß einige die Gabe haben, ledig zu bleiben. Andere, denen diese Gabe fehlt, sollten getrost heiraten, denn sie haben andere Gaben, die den Mangel wieder ausgleichen.

Bis hierher also hat Paulus seine Zustimmung zum Satz der Korinther („Es ist für den Mann gut, keine Frau zu berühren") erheblich eingeschränkt. Wenn die Menschen ihren Gehorsam Gott gegenüber durch vollkommene Selbstbeherrschung und Enthaltsamkeit zum Ausdruck bringen können (wie Paulus es selbst kann, wie wir später erfahren), so ist dies gut; aber die Ehe ist keine Sünde (vgl. 7, 28.36), und wenn zwei Menschen heiraten, müssen sie eine wirkliche Ehe führen, die auch sexuell vollzogen wird.

17. 7, 8–24: Christliche Ehen und Mischehen, Sklaverei und Freiheit

(8) Denjenigen, die unverheiratet sind, und den Witwen will ich dies sagen: Es ist gut für sie, wenn sie so bleiben, wie sie sind, wie ich es auch tue. (9) Aber wenn sie nicht enthaltsam leben, laßt sie heiraten, denn es ist besser, ein eheliches Leben zu führen[52] als zu brennen. (10) Den Verheirateten erteile ich diesen Befehl (obwohl er eigentlich vom Herrn erteilt wird, nicht von mir), daß die Frau sich nicht von ihrem Mann scheiden lassen soll – (11) und wenn sie sich doch von ihm trennt, soll sie unverheiratet bleiben oder sich mit ihrem Mann wieder versöhnen – und der Mann soll seine Frau nicht verstoßen. (12) Den anderen sage ich dies (und dabei spreche ich, nicht der Herr): Wenn ein Bruder in Christus eine ungläubige Frau hat, und sie ist bereit, mit ihm zusammenzuleben, so soll er sie nicht verstoßen. (13) Und eine christliche Frau, wenn sie[53] einen ungläubigen Mann hat, und der bereit[54] ist, mit ihr zu leben, so soll sie ihn nicht verstoßen. (14) Denn der ungläubige Mann ist durch seine christliche Frau[55] geheiligt worden, und die ungläubige Frau ist durch den Bruder[56] in Christus geheiligt worden. Sonst wären eure Kinder unrein, doch sind sie in der Tat heilig. (15) Aber wenn sich der Ungläubige scheiden läßt, laßt ihn gehen. In solchen Fällen ist der Bruder oder die Schwester nicht wie ein Sklave. Aber Gott hat euch[57] in Frieden berufen. (16) Frau, es kann sein, daß du deinen Mann retten wirst; Mann, es kann sein, daß du deine Frau retten wirst.

(17) Nur: es soll jeder wandeln, so wie der Herr es ihm zugeteilt hat, wie Gott ihn berufen hat. Diesen Befehl erlasse ich in allen Gemeinden. (18) Wurde jemand im Zustand der Beschneidung berufen? Er soll seine Beschneidung nicht rückgängig machen. Wurde jemand als Unbeschnittener berufen? Der soll sich nicht beschneiden lassen. (19) Beschnittensein ist nichts; Unbeschnittensein ist nichts; wichtig ist nur, daß wir die Gebote Gottes halten. (20) Jeder soll bleiben in der Berufung, in der er berufen wurde. (21) Wurdest du als Sklave berufen? Laß dich das nicht bekümmern, sondern auch wenn du frei werden kannst, erdulde lieber deine gegenwärtige Stellung. (22) Denn der Sklave, der im Herrn berufen worden ist, ist ein Freigelassener des Herrn; und ebenso ist der, der als Freier berufen worden ist, ein Sklave des

Herrn. (23) Ihr wurdet zu einem teuren Preis erkauft; werdet nicht zu Sklaven der Menschen. (24) Laßt jeden, Brüder, vor Gott in dem Stand bleiben, in dem er berufen wurde.

Nach einigen allgemeinen Bemerkungen, die durch den wahrscheinlich einer korinthischen Quelle entstammenden Grundsatz, es sei für den Mann gut, keine Frau zu berühren, hervorgerufen wurden, wendet sich Paulus detaillierteren Anweisungen für bestimmte Gruppen innerhalb der Gemeinde zu (obwohl er schon in 7, 5 eine Einzelfrage abgehandelt hatte).

Denjenigen, die unverheiratet sind (V. 8; die griechischen Worte sind männlichen Geschlechts, meinen aber höchstwahrscheinlich und nach dem üblichen Gebrauch Personen beider Geschlechter), **und den Witwen** (der Artikel zeigt, daß Paulus nur diejenigen Glieder der korinthischen Gemeinde meint, die Witwen sind, obwohl sich seine Bemerkungen auch verallgemeinern lassen) **will ich dies sagen: Es ist gut** (vgl. V. 1 und V. 7 a, *ich wünsche*) **für sie, wenn sie so bleiben, wie sie sind, wie ich es auch tue.** Hier wird nicht der Wunsch positiv zum Ausdruck gebracht, daß die Angeredeten so sein sollten wie er, Paulus, selbst. Vielmehr bietet Paulus den Ratschlag, daß sie (im eigenen Interesse, s. unten zu 7, 28.35) so bleiben sollten, wie sie sind. Es ist anzunehmen, daß Paulus selbst zu dieser Zeit keine Frau hatte (9,5 stimmt damit überein, beweist jedoch nichts). Vielleicht ist Paulus nie verheiratet gewesen; wahrscheinlicher ist es jedoch, daß er Witwer war. Unverheiratete Rabbiner waren eine Seltenheit, und die Ehe scheint für den jüdischen Mann Pflicht gewesen zu sein (s. SB Bd. 2, S. 372), obwohl man nicht voraussetzen darf, daß diese Regel in jedem Falle galt. Ob als Lediger oder als Witwer blieb Paulus jetzt unverheiratet; er hätte es in der Tat sehr schwer gefunden, seine Missionsarbeit im Rahmen der Ehe durchzuführen. Andere sollten es ihm nachahmen, wenn sie die Gabe der Enthaltsamkeit hätten (7, 7). **Aber wenn sie nicht enthaltsam leben** (V. 9; es gibt keinen Grund, die abgeschwächte Übersetzung zu bevorzugen: Wenn sie es schwierig finden, enthaltsam zu leben; vgl. 7, 2: *Unzuchtsfälle*), **laßt sie heiraten, denn es ist besser, ein eheliches Leben zu führen** (nach der Lesart *γαμεῖν*, Inf. Präs.; der Aorist *γαμῆσαι* = *zu heiraten* hat zwar gute Unterstützung in den Hss., stellt jedoch wahrscheinlich eine Angleichung an den Aor. Imp. *γαμησάτωσαν* dar) **als zu brennen.** *Zu brennen* meint nicht die Verübung wollüstiger Taten (es wäre an diesem Punkt im Brief kaum notwendig, darauf hinzuweisen, daß die Ehe der Unzucht vorzuziehen sei), sondern das Verzehrt-Werden mit einem inwendigen Verlangen, dem man allerdings nicht nachgibt. In einem solchen Zustand ist es unmöglich, „in rechter Weise und ungestört" (Einheitsübersetzung) dem Herrn zu dienen (7, 35; vgl. 7, 5), darum ist es besser, zu heiraten (vgl. 1. Tim. 5, 11). Die Sprache des Paulus „leitet sich vielleicht von einem rabbinischen Argument ab" (Daube, S. 369).

Es geht klar aus diesen Versen hervor, daß für Paulus der glücklichste Mensch der ist, der unverheiratet ist und keinen Drang verspürt, sich zu verehelichen; weniger wünschenswert ist der Zustand dessen, der seine Geschlechtlichkeit zum Ausdruck bringen muß und dies innerhalb der Ehe auch tut; am wenigsten wünschenswert jedoch ist der Zustand des Menschen, der die Ehe als einen solchen Ausdruck der Geschlechtlichkeit braucht, jedoch auf sie verzichten will oder muß. Aber diese Bewertung läßt eine Frage entstehen: Wie steht es mit denen, die zwar verheiratet sind, jedoch meinen, auf die Ehe verzichten zu können? Sollten sie ihre Ehe auflösen und in Zukunft getrennt leben? Paulus hat die besten Gründe für seine Antwort.

Den Verheirateten (V. 10; aus dem Zusammenhang geht hervor, daß Paulus hier gläubige Männer und Frauen anredet) **erteile ich diesen Befehl (obwohl er eigentlich vom Herrn erteilt wird, nicht von mir), daß die Frau sich nicht von ihrem Mann scheiden lassen soll ... und der Mann soll seine Frau nicht verstoßen** (V. 11). Nicht einmal die hohe Bewertung des Zölibats sollte zur Auflösung einer schon geschlossenen Ehe führen; ein Argument *a fortiori* wird zur Schlußfolgerung führen, daß kein anderer Grund ausreichen könne. Diesen *Befehl* erteilt Paulus nicht in eigener Vollmacht, sondern in der Autorität des Herrn selbst; s. Mk. 10, 2–12 und Parallelstellen. Da der 1. Kor. früher niedergeschrieben wurde als alle Evangelien, unterstützt diese Stelle die Annahme, daß wir in Mk. 10 (eher als bei Matt.) die ursprüngliche Aussage Jesu zum Thema Ehescheidung besitzen. Paulus bezieht sich bekanntlich sehr wenig auf die Lehre Jesu (s. oben zu 4, 12); in diesem Kommentar ist es nicht unsere Aufgabe, diesen Mangel an Jesuszitaten zu erklären; wir müssen eher versuchen, zu erklären, warum Paulus gerade hier ein Jesuswort anführt. Es ist möglich, daß Paulus immer ein Wort Jesu zitierte, wenn er eines wußte, daß er jedoch sehr wenig von der Lehre Jesu kannte; dann würde dieser Vers Aufschluß geben über einen der wenigen Jesussprüche, von denen Paulus Kenntnis hatte. Wenn Paulus jedoch mehr wußte und nur wenige auswählte, könnte es durchaus sein, daß er Jesus immer dann zitierte, wenn seine Lehre von der im Judentum vorherrschenden abwich. In der Ehescheidungsfrage gab es Unterschiede zwischen der Schule des Hillel und der des Schammai, aber beide wichen von der Lehre Jesu ab, denn Jesu Verbot der Ehescheidung wich sogar vom Alten Testament selbst ab (Deut. 24). Vielleicht war es dieser Unterschied zur alttestamentlichen Lehre, der Paulus hier bewog, sich auf die Autorität Jesu zu beziehen. Daß Paulus in diesem Vers verschiedene griechische Wörter benutzt (*sich scheiden lassen*, *χωρίζεσθαι* für die Frau; *verstoßen*, *ἀφιέναι*, für den Mann), könnte die Tatsache widerspiegeln, daß im Judentum nur der Mann das Recht hatte, sich von seinem Ehepartner zu trennen; aber die Rabbiner kannten durchaus die andersartige Welt der Heiden (s. Daube, S. 362–365), und Paulus, der so weit gereist war, muß seine Umwelt besser gekannt haben als die meisten seiner Zeitgenossen. In V. 13 benutzt er *verstoßen*, um die Handlung der Frau zu bezeichnen. Und in V. 15 benutzt er *scheiden lassen* in bezug auf beide Partner – er wird hier allerdings nicht unbedingt die Scheidung vor dem Gesetz gemeint haben. S. Komm. zu V. 15.

Das Verbot der Scheidung und der Trennung scheint absolut; doch fügt Paulus hier etwas hinzu, das zeigt, daß in der Tat Ehen auseinandergehen konnten und auseinandergegangen sind. **Wenn sie sich doch von ihm trennt, soll sie unverheiratet bleiben oder sich mit ihrem Mann versöhnen.** Vgl. 7, 6. Dies zeigt, daß christliche Grundsätze nicht legalistisch angewandt werden sollten; auch Paulus hat dies nicht getan. Die Trennung bedeutet nicht, daß die Partner nicht mehr zur Gemeinde gehören dürfen; sie gehören weiterhin der Gemeinschaft an und sind der Zucht der Gemeinde unterworfen. Für die Frau bedeutet dies, daß eine Zweitehe unmöglich ist, solange der Mann aus der ersten Ehe am Leben bleibt. Entweder muß sie unverheiratet bleiben, oder sie muß die frühere Beziehung zu ihrem Mann wiederherstellen. Wir müssen uns daran erinnern (s. oben zu 7, 1ff.), daß Paulus sich hier an

Ehepartner wendet, deren Ehe durch ihre asketische Sicht der Geschlechtlichkeit bedroht ist. Dieser hinzugefügte Satz wendet sich ausdrücklich an eine Frau, die sich von ihrem Mann trennt; es gibt keinen Satz, der die Pflicht des Mannes festlegt, der sich von seiner Frau trennt. Aber die Tendenz des ganzen Abschnitts geht dahin, daß Paulus von ihm erwartet, er müsse unverheiratet bleiben oder sich mit seiner ursprünglichen Partnerin wieder zusammentun.

Das sind also die Pflichten christlicher Ehepaare. Paulus macht keinen Versuch, in die Ehen der Ungläubigen hineinzureden. Aber es bleiben doch die Fälle, in denen eine gläubige Frau einen ungläubigen Mann oder ein gläubiger Mann eine ungläubige Frau hat. Diesen Fällen wendet sich Paulus jetzt zu, obwohl nicht die Einleitung des Absatzes, sondern nur der Inhalt dies klarmacht. Es geht klar aus 2. Kor. 6, 14–7, 1 hervor, daß es nicht wünschenswert ist, eine Mischehe einzugehen (einige Ausleger meinen, der genannte Abschnitt entstamme dem „früheren Brief" – s. Einleitung), aber damit ist noch nicht gesagt, was geschehen soll, wenn nur ein Ehepartner durch die Bekehrung zum Glauben an Christus kommt. **Den anderen** (V. 12, dies ist sehr vage; Paulus muß meinen: den verheirateten Christen, die sich nicht von dem angesprochen fühlen, was ich eben geschrieben habe; solche also, die verheiratet sind und einen ungläubigen Partner haben) **sage ich dies (und dabei spreche ich, nicht der Herr).** Vgl. V. 25. Paulus unterscheidet scharf zwischen seinem eigenen Urteil und der Verkündigung Jesu. Das heißt aber nicht, daß er seiner eigenen Lehre keine Vollmacht zuschreibt oder daß sein eigenes Urteil weniger Autorität besitzt als das Urteil, das er in V. 10 zum Ausdruck bringt. Jesus selbst, dessen Wirken fast ausschließlich im Rahmen des Judentums geschah, fand keine Gelegenheit, über Mischehen zwischen Mitgliedern des Volkes Gottes und anderen zu reden. Paulus gibt seine Anweisungen wiederum in Sätzen, die für Mann und Frau parallel laufen. **Wenn ein Bruder in Christus** (der griechische Text sagt einfach: *ἀδελφός*, *Bruder*, aber s. 1, 1; es wäre hier verkehrt, den Gebrauch des Wortes Bruder in der *Koine* als Kosenamen der Frau für den Mann anzuführen) **eine ungläubige** (d. h. nicht zum Glauben an Christus gekommene) **Frau hat, und sie ist bereit** (vielleicht sollten wir übersetzen: ist „ganz oder vollkommen bereit", was der Präposition im Verb *συνευδοκεῖν* perfektivistische Bedeutung zuschreiben würde – M. II, S. 325), **mit ihm zusammenzuleben, so soll er sie nicht verstoßen. Und eine christliche Frau** (V. 13; im Griechischen steht nur: *Frau*, aber der Zusammenhang läßt auf diese Übersetzung schließen), **wenn sie einen ungläubigen Mann hat, und der bereit ist** (s. Fußnote 54, S. 190; die einfache Form des Verbs wird sich allerdings von der oben angeführten zusammengesetzten Form in der Bedeutung kaum unterscheiden), **mit ihr zu leben, so soll sie ihn nicht verstoßen.** Was Paulus hier sagen will, ist eindeutig: in einer Mischehe soll der christliche Partner nie die Initiative (vgl. V. 10f.; hier wird der stärkere Ausdruck, *ἀφιέναι*, von beiden Partnern benutzt) ergreifen, um eine Trennung herbeizuführen. Teils gilt diese Regelung der Erhaltung des Friedens; teils hat sie jedoch einen anderen Grund (V. 14): **Denn der ungläubige Mann ist durch** (wörtlich: *in*, aber hier ist ein gewisses Maß von Instrumentalität eingeschlossen; s. unten) **seine christliche Frau** (das Wort *christliche* ist erklärender Zusatz des Übersetzers; vgl. Anmerkung 55, S. 190), **und die ungläubige Frau ist durch** (*in*) **den Bruder in Christus** (s. oben zu V. 12) **geheiligt worden.** Das Heilig-Sein (*ἅγιος*) oder das Geheiligt-Sein (*ἡγιασμένος*) ist bei Paulus normalerweise das Kennzeichen des Christen. Die Christen sind die Heiligen (*ἅγιοι*) und unterscheiden sich dadurch radikal von der übrigen Menschheit. Ihnen schreibt er (6, 11), daß sie trotz ihrer sündigen Vergangenheit in dem Namen Jesu Christi und durch den Geist Gottes geheiligt worden sind (*ἡγιάσθητε*). Aber die in diesem Vers Gemeinten sind in diesem Sinne nie geheiligt worden, denn sie sind Ungläubige; wie V. 16 zeigt (s. unten), stehen sie noch außerhalb des Reiches der Erlösung, obwohl es gute Gründe für die Hoffnung gibt, daß sie nicht außerhalb bleiben werden. Das Verb „heiligen" (*ἁγιάζειν*) und das Adjektiv „heilig" (*ἅγιος*) werden also in diesem Vers in einem anderen, für Paulus ungewöhnlichen Sinn gebraucht. Die Mehrheit der Kommentatoren (einige beziehen sich auf den jüdischen, andere auf den hellenistischen Hintergrund) gehen davon aus, daß Paulus von der Heiligung als etwas Physischem oder gleichsam Physischem spreche; das Wort wird tatsächlich in vielen primitiven Religionen und in Teilen des Alten Testamentes in diesem Sinn gebraucht. Es ist jedoch unwahrscheinlich, daß Paulus das Wort so meint, denn es geht offensichtlich aus dem 1. Kor. hervor, daß diese durch die

Ehe vermittelte Heiligung an sich den geheiligten Partner nicht retten kann (V. 16). Den Schlüssel zur Lösung des Problems finden wir in der Tatsache, daß es Paulus immer noch um die Antipathie geht, die wenigstens einige der korinthischen Gemeindeglieder gegen die Sexualität und die Ehe empfinden. Wenn die Ehe zwischen Christen zugelassen ist, so müssen doch Ehen zwischen Christen und Nicht-Christen verboten werden, denn darin wird der christliche Partner durch den nicht-gläubigen Partner verunreinigt; und die Kinder, die aus einer solchen Ehe hervorgehen, werden ebenfalls unrein sein. Paulus gibt zur Antwort, daß genau das Gegenteil stimmt. Der christliche Partner heiligt die Beziehung (die er als die göttliche Verordnung der Ehe ansieht) und den ungläubigen Partner. „Denn die Frömmigkeit des gläubigen Teils ist stärker, als daß die Gottlosigkeit des anderen sie beflecken kann" (Calvin, z. St.). Paulus fügt dann hinzu: **Sonst** (zur Konstruktion, *ἐπεὶ ἄρα* mit Indikativ, vgl. 5, 10), wenn also der gläubige Teil die Beziehung nicht heiligte, **wären eure Kinder unrein, doch sind sie in der Tat heilig.** Paulus benutzt diese Wahrheit, die er offensichtlich als eines Beweises nicht bedürftig ansieht, um seine Argumentation abzuschließen. Er ist hier wahrscheinlich von der jüdischen Sitte und Überzeugung abhängig. Die Kinder gehören zum Bundesvolk dazu; das wäre nicht möglich, wenn die Ehe an sich unrein wäre.

Es scheint mir unmöglich, aus dieser Stelle irgendwelche Schlüsse über die Taufpraxis in der korinthischen Gemeinde zu ziehen. Einige Ausleger haben sich dafür eingesetzt (teils auf der Grundlage der jüdischen Analogie, *Jebamoth* 78 a, wo es heißt, daß, wenn eine schwangere Frau sich zum Judentum bekehrt und sich taufen läßt, ihr Baby keiner weiteren Taufe bedarf), daß es in Korinth Sitte war, die Kinder der Bekehrten mit ihnen zusammen zu taufen; später geborene Kinder hätten es dann nicht notwendig, sich taufen zu lassen, denn sie wären heilig geboren. Andre sind wiederum der Meinung, daß die Heiligkeit von Kindern, die in einer christlichen Familie oder in einer Familie, wo auch nur *ein* Elternteil gläubig sei, geboren werden, einen guten Grund liefere, sie zu taufen. Kümmel gibt an dieser Stelle eine gute Zusammenfassung der Argumente. Man muß hier nur hinzufügen, daß weder die eine Meinung noch die andere vom Text selbst bestätigt wird. Es gibt keinerlei Hinweise im 1. Kor., auch nicht in einem anderen Paulusbrief, daß Kinder oder Ungläubige überhaupt getauft wurden. Nur Gläubige wurden in neutestamentlicher Zeit getauft.

Diese Überlegungen bestätigen die Ermahnung des Paulus, daß der gläubige Partner in einer Mischehe nicht die Initiative ergreifen soll, die zur Auflösung der Ehe führen würde. Es gibt jedoch einen weiteren Fall, den Paulus erwähnen muß. Es kann sein, daß die genannte Bedingung nicht erfüllt ist. Es kann sein, daß der ungläubige Partner nicht bereit ist, weiter mit jemandem zusammenzuleben, der den gesellschaftlichen „Fehltritt" begangen hat, sich zum Christentum zu bekehren, und dem dadurch (vielleicht) Mißtrauen und Antipathie entgegengebracht werden. **Aber wenn sich der Ungläubige scheiden läßt** (V. 15, s. Anmerkung zu Vers 10; hier ist mehr als nur die Ablehnung der ehelichen Pflicht, doch wahrscheinlich keine gesetzliche Scheidung gemeint), **laßt ihn gehen** (wörtlich: *Lasse er sich scheiden*). **In solchen Fällen ist der Bruder oder die Schwester nicht wie ein Sklave,** d. h. er oder sie ist nicht automatisch gezwungen, eine Beziehung aufrechtzuerhalten, die der andere Partner abzubrechen wünscht. Das Verbot der Ehescheidung gilt also hier nicht – ein weiterer Hinweis darauf, daß Paulus die Worte Jesu nicht gesetzlich auslegt. Nun kehrt er aber zu seinem Hauptthema zurück, daß nämlich Mischehen eigentlich christliche Ehen sind und nicht vom christlichen Partner aufgelöst werden dürfen. V. 15c gehört zu V. 16 und V. 14, eher als zu V. 15a.b, die eine „parenthetische Begrenzung" enthalten (Lightfoot).

Gott hat euch in Frieden berufen (besser vielleicht: *zum Frieden*, wenn wir ἐν mit Dat. als Ersatz für εἰς mit Akk. auslegen; oder vielleicht hat Moule, S. 79, recht, wenn er interpretiert: *Zu* einem Frieden, *in* dem ihr leben sollt). Es ist der Wille Gottes, daß Männer und Frauen in Harmonie zusammenleben sollen, und dieses Ziel wird nicht gefördert, wenn sich der christliche Partner aus religiösen Gründen aus seiner Ehe zurückzieht; eine solche Handlung würde bestimmt einen Streit entfachen. Der christliche Partner muß also die Verbindung „um der Wege des Friedens willen" (die Worte des Paulus erinnern an diesen rabbinischen Ausdruck, s. Daube, S. 127) aufrechterhalten. Das ist die wahrscheinlichere Auslegung, es wäre jedoch möglich, den Satz anders herum aufzufassen: Wenn der ungläubige Teil nicht mehr mit dem christlichen Teil zusammenleben will, sollte dieser sich zurückziehen, anstatt zu bleiben und einen Kampf durchzumachen. Diese Auslegung erfordert jedoch „Denn Gott hat euch ... berufen" und nicht „*Aber* ..."

Es gibt noch einen Grund, weshalb der christliche Partner, wenn möglich, bei dem Ungläubigen bleiben sollte. **Frau, es kann sein, daß du deinen Mann retten wirst; Mann, es kann sein, daß du deine Frau retten wirst** (V. 16). *Retten* wird hier mit der gleichen Bedeutung gebraucht wie Röm. 11, 14; 1. Kor. 9, 22; nicht so wie z. B. Röm. 5, 9f.; es heißt also: „zur bewußten Teilnahme am christlichen Glauben und Leben bringen", „bekehren"; „*σώζειν* ist nun hier echter Missions-Terminus" (Weiß z. St. vergleicht den Gebrauch von *retten* mit dem von *κερδαίνειν* in 9, 19–22). Die Rettung in diesem Sinne kann Ergebnis des gesprochenen oder des ausgelebten Zeugnisses (vgl. 1. Petr. 3, 1f.), des Ehepartners sein, und solange diese Möglichkeit besteht, sollte der christliche Ehepartner sie wahrnehmen. Dies ist wenigstens e i n e Auslegung des hier sehr schwierigen Ausdrucks; „Was weißt du, ob du retten wirst ...?" (*τί οἶδας εἰ* ...;). Man hat diesen Satz oft als Hinweis auf eine Einstellung der Resignation angesichts einer hoffnungslosen Situation verstanden, etwa: Es ist natürlich nicht unmöglich, daß du deinen Mann oder deine Frau rettest, aber wie kannst du es überhaupt wissen, ob es dir gelingen wird? Dann würde der nächste Vers fortsetzen (s. unten): Alles, was wir wissen, ist dies: Daß wir in der Stellung bleiben sollten, zu der uns Gott berufen hat, und darum sollten wir z. B. unsere Ehe nicht scheiden lassen. Diese Auslegung wird jedoch dem Zusammenhang nicht gerecht. In V. 14 hat Paulus schon festgestellt, daß der ungläubige Ehepartner an der Heiligkeit der christlichen Ehe teilhat; darum gibt es guten Grund, zu hoffen, daß er auch zur bewußten Teilnahme am Glauben des Ehepartners geführt wird. Die griechischen Kirchenväter legen diese Stelle in diesem Sinne aus, und Joachim Jeremias (*Neutestamentliche Studien für Rudolf Bultmann*, 1954, S. 255–260) hat gezeigt, daß durchaus gesunde literarische Überlegungen zur Übersetzung *vielleicht* (in unserer Übersetzung: es kann sein) führen. Vgl. 2. Sam. 12, 22; Epiktet II 20, 28–31; 25, 2. Der Satz bedeutet also: Wie weißt du, daß du es nicht wirst? D. h.: Vielleicht wirst du es.

Sich also aus einer (womöglich schwierig gewordenen) Mischehe zurückzuziehen, würde heißen, sich aus einer missionarischen

Verantwortung zurückzuziehen, in der wenigstens die Möglichkeit besteht, die Rettung des anderen zu erreichen.

Im Rest dieses Abschnittes (bis V. 24) verallgemeinert Paulus die Schlußfolgerungen, die er in bezug auf Mischehen insbesondere und Ehen im allgemeinen in den vorangegangenen Versen gezogen und formuliert hat. **Nur** (V. 17, *εἰ μή*; dies bringt uns zu V. 15 zurück, wo die Möglichkeit der Trennung unter gewissen Umständen in Betracht gezogen wird): **es soll jeder wandeln, so wie der Herr es ihm zugeteilt hat, wie Gott ihn berufen hat.** Die Konstruktion dieses Satzes ist schwierig, aber der Sinn ist eindeutig. Es wäre leichter, wenn der Nebensatz *wie Gott ihn berufen hat* (dieser steht nur in der Übersetzung am Ende des Satzes, im Griechischen hingegen mittendrin) nicht dastünde. Ohne diesen Nebensatz könnten wir übersetzen: Nur, wie der Herr jedem zugeteilt hat, so laßt ihn wandeln. Der bildliche Gebrauch des Ausdrucks *wandeln* findet sich im Judentum häufig und ist bei Paulus auch nicht ungewöhnlich: s. 3, 3 und oft in den anderen Briefen. Auch das Verb „zuteilen" wird in 2. Kor. 10, 13 in ähnlichem Sinne gebraucht. Paulus fügt jedoch den Nebensatz hinzu, wie Gott einen jeden berufen hat, weil ihm die Idee der Berufung sehr wichtig ist – er will im Laufe des Absatzes darauf zurückkommen (s. V. 18.20.21.22.24). Diese Verse zeigen allerdings, daß Paulus nicht bloß an eine Berufung denkt, *zu* der der Mensch berufen wird, sondern eher an einen *Zustand, in* dem sich der Mensch befindet, wenn ihn der Ruf Gottes zum Leben als Christ und zum Gehorsam des Glaubens erreicht. Es wird mindestens vorausgesetzt, daß der Herr den Bekehrten dort bleiben lassen will, wo er ist. **Diesen Befehl erlasse ich** (*διατάσσομαι*: vgl. 11, 34; 16, 1; möglicherweise zu übersetzen: *So ordne ich es an*) **in allen Gemeinden.** *Diesen* Befehl ist alles, was er eben gesagt bzw. geschrieben hat. Das folgende illustriert es anhand von verschiedenen Beispielen. Vgl. 4, 17; 14, 33. Paulus verfährt nicht anders mit den Korinthern als mit den anderen Christen, und es gäbe keinen guten Grund für ihn, das zu tun. Dieser Satz deutet nirgends an, daß Paulus sich in seiner apostolischen Autorität geographisch eingeschränkt gewußt habe.

Wurde jemand im Zustand der Beschneidung berufen (V. 18; zum christlichen Glauben)? **Er soll seine Beschneidung nicht rückgängig machen** (wie es die hellenisierenden Juden vor dem makkabäischen Aufstand taten: 1. Makk. 1, 15; Ass. Mos. 8, 3; *Aboth* 3, 15; usw.). **Wurde jemand als Unbeschnittener berufen?** (Hier wird eine andere Zeitform des Verbs *berufen* gebraucht, doch ist es schwer einzusehen, warum). **Der soll sich nicht beschneiden lassen.** Paulus denkt hier an mehr als nur die Chirurgie. Der bekehrte Jude bleibt Jude mit dem eigenen Weg des Gehorsams. Anscheinend hat die Forderung der Juden an die Heidenchristen, sie sollten sich beschneiden lassen, keine größeren Probleme in der korinthischen Gemeinde hervorgerufen (anders Gal 2, 3; 5, 2–12; 6, 12f.). Manche Ausleger nehmen deswegen an, daß die judaisierenden Prediger in Korinth nicht gewirkt haben können. Doch können wir hier nur sagen, daß die judaisierende Propaganda in Korinth eine andere Form als in Galatien annahm (s. Einleitung III. (a) 3 und „Things Sacrificed to Idols", S. 147–150). Es kann sein, daß Paulus' Argument, sogar die Gemeinde zu Jerusalem habe nicht darauf bestanden, daß Titus sich beschneiden ließe (Gal. 2, 3), schon in den Gemeinden angekommen war. Wir wissen außerdem, daß nicht alle Juden so streng waren im Hinblick auf die Beschneidungsbestimmungen. Paulus sagt hier jedoch, daß es vollkommen unwichtig ist, ob ein Mensch beschnitten ist oder nicht. **Beschnittensein ist nichts; Unbeschnittensein ist nichts; wichtig ist nur, daß wir die Gebote Gottes halten** (V. 19). Vgl. Gal. 5, 6; 6, 15. Vom jüdischen Standpunkt aus gesehen ist diese Aussage ein Paradoxon, sogar eine Absurdität. Der Jude würde erwidern: Die Beschneidung gehört zu den Geboten Gottes; wenn wir also die Gebote Gottes halten sollen, dürfen wir nicht sagen, daß Beschnittensein nichts ist, sondern wir müssen uns vielmehr beschneiden lassen. Es sollte weiter angemerkt werden, daß das Gebot der Beschneidung nicht etwa allein in der mündlichen Überlieferung der Juden festgelegt wurde, sondern daß es auf das Alte Testament selbst zurückgeht (Gen. 17, 10–14; *et al.*). Paulus weist hier flüchtig auf einen Unterschied hin, den er in 9, 20f. ausführlicher ausarbeiten und schildern will (s. Komm. z. St.); s. ebenfalls Röm. 2, 25–29 (und meinen Kommentar). Nach seiner Ansicht ist es möglich, beschnitten zu sein, ohne die Gebote Gottes zu halten; ebenfalls ist es möglich, diese Gebote zu halten, ohne beschnitten zu sein. Paulus sieht die Gebote Gottes nun als „Gesetz Christi" (vgl. außer zu den obengenannten Stellen Gal. 6, 2 und Röm. 13,

8–10). *Daß wir die Gebote Gottes halten* meint Gehorsam zum im Gottessohn geoffenbarten Gotteswillen, einen Gehorsam, der viel radikaler ist als die Einhaltung zeremonieller oder moralischer Gebote es je sein könnte. Wenn das Leben eines Menschen durch den Glaubensgehorsam (Röm. 1, 5; 16, 26) bestimmt worden ist, dann ist für ihn die Bekehrung zum oder vom Judentum irrelevant geworden.

Die Hauptaussage wird nun wiederholt, ehe Paulus zu einem weiteren Beispiel übergeht. **Jeder soll bleiben in der Berufung, in der er berufen wurde** (V. 20). Vgl. V. 17 f., 24. Ansonsten (Röm. 11, 29; Phil. 3, 14; 2. Thess. 1, 11) legt Paulus dem Wort *Berufung* (*κλῆσις*) wohlüberlegten theologischen Inhalt bei; es wäre jedoch verkehrt, diesen Inhalt an dieser Stelle in den Text hineinlesen zu wollen; vgl. 1, 26. *Berufung* ist hier nicht die Berufung, *mit* der, *zu* der oder *durch* die ein Mensch berufen wird, sondern bezieht sich allein auf den Zustand, in dem er sich befindet, *wenn* er von Gott den Ruf erhält, Christ zu werden. Da Paulus im gleichen Satz und im Zusammenhang es wiederholt für den Willen Gottes erklärt, daß der Christ in diesem Zustand bleiben soll, erhält der Begriff eine neue Bedeutung: der Sklave z. B. wird zum Freigelassenen des Herrn. Es wäre jedoch irreführend, moderne Ideen wie die der Berufung zum missionarischen Dienst in den Text hineinlesen zu wollen; noch irreführender wäre es allerdings, hier das mittelalterliche Konzept der christlichen Berufung als Berufung zum Möchtum bestätigt sehen zu wollen. Der Mensch wird – auf jeden Fall nach dieser Bibelstelle – nicht zu einem neuen Beruf berufen, sondern dem alten Beruf wird durch die Berufung ein neuer Sinn verliehen. Allerdings findet hier Karl Barth im Begriff der *Berufung* eine tiefere theologische Bedeutung: „Ein jeder gehorche der ihm zuteil gewordenen Berufung so, wie sie an ihn ergangen ist: an ihn, den Beschnittenen oder Unbeschnittenen, den Freien oder Sklaven! Nicht dazu ist er berufen, ein Beschnittener oder Unbeschnittener, ein Freier oder Sklave zu sein, wohl aber ist er gerade so, gerade in diesem Stande berufen. Er sei und bleibe – nicht diesem seinem Stande, wohl aber der Berufung treu, die ihn nun eben in diesem Stande, hier, als diesen Menschen mit dieser Herkunft und Geschichte, erreicht hat. Nicht daß er dies oder das ist, beschnitten oder unbeschnitten, zählt, heißt es unmittelbar vorher (V. 19), sondern die *τήρησις ἐντολῶν θεοῦ*, der Gehorsam, den er als Beschnittener oder Unbeschnittener zu leisten hat. Er hat ihn aber hier, innerhalb seines Eigenen, wo Gott nun gerade ihn gefunden, wo gerade er standzuhalten hat, zu leisten" (KD III/4, S. 695; s. Barths ganze Ausführung S. 689–697 und 742 f.). Aber obwohl Barths Worte an sich wahr sind, wird die Bedeutung dieses Abschnitts ohne jeden Zweifel durch V. 21–24 eindeutig festgelegt.

Wurdest du als Sklave berufen? (V. 21). S. 1, 26 zum niedrigen gesellschaftlichen Status vieler korinthischer Christen. **Laß dich das nicht bekümmern, sondern auch wenn du frei werden kannst** (die Freilassung konnte auf verschiedene Weise erfolgen und fand auch nicht selten statt)**, erdulde lieber deine gegenwärtige Stellung.** Eine Anzahl Grammatiker (z. B. M. I, S. 247; M. II, S. 165; Moule, S. 21, 167; M. E. Thrall, *Greek Particles in the New Testament*, 1962, S. 78–82) und viele Kommentatoren ziehen die Übersetzung vor: Wenn du tatsächlich (*εἰ καί*) die Möglichkeit hast, frei zu werden, ergreife sie auf jeden Fall (*μᾶλλον*, Elativ). Diese Übersetzung wird zwar durch den Aorist-Imperativ (*χρῆσαι*) unterstützt, paßt jedoch überhaupt nicht zum Kontext; dazu s. insbesondere Sevenster, *Seneca*, S. 189 f. (dort wird auch die paulinische Einstellung zur Sklaverei der stoischen gegenübergestellt). In diesem Zusammenhang ist besonders das *denn* (*γάρ*) wichtig, mit dem der nächste Vers anfängt: Ihr müßt nicht zögern, euren Sklavenzustand zu ertragen, **denn der Sklave, der im Herrn berufen worden ist, ist ein Freigelassener des Herrn; und ebenso ist der, der als Freier berufen worden ist, ein Sklave des Herrn** (V. 22). „Im Herrn berufen" heißt: Zum Christ-Sein berufen worden zu sein; ein solcher Berufener ist also „in Christus". Zum Paradoxon s. 7, 29 ff. unten. Der Grund für die christliche Befreiung des Sklaven wird im nächsten Vers dargelegt: Christus hat ihn zum Preis seines eigenen Lebens erkauft. Aber als er frei wurde, wurde er nicht zur vollkommen unabhängigen Person, sondern zum Freigelassenen (*libertus*) eines schützenden Herrn (*patronus*), dem er zumindest moralisch verpflichtet ist und dem er Treue und Dienst schuldet. Der Sklave also, der Christ wird, behält zwar seinen gesellschaftlichen Status bei, ist aber aus der Knechtschaft der Sünde und des Todes und der bösen Mächte dieses Zeitalters (vgl. 2, 6.8) befreit worden. Diese Freiheit verdankt er Christus, und Paulus betont hier gerade diese Gabe der Freiheit, obwohl der Gedanke daran, daß der befreite Sklave nun seinem „Patron" Treue und Dienst leisten muß, nicht tief unter der Oberfläche liegt. Der Freigelassene war jedenfalls eher eine unbedeutende als eine würdevolle Gestalt (s. J. Jeremias, *Jerusalem zur Zeit Jesu*, 1958, II B, S. 210). In dem entsprechenden zweiten Teil des Satzes ist die Betonung natürlich umgekehrt. Der Mensch, der als schon Freigelassener oder als Freier sein Leben als Christ beginnt und fortsetzt, ist von Christus erkauft worden und wird darum zum Sklaven Christi, der ihm Treue und Dienst leisten muß. Beide, der Sklave und der Freie, stehen im gleichen zweifachen Verhältnis der Freiheit und des Dienstes zu Christus, und da wird der unterschiedliche gesellschaftliche Status unbedeutend.

Ihr wurdet zu einem teuren Preis erkauft (V. 23; vgl. 6, 20 und Komm.)**; werdet nicht zu Sklaven der Menschen.** Dieser Satz entspricht dem Befehl an die Sklaven in V. 21 b. Aus verschiedenen Gründen (s. Anmerkung zu 13, 3) verkauften sich manchmal Freie in die Sklaverei. Wer aber dies tut, geht seiner Verantwortung als Christ aus dem Wege und vernebelt die Wahrheit, daß der Christ allein von Christus im absoluten Sinne bestimmt werden darf, weil dieser ihn freigekauft hat. Es ist besser, die Worte des Paulus in diesem Sinne zu verstehen, als vorauszusetzen, daß Paulus hier dem Worte *Sklave* einen religiösen Sinn beilegt (gegen Héring); doch wäre es nicht verkehrt, den Satz mit Bultmann (*Das Urchristentum im Rahmen der antiken Religionen*, 1949, S. 206 f.) so zu formulieren: „Macht euch nicht von den Werturteilen der Menschen abhängig." In seiner Abhandlung über die Sklaverei und die Freiheit schreibt Paulus häufig wie ein Stoiker (s. bei Sevenster wie oben,ebenfalls bei Weiß z. St. und Lightfoot); aber es gibt nichts Stoisches am Fundament der Argumentation (*Ihr wurdet zu einem teuren Preis erkauft*). Das Paradoxon besteht darin, daß im Dienst die vollkommene Freiheit gefunden wird, denn Paulus verkündigt keinen unpersönlichen und pantheistischen *Logos*, sondern einen persönlichen und geschichtlichen Erlöser, Jesus Christus.

Zuletzt faßt Paulus noch zusammen (V. 24): **Laßt jeden, Brüder, vor Gott in dem Stand bleiben, in dem er berufen wurde.** Die Sprache an dieser Stelle läßt an einen Sklaven denken, der im gleichen Dienst bleibt. Stand könnte man als Zustand wiedergeben. Die Berufung ist hier wieder die Berufung zum Christ-Sein. Wie dieser Stand auch gewesen sein mag, jetzt ist er ganz anders geworden, und zwar dadurch, daß der Mensch jetzt vor Gott (*παρὰ θεῷ = mit Gott*) wandelt und seinen Stand als Kanal des Dienstes für Christus begreifen darf.

18. 7, 25–40: Jungfrauen

(25) Über die Jungfrauen habe ich keinen Befehl vom Herrn, sondern ich gebe meine Meinung als einer, der durch die Barmherzigkeit des Herrn vertrauenswürdig ist. (26) Ich meine, daß „dies gut ist" wegen der bevorstehenden Not, nämlich, „daß es für den Menschen gut ist, so zu bleiben, wie er ist." (27) Bist du an eine Frau gebunden? Suche nicht die Trennung. Bist du ohne Frau? Dann suche keine. (28) Aber wenn du doch heiratest, hast du keine Sünde begangen; und wenn die Jungfrau heiratet, hat sie keine Sünde begangen; aber solche Menschen werden für das Fleisch Bedrängnis bekommen, und ich möchte euch verschonen. (29) Dies ist es, was ich sage, Brüder: die Zeit ist kurz; es seien künftig solche, die Frauen haben, als hätten sie keine, (30) und solche, die weinen, als weinten sie nicht, und solche, die sich freuen, als freuten sie sich nicht, und solche, die kaufen, als besäßen sie nicht, (31) und solche, die sich die Welt zunutze machen, als hätten sie keinen vollen Nutzen davon; denn die äußerliche Pracht dieser Welt vergeht.

(32) Ich möchte, daß ihr von der Angst frei seid. Der Unverheiratete ängstigt sich um die Dinge des Herrn, wie er dem Herrn gefalle; (33) der Verheiratete ängstigt sich um die Dinge der Welt, wie er seiner Frau gefalle; (34) und also ist er geteilt. Und die unverheiratete Frau und die Jungfrau[58] ängstigt sich um die Dinge des Herrn, „damit sie sowohl am Leibe wie am Geiste heilig sei"; aber die Verheiratete ängstigt sich um die Dinge der Welt, wie sie ihrem Manne gefalle.

(35) Ich sage euch dies zu eurem eigenen Vorteil, nicht um euch ein Halfter um den Hals zu legen, sondern damit ihr mit Anstand und ohne Hindernis des Herrn harret. (36) Aber wenn jemand meint, sich gegenüber seiner Jungfrau unanständig zu verhalten,

wenn er sie begehrt, und es muß also sein, dann soll er tun, was er will; er begeht keine Sünde; laßt sie heiraten[59]. (37) Andererseits wird der gut handeln, der in seinem eigenen Herzen fest steht[60] und sich in keiner Zwangslage befindet, sondern Autorität besitzt über seinen eigenen Willen und sich im eigenen Herzen entschlossen hat, seine Jungfrau so zu behalten, wie sie ist. (38) So daß, wer seine Jungfrau heiratet, gut handelt, wer sie aber nicht heiratet, besser handelt.

(39) Eine Frau ist gebunden, solange ihr Mann lebt; aber wenn ihr Mann entschläft, ist sie frei zu heiraten, wen sie möchte. Sie soll nur bedenken, daß sie Christin ist. (40) Aber sie ist meiner Meinung nach glücklicher, wenn sie so bleibt, wie sie ist; und ich denke, daß auch ich den Geist Gottes habe.

Über die Jungfrauen (V. 25): vgl. 7, 1 usw. Paulus wendet sich jetzt einem neuen Thema zu; allerdings wird er wahrscheinlich die ihm im Brief der Korinther gestellten Fragen der Reihenfolge nach beantwortet haben. Es geht nicht unmittelbar aus dem Zusammenhang hervor, wer diese *Jungfrauen* sind, denn nachdem sie in V. 28 und 34 flüchtig erwähnt werden, kommen sie erst in V. 36ff. wieder zum Vorschein. Erst an dieser Stelle soll im Kommentar die Bedeutung des Ausdrucks besprochen werden. Hier reicht es, wenn wir darauf hinweisen, daß es im Zusammenhang keinen Grund gibt, anzunehmen, daß dem Wort eine andere Bedeutung beigemessen werden soll als die übliche: nämlich eine Frau (oder auch ein Mann; die hier verwendete Form, Gen. Pl. *τῶν παρθένων* zeigt nicht an, ob Männer oder Frauen gemeint sind; nach M. Black, *The Scrolls and Christian Origins*, 1961, S. 85, werden die V. 25ff. „am besten als Bezugnahme auf eine Gruppe männlicher Unverheirateter verstanden" – was unwahrscheinlich ist, (a) weil man dann zwischen den *Jungfrauen* von diesem Abschnitt und denen von V. 36ff. unterscheiden müßte, und (b) wegen V. 28, s. Kommentar z. St.), die noch keinen Geschlechtsverkehr hatte. Nachdem er über die Pflichten der Verheirateten geschrieben hat, beginnt Paulus unter häufiger Bezugnahme auf das bereits Geschriebene Anweisungen für die Unverheirateten zu formulieren. Er definiert vorsichtshalber die Art seines Ratschlages. **Ich habe keinen Befehl vom Herrn** (vgl. aber 7, 10), **sondern ich gebe meine Meinung** (vgl. 7, 12) **als einer,**

der durch die Barmherzigkeit des Herrn (Robertson, S. 1128 und 1140, faßt das Partizip, ἠλεημένος, kausal auf) **vertrauenswürdig ist.** πιστός, vertrauenswürdig, hat meistens diesen Sinn bei Paulus (vgl. speziell 4, 2). Das Wort wird manchmal auf Gott angewendet, dann heißt es *zuverlässig*. Es kann jedoch gelegentlich (besonders in 2. Kor. 6, 15) einfach den „Gläubigen" bezeichnen (das Gegenteil, ἄπιστος, bezeichnet ja den „Ungläubigen", wie 7, 12–15). Hier meint Paulus, daß man seinen Ratschlägen ruhig Folge leisten kann; er ist vertrauenswürdig nicht aus eigenem Selbstwert, sondern wegen der Barmherzigkeit des Herrn mit ihm – vgl. 2. Kor. 4, 1; 1. Tim. 1, 12f. Auch wenn er keinen Befehl des Herrn besitzt, den er zitieren könnte, ist seine Meinung vertrauenswürdig.

Black (s. o.) meint, daß das Wort *Jungfrau* hier auf das Syrische zurückgeht: *mehaimena*, ein terminus technicus für *männliche Unverheiratete*. Es ist wahr, daß das syrische Wort *Eunuch* bedeuten kann, aber warum sollte Paulus eine Variante dieser Bedeutung (dies ist nicht die übliche Bedeutung des syrischen Wortes) einem griechischem Worte beilegen, das weder er selbst noch irgendein anderer griechischer Autor in diesem Sinne gebraucht? Wenn Paulus *Eunuch* meint, warum schreibt er *Jungfrau* (παρθένος)? Und sollen wir annehmen, daß die Korinther Syrisch konnten?

Ich meine (V. 26, das Verb entspricht dem Substantiv *Meinung*; Paulus behauptet nicht, es unfehlbar zu wissen), **daß „dies gut ist" wegen der bevorstehenden Not, nämlich, „daß es für den Menschen gut ist, so zu bleiben, wie er ist."** Wir haben hier guten Grund (s. J. Jeremias in: *Studia Paulina*, S. 151) anzunehmen, daß Paulus hier wieder einmal die Worte der Korinther zitiert. Und wieder sehen wir, daß Paulus den Korinthern nicht widerspricht, sondern ihre Aussage nur modifiziert; und wiederum müssen wir unterscheiden zwischen „Es ist gut für den Menschen ..." und „der Mensch ist dazu verpflichtet ..." Angesichts *der bevorstehenden Not* wird ein Standeswechsel wahrscheinlich eher Bedrängnis als Glück herbeiführen. Die *Not* sollte allerdings eher im Lichte von V. 29 als im Lichte von V. 37 ausgelegt werden. Paulus denkt nicht an den Trieb, der Männer veranlaßt, eine Ehe einzugehen – denn dieser Trieb würde eine gegenteilige Funktion ausüben; er denkt auch nicht an die Kindesnöte der verheirateten Frau (Gen. 3, 16) oder an eine bevorstehende Verfolgung; er meint vielmehr die bevorstehenden eschatologischen Wehen, die über die Welt kommen werden und die im Leiden der Christen vorweggenommen werden. Angesichts dieser Wehen haben die Menschen jetzt schon genug Sorgen und werden noch mehr bekommen, ohne daß sie sich außerdem in familiäre Angelegenheiten verwickeln lassen. Wahrscheinlich haben die Korinther diesen Standpunkt benutzt, um einseitig zu argumentieren: der Mann sei weiser, wenn er nicht heirate. Paulus fügt jedoch die Umkehrung hinzu: der verheiratete Mann solle nicht suchen, von der Bindung frei zu werden; vgl. seine Ratschläge in 7, 10–16. Paulus geht sofort zu dieser zweifachen Anwendung über:

Bist du an eine Frau gebunden? (V. 27; das griechische Verb ist im Perfekt, aber das besagt nur: Bist du gebunden worden und bist du es immer noch.) **Suche nicht die Trennung. Bist du ohne Frau?** (Wörtlich: Bist du gelöst von der Frau?, doch dürfen wir kaum annehmen, daß Paulus hier nur Witwer und Geschiedene meinte und nicht auch die Junggesellen.) **Dann suche keine** (im Griechischen heißt es: Suche keine Frau; aber die Wiederholung des Substantivs wäre in der Übersetzung ungeschickt). Zum lebhaften Asyndeton dieser Sätze s. BD §§ 464, 494. Sie enthalten den Ratschlag des Paulus darüber, was der Mann unter den gegenwärtigen Umständen tun soll, wenn er *richtig handeln will*; sie enthalten jedoch keine bindende Verpflichtung für alle. **Aber wenn du doch heiratest** (V. 28; das deutsche *doch* gibt den Sinn des griechischen *καί* wieder), **hast du keine Sünde begangen; und wenn die Jungfrau heiratet, hat sie keine Sünde begangen.** Mit *du* spricht Paulus offensichtlich jeden Unverheirateten der korinthischen Gemeinde an. Daß Paulus auf diese Seite des Problems eingeht, zeigt, daß man in Korinth nicht so sehr betonte, daß die Verheirateten verheiratet bleiben sollten (s. oben), sondern daß die Unverheirateten unverheiratet bleiben sollten. Paulus bejaht, daß diese Regelung durchaus vernünftig sein könne, weist aber deutlich darauf hin, daß dies nicht eine Sache christlicher Disziplin sei. Wer in der Ehe die eigene Freiheit zu verlieren sucht, mag vielleicht töricht sein, er begeht jedoch deswegen noch lange keine Sünde. Es ist nicht so deutlich, wer hier mit dem Ausdruck *die Jungfrau* gemeint ist; der Artikel bezeichnet vielleicht die Art an sich, so daß man evtl. übersetzen sollte: *eine Jungfrau*; dies könnte einem als die beste Möglichkeit vorkommen, wenn man nicht die Verse 36ff. schon gelesen hätte, wo das Wort *Jungfrau* (παρθένος) offensichtlich eine besondere Bedeutung besitzt, die wir an jener Stelle besprechen werden. Im jetzigen Vers, für sich allein verstanden, kann man das Ganze am besten im einfachen Sinne auffassen: Wenn du (als Mann) heiratest, hast du keine Sünde begangen; wenn ein Mädchen (3. Pers., weil die männlichen Gemeindeglieder den Brief primär lesen würden und außerdem in Fragen der Ehe die Initiative zu ergreifen hatten) heiratet, hat es keine Sünde begangen. Es wird gut sein, wenn wir uns an diese einfache Aussage bei der Auslegung von V. 36ff. erinnern. Black hält hier die *Jungfrau* für einen ledigen Mann (s. oben); aber diese Auslegung paßt schlecht zu V. 36ff. und macht aus dem Vers eine grobe Tautologie.

Mann und Frau haben also beide die Freiheit, zu heiraten; **aber solche Menschen** (nämlich solche, die den Rat des Paulus ignorieren) **werden für das Fleisch Bedrängnis bekommen, und ich möchte** (oder: ich versuche) **euch** (zu) **verschonen.** Vgl. 2. Kor. 1, 23; 13, 2. Das Wort *Fleisch* besitzt hier nicht die spezielle theologische Bedeutung, die es sonst bei Paulus hat (s. *Romans*, S. 137, 146, 148), sondern bezieht sich einfach auf den physischen Bereich, wo die Ehe unvermeidlich zu Verpflichtungen führt. Wenn Kriege und Kriegsgerüchte, Erdbeben, Pest und Hungersnöte (vgl. Mk. 13, 7f. und bsd. 17) bevorstehen, kann die Ehe nur zu den vorhandenen Schwierigkeiten neue hinzufügen. In den letzten Tagen müssen die Menschen von allen irdischen Beziehungen Abstand nehmen.

Dies ist es, was ich sage, Brüder: die Zeit ist kurz (V. 29), d. h. bis zum Ende hin. *Kurz* ist hier Übersetzung nicht eines Adjektivs, sondern eines Partizips (συνεσταλμένος), so daß wir vielleicht eher übersetzen sollten: *Die Zeit ist verkürzt worden* (vgl. Mk. 13, 20). Der Zusammenhang läßt jedoch nicht auf eine besondere Verkürzung der Zeit schließen, sondern nur darauf, daß (wie Röm. 13, 11f.) die Zeit zu Ende geht. Es gibt nicht mehr viel Zeit. **Es seien künftig** (die Bedeutung des griechischen Ausdrucks τὸ λοιπόν ist umstritten; s. M. E. Thrall, *Greek Particles in the New Testament*, 1962, S. 25–30; er könnte wie 4, 2 einfach *jetzt* oder *nun* heißen, aber der Zusammenhang deutet auf die von Lietzmann und anderen bevorzugte Wiedergabe) **solche, die**

Frauen haben (in diesem Satz also echtes Beispiel des imperativischen *ἵνα*; s. Komm. zu 7, 5 und vgl. Robertson, S. 994; Moule, S. 145; M. III.95), **als hätten sie keine.** Die Verse 2–5 beweisen eindeutig, daß Paulus hier nicht die Ehepartner zu einer Art „geschlechtsloser Ehe" aufrufen will. Vielmehr war er bereit einzuräumen, daß der Verzicht auf die Ehe von Vorteil sein konnte für solche, die die Gabe hatten, ein solch unnatürliches Leben zu führen; aber im allgemeinen riet auch Paulus zur Ehe und bestand darauf, daß sie eine echte, also geschlechtlich vollzogene Ehe sein sollte. Aber was meinte er dann mit diesem Satz? Wenn wir sein „als . . . nicht" in diesem Vers verstehen können, werden wir es wahrscheinlich auch in den nächsten beiden Versen verstehen können. Aus dem folgenden Absatz muß zweierlei vorweggenommen werden. In V. 31 b schreibt Paulus, daß *die äußerliche Pracht dieser Welt* vergeht. Und in V. 32 f. vergleicht er *den Unverheirateten*, dessen Gedanken sich darauf konzentrieren, dem Herrn zu gefallen, mit *dem Verheirateten*, der sich darauf konzentriert, seiner Frau zu gefallen. Aus diesen beiden Tatsachen können zwei weitere Punkte gefolgert werden. Erstens: Der Verheiratete muß erkennen, daß die Institution (die Ehe), die seine Lebensweise prägt, trotz ihrer göttlichen Einsetzung zu einer Ordnung gehört, die vergeht, die sogar bald vergehen wird, da *die Zeit kurz ist.* Innerhalb einer sehr kurzen Zeit wird er also des himmlischen Lebens teilhaftig werden, „wo sie sich nicht mehr heiraten" (Mk. 12, 25), und es würde für ihn darum gut sein, wenn er sich jetzt schon auf diese himmlische Existenz vorbereitete – nicht indem er sich von seiner Frau scheiden läßt oder die geschlechtliche Gemeinschaft abbricht (und noch weniger, dürfen wir hinzufügen, indem er aufhört, sie zu lieben oder Freude an der Gemeinschaft mit ihr zu haben; vgl. den Gebrauch des *ὡς μή* in *Acta Pauli et Theclae*, 5 [s. Lipsius-Bonnet I, 238.16]), sondern indem er erkennt, daß die Beziehung bald eine ganz andere Grundlage haben wird. Und zweitens: Der Verheiratete muß (und wenn Paulus einen solchen Befehl erteilt, dann setzt er voraus, daß er ausgeführt werden kann) von ganzem Herzen dem Herrn dienen, als hätte er keine Frau, die ihn ablenken könnte. V. 32 b meint nicht, daß jeder Unverheiratete sich ganz dem Herrn widmet, nur weil er unverheiratet ist (und wir werden sehen, daß Paulus auch den Unverheirateten wegen seiner „Angst" tadeln kann); aber umgekehrt, im Paradoxon des *„als ... nicht“*, kann der Verheiratete, wenn auch nicht ohne Schwierigkeiten, sich in gleicher Weise dem Herrn widmen. Wer so leben kann – im Dienste Gottes und mit Abstand zur Welt –, ist wirklich frei (vgl. Bultmann, *Theologie*, S. 352f. und Schoeps, *Paulus*, S. 222), obwohl seine Freiheit nicht die des Stoikers (vgl. Epiktet III 24, 60; IV 1, 159 f.), sondern die des Sklaven Christi ist.

Die weiteren Sätze können jetzt hinzugefügt werden. Es seien **solche, die weinen, als weinten sie nicht, und solche, die sich freuen, als freuten sie sich nicht, und solche, die kaufen, als besäßen sie nicht, und solche, die sich die Welt zunutze machen, als hätten sie keinen vollen Nutzen davon** (V. 30 und V. 31). Im Hinblick auf die Übersetzung sollten zwei Punkte erwähnt werden. Die Ausdrucksweise *als weinten sie nicht, als freuten sie sich nicht*, usw., hört sich im Deutschen so an, als würde Paulus eine äußerliche Handlungsweise verlangen, die heuchlerischerweise die wahren Empfindungen verdeckt. Es ist jedoch schwer zu sehen, wie man die griechischen Worte anders übersetzen kann, so daß wir hier nur dadurch der Gefahr einer falschen Auslegung vorbeugen können, daß wir auf sie hinweisen. Der Ausdruck *als hätten sie keinen vollen Nutzen davon* wird manchmal so wiedergegeben: Als würden sie sie nicht mißbrauchen; doch gibt der Zusammenhang und die übliche Bedeutung des Wortes (*καταχρᾶσθαι*) keinen Anlaß, unsere Übersetzung zu ändern. Wie Paulus in seinem Rat an die Ehemänner nicht zur Askese rät, so rät er hier nicht zur stoischen Apathie. In Röm. 12, 15 ruft er seinen Lesern zu: „Freut euch mit den Fröhlichen und weint mit den Weinenden!“, und der Ratschlag unseres jetzigen Verses stimmt damit durchaus überein. Weder Lachen noch Tränen sind in jeder Situation der Weisheit letzter Schluß, und der Mensch sollte sich weder dem einen noch dem anderen unwiederbringlich hingeben. Auch verbietet Paulus den Handel genauso wenig wie die Ehe, sondern er läßt ihn unter den gleichen Bedingungen zu; der Ausdruck „wer sich die Welt zunutze macht“ wird ganz allgemein gesellschaftliche Beziehungen, wie gerade die Ehe, und den kommerziellen Handel mit einschließen. Christen dürfen sich die Welt zunutze machen (für die Bedeutung des Wortes *Welt* siehe z.B. 1, 21), doch dürfen sie nicht in ihr aufgehen; **denn die äußerliche Pracht** (häufig der Sinn des griechischen Wortes *σχῆμα*) **dieser Welt vergeht.** Ja, die Welt selbst vergeht, aber Paulus will hier nicht so sehr die Vergänglichkeit der Schöpfung betonen, sondern er will in aller Deutlichkeit aufzeigen, daß das äußerliche Leben der Welt, das in gesellschaftlichen und kommerziellen Beziehungen seinen Ausdruck findet, nicht bleiben wird.

Der Übergang zum nächsten Gedanken ist deutlich genug, obwohl er eine Schwierigkeit enthält, die nur selten zur Kenntnis genommen wird. Diejenigen, deren ganzes Leben nur z. B. auf die Ehe oder auf den Handel ausgerichtet ist, können in einer Welt, wo alle Besitztümer und Beziehungen sich als vergänglich erweisen, kaum Hoffnung haben, Angst zu vermeiden. Aber, sagt Paulus, **ich möchte, daß ihr von der Angst frei seid.** (V. 32; Griechisch: Ich möchte, daß ihr *ἀμερίμνους* seid.) Auch Jesus selbst gebietet seinen Jüngern, von der Angst (Sorge) frei zu sein: Sorget (*μεριμνᾶν*) euch nicht um euer Leben, was ihr essen oder was ihr trinken sollt, oder um euren Leib, was ihr anziehen sollt (Matt. 6, 25–34). Und im übrigen Neuen Testament wird dieser Gedanke in der einen oder anderen Form wieder aufgegriffen, z. B. 1. Petrus 5, 7; Paulus selbst sagt das gleiche: Phil. 4, 11. Es gehört zum Wesen des paulinischen Evangeliums, daß sich niemand mehr vor Gott Sorgen machen (ängstigen) muß. Wer durch den Glauben gerechtfertigt ist, der hat den Frieden mit Gott (Röm. 5, 1), und Paulus' Kritik am Judentum und an den Judaisten unter den Christen geht davon aus, daß ihre Ansichten zu Knechtschaft und Angst führen (z. B. Röm. 8, 15); die Menschen tun gute Werke und befleißigen sich religiöser Praktiken, weil sie der Gnade Gottes nicht gewiß sind; aber wenn wir wissen, daß Gott seine Liebe zu uns darin erwiesen hat, daß er Christus für uns in den Tod gab, während wir noch Sünder waren, dann ist eine ängstliche Religiosität fehl am Platze, sie stellt sogar eine Beleidigung der Gnade Gottes dar. Der nächste Satz wird also alles andere als ein Lob des Unverheirateten darstellen. Ich möchte, daß ihr von der Angst frei seid. **Der Unverheiratete ängstigt sich um die Dinge des Herrn, wie er dem Herrn gefalle.** Diese Übersetzung wurde für die Ausdrücke *ἀμερίμνους* (von der Angst frei) und *μεριμνᾷ* (sich ängstigen) bevorzugt. Aber der Unverheiratete sollte sich überhaupt nicht ängstigen; schon bevor er danach strebt, dem Herrn zu gefallen, liebt ihn der Herr. Wenn wir diesen Satz so verstehen, dann stellt er eine Kritik an den asketischen

Tendenzen in Korinth dar. Die Korinther neigten dazu, Gottes Gunst dadurch für sich gewinnen zu wollen, daß sie verdienstvolle religiöse Werke taten. Die Befürworter der Askese, die die Ehe abwerten (vgl. 7, 1, s. oben), bewegen sich nicht über, sondern unter dem christlichen Standard. Es steht allerdings dieser Auslegung entgegen, daß Paulus an anderen Stellen den Ausdruck „Gott gefallen" im positiven Sinne gebrauchen kann (Röm. 8, 8; 1. Thess. 2, 15; 4, 1): Wer sich der unverdienten Liebe Gottes gewiß ist, wird gerade deswegen versuchen, dem Herrn zu gefallen, der ihn zuerst liebte. Wenn wir diese zweite Auslegungsmöglichkeit jedoch annehmen, müssen wir zugeben, daß Paulus das Wort *Angst* (oder: Sorge) innerhalb eines Verses sowohl im positiven wie im negativen Sinn gebraucht – zuerst im negativen Sinn: Christen sollten von der Angst frei sein, dann im positiven Sinn: der Unverheiratete handelt richtig, wenn er sich um die Dinge des Herrn „ängstigt" oder sorgt. Zwar könnte dies zutreffen, denn vielleicht will Paulus sagen, daß eine gute Ängstlichkeit (die um die Dinge des Herrn) die böse (um die Dinge der Welt) vertreibt; aber es muß zugegeben werden, daß beide Auslegungsmöglichkeiten ihre Schwierigkeiten enthalten.

Erst mit dem nächsten Satz erreichen wir sichereren Boden. **Der Verheiratete ängstigt sich um die Dinge der Welt, wie er seiner Frau gefalle; und also ist er geteilt** (V. 33 und V. 34); denn wir haben es mit einem christlichen Ehemann zu tun, der genauso wie der Unverheiratete den Wunsch hat, *dem Herrn zu gefallen* (im positiven Sinne). Wenn er es nicht täte, wäre er ja auch gar kein Christ; genauso wie er seinem Ehegelöbnis gegenüber untreu wäre, wenn er sich nicht um seine Frau kümmerte (nach Schlatter, z. St.). Daher seine geteilten Interessen. *Und also ist er geteilt* (*καί μεμέρισται*) wird hier als das Ende des in V. 33 angefangenen Satzes aufgefaßt. Einige Ausleger möchten dies eher mit dem folgenden zusammenlesen, und es gibt in der Tat Lesarten, die eine solche Verbindung nötig machen (s. Fußnote 58, S. 204). Aber die Satzverbindung, die wir hier bevorzugen, ergibt einen besseren Sinn. Das Unglück des verheirateten Mannes liegt nicht darin, daß er verheiratet und darum an einer Beziehung beteiligt ist, die ihre Wurzel in dieser Welt hat, sondern darin, daß sein Herz geteilt ist.

Was Paulus über verheiratete und unverheiratete Männer

gesagt hat, gilt ebenso für Frauen, wie wir auf S. 186 bemerkt haben: er behandelt die beiden Geschlechter gleich und auf der gleichen Ebene. **Die unverheiratete Frau und die Jungfrau ängstigt sich um die Dinge des Herrn, „damit sie sowohl am Leibe wie am Geiste heilig sei"; aber die Verheiratete ängstigt sich um die Dinge der Welt, wie sie ihrem Mann gefalle.** Trotz der frappierenden Ähnlichkeit mit der letzten Aussage enthält dieser Vers mehrere eigene Probleme. Ist es möglich, einen Unterschied zu machen zwischen der *unverheirateten Frau* (*ἡ ἄγαμος*) und *der Jungfrau* (*ἡ παρθένος*)? Die Tatsache, daß das auf das Doppelsubjekt folgende Verb in der Einzahl steht (*μεριμνᾷ*), kann nichts entscheiden. Eine *unverheiratete Frau* kann zwar eine Jungfrau sein, aber es ist auch möglich, daß sich das Wort auf eine Witwe bezieht (obwohl es dann schwierig wäre, festzustellen, warum Paulus nicht einfach das Wort „Witwe", *χῆρα*, gebrauchte). Es könnte aber auch eine Geschiedene oder sogar eine ledige Frau, die keine Jungfrau war, gemeint sein. Schlatter erinnert zu Recht daran, daß es Sklavinnen in der Gemeinde gab, die wahrscheinlich in der Frage ihrer sexuellen Beziehungen gar nicht selbst entscheiden durften. In allen diesen Fällen scheint jedoch das Wort *unverheiratet* unpassend zu sein; und das kann zusammen mit der 3. Pers. sing. des Verbs (s. oben) für die vielen verschiedenen Lesarten eine Erklärung bieten. Das Problem wird weiter dadurch kompliziert, daß das Wort *Jungfrau* in den nächsten Versen in einem speziellen Sinn verwendet wird. Vielleicht denkt Paulus doch nur an eine einzige Gruppe und fügt das Wort *Jungfrau* als Erklärung von *unverheiratete* hinzu, etwa: die unverheiratete Frau, d. h. nicht die Frau, die ihren Mann verloren hat, sondern die Jungfrau ... Oder wir könnten *Jungfrau* im üblichen Sinne verstehen, nämlich als unverheiratete Frau ohne sexuelle Erfahrung, *unverheiratete Frau* hingegen als Frau,die sich dazu entschlossen hat, auf die Ehe zu verzichten (es scheint mir wahrscheinlich, daß es in Korinth tatsächlich solche Frauen gab). Aber wir begeben uns hier doch nur in den Bereich der Spekulation, denn wir haben keine handfesten Beweise für die richtige Deutung von *unverheiratet* (*ἄγαμος*).

Vom unverheirateten Mann wird ausgesagt, er ängstige sich, wie er *dem Herrn gefalle*; das Ziel der unverheirateten Frau ist es dagegen, *sowohl am Leibe wie am Geiste heilig* zu sein. Die Parallele bietet an der Oberfläche einen Grund, das *dem Herrn gefallen* in V. 32 im positiven Sinne zu verstehen. Wir müssen jedoch davon ausgehen, daß Heiligkeit das Ziel aller Christen ist, ob sie verheiratet sind oder nicht. Es wäre also das besondere Ziel der ledigen Frau, nicht nur am Geist, sondern auch und gerade am Leib heilig zu sein; sie möchte ihren Leib dadurch heiligen, daß sie sich des Geschlechtsverkehrs enthält. Aber das stimmt mit der Lehre des Apostels Paulus an anderer Stelle nicht überein, denn er glaubt, daß alle Christen, ob verheiratet oder nicht, auch am Leibe heilig sein müssen; s. Röm. 6, 12; 12, 1; 1. Kor. 6, 13.15.19.20; 15, 44; 2. Kor. 4, 10; Gal. 6, 17; Phil. 1, 20; 3, 21; 1. Thess. 5, 23. Es ist zwar richtig, daß Paulus in seinem Gebrauch des Wortes heilig nicht immer konsequent bleibt, aber man kann nicht ernsthaft die Meinung vertreten, Paulus habe an allen diesen Stellen, die von der Heiligkeit des Leibes sprechen, immer nur heilige Junggesellen und Jungfrauen gemeint. Gerade in diesem Kapitel hat er verheirateten Männern und Frauen eben gesagt, daß sie durch ihre Ehe den ungläubigen Partner *heiligen*, und daß die Kinder, die aus solchen Mischehen hervorgehen, *heilig* sind. Wir müssen also folgern, daß die Worte: *damit sie sowohl am Leibe wie am Geiste heilig sei* ein Zitat aus den Grundsätzen der asketischen Partei in Korinth darstellt. Paulus ist damit einverstanden, nur möchte er den Grundsatz nicht allein auf Unverheiratete angewendet sehen. Wiederum unterstreicht er also, daß der ledige Zustand, wenn er auch jetzt wegen der bevorstehenden Not vorzuziehen sei, nicht dem Wesen nach besser sei als die Ehe.

Zur zweiten Hälfte des Verses vgl. V. 33 und Komm.

Mit einem weiteren Wort der Vorsicht geht Paulus zu einem sehr schwierigen Thema über, das ihm schon seit V. 25 vorgeschwebt zu sein scheint. **Ich sage euch dies zu eurem eigenen Vorteil** (V. 35; vgl. V. 26 und 28 oben; es geht ihm nicht um die grundsätzliche Frage, was richtig oder falsch ist, sondern darum, was zweckmäßig und unter den besonderen Umständen vorteilhaft ist), **nicht um euch ein Halfter um den Hals zu legen** (und euch somit zu lenken, wie man es mit einem gezähmten Tier tut; vgl. 2. Kor. 1, 24), **sondern damit ihr mit Anstand und ohne Hindernis des Herrn harret.** Dieser letzte Teil des Verses ist eine Umschreibung, denn eine wortgetreue Übersetzung aus dem Griechischen ist kaum möglich. Im Griechischen ist der ganze Nebensatz eine

Parallele zu dem, was durch das Adjektiv „zu eurem eigenen Vorteil" τὸ σύμφορον ausgedrückt wird. Es sind zwei Adjektive, die beide die Bedeutung haben: „anständig", „gebührend" (*εὔσχημον*; vgl. V. 36 und *εὐπάρεδρον*, das möglicherweise von Paulus selbst erfunden wurde; vgl. 9, 13, wo er das Verb *παρεδρεύειν* mit der Bedeutung „am Altar zu dienen" benutzt), auf die ein Adverb mit der Bedeutung „ohne Hindernis" oder „Ablenkung" (*ἀπερισπάστως*) folgt. Die Adjektive werden als abstrakte Neutra eingesetzt, etwa: im Hinblick auf den Anstand und den gebührenden Dienst am Herrn, ohne Hindernis. Kümmel vergleicht mit Epiktet III 22, 67 ff.: der Zyniker, der seine Berufung ausübt, muß ohne Hindernis bleiben (*ἀπερίσπαστος*). Der Sinn ist eindeutig: wer auf die Ehe verzichtet, geht zusätzlicher Mühe aus dem Wege und kann sich der Arbeit des Herrn widmen, ohne die Probleme, Schwierigkeiten und Ängste auf sich zu nehmen, die Verheiratete tragen müssen. Aber das ist trotzdem keine Regel, und der Unverheiratete kann genauso den Anstand verletzen wie der Verheiratete (ein Zugeständnis, das die Befürworter der Askese in Korinth nur mit Mühe akzeptiert haben werden). **Aber wenn jemand meint, sich gegenüber seiner Jungfrau** (V. 36; im normalen Sinne des Wortes *παρθένος*; s. V. 25 und 28 oben) **unanständig zu verhalten** (das Verb, *ἀσχημονεῖν*, „sich unanständig oder ungebührend benehmen oder verhalten", ist mit dem Adjektiv *mit Anstand*, V. 35, verwandt), **wenn er sie begehrt** (*ὑπέρακμος*)**, und es muß also sein, dann soll er tun, was er will** (M. III, S. 75: „Er soll weiterhin tun, was er will", was zur Zeitform des Imperativs (Präsens), *ποιείτω*, paßt, jedoch nicht zum Zusammenhang, da das Problem ja gerade dadurch entstanden ist, daß er nicht tut, was er will); **er begeht keine Sünde; laßt sie heiraten.** Diese Übersetzung versucht, die Zweideutigkeit des griechischen Textes beizubehalten. Nur die Übersetzung *sie begehrt* verrät, wie wir den Satz auslegen wollen. Allerdings sind auch andere Übersetzungen durchaus möglich; unsere Übersetzung scheint mir jedoch den wahrscheinlichsten Sinn des ganzen Satzes wiederzugeben. Wer ist das eigentliche Subjekt des Satzes? Und was meint Paulus, wenn er schreibt: *seine Jungfrau*? Man hat folgende Vorschläge gemacht: (1) Der Mann im Satz ist ein Vater, und *die Jungfrau* ist seine Tochter. Wenn dies stimmen sollte, dann müßten wir nicht mehr übersetzen: *sie begehrt*, sondern, da hier das Subjekt männlich oder weiblich sein kann: „wenn sie im heiratsfähigen Alter ist" (oder vielleicht sogar: wenn sie schon über das heiratsfähige Alter hinaus ist). Dann hätten wir es mit jemandem zu tun, der das Recht der *patria potestas* über seine Tochter ausübt: sie kann nicht ohne seine Genehmigung heiraten. Wenn er meint, daß er ungerecht handelt, indem er sie zwingt, auf die Ehe zu verzichten, sollte er keine Skrupel haben, sondern ihr erlauben, zu tun, was sie will (wegen des Mangels an Pronomen ist eine ebenfalls mögliche Übersetzung: so soll sie tun, was sie will); laßt sie (die Jungfrau und ihren erwählten Bräutigam) heiraten. Diese Auslegung unterliegt jedoch drei Nachteilen: (a) Das Subjekt wechselt im Laufe des Satzes in eigenartiger Weise; (b) „im heiratsfähigen Alter" ist keine wahrscheinliche Übersetzung des griechischen *ὑπέρακμος*; die Tatsache, daß die Juden ein „heiratsfähiges Alter" anerkannten (SB Bd. 3, S. 376 f.) und der Meinung waren, der Vater eines Mädchens handle gut, wenn er das Mädchen vergebe, sobald sie dieses Alter erreiche, beweist hier nichts; (c) das Wort *Jungfrau* heißt nicht unbedingt: „Tochter". Allerdings antwortet Schlatter nicht ohne Überzeugungskraft auf diesen Einwand, daß der Mann, unter dessen Autorität ein Mädchen im heiratsfähigen Alter stand, nicht unbedingt ihr Vater sein mußte, obwohl das gewiß normalerweise der Fall war. Wenn jedoch der Vater tot war, konnte der Bruder des Mädchens oder ein Vormund an seine Stelle treten. Wenn die Eltern des Mädchens Sklaven waren, dann lag die Autorität beim Herrn des Hauses. Aber trotzdem bleibt der Ausdruck *seine Jungfrau* unter diesen Umständen überraschend. (2) Der Mann und seine Frau (*seine Jungfrau*) sind schon eine geistliche Ehe eingegangen, d. h. also, sie leben zusammen, ohne geschlechtlich miteinander zu verkehren. Wir wissen, daß die Praxis in der späteren Kirchengeschichte (vielleicht aber schon am Ende des 2. Jahrhunderts) existierte, *virgines subintroductae* zuzulassen, obwohl dies nie offiziell gebilligt wurde; hier wird jedoch davon ausgegangen, daß diese Praxis – oder eine ähnliche – schon Mitte des 1. Jahrhunderts in Korinth entwickelt wurde. Es könnte dann sein, daß bei dieser Praxis der Mann oder die Frau die Spannung nicht mehr aushalten konnte. Möglicherweise bestanden in Korinth einige darauf, daß eine so geschlossene geistliche Ehe auch „geistlich" bleiben müsse; Paulus wäre dann nach dieser Auslegung dafür, unter solchen Umständen die geistliche Ehe in eine normale Ehe mit körperlichen Beziehungen umzuwandeln. Das wäre keine Sünde. Aber es spricht gegen diese Auslegungsmöglichkeit, daß wir in der Geschichte keinen Hinweis darauf haben, daß die Praxis der „geistlichen Ehe" jemals so früh aufgetreten ist; und angesichts von V. 2–5 kann Paulus kaum eine solche Praxis in diesem Maße bejaht haben. (3) Ein neuerer Vorschlag wurde von J. M. Ford (in NTS 10, S. 361–365) gemacht. Sie meint, es gehe Paulus in diesen Versen um einen Fall der Leviratsehe (s. Deut. 25, 5–10). Paulus' Wort *παρθένος* meine hier keine *Jungfrau*, sondern eine junge Witwe. Das Adjektiv *ὑπέρακμος* beziehe sich auf die Frau und bedeute „von heiratsfähigem Alter"; „Es kann sein, daß sich Paulus hier auf den Mischnatext (*Niddah* 5, 6.7) bezieht, in dem es heißt, daß das Gesetz der Leviratsehe nur dann gilt, wenn das Mädchen schon die Pubertät erreicht hat" (op. cit. S. 364). Aber in diesem Fall sehen wir uns folgenden Schwierigkeiten gegenübergestellt: (a) das griechische Wort *παρθένος* bedeutet nur Jungfrau (auch an der einzigen anderen Stelle, wo es von Paulus benutzt wird – 2. Kor. 11, 2), nicht aber Witwe; (b) das griechische Adjektiv (*ὑπέρακμος*) bedeutet nicht „im Pubertätsalter"; (c) es gibt nichts im Text, was darauf schließen läßt, daß es sich hier um eine Besprechung eines undurchsichtigen jüdischen Gesetzes handelt; eine solche Besprechung wäre nur im Judentum denkbar, in der korinthischen Gemeinde wäre sie unverständlich. Siehe auch den Kommentar zu V. 39. (4) Die wenigsten Schwierigkeiten entstehen durch die vierte Möglichkeit, die überzeugend von Kümmel (in Lietzmann-Kümmel und in: *Neutestamentliche Studien für Rudolf Bultmann*, 1954, S. 275–295) vertreten wird. Es handelt sich um ein „verlobtes Paar", das unter dem Einfluß der korinthischen Askese bezweifelt, ob es die geplante Hochzeit durchführen sollte. Hier bleibt zwar der Ausdruck „seine Jungfrau" etwas eigentümlich, aber wenigstens ist die Frau hier eine tatsächliche Jungfrau; eine Parallele findet sich indes in unserer Umgangssprache: „sein Mädchen" oder „seine Freundin". Dann wäre das Adjektiv *ὑπέρακμος* in einem ganz natürlichen Sinne gebraucht; der Ratschlag des Paulus wäre zudem durchaus vernünftig. Es mag sehr geistlich aussehen, wenn jemand auf die Ehe verzichten will, doch kann das in einigen Fällen für ein Mädchen unfair und für einen Mann unmöglich sein.

Bisher scheint also die Auslegung (4) die beste zu sein; und der Rest des Absatzes bestätigt unsere Wahl. Es ist aber bislang nur ein möglicher Fall in Betracht gezogen worden; es gibt jedoch einen weiteren. **Andererseits wird der gut handeln** (V. 37)**, der in seinem eigenen Herzen fest steht und sich in keiner Zwangslage befindet, sondern Autorität besitzt über seinen eigenen Willen und sich im eigenen Herzen entschlossen hat, seine Jungfrau so zu behalten, wie sie ist** (die letzten drei Worte fehlen im griechischen Text, geben jedoch wahrscheinlich den gemeinten Sinn wieder; wenn wir sie weglassen, haben wir eine ganz andere Situation vor Augen, die, wie Black und Chadwick beide aufzeigen, der der späteren *virgines subintroductae* ähneln würde – sie wäre tatsächlich so ähnlich, daß die Kritik der Verse 2–5 hier gelten müßte). Es ist sehr schwer, diesen Rat auf einen Vater mit einer ledigen Tochter anzuwenden; und auf die Leviratsehe kann sich das erst recht nicht beziehen. Klar ist die Stelle hingegen, wenn wir uns einen jungen Mann vorstellen, der über den eigenen Wunsch, seine Verlobte zu heiraten, Herr ist. Paulus bleibt also konsequent. Die Ehe ist nicht an sich böse, doch tut man gut, sie zu vermeiden, wenn man es kann. Dann faßt Paulus beide Seiten des Arguments zusammen: **So daß, wer seine Jungfrau heiratet, gut handelt, wer sie aber nicht heiratet, besser handelt** (V. 38). In diesem Vers liegt die Stärke der Auslegung (1) (s. oben). Es wird hier ein anderes Wort für „heiraten" benutzt als das in V. 28 vorkommende Verb. Die Form (*γαμίζειν*) deutet eher auf „verheiraten" und wird sonst in bezug auf den Vater eines Mädchens gebraucht (vgl. Mk. 12, 25). Die meisten Kommentatoren (Ausnahmen sind Allo, Bachmann und Heim), Grammatiker und Lexikographen finden keine Schwierigkeit in der Annahme, Paulus habe das Wort in der Bedeutung gebraucht: „in den Stand der Ehe treten"; im hellenistischen Zeitalter hatte der Unterschied zwischen Verben auf *-έω* und Verben auf *-ίζω* schon angefangen, zu zerbröckeln. (Zum Gebrauch der verschiedenen Wörter für „heiraten" s. außer den Wörterbüchern auch BD § 101; M. II, S. 409 f.; M. III, S. 57.)

Es scheint also so zu sein, daß die Korinther in ihrem Brief an Paulus unter der Überschrift *Jungfrauen* (es wird vielleicht bedeutsam sein, daß ein verlobtes Mädchen als *Jungfrau* bezeichnet wurde, denn das will sagen: Das Wichtigste an ihr ist, daß sie

Jungfrau ist, und es wäre besser, wenn sie es bleibt) die Frage aufgeworfen hatten, ob es nicht für ein verlobtes Paar besser wäre, sich der Ehe zu enthalten. Paulus antwortet, daß es in der Tat besser wäre; aber wenn sie doch heiraten, sündigen sie nicht, sondern handeln auch noch gut.

Es entsteht aber noch eine Frage betreffs der ehelichen Beziehungen. Dürfen Witwen noch einmal heiraten? **Eine Frau ist gebunden, solange ihr Mann lebt** (V. 39). Vgl. Röm. 7, 2. Dies bestimmte das weltliche Gesetz, schon bevor es zum Grundsatz der christlichen Ethik wurde. Paulus glaubte, daß auch der Mann gebunden ist, solange seine Frau lebt (V. 11, 27), nur sagt er das hier nicht ausdrücklich, weil er (wahrscheinlich) auf eine spezifische Frage eingeht. **Aber wenn ihr Mann entschläft** (*κοιμηθῇ*; wenn es sich um Christen handelt, greift Paulus fast immer auf diesen Euphemismus zurück; wir können also vielleicht annehmen, daß es sich bei dem gestorbenen Mann um einen Christen handelte; vgl. den paulinischen Gebrauch von *καθεύδειν* – 1. Thess. 5, 10. Diese Schlußfolgerung darf keinesfalls als gewiß angesehen werden), **ist sie frei zu heiraten, wen sie möchte** (das Gesetz der Leviratsehe gilt also unter den Christen nicht!). **Sie soll nur bedenken, daß sie Christin ist** (wörtlich: *nur im Herrn*). Dieser letzte Satz wird meistens so verstanden: „Sie darf heiraten, wen sie möchte, solange es sich um einen Christen handelt" – aber Lightfoot macht darauf aufmerksam, daß diese Auslegung den Sinn von dem, was Paulus schrieb, einengt. Paulus sagt: „Sie muß bedenken, daß sie ein Glied am Leibe Christi ist, und darf also ihre christlichen Pflichten und ihre Verantwortung nicht vergessen." (Schlatter vertritt eine ähnliche Auslegung). Es darf jedoch hinzugefügt werden, daß angesichts der Schwierigkeiten, die in den Mischehen entstanden sind (s. 7, 12–16), eine Witwe durchaus weise wäre, wenn sie sich einen gläubigen Mann aussucht. In 1. Tim. 5, 14 werden sogar die jüngeren Witwen aufgefordert zu heiraten.

Wie im ganzen Kapitel, so besteht Paulus auch hier darauf, daß die Ehe an sich nichts Böses ist; ein Christ darf sogar mehr als einmal geheiratet haben. Die Ehe ist erlaubt, sie wird jedoch nicht in jedem Falle empfohlen. **Aber sie ist meiner Meinung** (V. 40; zu diesem Wort s. V. 25) **nach glücklicher, wenn sie so bleibt, wie sie ist.** Die Ehe bringt nach Paulus' Meinung eher Bedrängnis als

Glück mit sich; und diese Meinung darf nicht einfach ignoriert werden. **Und ich denke, daß auch ich den Geist Gottes habe.** Vgl. V. 25 und 2, 16. Hier nimmt Paulus mit vielleicht etwas Ironie für sich in Anspruch, den Geist Gottes zu besitzen (was auch andere getan haben; vielleicht erwartete Paulus, daß man ihm in Korinth widersprechen würde), der die Menschen in alle Wahrheit leitet und das christliche Gewissen unterweist; er nimmt jedoch keine einzigartige (*auch ich*) Autorität in der Anwendung des Evangeliums auf spezielle Situationen für sich in Anspruch (Schweizer, 26 b, S. 193). *Auch ich* wird wahrscheinlich meinen, daß auch die Korinther die Autorität des Geistes Gottes für ihre Meinungen in Anspruch nahmen; sie scheinen unwillig, die Ansichten und Praktiken, die andernorts herrschten, mit in Betracht zu ziehen (vgl. 4, 17; 7, 17; 14, 33). Solche Ansprüche sind jedoch stets der Gefahr des Widerspruchs ausgesetzt und besitzen keine Autorität.

Beachtenswert ist, daß die Verse 39 f., obwohl die Gedanken zu denen vom Rest des Kapitels passen, formell nur lose an den Rest des Kapitels angehängt sind, als wären sie dem Paulus erst hinterher eingefallen. Dies spiegelt wahrscheinlich die Art und Weise wider, in der Paulus den Brief niederschrieb (s. Einleitung, S. 28). Der Theologe sollte in der Bewertung aller Dislozierungs- und Integritätstheorien vorsichtig vorgehen. Wahrscheinlich war Paulus gar nicht in der Lage, ein nahtlos zusammenhängendes Werk zu schreiben.

(b) Götzenopferfleisch

19. 8, 1–13: Quelle der Unruhe – Erhöhung der Erkenntnis über die Liebe

(1) Was die Dinge betrifft, die den Götzen geopfert werden: wir wissen[61], daß „wir alle Erkenntnis haben". Die Erkenntnis bläht auf, aber die Liebe baut auf. (2) Wenn jemand meint, irgend etwas völlig erkannt zu haben, dann hat er noch nicht die Erkenntnis erreicht, die er haben sollte; (3) aber wenn jemand Gott liebt, so ist er von Gott erkannt worden[62]. (4) Was also das Essen des den Götzen Geopferten betrifft, wissen wir[61], daß „es keinen Göt-

zen in der Welt gibt" und daß „es keinen Gott gibt außer dem einen". (5) Denn tatsächlich, obwohl es sogenannte Götter gibt, ob im Himmel oder auf der Erde, wie es in der Tat viele „Götter" und viele „Herren" gibt, (6) gibt es doch für uns nur den einen Gott, den Vater, von dem alle Dinge kommen und zu dem hin unser eigenes Wesen führt, und einen Herrn Jesus Christus, durch den alle Dinge, auch wir selbst, existieren.

(7) Aber nicht jeder hat diese Erkenntnis. Manche, durch ihre bisherige Gewöhnung[63] an den Götzen, essen ihre Speise noch als Götzenopferfleisch, und ihr Gewissen, das schwach ist, wird befleckt. (8) „Speise wird uns Gott nicht näherbringen": wenn wir nicht essen, haben wir keinen Nachteil davon; wenn wir doch essen, haben wir keinen Vorteil davon[64]. (9) Doch seht euch vor, daß diese eure Vollmacht nicht den Schwachen zum Anstoß wird. (10) Denn wenn jemand dich[65], der du Erkenntnis hast, im Götzenschrein zu Tische sitzen sieht, wird nicht sein Gewissen, das Gewissen eines Schwachen, so auferbaut werden, daß er Götzenopferfleisch ißt? (11) Denn der Schwache kommt wegen deiner Erkenntnis um, dein Bruder, um dessentwillen Christus starb. (12) Und so, indem ihr euch gegen eure Brüder versündigt und ihr Gewissen, so schwach wie es ist, verletzt, versündigt ihr euch gegen Christus. (13) Darum, wenn eine Speise meinen Bruder zum Stolpern bringt, werde ich niemals wieder Fleisch essen, damit ich meinen Bruder nicht zum Stolpern bringe.

Was die Dinge betrifft, die den Götzen geopfert werden (V. 1): Paulus wendet sich einem ganz neuen Thema zu, das anscheinend von den Korinthern selbst in ihrem Brief vorgebracht wurde (vgl. 7, 1 und Komm.). Viele, wenn nicht alle (zu dieser Tatsache und anderen Informationen über das Götzenopferfleisch, die in diesem Kapitel erwähnt werden, s. „Things Sacrificed to Idols") der in den Städten des Altertums zum Kauf angebotenen Lebensmittel waren zuvor teils oder ganz durch heidnische Riten an „heiliger" Stätte gegangen. Solche Lebensmittel wurden normalerweise als „zum heiligen Zweck Geopfertes" (*ἱερόθυτον*, wird 10, 28 auch von Paulus benutzt; das Wort *θεόθυτον* kam auch vor) bezeichnet, aber Juden und Christen, die ihre eigenen Vorstellungen hatten von dem, was heilig war, nannten sie lieber „den Götzen Geopfertes" (*εἰδωλόθυτον*). Juden war solche Speise aus drei

Gründen verboten: (a) Sie war durch den Götzendienst verunreinigt worden; (b) man konnte nicht davon ausgehen, daß die Heiden sie verzehntet hatten; (c) das Fleisch war nicht in der für den Juden richtigen Weise zubereitet worden. Es gab zweifellos in Korinth durchreisende Juden, die darauf bestanden, daß dasselbe Verbot auch der Gemeinde gelten müsse. Christliche Gnostiker, deren Gegenwart in der Gemeinde nicht nur durch ihren Anspruch auf „Erkenntnis", sondern ebenfalls durch ihren Anspruch auf *ἐλευθερία* (Freiheit) und *ἐξουσία* (Autorität) als deren Konsequenz (Bultmann, *Theologie*, S. 184) verraten wird, unterwarfen im Gegenzug das Argument einer Analyse, die zu Tage brachte, daß es keine Gültigkeit besitzen konnte. Was sollten sie also tun? Paulus geht zweimal auf diese Frage ein, hier und in 10, 14–33. Es wird manchmal behauptet, seine beiden Antworten auf diese Frage würden nicht miteinander in Einklang zu bringen sein, so daß sie ursprünglich aus zwei verschiedenen Briefen stammen müßten. Das wäre dann auch die Erklärung dafür, daß sie im jetzigen Brief auseinandergerissen worden sind. Aber der Grund, warum Kap. 9 dazwischen steht, wird unten (S. 234f.) erläutert; nur eine detaillierte Exegese kann die Grundlage für die Entscheidung liefern, ob Paulus in beiden Teilen seiner Besprechung dieser Frage konsequent bleibt. Eine Zusammenfassung der Ergebnisse dieser Exegese findet sich in der Einleitung, S. 29f.

Wir wissen, daß „wir alle Erkenntnis haben". Wie in 7, 1 und an anderen Stellen scheint Paulus hier aus dem Brief der Korinther zu zitieren. Er läßt den Satz gelten, daß wir alle Erkenntnis haben, weil es sein erster Schritt sein wird, die Begrenzungen der Erkenntnis aufzuzeigen; aber indem er das tut, zeigt er, daß er selbst die Erkenntnis der Gnostiker teilt. In V. 7, wo er die Sache aus einem anderen Blickwinkel betrachtet, leugnet er, daß alle Erkenntnis haben, und behauptet, daß solche, die sie nicht haben, trotzdem Rechte haben. Von diesem Standpunkt aus gesehen macht er einen Appell an die Liebe und den guten Willen der Brüder, einen Appell, den sie weder ignorieren noch überstimmen dürfen. Zu *Erkenntnis (γνῶσις)* s. oben, S. 30 und 88f. Das Wort wurde zu dieser Zeit noch ganz allgemein gebraucht, und die nächsten Verse zeigen deutlich, daß es auch die allgemeine, spekulative, christliche Theologie bezeichnen konnte und zu gesellschaftlichen und moralischen Konsequenzen aufforderte. Der

Mittelpunkt der Erkenntnis scheint jedoch die Erkenntnis Gottes gewesen zu sein; offensichtlich behaupteten die Gnostiker, Gott zu kennen (1. Joh. 2, 4). Wir werden sehen, daß Paulus, obwohl er der gnostischen Bewegung kritisch gegenüberstand, viele ihrer An- und Einsichten teilte. Seine Hauptkritik geht allerdings gleich aus diesem ersten Vers hervor: **Die Erkenntnis bläht auf, aber die Liebe baut auf.** Es war für die Korinther typisch, daß sie „aufgebläht" waren (vgl. 4, 6.18.19; 5, 2; dagegen 13, 4); und es war für Paulus typisch, daß es ihm hauptsächlich um die Erbauung der Gemeinde ging (3, 9.10.12.14; 10, 23; 14, 3.4.5.12.17.26). Dieser Abschnitt beschreibt die Folgen einer lieblosen *Gnosis* (V. 9–13). Man mag fragen, ob es zwischen Erkenntnis und Liebe immer eine Spannung geben muß. Wäre es für einen Gnostiker unmöglich gewesen, liebevoll zu sein? Paulus selbst ist ein Beispiel dafür, daß Liebe und Erkenntnis durchaus Hand in Hand gehen konnten, denn er pflegte eine im wesentlichen gnostische Meinung, während er sich jedoch stets von der Liebe zur ganzen Gemeinde bewegen ließ. Aber die korinthische Gnosis enthielt ein wesensmäßig eigensüchtiges Element, das sich mit der christlichen Liebe nicht vereinbaren ließ; sie bestand nicht nur aus einer Lehre (denn auch Paulus vertrat eine solche Lehre), sondern aus einer Lebensanschauung und einer Religion, die vor allem gewinnsüchtig war oder im weitesten Sinne des Wortes *erotisch*, darum aber nicht mit der Liebe (*ἀγάπη*; s. Kap. 13) zu vereinbaren. Der nächste Vers zeigt die terminologische Schwierigkeit auf, mit der Paulus fertig werden mußte. **Wenn jemand meint, irgend etwas völlig erkannt zu haben** (V. 2; wörtlich: *denkt, er habe etwas kennengelernt*), **dann hat er noch nicht die Erkenntnis erreicht, die er haben sollte** (wörtlich: *er hat noch nicht kennengelernt, wie er kennenlernen sollte*). Der Unterschied, den diese schwerfälligen Sätze wiedergeben wollen, ist der zwischen der Sammlung von Informationen über Gott (*Gnosis*) und dem Zustand einer persönlichen und richtigen Beziehung zu ihm. Das Christsein und die Auferbauung der christlichen Gemeinde besteht nicht aus dem Erwerb und der Weitergabe vereinzelter Wahrheiten über Gott, auch wenn diese stimmen, sogar wenn ein Apostel gerade diese Wahrheiten teilt, wiederholt, lehrt und u. U. in der Praxis auslebt. Sich wegen seiner gesunden Lehre zu brüsten ist etwas ganz anderes als die Gotteserkenntnis, aus der das eigentliche Christentum besteht (s. z.B. Joh. 17, 3); diese Erkenntnis ist es, die der Mensch *haben sollte*, sie ist die wahre christliche *Gnosis*, auch wenn die Korinther sie nicht so völlig erreicht haben, wie sie sich einbilden. Auf jeden Fall ist nicht Erkenntnis, sondern Liebe das richtige Stichwort. **Aber wenn jemand Gott liebt, so ist er von Gott erkannt worden** (V. 3). Die Apodosis ist schwerverständlich; wörtlich müßte sie heißen: diese Person ist von ihm erkannt worden, was u. U. auch heißen könnte: „Gott ist von ihm erkannt worden"; also: Wenn du Gott liebst, anstatt über ihn zu spekulieren, kennst du Gott. Vgl. 1. Joh. 4, 7; vgl. jedoch auch 13, 12; 14, 38 und Gal. 4, 9; ebenfalls 2. Tim. 2, 19. Paulus' grundsätzliche Antwort auf die typisch gnostische Idee des geistlichen Aufstiegs der Seele zu Gott besteht darin, die Initiative Gottes zu betonen. Er erkennt zuerst den Menschen und handelt für ihn, indem er den Sohn sendet. Der Satz kann andererseits nicht bedeuten: Wenn ein Mensch Gott liebt, belohnt ihn Gott dadurch, daß er ihn anerkennt. Das würde der ganzen sonstigen paulinischen Lehre widersprechen. Der Sinn ist vielmehr dieser: Wenn ein Mensch Gott liebt, *dann ist dies ein Zeichen dafür*, daß Gott schon die Initiative ergriffen hat. Typischer für Paulus wäre es, wenn er die Antwort des Menschen nicht als Liebe, sondern als Glauben bezeichnen würde. Aber zur Liebe zu Gott s. 2, 9; Röm. 8, 28; vgl. Röm. 5, 5; 2. Thess. 3, 5; dieser Ausdruck wird wahrscheinlich hier gewählt, weil Paulus die Liebe der Erkenntnis gegenüberstellen will; er sieht, daß die Liebe eines Christen zu seinen Glaubensgenossen, die eher sein Verhalten bestimmen soll als seine *Gnosis*, aus seiner Liebe zu Gott hervorgeht. Die Sprachformulierung der gegenseitigen Erkenntnis Gottes und des Menschen ist gnostisch, jedoch ist bei Paulus einzig und allein die Sprache der Gnosis entliehen; der gedankliche Inhalt ist die biblische Lehre der Erwählung und der Annahme bei Gott (Ex. 33, 12.17; Am. 3, 2; Jer. 1, 5; s. Lietzmann; Bultmann in TWNT Bd. 1, S. 709 f.). Vgl. V. 6.

Aber wie ist die – im wesentlichen richtige – Stellungnahme der Gnostiker hinsichtlich des Götzenopferfleisches? **Was also das Essen des den Götzen Geopferten betrifft, wissen wir** (V. 4; vgl. V. 1; die Worte zeigen wieder einmal an, daß Paulus aus dem Brief der Korinther zitiert), **daß „es keinen Götzen in der Welt gibt" und daß „es keinen Gott gibt außer dem einen".** Die erste

Aussage wird bedeuten, daß kein Götze in der Welt eine echte Existenz hat, obwohl angesichts von 10, 20f. und V. 5 dieser Grundsatz sehr vorsichtig ausgedrückt werden will. Paulus selbst glaubte zweifellos an die reale Existenz dämonischer Wesen. Er glaubte ebenfalls, daß diese dämonischen Wesen sich götzendienerischer Riten bedienten; die Tatsache also, daß sie durch Christus eine entscheidende Niederlage erlitten hatten und daß sie am Ende der Zeiten von Christus vollkommen überwunden werden sollten, ließ sie nicht automatisch aufhören, für die Christen eine Bedrohung zu sein – genauso wenig wie die Tatsache, daß die Götzen selbst nur aus Holz und Stein bestanden. In einem solchen Zusammenhang ist es verhältnismäßig leicht, eine ungenaue Sprache zu benutzen, und genau das taten hier die Korinther. Sie meinten, daß z. B. Zeus oder Athene nicht tatsächlich in einem Götzenbild wohne. Es ist ebenfalls nicht wahr, daß eine Statue oder die mythische Gestalt, die sie darstellen soll, den vertreten kann, den die Christen Gott nennen. Von dem, den die Christen als Gott bezeichnen, kann es nur einen geben. Diese Überzeugung findet sich ja schon im Alten Testament (z. B. Deut. 6, 4; Jes. 44, 8; 45, 5); es ist möglich, daß die Korinther ebenfalls aus der monotheistischen Spekulation der Griechen schöpften (z. B. bei den Stoikern, die nicht die ersten waren, die auf diese Linie geraten waren; s. z. B. Plutarchs beredte Argumente in seinem Traktat *Über den delphischen Ei*). Was aber Paulus mit seiner Behauptung der Einzigartigkeit Gottes meint, schildert er in den folgenden Versen.

Denn tatsächlich, obwohl (V. 5; konzessives *εἴπερ*, wie bei Homer; s. BD § 454) **es sogenannte Götter gibt, ob im Himmel oder auf der Erde, wie es in der Tat viele „Götter" und viele „Herren" gibt, gibt es doch für uns nur den einen Gott** (V. 6). Es wäre töricht, die Tatsache zu leugnen, daß das Wort *Gott* in der Alltagssprache oft vorkam, denn nach der Volksmeinung der Antike war die Welt von göttlichen Wesen dicht bevölkert, deren natürliche Heimat zwar *im Himmel* war, die jedoch die Freiheit besaßen, gelegentlich *auf Erden* zu erscheinen. Paulus geht aber noch weiter. Das von den Heiden so häufig gebrauchte Wort *Gott* bezeichnet gewiß nicht den Gott des Alten Testaments, den Gott und Vater unseres Herrn Jesus Christus, doch folgt daraus nicht, daß das Wort keinerlei Bedeutung hat, auch nicht, daß jene Wesen, die von den Heiden als Götter bezeichnet werden, keinerlei wirkliche Existenz haben. Das Alte Testament setzt vielmehr deren Existenz voraus, z. B. Deut. 10, 17, wo – wie in diesem Vers – *Götter* und *Herren* zusammen erwähnt werden. Hier bringt Paulus allerdings seine eigene Meinung noch nicht klar und bestimmt zum Ausdruck; es wäre einerseits eine Übertreibung, wenn wir annehmen würden, Paulus leugne die Existenz von Wesen, die weder wahrhaft Gott noch Mensch seien; aber es wäre andererseits ebenfalls eine Übertreibung, wenn wir die Worte *wie es in der Tat... gibt* als Bestätigung für deren reale Existenz verstehen würden. Die spätere Besprechung des Themas des Götzenopferfleisches (s. 10, 20f.) zeigt die wahre Meinung des Paulus erst deutlich. Hier spricht er von den *vielen Göttern* und *vielen Herren*, weil er schon an den Kontrast zu der folgenden doppelten Aussage über Gott, den Vater, und den Herrn Jesus Christus denkt; diese Aussage enthielt wahrscheinlich eine Formel, die Paulus schon einmal gebraucht hatte. Er wird sie schwerlich für den Brief formuliert haben.

Der Hauptpunkt seines Argumentes ist auf jeden Fall, daß es *für uns* nur Einen gibt, den wir als Gott erkennen, und gäbe es noch so viele Götter oder dämonische Wesen in der Welt. Diesem einen Gott vertrauen wir und gehorchen wir in einem einzigartigen Sinn, denn er ist die Quelle allen Lebens und auch der Erlösung. Unsere Anerkennung dieses einen Gottes findet nicht aufgrund der Spekulation, sondern aufgrund des historischen Handelns Gottes in seinem Sohn statt. Darum wird er als **der Vater** (in erster Linie seines einzigen Sohnes, Jesus Christus; in zweiter Linie aber als Vater derer, die durch Christus als Söhne angenommen worden sind) beschrieben, **von dem alle Dinge kommen** (d. h. er ist der Schöpfer) **und zu dem hin unser eigenes Wesen führt** (wörtlich: *und wir zu ihm*; d. h.: wir existieren, um ihm zu dienen, und unsere Bestimmung finden wir in ihm), **und einen Herrn Jesus Christus, durch** („Dieses *διά* hat seinen exegetischen Grund in *b*^{e} in 1, 26, *b*^{e}*salmenu*" – Schlatter, S. 256, Fußnote 1) **den alle Dinge, auch wir selbst, existieren** (diese Übersetzung unterstreicht die Beziehung zwischen *alle Dinge* und *wir selbst*, verwischt jedoch gleichzeitig den Unterschied zwischen ihnen; Christus ist der Schöpfungsmittler aber auch der Erlösungsmittler, und wir existieren als Produkt der Erlösung; vgl. Bultmann,

Theologie, S. 134). Wie zu einem früheren Zeitpunkt (s. 3, 16 und 6, 19 und Komm.) verwendet Paulus hier die Terminologie der hellenistischen religiösen Philosophie. Vgl. ebenfalls Röm. 11, 36. Unter den vielen Stellen, die man zitieren könnte, wäre M. Aurel. 4, 23: „Von dir [Natur, *φύσις*] sind alle Dinge, in dir sind alle Dinge und zu dir hin sind alle Dinge."

Jesus Christus wird hier nicht ausdrücklich als Gott bezeichnet, und die Tatsache, daß das Wort *Herr* (*κύριος*) im griechischen Alten Testament oft für den hebräischen Gottesnamen YHWH steht, verliert an Beweiskraft, wenn man überlegt, daß es auch mit anderen Bedeutungen benutzt wurde, z. B. als höfliche Anrede. Es ist immer wichtig, darauf zu achten, in welchem Zusammenhang das Wort *Herr* benutzt wird. Hier steht es zwar in einer engen Beziehung zum Namen Gott, ist jedoch nicht mit ihm identisch. Im Sprachgebrauch des Paulus ist *Christus* kaum mehr als ein Zuname, obwohl die Tatsache, daß Paulus ihn verwendet, zeigt, daß er Jesus für den von den Juden erwarteten Messias hielt; in Jesus hatten sich die Verheißungen des Alten Testaments erfüllt (2. Kor. 1, 20). Aber in der hellenistischen Welt war der Name *Herr* viel bedeutungsreicher als die jüdische Terminologie der Messiaserwartung. Mit diesem Namen konnte auch unter Griechen die göttliche Königsherrschaft Jesu zum Ausdruck gebracht werden. Wie wir oben anmerkten, steht Jesus Christus als Herr in einer Beziehung sowohl zur Schöpfung als auch zur Erlösung. Wie O. Cullmann (*Christologie des Neuen Testaments*, 1957, S. 2, 253, 336 f.; vgl. *Christus und die Zeit*, 1962, S. 110) zu Recht erkannt hat, werden Vater und Sohn nicht anhand ihres Wirkungsbereiches (Schöpfung und Erlösung) unterschieden, sondern die Unterscheidung wird am Gebrauch der Präpositionen deutlich gemacht. In der Schöpfung und der Erlösung hält Jesus eine Stellung inne, die im Judentum der personifizierten Weisheit und dem personifizierten Gesetz zusteht (s. W. D. Davies, S. 147–176; doch bezieht sich Davies nicht ausdrücklich auf diesen Abschnitt). Aber diese Beobachtung, an sich schon wichtig und nützlich, zeigt noch lange nicht die volle Bedeutung dessen auf, was Paulus hier sagt, denn die Worte des Apostels sind ganz gewiß ohne jeden Gedanken an die Spekulation über Weisheit und Thora geschrieben. Jesus Christus ist der göttliche Mittler, in dessen Handeln Gott wahrgenommen wird; er wäre schon in der Schöpfung sichtbar, wenn nicht die Schöpfung entstellt worden wäre. Doch im Werk der Wiederherstellung kann er, und in ihm Gott selbst, wahrgenommen werden, ja, man kann ihm begegnen (s. *Adam*, S. 87 f.).

So weit Paulus' Darstellung der korinthischen *Gnosis* (die er vielleicht verbesserte, während er sie zitierte und ausweitete – vgl. Kol. 1, 15–20). Diese Darstellung ist keine so offensichtliche Abweichung vom Hauptthema, wie einige Kommentatoren meinen, weil Überlegungen zur Realität des Götzendienstes und des heidnischen Glaubens wohl Einfluß auf die Beantwortung der Frage über das Essen von Götzenopferfleisch ausüben, und Paulus findet es jetzt überhaupt nicht schwierig, zur praktischen Frage zurückzukehren, was die Korinther essen und nicht essen dürfen. Wenn alle diese wesenhafte Irrealität der Götzen anerkennten (wie sie in V.1 behauptet wurde), gäbe es gar kein Problem; aber die Sache ist indes nicht so einfach. **Aber nicht jeder hat diese Erkenntnis** (V. 7). Vgl. V. 1 und Komm. Es ist nicht notwendig, mit Héring davon auszugehen, daß das Wort in diesen beiden Versen in zweierlei Sinn verwendet wird. Es ist für „erleuchtete" Christen leicht, die Existenz schwächerer Brüder zu übersehen, die, obwohl sie als Christen an den einen Gott und Herrn geglaubt haben, noch nicht zu der Erkenntnis durchgedrungen sind, daß die sogenannten Götter und Herren und allerlei dämonische Wesen nicht in der Lage seien, den Christen von seinem Gott zu trennen (s. Römer 8, 38 f.). **Manche, durch ihre bisherige Gewöhnung an den Götzen, essen ihre Speise** (die Worte „ihre Speise" sind nicht im griechischen Text enthalten, doch ergänzen sie das Verb in geeigneter Weise; die gegessene Speise wird den Götzen geopfert worden sein) **noch als Götzenopferfleisch, und ihr Gewissen, das schwach ist, wird befleckt.** Eine gut bezeugte Lesart sagt hier: „Manche, durch ihr Bewußtsein (*συνειδήσει*) des Götzen . . .", aber diese Variante entstand wahrscheinlich durch die Ähnlichkeit zwischen *Gewöhnung* (*συνήθεια*) und *Bewußtsein* (Gewissen, *συνείδησις*), zumal das Wort *Gewissen* in der darauffolgenden Zeile vorkommt. Es gibt also Menschen in Korinth, die ihr ganzes Leben lang Götzenopferfleisch gegessen haben und die dieses Götzenopferfleisch schon immer für Speise gehalten haben, das einem echt existierenden Götzen geopfert wurde; für sie also hat solches Fleisch eine echt geistliche Bedeutung. Als diese Menschen Christen wurden, hörten sie nicht mit einem Mal auf, an die Existenz der Götter hinter den Götzen zu glauben, und darum hörten sie ebenfalls nicht auf, dem Götzenopferfleisch eine religiöse Bedeutung zuzuschreiben. Diese Menschen sind *schwach* (vgl. 9, 22; vgl. auch Röm. 14, 1.2.21; aber in diesem Zusammenhang können die *Schwachen* auf keinen Fall jüdischen Ursprungs sein, denn sie kannten den Götzendienst), *schwach* in ihrem *Gewissen*, denn sie haben Skrupel, wobei diese Skrupel auf einem Irrtum beruhen. Das Essen von Götzenopferfleisch steht jedoch ihrem Gewissen entgegen, und wenn sie es essen, wird ihr Gewissen dadurch befleckt. Dies ist natürlich töricht, und Paulus will sie nicht verteidigen, obwohl er im weiteren Verlauf der Argumentation die Stellung des Schwachen innerhalb der Gemeinde und sein Interesse am Verhalten seines stärkeren Bruders verteidigen wird. Dies tut er, indem er wieder einmal einen der Glaubenssätze der Korinther anführt (wahrscheinlich aus ihrem Brief), den er aber nicht nur billigt, sondern auch modifiziert. **„Speise wird uns Gott nicht anempfehlen"** (V. 8; d. h. das Einhalten der Speisegebote gibt uns keinen Anspruch auf Gotteserkenntnis; vgl. Röm. 14, 17): **Wenn wir nicht essen, haben wir keinen Nachteil davon; wenn wir doch essen, haben wir keinen Vorteil davon.** Der erste Teil des Satzes ist offensichtlich in Harmonie mit der Meinung der starken Christen in Korinth, die keinen Grund sehen konnten, das Götzenopferfleisch nicht zu essen; Paulus ist so weit mit ihnen einverstanden. Dieser Satzteil kann allerdings auch anders übersetzt werden: „Speise wird uns nicht vor Gottes Gericht bringen" (vgl. Röm. 14, 10; 2. Kor. 5, 10); wir erhalten weder Belohnung noch Bestrafung dafür, daß wir gegessen oder nicht gegessen haben. Der Unterschied in der Bedeutung ist gering. In den weiteren Teilen des Satzes fängt Paulus jedoch an, die Stellungnahme der Korinther einer kritischen Prüfung zu unterziehen. Die starken Korinther hätten es nun anders gesagt: „Wenn wir Götzenopferfleisch essen, verlieren wir nichts an christlichem Status oder an christlicher Belohnung; wenn wir darauf verzichten, wie es die Schwachen tun, haben wir keinen Vorteil davon." Das stimmt, gewiß; aber Paulus weist darauf hin, daß der Satz auch umgekehrt zutrifft: Niemand wird deswegen errettet, weil er ein „fortgeschrittener" Christ mit liberalen Ansichten ist; und niemand wird deswegen verdammt, weil er den Forderungen eines zu sehr mit Skrupeln beladenen Gewissens folgt. Die ernsthafte Anwendung der eigenen theologischen Prinzipien müßte den Gnostikern Einhalt gebieten. Und es folgt eine noch wichtigere Überlegung. Christen müssen in der Liebe wandeln und dabei die Bedürfnisse ihrer Brüder berücksichtigen. **Doch seht euch vor, daß diese eure Vollmacht** (V. 9; *ἐξουσία* – wird hier nicht erklärt, gemeint ist jedoch offensichtlich die Vollmacht, jegliche Art von Speise zu genießen; das Wort wird wahrscheinlich im Brief der Korinther an Paulus vorgekommen sein und erinnert etymologisch an das „Alles ist mir erlaubt" von 6, 12; 10, 23; vgl. 9, 4.12.18. Nach Lietzmann handelt es sich dabei um einen „gnostischen Terminus".) **nicht den Schwachen** (vgl. V. 7: denen, die ein schwaches Gewissen haben) **zum Anstoß** (*πρόσκομμα*; vgl. Röm.14, 13.20) **wird,** was geschehen wird, wenn diese durch eure Freiheit dazu verleitet werden, das zu tun, was ihrem Gewissen entgegensteht. Die Aussage wird anhand eines konkreten Beispiels erklärt und erläutert: **Denn wenn jemand dich, der du Erkenntnis hast** (V. 10; s. Fußnote 63, S. 221) **im Götzenschrein** (wie aus Kap. 10 hervorgeht, kann dieses Fleisch andernorts wohl gegessen werden), **zu Tische sitzen** (wörtlich: *liegen*) **sieht, wird nicht sein Gewissen, das Gewissen eines Schwachen** (hier ist versucht worden, die ungewöhnliche Wortstellung im griechischen Text nachzuahmen) **so auferbaut werden** (man könnte auch übersetzen: *aufgebaut*; s. zu V. 1; Paulus benutzt das Wort häufig in einem positiven Sinn), **daß er Götzenopferfleisch ißt?** Wie Schlatter bemerkt, gab es viele Griechen, die zwar aus rationalistischen Gründen den Glauben an die Götter und an die Wirksamkeit der Opfer aufgegeben hatten, die aber aus gesellschaftlichen Gründen weiterhin an den Riten teilnahmen, in denen sie keinen Sinn sahen. Könnte nicht darum ein Christ aus viel besseren Gründen Einladungen in Privathäuser annehmen (10, 27) und auch mit seinen heidnischen Freunden in den heidnischen Tempeln in der Umgebung heidnischer Opferriten zu Tische sitzen? Welchen Schaden könnte er dadurch anrichten? Würde er nicht sogar ein Gutes tun? Denn dieser Vers geht aller Wahrscheinlichkeit nach auf eine Behauptung der starken Korinther zurück: „Wenn ich Vorbild bin und mich öffentlich an heidnischen Götzenopferfesten beteilige, weil ich weiß, daß Speise nichts anderes ist als eben nur Speise, wird dann nicht mein weniger fortgeschrittener Bruder im Herrn dazu ermutigt, erbaut werden, das gleiche zu tun?" Paulus antwortet: Jawohl; aber im Gegensatz zu dir wird dieser Schwache gegen sein Gewissen handeln und dadurch zur Sünde verleitet werden, denn alles, was nicht aus dem Glauben heraus geschieht, das ist Sünde (Röm. 14, 23). Dies wird jedoch zu seinem Verderben führen, und wäre die theologische Überlegung zum Götzendienst noch so wahr. *„Une belle édification ... qui les pousse à leur perte!"* (Héring). **Denn** (V. 11; als Folge dieser Handlungsweise) **der Schwache kommt wegen deiner Erkenntnis um, dein** (Griechisch: *der*; vgl. 1, 1) **Bruder, um dessentwillen Christus starb.** Weil du statt aus Liebe aus der Gnosis heraus handelst und nur auf dein starkes Gewissen achtest, kommt dein Bruder, den du zur Sünde verführst, um, so daß Christus im Hinblick auf ihn vergeblich gelitten hat. **Und so, indem ihr euch gegen eure Brüder** (V. 12; griechisch: *die Brüder*, die ganze Gemeinschaft; aber insbesondere sind die schwachen Brüder gemeint) **versündigt und ihr Gewissen, so schwach wie es ist, verletzt, versündigt ihr euch gegen Christus.** Vgl. Matt. 25, 40. So sehr können sich diejenigen irren, die die Erkenntnis besitzen! Vielleicht sollten wir hinzufügen: So sündig können diejenigen sein, die sich als die geistlichen Glieder der Gemeinde ausgeben. Paulus schreibt anderen nichts vor (was ein interessantes Licht auf sein Verständnis des eigenen Dienstes wirft), doch ist seine eigene Schlußfolgerung eindeutig: **Darum, wenn eine Speise** (V. 13; vor allem Götzenopferfleisch, aber der Rest des Satzes zeigt, daß auch andere Speisen, gegen die das Gewissen sprechen könnte, gemeint sind) **meinen Bruder zum Stolpern bringt** (ihn vom christlichen Glauben entfremdet), **werde ich niemals wieder Fleisch essen, damit ich meinen Bruder nicht zum Stolpern bringe** (Offb. 2, 14). *Fleisch*, nicht nur Götzenopferfleisch; zu christlichen Vegetariern vgl. Röm. 14, 2. Wir können aus diesem Vers kaum den Schluß ziehen, die gleiche Art von Vegetariern sei auch in Korinth am Werk gewesen; Paulus erweitert und verallgemeinert einfach die Situation. Schlatter weist auf Josephus 6, 14 hin, wo von einigen jüdischen Priestern die Rede ist, die, als sie nach Rom gesandt wurden, von Feigen und Nüssen lebten, um jeglicher Befleckung aus dem Wege zu gehen. Auch Paulus ist bereit, seine Freiheit zu verkürzen (s. 9, 1 und Komm. zur Verbindung), um die Interessen seiner Brüder zu schützen. Er zieht gar nicht die Möglichkeit in

Betracht, daß diese Verkürzung unter Umständen einen falschen Eindruck über die Wahrheit des Christentums vermitteln könnte; in Korinth gab es wohl nicht die Gefahr, daß die Meinung der Starken nicht vertreten sein würde.

Ehe wir diesen Abschnitt hinter uns lassen, sollten wir noch anmerken, daß eine Zusammenstellung der in den Versen 1, 4 und 8 notierten Zitate eine einigermaßen komplette Darstellung der korinthischen Ansichten ergibt. „Wir haben alle Erkenntnis (8, 1): Es gibt keinen Götzen in der Welt, sondern nur einen einzigen Gott (8, 4). Darum ist das Essen von Götzenopferfleisch ein Adiaphoron (Mitteldding; 8, 8). Darum gilt auch hier: *πάντα ἔξεστιν* (10, 23)." Diese Gedankenfolge ist durchaus logisch und stimmt mit der Gesinnung Jesu überein (Markus 7, 15 a) – dem Anschein nach! (s. Jeremias, *Studia Paulina*, S. 152).

Wir sollten auch bemerken, daß Paulus in seiner ganzen Besprechung der Frage des Götzenopferfleisches nirgends, weder hier noch in Kap. 10, den Beschluß des sogenannten Apostelkonzils erwähnt (s. Apg. 15, 20.29; 21, 25). S. Einleitung, S. 19f.

20. 9, 1–27: Sogar ein Apostel wird um des Evangeliums willen auf seine Rechte verzichten

(1) Bin ich nicht frei? Bin ich nicht Apostel? Habe ich nicht Jesus, unseren Herrn, gesehen? Seid ihr nicht mein Werk im Herrn? (2) Wenn ich anderen kein Apostel bin, so bin ich es doch für euch, denn ihr seid im Herrn das Siegel meines Apostelamtes. (3) Dies ist meine Verteidigung gegenüber denen, die mich gern untersuchen möchten. (4) Haben wir nicht das Recht, zu essen und zu trinken? (5) Haben wir nicht das Recht, eine gläubige Schwester als Frau mitzunehmen, wie die anderen Apostel und die Brüder des Herrn und Kephas? (6) Oder sind Barnabas und ich die einzigen, die nicht das Recht haben, unseren Lebensunterhalt von der Gemeinde zu beziehen?

(7) Wer zieht jemals auf eigene Kosten in den Krieg? Wer pflanzt schon einen Weinberg und ißt nicht seine Frucht? Oder[66] wer hütet schon eine Herde, ohne von der Milch der Herde zu trinken?

(8) Ihr meint doch nicht etwa, daß ich diese Dinge mit rein menschlicher Autorität sage? Sagt nicht das Gesetz dasselbe? (9) Denn im Gesetz des Moses steht geschrieben: „Du sollst dem Ochsen, der drischt, keinen Maulkorb anlegen." Kümmert sich Gott um die Ochsen? (10) Oder redet er nicht einfach um unseretwillen? Ja, es wurde unseretwegen geschrieben, denn wer pflügt, sollte in Hoffnung pflügen, und wer drischt, sollte es in der Hoffnung tun, am Ertrage teilzuhaben. (11) Wenn wir für euch Geistliches gesät haben, ist es da etwas Großes, wenn wir Materielles von euch ernten? (12) Wenn andere an der Autorität über euch teilhaben, steht sie dann nicht uns desto mehr zu? Aber wir haben diese Autorität uns nicht zunutze gemacht, sondern wir ertragen alles, damit wir dem Evangelium von Christus nur kein Hindernis in den Weg legen.

(13) Wißt ihr nicht, daß diejenigen, die im Heiligtum ihres Amtes walten, das essen, was vom Heiligtum kommt? Daß diejenigen, die am Altar dienen, zusammen am Altar ihren Anteil haben? (14) In gleicher Weise hat auch der Herr befohlen, daß die Verkündiger des Evangeliums vom Evangelium leben sollen. (15) Aber ich habe keines dieser Privilegien genutzt. Ich habe dies auch nicht geschrieben, damit in meinem Fall so verfahren werde. Denn ich möchte lieber sterben, als – nein, niemand soll diesen meinen Ruhm hohl machen[67]. (16) Denn wenn ich das Evangelium verkündige, gibt mir das keinen Grund zum Rühmen[68]; denn ein Zwang liegt auf mir – denn wehe mir, wenn ich das Evangelium nicht verkündige! (17) Denn wenn ich dies aus freiem Willensentschluß tue, habe ich einen Lohn, aber wenn ich ohne eigene Wahl mit einem Amt betraut worden bin, (18) was habe ich für einen Lohn? Daß ich, wenn ich das Evangelium predige, es unentgeltlich anbiete, damit ich nicht vollen Gebrauch von meiner Vollmacht im Evangelium mache. (19) Denn obwohl ich von allen Menschen frei bin, habe ich mich für alle Menschen zum Sklaven gemacht, damit ich desto mehr von ihnen gewinne. (20) Den Juden bin ich wie ein Jude geworden, damit ich Juden gewinne; denen, die unter dem Gesetz waren, bin ich so geworden, als wäre ich unter dem Gesetz (obwohl ich selbst nicht unter dem Gesetz bin), damit ich diejenigen gewinne, die unter dem Gesetz sind; (21) denen, die außerhalb des Gesetzes waren, bin ich so geworden, als wäre ich außerhalb des Gesetzes (obwohl ich vor Gott

nicht frei von gesetzlicher Verpflichtung bin, sondern Christus gesetzlich verpflichtet bin), damit ich solche gewinnen möchte, die außerhalb des Gesetzes sind; (22) den Schwachen bin ich ein Schwacher geworden, damit ich die Schwachen gewinne. Ich bin allen alles geworden, damit ich allenthalben einige rette. (23) Aber was auch immer ich tue, das tue ich um des Evangeliums willen, damit auch ich an ihm meinen Anteil habe.

(24) Wißt ihr nicht, daß im Stadion alle Läufer zwar laufen, daß aber nur einer von ihnen den Siegespreis erhält? Lauft so, daß ihr ihn gewinnt. (25) Jeder, der an den Wettkämpfen teilnimmt, übt in jeglicher Weise Selbstdisziplin. Sie tun es, um eine vergängliche Krone zu erlangen, wir hingegen erlangen eine unvergängliche. (26) Also laufe ich meinerseits – nicht, als wüßte ich nicht wohin; also boxe ich, nicht als schlüge ich nur in die Luft. (27) Sondern ich schlage auf meinen Leib ein und versklave ihn, damit, wenn ich anderen gepredigt habe, ich mich nicht selbst als verworfen erweise.

Am Ende des 8. Kapitels nahm sich Paulus vor, nie wieder Fleisch zu essen, wenn er durch das Essen von Fleisch seinem Glaubensbruder ein Hindernis in den Weg stellen sollte. Weil es im richtig verstandenen christlichen Glauben an sich nichts gibt, was das Fleisch-Essen verbieten würde, sehen wir, daß Paulus selbst dazu bereit war, seine christliche Freiheit einzuschränken. Durch sein eigenes Beispiel will er seine Leser dazu ermutigen, diese Einstellung zu übernehmen. Offensichtlich erwartete er jedoch, daß die korinthischen Christen, die so sehr viel Wert auf ihre Freiheit legten, dieser Ermahnung widerstehen und letzten Endes seine apostolische Autorität in Frage stellen würden. „Wenn dieser Mann ein wahrer Apostel wäre, und wenn er die Autorität eines wahren Apostels ausübte, dann ließe er sich doch nicht in dieser Weise einschränken, und auch nicht in anderer Weise, wie wir es bei seinem Aufenthalt in Korinth beobachteten." Im 9. Kapitel geht Paulus gerade auf diese Art von Beschwerde ein; und es gibt darum keinen Grund, das Kapitel als Einschub zwischen die beiden Besprechungen des Götzenopferfleisches (Kap. 8 und 10) zu betrachten. Dieses Kapitel liefert keinerlei Grund für eine Teilung des Briefes und beweist höchstens, daß Paulus bereit war, vom Thema abzuweichen, oder daß der

Brief vielleicht über einen längeren Zeitraum hinweg geschrieben wurde, was wir auch als wahrscheinlich annehmen dürfen (s. Einleitung). Es bleibt ebenfalls wahr, daß Paulus sich kaum so lange mit der Frage der apostolischen Rechte abgegeben hätte, wenn in Korinth sein Apostelamt nicht schon angezweifelt worden wäre.

Paulus setzt schon die Einwände voraus und geht zum Gegenangriff über, indem er den lebhaften Debattenstil der Diatribe anwendet (vgl. die Worte des Zynikers bei Epiktet III, 22, 48: „Bin ich nicht frei vom Leid? Bin ich nicht frei von der Furcht? Bin ich nicht frei?"). **Bin ich nicht frei?** (V. 1) – wie es auch jeder Christ ist (obwohl wir guten Grund haben, anzunehmen, daß in Korinth die Freiheit von den Gnostikern ganz besonders hervorgehoben wurde). Nehmt ihr etwa an, daß ich nicht frei bin,nur weil ich freiwillig auf einen Teil dieser Freiheit verzichte? Wenn irgendein Christ von sich behaupten kann, frei zu sein, dann ich, denn **bin ich nicht Apostel?** S. 1, 1 und Komm. (mit Parallelstellen); vgl. 15, 8–10. In den folgenden Vesen zeigt Paulus die Basis und die Privilegien des Apostelamtes auf; es ist jedoch klar, daß gerade die Privilegien von den verschiedenen Aposteln verschieden aufgefaßt wurden. Diese Sache wird aus einer noch stärker empfundenen Not heraus im 2. Kor., bes. Kap. 10–13, ausführlicher behandelt; aber Paulus war sich schon bei der Niederschrift des 1. Kor. des Unterschiedes bewußt.

Habe ich nicht Jesus, unseren Herrn, gesehen? Vgl. 15, 8, wo die Erscheinung des Auferstandenen und der Ruf in das Apostelamt kombiniert werden. Wir sollten sie hier auch als eine Einheit verstehen. Auch Lukas übernahm das Prinzip, ein solcher Auftrag bilde zusammen mit der Fähigkeit, die Tatsache der Auferstehung aus erster Hand bezeugen zu können, das unerläßliche Fundament des Apostolats (Apg. 1, 22), Nicht alle, die Jesus nach seiner Auferstehung sahen, wurden zu Aposteln (aber s. 15, 6 – es ist möglich, daß Paulus alle 500 Zeugen der Auferstehung für Apostel hielt), sondern nur diejenigen, die er selbst in dieses Amt berief. Wie waren solche Menschen als Apostel zu erkennen? Von ihrem eigenen Anspruch, Apostel zu sein (Gal. 1, 1.16), abgesehen, an den Ergebnissen ihrer evangelistischen Tätigkeit. Ein wahrer Apostel war auch ein erfolgreicher Evangelist, der es nicht nötig hatte, auf einem von anderen gelegten Fundament weiterzubauen (vgl. Röm. 15, 20), sondern der sich vornahm, ganz neue

Gemeinden zu gründen. Also ist die nächste Frage des Paulus auch Teil seines Beweises der eigenen apostolischen Berufung: **Seid ihr nicht mein Werk im Herrn?** Vgl. 3, 6.10; 4, 15: Paulus pflanzte, d. h. gründete die Gemeinde in Korinth. Er war der Vater der Gemeinde, wenigstens in dem Sinn, daß Gott ihn gebraucht hatte, die Gemeinde entstehen zu lassen (3, 7). Vgl. ebenfalls 2. Kor. 10, 13–16; 12, 12. Die Existenz der Gemeinde bestätigt wie nichts anderes die wahrhaft apostolische Natur des Dienstes ihres Gründers. **Wenn ich anderen kein Apostel bin** (V. 2; d. h. ihrer Meinung nach; in den neutestamentlichen Briefen haben wir genug Hinweise darauf, daß das Apostelamt des Paulus oft in Frage gestellt wurde), **so bin ich es doch für euch** (*ἀλλά γε ὑμῖν*; die Grammatiker weisen darauf hin, Robertson S. 1148, BD § 439, daß *ὑμῖν γε* oder *ἀλλ' ὑμῖν γε* besser gewesen wäre; unser *doch* will Paulus' *ἀλλά* wiedergeben), **denn ihr seid im Herrn das Siegel meines Apostelamtes.** Zu *Siegel* vgl. 2. Kor. 1, 22 und Röm. 4, 11. Es ist sichtbares Zeichen von etwas, das schon existiert; also macht die korinthische Gemeinde Paulus nicht zum Apostel, und sein Apostelamt hängt nicht von ihr ab (ebensowenig von der Gemeinde zu Jerusalem – vgl. Gal. 1, 1), aber die Existenz der Gemeinde ist sichtbares Zeichen seines Apostelamtes.

Da er jetzt die Beweise (Auftrag des auferstandenen Jesus; offenbarer Erfolg als Evangelist) für sein Apostolat genannt hat, setzt Paulus in juristischer Sprache seine Verteidigung gegen seine bisher nur vermuteten Gegner fort: **Dies ist meine Verteidigung** (V. 3; *ἀπολογία*; dieses Wort wird an anderer Stelle benutzt, um die Verteidigung vor dem Gericht zu bezeichnen: Apg. 22, 1; 25, 16; Phil. 1, 7.16; 2. Tim. 4, 16; vgl. 1. Pet. 3, 15; in 2. Kor. 7, 11 müssen sich die Korinther verteidigen) **gegenüber denen, die mich gern untersuchen möchten** (das Ptz. Präs. wird hier diese Bedeutung haben; zu *untersuchen* s. 4, 3 f.; auch hier wird das Wort im juristischen Sinn benutzt sein). *Dies* sollte man wohl auf das Folgende beziehen, obwohl es u. U. möglich wäre, anzunehmen, daß die Verse 1 f. gemeint sind. Offensichtlich gab es Christen in Korinth (ob aus dem Ort oder nur Besucher, wird uns nicht gesagt), die den Apostel gern einer Prüfung unterzogen hätten; sie werden wohl vorausgesetzt haben, daß diese Untersuchung Paulus' Mangel an Autorität bloßgelegt hätte. Er setzt aber seine Erwiderung fort.

Haben wir nicht das Recht (*ἐξουσία, Vollmacht*) **zu essen und zu trinken?** (V. 4). Normalerweise wird dieser Satz in dem Sinne verstanden: *„Haben wir nicht das Recht, auf Kosten der Gemeinde zu essen und trinken?"* – also von der Gemeinde unterhalten zu werden. Vgl. V. 6. Diese Ansicht wird durch die Tatsache unterstützt, daß in V. 6 das Subjekt – „wir" – „Barnabas und ich" meint, die also mit den anderen Aposteln verglichen werden. Offensichtlich handelt es sich hier also um ein Recht, das nicht allen Christen, sondern nur den Aposteln zusteht. Wie Paulus auch bestätigt, haben Christen ansonsten das Recht, zu essen und zu trinken, was sie wollen. Dieses Argument hat gute Gründe für sich. Es lohnt sich, daran zu denken, daß der Philosoph, der durch seine Lehrtätigkeit seinen Lebensunterhalt verdiente, oft angegriffen wurde (Beweisstellen bei Betz, S. 114, Fußnote 3). Wenn wir das Thema von Kapitel 8 in Betracht ziehen, das ja direkt zu dem Thema dieses Kapitels führt, könnten wir zum Schluß kommen, Paulus würde hier sein Recht verteidigen, ohne Berücksichtigung der Herkunft seiner Speise essen und trinken zu dürfen – ein Recht, das ihm von den schwachen Christen in Korinth abgestritten wurde, das aber trotz dieser Gegnerschaft von den starken Christen selbst beansprucht und ausgeübt wurde; s. 8, 9, wo dasselbe Wort *ἐξουσία* (übersetzt: *Vollmacht*) benutzt wird. Wahrscheinlich müssen wir beide Ansichten miteinander vereinbaren. Paulus (wie wir aus V. 1 ersehen) geht zu dem Thema „Apostelamt" über und beginnt mit dieser Sache, weil die Frage des Götzenopferfleisches frisch in seiner Erinnerung ist: „Ich spreche gerade vom freiwilligen Verzicht auf Rechte im Interesse anderer. Nun: Haben wir nicht das Recht, zu essen und zu trinken, was wir wollen, *und* das auf Kosten der Gemeinde?" Die Vollmacht (*ἐξουσία*), die die Gnostiker für sich beanspruchen, ist an der richtigen Stelle eine gute Sache; wer hat sie eher als ein Apostel? Zur Bedeutung von *wir* s. unten.

In ähnlicher Weise hat der nächste Satz möglicherweise einen doppelten Sinn. **Haben wir nicht das Recht, eine gläubige Schwester** (V. 5; *ἀδελφή*; s. 7, 15 und Komm. zu 1, 1) **als Frau** (nach M. III, S. 246 ist *γυναῖκα* prädikativ, aber wir dürfen bezweifeln, ob dies den besten Sinn ergibt; wir könnten noch übersetzen: „eine Frau, die gläubige Schwester ist . . .") **mitzunehmen, wie die anderen Apostel und die Brüder des Herrn und Kephas?** Der erste

Punkt ist also, daß Apostel ein Recht darauf haben, verheiratet zu sein, und in der Tat sind viele von ihnen verheiratet gewesen (Bestätigung des Arguments von Kap. 7). Zum zweiten geht es aber um das Recht der Apostel, auch ihre Frauen (nicht, wie Allo meint, weibliche Helfer, die nicht unbedingt mit dem jeweiligen Apostel verheiratet waren) von der Gemeinde, in der sie gerade arbeiten, unterhalten zu lassen. Es handelt sich hier also nicht um apostolische Theorie, sondern um apostolische Praxis. Wer die *Apostel* sind, wird von unserer Auffassung darüber abhängig sein, welche Formen das Apostelamt zur Zeit des Paulus angenommen hatte. In der Apg. wird davon ausgegangen, daß die Apostel die zwölf Jesusjünger sind (Judas Ischarioth wurde durch Matthias ersetzt), außerdem Paulus und evtl. einige andere (Apg. 14, 4.14). Wir dürfen jedoch nicht annehmen, daß die Ansichten des Lukas eine oder zwei Generationen früher maßgebend waren. Zur Bedeutung von 15, 1–11 s. Kommentar; ansonsten werden Andronikus und Junias zu den Aposteln gezählt (Röm. 16, 7), und in 2. Kor. spricht Paulus nicht nur von falschen Aposteln (11, 13), sondern auch von Überaposteln (11, 5; 12, 11). Die Apostel sind die wichtigsten Diener der Gemeinde (1. Kor. 12, 28), aber es wäre unweise, aufgrund der paulinischen Dokumente mehr zu sagen, als daß sie reisende Evangelisten und Pastoren waren, die vom auferstandenen Jesus einen Auftrag empfangen hatten. Nie schreibt Paulus, daß außer ihm selbst nur die Zwölf Apostel seien; und wir wissen einfach nicht, wie viele Apostel es seiner Meinung nach gegeben hat. Auf jeden Fall war wohl die Mehrheit von ihnen verheiratet, und sie nahmen ihre Frauen auf ihren Reisen mit. Das taten ebenfalls *die Brüder des Herrn:* s. Mk. 3, 31; 6, 3; Apg. 1, 14; Gal. 1, 19. Das natürlichste Verständnis des Textes ist es, daß die Söhne der Maria und des Josef hier gemeint sind; möglich wäre es, daß es Söhne des Josef aus früherer Ehe sind. Anscheinend reisten auch einige dieser Brüder des Herrn hin und her zu den Gemeinden. Wir haben keine anderen Beweise für diese Angelegenheit; Jakobus, der einzige Herrenbruder, über den wir einigermaßen zuverlässige Informationen besitzen, blieb gewiß die meiste Zeit in Jerusalem. Doch hätte Paulus keinen Grund gehabt, hier die Brüder des Herrn zu erwähnen, wenn die Tatsache ihres Herumreisens und ihres Verheiratetseins nicht feststünde und seinen Lesern bekannt wäre; das gilt auch dann, wenn die Reisen dieser Brüder auf Palästina begrenzt blieben. Zuletzt wird für sich *Kephas* aufgeführt; s. zu 1, 12. Er gehörte ganz gewiß zu den *anderen Aposteln*, und es ist schwerlich einzusehen, daß er hier für sich erwähnt worden wäre, wenn er nicht selbst in Korinth gewesen und seine Frau mitgebracht hätte; s. „Kephas und Korinth". Vielleicht waren es „die des Kephas", die die apostolische Autorität des Paulus in Frage stellten.

Paulus setzt seine Argumentation fort. **Oder sind Barnabas und ich die einzigen** (Apostel)**, die nicht das Recht haben, unseren Lebensunterhalt von der Gemeinde zu beziehen?** (V. 6). Diese Übersetzung ist schon eine Auslegung, denn wörtlich heißt es hier: Sind Barnabas und ich die einzigen, die nicht das Recht haben, nicht zu arbeiten? S. dazu V. 4 und vgl. Apg. 20, 33 ff.; 1. Thess. 2, 9; 2. Thess. 3, 8. Die Apostel hatten das Recht darauf, sich von ihren Gemeinden bezahlen zu lassen, aber die Tatsache, daß Paulus und Barnabas von diesem Vorrecht keinen Gebrauch machten, bedeutete nicht (trotz der Behauptung einiger, s. 2. Kor. 11, 7–11), daß sie keine Apostel wären, auch nicht, daß sie etwa zweitrangige Apostel wären. Für diesen Verzicht gab es vielmehr andere Gründe, die später erwähnt werden. Paulus beginnt in V. 4 in der Mehrzahl zu schreiben (vgl. V. 1–3), und zwar wahrscheinlich, weil er anfängt, sich in seinen Gedanken mit einem anderen oder mit einigen anderen zu verbinden. Der Pluralis majestatis verliert seine Wirkung, wenn er nicht konsequent in einem ganzen Abschnitt verwendet wird. Paulus' Verbindung mit Barnabas wird in Apg. 9, 27–15, 39 erwähnt; zur Zeit der Niederschrift der Briefe hatte die Auseinandersetzung von Gal. 2, 13 (vielleicht eine genauere Beschreibung der Situation von Apg. 15, 37–40) schon stattgefunden, so daß wir nur noch indirekt von Barnabas hören (Kol. 4, 10). Wahrscheinlich können wir anhand dieses Verses davon ausgehen, daß sich Barnabas dem Missionsteam des Paulus wieder anschloß, obwohl wir nicht wissen können, ob er persönlich in Korinth bekannt war. Paulus hielt ihn auf jeden Fall für einen Apostel; vgl. Apg. 14, 4.14.

Obwohl Paulus und Barnabas darauf verzichtet hatten, war der Brauch, den Aposteln ihren Lebensunterhalt zu bezahlen, durchaus vernünftig und nicht nur etwas, das sich eingebürgert hatte. **Wer zieht jemals auf eigene Kosten in den Krieg?** (V. 7). Ein Soldat im aktiven Dienst erwartet, daß ihm sein Lebensunterhalt bezahlt wird; warum nicht auch ein Apostel? **Wer pflanzt schon einen Weinberg und ißt nicht seine Frucht?** Vgl. 3, 6. Der Weingärtner rechnet damit, daß er durch seine Arbeit seine eigenen Lebenskosten decken kann; warum nicht auch der Apostel? **Oder wer hütet schon eine Herde, ohne von der Milch der Herde zu trinken?** (das Verb heißt *ἐσθίειν*, was normalerweise „essen" bedeutet; „verzehren" wäre hier stilistisch nicht angebracht; da bleibt uns nur die Übersetzung „trinken" übrig). Der Hirte hat auch Vorteile von der Herde, die er hütet; warum nicht der Apostel? K. Beyer (*Semitische Syntax im Neuen Testament* Bd. I/1, 1962, S. 281) behauptet, die Parataxe der ersten beiden Fragen sei in den semitischen Sprachen viel häufiger als im Griechischen; das sei vielleicht ein Grund, das *Oder* vor der dritten Frage wegzulassen (s. Fußnote 66, S. 232).

Alle diese Argumente sind alles menschliche Analogien, die zwar innerhalb gewisser Grenzen hilfreich, jedoch niemals zwingend sein können. Es gibt noch überzeugendere Gründe, sogar den überzeugendsten aller Gründe, nämlich die Heilige Schrift. **Ihr meint doch nicht etwa** (*μή*)**, daß ich diese Dinge mit rein menschlicher Autorität** (V. 8; *κατὰ ἄνθρωπον* ist betont, wenn es am Anfang des Satzes steht; wichtige Besprechung dieses Ausdrucks bei Daube, S. 394–400) **sage? Sagt nicht das Gesetz** (das Alte Testament als Ganzes; aber hier wird aus dem Pentateuch zitiert, Deut. 25, 4) **dasselbe** (oder, wenn wir statt *ταὐτά: ταῦτα* lesen: *diese Dinge*)**?** Für Paulus ist es immer wichtig, daß er seine Ansicht anhand eines alttestamentlichen Zitats beweisen kann. **Denn im Gesetz des Moses steht geschrieben: „Du sollst dem Ochsen, der drischt, keinen Maulkorb anlegen"** (V. 9). Natürlich stillt das Tier dann seinen Hunger dadurch, daß es vom Getreide frißt. „Dieses Gesetz liefert noch ein Beispiel für die im Deuteronomium charakteristische Menschlichkeit, die sogar den Tieren gilt" (S. R. Driver, *A critical and exegetical Commentary on Deuteronomy*, 1895, S. 280). Paulus teilt jedoch nicht die Ansichten eines modernen Kommentators. **Kümmert sich Gott um die Ochsen?** Vgl. Philo, *De specialibus legibus* 1, 260: „Das Gesetz ist nicht für unvernünftige Wesen gemacht, sondern für solche, die Vernunft und Verstand besitzen"; dagegen jedoch *De Virtutibus* 146: „. . . Ich habe die gütige und wohltätige Regelung für die dreschenden Ochsen erwähnt." Jeglicher Versuch zu beweisen, daß

Paulus eigentlich nicht meinte, Gott kümmere sich nicht um die Tiere, scheitert am nächsten Satz: **Oder redet er nicht einfach um unseretwillen?** (V. 10). *Einfach* ist Übersetzungsversuch für *πάντως*. Die einzige sinnvolle Auslegung an dieser Stelle ist die, daß Gott im alttestamentlichen Gesetz nicht Ochsen, sondern christliche Prediger und ihre Bedürfnisse meinte. Das will nicht besagen, daß Paulus die Wahrheit geleugnet hätte (sie wird von Calvin z. St. ausführlich behandelt; s. auch Barth, KD III/3, S. 197 f.), daß Gott sich sogar um einen Sperling kümmert; aber es war eben eine ganz andere Wahrheit, die er im Alten Testament entdeckte und hier zum Ausdruck brachte. Er argumentiert nicht *a minori ad maius* (*qal waḥomer*), obwohl es dafür rabbinische Parallelen gäbe (SB, Bd. 3, S. 385); Gott sorgt sich um die Ochsen, darum noch mehr um die Menschen (so Weiß), wäre dann der Sinn.

Paulus beantwortet seine eigene Frage. **Ja** (*γάρ*, wird benutzt, um die Antwort auf eine Frage einzuleiten; BD § 452), **es wurde unseretwegen geschrieben, denn** (oder: *daß*; s. unten) **wer pflügt, sollte in Hoffnung pflügen, und wer drischt, sollte es in der Hoffnung tun, am Ertrage teilzuhaben.** Zur Bezugnahme des Alten Testaments auf das Zeitalter des Neuen s. 1. Pet. 1, 12. Das griechische Wort (*ὅτι*), das wir hier mit *denn* übersetzt haben, hat auch die Bedeutung *daß*; der folgende Nebensatz kann also entweder den Grund, warum dieses symbolische Gebot gegeben wurde, darlegen, kann aber auch die Substanz des Gebotes mit anderen Worten wiederholen (deklaratives oder kausales *ὅτι*; s. Bachmann und Allo). Man hat darauf hingewiesen, daß der Ochse, der drischt, ebenfalls das Feld pflügt, und daß das Gebot in Deut. 25, 4 es ihm gestattet, beides zu tun und sich dabei zu sättigen. Dies wäre jedoch äußerst ungewöhnlich; darum ist das kausale *ὅτι* hier vorzuziehen. Eine dritte Möglichkeit wäre, daß Paulus hier aus einer nicht-kanonischen Schrift zitiert: Es steht geschrieben, wer pflügt . . . Aber dies ist unwahrscheinlich. Paulus meint, daß das Gebot gegeben wurde, um den gerechten Grundsatz zu bekräftigen, daß der Arbeiter (also auch der Apostel) für seine Arbeit Lohn erhalten sollte. Das erscheint selbstverständlich. **Wenn wir für euch Geistliches gesät haben** (V. 11) und dadurch, daß wir euch das Evangelium gebracht und den Empfang der Geistesgaben ermöglicht haben (s. z. B. 1, 4–7), euch die größte Gabe gegeben haben, **ist es da etwas Großes, wenn wir Materielles von euch ernten?** (Materielles; wörtlich: *fleischliche Dinge* = *σαρκικά*; das Wort hat hier nichts von der theologischen Bedeutung, das es an anderen Stellen bei Paulus erlangt). Das Argument muß nicht weiter erläutert werden; der Lebensunterhalt eines Apostels ist doch recht gering als Preis für das Evangelium. Aber man kann auch anders argumentieren: **Wenn andere an der Vollmacht über euch** (V. 12; Gen. nach *ἐξουσία* wie Matt. 10, 1; Robertson, S. 500) **teilhaben, steht sie dann nicht uns desto mehr zu?** Durch Paulus hatten sich die Korinther bekehrt; er hatte ihre Gemeinde gegründet. Aus diesem Grunde hatte er einen größeren, nicht geringeren, Anspruch auf die Autorität, die einige Missionare gebrauchten, um sich versorgen zu lassen. **Aber wir haben diese Autorität uns nicht zunutze gemacht** (vgl. V. 15; zu *Autorität* s. V. 4, 5, 6), **sondern wir ertragen** (das gleiche Verb, *στέγειν*, wird 13, 7 angewendet) **alles** (Härte, Hunger, usw.; s. 4, 11 f.), **damit wir dem Evangelium von Christus nur kein Hindernis in den Weg legen.** Hier erscheint das zugrundeliegende Motiv hinter Paulus' gewohnheitsmäßigem Verhalten (vgl. V. 23: *Aber was auch immer ich tue, das tue ich um des Evangeliums willen*). Sein Dienst am Evangelium verschaffte ihm Rechte, doch verzichtete er auf diese im Interesse des Evangeliums. Auf dem niedrigsten Niveau heißt dies, daß Menschen, die sich eventuell bekehren würden, es sich vielleicht zweimal überlegten, das Evangelium anzunehmen, wenn sie sähen, daß dies zu finanziellen Vorteilen für die Missionare führe. Wichtiger noch war die Tatsache, daß Paulus seine Kollekte nicht ins falsche Licht gerückt sehen wollte (16, 1); am wichtigsten war jedoch die Überlegung, daß das Evangelium, in dem die Liebe und die Selbstaufopferung Jesu geschildert wurde, kaum von Predigern verkündigt werden konnte, die auf ihre Rechte pochten, strenge Autorität ausübten und aus der Arbeit am Evangelium womöglich noch Profit machten. Ein hervorragendes Beispiel für dieses nicht-paulinische Verständnis des Apostolats haben wir in jenem Peregrinus, dessen Geschichte von Lukian erzählt wird (*De morte Peregrini*). Peregrinus machte sich schließlich bei den Christen dadurch unmöglich, daß er verbotene Speise zu sich nahm. Doch ein Studium des 2. Kor. wird uns Beispiele vor Augen führen, die dem paulinischen Vorbild viel ähnlicher und darum viel gefährlicher sind.

Trotzdem setzt Paulus seine Verteidigung der Rechte der Prediger noch durch andere Argumente fort. Ihm ging es genauso sehr darum, daß die apostolischen Rechte anerkannt würden, wie darum, daß er selbst keinen Gebrauch davon machen wollte. Es folgen also weitere Illustrationen. **Wißt ihr nicht** (V. 13; vgl. 3, 16; es wird angedeutet, daß die Korinther jedenfalls wissen sollten, was jetzt gesagt wird; vielleicht bezieht sich Paulus hier nicht nur auf die jüdische, sondern auch auf die heidnische Praxis – s. Jeremias, *Jerusalem zur Zeit Jesu*, 1958, II A S. 21, 29)**, daß diejenigen, die im Heiligtum ihres Amtes walten** (das hier benutze Verb *ἐργάζεσθαι* bedeutet ganz allgemein „arbeiten", muß aber in diesem Zusammenhang etwa so wie hier übersetzt werden)**, das essen, was vom Heiligtum kommt?** Der nächste Satz verallgemeinert etwas: **Daß diejenigen, die am Altar dienen** (vgl. 7, 35 oben und Komm.; am Altar dienen sie Gott: *θυσιαστηρίῳ* ist ein reines Lokativ – so Robertson, S. 521)**, zusammen am Altar ihren Anteil haben** (aber kaum: *haben mit dem Altar zusammen Anteil*, obwohl der griechische Satz diese Übersetzung zuließe)**?** Die Sitten, auf die sich Paulus hier bezieht, waren in der Antike sehr weit verbreitet. Diejenigen, die zugunsten anderer heilige Ämter übernahmen, konnten zu Recht erwarten, daß man sie versorgte. Auch Jesus erkannte dies an. **In gleicher Weise hat auch der Herr befohlen, daß die Verkündiger des Evangeliums** (V. 14; wie also z. B. die Apostel; es wird jedoch nicht gesagt, daß diese Wahrheit nur den Aposteln gilt) **vom Evangelium leben sollen** (daß also die Christen, die sich durch ihren Dienst bekehrten, sie auch finanziell unterstützen sollten); s. Matt. 10, 10; Luk, 10, 7; 1. Tim. 5, 18. Wie wir oben, Komm. zu 7, 11, anmerkten, zitiert Paulus sehr selten Worte des Herrn. Hier beruft er sich aber auf Christus, weil er besonders überzeugend für eine Praxis argumentieren will, die er selbst nicht für sich in Anspruch annimmt (er versteht die Lehre Jesu also nicht als neue *Halacha*). Vernunft und die allgemeine Praxis, das Alte Testament, die Lehre Jesu – alles unterstützt die Sitte, nach der die Apostel und andere Diener am Evangelium von den Gemeinden unterhalten werden, die sie aufbauen. **Aber ich** (im Griechischen sehr betont) **habe keines dieser Privilegien genutzt** (V. 15). Zu der Praxis des Paulus, den eigenen Lebensunterhalt durch säkulare Arbeit zu verdienen, s. 4, 12. **Ich habe dies auch nicht geschrieben** (nämlich das, was in den letzten

Zeilen stand), **damit** von nun an **in meinem Fall** (wörtlich: *in mir*, *ἐν ἐμοί*) **so verfahren werde.** Paulus hat schon (s. V. 12) einen Grund genannt, warum er auf die Vorrechte verzichtet, die ihm eigentlich zustehen würden. Mit leidenschaftlichem Eifer wiederholt er jedoch seine Stellungnahme und nennt (leider in sehr schwer zugänglicher Sprache) einen weiteren Grund, warum er sich zu dieser Stellungnahme genötigt sieht. In der gefühlsmäßigen Spannung zerbricht hier die menschliche Sprache: **Denn ich möchte lieber sterben, als – nein, niemand soll diesen meinen Ruhm** (nämlich, daß ich mich für meinen Apostedienst nicht bezahlen lasse) **hohl machen.** Die abgebrochene Konstruktion ist typisch für Paulus (vgl. z. B. Röm. 1, 11 f.; 5, 6 f.; 1. Kor. 15, 1 f.; 2. Kor. 12, 6 f. 17; Gal. 2, 3 ff.). In der Mehrheit der Hss. wird der Satz allerdings geflickt wiedergegeben: Ich möchte lieber sterben, als daß jemand diesen meinen Ruhm hohl machen sollte (s. Fußnote 67, S. 233). Aber der Text mit dem Anakoluth ist schwieriger und muß darum (trotz BD § 369, 393) bevorzugt werden. Der Sinn des Satzes ist nicht schwer zu erfassen. Das *Rühmen* ist immer eine schwierige Sache bei Paulus: der Mensch hat keinen Grund zum Rühmen außer im Herrn (s. 1, 31). C. H. Dodd ist auf diesen Text aufmerksam geworden und hat ihn mit anderen Stellen in späteren Briefen verglichen. Er schlägt vor, daß zwischen der Niederschrift von 1. Kor. und 2. Kor. eine Krise im Leben des Paulus eingetreten sei (s. *New Testament Studies*, 1953, S. 79–82). Später (nach einer Art „zweiter Bekehrung") habe Paulus den Wunsch aufgegeben, eine Ursache des Ruhms zu haben. Dieser Vers kann jedoch kaum für diese Rekonstruktion herangezogen werden, denn er verrät schon das Paradoxon des Rühmens in der Schwäche, das die späteren Bezugnahmen auf dieses Thema kennzeichnen soll. Paulus will sich nicht nur in Umständen rühmen, die ganz bestimmt von Hunger und Müdigkeit begleitet worden sind, sondern er besteht darauf, sich auch unter Umständen zu rühmen, die ihm kaum etwas außer Spott und Schande eingebracht haben. Aber dies erklärt er.

Denn wenn ich einfach **das Evangelium verkündige, gibt mir das keinen Grund zum Rühmen** (V. 16). Es geht viel zu weit, wenn C. H. Dodd (op. cit., S. 79 f.) aus diesen Worten die zwanghafte Suche nach einem Grund zum Rühmen herauslesen will. Paulus sagt ganz einfach nur, daß ihm seine Predigt keinen Ruhm einbringt, weil er in der Sache keine Wahl hat. Er kann nichts als predigen. **Denn** (was diese Sache betrifft) **ein Zwang liegt auf mir – denn wehe mir, wenn ich das Evangelium nicht verkündigte!** (Jer. 20, 9). Er ist von Christus Jesus ergriffen worden (Phil. 3, 12) und ist jetzt ein Sklave Christi (Röm. 1, 1; et passim). **Denn wenn ich dies** (das Predigen) **aus freiem Willensentschluß tue, habe ich einen Lohn, aber wenn ich ohne eigene Wahl mit einem Amt betraut worden bin** (V. 17; diese Sprache erinnert an die kaiserlichen Sekretäre, die meistens entweder Sklaven oder Befreite waren), **was habe ich für einen Lohn?** (V. 18). Wenn Paulus als sein eigener Herr freiwillig das Evangelium gepredigt hätte, stünde ihm nicht nur von den Gemeinden, die er gegründet hätte, sondern auch von Gott ein Lohn zu, denn er hätte dann Gott einen Gefallen getan. Allerdings setzen wir hier einen irrealen Konditionalsatz voraus: Wenn ich *dies täte . . . hätte ich . . .*; diese Auslegung ist nicht unmöglich, denn wenigstens theoretisch bleibt die Frage offen. Die zweite Hälfte des Satzes stellt die Alternative dar, die aber real ist. Paulus ist kein freier Arbeiter, der um einen festgesetzten Lohn für Gott arbeitet. Er ist Sklave, von Gott erkauft; er arbeitet nicht nach eigenem Willensentschluß, sondern nach dem Willensentschluß Gottes. Er ist also nicht in der Lage, Lohn oder Belohnung zu beanspruchen; und es stellt sich dann von selbst die Frage: *Was habe ich dann für einen Lohn?* Selbstverständlich lautet die Antwort: Gar keinen, ich habe gar kein Recht darauf. Dies scheint die bessere Auslegungsmöglichkeit der Verse 17 und 18 a zu sein; allerdings wird meistens hinter V. 17 ein Punkt gesetzt. Dann muß man so deuten: Wenn ich dies aus meinem eigenen Willensentschluß tue, habe ich einen Lohn; aber wenn ich es nicht aus freien Stücken tue, so bin ich mit einem Amt betraut worden. Dann sind „Ich habe einen Lohn" und „Ich bin mit einem Amt betraut worden" Alternativen; die Schwierigkeit liegt darin, daß es anscheinend keinen Grund gibt, warum sie sich gegenseitig ausschließen. Warum, wenn ich mit einem Amt betraut worden bin, kann ich keinen Lohn beanspruchen, wenn ich dieses Amtes treu verwalte? – Darum ist es besser, wenn wir „Ich tue dies" und „Ich bin mit einem Amt betraut worden" beinahe als Synonyme verstehen, wie in unserer Übersetzung.

Kehren wir aber zu der Frage des Paulus zurück. Er muß predigen; und darum kann er keinen Lohn oder Ruhm beanspruchen.

Bestenfalls kann er ein unnützer Knecht sein (Lk. 17, 10). **Was habe ich denn für einen Lohn? Daß ich, wenn ich das Evangelium predige, es unentgeltlich anbiete** (Matt. 10, 8; 2. Kor. 11, 7), **damit ich nicht vollen Gebrauch von meiner Vollmacht** (*ἐξουσία*; Paulus besteht weiterhin darauf, daß er genausoviel Vollmacht besitzt wie jeder andere, der die apostolischen Rechte genießt) **im Evangelium** (d. h. als Prediger des Evangeliums) **mache.** Paulus meint nicht, daß seine Praxis, von den Menschen keinen Lohn zu empfangen, dazu führen wird, daß er einen Lohn von Gott empfangen wird; das Predigen ohne Lohn (*unentgeltlich* ist hier betont, vgl. V. 16) ist selbst schon der Lohn, weil er dadurch dem Evangelium keinen Stein des Anstoßes in den Weg stellt (V. 12) und eine bessere Chance bekommt, ein Gedeihen des Evangeliums mitzuerleben.

Die Frage aber, um die es hier geht, ist nicht nur die, ob ein Prediger des Evangeliums für seine Predigt bezahlt werden sollte. Es paßt eher zu dem Amt eines Apostels oder eines Evangelisten, daß er auf seine Rechte verzichtet, als daß er darauf besteht. Nicht seine eigenen Vorteile, Wünsche oder Neigungen sollten ihn lenken, sondern die seiner Hörer. Darum (V. 19): **Obwohl ich von allen Menschen frei bin** (vielleicht: von allen *Dingen*; Paulus ist frei, weil er als Christ ein Befreiter ist und nicht zum Sklaven der Menschen werden soll: 7, 23), **habe ich mich für alle Menschen zum Sklaven gemacht** (vgl. 2 Kor. 4, 5: „. . . *uns* aber als *eure Knechte*"), **damit ich desto mehr von ihnen gewinne** (d. h. zum Christentum gewinne). Der Ausdruck, der hier übersetzt wird: *desto mehr* (*τοὺς πλείονας*) kann auch bedeuten: *die Mehrheit* (vgl. 10, 5; 15, 6; BD § 244). Das Wort *gewinnen* spiegelt den jüdischen Gebrauch wider (Daube, S. 352–361; Schlatter zieht den Vergleich zum Wort von den Menschenfischern im Evangelium, Mk. 1, 17); jüdische Missionare wußten um den Platz der Anpassung, des Dienens und der Demut bei ihren Methoden (Daube, S. 336–351). Natürlich blieben diese bei den Juden in einem gewissen Rahmen; bei Paulus hingegen treten sie radikal hervor. Die Juden waren bereit, das Gesetz so wenig anstößig und lästig wie möglich zu machen; aber Paulus war bereit, ganz und gar darauf zu verzichten. Es ist unmöglich, Paulus zu verstehen, wenn wir diese Tatsache nicht erfassen. Es bleibt wichtig und wahr, daß Paulus in vielerlei Hinsicht nicht nur Jude war, sondern auch Pharisäer und Rabbiner; doch unterschied er sich von allen nichtchristlichen Pharisäern darin, daß er um des Evangeliums willen bereit war (V. 23), sogar sein Judentum aufzugeben.

Paulus beginnt nicht an diesem Punkt, aber seine Anfangsworte sind nicht weniger auffallend. **Den Juden** (V. 20; *τοῖς Ἰουδαίοις*; nach M. III, S. 169 zeigt der für Paulus ungewöhnliche Gebrauch des Artikels, daß sich Paulus hier auf eine konkrete Situation bezieht, vielleicht auf die Beschneidung des Timotheus; BD § 262 legt die gleiche Tatsache überzeugender aus: „Denen, mit denen ich jedes Mal zu tun hatte") **bin ich wie ein Jude geworden, damit ich Juden gewinne.** Aber Paulus (wie er selbst an anderer Stelle bestätigt – 2. Kor. 11, 22; Phil. 3, 5) war selbst Jude. Er konnte also nur zum Juden *werden* oder wie ein Jude werden, wenn er vorher aufgehört hatte, Jude zu sein. Sein Judentum war also nicht mehr Ausdruck seines innersten Wesens, sondern etwas, was er lassen und wieder aufnehmen konnte, wie er wollte. Seine Wiederaufnahme einer jüdischen Praxis wird in Apg. 21, 23–26 geschildert, aber die Apg. weiß kaum etwas von Paulus' radikaler Abwendung vom Judentum. Paulus war nicht etwa dem Gesetz gegenüber gleichgültig geworden, wurde nicht etwa ungeduldig wegen der Schwierigkeiten eines Lebens unter der Thora; nein, er gewann vielmehr die Überzeugung, daß sich das Judentum in Christus erfüllt und daß das Gesetz sein Ziel erreicht hatte (vgl. z. B. Röm. 10, 4). Denn wenn ein Jude vom „Jude-Sein" spricht, meint er nicht nur die rassische Gemeinschaft. Der Ausdruck *Juden gewinnen* läßt schließen, daß Paulus unter Juden missionierte (s. Weiß); dagegen aber Gal. 2, 7 ff. Das Judentum wird weiter im Hinblick auf das Gesetz definiert: **Denen, die unter dem Gesetz waren, bin ich so geworden, als wäre ich unter dem Gesetz (obwohl ich selbst nicht unter dem Gesetz bin), damit ich diejenigen gewinne, die unter dem Gesetz sind.** Wer Jude ist, ist unter dem Gesetz und hat eine legalistische Beziehung zu Gott. Paulus hat nicht mehr diese Art der Beziehung zu Gott; er kann höchstens so tun, als wäre das der Fall. Er ist nicht *unter dem Gesetz*; er verhält sich jedoch, *als wäre* er *unter dem Gesetz*. Mit *Gesetz* ist hier das Gesetz des Mose gemeint; wenn dieses Gesetz jedoch zurückgewiesen wird, so müssen, wenn wir *a fortiori* argumentieren, alle weniger wichtigen göttlichen Gesetze ebenfalls zurückgewiesen werden. Paulus hat jetzt eine Beziehung zu Gott durch

Jesus Christus (vgl. 1, 30); es ist kein Raum mehr für das Gesetz vorhanden.

Wir könnten diese Aussage, was natürlich wäre, so verstehen, daß Paulus den Gehorsam, zu dem sich der Jude verpflichtet wußte und den er durch Beachtung der Thora zu leisten suchte, Gott nicht mehr schuldete. Das wäre jedoch ein Mißverständnis. Paulus mag zwar nicht mehr Jude sein, doch ist er auch nicht zum Heiden geworden, wenn er auch hinsichtlich des Evangeliums zu den Heiden in einer Beziehung steht. **Denen, die außerhalb des Gesetzes** (V. 21; des Gesetzes Moses: es sind die Heiden gemeint, obwohl Paulus an anderer Stelle argumentiert, daß auch sie einer Art Gesetz unterworfen waren – Röm. 2, 14) **waren, bin ich so geworden, als wäre ich außerhalb des Gesetzes (obwohl ich vor Gott nicht frei von gesetzlicher Verpflichtung bin, sondern Christus gesetzlich verpflichtet bin), damit ich solche gewinnen möchte, die außerhalb des Gesetzes sind.** Dieser Satz ist einer der schwersten im ganzen 1. Kor. und gleichzeitig einer der wichtigsten, denn in ihm zeigt Paulus, wie die neue Beziehung zu Gott, die er in Christus Jesus bekommen hat, seine Gehorsamspflicht vor Gott zum Ausdruck bringt. Vgl. Röm. 6, wo Paulus (V. 1 und 15) auf die Frage antwortet: Warum, wenn der Christ nicht aufgrund des Gesetzes (das das Böse verbietet und die Tugend fordert), sondern aufgrund der Gnade (der Liebe Gottes zu den Menschen in ihrem sündigen Zustand) eine Beziehung zu Gott hat, sollte er nicht fortfahren, so viel zu sündigen, wie er will? Warum also sollte sich der Christ die Mühe machen, gut zu sein?

Wie Paulus im vorhergehenden Satz sagt, daß er sich unter gewissen Umständen so verhält, als wäre er unter dem Gesetz, so sagt er hier, daß er sich unter anderen Umständen so verhält, als wäre er außerhalb des Gesetzes. In jenem Satz wird also herausgestellt, daß sein Leben nicht vom Gesetz bestimmt wird; in diesem wird jedoch herausgestellt, daß er nicht außerhalb des Gesetzes lebt; dies bestätigt Paulus noch einmal ausdrücklich. Er ist nicht *frei von gesetzlicher Verpflichtung* Gott gegenüber (*ἄνομος θεοῦ*), sondern *Christus gesetzlich verpflichtet* (*ἔννομος Χριστοῦ*). Die genaue Auslegung dieser Worte ist umstritten. Es wäre möglich (Moule, S. 42; BD § 182; M. III, S. 215 wiederholt die Ausführungen BD's, ohne die Worte wirklich zu erklären) die Beziehung der Genitive zum implizierten *Gesetz* (*νόμος*) zu betonen und so zu übersetzen: „nicht dem Gesetz *Gottes* unterworfen“ – „dem Gesetz Christi verpflichtet“; s. C. H. Dodd, Art. ΕΝΝΟΜΟC ΧΡΙCΤΟΥ in: *Studia Paulina*, S. 96–110. Für diese Auslegung spricht, daß Paulus andernorts ein *Gesetz Christi* ausdrücklich erwähnt: Gal. 6, 2 – „das Gesetz Christi erfüllen“. Vgl. Röm. 8, 2 und 13, 8 ff., wo Paulus ähnlich wie Mk. 12, 31 das Gebot der Liebe, Lev. 19, 18, zitiert. Es spricht ebenfalls für diese Auffassung, daß eines der Worte des Paulus (*ἄνομος*) sich im gleichen Vers zweifellos auf solche bezieht, die, da sie Heiden waren, außerhalb des Bezugsrahmens des (mosaischen) Gesetzes standen. Dagegen spricht jedoch, daß Paulus' positives Wort (*ἔννομος*) sich nie auf Juden, die unter dem Gesetz waren, beziehen kann. Die sprachliche Schwierigkeit entsteht aus der theologischen Schwierigkeit, die paulinische Lehre vom Gesetz zu verstehen. Diese Lehre ist nicht, wie oftmals behauptet wird, inkonsequent, aber vielseitig und kompliziert. Das Thema kann an dieser Stelle nur umrissen werden; s. weiter *Romans*, bsd. S. 140–153. Das Gesetz, das von Gott gegeben wurde, war heilig, gerecht und gut, eine kostbare Gabe also, die keineswegs den gnädigen Verheißungen Gottes widersprach, sondern die mit ihnen im Einklang stand, und das die Fähigkeit besaß, den Wohlmeinenden auf dem Wege des Lebens zu bewahren. Das Gesetz brachte die Abhängigkeit des Menschen von seinem Schöpfer zum Ausdruck und zeigte seine Gehorsamspflicht auf. Diese gute Gabe wurde von der Sünde ergriffen und verdreht, so daß aus dem Werkzeug zum Leben ein Instrument des Todes wurde. Wenn wir ein Wort gebrauchen dürfen, das leider nicht zum Wortschatz des Paulus gehörte, könnten wir sagen, daß aus dem Gesetz Gesetzlichkeit wurde. Dem Gesetz aber als Gesetzlichkeit war Paulus während seines Lebens als Jude und in den Aktivitäten der Judenchristen begegnet, die, möglicherweise mit den besten Motiven, seine Gemeinden unterwanderten. Aber die Situation des Menschen war durch das Kommen Christi total anders geworden; nicht weil Christus eine ganz neue Botschaft brachte – er sprach ja weiterhin von der freien Gnade Gottes und von der Notwendigkeit, Gott ganz zu gehorchen –, sondern weil Christus das erfüllte, worauf das Gesetz nur hinweisen konnte. Er war insofern das Ende des Gesetzes, als er es erfüllte; er machte das geschriebene Gesetz in diesem Sinne überflüssig. Er hatte die Liebe Gottes in einer Form erklärt und dargelegt, die die Menschen nicht für sich zu einer Ursache des Rühmens machen konnten. Als Stellvertreter der ganzen Menschheit hatte er als der letzte Adam (s. 15, 45) Gott einen vollkommenen Gehorsam geleistet. Durch sein Werk wurde es möglich, den Heiligen Geist zu empfangen, der jetzt die Menschen nach dem Ebenbilde Gottes erneuern kann. Oberflächlich gesehen wäre damit alles kohärent und abgeschlossen. Aber können wir wirklich sagen, daß das geschriebene Gesetz nun überflüssig geworden ist? Ein einziger Blick auf die korinthische Gemeinde reicht aus, um uns deutlich vor Augen zu führen, daß nicht alle Christen aus der Inspiration des Geistes heraus wissen, was sie tun sollen; und daß, wenn sie es wissen, sie es nicht unbedingt tun. Darum war es notwendig, die Lehre mit Nachdruck zu vertreten, daß die Erlösung durch Jesus Christus nicht das Ende der menschlichen Verpflichtung bedeutete, ein gehorsames Kind Gottes zu sein; und es war notwendig, denen Leitlinien zu geben, die gehorchen wollten, aber nicht wußten, wie sie sich verhalten sollten.

Diese Besprechung zeigt das Dilemma auf, in dem sich Paulus befand. Er hatte die Korinther darauf aufmerksam zu machen, daß sie Christus auf seinen Wegen gehorchen sollten, er durfte aber das Christentum nicht selbst zum neuen Gesetz machen. Ein Studium der nachpaulinischen Entwicklung vom 2. Jahrhundert bis ins 20. zeigt, welche Gefahren sich hier verbargen und heute noch verbergen. Wahrscheinlich benutzt Paulus in Gal. 6, 2, möglicherweise ohne es zu beabsichtigen, einen rabbinischen Ausdruck (Beweise bei Davies, *Torah in the Messianic Age and/or the Age to Come,* 1952, S. 50–83); im 1. Kor. scheint er solche Ausdrücke vermeiden zu wollen; er schreibt also nicht, daß er unter dem Gesetz des Messias stehe (*ὑπὸ τὸν νόμον τοῦ Χριστοῦ*). Doch ist er auch nicht ein „Gesetzloser Gottes“ (*ἄνομος θεοῦ* darf so übersetzt werden, wenn der Genitiv vom Subjekt, Paulus selbst, bestimmt ist); er ist vielmehr ein „Gesetzhalter Christi“ (*ἔννομος Χριστοῦ*; zu diesem Gebrauch des Wortes *ἔννομος* vgl. Platon, *Republik* 424E). Also kann Paulus sein Verhalten ändern, um den Juden ein Jude und den Heiden ein Heide zu sein, weil er sich nicht minder als durch das Gesetz, sondern in noch größerem Maße Gott zum Gehorsam verpflichtet weiß. Er hat nicht durch Einhaltung der Gebote eine Beziehung zu Gott, sondern allein durch die Gnade und den Glauben und in Christus; aber gerade in dieser nicht-gesetzlichen Beziehung ist er Sklave Christi, der nicht einem geschriebenen Gesetz (obwohl er unter Umständen und mit der angebrachten Vorsicht seinen Bekehrten schriftliche Anweisungen geben kann), sondern Christus als Person und dem von Christus gelehrten und ausgelebten absoluten Prinzip universaler Liebe zum Gehorsam verpflichtet ist.

Dies scheint der Gedankengang des Paulus zu sein; ob die hier dargebotene Übersetzung oder irgendeine andere Übersetzung oder gar Paulus' eigenes Griechisch der genauen Gedankenfolge wirklich gerecht wird, ist eine ganz andere Sache. Es ist auch die Frage, wie lange sich Paulus' Einstellung innerhalb des Judentums als praktikabel erweisen konnte. Zwar behauptete er ja selbst (s. Apg. 22, 3; 23, 6; 26, 5.22; Phil. 3, 3; Röm. 3, 31; 4, 13; 10, 4–13; et. al.), daß sein christlicher Glaube und Lebenswandel nur das darstellten, was das Judentum schon immer hätte sein sollen, aber das Judentum als Ganzes konnte diese Ansicht nicht akzeptieren, vor allem die offiziellen Vertreter des Volkes nicht; und obwohl Paulus' Schwanken, das auf Anpassung an die gesellschaftlichen und religiösen Sitten seiner Umwelt zielte, zweifellos nützlich war, konnten doch bald Juden, die Christus angenommen hatten, seinem Vorbild nicht mehr folgen. Allerdings können wir an dieser Stelle nicht auf die Sorgen und Schwierigkeiten solcher Juden eingehen (s. aber J. Jocz, *The Jewish People and Jesus Christ*, 1949).

Paulus vervollständigt seine Ausführungen und macht sie gleichzeitig noch komplizierter, indem er hinzufügt: **Den Schwachen bin ich ein Schwacher geworden, damit ich die Schwachen gewinne** (V. 22). Den *Schwachen* (mit ihrem schwachen Gewissen) sind wir schon begegnet; s. 8, 7–13; vgl. Röm. 14; 15. Es sind Christen, die noch nicht ganz aus den Banden der Gesetzlichkeit befreit worden sind. Aber wie kann Paulus davon sprechen, sie zu *gewinnen*? Entweder benutzt er das Wort, weil es ihm schon fast zur Gewohnheit geworden ist und merkt nicht, daß es nicht angebracht ist, oder er legt dem Wort einen neuen Sinn bei, so daß es nicht mehr heißt: „Sie vom Heidentum (oder vom Judentum) für das Christentum zu gewinnen", sondern: „Sie von einem unangemessenen für ein angemessenes Verständnis des Christentums zu gewinnen" – oder besser: „sie in der Gemeinde zu behalten, statt sie hinauszutreiben durch Verletzung ihres Gewissens"; dies wird eher der Meinung des Paulus entsprechen, wenn auch dabei das Wort selbst ziemlich frei übersetzt wird. Zu dieser Bedeutung vgl. Matt. 18, 15. In diesem Vers schreibt Paulus allerdings nicht: als wäre er schwach. Er enthielt sich tatsächlich der Speisen oder des Weines oder was es auch gewesen sein mag, dessen sie sich enthielten. Wir dürfen dies jedoch nicht zu sehr betonen, denn Paulus stellt sich zweifelsohne als einen dar, der zu den Starken gehört (Röm. 15, 1; 1. Kor. 8, 1–13; 10, 23–33). Weniger wahrscheinlich ist die Auslegung Heims, der die *Schwachen* im Hinblick auf Röm. 5, 6 verstehen will: es seien Nicht-Christen gemeint, sowohl Juden als Heiden.

Paulus sieht von weiteren individuellen Beispielen ab und faßt verallgemeinernd zusammen: **Ich bin allen alles geworden, damit ich allenthalben einige rette.** Diese Übersetzung gibt den Sinn des griechischen Artikels – *τοῖς πᾶσιν* – nicht wieder; eigentlich müßte es heißen: „Ich bin den allen (= allen denen, von denen ich vorhin gesprochen habe) alles geworden." S. BD § 275. Inhaltlich ist hier eine Parallele zu V. 19. *Retten* ist Synonym für *gewinnen* (V. 19–22; vgl. 7, 16), sagt aber wesentlich mehr aus: es geht hier nicht nur um menschliches Versagen oder menschlichen Erfolg bei der Überzeugung anderer, auch nicht nur um das Schicksal einer menschlichen Gemeinschaft, sondern vielmehr um das ewige Schicksal der einzelnen im Willen Gottes. Diese Verwendung des Wortes „retten" unterscheidet sich von der, in der der endgültige Akt Gottes im Versammeln der Erlösten (vgl. Röm. 5, 9.10; 11, 26) gemeint ist. Das Versammeln erlöster Sünder zur Gemeinde ist eine zwar echte, jedoch nur teilweise Vorwegnahme der endgültigen Erlösung. Ob Paulus als Universalist anzusehen ist oder nicht: er erwartet nicht, daß alle Menschen in dem Sinne des Wortes gerettet werden, in dem er es hier gebraucht.

Das Motiv für all sein Tun ist seine Sorge um das göttliche Heilshandeln. **Aber was auch immer ich tue, das tue ich um des Evangeliums willen, damit auch ich an ihm meinen Anteil habe** (V. 23). Der letzte Teil des Satzes heißt wörtlich: Damit ich an ihm ein Mitteilhaber (*συγκοινωνός*) sein kann. Dies wird manchmal verkehrt aufgefaßt. Paulus meint nicht „Partner des Evangeliums" (als hätte er Anteil am Werk der Errettung; dann müßte nicht *αὐτοῦ*, sondern *αὐτῷ* stehen); er meint auch nicht „Teilhaber an der Verkündigung des Evangeliums". Sein Wort meint vielmehr Teilhaber am Segen des Evangeliums; dieses Teilhaben ist nicht garantiert (vgl. V. 27). Er spricht seine Leser und alle, die er für Christus gewinnen will, als jemand an, der ihnen nicht gegenübersteht, sondern als einer, der auf ihrer Seite steht. Ihm ist das Evangelium anvertraut worden (V. 17; vgl. 4, 1; Gal. 2, 7), er kann jedoch nicht über das Evangelium bestimmen. Indem er seiner Berufung als Evangelist nachgeht, eignet er sich selbst das Evangelium an. Diese Bemerkung liefert den Schlüssel zum Verständnis des letzten Absatzes in diesem Kapitel.

Die Korinther hatten kein so tiefgehendes Verständnis der christlichen Wahrheit wie Paulus und waren außerdem nicht so demütig; sie neigten dazu, vorauszusetzen, daß die Tatsache ihres Gläubig-Seins und ihrer Teilnahme an den Sakramenten ihre endgültige Erlösung gewiß machte. Wie wir im nächsten Kapitel sehen werden, führte diese Anschauung zu ihrer mit Risiken behafteten Einstellung zum Götzenopferfleisch. Paulus teilte diese Art Gewißheit nicht. Er hegte absolutes Vertrauen zur Liebe Gottes (z. B. Röm. 8, 38 f.), doch zu sich selbst hatte er sehr wenig Vertrauen. Wie viele Prediger seiner Zeit, ob Juden (z. B. Philo, *Legum allegoriae* II, 108) oder Heiden (s. Weiß z. St. und Betz, S. 120, Fußnote 4; und z. B. Seneca, *Brief* 78, 16), suchte sich Paulus eine Metapher aus der Welt des Sports. Eine solche Bildrede würde in der griechischen Welt allgemeinverständlich sein; in Korinth würde sie erst recht begriffen werden; s. Einleitung, S. 14. **Wißt ihr nicht** (V. 24; vgl. V. 13)**, daß im Stadion alle Läufer zwar laufen, daß aber nur einer von ihnen den Siegespreis erhält?** Die Teilnahme an sich garantiert niemandem einen Siegespreis; das gilt sowohl für die Wettkämpfe als für das Christentum. Ihr seid durch die Taufe zur Teilnahme am christlichen Leben gekommen; denkt nicht, daß dies eure Perseveranz (Beharren in der Gnade) garantiert. **Lauft so, daß ihr ihn gewinnt.** Vgl. Phil. 3, 12 ff. Die Metapher ist hier ungenau, denn Paulus meint nicht, daß nur ein Christ aus jeder Gruppe oder nur eine begrenzte Anzahl Christen den von Gott vorherbestimmten Preis erlangen wird. Paulus will nur betonen, daß das Laufen an sich noch lange nicht bedeutet, daß man den Siegespreis erhält. Der Christ muß nicht nur in der richtigen Weise beginnen, er muß auch auf dem richtigen Wege bleiben; ja, er muß seine ganze Kraft dafür einsetzen. Dies macht Selbstdisziplin erforderlich, die bei den Korinthern nicht sehr großgeschrieben wurde. **Jeder, der an den Wettkämpfen teilnimmt** (V. 25; nicht nur im Laufen, sondern auch in anderen Sportarten, wie z. B. im Boxen, wie wir V. 26 sehen), **übt in jeglicher Weise Selbstdisziplin.** Das Wort *ἐγκρατεύεσθαι* wird in 7, 9 gebraucht, wo wir übersetzt haben: *enthaltsam leben*. Es können in verschiedenem Zusammenhang verschiedene Bedeutungen für das Wort ermittelt werden, doch ist der grundlegende Sinn der der Selbstbeherrschung. Vgl. Gal. 5, 23; und zum Thema Training für die Wettkämpfe: 2. Tim. 2, 5. **Sie** (betont; gemeint sind natürlich die Athleten) **tun es, um eine vergängliche Krone zu erlangen, wir hingegen erlangen eine unvergängliche.** Zu dieser Metapher vgl. 2. Tim. 4, 8; 1. Pet. 5, 4. Der siegreiche Wettkämpfer bei den Isthmischen Spielen erhielt einen Fichtenkranz; der Christ erhält nach einem Leben der Selbstdisziplin Anteil am Evangelium (V. 23).

Das Bild wechselt. Jetzt geht es nicht um die Disziplin bei der Vorbereitung, sondern um die angestrengte Selbstbeherrschung während des Wettlaufes oder des Boxkampfes selbst. **Also laufe ich meinerseits – nicht, als wüßte ich nicht, wohin** (V. 26; *ὡς οὐκ ἀδήλως*: vgl. die Verwendung des Adjektivs 14, 8, um einen Klang zu beschreiben, dessen Bedeutung dem Hörer unbekannt bleibt; vielleicht ist hier gemeint, daß der Zuschauer nicht weiß, wo der Läufer hin will)**; also boxe ich, nicht als schlüge ich nur in die Luft** (als verteilte ich schlecht gezielte und unnütze Schläge). Paulus handelt immer in der festen Absicht, sich und seine Hörer zu retten (1. Tim. 4, 16). Indem er jetzt bei der Metapher des Boxens bleibt, kehrt er zum Thema der Selbstdisziplin zurück: **Sondern ich schlage auf meinen Leib ein und versklave ihn, damit, wenn ich anderen gepredigt habe** (V. 27; *κηρύξας*; viele Kommentatoren sehen hier eine Bezugnahme auf die Arbeit des *κήρυξ*, Herolds, bei den Spielen; doch benutzt Paulus das Verb *κηρύσσειν* zu oft im Sinne von „predigen“, als daß wir hier mehr als eine rein zufällige Bezugnahme auf den Herold der Spiele sehen dürften)**, ich mich nicht selbst als verworfen erweise.** Dieser Satz bedeutet nicht, daß der Mensch seinen Körper als einen Feind betrachten sollte. Der Sinn ist vielmehr dem von Röm. 6, 13.19 ähnlich. Die physischen Glieder können der Sünde ausgeliefert werden, um ihr zu dienen; oder sie können Gott zum Dienst an der Gerechtigkeit dargebracht werden. Hier erkennt Paulus, daß es notwendig ist, auf seinen Leib einzuschlagen, weil dieser allzu bereit ist, der Sünde zu gehorchen; Paulus will ihn aber zum Gehorsam Gott gegenüber zwingen. Der Körper ist nicht an sich böse, muß aber in den Dienst des richtigen Herrn gestellt werden. Und dies soll nicht nur ein einziges Mal getan werden, sondern muß öfters wiederholt werden. Paulus sieht hier offensichtlich die Möglichkeit, daß er selbst trotz seiner Arbeit als Prediger des Evangeliums aus der Gnade fallen und endgültig verworfen werden könnte. Zu seinem Wort „verworfen" (*ἀδόκιμος*), vgl. Röm. 1, 28; 2. Kor. 13, 5.6.7; zum Sinn des Wortes Sir. 37, 19; Schlatter zitiert passenderweise *Tosefta Joma* 5, 10: „Damit nicht seine Jünger die kommende Welt erben und er selbst in den Hades hinuntergehe" (Schlatter, S. 286, Fußnote 1). Paulus' Bekehrung, seine Taufe, seine Berufung zum Apostelamt, sein Dienst am Evangelium – sie garantieren nicht seine ewige Erlösung. Indem er diese Wahrheit also wiederholt (vgl. V. 24 und 10, 5–12), kehrt er allmählich zu der gefährlichen Situation zurück, in die die Korinther durch ihre Einstellung zum Götzenopferfleisch gekommen waren. Schon seine Behandlung des Themas Selbstdisziplin ist nicht so weit entfernt von dem Thema, mit dem er das 9. Kapitel begann: Wer als Christ leben will, muß seine Freiheit nicht nur zu genießen, sondern auch einzuschränken wissen.

21. 10, 1–13: Auch solche, die getauft sind und am Abendmahl teilnehmen, sind nicht gefeit

(1) Ich möchte euch darüber nicht in Unkenntnis lassen, Brüder, daß alle unsere Väter unter der Wolke waren und daß alle durchs Meer hindurchzogen; (2) sie ließen sich auf Mose taufen[69] in der Wolke und im Meer, (3) und sie aßen alle von der gleichen[70] geistlichen Speise (4) und sie tranken alle vom gleichen[71] geistlichen Trank; denn sie tranken von einem geistlichen Felsen, der sie begleitete; und dieser Fels war Christus. (5) Nichtsdestotrotz hatte Gott an der Mehrheit von ihnen kein Gefallen, denn sie wurden in der Wüste niedergestreckt. (6) Diese Dinge geschahen als Beispiele für uns, um uns davor zu warnen, solche Männer zu sein, die nach Bösem Lust haben, wie es einige von ihnen taten.

(7) Wiederum, werdet nicht zu Götzendienern, wie sie es taten; wie geschrieben steht: Das Volk setzte sich, um zu essen und zu trinken, und stand auf, um zu spielen. (8) Wiederum, laßt uns nicht Unzucht treiben, wie es einige von ihnen taten, was dazu führte, daß an einem Tag 23 000 von ihnen fielen. (9) Wiederum, laßt uns nicht den Herrn[72] versuchen, wie es einige von ihnen taten, so daß sie von den Schlangen getötet wurden. (10) Und murret nicht, wie es einige von ihnen taten, was zur Folge hatte, daß sie vom Verderber umgebracht wurden. (11) Diese Dinge sind ihnen als Beispiel zugestoßen, und sie wurden uns zur Warnung niedergeschrieben, die wir dem Ende dieser vergangenen geschichtlichen Zeitalter gegenüberstehen.

(12) Die Moral der Geschichte ist: Der Mensch, der meint, fest zu stehen, sollte aufpassen, daß er nicht fällt; (13) keine Versuchung ist euch zugefallen, die über das allgemeine Los der Menschen hinausginge. Aber Gott ist zuverlässig und wird nicht zulassen, daß ihr über euer Vermögen versucht werdet; im Gegenteil, er wird zusammen mit der Versuchung einen Ausweg schaffen, so daß ihr durchhalten könnt.

Wir erinnern uns, daß Paulus am Ende des 8. Kapitels seine Besprechung des Themas Götzenopferfleisch unterbrochen hat, um auf das Thema des freiwilligen Verzichts auf Vorrechte und Freiheit einzugehen; bis zum Ende des 9. Kapitels ist er auf das Thema der Selbstdisziplin gekommen, doch ist das Hauptthema nie ganz seinem Gedächtnis entschwunden. Die Korinther hatten eine ziemlich lockere Einstellung zum Götzenopferfleisch (nicht die, die Paulus unter „christlicher Freiheit" verstanden hat), weil sie den Götzendienst gar nicht ernst nahmen (so der jetzige Abschnitt) und weil sie glaubten, daß die christlichen Riten der Taufe und des Abendmahls sie vor allem Schaden bewahrten. Das war ein Fehler, den Paulus, der sich ja gerade (9, 27) zu der Gefahr bekannt hatte, in der er selber stand, anhand alttestamentlicher Analogien aufdeckte. Sein Material war teilweise schon in der Weisheitsspekulation des hellenistischen Judentums aufgetaucht; s. unten und Knox, *Gentiles*, S. 122 ff.; Schweitzer, *Mysticism*, S. 20 ff., 258 ff. und *Adam*, S. 47–50.

Ich möchte euch darüber nicht in Unkenntnis lassen (V. 1; Paulus stellt dem Satz ein *γάϱ* voran, aber die Verbindung zu dem

Vorhergehenden ist sehr lose; jetzt erinnert er sie an etwas, das sie eigentlich hätten wissen müssen. Sie waren in Gefahr, es zu vergessen; vgl. 12, 1; 2. Kor. 1, 8; Röm. 1, 13; 11, 25; 1. Thess. 4, 13), **Brüder** (vgl. 1, 1), **daß alle unsere Väter unter der Wolke waren und daß alle durchs Meer hindurchzogen.** Offensichtlich bezieht sich Paulus hier auf die Exodusgeschichte (s. Ex. 13, 21; 14, 2f.; Ps. 105, 37); nur überrascht es, daß er sagt: *Unsere Väter*, denn die Mehrheit der korinthischen Christen werden Heiden gewesen sein. Vielleicht wollte er mit dem *unser* sich und seine Volksgenossen von seinen Lesern unterscheiden, aber wahrscheinlicher ist es, daß Paulus seine heidnischen Leser infolge ihres Glaubens zum Volke Gottes zählte. Als Christen teilten sie mit den Juden eine gemeinsame Geschichte und eine gemeinsame Herkunft. Vgl. Röm. 4, 1; 11, 17–21; vgl. 1. Klemens 4, 8 („Unser Vater Jakob"). Andererseits sprachen jüdische Proselyten auch nach ihrer Bekehrung von „euren Vätern" (s. *Bikkurim* 1, 4). Es gibt eine weitere Möglichkeit, nämlich daß Paulus direkt und ohne Abwandlung aus einem vorhandenen Exodus-Midrasch zitierte.

Die beschriebenen Ereignisse hatten eine religiöse Bedeutung. **Sie ließen sich auf Mose taufen in der Wolke und im Meer** (V. 2). Das Verb steht in den Hss. in zwei Formen (s. Fußnote 69, S. 255): Medium (ἐβαπτίσαντο, so diese Übersetzung) oder Passiv (ἐβαπτίσθησαν = sie wurden getauft). Das Medium muß hier bevorzugt werden, denn (a) es war im christlichen Sprachgebrauch nicht so häufig (s. aber 6, 11 und Komm.), so daß die Tendenz verständlich wäre, es durch das häufigere Passiv zu ersetzen; und (b) das Medium entspricht eher der jüdischen Praxis, nach der der Bekehrte sich selbst taufte; so z. B. Lietzmann und Héring. Es ist jedoch zu vermerken, daß BD § 317 das Passiv vorziehen, und daß Turner (M. III, S. 57) der Meinung ist, man könne die beiden Formen hier kaum unterscheiden (und daß beide Formen einem intransitiven Aktiv gleichzusetzen seien); Parallelen zu Paulus' Gebrauch des Alten Testaments bei Lietzmann-Kümmel.

Es gibt deutliche Hinweise darauf, daß auch die Juden den Durchgang durch das Rote Meer als eine Art Taufe (der Proselytentaufe ähnlich) betrachteten. Wenn diese Auslegung der alttestamentlichen Geschichte schon bekannt war, dann wird es leichter, das Argument des Paulus zu verstehen, denn im Alten

Testament zogen die Israeliten trockenen Fußes durch das Meer, so daß der Vergleich zur Taufe nicht unbedingt auf der Hand liegt. Wenn einmal die Analogie vorgetragen worden wäre, dann stellten die Details eine viel geringere Schwierigkeit dar, als einige Kommentatoren (z. B. Héring) meinen; es gab wirklich genug Wasser im Roten Meer, um den Erfordernissen einer analogen Taufe Genüge zu tun. Doch ist auch wahr, was Heim (S. 133) feststellt: „Die Analogie besteht ... nicht in der Feuchtigkeit, im Naßwerden. Es handelt sich vielmehr um die Schicksalsgemeinschaft mit dem Führer." Der Ausdruck *auf Mose* kennt jedoch keine jüdische Parallele; und es ist stark anzunehmen, daß Paulus ihn aufgrund der christlichen Taufformel *auf Christus* erfunden hat. Lietzmann (z. St.) weist also zu Recht darauf hin, daß die Formel „auf Christus" nicht anhand der Formel „auf Mose" erklärt werden darf. Es gibt keinerlei Beweise für die Existenz einer solchen Formel im Judentum. Die Analogie, mit der sich Paulus gerade beschäftigte, veranlaßte ihn dazu, den Ausdruck „auf Mose" zu erfinden, und zwar nicht nur, weil Mose (unter Gott) sein Volk zur Zeit des Exodus befreit hatte, sondern auch weil die Juden an einen „letzten Erlöser" (Messias) glaubten, der wie der „erste Erlöser" sein sollte (SB Bd. 1, S. 69).

Die damaligen Israeliten hatten nicht nur ihre eigene Version der Taufe, sie hatten auch ein heiliges Mahl, das sich mit der Eucharistiefeier gleichsetzen ließ. **Sie aßen alle von der gleichen** (V. 3; s. Fußnote 70, S. 255; das Wort *αὐτό* ist vielleicht von Kopisten weggelassen worden, die das Manna nicht mit dem Brot der Eucharistiefeier gleichstellen konnten; doch geht es Paulus wahrscheinlich mehr darum, darauf hinzuweisen, daß *alle* Israeliten, die guten und die bösen, solche, die errettet wurden und solche, die verlorengehen sollten, die *gleichen* Privilegien teilten – so Héring) **geistlichen Speise** (V. 4; Manna, Ex. 16, 4.14–18) **und sie tranken alle vom gleichen** (s. Fußnote 71, S. 255) **geistlichen Trank** (Ex. 17, 6; Num. 20, 7–13). Es ist kaum anzunehmen, daß Paulus mit diesen Worten leugnen wollte, daß die Israeliten in der Tat materielle Speise aßen und ganz normales Wasser tranken; mit dem Ausdruck *geistlich* meint er, daß sie (wie das Brot und der Wein in der Eucharistiefeier) eine weitere Bedeutung hatten neben ihrer materiellen Funktion als Speise und Trank für den Leib; sie waren typisch, symbolisch für das christliche Sakrament.

Das Wort *πνευματικός* wird normalerweise von Paulus gebraucht, um eine Sache oder eine Person zu bezeichnen, die der Träger oder Vermittelnde des Heiligen Geistes ist (9, 11; 12, 1; 14, 1; 15, 44.46; Röm. 1, 11; 7, 14; 15, 27). Wenn dies hier zutrifft, sind beide Auslegungen möglich: Die Speise und der Trank brachten den Israeliten geistliche (nicht nur materielle) Stärkung, wurden aber zur gleichen Zeit vom Heiligen Geist benutzt, um sichtbar darzustellen, was eines Tages kommen sollte. Moffatt übersetzt: *übernatürlich* und Lietzmann *überirdisch*; s. beim nächsten Vers.

Die Israeliten genossen diesen geistlichen Trank, **denn sie tranken von einem geistlichen Felsen, der sie begleitete; und dieser Fels war Christus.** Die Bezugnahmen auf den Brunnen, Num. 20, 11; 21, 16, scheinen innerhalb des Judentums zu dem Glauben geführt zu haben, der Brunnen im Felsen habe Israel auf seinen Reisen begleitet; s. z. B. Pseudo-Philo, *Bibl. Ant.* 10, 7: „Einen Brunnen, der ihnen folgte, brachte er ihnen hervor." Vollständige Belege bei Lietzmann. Ein solcher Brunnen macht das Adjektiv *geistlich* notwendig, denn „natürlich" war er keinesfalls. Die Übersetzung „allegorisch" für *πνευματικός* wäre verfehlt, denn der Brunnen war nicht bloß Darstellung Christi, sondern Schauplatz seiner Tätigkeit; das Adjektiv bezeichnet „was von Gott herkommt und ihn offenbart" (Schlatter, S. 289); vgl. Röm. 7, 14. Dies würde festlegen, was Paulus meinte. Es gibt auch hier jüdische Quellen, die helfen, den Ursprung dieses Gedankens zu erklären. Philo (*Legum allegoriae* II, 86) erklärt: „Die Dürre der Leidenschaften erfaßt die Seele, bis Gott den Strom aus seiner starken Weisheit hervorsendet und mit nie versiegender Gesundheit den Durst der Seele stillt, die sich von ihm abgewandt hatte. Denn der harte Fels ist die Weisheit Gottes, die er als höchste und hauptsächlichste seiner Kräfte bezeichnete, und aus der er die durstigen Seelen, die Gott liebhaben, befriedigt. Und wenn sie getränkt worden sind, werden sie auch mit dem Manna gesättigt, mit der allgemeinsten der Substanzen, denn Manna heißt ‚etwas', was aber den *summum genus* in unseren Gedanken hervorruft. Aber die erste Existenz ist Gott, und nebst ihm das Wort Gottes." Vgl. III, 162 und *Quod Deterius Potiori Insidiari Soleat*, 118.

In Philos allegorischer Auslegung des Gesetzes werden die wunderhafte Speise und der wunderhafte Trank (oder die Quelle des Trankes) als Symbole für das Wort und die Weisheit Gottes aufgefaßt, und diese selbst sind mindestens teilweise hypothetische Wesen. Indem er diese Identifikationen übernimmt, interpretiert Paulus Christus im Hinblick auf die Weisheit des hellenistischen Judentums. Das bedeutet nicht, daß er alles das über Jesus sagen wollte, was die hellenistischen Juden über die Weisheit sagten. Es geht ihm vielmehr um das Werk und nicht um die Person Christi; er meint in erster Linie, daß man die Weisheit für die Quelle des Verständnisses, der Tugend und des Heils ansieht, was aber vielmehr auf Christus zutrifft; mehr noch, Christus selbst war es, der in Gestalt eines Felsens und in der Person der Weisheit dem Volke Gottes das Leben spendete – in der Vergangenheit und auch in der Gegenwart; s. SB, Bd. 3, S. 406ff.

In vergangenen Zeiten wurde also Israel von Gott mit sichtbaren Zeichen versorgt, die ihm die Segnungen Christi und des Geistes vermittelten, so wie nun die Gemeinde ihr sichtbares Wasser oder Brot und Wein in den analogen Sakramenten hatte. Aber das Vorrecht Israels garantierte nicht seine moralische oder religiöse Bewahrung. **Nichtsdestotrotz hatte Gott an der Mehrheit von ihnen kein Gefallen, denn sie wurden in der Wüste niedergestreckt** (V. 5); s. Num. 14, 16. Trotz ihrer Sakramente sündigten die Israeliten und kamen aufgrund ihrer Sünde in der Wüste um, so daß sie nicht in das gelobte Land hineingehen konnten. Daraus ergibt sich eine Warnung für die Korinther. Lietzmann beleuchtet den ähnlichen philosophischen Angriff gegen den nicht-ethischen Sakramentalismus, indem er z. B. die Worte des Diogenes zitiert, der sich beschwert: „Pataikion, der Dieb, wird nach dem Tode ein besseres Schicksal als Epaminondas erleiden, weil er eingeweiht worden ist" (*ὅτι μεμύηται* – Plutarch, *Quomodo adulelscens poetas audire debeat*, 4, S. 21f.). Das Argument des Paulus ist im Grunde genommen sehr einfach: „Denn Gott läßt das bei uns nicht ungestraft, was er bei den Israeliten rächte" (Calvin, S. 399). **Diese Dinge geschahen als Beispiele für uns, um uns davor zu warnen** (V. 6; leitet sich aus dem Wort *τύπος* ab, das hier ein *abschreckendes, warnendes* Beispiel meint; vgl. 4, 6), **solche Männer zu sein** (d. h. daß wir es nicht werden), **die nach Bösem Lust haben, wie es einige von ihnen taten** (wörtlich: *so wie jene gelüstete*; der Übergang vom Substantiv *ἐπιθυμηταί* zum Verb *ἐπιθυμεῖν* ist hart). Die Warnung gilt uns; Paulus glaubte, daß auch er selbst auf diese Warnung achtgeben mußte, s. 9, 27. Vgl. Num. 11, 4–34, wo davon berichtet wird, wie sich das Volk nach den Fleischtöpfen Ägyptens sehnte; man denkt automatisch in diesem Zusammenhang an Götzendienst. Paulus schrieb nicht in einem Vakuum; aus seinen Worten kann man die Einstellung derer entnehmen, mit denen er es hier zu tun hatte. Aus 8, 1ff., 11 ging schon hervor, daß die freie Einstellung zum Götzenopferfleisch auf die *Gnosis* zurückzuführen war. Die Erkenntnis, daß die Götzen keine wirkliche Existenz hatten, weil es nur den einen Gott gibt, führte zu Gleichgültigkeit den götzendienerischen Riten gegenüber, durch die die Speise hindurchgegangen war. Diese Einstellung teilte Paulus zwar, er modifizierte sie jedoch durch seine Anwendung des Prinzips der christlichen Liebe. Hier geht es im Zusammenhang auch um die Frage, ob der Christ das Götzenopferfleisch essen darf, aber die Einstellung, die Paulus bekämpft, ist eine andere. Einige Korinther glaubten, ihre Teilnahme an den christlichen Sakramenten bewahre sie vor einem möglichen Verlust des zukünftigen Heils. Sie könnten Götzendienst tun (V. 7), Unzucht treiben (V. 8), Gott versuchen (V. 9) und gegen ihn murren (V. 10), ohne eine Strafe zu befürchten, weil sie getauft seien und an der Eucharistiefeier teilnähmen (die Verse 2ff. zeigen, daß nur diese beiden Riten hier gemeint sind). Paulus räumt jedoch keine solche Wirksamkeit der Sakramente *ex opere operato* ein, obwohl die Idee (und die Einwände dagegen, s. S. 260) im Heidentum, im Judentum und im Frühkatholizismus zu finden ist. Für Paulus jedoch war die Notwendigkeit einer immer wieder zu erneuernden Glaubensentscheidung und eines anhaltenden Gehorsams unentbehrlich; die Flucht in einmalige oder auch ständig zu wiederholende Sakramente war ausgeschlossen, wenn auch die Sakramente, richtig verstanden, Ausdrucksmöglichkeiten des Glaubens und des Gehorsams sein konnten.

Solche Männer, die nach Bösem Lust haben ist ein ganz allgemeiner Ausdruck, dessen Bedeutung in den folgenden Versen geklärt wird. Gemeint ist erstens die Lust nach verbotener Speise, dann aber auch die sexuelle Lust und die rebellische Sehnsucht nach falschen Göttern.

Wiederum, werdet nicht zu Götzendienern, wie sie es taten; wie geschrieben steht (Ex. 32, 6, vgl. V. 19): **Das Volk setzte sich, um**

zu essen und zu trinken (um also an götzendienerischen Mahlfeiern teilzunehmen)**, und stand auf, um zu spielen** (V. 7; entweder zu sexuellen Spielen – so LS als Übersetzung für *παίζειν* –, oder zum Götzendienst, wie SB, Bd. 3, S. 410 und Calvin, z. St., den Ausdruck verstehen; diese zweite Möglichkeit ist im Kontext vorzuziehen, denn erst im nächsten Satz wird es um die Unzucht gehen). Paulus hat das Essen von Götzenopferfleisch nur dann verurteilt, wenn es gegen das Gesetz der Liebe verstieß; hier verurteilt er die Teilnahme am heidnischen Götzendienst, die er niemals befürwortet, weil er sieht, daß sie zur Gemeinschaft mit den Dämonen führt (10, 20f.). An solchem Götzendienst nahmen die Israeliten in der Wüste teil; sie kauften und aßen nicht nur Speise, die zuerst den Götzen dargebracht worden war, sondern brachten sie selbst den Götzen dar. Zu dem jüdischen Gedankenkomplex Götzendienst, Götzenopferfleisch, Unzucht s. „Things Sacrificed to Idols"; das Neue Testament und die andere frühchristliche Literatur spiegeln die Verbindung wider, die zweifellos in der damaligen Welt zwischen Götzendienst und Unzucht bestand. Im nächsten Vers geht Paulus auf das neue Thema ausdrücklich ein.

Wiederum, laßt uns nicht Unzucht treiben, wie es einige von ihnen taten, was dazu führte (V. 8; wörtlich nur: *καί*)**, daß an einem Tag 23000 von ihnen fielen.** Nach Num. 25, 1.9 war die Zahl derer, die wegen ihrer Unzucht mit den moabitischen Frauen bestraft wurden, 24000. Die einleuchtendste Erklärung für die Zahl, die Paulus nennt, ist die, daß sein Gedächtnis hier versagt; und wir dürfen wahrscheinlich davon ausgehen, daß Paulus hier nicht nur an die Geschichte der moabitischen Frauen, die Israel zur Unzucht und zum Götzendienst verleiteten, dachte (s. *Romans*, S. 38ff. und *Adam*, S. 17ff.), sondern gleichzeitig an die Erzählung vom goldenen Kalb, nach der 3000 Israeliten umkamen (Ex. 32, 28).

Wiederum, laßt uns nicht den Herrn (V. 9; s. Fußnote 72, S. 256; die Lesart *Christus* wird hier vielleicht sogar ursprünglich sein, denn man wird *den Herrn* als einen dem Alten Testament angemesseneren Ausdruck empfunden und entsprechend eingesetzt haben; s. Zuntz, S. 126 und 232) **versuchen** (*ἐκπειράζειν*)**, wie es einige von ihnen taten, so daß** (wörtlich: *καί*, wie V. 8) **sie von den Schlangen getötet wurden.** S. Ps. 78, 18, wo Num. 21, 4ff. zusammengefaßt wird. In der alttestamentlichen Geschichte *versuchten* sie den Herrn, indem sie seine Fähigkeit (und Entschlossenheit), die nötige Speise zu geben, in Frage stellten, statt einfach gläubig auf die Gabe zu warten. Aber diese Einstellung will Paulus hier anscheinend nicht anprangern; in Korinth versuchten sie den Herrn dadurch, daß sie ausprobieren wollten, wie weit sie im Götzendienst gehen konnten. Bei beiden, Israeliten und Korinthern, erkennt man jedoch die verärgerte Ablehnung der von Gott zu ihrem Wohl festgelegten Bedingungen des Heils. Es ist zu bemerken, daß Paulus, obwohl er glaubt, daß die alttestamentliche Situation höchst bedeutungsvoll für seine Zeitgenossen ist, keinen Versuch macht, jede Einzelheit der Geschichte zu allegorisieren. *Die Schlangen* erscheinen in Korinth nicht.

Und murret nicht (V. 10)**, wie es einige von ihnen** (nach dem Bericht des Exodus und der Wüstenwanderung recht häufig; angesichts des folgenden Satzes sollten wir hier allerdings annehmen, daß Paulus vor allem Num. 17, 6 meint) **taten, was zur Folge hatte** (*καί*, wie V. 8)**, daß sie vom Verderber umgebracht wurden.** Der Verderber ist hier *ὁ ὀλοθρευτής*; dieses Wort kommt in der griechischen Bibel sonst nicht vor, obwohl es in Weish. 18, 20–25; Ex. 12, 23 (vgl. Heb. 11, 28); 2. Sam. 24, 16; 1. Chron. 21, 15 ähnliche Ausdrücke gibt (s. SB Bd. 3, S. 412). Paulus scheint hier durch sein alttestamentliches Material vorangedrängt worden zu sein, denn wir wüßten nicht, daß die Korinther eine besondere Veranlagung zum Murren hätten. Einige möchten hier eine Bezugnahme auf Num. 14, 2ff. oder 17, 6ff. sehen, doch sind es in diesen Geschichten immer andere Verderber, die die Strafe ausrichten. Die oben angeführten Bibelstellen wurden von den Rabbinern dahingehend ausgelegt, daß es einen besonderen Engel des Verderbens gab, und Paulus' Substantiv mit bestimmtem Artikel wird darauf hinweisen, daß er die rabbinische Auslegung bejahte. Möglich wäre es, das griechische Substantiv als mit dem hebräischen *Maschhith* (wörtlich: *Zerstörer*; wird als Name eines zerstörenden Engels benutzt; s. SB Bd. 3, S. 412–416) gleichzusetzenden Eigennamen zu verstehen, aber dies ist keinesfalls notwendig – eher unwahrscheinlich. Doch ist in Korinth der Mißbrauch der Sakramente durch physische Strafe geahndet worden (11, 30); und in 5, 5 wird Satan als ein Verursacher von Zerstörung bezeichnet.

Die Liste alttestamentlicher Warnungen ist nun abgeschlossen, und Paulus zeigt jetzt ihre Bedeutung auf. **Diese Dinge sind ihnen als Beispiel zugestoßen** (vgl. V. 6; hier wird das Adverb *τυπικῶς* benutzt, das man übersetzen könnte: warnendes Beispiel, wenn nicht im nächsten Teil des Satzes das Wort *Warnung* als Wiedergabe des griechischen *νουθεσία* stünde)**, und sie wurden uns zur Warnung niedergeschrieben** (V. 11). Es wäre ein großer Fehler, zu viel in die Worte des Paulus (*τύπος* und *τυπικῶς*; es ist eine Ausnahme, wenn er in Röm. 5, 14 *τύπος* gebraucht – s. Romans z. St.) hineinzulesen; ebenso in V. 6. Paulus hatte nicht vor, Regeln für die typologische Auslegung des Alten Testaments aufzustellen. Vielmehr sah er wohl, daß seine korinthischen Leser abzufallen drohten; sie vertrauten zu sehr ihrer eigenen Heilsgewißheit, von der sie meinten, sie wäre durch Teilnahme an den Sakramenten und durch ihr geistliches Erleben gesichert, und legten so einen törichten Stolz an den Tag, der nicht nur bald zur Desillusionierung führen würde, sondern auch ihren grundlegenden Mangel an Verständnis für den christlichen Lebenswandel aufzeigte, dessen Sicherheit nur in Christus zu finden und nur durch den Glauben zu erfassen ist. Die gleiche Wahrheit, nämlich daß das Volk Gottes keine aus sich selbst hervorgehende Sicherheit hat und darum aus dem Glauben leben muß, steht im Alten Testament geschrieben, wo sie in konkreten Geschichten dargestellt wird, in denen der Leser sich und die eigenen Umstände wiedererkennen sollte. Aber weiter dürfen wir anhand dieses Textes nicht gehen. Paulus versucht nicht, aus den typologisch angeführten AT-Stellen christliche Dogmen abzuleiten; für ihn ist das Alte Testament ein grundlegendes und einzigartig wichtiges Buch, doch entnimmt er nur dessen unmittelbarer Bedeutung seine Lehre.

Es gibt jedoch eine besondere Beziehung zwischen der gegenwärtigen Generation und dem Alten Testament. Wir sind diejenigen, **die wir dem Ende dieser vergangenen geschichtlichen Zeitalter gegenüberstehen.** Hier haben wir der Übersetzung erklärende Zusätze hinzugefügt. Wörtlich müßte dieser Teil des Satzes heißen: Über welche die Enden der Zeitalter gekommen sind. *Enden* steht also in der Mehrzahl, was zu der Auslegung geführt hat: Über welchen die Enden der Zeitalter (d. h. das Ende der Zeitalter der Vergangenheit und der Gegenwart und der Anfang des zukünftigen Zeitalters) sich begegneten. Nach dieser Aussage leben Christen am Übergangspunkt der beiden Zeitperioden – da, wo die Zeitalter überlappen. Nun mag das vielleicht eine zutreffende Beschreibung der eschatologischen Ansichten des Paulus sein, obwohl er dieselben nie in dieser Weise zum Ausdruck bringt; doch es kann nicht die Übersetzung dieses Textes sein, denn (a) *Ende* (τέλος) bedeutet Beendigung oder Ziel und niemals Anfang, und (b) *gekommen sind* (καταντᾶν) bedeutet nicht etwa: zusammengekommen sind, sondern muß im Hinblick auf *über welche* (εἰς οὓς) ausgelegt werden. „Die Enden (Mehrzahl attrahiert wegen *Zeitalter*) der Zeitalter" stellen anscheinend „das Ende der Tage" dar (Dan. 12, 13 und bei den Rabbinern häufig – SB Bd. 3, S. 416ff.; Schoeps, *Paulus*, S. 101 und *Aus frühchristlicher Zeit*, 1950, S. 222). Der gleiche griechische Ausdruck bezieht sich anscheinend in einigen Texten des Test. Levi 14, 1 auf den Zeitpunkt des Todes Jesu; ein ähnlicher Ausdruck (τέλος αἰώνων) wird in den *sibyllinischen Orakeln* 8, 311 als Parallele zum „letzten Tag" verwandt. Paulus glaubte, daß er und die Leser seines Briefes in den letzten Tagen der Weltgeschichte vor dem Einbruch des messianischen Zeitalters lebten. Schweitzer geht nur ein wenig zu weit, wenn er meint, sie glaubten, „daß sie das Geschlecht sind, das das Ende der Zeiten erleben wird" (S. 54); Cullmann schreibt etwas vorsichtiger: „Mit Christus ist die Endphase der begrenzten Weltzeit angebrochen" (*Christus und die Zeit*, 1962, S. 58, Fußnote 2). Die eschatologische Sicht von Paulus wird im 15. Kapitel ausführlich dargelegt.

Seine Umgebung im Brief als ganzem sowie eine Anzahl Hinweise, die Paulus ab und zu gibt und die im Kommentar vermerkt wurden, rücken den Zweck des vorigen Absatzes ins rechte Licht. Nun nennt Paulus diesen Zweck ausdrücklich: **Die Moral der Geschichte ist** (Übersetzung des einen griechischen Wortes ὥστε, das anzeigen will, daß jetzt die Folgen des eben Gesagten aufgeführt werden)**: Der Mensch, der meint, fest zu stehen, sollte aufpassen, daß er nicht fällt** (V. 12). Moule (S. 199) bemerkt, daß der Vers ohne ὥστε rhythmisch ist, ein „zweifach wiederholter Anapäst und Kretikus". Es gibt aber keinen Grund für die Annahme, Paulus habe dies beabsichtigt oder zitiert. Als Auserwählte Gottes und mit Sakramenten ausgerüstet wähnten sich die Israeliten sicher. Sie waren es jedoch nicht; sie sündigten, wurden verurteilt und kamen in der Wüste um. Mindestens einige der Korinther, wahrscheinlich Gnostiker, wähnen sich ebenfalls sicher; sie seien die Auserwählten Gottes und verfügten ebenfalls über Sakramente. Aber sie sind auch nicht sicherer als Paulus selbst (9, 27). Der Christ lebt für den Augenblick aus dem Glauben heraus, ohne menschliche Garantien für die Zukunft. Wie die Isaeliten von den moabitischen Frauen zur Unzucht, zum Götzendienst und so in ihre Vernichtung gelockt wurden, so kann der Götzendienst, von dem die Korinther in ihrer vermeintlichen sakramentalistischen Sicherheit meinten, sie könnten mit ihm spielen, sie zur Unzucht und letztlich auch zum Verderben führen.

Paulus beleuchtet denselben Sachverhalt von einer anderen Seite und kommt zu der Überlegung, daß die Korinther, selbst wenn sie tatsächlich so sicher wären, doch keinen Grund hätten, sich zu rühmen. Denn sie haben noch nicht angesichts außerordentlicher Versuchungen Widerstand geleistet. **Keine Versuchung ist euch zugefallen, die über das allgemeine Los der Menschen hinausginge** (V. 13). Sie können also weder für sich noch für ihre Prophylaktika in Anspruch nehmen, besonders widerstandsfähig gewesen zu sein. Paulus deutet an, daß noch viel ernstere Versuchungen über die Gemeinde kommen werden; er empfindet selbst, was dies bedeutet und sichert seinen Lesern zu, die Treue Gottes werde sie auch hierin bewahren, nur dürften sie sich auf keine menschlichen Mittel verlassen. **Aber Gott ist zuverlässig und wird nicht zulassen, daß ihr über euer Vermögen versucht werdet** (wenn sie sich jedoch nicht bis zur Grenze ihres Vermögens anstrengen, könnten sie durchaus fallen)**; im Gegenteil, er wird zusammen mit der Versuchung einen Ausweg schaffen, so daß ihr durchhalten könnt.** Sevenster (*Seneca*, S. 40) macht auf den Gegensatz zu den oberflächlich betrachtet ähnlichen Worten des Seneca aufmerksam (Seneca, *Briefe* 78, 7): „Niemand kann ernsthaft und lange Zeit leiden; die Natur, die uns so zärtlich liebt, hat uns so gestaltet, daß der Schmerz entweder zu ertragen oder von kurzer Dauer ist." Seneca kennt nichts vom Vertrauen des Paulus auf die Treue eines persönlichen Gottes. Der Christ hat keine Sicherheit; doch kann er absolut zuversichtlich sein, wenn er sich nicht auf die eigene Kraft, sondern auf die Kraft Gottes verläßt. Dies bedeutet nicht, daß Gott es nicht zuläßt, daß er versucht wird (durch Umstände oder wie auch immer), sondern nur, daß Gott es nie zulassen wird, daß er nicht mehr widerstehen kann.

Der Christ muß widerstehen; er darf sich einer falschen Heilsgewißheit nicht anvertrauen, denn dadurch würde er geradezu die Katastrophe heraufbeschwören. Der *Ausweg* ist für solche da, die ihn suchen, nicht aber für diejenigen, die – wie die Korinther – den Eingang suchen (was den Götzendienst betrifft). Dies wird durch die Verbindung zum nächsten Absatz deutlich hervorgehoben.

22. 10, 14–22: Christlicher Glaube und Götzendienst vertragen sich nicht

(14) Aus diesem allem geht hervor, liebe Brüder: Flieht vor dem Götzendienst. (15) Ich rede als zu verständigen Leuten: Beurteilt selbst, was ich sage. (16) Der Segenskelch, über dem wir den Segen sprechen, ist er nicht eine gemeinsame Teilhabe am Blute Christi? Der Brotlaib, den wir brechen, ist er nicht eine gemeinsame Teilhabe am Leibe Christi? (17) Weil es einen Brotlaib gibt, bilden wir, so viele wir sind, einen Leib, denn wir alle haben teil an dem einen Brotlaibe. (18) Betrachtet das geschichtliche Israel: Sind nicht diejenigen, die die Opfer essen, Teilhaber am Altar? (19) Nun, was meine ich hiermit? Daß das Götzenopferfleisch etwas sei? Oder daß ein Götze etwas sei[73]? (20) Nein; aber was sie opfern, opfern sie Dämonen, nicht Gott, und ich möchte nicht, daß ihr Teilhaber werdet der Dämonen. (21) Ihr könnt nicht den Kelch des Herrn trinken und den Kelch der Dämonen; ihr könnt nicht am Tische des Herrn teilhaben und am Tische der Dämonen. (22) Oder sollen wir den Herrn reizen? Sind wir etwa stärker als er?

Die Geschichte Israels beweist, daß auch die Auserwählten Gottes, die durch die von Gott selbst gegebenen Gnadenmittel gestärkt werden, sich nicht selbstverständlich als gegen alle Versuchung gefeit betrachten dürfen. Wenn sie am Götzendienst teilhaben, müssen sie die Konsequenzen tragen.

Aus diesem allem geht hervor (erweiterte Übersetzung von *διόπερ*, ein argumentbezogenes Bindewort, das Paulus nur hier und in 8, 13 verwendet), **liebe Brüder: Flieht vor dem Götzendienst** (V. 14); vgl. 6, 18. Es reicht nicht aus, den Götzendienst zu mißbilligen; der Christ muß vor ihm fliehen, d. h. er muß alle Gelegenheiten vermeiden, die ihn damit in Kontakt bringen könnten (damit waren auch Feste in heidnischen Tempeln gemeint, sofern diese mit religiösen Riten zusammenhingen – V. 20f.; anders 8, 10; 10, 27). M. III, S. 173, betont den bestimmten Artikel, der im griechischen Text vor *Götzendienst* steht: *τῆς εἰδωλολατρείας*. Er versteht den Ausdruck dann so: „Jenen Götzendienst, mit dem ihr so vertraut seid", aber dies läßt sich kaum belegen. Der Artikel muß stehen – ähnlich wie im Deutschen. Allerdings werden die Korinther mit dem Götzendienst vertraut gewesen sein. Sie bildeten sich gerade darauf, daß sie so viel davon verstanden, etwas ein. Darum setzt Paulus seine Ausführungen so fort: **Ich rede als zu verständigen Leuten** (*φρονίμοις*; vgl. 4, 10 und s. unten)**: Beurteilt selbst, was ich sage** (V. 15). Anscheinend brüsteten sich die Korinther mit ihrem gesunden Menschenverstand, so wie sie sich zweifellos mit ihrer charismatischen Weisheit und *Gnosis* brüsteten. Vgl. 2. Kor. 11, 19. Es war ihr vermeintlicher gesunder Menschenverstand, der ihnen die notwendige Grundlage bot, so daß sie gelegentlich wegen des Leidens und der Demütigung des Apostels spotten konnten; hier beruft sich aber der Apostel gerade auf diesen. *Verständige Leute*, wie ihr es zweifellos seid, werden bestimmt begreifen, was ich meine. Der ironische Ausdruck soll nicht unbedingt Gnostiker an sich bezeichnen, sondern vor allem solche, die von sich behaupteten, die Wahrheit über Gott und Götzendienst im Gegensatz zu anderen verstanden zu haben (s. 8, 1–6.7). Wenn sie nur nachdächten, würden sie sofort erkennen, daß ihr Verstand sie in eine ganz neue Richtung wies. *Beurteilt selbst* ist kein Lob auf den menschlichen Intellekt, der etwa in der Lage wäre, göttliche Gedanken zu erfassen; der Ausdruck meint nur, daß die Korinther bereit sein sollten, das Maß gesunden Menschenverstandes einzusetzen, das sie für sich beanspruchten. Vielleicht will Paulus hier klarmachen, daß er sich (im Gegensatz zu einigen in Korinth) auf vernunftmäßige Logik, nicht auf angeblich inspirierte Rede beruft (so Heim); vgl. 14, 19. Paulus befiehlt nicht, sondern er möchte, daß die Korinther mitdenken.

Der Segenskelch, über dem (zur Konstruktion vgl. Mk. 6, 41; 8, 6f.; 14, 22f. und parr.) **wir den Segen sprechen** (V. 16; das Dankgebet aussprechen): Hier und im nächsten Vers bezieht sich

Paulus auf das Abendmahl, was er sonst nur in 11, 23–26 (s. Komm.) tut. Es ist unmöglich, im Rahmen dieses Kommentars eine vollständige Darstellung der Ursprünge, der Einsetzung und der Entwicklung des Abendmahls zu geben. Man muß sich daran erinnern, daß Paulus sich sozusagen nur im Vorübergehen auf dieses Mahl bezieht, wie er es kannte und verstand. Auch an dieser Stelle wird das Mahl nur erwähnt, um die Warnung vor dem Götzendienst zu unterstreichen; aber wir dürfen trotzdem versuchen zu erkennen, wie das Mahl zur Zeit des Paulus aufgefaßt wurde.

Der Segenskelch (s. SB Bd. 4, S. 72 u. 628; ebenfalls ähnliche Ausdrücke bei *Josef und Aseneth* 8, 5.9; 15, 5; 16, 6; 19, 5) war jüdischer terminus technicus für den Kelch Wein, der zum Abschluß einer Mahlzeit getrunken wurde (vgl. 11, 25). Über diesem wurde die Danksagung für den Wein gesagt: „Gepriesen seist du, o Herr unser Gott, der du uns die Frucht des Weines gibst." Beim Passahmahl war dieser Kelch der dritte von vier, die getrunken werden sollten. Bei Paulus erhält er neue Bedeutung. **Ist er nicht** (die Frage gibt schon zu verstehen, daß die Korinther dies hätten wissen müssen und daß sie diese Wahrheit schon früher gehört hatten, denn sie war nicht neu) **eine gemeinsame Teilhabe** (Übersetzung des einen griechischen Wortes *κοινωνία*) **am Blute Christi?** Diese Worte sind offensichtlich mit denen verwandt, die Paulus 11, 25 aus der Überlieferung der Worte Jesu beim letzten Mahl zitiert: *Dieser Kelch ist der neue Bund in meinem Blut.* In diesem Vers identifiziert Paulus (im Gegensatz zu Matthäus und Markus – Matt. 26, 28; Mk. 14, 24; vgl. Joh. 6, 53) weder den Kelch noch den darin enthaltenen Wein mit dem Blut Christi. Daran müssen wir uns erinnern, wenn wir den Ausdruck *gemeinsame Teilhabe* auszulegen versuchen. Es wäre zu einfach, wenn wir annähmen, es würden alle, indem sie alle aus dem gleichen Weinkelch trinken, zusammen das Blut Christi trinken. Wie die Parallele in V. 16a und 17 zeigt, denkt Paulus hier an den Anteil, den alle Christen am ihnen durch das Blut Christi erworbenen Heilssegen genießen, und zwar gemeinsam. Der ganze Ausdruck „besagt . . ., daß der Christ durch den Genuß des Weines im Kelch Anteil erhält an dem Tod Christi, der nach Röm. 3, 25; 5, 9 dem Menschen die Rechtfertigung und Versöhnung Gottes vermittelt" (Kümmel, S. 182); vgl. 1, 9. *Gemeinschaft mit seinem Sohn* meint nicht einfach, daß man bei ihm ist, sondern daß man Anteil am von ihm erwirkten Segen erhält. *Christum cognoscere, beneficia eius cognoscere.* Wie wir noch sehen werden, ist es nicht möglich, von V. 18 und 20 auf die Auslegung von V. 16 zurückzuschließen, da Paulus das christliche Mahl nicht im Lichte der jüdischen und heidnischen Opfer interpretieren will; doch ist es bedeutsam, daß in diesen beiden Versen auch das Wort ,*Teilhaber*' (*κοινωνοί*) benutzt wird. Die Juden haben keine Gemeinschaft mit ihrem Altar; sie haben vielmehr Anteil am vom Altar stammenden Segen. In V. 20 ist die Vorstellung möglich, daß die Menschen mit Dämonen Gemeinschaft haben, da die Dämonen, wenn auch böse, so doch geistliche Wesen sind. Doch deutet der Kontext des ganzen Kapitels darauf hin, daß Paulus eher an die bösen Einflüsse, z. B. im Bereich der Sexualität, denkt, die von ihnen ausgehen. Also ist *der Kelch, über dem wir* (es ist anzumerken, daß Paulus das Sprechen des Dankgebetes nicht auf bestimmte Christen begrenzt) *den Segen sprechen*, ein Mittel, das die gemeinsame Teilhabe der Christen an den von der Passion Christi ausgehenden Segnungen ermöglicht; diese Teilhabe ist jedoch nicht unpersönlich, denn Christus und die Christen sind Personen, die eine persönliche Beziehung zueinander haben.

Der Brotlaib, den wir (s. oben zum *Kelch, über dem wir den Segen sprechen*) **brechen, ist er nicht eine gemeinsame Teilhabe am Leibe Christi?** Angesichts der Reihenfolge in Kap. 11, wo der Brotlaib erst erwähnt wird, dann der Kelch, wie bei Matt. und Mk. (bei Luk. sind besondere Probleme mit diesem Thema verbunden – s. den Kommentar zum Lukasevangelium von A. R. C. Leaney in der Reihe Black's New Testament Commentaries), überrascht es, daß Paulus hier zuerst den Kelch und dann den Brotlaib erwähnt. Die Meinung, Paulus bezeuge eine Abendmahlsfeier, in der das Trinken dem Essen vorausgehe, wird durch 11, 23ff. widerlegt, obwohl man evtl. in *Didache* 9, 2f. eine Parallele sehen könnte. Es ist zwar wahrscheinlich, daß die Abendmahlsfeier zur Zeit des Apostels noch nicht zu einer unveränderlichen liturgischen Form geworden war, doch wird die Reihenfolge der Gedanken in den Versen 16 und 17 durch die gedankliche Verbindung ausreichend erklärt. Nur die Bezugnahme auf den *Leib* konnte zu der Schlußfolgerung führen, die Paulus erreichen wollte. Es wäre deshalb sehr ungeschickt gewesen, wenn er den Leib zuerst erwähnt hätte, und danach noch einen Hinweis auf das *Blut*

Christi, der für seine Argumentation störend gewesen wäre. Darum bricht hier Paulus mit der üblichen Reihenfolge, um die Logik seines Argumentes deutlicher herauszustellen; schließlich geht es ihm hier nicht um das Studium der Liturgie, sondern um theologische Sachfragen.

Zum Brechen des Brotes vgl. 11, 23f. Dies war bei jeder jüdischen Mahlzeit etwas durchaus Selbstverständliches und beim Passahmahl erst recht. Das Brechen des Brotes wird hier als Möglichkeit gesehen, *am Leibe Christi* teilzuhaben. Hier ist sicherlich nicht der irdische, physische Leib Christi gemeint, denn dieser wird von Paulus mit ganz anderen Worten geschildert (das Wort *Fleisch* sticht in diesem Zusammenhang hervor, s. Kol. 1, 22). Der Ausdruck „der Leib Christi“ (z. B. 12, 27) oder „der Leib, (der) in Christus (ist)“ (z. B. Röm. 12, 5) bezieht sich auf die Gemeinde. Wer vom Brotlaib ißt, hat Anteil mit anderen an jener menschlichen Gemeinschaft, die durch ihre Vereinigung mit Christus das neue Zeitalter, das jenseits der Auferstehung liegt, im voraus zu schmecken bekommen hat. Nur wenn die Worte in diesem Sinne verstanden werden, kann Paulus zum nächsten Punkt seiner Argumentation einen nahtlosen Übergang finden, der als seine eigene Entfaltung des Glaubens, den er mit den Korinthern teilt, anzusehen sein wird. V. 16 kann mit einem „Ist er nicht?“ eingeleitet werden; V. 17 dagegen nicht (s. Bultmann, *Theologie*, S. 149; vgl. E. Käsemann, *Exegetische Versuche und Besinnungen* Bd. 1, Göttingen, 1960, S. 12). **Weil es einen Brotlaib gibt, bilden wir, so viele wir sind, einen Leib, denn wir alle haben teil** (es wird nicht möglich sein, zwischen *μετέχειν* und *κοινωνεῖν* zu unterscheiden) **an dem einen Brotlaibe** (V. 17). Die Satzzeichen können hier anders gesetzt werden, was zu einer anderen Übersetzung führt: Weil wir, da wir viele sind, ein Brotlaib, ein Leib sind; denn wir alle haben teil an dem einen Brotlaibe. Dann wäre das den Satz eröffnende *ὅτι* als Verbindung zu V. 16 zu sehen. Jedoch ist diese Übersetzung nicht vorzuziehen (M. III, S. 303; die Kommentatoren sind geteilter Meinung). Die hier dargebotene Übersetzung verzichtet auf eine grammatische Verbindung zu V. 16, dies wäre aber durchaus verständlich und natürlich, wenn Paulus in V. 16 einfach einen von allen akzeptierten Glaubenssatz zitiert und in V. 17 seine eigene, neu ausgedachte Auslegung dieses Glaubenssatzes hinzufügt. Vgl. 12, 13 zum Verhältnis zwischen der Taufe und dem einen Leib.

Paulus argumentiert hier analog zu 5, 7f. Dort wurde klargestellt, daß Christen nicht nur das Fest feiern, sondern auch selbst (durch eine Art Metonymie) die ungesäuerten Brote sind, mit dem es gefeiert wird – und das, weil das christliche Passahopfer in der Person Christi schon dargebracht wurde. Aber jetzt sollen sie ungesäuert *sein*, oder vielmehr so werden, indem sie den alten Sauerteig (*der Boshaftigkeit*) ausfegen, der noch in ihnen ist. Hier folgert Paulus aus der Tatsache, daß ein Brotlaib gebrochen und verteilt wurde, daß diejenigen, die an dem einen Brotlaib teilhaben, trotz ihrer Vielfalt einen Leib bilden (vgl. *Didache* 9, 4). Hinter diesem Argument (das an sich spekulativ erscheint) steht in jedem Fall die Tatsache, daß die fraglichen Menschen wirklich mit Christus vereinigt sind. Weil er der Sündlose ist, sind sie ideell sündlos und müssen danach trachten, es in der Praxis zu werden. Weil er eins ist, sind sie auch ideell eins und müssen es wiederum in der Praxis werden. Wie im 5. Kapitel, wo es um die Sexualmoral geht, so schreibt Paulus auch hier sehr praktisch.

Das Abendmahl gehört aus folgenden drei Gründen zur Besprechung der Fragen des Götzenopferfleisches und des Götzendienstes: 1. Die Teilnahme am Abendmahl garantiert niemandem göttlichen Schutz vor der Sünde und darf nicht so verstanden werden, als gewährleiste es die Annahme von Gott. Es darf also nicht so aufgefaßt werden, wie es anscheinend viele der Korinther taten: als *opus operatum*, hinter dem sie sich verstecken konnten, während sie sich im allgemeinen nach der eigenen Bequemlichkeit ausrichteten – gerade in Fragen des Götzendienstes und des Essens von Götzenopferfleisch. 2. Das Abendmahl war ein Zeichen, durch das sie ihre Verbundenheit mit Christus, die auf Glaube und Treue beruhte, zum Ausdruck brachten. Im Licht dieser Tatsache konnte die Teilnahme am Götzendienst (also nicht bloß das Essen von Götzenopferfleisch an sich) nichts anderes als Hochverrat an der Sache Christi darstellen. 3. Der eine, beim Abendmahl gebrochene Brotlaib stellte die Realität des einen Leibes Christi dar; alle, die daran teilhatten, waren miteinander vereinigt, weil sie mit Christus vereinigt waren. Die Einheit des christlichen Leibes konnte jedoch nur in der Liebe angemessen seinen Ausdruck finden, und die Liebe zum Bruder (wie mühselig es auch sein mag, mit ihm umzugehen) fordert die Berücksichtigung seiner Gewissensskrupel (vgl. V. 28f. und 8, 7.10ff.).

Nachdem Paulus seine wichtigsten Argumente herausgestellt hat, sucht er nach Analogien, um seine Aussagen zu bekräftigen (jedoch nicht zu beweisen!). Im gleichen Kapitel (10, 1–10) nahm er schon Bezug auf die Irrtümer und Sünden der Vergangenheit Israels; nun wendet er sich Israels legitimen religiösen Aktivitäten zu; vgl. 9, 13. **Betrachtet das geschichtliche Israel** (V. 18; wörtlich: *Sehet auf das Israel nach dem Fleisch*; vgl. Röm. 1, 3; 4, 1)**: Sind nicht diejenigen, die die Opfer essen, Teilhaber** (miteinander) **am Altar?** Es war das Vorrecht der Priester, gewisse Teile einiger Opfer verzehren zu dürfen (s. z. B. Lev. 10, 12–15). Von anderen Opfern durften auch die nicht-priesterlichen Anbeter essen (s. z. B. 1. Sam. 9, 10–24). In diesem materiellen Sinn hatten sie gemeinsam teil an den Segnungen des Altars; es kommt aber hinzu, daß diejenigen, die die Opfer darbringen, auch an den geistlichen Segnungen, die das Opfer ermöglicht, teilhaben. Darum ging es ja bei dem ganzen Opferwesen: Wer am Opfer teilnahm, durfte sich des damit verbundenen Segens erfreuen. Paulus sagt hier, sie waren *Teilhaber* (oder *Partner*) *am Altar*. Eine auffällige Parallele zu diesem Ausdruck (s. S. Aalen, Art. „Das Abendmahl als Opfermahl im Neuen Testament" in: *Novum Testamentum* vol. 6, 1963, S. 128–152, bsd. S. 137) findet sich bei Philo (*De specialibus legibus* 1, 221), der sagt, daß der, dem das Opfer dargebracht worden ist, die Gruppe von Anbetern zu „Partnern am Altar und eines Tisches (mit ihm)" (*κοινωνὸν . . . τοῦ βωμοῦ καὶ ὁμοτράπεζον*) macht. Der Sinn dieses Abschnitts scheint jedoch der zu sein, daß Gott als gnädig Segnender mit den Anbetenden die gute Gabe teilt, die sie ihm dargebracht haben, indem er sie gleichsam einlädt, mit ihm zusammen zu Tisch zu sitzen. Dadurch halten sie mit ihm Gemeinschaft und werden durch das Mahl gesegnet. Es scheint also wahrscheinlicher zu sein, daß die Aussagen in V. 18 (und in einem anderen Sinn die in V. 20) von denen in V. 16 (*gemeinsame Teilhabe am Blut und am Leib Christi*) abhängig sind, aber nicht anders herum. Wenn dies der Fall sein sollte, wäre Allos Schlußfolgerung („Der Parallelismus beweist, daß Paulus das Essen der Eucharistie als Opfermahl betrachtete") schlichtweg falsch.

Die Analogie mit den Opfern in Israel ist in gewissem Maße einleuchtend, es muß jedoch vorsichtig mit ihr umgegangen werden; wenn sie zu allgemein angewandt wird, könnte sie zu viel beweisen. **Nun, was meine ich hiermit?** (V. 19; wörtlich: *Was sage ich?*). **Daß das Götzenopferfleisch etwas sei** (d. h. etwas mehr als bloße Speise)**? Oder daß ein Götze** an sich **etwas sei?** (Siehe Fußnote 73, S. 267.) Obwohl sie in einigen alten und guten Handschriften fortgelassen werden, sollten wir diese letzten sechs Worte als Teil des ursprünglichen Textes betrachten. Vielleicht sind sie aufgrund eines Homoioteleuton (*τί ἐστιν . . . τί ἐστιν*) ausgefallen; oder es kann sein, daß die unterschwellige Leugnung der Existenz von Götzen nicht zu den nächsten beiden Versen zu passen schien (20 f.). Andererseits könnten diese Verse aber auch den Eindruck erwecken (s. Clark in: *Studia Paulina*, S. 59 f.; vgl. Kümmel z. St.), daß Paulus die weggelassenen Worte nicht geschrieben habe; aber das Paradoxon – Ich sage nicht, daß ein Götze etwas sei, aber ihr solltet trotzdem vor Götzen auf der Hut sein – ist typisch für die Argumentationsweise von Paulus; s. weiter Zuntz, S. 229. Der ganze Abschnitt ist durchweg mit 8, 4 zu vereinbaren. Der Götze ist nicht das, was sich der heidnische Anbeter vorstellt; er ist nur ein materieller Gegenstand, der zu keiner geistlichen Wirklichkeit paßt. Darum ist auch das Götzenopferfleisch *nichts*. Im Opfer geschieht mit solchem Fleisch nichts; es bleibt genau so, wie es vorher war. Darum kann dem, der davon ißt, weder Segen noch Schaden allein durch das Essen solchen Fleisches entstehen; und darum kann Paulus seinen Lesern sagen, daß sie alles kaufen und essen dürfen, was auf dem Markt angeboten wird (10, 25), und daß sie, wenn sie eingeladen werden, alles essen dürfen, was ihnen der Gastgeber vorsetzt (10, 27). Dies ist alles wahr; **aber** (V. 20; klassisches *ἀλλά*: Was meine ich? Nein, sondern vielmehr . . .; s. BD § 448) die Frage hat noch einen weiteren Aspekt. **Was sie** (P^{46} und andere alte Handschriften bieten als Subjekt: *die Heiden*; dies ist eine berechtigte Auslegung, denn Paulus meint hier gewiß nicht die Juden; dennoch ist der Einschub sekundär) **opfern, opfern sie Dämonen, nicht Gott.** Hier bezieht sich Paulus auf eine ganze Anzahl alttestamentlicher Stellen, besonders Deut. 32, 17 (LXX), wo es heißt: Sie opferten Dämonen und nicht Gott. Andere Stellen im griechischen Alten Testament spiegeln den Glauben wider, daß nichtjüdische Opfer sowie die von den Juden den Heiden nachgeahmten Opferriten zugunsten der Dämonen geschehen: Ps. 96 (LXX: 95), 5: Alle Götter der Heiden sind Dämonen; 106 (LXX: 105), 37: Sie opferten ihre Söhne . . . den

Dämonen. In diesem Zusammenhang (vgl. V. 21) ist Jes. 65, 11 von besonderem Interesse: Die ihr einen Tisch bereitet (*τράπεζαν*) dem Dämonen. Vgl. 1. Hen. 19, 1; 99, 7; Jub. 1, 11; zum gleichen Glauben bei den Klementinern s. Schoeps, *Aus frühchristlicher Zeit*, 1950, S. 73–81. Das Wort *Dämon* gebraucht Paulus wie andere hellenistische Juden vor ihm als Kurzform für eine Wahrheit, die sich sonst nur sehr schwer hätte in Worte kleiden lassen. Paulus war überzeugt, daß der heidnische Götze nichts anderes als ein Klumpen Holz oder Stein war; ein Götze war *nichts in der Welt.* Gleichzeitig glaubte Paulus aber an die Realität der unsichtbaren Geisterwelt (Beweise in fast jedem Kapitel, s. z. B. 2, 6.8; 4, 9; 5, 5; 6, 3; 8, 5) und daran, daß der Götzendienst nicht bloß bedeutungs- und sinnlos sei, sondern etwas Böses. Der Götzendienst war deswegen böse, weil er den einen, wahren Gott der Ehre beraubte, die ihm allein zustand (vgl. Röm. 1, 23), aber auch weil der Mensch, der dadurch an einem geistlichen Akt teilnahm und seine Anbetung an etwas anderes als an den einen, wahren Gott richtete, in eine Beziehung kam mit den niederen, bösen Geistesmächten. Der Schaden beim Götzendienst lag also nicht im Essen des Götzenopferfleisches, sondern darin, daß der Teilnehmer am Götzendienst mit einer bösen, wenn auch letztlich unterlegenen Geistesmacht in enge Verbindung kam. Der Götzendienst war deshalb nicht nur eine Sünde gegen Gott, sondern auch ein Verbrechen gegen den Menschen, eine Abkehr von der wahren Bestimmung des Menschen. Darum fügt Paulus hinzu: **Ich möchte nicht, daß ihr Teilhaber werdet der Dämonen.** Zur Sprache vgl. V. 16.18. Die Wirkung des Opfers liegt nicht im Essen (Paulus ist nicht etwa der Meinung, die Korinther würden beim Opfermahl Dämonen essen; s. Lietzmann-Kümmel), sondern in den persönlichen Beziehungen und in den aus ihnen sich ergebenden Konsequenzen. Aalen (op. cit.) denkt an ein Teilen der Verderbnis der Opfer mit den Dämonen; und Schweitzer (S. 269) betont: „Der Fall liegt also nicht so, daß Paulus aus der hellenistischen Vorstellung der Mahlgemeinschaft mit der Gottheit auf die Bedeutung des Herrenmahls schließt, sondern gerade umgekehrt." Es ist nicht das Essen von Götzenopferfleisch (was ja Paulus gestattet), sondern die direkte Teilnahme am Götzendienst, die den Christen von Christus trennt; und dann wird er genauso wenig entfliehen können wie die Israeliten in der Wüste. Seine

Sakramente werden ihn vor den moralischen Konsequenzen des Götzendienstes und vor Verwerfung und Vergeltung nicht mehr bewahren, als die der Israeliten diese bewahrten. Die Situation faßt Paulus unzweideutig zusammen: **Ihr könnt nicht den Kelch des Herrn** (V. 21; d. h. den *Segenskelch*, V. 16, der zur Teilnahme an den Segnungen des Blutvergießens Christi einlädt) **trinken und den Kelch der Dämonen; ihr könnt nicht am Tische** (hier und im nächsten Teil des Satzes geht das Wort *Tisch*, *τράπεζα*, auf Jes. 65, 11 zurück; s. aber Philo, *De specialibus legibus* 1, 221; und vgl. die in den Papyri erhaltenen Einladungen, am *Tisch*, *κλίνη*, dieses oder jenes Gottes zu essen) **des Herrn** (wo das Essen des einen Brotlaibes den Teilnehmer mit Christus und seinem Volk zu *einem* Leib vereinigt) **teilhaben und am Tische** (daß dieses Wort, ebenfalls *Kelch*, im Zusammenhang sowohl mit dem *Herrn* als mit den *Dämonen* gebraucht wird, darf nicht als Beweis dafür angeführt werden, daß die fraglichen Riten gleichbedeutend waren) **der Dämonen.** Zu der Idee, daß das Essen am Tisch der Dämonen zur Besessenheit führen könnte, s. Schoeps, *Theologie und Geschichte des Judenchristentums*, 1949, S. 192. Bei Lietzmann findet sich eine sehr ausführliche Anmerkung zu den Kultmahlen des Altertums; Moffatt beschreibt bildhaft, welche Anziehungskraft solche Festmahle noch auf die Christen ausgeübt haben müssen. Aber für den Christen ist nur ein vollständiger Bruch mit dem Götzendienst möglich; Paulus nimmt den Titel *Herr* (vgl. 12, 3) ernst. Die Parallele zwischen 6, 18 und 10, 14 ist nicht zufällig. Unzucht und Götzendienst, beide sind für den Christen undenkbar, auf Grund seiner alles andere bestimmenden Beziehung zu Christus.

Paulus fügt dem eine Warnung hinzu (V. 22): **Oder sollen wir den Herrn reizen** (wir verstehen *παραζηλοῦμεν* mit M. II, S. 196, als Konjunktiv; vgl. Gal. 4, 17)**? Sind wir etwa stärker als er?** D. h., denken wir eigentlich, daß wir, auch wenn wir uns für stark halten (vgl. 8, 7.10), mit unserer Treue zum Herrn ein zweideutiges Spiel treiben können (wie einige in Korinth zu tun geneigt waren), und doch das Ziel erreichen? Die Sprache geht auf die Versuchung Gottes durch Israel zurück, doch wird hier mit *den Herrn* Jesus Christus gemeint sein. Vgl. Gal. 6, 7: Gott läßt sich nicht spotten.

23. 10, 23–11, 1: Wesen, Maß und Grenzen der christlichen Freiheit

(23) „Alles ist erlaubt"; aber nicht alles ist zweckmäßig. „Alles ist erlaubt"; aber nicht alles baut auf. (24) Keiner suche das Seine, sondern das des andern. (25) Eßt alles, was auf dem Markt verkauft wird, und stellt wegen eurer Gewissensskrupel keine Fragen; (26) denn „die Erde und alles, was sie erfüllt, gehört dem Herrn." (27) Wenn irgendein Ungläubiger euch einlädt, und ihr hingehen möchtet, eßt alles, was euch vorgesetzt wird, ohne wegen eurer Gewissensskrupel Fragen zu stellen. (28) Aber wenn jemand euch sagt: „Dies ist Opferfleisch", eßt es nicht, um dessentwillen, der euch darauf aufmerksam machte und um des Gewissens willen. (29) Wenn ich aber „Gewissen" sage, so meine ich nicht das eigene, sondern das des andern. Denn zu welchem Zweck wird meine Freiheit dem Urteil des Gewissens eines andern ausgesetzt? (30) Solange ich meine Speise mit Danksagung genieße, warum soll ich mich wegen dessen, wofür ich danke, beschuldigen lassen?

(31) Ob ihr nun eßt oder trinkt, oder was auch immer ihr tut, tut alles zur Ehre Gottes. (32) Seid Menschen, die weder vor Juden, noch vor Griechen, noch vor die Gemeinde Gottes einen Stein des Anstoßes legen, (33) wie auch ich selbst allenthalben allen Menschen zu gefallen suche, indem ich nicht das suche, was mir Vorteile bringt, sondern das, was der Mehrheit Vorteile bringt, damit sie errettet werden. (1) Werdet meine Nachahmer, wie ich Christi Nachahmer bin.

In den letzten drei Kapiteln besprach Paulus direkt oder indirekt das Thema des Götzenopferfleisches (ab 8, 1). Jetzt wird es Zeit, das Ganze in Form von praktischen Ratschlägen und Befehlen zusammenzufassen (s. 8, 9.13; 10, 14.21). Dies will Paulus also jetzt tun, und zu diesem Zweck wiederholt er ein Zitat aus einer korinthischen Quelle, das er schon einmal in einem anderen Zusammenhang gebraucht hatte. **„Alles ist erlaubt"; aber nicht alles ist zweckmäßig** (V. 23). So heißt es fast wörtlich in 6, 12; s. Komm. Dort argumentiert Paulus aus der Sicht des Individualisten. Wer davon ausgeht, daß er frei ist, alles zu tun, was er irgend möchte, steht in der Gefahr, seine Freiheit dadurch zu verlieren, daß er ein Sklave der Praktiken wird, zu denen er sich die Freiheit nimmt. Hier argumentiert Paulus aus der Sicht der Gemeinschaft. **„Alles ist erlaubt"; aber nicht alles baut auf**; d. h. nicht alles baut die Gemeinde auf. Dieser Punkt wird in negativer Form in Röm. 14, 20 hervorgehoben, wo die Gemeinde als das „Werk Gottes" dargestellt wird, das der eigenwillige Christ zerstören kann um einer Speise willen (die er für erlaubt hält). Es ist nicht die Pflicht eines Christen, das herauszusuchen, was dem Menschen erlaubt ist; es ist seine Pflicht, die Gemeinde aufzuerbauen. „Die Freiheit des Christen ist die Freiheit, seine Gaben beim Aufbau der Gemeinde einzusetzen" (Barth, KD III/2 S. 369). Dies wird er nicht tun, wenn er nur an die eigenen Rechte und Privilegien denkt, sondern nur wenn er auf andere Rücksicht nimmt. **Keiner suche das Seine** (V. 24; vgl. 13, 5)**, sondern das des andern** (klassisches Griechisch – BD § 479). Es geht also um den anderen – nicht nur um den „Nächsten", um den, der mein Freund ist, den, der mir sympathisch ist, sondern gerade um den, der anders ist als ich, um den, mit dem ich mich grundsätzlich nie einigen kann. Die Interessen dieses Mannes – z. B. dessen, der eine andere Meinung über das Essen von Götzenopferfleisch hat – sollen mir mehr als meine eigenen am Herzen liegen.

Eßt alles, was auf dem Markt (V. 25; vornehmlich auf dem Fleischmarkt, aber nicht ausschließlich dort) **verkauft wird, und stellt wegen eurer Gewissensskrupel keine Fragen.** Zu den Einzelheiten hier und im ganzen Absatz s. „Things Sacrificed to Idols". Nicht alles Fleisch, das auf dem Markt angeboten wurde, war den Götzen geopfert worden, aber zweifellos einiges davon. Paulus sagt darum: Ihr müßt nicht erst herausfinden, welches Fleisch den Götzen geopfert worden ist, und welches nicht, denn ihr dürft auch das essen, das geopfert wurde. In den Grundgedanken weiß sich Paulus mit den „Starken" einig (vgl. Röm. 15, 1); weder die Speise noch die Enthaltung wird einen Menschen vor Gott angenehm machen. Hier bricht Paulus also vollends mit dem Judentum, wo das Gewissen vom frommen Juden forderte, er müsse ganz genau nachforschen, ehe er essen dürfe. Paulus hatte in der Tat aufgehört, praktizierender Jude zu sein (s. Komm. zu 9, 20 f.).

Das Argument wird durch ein Zitat aus Ps. 24, 1 untermauert (V. 26): **„Die Erde und alles, was sie erfüllt, gehört dem Herrn."** „Gott, der Schöpfer, ist stärker als die Dämonen" (Harris). Es wird an verschiedenen Stellen behauptet, daß dieser Vers von den Juden als Dankgebet vor Mahlzeiten verwendet wurde; dies stimmt nicht, sondern der Vers wurde als Begründung für die Notwendigkeit eines Dankgebetes vor den Mahlzeiten verwendet, und Paulus wird dieses Argument gekannt haben; s. V. 30. Paulus setzt voraus, daß der Christ, wie der Jude, alles, was er ißt, mit einem Ausdruck des Dankes als Gottesgeschenk anerkennt. Zum jüdischen Gebrauch dieses Psalmwortes, bsd. in *Tosefta Berakoth* 4, 1, s. E. Lohse in ZNTW vol. 47 (1956), S. 277–280.

In V. 25 f. denkt Paulus an einen Christen, der Fleisch einkauft, das er zu Hause für sich selbst benötigt; aber jetzt wendet er sich dem Falle des Christen zu, der eingeladen wird, bei Freunden zu essen. **Wenn irgendein Ungläubiger euch einlädt** (V. 27; die gesellschaftlichen Beziehungen zwischen Gläubigen und Ungläubigen werden also fortgesetzt; vgl. 5, 10; was 2. Kor. 6, 14–7, 1 auch immer bedeuten möge, die Verse dürfen nicht benutzt werden, um die Schaffung eines christlichen Gettos zu rechtfertigen), **und ihr hingehen möchtet** (verkehrt ist die Auffassung, Paulus hätte es gern gesehen, wenn die Christen die Einladung abgelehnt hätten; die sprachliche Formulierung hier ist ganz normal; vgl. Xenophon, *Memorabilia* I, 3, 6: *εἰ ... κληθεὶς ἐθελησειεν ... ἐλθεῖν*), **eßt alles, was euch vorgesetzt wird** (es werden fast genau die gleichen Worte in Luk. 10, 8 benutzt, wo sie wahrscheinlich die Praxis in der Heidenmission widerspiegeln; die Missionare müssen voraussetzen: „Was im Namen Jesu dargeboten wird, ist rein, weil es durch ihn geheiligt ist" – K.-H. Rengstorf, Das Evangelium nach Lukas, NTD, Göttingen, 1937, S. 119)**, ohne wegen eurer Gewissensskrupel Fragen zu stellen.** Vgl. V. 25. In dieser Situation, ähnlich wie auf dem Markt, konnte nicht vorausgesetzt werden, daß alle angebotenen Speisen vorher den Götzen dargebracht worden waren, doch es war durchaus möglich, daß einiges davon ihnen geweiht war. Die Ratschläge des Paulus geben also zu erkennen, daß der Christ solche Speisen essen kann, ohne Schaden zu nehmen oder Schaden anzurichten. Es gibt jedoch einen Unterschied zwischen der Situation einer gemeinsamen Mahlzeit und des Einkaufens, wenn man allein ist. Bei einer gemeinsamen Mahlzeit muß man auf seine Gefährten Rücksicht nehmen. **Aber wenn jemand euch sagt: „Dies ist Opferfleisch", eßt es nicht** (V. 28). Das Wort, das Paulus bisher für Götzenopferfleisch benutzt hat (*εἰδωλόθυτον*, wird von den meisten Hss. fälschlicherweise hier wiederholt), ist das Wort der Christen und Juden und enthält an sich schon ein negatives Urteil über die heidnischen Götter. Menschen, die dieses negative Urteil nicht mit aussprechen wollten, benutzten ein anderes Wort (*ἱερόθυτον*; s. zu 8, 1), welches Paulus hier dem nicht-christlichen Gastgeber oder ungläubigen Mitgast in den Mund legt. Über diesen Mitgast werden wir später noch einiges zu sagen haben. Aber unter den beschriebenen Umständen sollte der Christ das Götzenopferfleisch nicht essen. Warum? **Um dessentwillen, der euch darauf aufmerksam machte, und um des Gewissens willen.** Im Griechischen sind der, *der euch darauf aufmerksam machte*, und *das Gewissen* sehr eng miteinander verbunden und werden beide nur von einer Präposition bestimmt; die nächsten Sätze zeigen, wie eng diese Verbindung ist: es ist das *Gewissen* des Menschen, *sein Gewissen*, auf das ihr Rücksicht nehmen müßt (gegen Wendland, der zwischen dem *Hinweisenden* und dem schwachen Christen, um dessen *Gewissen* es sich hier handle, unterscheidet). **Wenn ich aber „Gewissen" sage, so meine ich nicht das eigene** (V. 29; *ἑαυτοῦ*; vielleicht Ersatz für *σεαυτοῦ*, dein eigenes, aber der allgemeinere Sinn ist besser, s. M. II, S. 181)**, sondern das des andern** (vgl. V. 24; dessen, der darauf aufmerksam machte). Wer ist dieser andere? Vielleicht ist der Gastgeber gemeint, in V. 27 als Ungläubiger gekennzeichnet, der entweder aus freundlicher Rücksicht oder vielleicht mit einem gewissen Maß an Schadenfreude (nicht unbekannt bei Gastgebern!) seinen christlichen Gast über das aufklärt, was er eben ißt oder essen soll. Gemeint könnte aber auch ein Mitgast sein, entweder ein Ungläubiger oder ein schwacher Christ. Es ist eigentlich schwer einzusehen, daß das Gewissen eines Ungläubigen hier überhaupt eine Rolle spielen könnte, darum sollten wir wohl voraussetzen, daß ein zweiter christlicher Gast zugegen ist, dessen schwaches Gewissen es ihm zwar gestattet hat, das Fest überhaupt zu besuchen, das ihn aber zur Nachfrage zwingt (vgl. V. 25 und 27). Nachdem er sich entweder beim Gastgeber oder in der Küche informiert hat, gibt er diese Informationen mit höflichsten Worten an seinen starken christlichen Bruder weiter. Es handelt sich allerdings um ein privates Fest oder Mahl, denn wenn es sich um ein kultisches Bankett handelte, wäre die Nachfrage ganz und gar überflüssig, ebenfalls die Weitergabe der Information, die sowieso selbstverständlich wäre. Zur allgemeinen Lage s. 8, 7–13; der starke Christ muß sich vom Gewissen seines schwächeren Bruders bestimmen lassen (vgl. Röm. 14, 13–16.20–23; 15, 1).

Am Ende dieses Verses fügen einige Handschriften die Worte aus V. 26 hinzu: „Denn die Erde ist des Herrn und ihre Fülle." Hier müssen sie anders verstanden werden. Nicht weil eine bestimmte Speise an sich böse wäre (denn alle Speise ist von Gott erschaffen worden), sondern weil sie deinem Bruder Anstoß bereiten kann, sollst du darauf verzichten.

Der nächste Satz ist ungemein schwer zu verstehen. **Denn zu welchem Zweck wird meine Freiheit** (alles das zu essen, was ich für gut halte) **dem Urteil des Gewissens eines andern** (wörtlich: *eines anderen Gewissens*) **ausgesetzt?** Die Verbindung dieser Frage mit dem Gedankenfluß des Absatzes ist schwer herzustellen, und man hat den Vorschlag gemacht, es als Randglosse abzutun; doch hieße das, dem Problem aus dem Weg zu gehen. (1) Es könnte sein, daß wir es hier mit dem Einwand eines starken Christen zu tun haben, der sich dagegen auflehnt, seine Freiheit durch das Gewissen eines anderen einschränken zu lassen. „Alles schön und gut," sagt er, „aber warum sollte ich deswegen auf meine Freiheit verzichten?" Es gibt jedoch zwei Gründe, warum wir diese Auffassung ablehnen müssen: (a) Der Satz müßte dann nicht mit *denn*, sondern mit *aber* beginnen; (b) Paulus geht nie auf eine vermeintliche Beschwerde ein. (2) Paulus nennt hier einen weiteren Grund für die Selbstbeherrschung seitens des starken Christen. „Warum sollte ich, während ich meine Freiheit gebrauche, sie von anderen, die allzusehr auf ihr Gewissen achthaben, verlästern lassen?" Vgl. Röm. 14, 16. Diese Auffassung wird am überzeugendsten von Heim vertreten, der sich dafür einsetzt, daß es hier um eine andere Situation gehe als die im 8. Kap., wo der starke Christ einfach auf sein Recht verzichtet, um den schwächeren Bruder nicht dazu zu verführen, etwas zu tun, was im Widerspruch zu seinem Gewissen steht. Hier werde ein ganz neues Argument hervorgehoben: „Enthalte dich der Speise aufgrund der Tatsache, daß du dich dann in die unangenehme Lage versetzt, dich am Tische eines Heiden von einem christlichen Mitgast tadeln zu lassen, und zwar aus Gewissensgründen, so daß also eine Lästerung geschehen könnte." Es folge dann V. 31 mit dem Sinne: Laßt euer

Essen und Trinken so geschehen, daß es Gott Ehre (nicht Unehre) einbringt. Diese Exegese ist jedoch sehr kompliziert, und es gibt wirklich keinen Grund, anzunehmen, daß es sich hier um eine ganz andere Situation als im 8. Kapitel handelt. (3) Die beste Auffassung bleibt die, daß Paulus das eben festgestellte Argument unterstreicht. Der 29. Vers wird dann also erklärt: „Nicht weil das eigene Gewissen den Verzicht forderte, sondern um des Gewissens des anderen, d. h. des „Schwachen" willen, damit dieser nicht veranlaßt wird, gegen sein Gewissen zu handeln. Würde ich meinen, um m e i n e s Gewissens willen verzichten zu müssen, so hätte ich mich dem Urteil eines anderen unterstellt und meine Freiheit preisgegeben; mir steht es an sich frei, zu essen, was ich mit Dank (d. h. mit „gutem Gewissen") genießen kann (V. 30); aber ich gebe meine Freiheit auch nicht auf, wenn ich aus Rücksicht auf das Gewissen eines anderen verzichte" (Bultmann, *Theologie*, S. 220; s. den ganzen Zusammenhang bei Bultmann für eine hervorragende Erläuterung des paulinischen Gebrauchs des Begriffs *Gewissen*). Anzumerken ist, daß sich Paulus hier wie Röm. 14 und 15 zweifellos zu den Starken und Freien zählt; er vertritt fest die Meinung, daß der Christ jegliche Speise essen darf, wenn nicht die Rücksicht auf das Gewissen eines Mitchristen den Verzicht erforderlich macht. Sein Gewissen bleibt immer sein e i g e n e s Gewissen, auch dann, wenn er auf die Freiheit verzichtet, die es ihm gestattet; es kann nicht durch die Urteile anderer in Frage gestellt werden. Vgl. 4, 3 f. Dies bedeutet unter anderem, daß Paulus aufgehört hat, praktizierender Jude zu sein, es sei denn gelegentlich und als Zugeständnis.

Der Sinn von V. 30 ist bereits erklärt worden. **Solange ich meine Speise mit Danksagung genieße, warum soll ich mich wegen dessen, wofür ich danke, beschuldigen lassen?** (V. 30). Paulus rechtfertigt weiter den Verzicht seitens dessen, der ein starkes Gewissen hat. Es ist wirklich nicht wichtig, was ich esse (denn der Christ sollte weder dem Appetit noch dem Geschmack gegenüber versklavt sein); viel wichtiger ist es, daß ich dem Streit aus dem Wege gehe und innerhalb der Gemeinde keinen Anlaß zu Beschuldigungen gebe. Am wichtigsten ist es, daß ich mit gutem Gewissen handle, und dies zeigt sich, wenigstens was die Speise betrifft, darin, daß ich vor dem Essen das Dankgebet spreche.

Das Thema des Essens und Trinkens (das eine sehr große Rolle in der frühchristlichen Kontroverse spielte und es ermöglichte, solche wichtigen Grundsatzfragen zu beantworten) hat lange genug das Interesse beansprucht. Paulus verallgemeinert nun. **Ob ihr nun eßt oder trinkt, oder was auch immer ihr tut** (V. 31; zur Auslassung des *ἄλλο* im griechischen Text s. BD § 480)**, tut alles zur Ehre Gottes.** Dieser Vers erklärt in positiver Weise, was bisher negativ gesagt wurde. Ich handle nicht zu Gottes Ehre, wenn ich einem Götzen etwas von der allein Gott zustehenden Ehre gebe; aber auch nicht, wenn ich Anstoß oder Widerwillen unter meinen Brüdern errege oder sogar einen Mitchristen zum Abfall vom Glauben bewege. Diese Aussagen gelten für die Verherrlichung Gottes im Bereich des Essens und Trinkens; Paulus bietet hier für andere Bereiche keine vergleichbaren Anweisungen, und ein Kommentar soll auch nicht etwas tun, was Paulus nicht beabsichtigte. Paulus macht allerdings klar, daß dieses Prinzip auf jeden Lebensbereich angewendet werden sollte.

Seid Menschen, die weder vor Juden noch vor Griechen (d. h. Nicht-Juden) **noch vor die Gemeinde Gottes** (V. 32; gemeint ist die örtliche Versammlung des Gottesvolkes) **einen Stein des Anstoßes legen** (der es ihnen schwer macht, zu glauben, oder leicht macht, vom Glauben wieder abzufallen). Paulus bringt oft Juden und Griechen miteinander in Verbindung (z. B. Röm. 1, 16); selten fügt er hingegen die Christen als dritte Gruppe hinzu. Er wird noch an die Speisegebote und die Prinzipien von 9, 19.23 gedacht haben. Es ist nicht sein Ziel, die Freiheit im Hinblick auf die Speise zu genießen oder auf sie zu verzichten, sondern er will alle Menschen für das Evangelium gewinnen; und das sollte ebenso das Ziel seiner Leser sein. Sie dürfen nicht absichtlich jüdische Skrupel verletzen. Es wäre wohl wesentlich schwerer, Heiden zu finden, deren Skrupel verletzt werden könnten, wenn man vielleicht von gewissen Gruppen wie den Pythagoräern absieht, die strenge Diätgesetze befolgten; aber Paulus fügt *Griechen* (Heiden) hinzu, weil sie eben gewöhnlich mit *Juden* zusammen erwähnt werden; möglicherweise aber auch, weil die peinliche Beachtung von Gewissensskrupeln von den Heiden belacht werden könnte (so Héring). Schwache Christen waren jedenfalls Menschen, die Anstoß nehmen könnten, und deren Gewissen beschützt werden sollte. Zum Ausdruck *Gemeinde Gottes* s. S. 49f.

Die Korinther haben für eine solche Verhaltensweise ein Vorbild (V. 33): **Wie ich auch selbst allenthalben allen Menschen** (vgl. 9, 22) **zu gefallen suche** (so wird das Präsens des Verbs zu verstehen sein; Paulus konnte jedoch kaum für sich in Anspruch nehmen, bei diesem Bemühen sehr viel Erfolg gehabt zu haben!), **indem ich nicht das suche, was mir Vorteile bringt** (vgl. 10, 24; 13, 5), **sondern das, was der Mehrheit Vorteile bringt** (oder, wenn wir *οἱ πολλοί* im Sinne von „die Vielen" bei den Qumran-Hss. verstehen: *was der Gemeinschaft Vorteile bringt*), **damit sie errettet werden** (vgl. wieder 9, 22). Ansonsten (Gal. 1, 10; vgl. 1. Thess. 2, 4 und bsd. 1. Kor. 7, 32 ff. und Komm.) spricht Paulus negativ über solche, die den Menschen gefallen wollen; doch ist hier kein Widerspruch vorhanden. Es ist tatsächlich etwas Böses, wenn Christen Menschen zu gefallen versuchen, um ihre Gunst zu gewinnen oder um einer Verfolgung aus dem Wege zu gehen; es ist jedoch etwas ganz anderes, wenn sie es tun, um die anderen zum Glauben führen zu können. Es geht hier nicht nur darum, daß sich der Wert einer Verhaltensweise an ihrem Motiv orientiert. Paulus weiß wohl, daß die christliche Botschaft notwendigerweise und ihrem Wesen entsprechend Anstoß erregen wird (z. B. 1, 23); aber darum ist es desto wichtiger, daß Christen wegen der richtigen, nicht aber wegen der verkehrten Dinge Anstoß erregen, weil das Evangelium ein Vor-Augen-Malen des gekreuzigten Christus ist, und nicht, weil die Christen keine Rücksicht auf die Skrupel und Überzeugungen ihrer Mitmenschen nehmen.

Die Verweise auf 9, 22 stellten schon heraus, daß Paulus der Meinung war, die Korinther würden Gewinn daraus ziehen, wenn sie seinem Vorbild folgten. Dies wird jetzt ausdrücklich festgestellt (V. 1): **Werdet meine Nachahmer, wie ich Christi Nachahmer bin.** Dieser Vers geht natürlich aus dem Vorhergehenden hervor und ist enger damit verbunden als mit dem, was danach kommt. Die Kapiteleinteilung ist hier unglücklich. Mehrmals bringt Paulus zum Ausdruck, daß er für seine Gemeinden nicht bloß Lehrer und Prediger war, sondern einer, dessen Beispiel der Nachahmung wert war; vgl. Phil. 3, 17; 1. Thess. 1, 6; 2. Thess. 3, 7.9. Es gehörte zu seiner Rolle als Apostel, daß er in besonders klarer Weise den christlichen Lebensstil vorlebte (z. B. 4, 9–13). Sein Beispiel geht aber direkt auf Christus zurück; Paulus kann die Korinther aufrufen, seine Nachahmer zu werden, weil er selbst Nachahmer Christi ist. An anderer Stelle ruft Paulus seine Leser dazu auf, Christus selbst nachzuahmen (z. B. Röm. 15, 2f.); es gibt hier also keine Hierarchie vermittelter Nachahmung oder Nachfolge. Aber Paulus hat die Weisheit, zu erkennen, daß seine eigene Nachfolge Christi, so unvollkommen sie auch gewesen sein mag, für die Korinther wesentlich zugänglicher war als das Leben des historischen Jesus.

(c) Die christliche Versammlung

24. 11, 2–16: Männer und Frauen

(2) Nun lobe ich euch, daß ihr euch stets meiner erinnert und die Traditionen festhaltet, wie ich sie euch überliefert habe. (3) Aber ich möchte, daß ihr wißt: Christus ist das Haupt eines jeden Mannes, der Mann ist das Haupt der Frau, und Gott ist das Haupt Christi. (4) Jeder Mann, der betet oder weissagt und dabei einen Schleier von seinem Haupt herabhängen hat, der entehrt sein Haupt; (5) aber jede Frau, die mit unverschleiertem Haupt betet oder weissagt, entehrt ihr Haupt, denn das wäre ein und dasselbe, als wäre sie eine Geschorene. (6) Denn wenn sich eine Frau nicht verschleiert, dann soll sie doch gleich ihre Haare abschneiden; wenn es aber für eine Frau etwas Schändliches ist, die Haare abzuschneiden oder sich zu rasieren, dann soll sie sich verschleiern. (7) Denn ein Mann soll sein Haupt nicht verschleiern, da er das Ebenbild und der Abglanz Gottes ist, aber die Frau ist der Abglanz des Mannes. (8) Denn der Mann stammt nicht von der Frau, sondern die Frau vom Mann; (9) denn der Mann wurde nicht um der Frau willen geschaffen, sondern die Frau um des Mannes willen. (10) Darum sollte die Frau Autorität auf dem Haupt haben, um der Engel willen. (11) Nur ist im Herrn weder die Frau etwas ohne den Mann, noch der Mann ohne die Frau; (12) denn wie die Frau aus dem Mann entnommen wurde, so kommt der Mann durch die Frau; und alles kommt von Gott. (13) Entscheidet unter euch: Geziemt es sich, daß eine Frau unverschleiert zu Gott betet? (14) Lehrt euch nicht die Natur selbst, daß es für den Mann eine Schande ist, lange Haare zu tragen, (15) für die Frau aber eine Ehre ist, lange Haare zu tragen? Denn ihr langes Haar ist ihr als Kopfbedeckung gegeben worden.

(16) Wenn aber jemand unbedingt darüber streiten will – wir haben keine solche Gewohnheit, auch nicht die Gemeinden Gottes.

Paulus bezieht sich dann und wann auf einen Brief, der ihm aus Korinth zugesandt wurde (s. 7, 1 usw.). In diesem Brief stellten ihm die Korinther Fragen und brachten zum Ausdruck, daß nach ihrer Meinung in der Gemeinde alles gut laufe. Paulus war nicht immer einer Meinung mit ihnen, doch kann er hier seinen kritischen Bemerkungen ein Wort des Lobes vorausschicken (vgl. 11, 17). **Nun lobe ich euch** (V. 2; viele Hss. fügen hinzu: ‚*Brüder*'), **daß ihr euch stets** (oder: *in allen Dingen*) **meiner erinnert und die Traditionen festhaltet, wie ich sie euch überliefert habe.** Die Formulierung stammt wahrscheinlich aus Korinth, doch benutzt sie Paulus auch selbst (11, 23; 15, 1.3; s. Röm. 6, 17; 2. Thess. 2, 15; 3, 6). Die *Traditionen* waren (wie die anderen Stellen zeigen) die zentralen Wahrheiten des christlichen Glaubens, die zu dieser Zeit noch *mündlich* (also noch vor der ersten christlichen Literatur) von Evangelisten und Lehrern an die Gläubigen weitergegeben wurden. Später (15, 2) wird Paulus in der Tat bezweifeln, daß die Korinther tatsächlich die Traditionen *festhalten*; hier aber akzeptiert er ihre Behauptung, sie würden es tun, als bare Münze. Nicht klar ist, was ihn nach dieser *captatio benevolentiae* zu diesem Thema führt; vielleicht enthielt der Brief aus Korinth eine Anfrage darüber, ob es notwendig sei, die konventionellen Unterschiede in einer Gemeinschaft aufrechtzuerhalten, in der es weder Mann noch Frau gibt (Gal. 3, 28), und in der sowohl Männer als Frauen offensichtlich vom Geist bewegt werden, zu beten und zu weissagen (V. 5). Oder Paulus ging vielleicht auf eine Nachricht ein, die ihm von den Leuten der Chloë (1, 11), von Stephanas, Fortunatus und Achaikus (16, 17) oder von sonst jemandem weitergegeben wurde. Es geht auf jeden Fall um das Verhältnis zwischen Männern und Frauen, besonders im Hinblick auf die öffentlichen Gottesdienste. In den Kap. 6 und 7 werden verwandte Themen behandelt.

Ich bin also froh, daß ihr so gern an mich zurückdenkt, **aber** mir wäre es noch lieber, wenn das Verhalten der Gemeinde sich nach christlichen Prinzipien richten würde (V. 3). **Ich möchte, daß ihr wißt: Christus ist das Haupt eines jeden Mannes** (Subjekt und Prädikat könnten in diesem Satz vertauscht werden, aber in den beiden nächsten Satzteilen muß *Haupt* das Prädikat sein, und so wird es auch hier sein), **der Mann** (oder vielleicht: der *Ehemann*) **ist das Haupt der Frau** (oder vielleicht: der *Ehefrau*), **und Gott ist das Haupt Christi.** In diesem Vers (vgl. V. 4.7.10 unten) wird das Wort *Haupt* (*κεφαλή*) offensichtlich im übertragenen Sinne verwandt. Im Alten Testament kann das Wort *Haupt* (*rosch*; manchmal aber keinesfalls immer mit *κεφαλή* ins Griechische übersetzt) den Leiter einer Gemeinschaft bezeichnen (z. B. Ri. 10, 18); aber obwohl diese Bedeutung unter griechisch-sprechenden Juden gängig war, war sie keinesfalls eine ursprüngliche Bedeutung des griechischen Wortes (s. H. Schlier, Art. *κεφαλή* in: TWNT Bd. 3,S. 674 f.). Im griechischen Sprachgebrauch bezeichnete das Wort im übertragenen Sinn den hervorragenden und alles bestimmenden Teil eines Ganzen oder dessen Ursprung (z. B.: Die Mehrzahl des Wortes bezeichnet bei Herodot (4, 91) die Quelle eines Stromes). In diesem Sinn wird das Wort auch theologisch verwendet, wie in einem orphischen Fragment (21 a): Zeus ist das Haupt, Zeus ist die Mitte und von Zeus aus werden alle Dinge vollendet (*Ζεὺς κεφαλή, Ζεὺς μέσσα, Διὸς δ' ἐκ πάντα τελεῖται*; daß einige Hss. statt *κεφαλή*: *ἀρχή* bieten, verleiht dem Wort zusätzliche Bedeutung; s. S. Bedale, in: JTS (neue Folge) Bd. 5, S. 211–215). Daß dies auch hier der Sinn des Wortes ist, wird in den V. 8 f. bestätigt. Paulus sagt nämlich nicht, daß der Mann der Herr (*κύριος*) der Frau ist; er sagt, daß er ihr Ursprung ist. Diesen Gedanken leitet er aus Gen. 2, 18– 23 ab, wo es heißt, (a) daß die Frau geschaffen wurde, damit der Mann eine Gehilfin hätte; (b) daß sie durch Entfernung einer Rippe aus dem Leibe des Adam geschaffen wurde. Zwar ist es wahr, daß Paulus vielleicht zu einer anderen Schlußfolgerung gekommen wäre, wäre er von Gen. 1, 27 ausgegangen, wo vorausgesetzt wird, daß Mann und Frau beide von Anfang an geschaffen wurden (einige jüdische Ausleger nahmen an, daß hier ein androgynes Wesen angedeutet sei). Und Paulus wird in der Tat in V. 7 von diesem Vers beeinflußt, wenn er schreibt, daß die Frau der Abglanz des Mannes ist – nicht aber sein Ebenbild, denn auch sie ist ein Ebenbild Gottes und ist keineswegs (wie aber einige Kommentatoren angenommen haben) von Gott weiter entfernt als der Mann.

Bisher haben wir uns auf nur einen Teil des Satzes konzentriert.

Der Mann ist das Haupt der Frau in dem Sinn also, daß er ihr Ursprung, darum auch die Erklärung ihres Wesens, ist. Daß *Gott das Haupt Christi* ist, kann in ähnlichem Sinne verstanden werden. Der Vater ist *fons divinitatis*; der Sohn ist, was er ist, in bezug auf den Vater. Es kann nicht bezweifelt werden, daß Paulus auf seine Weise (die wir als unschuldig bezeichnen können), die Unterordnung des Sohnes unter den Vater lehrte; s. 3, 23; 15, 28 und Komm. Der Sohn wäre nicht der Sohn, wie wir ihn kennengelernt haben, wenn er aufhörte, dem Vater zu gehorchen und von ihm abhängig zu sein.

Schwerer ist es jedoch, den Satzteil zu erklären, in dem behauptet wird, *Christus sei das Haupt eines jeden Mannes.* Das Haupt eines jeden Mannes, nicht nur eines jeden Christen; denn es darf kaum angenommen werden, daß Paulus hier nur meint: „eines jeden Mannes, ob verheiratet oder ledig" (gegen Robertson-Plummer). Paulus denkt hier aller Wahrscheinlichkeit nach an Christus als den Schöpfungsmittler (vgl. 8, 6: *durch ihn*); möglicherweise aber geht der Gedanke einen Schritt weiter: wie die Existenz Christi in der Existenz Gottes vorgegeben ist, und wie die Existenz der Frau in der Existenz des Mannes ebenfalls vorgegeben ist, so ist die Existenz des Mannes vorgegeben in der Existenz Christi, der ja der Ursprung der ganzen Menschheit ist (Kol. 1, 16: In ihm wurden alle Dinge erschaffen). Es wird also eine Kette von Beziehungen aufgezählt, in der immer der Ursprung zuerst genannt wird, dann der sich Unterordnende: Gott, Christus, Mann, Frau. Aus dieser Liste werden ganz praktische Konsequenzen gezogen.

Jeder Mann, der betet (V. 4; es handelt sich hier natürlich um lautes, öffentliches Beten, das in der Versammlung von allen Christen erwartet wurde) **oder weissagt** (zur Gabe der Weissagung s. 12, 10 et. al.) **und dabei einen Schleier** (in diesem Absatz muß das Wort *Schleier* – immer eine Umschreibung, denn das griechische Wort *κάλυμμα* kommt hier nicht vor – als Kopfbedeckung verstanden werden, die das Haar und den oberen Teil des Körpers, also nicht nur das Gesicht, bedeckt – so Schlatter, der aufzeigt, daß es hier um die Praxis der keuschen Jüdin geht; s. *Ketuboth* 7, 6: „Was geht gegen die jüdische Sitte? Wenn sie ausgeht, ohne ihren Kopf bedeckt zu haben . . .") **von seinem Haupt herabhängen hat** (*κατὰ κεφαλῆς*; so Robertson, S. 606 f.; M. III,

S. 268; es lohnt sich, diese etwas umständliche Übersetzung beizubehalten, weil, wie wir gesehen haben, das Wort *κεφαλή* manchmal im übertragenen Sinn gebraucht wird; Héring versteht hier *κατά* nicht als „herabhängend von", sondern als „herabkommend auf": also „mit einer Kopfbedeckung"), **der entehrt sein Haupt.** Zu den jüdischen Sitten s. weiter SB Bd. 3, S. 423–426. Bei seinem ersten Vorkommen in diesem Abschnitt meint das Wort *Haupt* ganz bestimmt den Kopf des Mannes; aber das zweite Vorkommen? Einige möchten hier auch einfach Kopf verstehen: der unverschleierte Kopf sei Zeichen der Freiheit, Zeichen dafür, daß der Mann Ebenbild und Abglanz Gottes sei (V. 7), darum sei es eine Schande, wenn er seinen Kopf bedecke. Andere verstehen diesen Vers als Konsequenz des letzten Satzes (der ansonsten ohne Sinn wäre; vgl. Weiß, der ihn nur als Glosse betrachten will) und argumentieren deshalb, daß das Wort *Haupt*, wenn es hier das zweite Mal vorkommt, nicht den physischen Kopf des Mannes meint, sondern Christus, das Haupt eines jeden Mannes. In der antiken Welt war nicht der unverschleierte Kopf das Zeichen der Freiheit, sondern die Kappe; und es war bei den Juden Sitte, daß die Männer auch im Gottesdienst eine Kopfbedeckung trugen, obwohl nicht nachgewiesen werden kann, daß dies schon im ersten Jahrhundert die allgemeine Praxis war. Allo kommt zu dem Schluß, beide Auslegungen müßten richtig sein und bezieht sich dabei auf 2. Kor. 3, 18: Der Christ würde mit seinem unverschleierten Kopf die Herrlichkeit Christi widerspiegeln. Wenn er (wie Mose) sich verschleiere und somit seinen Kopf zudecke, beraube er seinen Kopf seiner wichtigsten Funktion, die Christusherrlichkeit widerzuspiegeln, beraube aber gleichzeitig Christus des Spiegels, in dem seine Herrlichkeit sich spiegeln sollte. Diese Auslegung scheint angemessen zu sein, ist jedoch keinesfalls gewiß; und da meine Anmerkung zu diesem Vers schon sowieso Allo sehr viel verdankt, möchte ich auch noch seinen abschließenden Satz entleihen: *„Si quelqu'un donne une meilleure interprétation, je m'y rangerai."*

Soweit die Männer. Wenn sie am öffentlichen Gottesdienst teilnehmen wollen, müssen sie unverschleiert erscheinen. **Aber jede Frau, die mit unverschleiertem Haupt betet oder weissagt, entehrt ihr Haupt, denn das wäre ein und dasselbe, als wäre sie eine Geschorene** (V. 5). (Wörtlich: *Sie ist ein und dasselbe mit der, die* *geschoren worden ist.* Vgl. BD § 131.) Dieser Vers wäre bedeutungslos, wenn nicht von Zeit zu Zeit auch die Frauen in der Gemeinde zu Korinth im öffentlichen Gottesdienst gebetet und geweissagt hätten – also nicht nur „in der einfachen Haus- und Familiengemeinde“ (Bachmann). Wenn Paulus dies für unrichtig gehalten hätte, wäre er kaum auf die Frage eingegangen, was sie dann mit ihrem Haupt tun sollten; er hätte ihnen vielmehr einfach das öffentliche Beten verboten. Diese Bemerkung wird allerdings in 14, 33–36 (vgl. 1. Tim. 2, 11 f.) zu einem Problem führen, das wir aber erst z. St. besprechen werden. In diesem Kapitel setzt Paulus voraus, daß die Frauen öffentlich beten und daß sie die Gabe prophetischer Rede betätigen; er will nur einfach die Art und Weise bestimmen, in der sie dies tun dürfen.

Die Frau darf in der Versammlung nicht mit unverschleiertem Haupt reden; daraus geht nicht unbedingt hervor, daß sie nur dann einen Schleier tragen muß, wenn sie redet. Dadurch wird sie deutlich vom Mann unterschieden; die Einheit von Mann und Frau in Christus (Gal. 3, 28) bedeutet nicht, daß der in der Schöpfung gegebene Unterschied abgeschafft wird. Der Mann entehrt sein Haupt, wenn er einen Schleier trägt; die Frau entehrt ihr Haupt, wenn sie keinen Schleier trägt. Nur: was ist hier mit *Haupt* gemeint? Einige Ausleger sind der Meinung, ihr Ehemann sei gemeint; er werde durch ihr schamloses Verhalten verunehrt. Aber die darauffolgende Anspielung auf die Geschorene läßt vermuten, daß das physische Haupt, der Kopf, gemeint ist. Tacitus, *Germania* 19 (der Ehemann einer Ehebrecherin rasiert ihr die Haare ab, zieht sie nackt aus und treibt sie aus dem Haus) wird dem modernen Kommentator eher als Parallele einfallen als einem Korinther; Aristophanes, *Thesmophoriazusae* 838 (die Mutter unwürdiger Kinder sollte geschoren werden) oder etwas Ähnliches könnte eher zutreffen. Vgl. Lukian, *De Syria Dea* 6. Die jüdische Frau blieb in der Öffentlichkeit stets verschleiert: Jeremias, *Jerusalem zur Zeit Jesu*, 1958, II B, S. 232. „Paulus kämpft also nicht gegen eine Emanzipationsbewegung unter den korinthischen Frauen ..., sondern für die Einführung einer orientalisch-jüdischen Sitte in die korinthische Gemeinde“ (Kümmel, S. 184); vgl. SB Bd. 3, S. 427–434. Darum ist die Frage desto notwendiger, ob Paulus hier von der Sitte abhängig ist, so daß „das Argument seine Begründung in Gesellschaften verliert, wo es für die Frau nicht mehr entehrend ist, geschoren zu sein" (Hooker, NTS vol. 10, S. 410). Dies wird wahrscheinlich nicht stimmen; Paulus ist der Meinung (V. 14), daß die *Natur* die Verschleierung der Frau erforderlich macht, so daß es für sie nicht nur einen Bruch mit der Sitte, sondern gar einen unnatürlichen Akt darstellt, unverschleierten Hauptes zu beten. Ob sein Verständnis der *Natur* legitim ist, muß (s. unten) noch erörtert werden. Verschleierung, Abschneiden der Haare, Geschoren-Sein: alles gehört zusammen. „Wer den vom Gesetz auferlegten Schleier abwirft, der werfe auch den von der Natur auferlegten ab" (Chrysostomos). **Denn wenn sich eine Frau nicht verschleiert, dann soll sie doch gleich ihre Haare abschneiden; wenn es aber für eine Frau etwas Schändliches ist, die Haare abzuschneiden oder sich zu rasieren, dann soll sie sich verschleiern** (V. 6). (*Sich rasieren*: *ξυρᾶσθαι*, Aor. Inf. Med. v. *ξυρῶ*; s. BD § 317; M. III, S. 57). Es wird hier kein neuer Gedanke hinzugefügt, sondern die Wiederholung soll die Ansicht verstärken, daß Paulus an den natürlichen, nicht bloß an den herkömmlichen Anstand denkt.

Dann greift er wieder mehr den theologischen Aspekt auf. **Denn ein Mann soll sein Haupt nicht verschleiern** (V. 7; wörtlich: *ist nicht dazu verpflichtet*; doch zeigt die Parallele, V. 10, daß Paulus es nicht nur für nicht notwendig, sondern sogar für unrichtig hält, wenn sich ein Mann verschleiert)**, da er das Ebenbild und der Abglanz Gottes ist.** Anzunehmen ist, daß Paulus hier in der Verschleierung des Mannes eine Verwischung des Ebenbildes und des Abglanzes Gottes sehen würde; in irgendeiner Weise sind diese am Kopf zu erkennen. Nach Gen. 1, 26 wurde der Mensch (Mann und Frau also) nach dem Bild Gottes geschaffen; d. h. im Gegensatz zum Rest der Schöpfung gottähnlich. Dieser Gedanke wird jedoch nicht von Paulus aufgenommen; in V. 7c fehlt der Begriff Ebenbild, da er nicht angebracht wäre (Adam zeugte einen *Sohn* nach seinem Bilde), und in diesem Zusammenhang scheint Paulus den Begriff des Ebenbildes nur als Vorstufe zum Abglanz zu werten. In welchem Sinn Adam der Abglanz Gottes war, haben wir schon erläutert (S. 289); er war das direkte Produkt der eigenen schöpferischen Tätigkeit Gottes – von Gott selbst erschaffen zu Gottes eigenem Ziel. Der Mann existiert (*ὑπάρχων*), um Gott Ehre darzubringen (Röm. 1, 21; s. *Romans* z. St.), und er bringt auch Gott tatsächlich Ehre, wenn er das bleibt, was er wirklich sein soll: Gottes gehorsames und gläubiges Geschöpf. Dies kann er jedoch nur in Christus, durch den allein die Menschheit von den Folgen des Sündenfalls erlöst wird, und die Anbetung ist bedeutungslos, wenn sie nicht offenbart, daß der Mensch in Christus ist. Dadurch wird die Herrlichkeit Gottes offenbar. **Aber die Frau ist der Abglanz des Mannes.** Paulus geht jetzt nicht auf Gen. 1.26, sondern auf Gen. 2, 18–23 ein, wie der Zusammenhang erweist. (Dadurch, daß Barth, KD III/1, S. 214–233 diesen Übergang nicht erkennt, weist sein Argument eine Schwäche auf.) **Denn der Mann stammt nicht von der Frau** (V. 8; da er existierte, ehe die Frau geschaffen wurde)**, sondern die Frau vom Mann** (da sie aus einer Rippe, die der Seite Adams entnommen wurde, gemacht wurde; Gen. 2, 21)**; denn der Mann wurde nicht um der Frau willen geschaffen** (V. 9; da er nach der Urgeschichte schon geschaffen war, ehe Gott überhaupt daran gedacht hatte, die Frau zu schaffen)**, sondern die Frau um des Mannes willen** (nachdem Gott auf einer vergeblichen Suche nach einem dem Adam angemessenen Helfer die Tiere geschaffen hatte, Gen. 2, 19f.). Also: Wie Adam direkt aus Gott hervorgebracht wurde und allein zum Dienst an Gott geschaffen wurde, so wurde die Frau aus dem Mann hervorgebracht und wurde von Anfang an als Gehilfin des Mannes geschaffen. In dem Sinn also, in dem er, der Mann, der Abglanz Gottes ist, ist sie, die Frau, der Abglanz des Mannes, weil sie ihre Existenz vom Mann ableitet (obwohl nicht der Mann, sondern Gott ihr Schöpfer ist). Die Frau findet ihre Erfüllung dadurch, daß sie dem Mann dient. Dies ist ihre Rolle in der Schöpfung, jedoch nicht in Christus, denn in Christus sind diese Unterschiede entfernt worden; doch bleiben Christen geschaffene Wesen, und was Paulus auch immer mit Gal. 3, 28 gemeint haben mag, konnte er nicht sagen wollen, die natürlichen Unterschiede zwischen den Geschlechtern hätten aufgehört; allein seine Besprechung (Kap. 7) der Eheprobleme in der Gemeinde beweist das.

Nach der Aussage, *die Frau sei der Abglanz des Mannes*, erwarten wir eine Vervollständigung des Parallelismus von V. 7 durch Hinzufügung der Schlußfolgerung: Darum sollte eine Frau verschleiert sein (im Gegensatz zum Mann). Aber Paulus setzt sein Argument anders fort. Nachdem er in V. 8f. das Verhältnis zwischen Mann und Frau in der Schöpfung erläutert hat, schreibt er in V. 10: **Darum sollte die Frau Autorität auf dem Haupt haben, um der Engel willen.** *Darum* (*διὰ τοῦτο*) kann nur bedeuten: Wegen der gerade angegebenen Gründe. Diese Gründe werden aber durch einen neuen ergänzt, nämlich: *um der Engel willen.* In diesem Vers sind zwei Dinge besonders schwer verständlich: (a) Warum spricht Paulus nicht davon, daß eine Frau einen Schleier auf dem Haupt haben sollte, sondern davon, daß sie *Autorität* (*ἐξουσία*) auf dem Haupt haben sollte? (b) Warum erwähnt er hier überhaupt Engel? Zu diesen beiden Fragen empfehle ich den Artikel von Dr. M. D. Hooker (in: NTS vol. 10, S. 410–416), dem ich viele Ideen verdanke, die in diesem Kommentar Verwendung fanden.

Die Engel wurden oft mit den Ereignissen der Erzählung von Gen. 6, 1 f. erklärt. Dort wurden die Töchter der Menschen von den „Söhnen Gottes" (Engeln) überfallen; folglich brauchen Frauen einen Schutz gegen mögliche Angreifer aus der Engelwelt. Es ist jedoch nicht klar, wieso das Tragen eines Schleiers während des Betens oder Weissagens diesem Zweck dienen soll. Können Frauen nur beim Beten von wollüstigen Engeln angegriffen werden? Man könnte meinen, sie würden gerade bei dieser Beschäftigung am sichersten sein. Wir dürfen auch nicht das Argument verwenden, die Engel würden sonst nirgends im Neuen Testament als böse geschildert, denn dies stimmt einfach nicht. Es werden Engel Satans erwähnt; zu den jüdischen Engelvorstellungen s. SB Bd. 3, S. 437–440. Wenn wir auch die bizarren patristischen Interpretationen beiseite lassen (z. B. daß die Engel Bischöfe seien – Offb. 2, 1 usw.), bleibt uns die Auslegung übrig, daß die Engel als Bewacher der Schöpfungsordnung anzusehen sind (nicht aber als Bewacher der Frauen!). Als solche würden sie durch Übertretung der Ordnung, die in V. 3 erwähnt wird, beleidigt werden. Diese Ansicht wird von Hooker vertreten; und sie wird von J. A. Fitzmyer (Art. in: NTS, vol. 4,S. 48–58) untermauert, der aus den Schriften von Qumran den Beweis anführt, daß man an die Anwesenheit der Engel während der Versammlung und an deren Beleidigung durch mangelnde Ordnung glaubte. Vielleicht könnten wir das Ganze etwas abändern und die Engel als Zuschauer der natürlichen Ordnung beschreiben (vgl. 4, 9 – einen Vers, auf den sich Dr. Hooker auch bezieht). Einige der Engel stehen bereit, diese Ordnung aufrechtzuerhalten, andere sind bereit, Mängel und Fehler für sich auszunutzen.

Warum benutzt Paulus das Wort *Autorität*, wo wir Schleier erwarten würden? Hooker (a. a. O.) zeigt ohne Schwierigkeiten auf, daß die meisten geläufigen Interpretationen des Wortes unmöglich sind. Kittels Vorschlag, daß das Wort auf eine aramäische Zweideutigkeit zurückgehe (aus der Wurzel *sch-l-ṭ* gehen Worte für *Macht, Autorität* und auch für *Schleier* hervor), setzt ein linguistisches Können voraus, das in Korinth kaum vorhanden gewesen sein kann. Andere Vorschläge scheitern am griechischen Text; Paulus' Wort *ἐξουσία* bedeutet weder *Schutz* noch *Würde* noch „Zeichen der Autorität (des Mannes), der man sich unterordnet". Was sich als richtige Erklärung herauszuschälen scheint, muß in zwei Stufen wiedergegeben werden.

(a) Eine Frau muß einen Schleier tragen, weil, obwohl sie an und für sich der Abglanz des Mannes ist (V. 7), im Gebet (sie betet oder weissagt) allein Gott verherrlicht werden soll. „Wenn sie unverschleiert betete oder weissagte, würde sie nicht Gott verherrlichen, sondern die Herrlichkeit des Mannes zur Schau tragen, was vor Gott zur Schande würde. Der Abglanz oder die Herrlichkeit des Mannes muß darum zugedeckt werden, damit nicht das „Haupt" der Frau entehrt werde. Obwohl das Argument des Paulus auf theologische Grundsätze zurückgeht, spiegelt es vielleicht auch die praktische Zweckmäßigkeit wider; die korinthischen Männer waren es, nicht so sehr die Engel, die vom unverschleierten Haupt der Frau angezogen wurden und die dadurch von der Anbetung abgelenkt wurden" (Hooker, S. 415).

(b) Aber warum *Autorität*? „Laut Paulus ... ist es der Mann, nicht die Frau, der der Abglanz Gottes ist und der darum auch die aktive Rolle im Gottesdienst spielt ... Doch jetzt spricht auch die Frau zu Gott im Gebet und erklärt sein Wort in der Weissagung; um dies aber zu tun, braucht sie Autorität und Macht von Gott. Die Kopfbedeckung, die dazu dient, die Herrlichkeit des Mannes in der Gegenwart Gottes zuzudecken, ist gleichzeitig Zeichen der der Frau gegebenen *ἐξουσία*" (S. 415 f.). Der Schleier stellt also die der Frau unter dem neuen Bund neu gegebene Autorität dar, die es ihr ermöglicht, Dinge zu tun, die unter dem alten Bund nicht erlaubt waren.

Diese Auslegung wird vor allen Dingen dadurch untermauert, daß sie ganz natürlich in die nächsten beiden Verse übergeht, die die natürlichen und unveränderten Unterschiede zwischen Mann und Frau akzeptieren, gleichzeitig aber ihre gegenseitige Abhängigkeit im Willen Gottes und in dessen Ausführung im Zeitalter des Christentums betonen. **Nur ist im Herrn** (V. 11; hier nicht, wie die folgenden Verse zeigen, *im Bereich des Lebens als Christ*, sondern vielleicht eher: *im Willen* oder *in der Absicht des Herrn* bei der ursprünglichen Schöpfung und bei deren Wiederherstellung) **weder die Frau etwas ohne den Mann, noch der Mann ohne die Frau.** Hier möchte man eine Bezugnahme auf den jüdischen Glauben, der erste Mensch (Gen. 1, 26) sei zweigeschlechtig gewesen, entdecken; nur zeigt der nächste Vers ganz eindeutig, daß hier an Gen. 2 gedacht ist. **Denn wie die Frau aus dem Mann entnommen wurde** (V. 12; bei der Schöpfung; s. Gen. 2, 21)**, so kommt der Mann durch die Frau** (bei der Geburt). Jeder verdankt also dem anderen seine Existenz; sie sind voneinander abhängig. Zusammen ergeben sie eine Einheit, in der jeder unerläßlich ist. **Und alles kommt von Gott.** Männer und Frauen verdanken beide Gott ihre Existenz und sind von ihm abhängig. Gott selbst wird hier als Ursprung und Quelle der menschlichen Existenz anerkannt; er schuf die geschlechtlichen Unterschiede zwischen Mann und Frau, und er ist für die sexuelle Funktion der Zeugung verantwortlich. Wenn also Paulus aus bestimmten Gründen von der Ehe abraten kann, so doch nicht, weil er der Meinung ist, die Sexualität stamme vom Teufel. Schlatter bietet den Vergleich zu *R. Genes*. 8, 8: Es ist nicht der Mann ohne die Frau, noch die Frau ohne den Mann, noch die beiden ohne die *Schekhina;* aber dieser Satz bezieht sich ausdrücklicher auf die Zeugung von Kindern.

Paulus kehrt nach diesem Einschub zur Frage der Kleidung der Frau im Gottesdienst zurück. Warum? Ist es wahrscheinlich, daß er den Wert seiner theologischen Ausführungen bezweifelt und sich darum noch auf Sitten und gängige Vorurteile beruft? Kaum. Darum werden die Worte des Paulus in den nächsten Sätzen wohl doch wichtiger sein, als manche Kommentatoren meinen. **Entscheidet unter euch** (V. 13)**:** vielleicht zu übersetzen mit *in euch*, d. h. in eurem eigenen Herzen und Verstand. Es wäre töricht, wenn wir annehmen würden, der menschliche Intellekt könne ohne Hilfe von außen göttliche Wahrheit erkennen. Die Leser des Briefes sind Christen; Paulus appelliert an sie, aufgrund ihres Christenstandes ein vernünftiges Urteil zu fällen; vgl. 5, 4 f. 12; 10, 15. **Geziemt es sich, daß eine Frau unverschleiert zu Gott**

betet? Zweifellos erwartet Paulus die Antwort „Nein". Zu dieser Folgerung sollten die Korinther selbst gelangen können, ohne von Paulus dazu eine Anleitung zu brauchen. **Lehrt euch nicht die Natur selbst, daß es für den Mann eine Schande ist, lange Haare zu tragen, für die Frau aber eine Ehre ist, lange Haare zu tragen?** (V. 14 u. V. 15). Paulus benutzt das Wort *Natur* auch in Röm. 1, 26; 2, 14.27; 11, 21.24; Gal. 2, 15; 4, 8 (vgl. Eph. 2, 3). Diese Stellen wollen nicht alle genau den gleichen Gedanken zum Ausdruck bringen, aber ihnen allen gemeinsam ist der Gedanke einer Entsprechung oder Übereinstimmung mit dem wahren Wesen der Dinge, ohne künstliche Veränderung. Die beste Parallele zu unserem Vers finden wir in Röm. 1, 26 (vgl. die Verwendung des Adjektivs *φυσικός* in Röm. 1, 26 f.). Es handelt sich hier nicht um eine undurchsichtige theologische Meinung; Paulus denkt an die natürliche Welt, wie sie von Gott geschaffen wurde, nicht jedoch in stoischer Weise an die Natur als gottähnliche Hypostasis. Die *Natur* (d. h. Gott) hat Mann und Frau verschieden gemacht; der Unterschied zwischen ihnen wird sichtbar in der Länge der Haare, die ihnen zugeteilt wurde; Männer haben kurze Haare, Frauen lange. Die Menschen können zwar diesen Unterschied rückgängig machen, aber man merkt, daß diese Verwischung des Unterschiedes künstlich ist. Ob nun diese Beobachtung mit der Wissenschaft übereinstimmt oder nicht, sie entspricht jedenfalls der Beobachtungsmöglichkeit des Paulus; dies bestätigt das Studium hellenistischer Porträts. Eine gute Parallele zum Gedanken findet sich bei Epiktet I, 16, 9–14: „Laßt uns die Hauptwerke (*ἔργα*) der Natur (*φύσις*) verlassen und ihre kleineren Werke (*πάρεργα*) betrachten. Gibt es etwas Nützlicheres als die Haare am Kinn? Was denn? Hat nicht die Natur auch dieses in der möglichst gebührenden Weise benutzt? Hat sie nicht dadurch einen Unterschied zwischen Mann und Frau gemacht? Hat nicht die Natur eines jeden unter uns sofort von weitem ausgerufen: Ich bin ein Mann; aufgrund dieses Verständnisses nähere dich mir, sprich zu mir, suche nichts anderes; hier sind die Zeichen? Wiederum, was die Frau betrifft, wie sie etwas Sanfteres mit ihrer Stimme vermischt hat, so hat sie auch das Haar (vom Kinn) weggenommen ... Aus diesem Grunde sollten wir die Zeichen behalten, die Gott gegeben hat, wir sollten sie weder wegwerfen noch, was an uns liegt, die Unterschiede zwischen den Geschlechtern verwischen." Daß es dementsprechend *un*natürlich ist, wenn eine Frau sich rasiert (wie die männlichsten, *ἀνδρώδεις*, der Athleten), wird auffallend von Lukian, *Dialogi meretricii* 5, 3 illustriert. Wenn dieser Dialog als Hinweis auf den Kontext des paulinischen Gedankens aufgefaßt werden darf (und es scheint durchaus wahrscheinlich, daß das Argument von Paulus im wesentlichen von seinem Entsetzen über die Homosexualität geprägt ist), *geziemt* es *sich* auf keinen Fall, daß die Frau ihre Haare abschneide. Ihr langes Haar ist *ihr eine Ehre*. *Ehre* wird hier allerdings in einem anderen Sinn als Abglanz (V. 7) benutzt. Die Menschen müssen Gott ehren, indem sie sich klar und deutlich zu dem Unterschied zwischen den Geschlechtern bekennen und das bleiben, was sie nach dem Willen Gottes sein sollen; zur gleichen Zeit ist es die höchste Ehre eines Menschen, das zu sein, wozu Gott ihn geschaffen hat. Wenn eine Frau in fraulicher Weise ihr Haar lang trägt, zeigt sie nach außen hin, daß sie ihre Rolle in der Schöpfung erfüllt. Hierfür wird ein weiterer Grund genannt: **Denn ihr langes Haar ist ihr als Kopfbedekkung gegeben worden** (wörtlich: *anstelle*, *ἀντί*, *einer Kopfbedeckung*). Paulus glaubte als Jude nicht, daß nur die Frau bedeckt werden sollte; auch der Mann sollte die Blöße zudecken. Aber der Frau ist mit ihrem langem Haar eine primitive Form der Bedeckung gegeben worden, die dem Mann fehlt. Diese ist für sie ein Vorteil, und sie sollte dem Hinweis der Natur folgen. (Das griechische Wort für Kopfbedeckung bedeutet eigentlich nur: Hülle.)

Paulus empfindet jetzt, daß er lange genug über Dinge disputiert hat, die eigentlich unwichtig waren. Er bricht also das Argument ab (V. 16). **Wenn aber jemand unbedingt darüber streiten will** (diese Konstruktion ist nicht klassisch; der paulinische Gebrauch von *δοκεῖ* wird vom korrekten Gebrauch des Ausdrucks *δοκεῖ μοι* beeinflußt) **– wir haben keine solche Gewohnheit, auch nicht die Gemeinden Gottes.** Paulus kann nicht verhindern, daß die Meinungen auseinandergehen oder daß es Streit gibt. Er hat praktisch selbst dazu aufgerufen, indem er die Korinther eingeladen hat, *selbst zu entscheiden* (V. 13), und sich auf die *Natur*, nämlich auf das hellenistische Verständnis der Natur, berufen hat. Streitsucht (vgl. Lk. 22, 24, wo das dem Adjektiv des Paulus entsprechende Substantiv benutzt wird; weder Adjektiv noch Substantiv erscheint sonst im Neuen Testament; der zynische

Beobachter erachtete Streitsucht als Merkmal der Philosophen – Lukian, *Ikaromenippus* 29) ist jedoch keine christliche Tugend, und jeder, der den Wunsch hat, gegen die Auffassung des Paulus zu argumentieren, sollte bedenken, daß er sich dabei von der Gemeinde distanziert. Deswegen sollte er sich die Sache noch einmal überlegen. Wenn das *wir* Paulus selbst meint (was wahrscheinlich ist), dann ist der Sinn des Satzes dieser: Ich habe noch nie die Sitte des unverschleierten Betens oder Weissagens seitens der Frauen erlaubt, und keine Gemeinde hat bisher diese Sitte eingeführt. Oder das *wir* könnte Paulus und die Gemeinde zu Ephesus meinen (in Ephesus wurde der Brief geschrieben, s. Einleitung) oder gar die Gemeinde zu Korinth (bisher); in diesem Fall meint Paulus mit den *Gemeinden Gottes* die *anderen* Gemeinden. Zum Begriff Gemeinde s. Komm. zu 1, 2. Hier wird wie in Röm. 16, 4. 16; 1. Kor. 4, 17; 7, 17; 14, 33.34; 16, 1.19; 2. Kor. 8, 1.18.19.23.24; 11.28; 12, 13; Gal. 1, 2.22; 1. Thess. 2, 14; 2. Thess.1, 4 das Wort in der Mehrzahl gebraucht. Paulus bezeichnet damit die Gesamtheit des Gottesvolkes, obwohl er manchmal das Wort Gemeinde auch in der Einzahl in diesem Sinn verwendet (12, 28; 15, 9). Die Universalgemeinde besteht aus einzelnen Lokalgemeinden, die sich zwar in Einzelheiten voneinander unterscheiden, die aber im Hinblick auf diese Gewohnheit einig sind. Sie sind die Gemeinden *Gottes* (s. 1, 2) und müssen sich darum seiner Autorität beugen.

Mit *Gewohnheit* meint Paulus das Beten oder Weissagen unverschleierter Frauen; Streitsucht kann er unmöglich meinen (Bachmann). Würde Paulus es für notwendig erachten, zu bestreiten, daß Apostel die Gewohnheit der Streitsucht haben (Robertson-Plummer)?

25. 11, 17–34: Das Mahl

(17) Indem ich euch diesen Befehl erteile, lobe ich[74] euch nicht; denn wenn ihr zusammenkommt, ist es nicht zum Besseren, sondern zum Schlimmeren. (18) Erstens nämlich höre ich, daß es bei euren Gemeindezusammenkünften Spaltungen unter euch gibt; und zum Teil glaube ich das auch, (19) denn es muß Parteiungen unter euch geben, damit die Echten unter euch offenbar werden.

(20) Wenn ihr nun zusammenkommt, dann nicht, um ein Mahl zur Ehre des Herrn zu essen; (21) denn beim Essen eilt jeder mit seinem eigenen Mahl voraus, und der eine hungert, während ein anderer sich betrinkt. (22) Wie? Habt ihr denn keine Häuser zum Essen und Trinken? Oder verachtet ihr die Gemeinde Gottes und wollt die Armen beschämen? Was soll ich euch sagen? Soll ich euch loben[75]? In dieser Sache lobe ich euch nicht.

(23) Denn was ich euch überlieferte, empfing ich vom Herrn, nämlich daß der Herr Jesus in der Nacht, in der er verraten wurde, Brot nahm (24) und, als er das Dankgebet gesprochen hatte, es brach und sagte: Dies ist mein Leib, der für euch ist; tut dies zu meinem Gedächtnis. (25) In gleicher Weise nahm er auch den Kelch, nachdem sie das Mahl eingenommen hatten, und sagte: Dieser Kelch ist der neue Bund in meinem Blut; tut dies, so oft ihr trinkt, zu meinem Gedächtnis. (26) Denn so oft ihr dieses Brot eßt und diesen Kelch trinkt, verkündigt ihr den Tod des Herrn, bis er kommt.

(27) Folglich wird der, der unwürdig vom Brot des Herrn ißt oder vom Kelch des Herrn trinkt, des Leibes und des Blutes des Herrn schuldig sein. (28) Der Mensch prüfe sich selbst; d. h. wie er von dem Brot esse und von dem Kelch trinke. (29) Denn wer ißt und trinkt[76], der ißt und trinkt sich selbst Gericht, wenn er den Leib nicht unterscheidet[77]. (30) Darum sind viele von euch schwach und krank, und eine Anzahl schläft. (31) Aber wenn wir uns selbst untersuchten, würden wir nicht gerichtet werden; (32) aber wenn wir vom Herrn gerichtet werden, werden wir gezüchtigt, damit wir nicht mit der Welt verurteilt werden.

(33) Also, meine Brüder, wenn ihr zu einem Mahl zusammenkommt, wartet aufeinander. (34) Wenn jemand Hunger hat, soll er zu Hause essen, damit euch eure Zusammenkunft nicht zum Gericht gereiche. Die anderen Sachen werde ich in Ordnung bringen, wenn ich komme.

Paulus schreibt weiter über das Thema der Unordnung in der christlichen Versammlung, aber hier geht er zu einer neuen Seite des Problems über. Es geht in der Tat um etwas womöglich noch Ernsteres als allein um Frauen, die Männer nachahmen wollen. **Indem ich euch diesen Befehl erteile** (V. 17; das *τοῦτο* von Paulus bezieht sich auf das, was er eben geschrieben hat; wenn er das noch zu Schreibende gemeint hätte, hätte er am natürlichsten *τάδε* geschrieben; wenn er den ganzen Befehl (Kap. 7–14) gemeint hätte, hätte er gar kein Pronomen benutzt), **lobe ich euch nicht; denn wenn ihr zusammenkommt, ist es nicht zum Besseren, sondern zum Schlimmeren.** Die Handschriften weisen viele Unterschiede in der Form der Verben *Befehl erteilen* (*παραγγέλλειν*) und *loben* (*ἐπαινεῖν*) auf; s. Fußnote 74, S. 298. In dieser Übersetzung bin ich denjenigen Handschriften gefolgt, die das erste Verb als Partizip, das zweite als Indikativ angeben; dies scheint am besten zu sein, weil der nächste Satzteil den Grund nennt (*denn wenn ihr zusammenkommt*...), warum Paulus seine Leser nicht loben kann. Einige ziehen es jedoch vor, den Handschriften zu folgen, die das erste Verb als Indikativ und das zweite als Partizip wiedergeben, etwa so: Ich erteile diesen Befehl, weil ich euch nicht lobe ... (kausale Verwendung des Partizips). Aber so würde das *τοῦτο* das noch zu Schreibende meinen, und das wäre unwahrscheinlich – es meint das eben Geschriebene. Andere (BD § 430) bevorzugen die sehr kleine Gruppe von Handschriften, die aus beiden Verben einen Indikativ gemacht haben: Ich erteile diesen Befehl ..., ich lobe nicht ... Aber diese Leseart mit ihrem Asyndeton ist höchstwahrscheinlich sekundär. Paulus meint: Ich habe euch einen Befehl erteilt hinsichtlich einer Sache in der Anbetungsversammlung der Gemeinde. Ich kann nicht mit Vergnügen auf dieses Thema eingehen, denn ihr seid nicht des Lobes, sondern des Tadels würdig. Eure Zusammenkünfte verfehlen so weit das Ziel, daß ihr der Gemeinde Schaden zufügt, anstatt sie aufzubauen; ihr seid nicht besser, sondern schlimmer daran, nachdem ihr zusammengekommen seid. Und es folgt ein besonderes Beispiel. **Erstens** (V. 18; es folgt kein *zweitens*, aber in V. 34 erwähnt Paulus *andere Sachen*; außerdem behandelt er in den Kapiteln 12–14 weitere unerfreuliche Eigenschaften der korinthischen Zusammenkünfte, so daß sein *πρῶτον μέν* ohne entsprechendes *δέ* zumindest zu entschuldigen ist; s. BD § 447) **nämlich höre ich** (es ist notwendig, im deutschen Text die Wortfolge umzuändern, um den Sinn des Satzes klarzustellen), **daß es bei euren Gemeindezusammenkünften** (oder vielleicht: *bei euch in der Gemeinde, wenn ihr zusammenkommt: ἐν ἐκκλησίᾳ*; s. unten) **Spaltungen unter euch gibt.** Natürlich denkt man hier an die *Spaltungen* von 1, 10f. zurück, doch darf nicht vorausgesetzt werden (gegen Lietzmann und Schlatter), daß diese Spaltungen und jene unbedingt die gleichen seien (s. G. Bornkamm, *Gesammelte Aufsätze* Bd. 2, 1959, S. 141). Die Spaltungen, die sich beim Mahl offenbaren, sind wenigstens teilweise das Ergebnis des Klassenunterschiedes zwischen Reichen und Armen, obwohl es nicht unmöglich wäre, daß Judenchristen, die auf koscheren Speisen bestanden haben werden, das Mahl zur Gelegenheit machten, sich von ihren heidnischen Mitchristen zu spalten. Aber es geht doch aus dem Text hervor, daß trotz der Spaltungen die ganze Gemeinde immer noch als *Versammlung* zusammenkam. Das griechische Wort *ἐκκλησία* wird normalerweise mit *Gemeinde* wiedergegeben (vgl. 1, 2). Im außerbiblischen Sprachgebrauch jedoch bezeichnete dieses Wort die Versammlung der zusammengerufenen Bürger einer griechischen Stadt, und im griechischen Alten Testament übersetzt es das hebräische Wort qahal, das oft die Versammlung des Gottesvolkes meint. Diesen Tatsachen entsprechend bezeichnet im Neuen Testament, bsd. aber 1. Kor. 14, das Wort *ἐκκλησία* nicht nur die Gemeinde als Volk Gottes, sondern die Versammlung des Gottesvolkes. Dies scheint auch hier der Sinn des Wortes zu sein.

Die korinthische *Versammlung* (*ἐκκλησία*) ist also von *Spaltungen* gekennzeichnet. Die in 10, 17 erwähnte Einheit ist noch nicht erreicht worden; sie wird sogar gerade beim Mahl verleugnet. Dies wird jedoch nicht als Grund angesehen, das Mahl aufzugeben; Paulus sieht das Mahl nicht als von der Verwirklichung der wahren Einheit abhängig, sondern er hält es für ein Mittel zur Verwirklichung.

So weit also das Hörensagen: *Ich höre* . . . Die Korinther waren stolz auf ihre Leistungen (z. B. 1, 4 ff.; 5, 2) und werden Paulus kaum selbst von den Spaltungen beim Mahl erzählt haben, erst recht nicht in ihrem Brief an ihn (7, 1 usw.). Er hörte vielmehr entweder durch die Leute der Chloë oder durch Stephanas, Fortunatus und Achaikus (1, 11; 16, 17) diese unerfreuliche Nachricht. **Und zum Teil glaube ich das auch:** *zum Teil*, weil er nur widerwillig einer solchen skandalösen Geschichte Glauben schenken möchte, *ich glaube* jedoch, weil diejenigen, die die Geschichte überbrachten, glaubwürdig sind; und auch weil der Bericht von Spaltungen an sich glaubwürdig ist (V. 19): **denn es muß Parteiungen** (Paulus benutzt also ein neues Wort, *αἱρέσεις*, aber ohne große Veränderung in der Bedeutung – wenn sich die Bedeutung verändert hätte, wäre hier die Verbindung der Gedanken zueinander nicht mehr aufzuzeigen) **unter euch geben, damit die Echten unter euch offenbar werden.** Wenn es keine Spaltungen gäbe, wären die Echten von den anderen gar nicht zu unterscheiden. Der Begriff *Echte* (*δόκιμοι*) meint in erster Linie solche, die Gott billigt (zum Gegenteil: vgl. 9, 27: *ἀδόκιμος*); aber Röm. 16, 10 (das Wort kommt auch in Röm. 14, 18; 2. Kor. 10, 18; 13, 7 vor) beweist, daß das Wort auch einen moralischen Sinn hat: Apelles war nicht der einzige Mann, den Gott annehmen konnte, sondern ein hervorragender Christ. So auch hier: die *Echten* sind letzten Endes nur deshalb solche, weil Gott sie erwählt und angenommen hat, aber sie werden durch ihr Verhalten als Christen gekennzeichnet. Paulus meint nicht: ... damit solche, die kraft der Erwählung Gottes Christen sind, von denen unterschieden werden können, die es nicht sind; sondern: ... damit solche, die sich nach wirklich christlicher Weise verhalten, von denen unterschieden werden können, die das nicht tun. Doch ist es wahr (so Kümmel gegen Lietzmann), daß Paulus in diesem Satz weder ironisch noch resigniert spricht; der Vers „beschreibt eine göttliche, eschatologische Notwendigkeit (vgl. 15, 25.53; 2. Kor. 5, 10 u. W. Grundmann, TWNT II, S. 23 ff.): das Auftreten von Spaltungen dient der klaren Scheidung beim Gericht (vgl. 3, 13)" (S. 185). Eine ähnliche Weissagung über Spaltungen wurde Jesus selbst in den Mund gelegt; s. J. Jeremias, *Unbekannte Jesusworte*, 3. Aufl., 1963, S. 74 f.

Die Spaltungen mögen unvermeidbar sein, aber erbaulich sind sie nicht und gereichen der Gemeinde, in der sie stattfinden, nicht zum Lob. **Wenn ihr nun zusammenkommt** (V. 20; Griechisch *ἐπὶ τὸ αὐτό* bedeutet hier ungefähr das gleiche wie in V. 18 *ἐν ἐκκλησίᾳ*), **dann nicht, um ein Mahl zur Ehre des Herrn zu essen.** „Zur Ehre des Herrn" übersetzt das eine griechische Adjektiv *κυριακόν*, das mit *Mahl* zusammensteht und eigentlich die Bedeutung hat: „den Herrn (*κύριος*) betreffend". Der Ausdruck „Herrenmahl" ist uns geläufig, stellt jedoch das wahre Verhältnis des Mahles zum Herrn nicht ins richtige Licht. Als Hilfen für diese Wiedergabe könnte man alle folgenden Ausdrücke heranziehen: „zum Gedächtnis des Herrn"; „unter der Autorität des Herrn"; „in der Gegenwart des Herrn"; in der Tat kann der wahre Sinn des Ausdrucks – der Sinn, in dem das Mahl wirklich „des Herrn" ist –, nur durch den ganzen folgenden Abschnitt zum Ausdruck gebracht werden; der Kontrast im nächsten Vers legt jedoch hier unsere Übersetzung nahe. Das Mahl, wie es in Korinth gefeiert wird, bringt dem Herrn keine Ehre, wie es aber eigentlich sollte, **denn beim Essen eilt** (V. 21; *προλαμβάνει*; nimmt es also ein, bevor die anderen so weit sind; vgl. V. 33) **jeder mit seinem eigenen Mahl voraus, und der eine hungert, während ein anderer sich betrinkt** (*μεθύει* kann kaum etwas weniger Anstößiges bedeuten). Es handelte sich bei diesen Gelegenheiten also um ein richtiges Mahl und nicht nur um symbolische Handlungen und bedeutsame Worte. Es ist aber nicht richtig, daß der eine hungert, während der andere sich betrinkt; wenn das Mahl anständig durchgeführt würde, würde keiner Hunger leiden und keiner sich betrinken, sondern es würden alle mäßig mit Speise und Trank versorgt werden. Es wird (s. bsd. V. 22) von allen Gliedern der Gemeinde erwartet, daß sie ihre Habe miteinander teilen; die Reichen müssen dann mehr mitbringen, als sie benötigen, um für die Bedürfnisse der Armen aufzukommen. In der Tat brachten auch die Reichen mehr mit, als sie eigentlich brauchten, doch aßen sie das Zusätzliche selbst! Das hieße aber nicht, des *Herrn* Mahl, sondern das *eigene* Mahl einzunehmen. Kein Wunder, daß sich Paulus hier so empört äußert. **Wie? Habt ihr denn keine Häuser zum Essen und Trinken?** (V. 22). Oberflächlich gesehen könnte man diesem Satz entnehmen, daß das normale nicht-religiöse Essen und Trinken zu Hause durchgeführt werden sollte, daß also die Mahlfeier im Gegensatz zu dem, was wir oben ausführten, kein normales Mahl mit einschloß. Aber Paulus geht es hier um etwas anderes. Wenn die Reichen wirklich allein essen wollen und dabei bessere Speise zu sich nehmen, als die, die die ärmeren Brüder mitbrachten, sollten sie dies doch zu Hause machen; wenn sie schon nicht auf andere warten können (V. 33), wenn sie schon zu viel essen müssen, dann sollten sie doch wenigstens das gemeinsame Mahl der Gemeinde von solchen anstößigen Praktiken freihalten. Ihr Verhalten zeigt, daß sie die Gemeinde als Ganzes eigentlich verachten. **Verachtet ihr die Gemeinde Gottes** (vielleicht sollten wir in diesem Zusammenhang übersetzen: *Versammlung* oder *Zusammenkunft*; s. Komm. zu V. 18) **und wollt die Armen beschämen?** (Das Verb *καταισχύνετε* ist im Präsens, wird von daher einen Versuch anzeigen; *die Armen* sind wörtlich *die Nicht-Habenden*, *τοὺς μὴ ἔχοντας*; vielleicht: *diejenigen, die keine Häuser besitzen*.) Der Arme, der wenig oder gar keine Speise mit sich bringen kann, wird sich natürlich, wenn auch zu Unrecht, schämen, wenn er sieht, welche Mengen an Speise und Getränken von seinen Mitchristen mitgebracht werden. Die Taten des Reichen sind nicht von der Liebe bestimmt (s. Röm. 14, 15; vgl. Jak. 2, 1 f. und *Taanith* 4, 8: . . . daß sich keiner schämen sollte, der sie (weiße Gewänder) nicht hatte . . .) und kommen darum einer Verachtung nicht nur der Armen, sondern auch Gottes gleich, denn er hat nicht viele Weise, nicht viele Mächtige, nicht viele Edle in seine Gemeinde gerufen; vgl. 1, 26. Gott hat den Armen angenommen, so wie er auch den Mann angenommen hat, dessen Glaube und Gewissen schwach ist (8, 9–13; 10, 29 f.; Röm. 14, 1.3 f. 10.13; 15, 1.7); darum müssen auch die stärkeren Christen ihn annehmen. Durch ihr Versagen auf diesem Gebiet entweihen die Korinther den sakramentalen Aspekt des Abendmahls – nicht durch liturgische Abweichung oder durch Unterschätzung des Sakraments, sondern durch ihre unbrüderliche Einstellung (s. Bornkamm, a.a.O.). Diese Sicht der Dinge wird untermauert, wenn wir mit H. Kosmala (*Novum Testamentum* vol. 4, S. 81–94) in dem Ausdruck *zu meinem Gedächtnis* (V. 24 f.) eine besondere Hervorhebung der Jüngerschaft und der Nachahmung Jesu sehen.

Was in Korinth vor sich geht, ist eine so offensichtliche Leugnung christlicher Prinzipien und christlicher Praxis, daß sogar der Apostel nicht mehr weiß, was er sagen soll. **Was soll ich euch sagen? Soll ich euch loben** (wir lesen hier *ἐπαινέσω* als Aor. Konj.; s. Fußnote 75, S. 299)**?** Vgl. V. 2 und 17. Anscheinend suchten die Korinther Lob vom Apostel und stellten ihre Gemeinde ins bestmögliche Licht. **In dieser Sache lobe ich euch nicht.** Man könnte hier die Satzzeichen anders setzen: *Soll ich euch in dieser Sache loben? Ich lobe euch nicht.* Aber die hier bevorzugte Übersetzung ist besser; in einigen Angelegenheiten konnte Paulus die Gemeinde doch, wenn auch begrenzt, loben; in dieser Angelegenheit jedoch nicht.

Paulus weiß aber bald wieder, was er sagen will. Er geht dadurch auf die Situation ein (soweit sie überhaupt per Brief geregelt werden kann, V. 34), daß er an die Worte und Taten Jesu beim letzten Mahl erinnert – erinnert, weil er dieses Material den Korinthern schon überliefert hatte. Es sollte nicht vorausgesetzt werden (wie dies oft getan wird), daß die nächsten Worte (V. 23 ff.) zu dieser Zeit schon als Abendmahlsliturgie gebraucht wurden. Paulus gibt nirgends zu verstehen, daß er jetzt Worte zitiert, die die Korinther in diesem Sinne wiedererkennen müßten; und er weist nicht etwa darauf hin, daß das Verhalten der Korinther nicht mit den Worten übereinstimmte, die sie selbst bei der Abendmahlsfeier benutzten. Zwar wurde des Herrn Tod verkündigt (V. 26), so daß wir vielleicht davon ausgehen können, daß ein Bericht über das letzte Mahl des Herrn überliefert wurde (wie er in den Passionsberichten der Evangelien enthalten ist), aber das dürfen wir nicht mit liturgischen Formeln gleichsetzen. Paulus stellt hier fest – ohne sagen zu wollen, daß die Behauptung schon bekannt sein müßte –, daß die Worte und Taten des Herrn Jesus beim letzten Mahl als für die Gemeinde mit ihrer Mahlfeier vorbildlich verstanden werden sollten. Darum fängt auch der nächste Vers mit **denn** (V. 23; *γάρ*) an.

Was ich überlieferte, empfing ich vom Herrn. Dies ist die Sprache der Überlieferung im wissenschaftlichen Sinne und entspricht der bei den Juden üblichen Sprache. *Empfing* (*παρέλαβον*) entspricht hier dem hebräischen *qibbel, überlieferte* (*παρέδωκα*) dem hebräischen *masar*; vgl. 15, 1.3. Man sollte sich jedoch daran erinnern, daß beide Worte im damaligen Griechisch in diesem Sinne benutzt wurden, lange bevor der jüdische Einfluß gespürt wurde; ohne weitere Beweise darf man hier also keinen vollrabbinischen Inhalt in die Worte hineinlesen. Schlatter merkt an, daß beide Worte vom militärischen *σημεῖον* gesagt wurden: Josephus, *Ant.* 19, 31. Gewiß wurden Berichte von dem, was Jesus gesagt und getan hatte, in der Urgemeinde hin- und hergereicht; aus solchen Berichten gingen unsere Evangelien hervor. Wenn wir dies feststellen, so heißt das nicht, daß wir ein positives oder negatives Urteil über die geschichtliche Zuverlässigkeit der Evangelien oder der Passionsberichte fällen, denn Traditionen werden bald genau, bald ungenau und tendenziös überliefert; es gibt kaum Beweise dafür, daß die komplizierten jüdischen Überlieferungsmethoden von den Christen auf ihr ganz anderes Material, das in sehr verschiedenen Bevölkerungsgruppen überliefert wurde, angewendet wurden. Aber in welchem Sinn erhielt Paulus diese Überlieferung *vom Herrn* (*ἀπὸ τοῦ κυρίου*)? Man hat meistens zwei Möglichkeiten in Erwägung gezogen: (a) Der Herr selbst war der Ursprung der Überlieferung, und zwar in dem Sinne, daß er das erste Glied in einer Kette war, die bis zu Paulus reichte. Augenzeugen hatten an andere weitergegeben, was der Herr gesagt und getan hatte; diese gaben den Bericht weiter, und so weiter, bis der Bericht Paulus erreichte, der ihn also nicht *unmittelbar*, sondern durch ungebrochene Überlieferung hatte. (b) Der Herr teilte Paulus die hier aufgeführten Wahrheiten unmittelbar mit – vielleicht während seines Erlebnisses auf der Straße nach Damaskus oder bei einer anderen Vision. Paulus hatte also die Überlieferung direkt vom Herrn empfangen, ohne jegliche Vermittlung. Gegen (b) spricht natürlich, daß Paulus die Sprache der Überlieferung verwendet; gegen (a) hingegen spricht, daß er selbst davon schreibt (Gal. 1, 12: *οὐδὲ . . . παρέλαβον*), daß er von menschlicher Belehrung unabhängig war. Die hier benutzte Präposition ist Gegenstand vieler Erörterungen gewesen; sie kann hier wohl nicht die ganze Frage entscheiden (M. I, S. 237 und 246), doch meinen einige Ausleger, sie müsse den Ursprung der Überlieferung, nicht jedoch den, von dem Paulus die Überlieferung unmittelbar empfing, bezeichnen. Ein möglicher Kompromiß wäre es, wenn wir annähmen, Paulus hätte die Überlieferung der Fakten von Menschen, deren Auslegung hingegen unmittelbar vom Herrn empfangen. Vielleicht ist es noch besser, wenn wir (s. O. Cullmann, *Urchristentum und Gottesdienst*, Zürich 1950 (2. Aufl.); Bornkamm, *Gesammelte Aufsätze II*, S. 148; F. Hahn, *Christologische Hoheitstitel*, 1964, S. 93) die Autorität des Herrn mit und in der menschlichen Überlieferung anerkennen, die auch jetzt in der Heiligen Schrift verwahrt ist. „Das überlieferte Wort ist das Wort des Lebendigen“ (Bornkamm, S. 148).

Paulus hatte also vorher selber gelernt und den Korinthern überliefert, **daß der Herr Jesus in der Nacht, in der er verraten wurde** (V. 24; vielleicht besser: *übergeben wurde* – und zwar von Gott in den Tod; vgl. Röm. 4, 25; 8, 32; doch kann das Wort in der Überlieferung, für deren Wortlaut Paulus selbst nicht verantwortlich war, eine andere Bedeutung gehabt haben)**, Brot nahm und, als er das Dankgebet gesprochen hatte, es brach.** Die *Nacht* wird wohl diejenige vor der Kreuzigung gewesen sein; alle Evangelisten berichten, daß Jesus in jener Nacht zusammen mit seinen Jüngern ein Mahl einnahm. Johannes überliefert keine besonderen Handlungen oder Worte Jesu im Zusammenhang mit einem Brot oder Kelch (s. aber Joh. 6, 51–58); Matthäus, Markus und Lukas überliefern hingegen einen Bericht, der dem des Paulus ähnlich ist und sich nur in den Einzelheiten von ihm unterscheidet. Die Unterschiede werden zum größten Teil im Folgenden aufgezeigt. Das Mahl muß in unmittelbarem Zusammenhang mit der Kreuzigung betrachtet werden. Was Jesus nach der Überlieferung tat, hätte bei jeder jüdischen Mahlzeit (besonders feierlich aber beim Passahmahl) von jedem jüdischen Hausvater vollzogen werden können. Das Dankgebet (vgl. 10, 16) über das Brot lautete: „Gepriesen seist du, o Herr, unser Gott, du ewiger König, der du Brot von der Erde hervorbringst.“ Es erübrigt sich natürlich, herauszustellen, daß weder Paulus noch die Evangelisten meinten, Alltägliches zu überliefern; doch erhalten die Taten Jesu ihre Bedeutung aus dem Zusammenhang und im Lichte der folgenden Worte. Jesus **sagte: Dies ist mein Leib, der für euch ist** (wir könnten vielleicht übersetzen: für euch *gegeben*, obwohl hier viele Hss. bieten: für euch *gebrochen wird*; im Griechischen steht kein Verb; das Ganze wird in Lk. 22, 19 wesentlich glatter ausgedrückt)**; tut dies zu meinem Gedächtnis.** Diese Worte werden Jesus selbst zugeschrieben, der beim letzten Mahl leiblich zugegen war – und darum physisch von dem Brotlaib, von dem er sprach, zu unterscheiden. Das Wort *Leib* verdient unsere Aufmerksamkeit (auch wenn wir mit J. Jeremias, *Die Abendmahlsworte Jesu*, 1960, S. 191–194, davon ausgehen, daß der historische Jesus tatsächlich: *Mein Fleisch* gesagt haben wird; es sei hier ein für allemal vermerkt, daß wir in diesem Kommentar nicht auf die Frage eingehen können, was beim letzten Mahl tatsächlich vor sich ging; wir müssen uns hier auf den Gebrauch beschänken, den Paulus von der Überlieferung macht) und sollte wahrscheinlich im Lichte der Parallele *Pesahim* 10,4 („Leib des Passah [-lammes]“) verstanden werden. Dies, sagt Jesus vom Brot, ist *mein* Leib. Wir sahen schon (5, 7), daß Paulus Jesus für das neue christliche Passahlamm hielt; hier will er das wohl noch einmal unterstreichen. Für die Juden war das Passah das Fest und das Opfer der Befreiung: „Er führte uns aus der Sklaverei in die Freiheit, aus der Finsternis in ein großes Licht, aus der Knechtschaft in die Erlösung“ *(Passah-Haggada)*. Christus, der Gekreuzigte (1, 23), hat durch seinen Tod eine ähnliche Befreiung bewirkt (vgl. Röm. 3, 25 und *Romans* z. St.), und diese Befreiung wird im Abendmahl dargestellt. In diesem Sinn wird gesagt, daß der Leib des Herrn *für euch* ist. Bemerkenswert ist an dieser Stelle, daß sich Paulus nicht auf das Thema von 10, 17 bezieht; er konnte mehr als eine mögliche Auslegung des Abendmahls erkennen.

In 1. Kor. (und Lk. 22, 19b, jedoch nicht bei Matt. und Mk.) wird der Abschnitt fortgesetzt: *Tut dies* (nämlich: Sagt ein Dankgebet, brecht und verteilt ein Brot) *zu meinem Gedächtnis.* Da sie hier Teil eines griechischen Textes sind, erinnern diese Worte ganz natürlich an die großen Erinnerungsfeste, die im hellenistisch-römischen Leben eine so große Rolle spielten. Viele Beispiele bei Weiß und Jeremias, eines der auffallendsten aus dem Testament des Epikur (Diogenes Laertius 10, 16–22), der eine jährliche Feier „zu unserem (= meinem) Gedächtnis und dem des Metrodorus" anordnete. Die frühere Tradition (s. Jeremias, *Abendmahlsworte*, S. 82) enthielt diese Worte nicht, und wahrscheinlich wird die Formulierung wenigstens teilweise auf die hellenistische Sitte zurückgehen, obwohl die heidnischen Gedächtnisfeiern nicht so oft abgehalten wurden wie die christlichen. Die Unterschiede überraschen allerdings nicht; man glaubte z. B. nicht daran, daß Epikur von den Toten auferstanden sei. In dieser Hinsicht haben wir eine bessere Parallele im Bericht des Lukian (*De Syria Dea* 6) über die Feste „in Erinnerung der Passion" (*μνήμη τοῦ παθεος*; vgl. Justin, *Trypho* 41) des Adonis. Heidnische Gedächtnisfeiern werden jedoch den Gesamtinhalt unseres Satzes nicht bestimmt haben, und sie können kaum eine ausreichende Auslegung ermöglichen. Wie wir gesehen haben, war das Passahmahl (s. Ex. 13, 9) an sich schon eine Gedächtnisfeier, nur wurde in ihm nicht an eine Person, sondern an einen göttlichen Akt erinnert. Das christliche Abendmahl erinnerte ebenfalls an eine göttliche Befreiungstat, doch stand diese Tat in engem Zusammenhang mit einer noch bedeutenderen Persönlichkeit, so daß das Fest ganz natürlich zu seinem (Jesu) Gedächtnis geschah. Er hatte sich um seines Volkes willen dahingegeben, und sie teilten die Segnungen, die er für sie erworben hatte, wie sie auch das Brot miteinander zu seinem Gedächtnis teilten. S. den Verweis auf Kosmalas (vgl. S. 304).

In gleicher Weise (V. 25; d. h. er nahm, dankte und teilte seinen

Jüngern aus) **nahm er auch** (*nahm er* fehlt im griechischen Text, muß aber um der Verständlichkeit willen hinzugefügt werden) **den Kelch, nachdem sie das Mahl eingenommen hatten** (vgl. 10, 16; der *Segenskelch* wurde erst getrunken, nachdem sie das Mahl eingenommen hatten; Bornkamm, *Ges. Aufsätze* II, S. 154, sieht hierin den Hinweis, „daß Brot- und Kelchwort durch die ganze Mahlzeit getrennt sind" – was entschieden dafür sprechen würde, daß der Bericht des Paulus früher als der des Markus datiert werden sollte)**, und sagte: Dieser Kelch ist der neue Bund in meinem Blut.** Der Wortlaut von Paulus unterscheidet sich hier erheblich von den Evangelien:

Matthäus 26, 27 f.: „Trinket alle daraus, denn dies ist mein Bundesblut, das für viele vergossen wird zur Vergebung der Sünden."

Markus 14, 24: „Dies ist mein Bundesblut, das um vieler willen vergossen wird."

Lukas 22, 20: „Dieser Kelch ist der neue Bund in meinem Blut, das um euretwillen vergossen wird."

Oft wird die paulinische Form als sekundär dargestellt, weil sie die direkte Identifizierung des im Kelch enthaltenen Weines mit dem Blut vermeidet und so den für einen Juden besonders anstößigen Gedanken, Blut zu trinken, nicht aufkommen läßt. Das Argument mag allerdings richtig sein, kann aber genauso umgekehrt werden: Jesus war selbst Jude und kann deswegen diese Identifizierung selbst vermieden haben (wenn wir vorsichtiger sein wollen, können wir sagen, nicht Jesus, sondern die palästinische Überlieferung habe sie vermieden). Die Gleichsetzung des Weines mit dem Blut könnte dann zu einem späteren Zeitpunkt erfolgt sein, nachdem das Evangelium auf eine heidnische Umwelt übergegangen war und der Parallelismus von *Dies ist mein Leib* die Begleitaussage in die Form *Dies ist mein Blut* hineinzwängte.

Es besteht kein Unterschied in der Bedeutung von *Dies ist mein Bundesblut* und *Dieser Kelch ist der neue Bund in meinem Blut.* Beide Formen der Aussage setzen voraus, daß das Vergießen von Christi Blut einen neuen Bund zwischen Gott und den Menschen einleitete (*in meinem Blut* sollte nicht mit *Kelch*, sondern mit *Bund* konstruiert werden). Im Hintergrund stehen zwei alttestamentliche Stellen: Ex. 24, 8 und Jer. 31, 31–34. (Zur Bedeutung dieser Stelle in der neutestamentlichen Theologie s. C. H. Dodd,

According to the Scriptures, 1952, S. 45.) Als am Sinai der Bund geschlossen wurde, besprengte Mose das Volk mit dem Blut der Opfertiere und sagte die Worte: „Das ist das Blut des Bundes, den der Herr ... mit euch geschlossen hat.“ Und Jeremia verheißt nach dem Versagen des alten Bundes die Einsetzung eines neuen Bundes, unter welchem Sündenvergebung, persönliche Gotteserkenntnis und Gemeinschaft mit Gott dem Einzelnen zuteil werden. Es wird also im Neuen Testament gelehrt, daß der neue Bund wie der alte mittels eines Opfers eingeleitet wird. Doch werden nicht wie Ex. 24, 5 Ochsen geopfert (vgl. Ex. 24, 5), sondern Jesus selbst wird geopfert. Das Vergießen seines Blutes ist das Fundament des neuen Bundes, unter welchem den Menschen die Sünden vergeben werden (vgl. 15, 3) und ihnen persönliche Gotteserkenntnis zuteil wird. Der Passah-Rahmen des letzten Mahles und der Kreuzigung (vgl. 5, 7) stellt den Gedanken des Bundesopfers in einen neuen Zusammenhang, und insbesondere wird ein neues Mittel offenbar, kraft dessen das Opferblut denen zugute kommen kann, die davon profitieren sollen. Der Segenskelch, den alle am Mahl Teilhabenden trinken, wird (bei Paulus nicht tatsächlich zum Bundesblut) zum Mittel, durch das man am Bund teilhat. Wer vom Kelch trinkt, hat teil an dem Bund, der *in* (vielleicht: *kraft* oder *auf Kosten von*) Christi Blut geschlossen wurde. Auf diese Weise verbindet sich das Trinken aus dem Kelch mit dem, was in 10, 17 über das Essen von dem Brotlaib gesagt wird, der den einen Leib darstellt, in dem die Gläubigen zusammengefügt sind: diejenigen, die am Bund mit dem Herrn teilhaben, gehen zur gleichen Zeit einen Bund miteinander ein, so daß aus der Mahlfeier eine Bundesgemeinschaft hervorgeht.

Die Parallele zu V. 24 wird durch einen weiteren Satzteil ergänzt: **Tut dies** (s. Komm. zu V. 24; weder dort noch hier hat das Wort *tun* – *ποιεῖν* – ein Opfer zum Inhalt; es meint lediglich: Nehmt einen Kelch, sprecht ein Dankgebet darüber und trinkt alle davon)**, so oft ihr trinkt, zu meinem Gedächtnis.** Das Verb *trinken* hat hier kein Objekt; man könnte als Objekt den *Kelch* einsetzen, von dem eben die Rede war; besser wäre vielleicht Wein. Die zusätzlichen Worte (die in V. 24 keine Parallele finden) schränken ein. Christen sollen *dies tun* – nicht jedes Mal, wenn sie essen, sondern wenn sie Wein trinken. Brot war stets zur Hand; in normalen Haushalten hingegen (1, 26) war Wein nicht immer vorrätig. Wein wäre also bei Zusammenkünften der Gemeinde eher vorhanden gewesen als bei häuslichen Treffen; er wird aber nicht bei jeder Gemeindeversammlung vorrätig gewesen sein. Da, wo kein Wein vorhanden war, würde der Tod des Herrn und der daraus entstehende Segen durchaus durch das gebrochene Brot dargestellt werden (vielleicht fügte Paulus deshalb hier – im Gegensatz zu Markus – die Worte hinzu: *der für euch ist*); der Weinkelch und das damit symbolisierte Bundesblut würde dazu dienen, die Bedeutung des Bundesopfers klarer zu machen.

Wahrscheinlich endet das überlieferte Material schon in V. 25; vielleicht fügte Paulus selbst die Worte hinzu: *der für euch ist* (s. oben). Nun setzt er aber einen weiteren Satz hinzu, der die Verbindung zwischen dem Abendmahl und dem Tod Christi unterstreicht und den Sinn aufzeigt, den er den Worten *Tut dies zu meinem Gedächtnis* beilegen wollte. **Denn** (V. 26; *γάρ*, gibt den Grund an; es ist schwer einzusehen, daß der neue Satz etwas anderes als die Eigenschaft des Mahles als Gedächtnismahl erklären sollte) **so oft** (*ὁσάκις*, wie V. 25; an sich kein paulinisches Wort, doch kann er es hier aufgegriffen haben, nachdem er es eben aus der Überlieferung zitiert hatte) **ihr dieses Brot eßt und diesen Kelch trinkt** (so oft ihr also *dies tut*; V. 24 ff.)**, verkündigt ihr den Tod des Herrn, bis er kommt.** Einige Ausleger (z. B. Weiß) verstehen das *καταγγέλλετε* (*verkündiget*) in dem Sinn: „Ihr stellt anhand des gebrochenen Brotes und des ausgegossenen Weines den Tod des Herrn symbolisch dar" – wie in einem *visibile verbum* („sichtbaren Wort") – so Augustin über die Taufe, *In Joannis Euangelium Tract.* 80, 3. Doch scheint es gewiß zu sein (s. J. Schniewind in TWNT Bd. 1, S. 68–71), daß Paulus hier *proklamieren, ankündigen, ansagen* gemeint hat – d. h. wenn Christen zu einem gemeinsamen Mahl zusammenkamen, erinnerten sie sich durch Erzählung oder Lesung an die gemeinsame Grundlage ihrer christlichen Existenz. Dieses Erzählen, welches an das Erzählen der Exodusgeschichte beim jüdischen Passah erinnert, muß fortlaufende Perikopen zusammengefaßt haben und hilft mit, die relative Kontinuität und die feste Form des Passionserzählungen in den Evangelien zu erklären. Die Geschichte war sehr oft wiederholt worden, ehe sie niedergeschrieben wurde.

Die Wiederholung von der Geschichte des Todes des Herrn soll sich so lange fortsetzen, *bis er kommt.* (Hier haben wir zu verstehen: Bis er vom Himmel zurückkommt.) Es kann sich hier jedoch um mehr als um eine zeitliche Begrenzung handeln. Der griechische Ausdruck (ἄχρι οὗ) „leitet ... *stets* den Ausblick auf das Erreichen des eschatologischen Zieles ein: Röm. 11, 25; 1. Kor. 15, 25; Lk. 21, 24" (J. Jeremias, *Abendmahlsworte*, S. 244). Jeremias verbindet diese Tatsache mit seiner Auslegung des Wortes *Gedächtnis* (ἀνάμνησις), welches er für gottbezogen hält: Gott sollte sich an seinen Messias *erinnern*, indem er die *Parusie* herbeiführt. Diese Auslegung mag vielleicht für ein früheres Stadium der Überlieferung gegolten haben, jedoch nicht für Paulus; und trotzdem kann die Folgerung von Jeremias an dieser Stelle stimmen. Der griechische Ausdruck (ἄχρι οὗ ἔλθῃ) geht auf die Maranatha-Formel der Liturgie zurück, mit der die Gemeinde um die Wiederkunft ihres Herrn betet. Das Mahl geschieht also zum „Gedächtnis" (ἀνάμνησις) des Kyrios, weil dadurch der Anfang der Heilszeit verkündigt und um das Hereinbrechen der Vollendung gebeten wird (s. Jeremias, ebenda). Vgl. *Didache* 10, 5; und s. Komm. zu 16, 22 (*maranatha*).

Zum Kommen des Herrn vgl. 15, 23. Man kann nicht bezweifeln, daß Paulus, als er den 1. Kor. schrieb, damit rechnete, daß er selbst lange genug leben würde, um dieses große Ereignis persönlich mitzuerleben. Die sich um den Abendmahlstisch versammelnde Gemeinde bildete ein lebendiges Kettenglied zwischen dem Anfang und dem Ende der Zwischenzeit zwischen den beiden Ankünften des Herrn. Auffallend ist, daß sich Paulus hier nicht auf die Auferstehung bezieht. Es kann sein, daß für ihn die Auferstehung eher mit einer Erhöhung Jesu als mit einer Rückkehr Jesu zu seinem normalen Leben mit seinen alten Freunden gleichzusetzen war. Zwar erschien Jesus den Jüngern (15, 5–8), doch hielten diese Erscheinungen nur verhältnismäßig kurze Zeit an; sie waren ihrem Wesen nach außerordentlich. Für Paulus war also das Abendmahl (– wie auch immer andere Christen es sich vorgestellt haben mögen –) nicht eine Fortsetzung der Mahlgemeinschaft zwischen Jesus und seinen Jüngern. Er identifizierte den Wein ja nicht mit dem Blut Jesu (V. 25; vgl. Mk. 14, 24); und obwohl er die Worte über das Brot zitiert (*Dies ist mein Leib*), meint er doch damit: „Dies ist das (oder ein) Mittel, durch das die Segenszuwendungen Gottes aufgrund meines gebrochenen Leibes empfangen werden können." Spätere eucharistische Liturgien nahmen schnell das Thema der Auferstehung auf (z. B. *Gemeindeordnung* des Hippolyt, 4, 11: *memores igitur mortis et resurrectionis*), doch betont Paulus etwas anderes – und scheint damit mit dem ursprünglichen Verständnis des Abendmahls in Einklang gewesen zu sein. Das historische Mahl in der Nacht, als Jesus verraten wurde, das unter dem Schatten des Kreuzes stattfand, war Erwartung des herrlichen Festes im Reich Gottes; diese Situation wurde durch die Auferstehung Jesu nicht geändert; nur hat die Auferstehung die Hoffnung und den Glauben der am Mahl teilnehmenden Jünger gestärkt und bestätigt. Sie aßen zwar noch in der Umgebung und in der äußeren Gestalt von „Unehre", doch schauten sie nach einer „Herrlichkeit", die sie noch nicht erlebt hatten (zu dieser Sprache s. Passahregeln *Pesahim* 10, 4; beim Erzählen der Geschichte fängt das Haupt des Hauses mit der „Unehre" an, hört aber bei der „Herrlichkeit" auf). S. auch die Einleitung, S. 39f.

Das christliche Abendmahl gründete sich also auf das Opfer des Leibes Jesu. Dieses Opfer war ein göttlicher Befreiungsakt, durch den Sünden vergeben wurden und ein neuer Bund zwischen Gott und den Menschen geschlossen wurde. Die in den Bund aufgenommenen Menschen wurden nun auch untereinander vereint, da sie mit Gott versöhnt waren. Das Abendmahl wurde also von einer Nacherzählung des Sühneaktes begleitet; die Liebe Gottes wurde sündigen Menschen ans Herz gelegt (vgl. Röm. 5, 8). Wie sollte es in der Praxis durchgeführt werden? Auf keinen Fall so, wie sie es bisher in Korinth getan hatten; darum hier der Übergang zu einer strengen Warnung, sogar zu Vorwürfen. E. Käsemann (*Exegetische Versuche und Besinnungen* I, Göttingen, 1960, S. 26) macht auf die Häufung der rechtlichen und juristischen Begriffe und Formulierungen aufmerksam, fügt dann hinzu: „Die Korinther müssen auf solchen Sachverhalt aufmerksam gemacht werden, weil sie sich in ihrem Enthusiasmus jedem Recht und Gericht enthoben zu sein glauben. Daß Selbstoffenbarung Christi den Menschen zum Gehorsam ruft, bedeutet zugleich, daß sie ihn in die Verantwortung vor den letzten Richter zieht, der in seiner Gemeinde heute schon handelt, wie er der Welt gegenüber am jüngsten Tag handeln wird. Er schenkt Heil, indem er in seine Herrschaft stellt, und läßt das Verschmähen seiner Herrschaft als selbstverschuldetes Gericht tödlich erfahren." **Folglich wird der**

(V. 27; ὥστε will das Ergebnis zum Ausdruck bringen), **der unwürdig vom Brot des Herrn ißt oder vom Kelch des Herrn trinkt** (*des Herrn τοῦ κυρίου*, steht im griechischen Text nur einmal, bezieht sich jedoch sowohl auf Brot als auf Kelch), **des Leibes und des Blutes des Herrn schuldig sein** (d. h. wird eines Vergehens gegen den Leib und das Blut des Herrn für schuldig befunden; die etwas ungewöhnliche Verwendung des griechischen Wortes ἔνοχος kann Wiedergabe der Konstruktion des rabbinischen *hạjjab* sein). Was Paulus mit *unwürdig* meint, wird in V. 21f. erklärt; er denkt an das moralische Versagen durch Spaltung und Geiz, das die korinthische Versammlung kennzeichnete. Wer so ißt, ißt nicht das Herrenmahl – sondern das eigene Mahl (V. 21). In welchem Sinne aber wird er eines Vergehens gegen den Leib und das Blut des Herrn für schuldig befunden? Paulus hat nicht die Vorstellung, Leib und Blut des Herrn wären physisch gegenwärtig, denn er identifiziert den Wein nicht mit dem Blut des Herrn. Und wie wir gesehen haben, bedeutete die Gleichsetzung des Brotes mit dem Leib Christi, daß das Brot Mittel zur Teilnahme am durch Christi Werk erwirkten Segen ist. Daß hier *Leib* nicht mit *Gemeinde* gleichgesetzt werden darf, zeigt die gleichzeitige Erwähnung des *Blutes* mit dem Leib. V. 27 muß vielmehr im Lichte von V. 26 ausgelegt werden. Das Essen und das Trinken werden von der Verkündigung des Todes des Herrn begleitet und interpretiert. Aufgrund dieses Todes aber kann man erst sagen, daß sein Leib und sein Blut wirklich *für uns* sind. Wer im obigen Sinne *unwürdig* ißt und trinkt widerspricht dem Zweck der Selbstaufopferung Christi und dem Geist derselben und identifiziert sich somit mit denen, die für die Kreuzigung verantwortlich waren, also nicht mit denen, die durch den Glauben die Frucht der Kreuzigung empfangen. Vgl. 8, 12.

Was muß also ein Teilnehmer am Abendmahl tun, wenn er es würdig genießen will? **Der Mensch prüfe sich** (*δοκιμαζέτω*) **selbst; d. h. wie er von dem Brot esse und von dem Kelch trinke** (V. 28; wörtlich aber: *so soll er . . . essen und . . . trinken*). *Das Prüfen* erinnert an die *Echten* von V. 19. Vgl. ebenfalls 2. Kor. 13, 5f. Die Entscheidung liegt bei Gott, doch kann sich der Mensch fragen, welche Entscheidung er eigentlich verdient hat. Paulus fordert nicht, daß die Teilnehmer am Mahl ethisch unbefleckt sein sollen; sondern er fordert lediglich, daß solche Teilnehmer ihr eigenes Leben und Verhalten beobachten und prüfen. **Denn** (*γάρ*, gibt den Grund an, bzw. eine weitere Aussage zum V. 27 genannten Grund, warum sich der Mensch prüfen soll) **wer ißt und trinkt** (V. 29; viele Hss. fügen hier hinzu: *unwürdig*; s. Fußnote 76, S. 299; K. W. Clark in: *Studia Paulina*, S. 60f.)**, der ißt und trinkt sich selbst Gericht** (vgl. *Acta Thomae* 29: „Diese Eucharistie soll euch zum Erbarmen und zur Barmherzigkeit sein, jedoch nicht zum Gericht und zur Vergeltung")**, wenn er den Leib** (viele Hss. fügen hinzu: *des Herrn*; s. Fußnote 77, S. 299; Clark, a.a.O.) **nicht unterscheidet.** Die von einigen Hss. hinzugefügten Worte stellen eine mögliche Auslegung des Textes dar; die Worte selbst sind unbedingt sekundär, die Auslegung muß jedoch darum nicht sekundär sein! Hier wird das Unwürdig-Essen mit dem Nicht-Unterscheiden des Leibes des Herrn gleichgesetzt. Wir sollten diesen schwierigen Vers jedoch erst auszulegen versuchen, nachdem wir eine Anzahl Parallelen aus dem Zusammenhang betrachtet haben.

Als Ganzes spricht der Absatz von dem, der *ißt und trinkt*, also vom Teilnehmer am Tisch des Herrn. Ein solcher Mensch *ißt und trinkt sich selbst Gericht* (*κρίμα*); d. h. er setzt sich dem Gericht aus – nicht einfach in dem Sinn, wie alle Menschen zum Gericht vor Gott erscheinen müssen (Röm. 14, 10; 2. Kor. 5, 10), sondern in einem besonderen Sinn. Dies erinnert eindeutig an V. 27 oben, wo das Wort *schuldig* (*ἔνοχος*) aus dem Rechtswesen stammt. Wir merkten schon an, daß in diesem Text viele juristische Ausdrücke benutzt werden. *Schuldig* und *Gericht* (wiederholt sich in V. 34) sind schon vorgekommen; *unterscheiden* (*διακρίνειν*) kommt in V. 29.31 vor, *richten* in V. 31.32 und *verurteilen* (*κατακρίνειν*) in V. 32; vgl. *prüfen* in V. 28. Es erscheint unmöglich, die verbalen Verbindungen genau in die deutsche Sprache zu übersetzen, aber sie fallen hier im griechischen Text besonders auf. Die fraglichen Personen setzen sich also dem Gericht aus, decken ihre eigene Schuld auf, wenn sie zum Abendmahl zusammenkommen. Das tun sie, weil sie *den Leib nicht unterscheiden*. Das Wort unterscheiden (*διακρίνειν*) kann nicht immer mit dem gleichen deutschen Wort übersetzt werden, weil Paulus es nicht konsequent in einem einheitlichen Sinne benutzt. In 4, 7 hat das Wort die Bedeutung: jemand als von den anderen unterschieden kennzeichnen; 6,

5: Zwischen zwei sich streitenden Brüdern entscheiden, um festzustellen, wer Recht, wer Unrecht hat; 14, 29: Den Weissagungen mit kritischer Aufmerksamkeit lauschen. Die anderen Vorkommen des Wortes bei Paulus (Röm. 4, 20; 14, 23) sind nicht relevant, weil das Verb dort als Deponens gebraucht wird. In diesem unmittelbaren Zusammenhang wird das Verb reflexiv benutzt: V. 31 – *Wenn wir uns selbst untersuchten*; vgl. V. 28, *Der Mensch prüfe sich selbst.* Es wurde vorgeschlagen (s. unten zu dieser Ansicht Ehrhardts), daß im jetzigen Vers das Substantiv *Leib* als eine Art Reflexivpronomen benutzt wird. Dies wäre jedenfalls im Hebräischen (*gupho*) möglich, und Teilparallelen findet man bei Paulus: 6, 18.20; 7, 4; 9, 27; 13, 3; Röm. 6, 12; 12, 1; 2. Kor. 4, 10; Gal. 6, 17; Phil. 1, 20. Wenn dies jedoch die wirkliche Bedeutung des Wortes wäre, hätte Paulus wahrscheinlich nicht *den Leib*, sondern *seinen Leib* (*τὸ σῶμα αὐτοῦ*) geschrieben. Weitere Erklärungsversuche wie folgt: (a) Der Betreffende unterscheidet die Eucharistie nicht von anderer Speise; (b) Er unterscheidet nicht den Leib des Herrn in dem von ihm gegessenen Brot; (c) Er erkennt nicht an, daß die zum Abendmahl versammelte Gemeinde des Herrn Leib bildet („ohne Sinn für den Leib" – Moffatt). Keine dieser Erklärungen kann befriedigen. (a) führt eine Unterscheidung ein, die im Kontext nicht erwähnt wird, und, wie Bornkamm (Gesammelte Aufsätze II, S. 142f.) herausstellt, geht aus 10, 1–13 hervor, daß die Korinther ihre Sakramente eher zu hoch als zu niedrig einschätzten; (b) verlangt *den Leib des Herrn* statt nur *den Leib*; (c) würde einen Genitiv nach *Leib* erforderlich machen und strapaziert außerdem die Bedeutung des Verbs *διακρίνειν* zu sehr. Eine originelle Auslegung bietet A. A. T. Ehrhardt (*The Framework of the New Testament Stories*, 1964, S. 256–274; alle Aufsätze von Ehrhardt sind zu empfehlen, obwohl sich diese Auslegung nicht als überzeugend erweisen kann). Er versteht das in diesem Zusammenhang erwähnte *Gericht* – im Gegensatz zur üblichen Interpretation – als etwas Wünschenswertes. Wer ißt und trinkt, stellt sich unter das Gericht, es sei denn, er sondere seinen Leib (= sich selbst) vom Prozeß ab. Es ist Zeichen dieses Gerichtes, daß Fälle der Krankheit und des Todes stattgefunden haben (V. 30). Über diese muß man sich freuen. Würden wir uns entziehen (V. 31), würden wir nicht gerichtet werden; die Konsequenz wäre dann, daß wir, anstatt nur eine zeitliche Strafe zu ertragen, mit der Welt verurteilt würden. Dieser Vorschlag enthält jedoch einfach zu viele Unwahrscheinlichkeiten; und wenn der Vers auch problematisch und die Auslegung ungewiß bleibt, so ist es doch besser, wir gehen angesichts der Parallele zwischen V. 27 und V. 29 zu Auslegung (b) (s. oben) zurück und interpretieren *den Leib* (V. 29) im Lichte des *Leibes und Blutes des Herrn* (V. 27), als Ausdruck, der jetzt in einer Art Kurzform wiederholt wird. Es kann sein (s. Bornkamm, S. 169), daß die Korinther das Wort *Leib* in einem sakramentalen, Paulus aber in einem „gemeinschaftlichen" Sinn verstanden.

Paulus sieht das *Gericht* in seinen konkreten Erscheinungsformen. **Darum sind viele von euch schwach und krank, und eine Anzahl schläft** (den Schlaf des Todes; V. 30). Es handelt sich hier nicht um eine Metapher; vgl. 5, 5. Der Herr hält die Heiligkeit seines Tisches mit eigenen Mitteln aufrecht. Vielleicht wurde die Strafe des Todes gerade deswegen als so schwer empfunden, weil sie vor der *Parusie* eintraf. Vgl. 1. Thess. 4, 13. Das Mittel, wodurch die physische Strafe bewirkt wird, geht aller Wahrscheinlichkeit nach aus 10, 20f. hervor; denn diejenigen, die den Tisch des Herrn mißbrauchten, setzten sich der Macht der Dämonen aus, die ja als Ursache körperlicher Krankheit angesehen wurden. Dieser Vers ist zuerst eine Erklärung der Vorgänge in Korinth, aber auch eine Warnung, die sich an diejenigen Korinther richtet, die weiterhin das Abendmahl mißbrauchen. Nur indirekt kann man aus diesem Abschnitt für Leidende und Hinterlassene Trost ziehen (wie es Ehrhardt tut): es ist besser, in diesem Leben körperlich zu leiden, als im Jenseits verurteilt zu werden. **Aber** (V. 31; nicht *denn*, wie in einigen Hss. zu lesen ist; dies würde eine falsche Gedankenverbindung herstellen) **wenn wir uns selbst untersuchten** (wieder einmal *διακρίνειν*; aber wir könnten das Wort nur dann so übersetzen wie V. 29, wenn wir die Auslegung Ehrhardts annähmen)**, würden wir nicht gerichtet werden:** d. h. wir entkämen den V. 30 beschriebenen Gerichten (Krankheit, usw.). **Aber wenn wir vom Herrn gerichtet werden** (*κρίνειν*)**, werden wir gezüchtigt** (V. 32; nämlich durch die von ihm auferlegten Strafen)**, damit wir nicht mit der Welt verurteilt werden** (*κατακρίνειν*). Mit *Welt* sind die Masse von Menschen gemeint, die nicht Christen sind. Vgl. wieder 5, 5. Das Ziel der Strafe ist nicht das Verderben, sondern die Heilung und die Erziehung (Züchtigung, *παιδευόμεθα*) der zu Bestrafenden. Wen der Herr liebt, den züchtigt er auch (Heb. 12, 5 ff.) – d. h., er gibt ihm die Gelegenheit, Buße zu tun und umzukehren von seinem bösen Weg. Wenn es so scheint, als würde hier Paulus beiläufig die ganze *Welt* der Verdammnis preisgeben, muß man sich an folgendes erinnern: (a) Bei Paulus, so wie häufig im Neuen Testament überhaupt, meint *Welt* nicht so sehr die große Masse der Menschen, die das Evangelium nie gehört haben, sondern eher die menschlichen und dämonischen Kräfte und Wesen, die diesem Evangelium widerstreben (vgl. 1, 20 f.; 2, 12); und (b) Paulus war bereit, alles zu tun, wenn er nur einige erretten konnte (9, 22); das war kein frommes Gefühl, sondern vielmehr eine Aufgabe, der seine ganze Energie galt und um deretwillen er bereit war, jegliches Maß an Leid in Kauf zu nehmen.

Nach diesen Ermahnungen kommt Paulus zu den praktischen Ratschlägen. **Also, meine Brüder** (V. 33; vgl. 1, 1; dieser Ausdruck scheint bei Paulus oft einen harten Schlag lindern zu wollen)**, wenn ihr zu einem Mahl zusammenkommt** (wörtlich: *zum Essen*; wir können heute nicht wissen, wie viele urchristliche Gottesdienste diesem Zweck gewidmet waren; s. Komm. zu 14, 23.26)**, wartet aufeinander.** Paulus sagt nicht: „Wartet auf den und den, auf diesen oder jenen Ältesten oder Hirten, der über eurer Versammlung den Vorsitz hat" – obwohl er vielleicht dadurch die chaotischen Verhältnisse in der korinthischen Gemeinde eher hätte ordnen können (vgl. 14, 33). Es wird wohl einen solchen Hirten oder Amtsinhaber nicht gegeben haben (obwohl es doch führende und verantwortliche Persönlichkeiten in der korinthischen Gemeinde gab: 16, 15 f.). Wir haben hier zu verstehen, daß die Speise erst ordentlich verteilt werden sollte, ehe alle zusammen anfingen, gemeinsam zu essen (vgl. V. 21). **Wenn jemand Hunger hat, soll er zu Hause essen** (V. 34). Wie V. 22 könnte dieser Satz den Anschein erwecken, der Beobachtung zu widersprechen, nach der in Korinth das Abendmahl immer noch eine normale Mahlzeit war (also nicht eine rein symbolische), der symbolische Handlungen hinzugefügt wurden; es ist vermutet worden (z. B. von Schlatter), daß diese Anweisung von Paulus den Anfang der Trennung der Eucharistiefeier (oder des symbolischen Mahls) von der *Agape*, dem Gemeinschaftsmahl, darstellt. Dies wird aber nicht der Fall sein. Paulus meint einfach, daß solche, die einen so großen Hunger haben, daß sie auf ihre Brüder nicht warten können, vor der Versammlung zu Hause diesen Hunger befriedigen sollten, damit in der Versammlung Anstand und Ordnung herrschen – **damit euch eure Zusammenkunft nicht zum Gericht gereiche.** Siehe V. 29. Aus diesem Satz geht eindeutig hervor (trotz V. 32), daß das *Gericht* an und für sich nicht etwas absolut Positives war. Obwohl Gott die Christen zu ihrem Wohl richtet, tun sie gut, dieses Gericht zu vermeiden.

Es gab andere Fehler in der korinthischen Abendmahlsfeier; sie waren jedoch nicht so schwerwiegend wie die hier besprochenen. Ihre Beseitigung kann warten, bis Paulus in Korinth ankommt (4, 19; 16, 5–9). **Die anderen Sachen werde ich in Ordnung bringen, wenn ich komme.** Korrekt wäre hier: „Wann immer ich gekommen sein werde" – aber als Übersetzung unmöglich (vgl. M. I, S. 167). Das Paradoxon der Demut und der vom Wort Gottes abgeleiteten Autorität ist eine besondere Eigenschaft der beiden Korintherbriefe.

(d) Die Gaben des Geistes

26. 12, 1–3: Der grundlegende Prüfstein: (a) „Jesus ist Herr"

(1) Über die Gaben des Geistes, Brüder, möchte ich euch nicht in Unkenntnis lassen. (2) Ihr wißt, daß, als ihr Heiden wart, wie ihr zu den stummen Götzen irregeführt und fortgerissen wurdet. (3) Deshalb erkläre ich euch, daß niemand, der im Geiste Gottes redet, „Verflucht sei Jesus" sagt; und niemand kann sagen „Jesus ist Herr", wenn nicht im Heiligen Geist.

Schon in 11, 2 bemerkten wir, daß sich Paulus den Fragen der christlichen Anbetungsversammlung in Korinth zugewandt hatte. Er ist mit diesem Thema noch nicht fertig, sondern wird in Kap. 14 noch viel mehr darüber zu sagen haben; doch nach seiner Abhandlung zum Thema „Abendmahl" geht er erst einmal auf ein besonderes Thema ein, das vielleicht von den Korinthern in ihrem Brief an ihn angesprochen (s. 7, 1) oder anderweitig an ihn herangetragen wurde (vgl. 1, 11; 16, 17). Die Gemeindezusammenkunft bot eine hervorragende Möglichkeit für die Ausübung der geistlichen Gaben, auf die die Gemeindeglieder offensichtlich so stolz waren (1, 5–8; 4, 8). Das neue Thema ist also doch mit dem von 11, 17–34 verwandt, denn sowohl materielle als auch geistliche Gaben sind innerhalb der Bruderschaft des Leibes Christi einzusetzen. Egozentrisches Zurschaustellen auch geistlicher Reichtümer lähmt diesen Leib. Mit einer bekannten Formel eröffnet Paulus das Gespräch über dieses Thema (vgl. 7, 1; 8, 1; 16, 1).

Über die Gaben des Geistes (V. 1; *πνευματικῶν*; das Adjektiv kann sächlich sein: *Gaben des Geistes* oder *geistliche Gaben*, vgl. 9, 11; 14, 1; 15, 46 – oder männlich: *geistliche Menschen*, vgl. 2, 15; 3, 1; 14, 37; es ist beinahe unmöglich, objektive Gründe für eine Entscheidung zugunsten der einen oder anderen Übersetzung zu finden, und letzten Endes ist dies auch nicht notwendig, denn die Bedeutung ist sehr ähnlich: geistliche Menschen, die geistliche Gaben besitzen)**, Brüder** (vgl. 1, 1)**, möchte ich euch nicht in Unkenntnis lassen** (typisch paulinischer Ausdruck – vgl. 10, 1). **Ihr wißt** (V. 2; charakteristisch für Paulus, daß er sich auf das Wissen seiner Leser beruft – vgl. z. B. 8, 1.4; vielleicht ein wenig schmeichlerisch?)**, daß, als ihr Heiden wart** (offenbar waren die meisten, wenn nicht alle, korinthischen Christen Heiden und keine Juden gewesen; vgl. Apg. 18, 5.6.8)**, wie** (*ὡς*, pleonastisch nach dem vorhergehenden *daß*, *ὅτι*; Paulus scheint diesen Nebensatz also ein zweites Mal begonnen zu haben, denn es kann keinen Zweifel geben, daß diese Form des Satzes die ursprüngliche ist) **ihr zu den stummen Götzen irregeführt und fortgerissen wurdet.** Hauptbetonung liegt hier auf *fortgerissen* (*ἀπάγεσθαι*) – das Wort wird durch die einfache Form *ἄγεσθαι* (hier übersetzt: *irregeführt*) verstärkt. Angedeutet werden hier Augenblicke der Ekstase, die in den heidnischen Religionen erlebt wurden, als die Menschen von einem übernatürlichen Wesen besessen (oder vermeintlich besessen) wurden; z. B. spricht (bei Lukian, *Dialogi mortuorum* 19, 1) Paris von der Macht der Liebe: „Eine Art Gott (*δαίμων*) reißt uns fort (*ἄγει*), wohin er will, und es ist unmöglich, ihm zu widerstehen" (weitere Belege bei Betz, S. 40, Fußnote 10; zum paulinischen Gebrauch des Verbs *ἄγειν* vgl. Röm. 8, 14; Gal. 5, 18). In diesem Vers denkt Paulus anscheinend an Dämonen, die solche überwältigen, die am heidnischen Kult teilnehmen; vgl. 10, 20. Die Götzen selbst sind leblos – *stumm*; sie können keine an sie gerichteten Gebete erhören. Dieser Gedanke taucht im Alten

Testament auf (z. B. 1. Kön. 18, 26–29; Ps. 115, 4–8; Jes. 46, 7) und wurde im Judentum lebendig erhalten. Vielleicht will hier Paulus das Schweigen der Götzen mit dem lauten Schreien der (von Dämonen inspirierten) Götzendiener vergleichen.

Die Zuhörer von Paulus sind nicht mehr *Heiden*, doch sind sie auch keine Juden. Zwar beschreibt er sie nicht ausdrücklich als „neue" oder „dritte" Rasse (z. B. **Diognet.** 1), doch liegt der Gedanke nicht fern.

Nun geht Paulus auf die V. 1 angedeutete Frage ein. **Deshalb erkläre ich** (V. 3; *γνωρίζω*, wie 15, 1; 2. Kor. 8, 1) **euch, daß niemand, der im Geiste Gottes redet** (weder Paulus noch seine Leser werden daran gezweifelt haben, daß auch andere Geister in der Lage waren, ekstatische Äußerungen zu inspirieren), **„Verflucht sei Jesus" sagt; und niemand kann sagen „Jesus ist Herr", wenn nicht im** (d. h. unter dem Einfluß des) **Heiligen Geist**(es). Paulus setzt also eine Gemeinschaft voraus, in der das Phänomen inspirierter Rede bekannt war und sich auch äußerte, sogar häufig. Er leugnet nicht, daß solche Phänomene ein Existenzrecht in der Gemeinde haben, behauptet aber auch nicht, daß sie an sich einen Beweis für das Wirken des Heiligen Geistes darstellen. Christlicher „Enthusiasmus" wird weder angegriffen noch verteidigt, sondern nur vorausgesetzt und analysiert. Diese Analyse setzt sich durch die Kapitel 12–14 fort, aber der entscheidende Prüfstein für die Echtheit solcher Manifestationen wird sofort erwähnt. Nicht die Art der ekstatischen Rede, sondern ihr Inhalt entscheidet darüber, ob sie als echt anzusehen sei oder nicht. Das Wort für *verflucht* heißt im Griechischen: *ἀνάθεμα* (vgl. Röm. 9, 3); in der LXX beschreibt das Wort hauptsächlich Gegenstände, die dem „Bann" (ḥerem) ausgesetzt sind; es gibt indes auch hellenistische Belege für diese Bedeutung, Einzelheiten bei J. Behm, Art. *ἀνάθεμα* in: TWNT Bd. 1, S. 356f. Es ist schwer vorstellbar, daß jemand „Verflucht sei Jesus" ausrufen und gleichzeitig glauben könnte, unter dem Einfluß des Heiligen Geistes zu stehen. Zur Lösung dieses Problems sind mehrere Vorschläge erbracht worden, es folgen die wichtigsten: (a) Christen, die um ihres Glaubens willen vor Gericht gebracht werden, sollten das Bekenntnis aussprechen: „Jesus ist Herr" (s. unten). Wären sie schwach, könnte man sie vielleicht dazu überreden, „Verflucht sei Jesus" zu sagen (vgl. Plinius, *Briefe* 10, 96: Solche, die leugneten, daß sie Christen waren oder gewesen sind ... riefen die Götter an ... und verfluchten (*male dicerent*) Christus, zu welchen Dingen, so wird gesagt, echte Christen nicht gezwungen werden können. Ich erachtete es für richtig, solche zu entlassen). Einige könnten dann später in die Versuchung kommen, zu behaupten, ihre Worte, die ihnen die Möglichkeit einräumten, in der Freiheit heimliche Nachfolger Jesu zu bleiben, seien vom Heiligen Geist inspiriert worden. Diese Erklärung ist zwar attraktiv, doch haben wir im Kontext keinen Hinweis für ihre Richtigkeit; in der Tat setzt sie die Umstände einer späteren Zeit voraus. (b) Der fragliche Gerichtshof könnte der der Synagoge sein; oder es könnte hier ein Hinweis darauf vorhanden sein, daß man die Ablehnung Jesu durch die Synagoge mit der Inspiration des Geistes begründete. Diese Auslegung wird durch den jüdischen Hintergrund des Wortes *Anathema* im Sinne eines Bannfluches unterstützt (und von Schlatter sehr stark hervorgehoben mit Verweis auf Deut. 7,26; Mi. *Nedar.* 5,4; Apg. 18, 6); doch wird diese Auslegung der Tatsache nicht gerecht, daß es Paulus hier um das Prüfen (angeblich) inspirierter Rede geht. (c) Es kann sein, daß Paulus die Formel *Verflucht* (*Anathema*) *sei Jesus* als Gegenstück zu *Jesus ist Herr* erfand; dies wären dann die beiden Extreme, und nur eines davon würde auf echte Inspiration hindeuten. Diese Auslegung kann teilweise richtig sein, nur möchte ich bezweifeln, daß Paulus den Korinthern eine rein hypothetische oder künstliche Möglichkeit vor Augen halten würde. (d) Die in V. 2 erwähnte, ekstatische, heidnische Anbetung könnte vielleicht den Zusammenhang darstellen, in dem der Ausruf *Verflucht sei Jesus* verstanden werden könnte. Gegen diese Auslegung spricht jedoch, daß es Paulus hier nicht darum ging (auch wenn er die Tatsache an sich für richtig hielt) zu beweisen, daß die heidnische Ablehnung Jesu (soweit sie schon ausdrücklich zur Sprache gekommen war) verfehlt war; er wollte vielmehr einen Maßstab nennen, anhand dessen angeblich *christliche* Inspirationen innerhalb der *christlichen* Gemeindeversammlung geprüft werden konnten. (e) Darum wird wahrscheinlich Allo Recht haben, wenn er diesen Abschnitt auf die Schreie christlicher Ekstatiker auslegt, die einem Trancezustand oder einer Ekstase, die über sie kam, widerstanden – „wie die Sybille, die bei ihrem Widerstand gegen die sie überkommende Inspiration schäumte, oder wie Cassandra, die den Apollo in Äschylus' Drama *Agamemnon* verflucht."

Eine ähnliche, doch weiter entwickelte, Situation offenbart sich 1. Joh. 4, 1–3, wo der einfache Fluch (*Anathema*) schon durch die doketische Leugnung des menschlichen Lebens des fleischgewordenen Sohnes Gottes ersetzt wird. Zur Entscheidungsprozedur s. 14, 29; 1. Thess. 5, 21.

Wenn Christen ein Schlagwort haben müssen, dann nur: *Jesus ist Herr*. Vgl. Röm. 10, 9 und *Romans* z. St. Siehe auch die Anmerkung zu 16, 22. Dieses Schlagwort ist nicht deswegen wahr, weil es eine richtige oder orthodoxe Formel ist, sondern weil es die richtige Beziehung zu Jesus ausdrückt: der Sprecher akzeptiert seine Autorität und bekennt sich als Diener dessen, den er als Herrn bekennt. Paulus geht es hier um dieses Verhältnis zu Christus, nicht um die Christologie. Inspiration als religiöses Phänomen ist an sich neutral; sie gewinnt Bedeutung nur im Kontext des christlichen Gehorsams.

Zweifellos ist es wahr, daß ein Bekenntnis zur Herrschaft Jesu ein Zeichen des Werkes des Geistes Gottes ist, auch wenn keine Anzeichen für eine Inspiration vorhanden sind; doch ist das nicht das, was Paulus hier sagen will. Es geht ihm ausschließlich um das Phänomen der inspirierten, ekstatischen Rede; er will aufzeigen, wie solche Rede zu bewerten ist. Aus diesem Grunde wird auch nichts über die Ernsthaftigkeit des Redenden gesagt; es ist nicht der Mensch, der hier redet, sondern der Geist (so Weiß). Paulus befolgt also die Lehre des Alten Testaments (Deut. 18, 21 f.; und bsd. 13, 2–6), wenn er behauptet, daß der Inhalt, nicht die Art der Rede ausschlaggebend sei. Und nachdem er dieses grundlegende Prinzip in seiner christlichen Form festgehalten hat, fühlt er sich frei, seine allgemeine Besprechung der Gaben des Geistes und der geistlichen Menschen fortzusetzen.

27. 12, 4–31: Verschiedenheit der Gaben im einen Leib

(4) Es sind Zuteilungen von Gaben, aber derselbe Geist; (5) es sind Zuteilungen von Diensten, und derselbe Herr; (6) und es sind Zuteilungen der Wirkungen, aber derselbe Gott, der alle Dinge in allen Menschen wirkt. (7) Jedem wird seine eigene Geistesoffenbarung gegeben, aber zum Zweck des gemeinsamen Gewinns. (8) Denn dem einen wird gegeben durch den Geist ein Wort der Weis-

heit; einem anderen nach demselben Geist ein Wort der Erkenntnis; (9) einem anderen Glauben in demselben Geist; einem anderen Gaben der Heilung in dem einen[78] Geist; (10) einem anderen Wunderwirkungen[79], einem anderen Weissagung, einem anderen die Kraft, Geister zu unterscheiden, einem anderen verschiedene Arten von Zungenreden, einem anderen die Auslegung der Zungenreden. (11) Alle diese Dinge bewirkt derselbe eine Geist, indem er jedem Einzelnen etwas zuteilt, wie er will.

(12) Denn wie der Leib einer ist und viele Glieder hat, und alle Glieder des Leibes, obwohl es viele sind, einen einzigen Leib bilden, so ist auch Christus. (13) Denn in einem Geist wurden wir alle getauft zu einem Leib, ob Juden oder Griechen, Sklaven oder Freie, und uns allen wurde vom einen Geist zu trinken gegeben. (14) Denn ein Leib besteht nicht aus einem einzigen Glied, sondern aus vielen. (15) Wenn der Fuß sagen würde: Weil ich nicht Hand bin, gehöre ich nicht zum Leib; so würde der Ausspruch nicht bedeuten, daß er nicht zum Leib gehörte. (16) Und wenn das Ohr sagen würde: Weil ich nicht Auge bin, gehöre ich nicht zum Leib; so würde der Ausspruch nicht bedeuten, daß es nicht zum Leib gehörte. (17) Wenn der ganze Leib Auge wäre, wo wäre das Gehör? Wenn der ganze Leib Gehör wäre, wo wäre der Geruchssinn? (18) Doch in der Tat hat Gott die Glieder, jedes einzelne von ihnen, so in den Leib eingesetzt, wie er es für richtig hielt. (19) Wenn das Ganze ein Glied wäre, wo wäre der Leib? (20) Doch gibt es in der Tat viele Glieder und einen Leib. (21) Das Auge kann nicht zur Hand sagen: Ich habe dich nicht nötig; ebensowenig das Haupt zu den Füßen: Ich habe euch nicht nötig. (22) Aber vielmehr sind die Körperglieder, die wir für schwächer halten, gerade notwendig, (23) und diejenigen Glieder, die wir für verhältnismäßig weniger ehrbar halten, die umgeben wir mit besonderer Ehre, und unsere unanständigen Glieder haben besondere Anständigkeit, (24) während unsere anständigen dies nicht nötig haben. Aber Gott hat den Leib zusammengesetzt und dem Glied besondere Ehre erwiesen, dem sie fehlte, (25) damit im Leib keine Spaltung[80] sei, sondern damit alle Glieder die gleiche Sorge füreinander trügen. (26) Wenn einerseits ein Glied leidet, leiden alle Glieder mit; wenn andererseits ein Glied verherrlicht wird, freuen sich alle Glieder mit ihm. (27) Nun seid ihr Christi Leib und als Einzelne Glieder.

(28) Weiter gibt es einige, die Gott in der Gemeinde gesetzt hat, erstens als Apostel, zweitens als Propheten, drittens als Lehrer; dann Wunder, dann Heilungsgaben, dann Hilfeleistungen, Gaben der Leitung, verschiedene Arten von Zungenrede. (29) Sind etwa alle Apostel? Sind etwa alle Propheten? Sind etwa alle Lehrer? Können etwa alle Wunder tun? (30) Haben etwa alle Gaben der Heilung? Reden alle in Zungen? Legen alle aus? (31) Aber strebt nach den höheren Gaben; und ich will euch jetzt einen noch besseren Weg zeigen[81].

Das radikale Kriterium für geistliche Phänomene kann in wenigen Worten aufgedeckt werden: es ist das Werk des Geistes Gottes, die Herrschaft Jesu Christi zu bezeugen. Er allein kann dies tun; alles, was diesem Ziel widerstrebt, kann nicht von ihm kommen. Inspirierte Redegaben, die nicht von Gott stammen, werden durch 12, 3 ausgeschieden; aber von Gott inspirierte Gaben können so vielfältig sein, daß auch sie zu Problemen führen. Welche Gaben des Geistes sind die wichtigsten? Kann man einen Menschen, der nicht über solche Gaben verfügt, überhaupt für einen Christen halten? Darf man nicht erwarten, daß ein wahrer Christ alle diese Gaben einsetzen kann? Solchen Fragen wendet sich Paulus in den Kapiteln 12 bis 14 zu; er geht aber – wie es das Thema nicht nur erlaubt, sondern sogar erfordert – auf das Wesen der Gemeinde ein, in der die Gaben zum Vorschein kommen.

Es sind Zuteilungen (V. 4; nicht: *Vielfältigkeiten*; das griechische Wort ist *διαιρέσεις*; Paulus denkt an die Gaben als gegeben, nicht als Abstrakta) **von Gaben** (*χαρίσματα*; s. 1, 7)**, aber derselbe Geist.** Somit ist der wichtigste Punkt des ganzen Abschnitts schon herausgestellt. Die Gaben sind unter den Christen ausgeteilt worden; nicht jeder Christ empfängt die gleiche Gabe wie sein Nächster, aber alle Gaben stammen vom Geist, so daß es keinen Raum gibt für Rivalitäten, Unzufriedenheit oder Hochmut. Paulus setzt seine Argumentation in diesem Sinn fort. **Es sind Zuteilungen von Diensten** (V. 5; *διακονίαι*, doch hat das Wort nichts mit dem sogenannten „Wortdienst" zu tun; die *Gaben* sind eben Gelegenheiten, der Gemeinde und durch die Gemeinde dem Herrn zu dienen)**, und derselbe Herr,** dem letzten Endes alle Dienste gelten, da die Christen seine Sklaven sind (s. 4, 1; Römer

1, 1 und *Romans* z. St.). Weiter: **Es sind Zuteilungen der Wirkungen** (V. 6; d. h. der Weisen, in der die göttliche Kraft angewendet wird, so daß sie wirksam wird), **aber derselbe Gott, der alle Dinge in allen Menschen wirkt** (oder: *alles in allen Dingen* – Héring; aber da Paulus von geistlichen Wirkungen spricht, die in und durch Menschen geschehen, sollten wir das Wort lieber als ein Maskulinum verstehen).

Die Hauptlinie der Argumentation geht aus diesem ersten Abschnitt eindeutig hervor. Christen unterscheiden sich voneinander nicht nur durch ihre Natur, sondern auch durch die Gaben, die einem jeden zugeteilt wurden. Ein einheitliches Erleben oder ein einheitliches Dienen soll nicht erwartet werden; die Einheit liegt letztlich in dem einen Geist, der die Gaben gibt, in dem Herrn, dem gedient wird, und in dem einen Gott, der wirkt – die trinitarische Formulierung beeindruckt hier vor allem wegen ihrer Zufälligkeit. Es war für Paulus ganz natürlich, in dieser Weise von der Gottheit zu schreiben. Mit einem möglichen Hinweis auf Ps. 68, 19 (zit. Eph. 4, 8) faßt Paulus die bisherige Argumentation zusammen: **Jedem wird seine eigene Geistesoffenbarung** (V. 7; wörtlich: *die Manifestation*, doch müssen wir uns darüber im klaren sein, daß jedes Gemeindeglied die ihm eigene Offenbarung erlebt) **gegeben, aber zum Zweck des gemeinsamen Gewinns,** d. h. zum Gewinn der Gemeinde als Ganzes (vgl. 14, 12). Jedes Glied der Gemeinde hat eine Gabe, keines ist ausgeschlossen. Aber keines hat diese Gabe nur zum privaten Nutzen, sondern alle Gaben sind dazu da, daß Gemeinde gebaut wird.

Jetzt wird die Vielfalt der Gaben illustriert. **Denn dem einen wird gegeben durch den Geist ein Wort der Weisheit; einem anderen nach demselben Geist** (V. 8; Paulus variiert den Wortlaut, meint jedoch das gleiche: die Gaben sind Geschenke von oben, übernatürliche Begabungen; vgl. *in* V. 9) **ein Wort der Erkenntnis.** Wenn die Gemeinde versammelt ist (vgl. 14, 26), verleiht der Geist einigen Gemeindegliedern die Gabe, unterweisende Reden zu halten. Es ist die Rede, nicht die dahinterstehende Weisheit oder Erkenntnis, die hier die eigentliche Gabe darstellt, denn nur die Rede kann der Gemeinde von wirklichem Nutzen sein (so Schlatter). Nicht klar ist, wie man zwischen dem *Wort der Weisheit* und dem *Wort der Erkenntnis* – wenn überhaupt – zu unterscheiden hat. Einige Ausleger verweisen auf die Praktikabilität alttestamentlicher Weisheit im Gegensatz zur möglicherweise spekulativen Erkenntnis (*γνῶσις*). Dann wäre *ein Wort der Weisheit* eine praktische Rede, hauptsächlich aus ethischer Anweisung und Ermahnungen bestehend, das *Wort der Erkenntnis* wäre hingegen die Auslegung und Schilderung christlicher Wahrheit. Aber in diesem Brief sehen wir eine Verbindung der *Erkenntnis* mit praktischen Angelegenheiten (z. B. 8, 10f.); einige Arten der Weisheit können hingegen durchaus spekulativ sein (s. S. 88f.). Wahrscheinlich geht es Paulus hier hauptsächlich um eine Vielfalt des Wortschatzes wie V. 4: *Gaben, Dienste, Wirkungen.* Eine ähnliche Vielfalt haben wir auch in den folgenden Sätzen. **Einem anderen** (V. 9; *ἑτέρῳ*, ein anderes Wort als zuvor; in Gal. 1, 6f. werden die beiden Worte *ἕτερος* und *ἄλλος* sorgfältig unterschieden, hier werden sie jedoch um der Abwechslung willen gleichgesetzt – wie 2. Kor. 11, 4; Homer konnte das gleiche tun – *Ilias* 13, 730ff., zit. bei Robertson-Plummer) **Glauben in demselben Geist** (d. h. *in der Kraft* desselben Geistes); **einem anderen** (hier und in den folgenden Sätzen greift Paulus auf *ἄλλῳ* zurück, jedoch ohne Unterschied in der Bedeutung) **Gaben der Heilung in dem einen Geist** (wiederum eine kleine Änderung im Wortlaut, die keinen Einfluß auf die Bedeutung des Satzes hat); **einem anderen Wunderwirkungen** (V. 10; *ἐνεργήματα δυνάμεων*; s. Fußnote 79, S. 324), **einem anderen Weissagung, einem anderen die Kraft, Geister zu unterscheiden** (*διακρίνειν*, zu diesem Wort s. Komm. zu 11, 29), **einem anderen verschiedene Arten von Zungenreden, einem anderen die Auslegung der Zungenreden.** Zweifellos waren alle diese Gaben des Geistes den korinthischen Christen des ersten Jahrhunderts nach Christus vertraut. Dem modernen Leser sind sie zumindest teilweise recht unverständlich. Mit *Glauben* kann nicht der Glaube gemeint sein, durch den allein das Leben als Christ begonnen und aufrechterhalten wird, denn Paulus hätte unmöglich von jenem Glauben als von einer Gabe sprechen können, die nur einigen Christen zuteil geworden wäre. Vgl. 13, 2; aus der Parallelstelle geht hervor, daß wir Glauben hier in Verbindung mit den nachfolgend aufgezählten Wundern zu verstehen haben. Einige Christen, jedoch längst nicht alle, hatten jenen außerordentlichen Glauben, der besondere göttliche Kraftoffenbarungen in der natürlichen Welt beanspruchen konnte – wie z. B. die *Gaben der Heilung*. Es wird von Paulus selbst berichtet, daß er die Kranken heilte (Apg. 14, 8ff., usw.), und wir können nicht bezweifeln, daß man im apostolischen Zeitalter der Gemeinde an übernatürliche Krankenheilungen glaubte. Mit *Wundern* wird eine breite Vielfalt übernatürlicher Offenbarungen gemeint sein; wie breit diese Vielfalt in der Tat war, können wir unmöglich ermessen, obwohl wir vielleicht die Wunder im Bereich der Natur in den Evangelien als Hinweis auffassen sollten. Zur *Weissagung* s. bsd. Kap. 14. Sie wurde in normal verständlicher, wenn auch erregter, vielleicht ekstatischer Rede geäußert. Sie war aus diesem Grunde jedoch nicht unbedingt wahr; darum benötigte die Gemeinde die weitere Gabe der Kraft, *Geister zu unterscheiden. Geister* sind hier der Heilige Geist und die anderen möglichen Quellen inspirierter Rede. Es war notwendig zu wissen, ob der ekstatisch Redende (wahrscheinlich ein anderer als der, der ein Wort der Weisheit oder der Erkenntnis weitergab) von dem Heiligen Geist oder von irgendeinem dämonischen Wesen inspiriert war (vgl. 12, 3). Dazu bedurfte es aber einer eigenen Geistesgabe. Zu den *verschiedenen Arten von Zungenreden* s. 13, 1 und Kap. 14. Hier ist unverständliche Rede gemeint, die nicht nur einer Unterscheidung, sondern außerdem einer *Auslegung* bedarf; auch diese wird als Gabe des Geistes eingestuft. Die mit der Zungenrede verbundenen Gaben zählt Paulus erst am Ende seiner Liste auf (vgl. V. 28); wahrscheinlich werden die Korinther gerade diese Gaben viel höher eingeschätzt haben.

Doch ist es im Augenblick nicht das Ziel von Paulus, eine richtige Wertschätzung oder Hierarchie der Geistesgaben aufzustellen, sondern er möchte vielmehr darauf Wert legen, daß alle Gaben, ob wichtig oder unwichtig, ob beeindruckend oder kaum als solche zu erkennen, der einen Quelle entstammen. **Alle diese Dinge bewirkt derselbe eine Geist** (V. 11; wörtlich: *ein und derselbe Geist; bewirken* ist ἐνεϱγεῖν, vgl. V. 6 oben, wo das gleiche Wort in bezug auf Gott benutzt wird; das Wort gibt zu verstehen, daß der Geist die Quelle endloser und vielfältiger Kraft und Energie ist, ein durchaus biblischer Gedanke)**, indem er jedem Einzelnen** (zu ἰδίᾳ s. z. B. M. III, S. 18; es wäre möglich, ἴδια zu schreiben; dann müßten wir übersetzen: *seine eigenen Gaben*; jedenfalls wird klargestellt, daß wirklich jeder Christ irgendeine Gabe empfängt) **etwas zuteilt, wie er will.** (*Etwas* ist um der Bedeutung des Satzes willen hinzugefügt.) Es steht den Christen also nicht zu, dem Geist vorzuschreiben, welche Gaben sie selbst oder andere haben sollen, obwohl sie nach den größeren (und vielleicht weniger spontanen) Gaben streben sollen (V. 31). Der Geist sucht sich die Gabe aus, die er jedem Christen mitteilt, so daß niemand Anlaß haben kann zu Hochmut oder aber zu einem Gefühl der Minderwertigkeit. Wie sein Werk, so sind auch die Gaben ein Zeichen der freien Gnade Gottes, aufgrund derer die Gemeinde existiert, sowie des Platzes, den die Gemeinde am Anfang des neuen Zeitalters einnehmen darf. In natürlicher Weise führt der Gedanke an die Gaben Paulus dazu, über die Gemeinde selbst nachzudenken.

Die verschiedenen Glieder der Gemeinde haben verschiedene Gaben und üben verschiedene Funktionen aus; um diese Tatsache zur Sprache zu bringen, benutzt Paulus eine Analogie, die in der antiken Welt geläufig war: Er vergleicht die Gemeinde mit einem Leib (oder Körper). Livius (2, 32) schreibt den Erstgebrauch der Metapher Menenius Agrippa (ca. 494 v. Chr.) zu, der anhand dieses Bildes die aufständischen römischen *Plebejer* dazu bewegen konnte, einzusehen, daß ihre Interessen auch die der Patrizier (eines anderen Teiles desselben Leibes) seien und daß sie darum ihre Dienste nicht verweigern sollten. Wichtig ist, daß die Stoiker das Universum als Ganzes mit einem Leib verglichen (z. B. Seneca, *Briefe* 95, 52: „Alles das, was ihr seht, in dem Göttliches und Menschliches mit eingeschlossen sind, ist eins, *unum est*; wir sind Glieder eines großen Leibes, *membra corporis magni*;" Epiktet II 10,3 f.: „Du bist Bürger der Welt und Teil, *μέρος*, von ihr ... man sollte sich so benehmen, wie es die Hand oder der Fuß tun würde, wenn sie einen Verstand hätten und die natürliche Ordnung verstehen könnten ...") und daß die Gnostiker das gleiche Thema aufgriffen (s. z. B. *Corpus hermeticum* 2, 2 f.: „Ist denn diese Welt so groß, daß kein Leib größer wäre? Einverstanden. Und kompakt? – denn sie ist voll der anderen großen Körper, oder vielmehr all der sonstigen Körper, die es gibt. So ist es. Nun, ist die Welt denn ein Leib? Ja, sie ist es. Und einer, der sich bewegt? Ja, in der Tat." – vgl. 4, 1; 7, 3; 11, 19). Der Kosmos war ein vom Sinn (*νοῦς*) oder von der Vernunft (*λόγος*) beseelter Leib oder Körper, und alle Menschen erreichten, weil sie Glieder an diesem Leibe waren, ihre Bestimmung dadurch, daß sie in dem einen Leib sich so verhielten, wie dies dem einen Sinn entsprach.

Paulus beginnt hier auch wie ein stoischer Moralist; zur Parallele (und zu den Unterschieden) s. Sevenster, *Seneca*, S. 170–173. **Denn wie der Leib einer ist und viele Glieder hat, und alle Glieder des Leibes, obwohl es viele sind, einen einzigen Leib bilden ...** (V. 12). Wenn Paulus in diesem Sinn den Satz fortgesetzt hätte, hätte er hinzugefügt: So ist auch die Gemeinde, und darum solltet ihr den Wert eurer gegenseitigen Gaben anerkennen, die eigenen Gaben zum gemeinsamen Nutzen einsetzen und in Harmonie miteinander leben. Dies sagt er auch tatsächlich im Folgenden, doch schließt er V. 12 mit: **... so ist auch Christus.** Hier geht Paulus mit einem einzigen Satz zwei Schritte vorwärts. Falsch wäre das Satzende „so ist auch die Gemeinde" nicht; nur ist die Gemeinde,wie V. 27 ausdrücklich gesagt wird, der Leib Christi, so daß es durchaus richtig ist, von Christus als von einem aus vielen Gliedern bestehenden Leib zu sprechen. Die Glieder unterscheiden sich voneinander, doch arbeiten sie in Harmonie zusammen. Somit wird Christus nicht einfach mit dem Korpus der Gemeinde gleichgestellt. Für Paulus wäre eine solche Gleichsetzung undenkbar, denn gerade eben hat er geschrieben, daß das Wirken des Heiligen Geistes in der Gemeinde an dem Bekenntnis zu Jesus als Herrn erkennbar wird (12, 3). Jesus ist der Herr über die Gemeinde und in diesem Sinn unterscheidet er sich ewig von ihr. Doch gehören die Menschen nur zum Leib der Gemeinde insofern sie Christus gehören (Röm. 12, 5); und obwohl es kaum so gesagt werden dürfte, wie Calvin sich ausdrückte, nämlich daß ein von seinen Gliedern getrennter Christus in irgendeiner Weise entstellt wäre, so ist es doch in bezug auf die Glieder, daß Paulus sagen kann: **So ist auch Christus.** Doch bleibt Christus stets Prototyp der Beziehung. Zur Gemeinde als Leib Christi siehe den Rest des Abschnittes, dann *Romans* zu 12, 4 f. und Art. *σῶμα* von E. Schweizer in: TWNT Bd. 7, S. 1024–1091.

Auf den nächsten Vers sind wir z. T. schon eingegangen. Das erste Wort, **denn** (V. 13; *γάρ*), erklärt, wie gesagt werden kann, daß Christus ein Leib sei. **In einem Geist wurden wir alle getauft zu** (*εἰς*, nicht lokal, sondern beschreibt die Wirkung – so Weiß z. St.) **einem Leib,** seinem Leib. In der Taufe (s. Röm. 6, 3 ff.) wird das Sterben und das Auferstehen mit Christus dargestellt; durch sie erlebt der Christ nicht in sich selber, sondern in Christus die eschatologischen Passionsereignisse und die Rechtfertigung

Christi, die in den Karfreitags- und Osterereignissen vorweggenommen wurden. In Christus ist der Christ eine neue Kreatur, die zum neuen Zeitalter gehört, auch wenn diese Tatsache nur teilweise offenbar wird und durch das heiligende Werk des Geistes Gottes erst ans Licht gebracht werden muß. Wenn jedoch der Christ in der Taufe Christus angezogen hat, so haben dies auch andere Christen (Gal. 3, 27); und wenn der Heilige Geist jetzt an ihm am Werk ist, um das Ebenbild Christi in ihm hervorzubringen, so wirkt derselbe Heilige Geist auch an den anderen Christen. Dadurch entsteht der Leib, der zu Christus gehört (V. 27), der in Christus ist (Röm. 12, 5), da alle Christen, die Christus angezogen haben, in ihm zu einer einzigen Person geworden sind (Gal. 3, 28). Weder durch die Natur (wie es die Stoiker lehrten) noch durch eine mystische *Gnosis*, sondern durch die Gnade werden die Menschen in die kosmische Einheit einverleibt. Kraft ihrer Natur sind sie dagegen dem Wesen nach unterschiedlich und einander entfremdet: **ob Juden oder Griechen, Sklaven oder Freie.** Vgl. Gal. 3, 28; Kol. 3, 11. Aus diesen Stellen geht hervor, daß die Absicht von Paulus hier in erster Linie eine praktische ist. Der Gedanke an eine kosmosähnliche und auf den Gedanken von Adam als universellem Urahnen gründende Einheit (s. W. D. Davies, S. 57) liegt vielleicht nicht fern (im Kolosserbrief wird ausführlich darauf eingegangen) – doch will Paulus hier sagen: Die verschiedenen nationalen und gesellschaftlichen Gruppen sowie die sich untereinander schwer vertragenden religiösen Parteiungen in Korinth (1, 11f.) sind zur Einheit des Leibes Christi geworden; diese Einheit sollten sie nun durch ihre geistlichen Gaben zum Ausdruck bringen – und nicht verleugnen. Das Übermaß an Gaben des Geistes muß also nicht unterdrückt werden (Paulus kommt nie auf diesen Gedanken, auch wenn er die leichteste Lösung der Probleme darstellte), sondern zu diesem Zweck in das richtige Lot gebracht werden.

Es gibt keinen Grund anzunehmen, Paulus beziehe sich hier auf eine andere *Taufe* als die Wassertaufe (zusammen mit allem, was durch diesen Ritus dargestellt wurde). Tod und Auferstehung Christi bilden natürlich den Hintergrund des Ritus, doch denkt Paulus vornehmlich an die Handlung, an der der einzelne Christ beteiligt war. Es fällt sogar sehr auf, daß er diese individualistische Handlung, durch die der Einzelne sich entscheidet, Christ zu sein, und diese Entscheidung zum Ausdruck bringt, als Fundament der Einheit im einen Leib und im einen Geist ansieht. Vielleicht hätte man erwartet, er würde das gemeinsame Gemeindemahl als solches Fundament ansehen. Das Verhältnis des Abendmahls zur Einheit der christlichen Gemeinde ist (bsd. 10, 17) schon zum Ausdruck gebracht worden; und einige Ausleger (z. B. Calvin, Schlatter, Wendland) finden im nächsten Teil des Verses ebenfalls eine Bezugnahme auf das Abendmahl: **Und uns allen wurde vom einen Geist zu trinken gegeben.** Dies ist jedoch sehr unwahrscheinlich. Das neue Verb ist – wie *wir wurden getauft* – ein Aorist (*ἐποτίσθημεν*) und bezeichnet nicht eine wiederholte Handlung wie das Abendmahl, sondern eine einmalige Angelegenheit. Dasselbe Verb bezieht sich 3, 6 auf das Begießen von Pflanzen, doch dürfen wir nicht davon ausgehen, daß Paulus hier noch an diese Bildrede denkt. Das neue Bild ist notwendiger Zusatz zu der Aussage, daß wir im Geist getauft (d. h. untergetaucht) wurden; der Geist umgibt uns nicht nur, er ist auch in uns. Es wäre natürlich verkehrt, die Analogie bis in alle Einzelheiten auf unser Erleben auslegen zu wollen, doch muß man hier zugeben, daß der Geist eher als eine unpersönliche Macht erscheint. In früheren Zeiten sowie bei den Stoikern wurde der Geist als fast physisches Wesen aufgefaßt (vgl. dazu V. 11).

Das wichtigste Argument steht nun fest. Als Glieder Christi bilden die Christen einen einzigen Leib, den Leib Christi. So kann die Gemeinde bildlich beschrieben werden; diese Metapher ist eine der beeindruckendsten unter den vielen Bildreden des Paulus (Pflanzen, Bauen, usw.). Der Apostel geht auch weiter darauf ein. Als erstes fällt ihm die Vielfältigkeit eines Leibes auf (gerade in bezug auf die Situation in Korinth). Christen sollten nicht erwarten, daß sie alle die gleichen Gaben besitzen (so das einleitende *denn*): **Denn ein Leib** (V. 14; nicht nur der Leib Christi, sondern jeder Leib; im Griechischen zeigt der Artikel an, daß der ganze Genus „Leib" gemeint ist) **besteht nicht aus** (wörtlich: *ist nicht*) **einem einzigen Glied, sondern aus vielen.** Dies wird ausführlich geschildert (vgl. Platon, *Protagoras* 330 A: Jedes von ihnen hat seine eigene Funktion, wie die Teile des Gesichts; das Auge ist nicht wie die Ohren, noch ist seine Funktion ähnlich . . .). **Wenn der Fuß sagen würde** (V. 15): **Weil ich nicht Hand bin, gehöre ich nicht zum Leib; so würde der Ausspruch nicht bedeu-**

ten, daß er nicht zum Leib gehörte (wörtlich aber: *so gehört er nicht aus diesem Grunde, παρὰ τοῦτο, nicht zum Leibe*). **Und wenn das Ohr sagen würde** (V. 16): **Weil ich nicht Auge bin, gehöre ich nicht zum Leib; so würde der Ausspruch** (gleiche Konstruktion wie V. 15) **nicht bedeuten, daß es nicht zum Leib gehörte.** D. h., wenn ein Christ, der die Gabe erhalten hat, die Kranken zu heilen, sagen würde: Weil ich nicht die Gabe besitze, in Zungen zu beten, bin ich kein Glied der Gemeinde – so täuscht er sich; sein Argument hat keine Gültigkeit. Er ist genauso Christ wie derjenige, der in Zungen betet. Die bestehende Vielfalt in der Gemeinde ist äußerst wünschenswert, sogar notwendig. **Wenn der ganze Leib Auge wäre, wo wäre das Gehör? Wenn der ganze Leib Gehör** (V. 17; *ἀκοή*, möglicherweise zu übersetzen: *Ohr*) **wäre, wo wäre der Geruchssinn?** D. h., wenn alle Christen weissagten, wo blieben die anderen notwendigen christlichen Dienste wie der der Krankenheilung? Doch wissen ja alle, daß dieser Zustand nicht vorhanden ist. **Doch in der Tat hat Gott die Glieder, jedes einzelne von ihnen, so in den Leib eingesetzt, wie er es für richtig hielt** (V. 18). **Wenn das Ganze ein Glied wäre** (s. V. 17)**, wo wäre der Leib** (V. 19)**?** Als Leib würde er gar nicht mehr existieren. **Doch gibt es in der Tat viele Glieder und einen Leib** (V. 20). Dies gilt für den menschlichen Leib, den ja alle Leser des Paulus kennen. Es gilt aber auch für den Leib Christi; Gott will dessen Vielfalt.

Nun wendet sich Paulus einem etwas anderen Argument zu: **Das Auge kann nicht zur Hand sagen: Ich habe dich nicht nötig; ebensowenig das Haupt zu den Füßen: Ich habe euch nicht nötig** (V. 21). Tatsächlich braucht jedes Glied alle anderen. Der Christ, der die Gabe der Zungenrede besitzt, kann sich nicht seiner Unabhängigkeit von dem Bruder rühmen, der die Gabe der Weissagung ausübt. Jeder braucht den anderen. Das Rühmen (das Paulus immer schnell verurteilt, vgl. 1, 29 ff.) ist eine ganz verkehrte Einstellung. **Aber vielmehr sind die Körperglieder, die wir für schwächer halten** (V. 22; wie z. B. das Auge, weil es so leicht verletzt wird, oder das Herz, weil es nach außen hin unsichtbar ist), **gerade notwendig, und diejenigen Glieder, die wir für verhältnismäßig weniger ehrbar halten** (V. 23; deren Funktionen wir normalerweise verbergen), **die umgeben wir** (man könnte übersetzen: *bekleiden*; das Verb ist *περιτίθεμεν*; vgl. die von Adam und Eva empfundene Scham und ihre primitive Kleidung, Gen. 3, 7.10.21) **mit besonderer** (übermäßiger) **Ehre, und unsere unanständigen Glieder** (vgl. Phil. 3, 19 im Lichte von Gal. 6, 13) **haben** (d. h. empfangen von uns durch die Kleidung) **besondere Anständigkeit, während unsere anständigen dies nicht nötig haben** (V. 24). Also auch die schwächeren (vgl. 8, 7–13; 9, 22; 10.28 f.; Röm. 14, 1; 15, 1) und weniger edlen (1, 26; 11, 22) Glieder der Gemeinde verdienen nicht Verachtung, sondern besondere Ehre; denn so hat Gott die gesamte unwürdige Menschheit behandelt. **Aber Gott hat den Leib zusammengesetzt** (*συνεκέρασεν*; Robertson-Plummer zitieren Thukydides 6, 18, wo Alkibiades das Wort benutzt im Hinblick auf die vereinte Handlung der Stadt) **und dem Glied besondere** (s. Anmerkung zu V. 23) **Ehre erwiesen, dem sie fehlte** (anscheinend ist Paulus von seiner Bildrede abgekommen und spricht direkt von der Gemeinde, obwohl das, was er hier schreibt, dem nicht unähnlich ist, was die Stoiker in ihrer Lehre der *συμπάθεια* des Kosmos sagten)**, damit im Leib keine Spaltung** (V. 25; *σχίσμα*; vgl. 1, 10 und s. Fußnote 80, S. 324) **sei, sondern** (Paulus geht jetzt zu einem positiven Punkt über, der eigentlich schon außerhalb der Reichweite seiner Analogie steht) **damit alle Glieder die gleiche Sorge füreinander trügen.** Uns sind schon Beispiele dessen, was Paulus hier meint, vor Augen geführt worden. Der mit einem starken Gewissen und Glauben beschenkte Christ muß in bezug auf das Essen von Götzenopferfleisch nicht nur auf die eigene Freiheit oder den eigenen Geschmack Rücksicht nehmen, sondern vor allem auf die Skrupel der schwächeren Brüder (8, 7–13; 10.28 f.). Paulus führt dieses Thema weiter aus (V. 26): **Wenn einerseits ein Glied leidet** (d. h. ein Glied des Leibes)**, leiden alle Glieder mit.** In begrenztem Maße ist dies auch im Bereich des Körperlichen wahr (vgl. Platon, *Republik* 5, 462 CD: „. . . Wie wenn sich der Finger weh tut, so leidet die ganze körperliche Einheit, *κοινωνία*, mit . . . und so sagen wir, daß der Mann Schmerzen in seinem Finger hat“). **Wenn andererseits ein Glied verherrlicht wird, freuen sich alle Glieder mit ihm.** Hier versagt die physiologische Metapher (was auch beweist, daß es sich bei der Beschreibung der Gemeinde *als Leib* Christi nur um eine Metapher handelt); Glieder des Körpers werden nicht verherrlicht und freuen sich nicht. Wir müssen uns daran erinnern, daß Paulus im Hinblick auf die Gaben des Geistes in die korinthische

Situation hineinspricht. Wenn einem Glied der Gemeinde solche Gaben scheinbar fehlen, darf es trotzdem nicht vom Rest der Gemeinde verachtet werden. Dann ist er nicht der einzige, der leidet; an seinem Mangel leidet die ganze Gemeinde. Und wenn ein anderes Gemeindeglied durch übermäßige Inspirationen verherrlicht wird, sollte es sich nicht rühmen, und die anderen sollten weder neidisch sein noch grollen. Alle sollten sich vielmehr zusammen an der Geistesgabe freuen, die dem einen verliehen wurde, aber dem Wohle aller dient; denn durch das Glied ist eigentlich die ganze Gemeinde beschenkt worden.

Die Argumentation wird jetzt anhand einer allgemeinen Aussage abgerundet. **Nun seid ihr Christi Leib und als Einzelne** (V. 27; dies scheint die Bedeutung von *ἐκ μέρους* zu sein) **Glieder.** Paulus behält immer noch seine ganz praktische Absicht bei. Die Glieder eines menschlichen Körpers sind vielfältig und haben eine enge Beziehung zueinander; zwar unterscheiden sie sich voneinander, doch bilden sie alle zusammen eine Einheit. Wie wir gesehen haben, war dies auch von anderen Gemeinschaften schon behauptet worden; doch gilt es ebenfalls für die christliche Gemeinde, deren Glieder verschiedene Gaben bekommen hatten und die, gerade weil sich die Unterschiede aus der Wirkung einer göttlichen Person ergaben, um so vielfältiger und voneinander abhängiger waren. Doch die Tatsache, daß sie als Einzelne und als Gesamtgruppe durch Gaben des Geistes so geworden waren, zeigt, daß sie als Gruppe nicht nur ein Leib von Christen waren (eine naheliegende Vorstellung), sondern *Leib Christi*, denn nur in Christus selbst existierten die Gaben des Geistes; die geistlichen Gaben waren verliehen worden, damit die menschliche Gemeinde das Werk Christi auf Erden tun konnte. Der Genitiv (*Χριστοῦ*) zeigt also nicht Identität, sondern Besitz und Autorität an; also nicht: Der Leib, der Christus ist, sondern: Der Leib, der zu Christus gehört, und über den er herrscht (als Haupt, wie es in den späteren Briefen heißt: Kol. 1, 18; 2, 19; Eph. 1, 22; 4, 15; 5, 23; vgl. 1. Kor. 11, 3). Christus ist also nicht mit dem Leib identisch, sondern der Leib ist sichtbare Darstellung seiner Herrschaft. Seit der Auferstehung (und vielleicht in einem voraussehenden Sinn schon vorher) ist Christus die neue Menschheit im neuen Zeitalter. Seine Glieder haben ihren Platz in diesem eschatologischen Wesen und müssen als Glieder dementsprechend leben. Diese Art zu leben wird in Kap. 13 besonders eindrucksvoll geschildert, doch hatten wir auch in diesem Absatz einige ausgewählte Beispiele. Jetzt kehrt Paulus zu der vereinheitlichten Vielfalt geistlicher Gaben und Wirkungen zurück (vgl. V. 4–11) und beschreibt konkret, wenn auch manchmal schwerverständlich, die verschiedenen Dienste, die in der Gemeinde ausgeübt wurden. In Eph. 4, 11 haben wir in etwas weiter entwickelter Form eine ähnliche Aufzählung.

Weiter (V. 28; *καί*, geht auf den Gedanken der Gemeinde als organische Struktur ein) **gibt es einige** (*οὓς μέν*, erwartet das entsprechende *οὓς δέ*, *andere aber* – doch wird die Konstruktion abgebrochen, weil Paulus statt dessen eine numerierte Aufzählung einsetzt)**, die Gott in der Gemeinde gesetzt hat** (*ἐν τῇ ἐκκλησίᾳ*; es ist umstritten, ob hier die lokale oder die universale Gemeinde gemeint ist; Paulus spricht von der *ἐκκλησία* in beiden Bedeutungen)**, erstens als Apostel . . .** *Apostel* (*ἀπόστολος*) ist Verbalsubstantiv von dem Verb *ἀποστέλλειν*, das Paulus nur dreimal verwendet, aber jedes Mal mit besonderer Bedeutung: in Röm. 10, 15; 1. Kor. 1, 17 werden Männer hinausgesandt, um zu predigen, und in 2. Kor. 12, 17 sendet Paulus Abgeordnete, die ihn vertreten sollen. Das synonyme Verb *πέμπειν* wird häufiger verwendet, doch ohne diese Relevanz für die Bedeutung des Wortes *Apostel* (Röm. 8, 3: Gott sendet seinen Sohn; 2. Thess. 2, 11: Gott sendet eine trügende Kraft; 1. Kor. 4, 17; 16, 3; 2. Kor. 9, 3; Phil. 2, 19.23.25.28; Kol. 4, 8; 1. Thess. 3, 2.5: Menschliche Botschafter werden gesandt). Nach dem Verständnis des Paulus ist ein Apostel ein Berufener Jesu Christi, der beauftragt wurde, das Evangelium zu verkündigen. Er selbst war ein solcher, von Christus persönlich beauftragter Apostel; einige stellten dies zwar in Frage, aber diejenigen, die sich aufgrund seiner Predigt bekehrten, sollten eigentlich keinen Zweifel daran hegen (Röm. 1, 1; 11, 13; 1. Kor. 1, 1; 9, 1.2; 15, 9; 2. Kor. 1, 1; 12, 12; Gal. 1, 1; Kol. 1, 1; 1. Thess. 2, 7). Es gab jedoch auch andere Apostel. Vielleicht sollten wir Phil. 2, 25 in einem anderen Sinn verstehen; dort kann das Wort bedeuten, daß Epaphroditus nur ein Abgesandter der Gemeinde zu Philippi war, der ihre Gabe an den Paulus überbringen sollte. Das hat an sich nichts mit einer Christuserscheinung oder einem göttlichen Auftrag zur Verkündigung des Evangeliums zu tun; doch ist es nicht unmöglich, daß Epaphroditus im weiteren Sinn Apostel war, dem die Philipper eine Aufgabe anvertrauten, die sie selber nicht erledigen konnten. In 2. Kor. 8, 23 handelt es sich ganz gewiß um Abgeordnete einer Gemeinde. Es existierten zweifellos andere missionarische Apostel: 1. Kor. 15, 7 (s. Komm. z. St.); 2. Kor. 11, 5; 12, 11 (wo Paulus ironisch redet, aber das Apostelamt derer, über die er spricht, nicht in Frage stellt); Gal. 1, 17.19. Wahrscheinlich sollten wir hier Röm. 16, 7 hinzufügen (s. *Romans* z. St.). Paulus setzt nirgends die Apostel schlechthin mit den Zwölfen gleich; diese erwähnt er nur einmal, dabei handelt es sich wahrscheinlich um ein Zitat (15, 5; s. Komm. z. St.). Für Paulus waren die Grenzen des Apostelamts noch nicht klar umrissen; wenn aber eine Schau des auferstandenen Jesus eine unerläßliche Vorbedingung zum Apostelamt darstellte (vgl. 9, 1), war Paulus der letzte, der eingesetzt wurde (15, 8). Dieser Vers (12, 28) zeigt die Vorrangstellung der Apostel innerhalb der Gemeinde. Ihre Arbeit war nicht bloß ein Zeugnis für die Taten Gottes in diesen letzten Tagen, sondern sie war selbst Teil der eschatologischen Ereignisse; in dem von ihnen verkündigten Evangelium wurde die Gerechtigkeit Gottes geoffenbart (Röm. 1, 17). Paulus zumindest verstand seine Arbeit als die eines Pioniers (Röm. 15, 18–21; 2. Kor. 10, 12–16); er gründete Gemeinden (3, 6.10; 9, 1), baute aber weiter an ihnen und sorgte sich um sie, obwohl ihm andere in dieser Aufgabe zur Seite standen. In dieser Arbeit besaß er Vollmacht (Autorität; 9, 4.5.6.12.18), doch handelte es sich hierbei um eine Vollmacht zum Aufbauen, nicht zum Niederreißen (2. Kor. 10, 8; 13, 10); Paulus behauptete nicht, Herr über den Glauben seiner Bekehrten zu sein (2. Kor. 1, 24). Nicht alle seine Kollegen scheinen in dieser Sache seine Einstellung geteilt zu haben. Und doch schreibt er nicht nur von sich selbst, sondern von den Aposteln im allgemeinen, wenn er erklärt, daß ihnen ihr Amt Verachtung und Spott einbringt (4, 9–13; 2. Kor. 6, 4–10). Die apostolische Situation des Paulus wurde durch die Tatsache erschwert, daß seine Beziehungen zu seinen apostolischen Kollegen nicht immer einfach waren – und dadurch, daß es daneben auch noch falsche Apostel gab, die zwar von sich behaupteten, Boten Christi zu sein, sich aber in Wahrheit als Engel Satans entpuppten (2. Kor. 11, 13). Zu diesen Komplikationen und zu dem Verhältnis zwischen dem paulinischen und dem anderweitig im Neuen Testament dargestellten Verständnis des Apostelamts siehe Einleitung S. 29f. und Kommentar zum 2. Kor. Die hier erwähnten *Apostel* sind eschatologische (s. A. Fridrichsen, *The Apostle and his Message*, 1947; und Art. „The Apostles in and after the New Testament" in: *Svensk Exegetisk Årsbok* vol. 21, 1956, S. 30– 49) Evangelisten, die die gute Nachricht predigen und in ihrem eigenen Leben sowie durch die Gründung neuer Gemeinden den Tod und die Auferstehung Jesu offenbar werden lassen.

Aber die Apostel sind nicht die einzigen Diener Christi und auch nicht die einzigen Prediger des Evangeliums. Vielleicht fallen die Apostel in dieser Liste wirklich nur dadurch auf, daß sie von Ort zu Ort reisen und nicht seßhaft in einer Gemeinde sind. Neben ihnen gab es **zweitens** die **Propheten, drittens** die **Lehrer**. Auch in Eph. 4, 11 stehen *Propheten* an zweiter Stelle. Paulus erwähnt an einigen Stellen die alttestamentlichen Propheten (Röm. 1, 2; 3, 21; 11, 3; 1. Thess. 2, 15); aber nur im 1. Kor. benutzt er das Wort, um christliche Propheten zu bezeichnen, obwohl diese vielleicht auch in Röm. 12, 6; 1. Thess. 5, 20 eingeschlossen sind. Wir müssen davon ausgehen, daß es Männer waren, die die in Kap. 14 ausführlich geschilderte Gabe der Weissagung ausübten. Die Propheten im 14. Kapitel sind allerdings seßhaft, sie reisen nicht; es sind Christen, die die Inspiration empfangen, das Wort Gottes an die Gemeinde weiterzugeben, manchmal auch an Nicht-Christen, die durch ihre Rede bekehrt werden (14, 24). Die *Lehrer* kommen in der Aufzählung im Epheserbrief erst später. Wahrscheinlich handelte es sich um reifere Christen, die anderen Unterweisung über die moralischen Implikationen und die Bedeutung des christlichen Glaubens zukommen ließen; vgl. Gal. 6, 6; einige Ausleger sind der Meinung, die *Lehrer* hätten das Alte Testament aus christlicher Sicht ausgelegt.

Nach Paulus ist dieser dreifache Wortdienst der wichtigste Dienst überhaupt. Durch ihn wird die Gemeinde gegründet und auferbaut. Andere Aktivitäten (wie z. B. die Taufe; 1, 17) können nur sekundären Rang einnehmen. Die Bedeutung der ersten drei Dienste wird durch einen zweifachen Bruch im Satz unterstrichen. Die Aufzählung wird nicht fortgesetzt (vielleicht weil Paulus der Meinung ist, alle niedrigeren Gaben von den Wortgaben, aber nicht unbedingt untereinander in ihrer Bedeutung unterscheiden zu müssen) – und statt Personen werden jetzt Gaben aufgeführt.

(Dieser Wandel findet in umgekehrter Richtung in Röm. 12, 6ff. statt, wo wir erkennen können, daß es Paulus nicht so sehr um die Personen und ihren Status, sondern um die Gaben und deren Funktion ging.) Diese weiteren Gaben sind: **Wunder** (vgl. V. 10), **dann Heilungsgaben** (vgl. V. 9), **dann Hilfeleistungen** (ἀντιλήμψεις: die Bedeutung des Wortes können wir eigentlich nur erraten, aber es meint vor allem in den Papyri, die den Ptolemäern zugeschrieben werden, Hilfe durch eine höhere Autorität), **Gaben der Leitung** (κυβερνήσεις: eigentlich *Lenkung* eines Schiffes, wird hier als Metapher verwendet), **verschiedene Arten von Zungenreden** (vgl. V. 10). *Hilfeleistungen* weist vielleicht auf die Arbeit der Diakone (διάκονοι) hin, deren Hauptaufgabe es in der Urgemeinde war, die Almosen der Gemeinde an die Bedürftigen zu verteilen; *Leitungen* bezieht sich wohl auf die Bischöfe (ἐπίσκοποι), d. h. diejenigen, die der Gemeinde vorstanden (vgl. Röm. 12, 8). Es waren alles Dienste, die an einem einzigen Ort, also in der Lokalgemeinde, verrichtet wurden (vgl. Phil. 1, 1) – im Gegensatz zu dem peripatetischen Dienst der Apostel – und dem von Propheten und Lehrern ausgeübten Wortdienst untergeordnet. Gaben der *Leitung* und der *Zungenrede*, die ihrem Wesen nach die Aufmerksamkeit aller auf sich lenkten, und die darum dem Geschmack der Korinther entsprochen zu haben scheinen, werden erst am Ende der Liste aufgezählt.

Es wird nirgends angedeutet, daß niemand mehr als e i n e Gabe ausüben konnte; aber Paulus schiebt dem Gedanken einen Riegel vor, der vielleicht in Korinth aufgegriffen worden war, nämlich daß alle – oder alle Glieder einer bestimmten, sich für besser haltenden Gruppe – alle Gaben genießen konnten. **Sind etwa alle Apostel?** (V. 29). Vielleicht dachten einige in Korinth daran, diese Frage mit „Ja“ zu beantworten (s. Barth, KD III/2, S. 373; vgl. 4, 8); aber sie muß verneint werden, denn die Apostel konfrontieren die Gemeinde mit einem Wort, das seinen Ursprung nicht in ihr, der Gemeinde, hat (vgl. 14, 36), sondern durch das sie geschaffen und auch gerichtet wird. **Sind etwa alle Propheten?** Es steht dem Menschen nicht zu, sondern allein dem Geiste Gottes, hierüber zu bestimmen (*wie er will*, 12, 11). **Sind etwa alle Lehrer?** (Nach 3, 1 waren sie es nicht.) **Können etwa alle Wunder tun?** (Wörtlich: *Sind alle Wunder?* Paulus' Satz bricht hier auseinander). **Haben etwa alle Gaben der Heilung** (V. 30)? **Reden alle in**

Zungen? Legen alle aus (d. h. legen alle die Zungenreden aus, die von den anderen ausgesprochen werden)? Die Antwort auf jede dieser Fragen lautete offensichtlich: „Nein!"

Die Korinther mußten also lernen, daß die Gemeinde ein Ganzes, ja, ein Leib war. Kein einzelnes Glied konnte alle nötigen Funktionen ausüben. Jeder war vom Dienst der anderen abhängig. Dies lieferte keinen Grund zu Unzufriedenheit und auch keinen Grund, sich überlegen zu fühlen. Doch es war berechtigt, den Rat zu geben (V. 31): **Strebt nach** (Seid ehrgeizig besorgt um) **den** (die) **höheren Gaben** – recht, weil die Korinther offensichtlich bis dahin hauptsächlich nach den niedrigeren Gaben gestrebt hatten wie z. B. der Gabe der Zungenrede. Sie sollten jedoch durch Gebet und innerliche Zurüstung die Gabe der Weissagung oder der Lehre suchen. Diese Gaben würden sie befähigen, den größtmöglichen Beitrag zum Gemeindeleben beizusteuern. Doch ist auch hier noch nicht das letzte Wort gefallen. **Und ich will euch jetzt einen noch besseren Weg zeigen** (*δείκνυμι*, Präsens: Ich fange jetzt damit an). Dies scheint die richtige Übersetzung eines schwierigen Satzes zu sein. Der Ausdruck *ἔτι καθ' ὑπερβολήν* wird hier als Adjektiv aufgefaßt, kann aber auch als Adverb dem *zeigen* zugeordnet werden. Dann müßten wir übersetzen: *Über das hinaus* (was ich euch bisher gezeigt habe) zeige ich euch einen Weg. Schlatter weist darauf hin, daß *καθ' ὑπερβολήν* auch in 2. Kor. 1, 8; 4, 17 beim Verbum steht. Das Problem wird durch rätselhafte Textabweichungen erschwert; s. Fußnote 81, S. 325. Die anscheinend westliche Leseart wird durch P^{46} unterstützt und von BD § 272 sowie (scheinbar) M. III, S. 221 bevorzugt: Wenn es etwas darüber hinaus gibt, zeige ich euch den Weg. Doch können wir nicht sicher sein, wie wir die Papyrus-Belege eigentlich lesen sollen („Für den Ausleger quälend ist, daß gerade diese Zeilen im Papyrus nicht lesbar sind; die vorletzte Zeile auf der Seite enthielt einige inzwischen verlorengegangene Buchstaben, die vielleicht die Lösung dieses uralten Rätsels geboten hätten" – Zuntz, S. 90), und es wäre unweise, sich ganz dem westlichen Text zu verpflichten.

Vielleicht liegt die Schwerfälligkeit dieses Satzes an der gekünstelten Verbindung zu Kap. 13. Diese Verbindung läßt leicht den Gedanken aufkommen (s. S. 342, 359 f.), das offensichtlich von Paulus selbst geschriebene Kap. 13 sei nicht ursprünglich für diesen Brief verfaßt worden, sondern sei wegen seiner Relevanz für die korinthische Situation von Paulus eingefügt worden. Kap. 13 ergibt allein für sich einen guten Sinn, und nach ihm kehrt Paulus zu der nüchternen Besprechung geistlicher Gaben zurück, besonders zum Thema der Weissagung und der Zungenrede. In 14, 1 (*Strebt nach geistlichen Gaben*) wird in 12, 31 a (ζηλοῦτε) wieder aufgenommen. Wie wir noch sehen werden, paßt Kap. 13 in hervorragender Weise in diesen Kontext, weil die Liebe den Maßstab liefert, an dem die anderen Gaben geprüft und gemessen werden können; gleichzeitig ist sie aber das Mittel, durch das die Einheit des Leibes aufrechterhalten wird. In Gal. 5, 22 wird die Liebe als erste Frucht des Geistes aufgezählt; hier wird sie von den geistlichen Gaben im allgemeinen unterschieden (s. bsd. 14, 1); Liebe sollten alle Christen haben und ausüben. Aber gerade deswegen paßte das Kapitel (und paßt heute noch) auch zu anderen Situationen als der korinthischen; wir dürfen davon ausgehen, daß es als fertiges Stück in den 1. Kor. eingefügt wurde.

28. 13, 1–13: Der grundlegende Prüfstein: (b) die Liebe

(1) Wenn ich mit Menschen- und Engelszungen rede, aber keine Liebe habe, bin ich wie ein tönendes Erz oder eine lärmende Pauke. (2) Und wenn ich die Gabe der Weissagung habe und alle Geheimnisse und alles Wissen kenne, und wenn ich vollkommenen Glauben habe, so daß ich Berge versetzen kann, aber keine Liebe habe, bin ich nichts. (3) Und wenn ich alles, was ich besitze, einsetze, um andere mit Speise zu versorgen, und wenn ich meinen Leib übergebe und verbrennen lasse[82], aber keine Liebe habe, so nützt mir das nichts. (4) Die Liebe ist langmütig, die Liebe ist gütig; die Liebe ist nicht neidisch, sie prahlt nicht, sie ist nicht aufgebläht, (5) sie verhält sich nicht ungehörig[83]; sie sucht nicht, die eigenen Ziele zu verwirklichen[84], sie ist nicht reizbar, sie trägt das Böse nicht nach; (6) sie freut sich nicht über die Ungerechtigkeit, sondern freut sich mit über die Wahrheit; (7) sie unterstützt alles, sie glaubt alles, sie hofft alles, sie erträgt alles.

(8) Die Liebe versagt nie. Aber Weissaguangen – sie werden abgeschafft werden; Zungen – sie werden aufhören; Erkenntnis – sie wird abgeschafft werden. (9) Denn wir erkennen teilweise,

und wir weissagen teilweise, (10) aber wenn die Ganzheit kommt, wird das, was teilweise ist, abgeschafft werden. (11) Als ich ein Kind war, redete ich wie ein Kind, dachte ich wie ein Kind, urteilte ich wie ein Kind; aber seitdem ich ein Mann geworden bin, habe ich abgelegt, was kindisch war. (12) Denn jetzt schauen wir durch ein Glas und sehen unklar; dann aber werden wir von Angesicht zu Angesicht sehen. Jetzt erkenne ich zum Teil, dann werde ich erkennen, so wie ich erkannt worden bin. (13) Nun aber bleiben diese drei: Glaube, Hoffnung, Liebe. Aber die größte unter ihnen ist die Liebe.

Dieses „Hohelied der Liebe", wie es genannt worden ist (die Struktur ist in der Tat rhythmisch, jedoch nicht regelmäßig), läßt sich in drei Teile einteilen. In den Versen 1–3 wird die Liebe mit anderen religiösen Handlungen und Einstellungen verglichen („Allein die Liebe zählt"); in den Versen 4–7 (vgl. Kol. 3, 12 ff.) wird die Liebe beschrieben, und zwar hauptsächlich anhand dessen, was sie nicht ist („Allein die Liebe triumphiert"); und in den Versen 8–13 kehrt die Idee des Gegensatzes wieder: Wenn alles andere vergeht, bleibt die Liebe bis in alle Ewigkeit („Allein die Liebe bleibt " – so Barth). Es sind viele Versuche unternommen worden, dieses Kapitel in Gedichtform zu schreiben. Diese Versuche sind nicht nützlich; das Kapitel ist in Prosa geschrieben, und die rhythmischen melodieartigen Formen sind nicht ausgeprägt genug, um die vorliegenden Verse tatsächlich als Gedicht erkennen zu lassen. Dadurch bestreiten wir allerdings nicht die hohe literarische Qualität dieses Abschnitts; die Ausgewogenheit der Sätze und die Aussagekraft des Wortschatzes finden selten bei Paulus oder in der sonstigen griechischen Literatur ihresgleichen. Gerade diese Beobachtung erhöht die Wahrscheinlichkeit, daß dieses Kapitel zu einem anderen Zeitpunkt geschrieben wurde, und daß es hier nach einer Überarbeitung von Paulus in seinen Brief an die Korinther eingefügt wurde (s. S. 340). Dies bedeutet jedoch nicht, daß das Kapitel nicht von Paulus selbst geschrieben worden wäre; gewiß wollte der Apostel, daß diese Zeilen an dieser Stelle in seinem Brief standen. Das ganze Kapitel „steht zur Besprechung der geistlichen Gaben in einer ähnlich engen Beziehung wie seine abschweifende Behandlung des freiwilligen Freiheitsverzichts (Kapitel 9) zur Besprechung des Götzenopferfleisches" (Robertson-Plummer). Auch im Römerbrief (13, 8 ff.) erreichen moralische Ermahnungen ihren Höhepunkt in einer Beschreibung der Liebe (s. Schweitzer, *Mystik*, S. 295).

Zum Kapitel als Ganzem siehe neben den Kommentaren Bornkamms Aufsatz „Der köstlichere Weg (1. Kor. 13)" in: *Das Ende des Gesetzes* (Gesammelte Aufsätze Bd. 1), 1952, S. 92–112 (weitere Literatur) und Barth, KD IV/2, S. 936–953.

Der erste Gegensatz ist der zwischen der Liebe und dem Zungenreden (s. 12, 10; 14, 2). Die Zungenrede ist eine echte Geistesgabe, die auch Paulus besitzt (14, 18), doch mißt er ihr nicht den hohen Wert bei, den seine Leser offenbar bereit sind, ihr zuzubilligen. **Wenn ich mit Menschen- und Engelszungen rede, aber keine Liebe habe, bin ich** (V. 1; *γέγονα*; *bin ich geworden* wäre hier pedantisch) **wie ein tönendes Erz oder eine lärmende Pauke.** Mit *Menschenzungen* wird die normale menschliche Sprache gemeint sein, so daß wir „nicht nur . . ., sondern auch . . " zu verstehen haben werden. Anscheinend war Paulus der Meinung, die unverständliche Rede oder Sprache (nur dem inspirierten Ausleger verständlich), die von inspirierten Teilnehmern am christlichen Gottesdienst benutzt wurde, sei die unter den Engeln gebräuchliche gewesen; die Menschen konnten normalerweise die Sprache der Engel nicht verstehen (Offb. 14, 2 f.). Die rabbinische Tradition (SB z. St.) weiß zu berichten, daß Johann ben Zakkai wegen seiner hervorragenden Frömmigkeit und seiner Gelehrsamkeit in der Lage war, die Sprache der Engel zu verstehen. Vgl. ebenfalls 2. Kor. 12, 4. Aber wer in dieser Weise spricht, teilt sich genauso wenig mit wie leblose Gegenstände, die, wenn sie geschlagen werden, einen Lärm von sich geben. Dies wird der Hauptgedanke von Paulus gewesen sein; doch erinnern beide Substantive an heidnische Riten. *Erz* (oder *Kupfer*, *χαλκός*) bezeichnete als Substantiv nicht nur das Metall, sondern auch aus ihm angefertigte Gegenstände oder Werkzeuge (insbesondere die Waffenrüstung; hier wäre also „wie rasselnde Waffenrüstung" eine mögliche Übersetzung); Formen des Wortes kommen bei Beschreibungen der Anbetung des Demeter und der Kybele vor (s. LS z. St.). Die *Pauke* (*κύμβαλον*; s. K. L. Schmidt in TWNT Bd. 3, S. 1037 f.) wurde nicht nur, aber auch häufig, in religiösem Zusammenhang gebraucht. Der Klang sollte entweder die „Götter aufmerksam machen" oder „böse Dämonen vertreiben"

(Betz, S. 65); wahrscheinlich diente er eher dazu, die Anbetenden zu erregen. Das Wort wurde im übertragenen Sinne gebraucht, um leeres Philosophieren zu beschreiben. Paulus behauptet also, daß eine in Zungen redende Gemeinde, die die Liebe nicht ausübt, ein bedeutungsloses Phänomen sei; ja noch mehr, sie praktiziere reines Heidentum. Vielleicht hat Schmidt weiter Recht, wenn er die Einstellung des Paulus mit der der alttestamentlichen Propheten vergleicht, die den Gottesdienst in Israel verurteilten, wenn ihm das entscheidende Element des Gehorsams dem Willen Gottes gegenüber fehlte. (Auch in Israel wurde der Gottesdienst von Musik begleitet: z. B. Ps. 150, 5: „Lobt ihn mit lauten Zimbeln" – *ἐν κυμβάλοις εὐήχοις . . . ἀλαλαγμοῦ*; Josephus, *Ant.* 7, 306: „Die von David bereiteten Pauken bestanden aus großen, breiten Erzplatten".)

Nach Zungenrede: Weissagung und Erkenntnis (vgl. 12, 8.28; 14, 1 u. a.): **Und wenn ich die Gabe der Weissagung habe und alle Geheimnisse und alles Wissen kenne . . .** (V. 2); und Glaube (12, 9): **Und wenn ich vollkommenen Glauben habe, so daß ich Berge versetzen kann** (vgl. Mk. 11, 23 u. Parallelstellen), **aber keine Liebe habe, bin ich nichts.** Die Weissagung ist in dieser Hinsicht nicht wie die Zungenrede, denn sie kann nicht als klirrender Lärm beschrieben werden; sie gehört vielmehr zu den höchsten christlichen Aktivitäten. Und trotzdem: Wenn der Prophet keine Liebe hat, ist seine christliche Aktivität überhaupt nichts. Die Gabe der Weissagung geht Hand in Hand mit der Fähigkeit, *Geheimnisse*, d. h. die im Evangelium bekannt gemachten geheimen Wahrheiten der eschatologischen Absichten und Handlungen Gottes, zu verstehen; s. 2, (1).7; 4, 1; 15, 51; Röm. 11, 25; 16, 25; 2. Thess. 2, 7. In Eph. und Kol. wird das Wort in einem etwas erweiterten Sinn verwendet. Wer *alle Geheimnise erkennt*, hat vollkommenes Verständnis für die eschatologische Lage der Gemeinde – obwohl es möglich ist, daß Paulus hier das Wort Geheimnis nicht in seinem eigentlichen Sinn verwendet, sondern einfach nicht allgemein bekannte Wahrheiten meint. Das gleiche könnte auch für das Wort *Wissen* (Erkenntnis, *γνῶσις*) gelten, denn die Erkenntnis war oft nur den Wenigen, den Auserwählten zugänglich. Wenn also das *Wissen* überhaupt von den *Geheimnissen* unterschieden werden soll, dann meint es vielleicht (s. Komm. zu 12, 8) die moralischen Folgen der christlichen Offenbarung.

Doch wird hier Paulus wahrscheinlich nur Ausdrücke anhäufen, ohne allzusehr auf die feinen Unterschiede zu achten. „Vielleicht weiß ich alles, was es zu wissen gibt, aber wenn ich dabei keine Liebe habe, bin ich nichts." Paulus beschreibt mit den Worten Jesu aus den synoptischen Evangelien den wunderwirkenden Glauben – nicht den von allen Christen geteilten, zum Heil führenden Glauben, s. Komm. zu 12, 9. Doch merkt Paulus nicht an, daß er Worte Jesu zitiert, und wir dürfen davon ausgehen, daß ihm das Zitat nicht bewußt war. „‚Berge entwurzeln' oder ‚ausreißen' ist eine sprichwörtliche Wendung,die soviel bedeutet wie: ‚unmöglich Scheinendes möglich machen'" (SB Bd. 1, S. 759; hellenistische Parallele bei Lukian, *Navigium* 45). Paulus geht sehr selten direkt auf Worte Jesu ein (s. Komm. zu 7, 10). Zum gleichen Gedanken s. Matt. 7, 22 f.

Nach der Meinung von Paulus stehen Weissagung, Erkenntnis und Wunder höher als die Zungenrede, aber alle sind sie mit der Liebe nicht zu vergleichen. Wir nähern uns der kompletten Bedeutung der Liebe im nächsten Satz, erreichen sie jedoch noch nicht. **Und wenn ich alles, was ich besitze, einsetze, um andere mit Speise zu versorgen** (V. 3; *ψωμίσω*; wörtlich: um mit kleinen Brocken zu speisen; der Satz will also sagen: wenn ich meine Habe aufteile, um sie als Almosen zu verschenken)**, und wenn ich meinen Leib übergebe und verbrennen lasse, aber keine Liebe habe, so nützt mir das nichts.** Klar ist, daß das Verschenken seiner Habe aus Liebe heraus motiviert sein kann. Dies leugnet Paulus nicht (wie er auch nicht leugnet, daß Zungenrede, Weissagung und Erkenntnis Hand in Hand mit der Liebe gehen können); doch behauptet er, daß gute Werke auch aus anderer Motivation heraus getan werden können. Das ist besser, als daß die Armen sterben; aber die Geber verdienen dann keine Würdigung – und werden sie beim Gericht nicht erhalten – (*so nützt mir das nichts*). Text und Bedeutung des zweiten Teils des Satzes sind unsicher; s. Fußnote 82, S. 341. Beide Lesearten, wörtlich: *um verbrannt zu werden* und *um mich zu rühmen* sind in den ältesten Hss. vertreten; beide sind von modernen Textkritikern befürwortet worden. „Um mich zu rühmen" könnte als unwürdige Motivation auf die Übergabe seiner Habe oder auf die Auslieferung seiner selbst (wohl damit man als Sklave verkauft wird – der Erlös würde dann den Armen zugute kommen; vgl. 1. Klemens 55, 2) bezogen werden. Aber

„sich selbst übergeben“ ist nicht spezifisch genug (anders als bei Klemens) und bedarf einer Ergänzung wie „um verbrannt zu werden“, um verständlich zu sein. Lietzmann und Bornkamm weisen beide darauf hin (und zu Recht), daß der Ausdruck *um verbrannt zu werden* zu *so daß ich Berge versetzen kann* parallel steht: der Parallelismus bestätigt den Text. Außerdem ist eine Tat, die in der Absicht begangen wird, sich zu rühmen, schon von vornherein eine Tat ohne Liebe, so daß wir davon ausgehen können, die Lesart *um mich zu rühmen* sei nicht ursprünglich. Überzeugende Besprechung dieser Frage bei Zuntz (S. 35 ff.); weniger überzeugend aus anderer Sicht Clark in: *Studia Paulina*, S. 61 f.

Und verbrennen lasse ist also die bessere Lesart – aber was ist eigentlich damit gemeint? Auch diese Frage kann nur mit Vermutungen beantwortet werden. Vielleicht ist das Martyrium gemeint, aber, obwohl es zur Zeit des Paulus schon christliche Märtyrer gab (er wird das Martyrium des Stephanus nicht vergessen haben, auch wenn dieses nicht in den Paulusbriefen erwähnt wird), haben wir keine Belege für Hinrichtungen durch Verbrennung vor der Verfolgung durch Nero (Tacitus, *Ann.* 15, 44). Paulus empfand die römischen Gerichtshöfe im großen und ganzen als freundlich gesinnt, obwohl Christen, die keine römischen Staatsbürger waren, sich eventuell eine andere Behandlung gefallen lassen mußten. An sich würden Christen auch nach dem jüdischen Gesetz nicht den Feuertod sterben müssen, denn dieser war (*Sanhedrin* 9, 1) dem Mann vorbehalten, der gleichzeitig ein Verhältnis mit einer Frau und deren Tochter unterhielt, und der Priestertochter, die Ehebruch beging. *Und verbrennen lasse* wird auch nicht das Brandmal *eines Sklaven* meinen, so daß der Satz die Bedeutung hätte: Wenn ich mich als Sklaven verkaufe ... (s. oben). Sklaven wurden normalerweise gar nicht gebrandmarkt. Eher ist es wahrscheinlich, daß Paulus an die Praxis der Selbstverbrennung (als Opfer) dachte. Lukian (*de morte Peregrini* 21–25; s. Betz, S. 122) beschreibt die Selbstverbrennung des christlichen Scharlatans Peregrinus; und zur Zeit des Augustus war es wohlbekannt, daß ein Inder in dieser Weise seinem Leben ein Ende bereitet hatte (Plutarch, *Alexander* 69; Strabo XV 1, 73; Dio Cassius 54, 9). Paulus wird kaum einen solchen Selbstmordversuch gebilligt haben, doch hat er vielleicht an eine Selbstaufopferung gedacht (s. Bachmann) – vgl. Dan. 3, 25 f. (LXX). „Wenn ich mich um der größten Sache willen dem schmerzlichsten Tode hingebe, aber keine Liebe habe, ist das kein Verdienst." Das wäre dann ein gewaltiger Höhepunkt für diesen ersten Abschnitt des Kapitels, in dem Paulus den Menschen beschreibt – „und zwar den *homo religiosus Christianus* – in seinen höchsten Möglichkeiten" (Bornekamm, *Das Ende des Gesetzes*, S. 99).

Liebe ist also die unerläßliche Zutat, die allein allen anderen christlichen Gaben ihren Wert verleiht. Was ist denn die Liebe? Sie „entspricht dem tiefen Gegensatz zu allem, was das Wesen des natürlichen Menschen ist" (Bornkamm, S. 101). Paulus findet es leichter, die Fragen zu beantworten: Was tut die Liebe? oder Was tut sie nicht? **Die Liebe ist langmütig** (V. 4); d. h. der Mensch, der die Liebe hat, ist *langmütig*; was immer er ertragen muß, es geht ihm die Geduld nicht aus. Weiter ist **die Liebe** (d. h. wie im ganzen Absatz: der Mensch, der die Liebe hat) **gütig** (positive Ergänzung zu *langmütig*; die Liebe tut denen Gutes, die selbst nur Schaden anrichten)**; die Liebe ist nicht neidisch** (trotz der Tatsache, daß Paulus hier das gleiche Verb – *ζηλοῦν* – benutzt, das er in 12, 31 im Sinne von „Streben" nach den größeren Gaben verwendete)**, sie prahlt nicht** (dieses Wort, das bei Paulus sonst nicht vorkommt, wird von den stoischen Moralphilosophen gern gebraucht; es paßt zum 1. Kor.)**, sie ist nicht aufgebläht** (ein eigenes Wort des Paulus, das ebenfalls sehr angemessen ist; s. 4, 6.18.19; 5, 2; 8, 1)**, sie verhält sich nicht ungehörig** (V. 5; das Wort *ἀσχημονεῖ* wird in 7, 36 verwendet; s. Komm. z. St.: die Liebe behandelt nie jemanden ungerecht, wie wenn ein Mann etwa Leidenschaft bei einem Mädchen hervorrufen und es dann ablehnen würde, sie zu heiraten; s. Fußnote 83, S. 341)**; sie sucht nicht, die eigenen Ziele zu verwirklichen** (vgl. 10, 24). S. Fußnote 84, S. 341. Die Liebe sucht nicht nur nicht, was ihr nicht gehört, sondern sie ist auch bereit, das ihr Zustehende aufzugeben – um anderer willen. Die Liebe **ist nicht reizbar** (nicht zum Zorn reizbar also; dieses Wort, *παροξύνεται*, wie einige andere in diesem Kapitel, kommt sonst in den Schriften von Paulus nicht vor; doch s. Apg. 15, 39 zu einem *παροξυσμός*, an dem er teilnahm)**, sie trägt das Böse nicht nach.** Das Verb (wörtlich: anrechnen, *λογίζεται*) wird V. 11 mit anderer Bedeutung benutzt; Sach. 8, 17 und Testament d. Seb. 8, 5 lassen die Vermutung aufkommen, es könnte hier heißen: „plant keine bösen Anschläge gegen irgend jemanden". Dies ergäbe einen guten Sinn. Aber das Wort nimmt eine wichtige Stellung in anderen entschieden paulinischen Abschnitten ein (vor allem Röm. 4, 1–12; 2. Kor. 5, 19), und es gibt keinen Grund anzunehmen, es wäre hier mit anderer Bedeutung gebraucht. Wenn wir fragen: Was hat denn die Liebe mit Bösem zu tun? dann muß die Antwort lauten: Sie nimmt das Böse auf sich und vernichtet es somit.

Die Liebe **freut sich nicht über die Ungerechtigkeit** (V. 6) – weder aus Schadenfreude noch aus der Überlegenheit heraus. Vielmehr **freut sie sich mit über die Wahrheit** (das Verb hier ist *συγχαίρει*; dies könnte nur eine Verstärkung des ursprünglichen Verbs bedeuten, etwa: *freut sich sehr*; oder die Änderung könnte vielleicht auch um des Rhythmus willen geschehen sein; doch sind diese Alternativen nicht so glücklich wie die hier bevorzugte Übersetzung). Die Liebe sucht nicht, sich dadurch hervorzutun, daß sie auf alles Unrecht hinweist; sie verzichtet vielmehr auf die eigene Identität und freut sich mit anderen über das, was gut und recht ist. In der zweiten Hälfte des Satzes hätten wir vielleicht *Gerechtigkeit* statt Wahrheit erwartet, aber bei Paulus hat ja Gerechtigkeit eine besondere, eigene Bedeutung (s. z. B. 1, 30; 2. Kor. 5, 21; Röm. 1, 17; 3, 21 und entsprechende Stellen im Kommentar); vielleicht wird der Begriff deswegen hier fortgelassen.

Die Liebe **unterstützt alles** (V. 7; *πάντα στέγει*). Zu diesem Verb s. 9, 12; 1. Thess. 3, 1.5. Es bedeutet normalerweise „ertragen". Vielleicht ist das auch hier der Fall, doch tritt dann eine gewisse Wiederholung ein, denn wir haben im gleichen Vers auch *ὑπομένει* so zu übersetzen. Paulus wiederholt sich tatsächlich manchmal, doch können wir hier vielleicht vorschlagen, die Bedeutung von *στέγειν* im Lichte des Spruchs von Simeon dem Gerechten (3. Jh. n. Chr.) zu verstehen: „Durch drei Dinge wird die Welt erhalten: Durch das Gesetz, durch den (Gottes-)dienst (des Tempels) und durch Wohltaten" *Aboth* 1, 2). Man kann hier anmerken, daß Barth zwischen „Liebe" und „Liebestaten" unterscheidet (KD IV/2, S. 944). Die Liebe ist der Welt Stütze. Diese Interpretation des Satzes harmonisiert mit dem allgemein griechischen Gebrauch des Verbs, das an sich mit *στέγη*, Dach, verwandt ist. Andererseits könnte man nach 1. Pet. 4, 8 auch übersetzen: Die Liebe deckt das Böse zu, statt es bloßzulegen.

Die Liebe **glaubt alles;** nicht „sie glaubt immer das Beste über die Menschen“, sondern „sie verliert nie den Glauben“; **hofft alles,** also: „sie hört nie auf, zu hoffen“. Héring übersetzt sehr glücklich: *„Plein de foi, plein d'espérance“*. Vgl. die Verbindung zwischen Glaube, Hoffnung, Liebe V. 13. Die Liebe **erträgt alles:** bei keiner Schwierigkeit, keiner Zurückweisung kann die Liebe aufhören. Vgl. V. 8.

Paulus kehrt zum Gegensatz zwischen der Liebe und den geistlichen Gaben zurück, um den es hier eigentlich geht. Hier betont er vor allem aber die bleibende Natur der Liebe. **Die Liebe versagt nie** (V. 8; wörtlich: *Fällt nie*). Es ist nicht leicht, nun zwischen Liebe als menschlicher Eigenschaft (insofern menschlich, als sie von den Menschen geübt wird, wenn auch nie ohne göttlichen Beistand) und der Liebe als Aktivität Gottes (der allein die Liebe in ihrer Fülle zum Ausdruck bringt) zu unterscheiden. „Das ist keine Liebe, was sich ändert, wo es eine Änderung findet“ – in diesem Sinne kann die Liebe schon ihrem Wesen nach *nie versagen.* Wenn meine Beziehung zu meinem Nächsten durch dessen abweisende Haltung zum Erkalten gebracht wird, dann habe ich ihn nie geliebt, denn die Liebe hört niemals auf. Aber über solche Liebe verfügt letztlich allein Gott, denn nur er liebt, ohne daß je in dieser Liebe eine Änderung eintritt; und diese seine Liebe spiegelt sich in der geistlichen Gabe der Liebe wider, denn diese Gabe, da sie wie keine andere das eigentliche Wesen Gottes widerspiegelt, gehört zu einer ganz anderen Kategorie als die anderen. Barth (KD IV/2, S. 949) zitiert Troeltsch: Die Liebe ist „die Kraft des Jenseits, die als solche schon die Kraft des Diesseits ist“. Ähnlich schreibt Schweitzer (*Mystik*, S. 296): „Sie ist das Ewige, das Menschen schon jetzt besitzen können, wie es an sich ist.“ **Aber Weissagungen – sie werden abgeschafft werden.** Es gehört zum Wesen vorhersagender Weissagung, daß sie erfüllt wird, aber im Augenblick der Erfüllung existiert die Weissagung als Weissagung nicht mehr. In ähnlicher Weise, wenn auch nicht so deutlich, dürfen wir sagen, daß die Weissagung als inspirative Verkündigung der Wahrheit über Gott in der Gegenwart Gottes verschwinden wird. **Zungen – sie werden aufhören.** Die Zungenreden sind im wesentlichen indirekte und geheimnisvolle Mitteilungen über Gott, und wenn die Weissagung abgeschafft wird, werden auch sie *a fortiori* verstummen. **Erkenntnis – sie wird abgeschafft werden.** Erkenntnis (*γνῶσις*) ist geheime Information über Gott; wenn sich Gott aber der ganzen Menschheit offenbart, kann sich kein Mensch mehr seines geheimen Wissens über Gott rühmen. Weissagungen, Zungenbotschaften und Erkenntnis sind bestenfalls teilweise Offenbarungen des Gottes, der die Liebe ist (1. Joh. 4, 8.16). Als solche haben sie einen durchaus nicht unwichtigen Platz im Leben; doch bleibt dieser Platz begrenzt und vorübergehend. **Denn wir erkennen teilweise, und wir weissagen teilweise** (V. 9; es wäre hier überflüssig, wieder die Zungen zu erwähnen)**, aber wenn die Ganzheit kommt, wird das, was teilweise ist, abgeschafft werden** (V. 10). Das Adjektiv (Neutr. m. Art.: *τὸ τέλειον*), das wir hier als *die Ganzheit* übersetzt haben, kommt bei Paulus recht häufig vor: s. 2, 6; 14, 20. Der genaue Sinn des Ausdrucks geht aus dem Zusammenhang hervor; als Gegenstück zu *ἐκ μέρους* (*zum Teil* oder *teilweise*) bedeutet er hier nicht das sittlich Vollkommene, sondern die *Ganzheit* – insbesondere die Totalität der Wahrheit über Gott. Und diese Totalität, diese Ganzheit, ist die Liebe; im Vergleich zu ihr können andere Erkenntnisse und Einstellungen, obwohl sie an sich gut sind, wie die Erlebnisse der Kindheit hinter sich gelassen werden. **Als ich ein Kind war, redete ich wie ein Kind, urteilte ich** (V. 11; *ἐλογιζόμην*, das gleiche Verb wie V. 5, s. Komm. z. St.; im Gedanken ist der Begriff des Rechnens, des Kalkulierens, des Abschätzens enthalten; vielleicht will Paulus andeuten, daß es die kindische Einstellung der Korinther war, die sie dazu verführte, die Zungengabe zu überschätzen und die Liebe zu unterschätzen; s. 3, 1) **wie ein Kind; aber seitdem ich ein Mann geworden bin, habe ich abgelegt, was kindisch war.** Die Bezugnahme auf die Kindheit ist eine Illustration, die durch das Wort *Ganzheit* hervorgerufen wurde, denn dieses bedeutet in anderem Zusammenhang *Reife* (2, 6). Paulus meint nicht, daß er selbst so reif ist, daß er nun auf Weissagung und Erkenntnis verzichten kann, um die vollkommene Liebe zu üben (Phil. 3, 12). Denn für ihn (also nicht wie bei den Stoikern und anderen griechischen Denkern) bleibt die *Ganzheit* ein eschatologisches Konzept, das erst an einem von Gott bestimmten zukünftigen Zeitpunkt erreicht wird. In diesem Zeitalter, in dem sich die Menschen nur unvollkommen lieben, gibt es noch Raum für andere Formen der Offenbarung, und seien sie noch so unvollkommen. Vor Gott sind wir alle, auch Apostel, wie kleine Kinder.

V. 11 könnte eigentlich in Klammern stehen, denn das *Denn*, mit dem der nächste Vers beginnt, gibt den eigentlichen Grund für V. 10 an. **Denn jetzt schauen wir durch ein Glas** (V. 12; in Korinth wurden Spiegel hergestellt) **und sehen** (diese beiden Worte finden sich nicht in der griechischen Vorlage) **unklar; dann aber werden wir** (beim *Telos*, wenn Gott seinen Ratschluß zum Abschluß führt; s. 15, 24) **von Angesicht zu Angesicht sehen. Jetzt erkenne ich zum Teil** (vgl. V. 9)**, dann werde ich erkennen** (nicht das einfache Verb *γινώσκειν*, sondern *ἐπιγινώσκειν*; die Veränderung soll wahrscheinlich nicht einen Unterschied in der Art des Wissens – „ich werde (an-)erkennen" –, sondern die Vollkommenheit dieser zukünftigen Erkenntnis hervorheben; das gegenwärtige Wissen der Menschen wird nicht zugunsten des Unwissens, sondern des völligen Verständnisses abgetan werden)**, so wie ich erkannt worden bin** (nämlich, von Gott; hier ist das Verb wieder *ἐπιγινώσκειν*)**.** Der Sinn des Verses ist ganz eindeutig; er zeigt die Unzulänglichkeit gegenwärtiger menschlicher Gotteserkenntnis auf im Vergleich (a) zu der gegenwärtigen göttlichen Erkenntnis des Menschen und (b) zur zukünftigen menschlichen Gotteserkenntnis. Erst dann, nicht (wie die Gnostiker behaupteten) jetzt, wird dieses völlige Erkennen ein gegenseitiges sein. Solch vollkommenes gegenseitiges Erkennen ist zu diesem Zeitpunkt für Paulus eine ausreichende Beschreibung der eschatologischen Zukunft (vgl. 15, 28: Gott alles in allen). Es bleiben jedoch einige Punkte, die etwas näher betrachtet werden müssen.

Der Ausdruck *durch ein Glas* hat vielen Kommentatoren durch den Gebrauch der Präposition *διά* Kopfzerbrechen bereitet; für Engländer (und andere) jedoch, die Lewis Carrolls Märchen *Alice im Wunderland* gelesen haben, ist die Schwierigkeit gebannt. Das (scheinbare) Bild in einem flachen Spiegel scheint sich hinter dem Spiegel zu befinden. Die Metapher wird manchmal – besonders von Philo – benutzt, um eine indirekte und unvollkommene Gotteserkenntnis darzustellen, aber dies ist nicht der einzige Sinn des Bildes. Das Bild kann nämlich auch eine klare und vollständige Gotteserkenntnis bezeichnen; z. B. *Abraham* 153: Ein klares Ebenbild (*ἐναργὲς εἴδωλον*) wie durch einen Spiegel (etwas an sich Unsichtbares); *Über den Dekalog* 105: Durch sie (die Zahl sieben) wird der Schöpfer und Vater aller Dinge deutlich gesehen, denn, wie durch einen Spiegel, stellt sich der Sinn ein Bild Gottes vor, wie er handelt und schafft und das Universum verwaltet. Vgl.

2. Kor. 3, 18 (wenn das Wort *κατοπτρίζοντες* wirklich bedeutet: „wie in einem Spiegel schauend"). Tatsache ist, daß die Metapher vom Glas ihren Sinn aus dem Zusammenhang beziehen muß; das Glas ist immer Werkzeug der Offenbarung, nur liegt manchmal die Hauptbetonung auf der Tatsache der Offenbarung, manchmal auf der Vermittlung dieser Offenbarung. Das ist auch hier der Fall, aber die mögliche Zweideutigkeit begründet den (sonst sehr abwegig erklärten) Zusatz: *unklar* (wörtlich: *in einem Rätsel*, *ἐν αἰνίγματι*). Bei diesem Ausdruck ist Paulus nicht so sehr vom hellenistischen Sprachgebrauch abhängig wie von Num. 12, 8, wo Gott spricht, daß er von Angesicht zu Angesicht (vgl. V. 12b), nicht unklar (*durch Rätsel*, *δι' αἰνιγμάτων*) mit Mose reden will. Aber der Ausdruck wäre auch Griechen in Korinth verständlich gewesen, die nicht mit dem Alten Testament vertraut waren. In Äschylus' *Agamemnon* (1112) beschwert sich der Chor über Kassandra, weil diese in Rätseln (*ἐξ αἰνιγμάτων*) spricht; dies tut sie, weil sie von Apollo inspiriert wird, dessen Sitte es ist, undeutliche Orakel zu geben. Paulus meint, daß im gegenwärtigen Zeitalter alle Gotteserkenntnis (alle *γνῶσις*) unvollständig und unklar ist. Zum Hintergrund s. Knox, *Gentiles*, S. 121, Fußnote 4 („Hellenistic commonplace").

Die Gotteserkenntnis des Menschen ist unvollständig; Paulus erinnert sich durchaus daran, wenn er auch den Wortschatz der Gnosis übernimmt. In Gal. 4, 9 ändert er seine Bemerkung über die Bekehrung der Galater von: „Ihr habt Gott kennengelernt" in: „Ihr seid von Gott erkannt worden". Auch im Zeitalter des Evangeliums kennt der Mensch Gott im absoluten Sinn nicht, und er darf sich nicht täuschen, indem er sich einbildet, Gott besser zu kennen, als dies wirklich möglich ist. Noch wichtiger ist die Wahrheit, daß Gott ihn kennt – denn wenn Gott einen Menschen kennt, erkennt, dann heißt das, daß er für ihn handelt. Darum kann Paulus davon reden, daß die Zukunft den Menschen eine vergleichbare Gotteserkenntnis bringen wird: *Dann werde ich erkennen, so wie ich erkannt worden bin.* Der Gnostiker entdeckte eine rettende Beziehung zu Gott im gegenseitigen Erkennen des auserwählten, gnostischen Menschen und Gottes. Aber Paulus schließt diese Möglichkeit aus. Die Gotteserkenntnis des Menschen ist nicht nur von der gnädigen Initiative Gottes abhängig, sondern sie ist bestenfalls Stückwerk (nach der üblichen Übersetzung). Danach könnten aber, wenn wir die gnostischen Voraussetzungen annehmen, die Gottesbeziehung und darum auch das Heil ebenfalls nur Stückwerk sein. In gewissem Sinne muß dies im gegenwärtigen Zeitalter auch wahr sein; doch nur in einem gewissen Sinne, denn Paulus hat noch ein Wort – oder vielmehr drei Worte, die er hinzufügen muß.

Nun aber (*Jetzt, in der Tat* – gegenüber all den vorübergehenden Eigenschaften und Aktivitäten, die wir eben erwähnt haben; *νυνὶ δέ* – vgl. *ἄρτι* V. 12: *zu diesem gegenwärtigen Zeitpunkt*) **bleiben diese drei: Glaube, Hoffnung, Liebe** (V. 13). Wenn Zungenrede, Weissagung, das Wirken von Wundern und die anderen charismatischen Gaben abgeschafft werden, weil sie doch nur eine teilweise Gotteserkenntnis vermitteln können, werden die drei genannten Eigenschaften übrigbleiben, die zusammen ein totales Erlösungsverhältnis zwischen Gott und Mensch darstellen. Allerdings wird hier das Verb (*μένει*) meist so verstanden, daß die genannten Eigenschaften das Ende dieses Zeitalters *überdauern* und in Ewigkeit *bleiben*. Diese Auslegung scheint anhand eines Vergleichs zu V. 8 erforderlich zu werden; vgl. 1. Esdras 4, 38. Es gibt keinen Grund, warum nicht hier beide Gedanken vertreten sein können. Alle drei, Glaube, Hoffnung und Liebe werden bleiben (gegen Calvin und andere, die annehmen, daß der Glaube und die Hoffnung im zukünftigen Zeitalter überflüssig sein werden; s. unten).

Der *Glaube* ist hier nicht mehr der wunderwirkende Glaube (V. 2), sondern der Glaube im vollen paulinischen Sinn (s. Register zu *Romans*). Er ist also nicht mit Erkenntnis gleichzusetzen, sondern stellt eine dankbare und vertrauensvolle Annahme des tatsächlichen Wesens Gottes dar. Ein Mensch kann einen schwachen Glauben haben (z. B. Röm. 14, 1), aber wenn er wirklichen Glauben hat, dann hat dieser Glaube den ganzen, wahren Gott zum Gegenstand. (Der Mensch kann in diesem Zeitalter hingegen den ganzen, wahren Gott nie vollständig erkennen). Der ganze, wahre Gott – in Christus geoffenbart – ist dem Glauben (jedoch nicht der Erkenntnis) zugänglich; darum unterscheidet sich der Glaube von allen übrigen Gaben des Geistes. Als dankbare Anerkennung des gnädigen Gottes wird der Glaube seinen Platz so lange haben, wie Gott gnädig bleibt; d. h.: der Glaube ist ewiges Kennzeichen einer wahren Beziehung zwischen Gott und

Mensch. Alles, was nicht aus Glauben geschieht, ist Sünde (Röm. 14, 23), darum folgt, daß das zukünftige Leben genauso auf Glauben beruhen wird wie das jetzige Leben des Christen. Der Kontrast zwischen dem Glauben und dem Schauen (2. Kor. 5, 7) bleibt hier unberücksichtigt.

Die *Hoffnung*, „Perseveranz (Beharren) im Glauben" (Calvin), ist der hauptsächlich auf die Zukunft ausgerichtete Glaube. Sie richtet sich also auf das, was noch nicht gesehen wird (Röm. 8, 21–25; 2. Kor. 4, 18) und führt darum zu geduldiger Ausdauer – zu der Ausdauer, die die Bedeutung des gegenwärtigen Augenblicks nicht in sich selbst, sondern in Gott sucht (s. Röm. 2, 7 und *Romans* z. St.). Aber wenn dies der Fall ist, dürfen wir fragen, wie *Hoffnung* im zukünftigen Zeitalter einen Platz finden kann, wenn das Zeitliche von 2. Kor. 4, 18 vergangen sein wird und wir nicht mehr unklar wie durch ein Glas, sondern von Angesicht zu Angesicht sehen und so erkennen, wie wir erkannt worden sind. Die Antwort wird nicht dahingehend sein, daß es im zukünftigen Zeitalter (oder im Himmel) Fortschritt und Entwicklung geben wird (denn wir wissen nicht, ob dies zutrifft oder nicht). Die Antwort lautet vielmehr: „Deshalb nämlich, weil die ἐλπίς nicht auf die Realisierung eines vom Menschen entworfenen Zukunftsbildes geht, sondern weil sie das von sich und der Welt absehende Vertrauen auf Gott ist, das geduldig harrt auf Gottes Gabe, und das, wenn er gegeben hat, doch nicht im *verfügenden* Besitzen ist, sondern in der *getrosten* Zuversicht, daß Gott, was er geschenkt hat, auch erhalten wird" (Bultmann in TWNT Bd. 2, S. 529). Wie der Glaube setzt auch die Hoffnung eine echte und darum unveränderliche Wahrheit über Gott voraus und bringt diese zum Ausdruck. Gott ist treu (πιστός); d. h. vertrauenswürdig – einer, an den man zu Recht glaubt. Ähnlich ist Gott auch unsere Hoffnung; d. h. er verdient es, daß wir auf ihn hoffen. Weil sie derart in der Wahrheit über Gott verwurzelt sind, drücken Glaube und Hoffnung auch eine bleibende Wahrheit über den Menschen aus. Vgl. 15, 19. Darum kann Paulus davon sprechen, „daß Glaube, Hoffnung und Liebe selbst dann nicht aufhören, wenn das ‚Vollkommene' da sein wird ..., das heißt aber: er kann sich keine Vollendung denken, in der das Unweltliche einfacher Besitz ist; mit anderen Worten: die Offenheit der christlichen Existenz nimmt kein Ende" (R. Bultmann, *Das Urchristentum im Rahmen der antiken Religionen*, 1956, S. 233).

Zuletzt die *Liebe.* Wie wir schon sahen, ändert sich im Laufe des Kapitels die Bedeutung des Wortes sogar mehrmals. Zuerst geht es um die Behauptung, es sei für die Menschen besser, sich gegenseitig zu lieben als z. B. in Zungen zu reden oder Wunder zu vollbringen. Im Fortschreiten der Beschreibung der Liebe wird bei Paulus nicht nur offenbar, daß das einzige menschliche Vorbild, das Paulus benutzt haben kann, Jesus Christus selbst sein muß, sondern auch, daß es sich hier um eine Beschreibung der Liebe Gottes handelt, der allein spontan und ohne Motivation liebt (nach Nygren). Es wäre ideal, wenn die Menschen diese Liebe nachahmen würden (4, 16; 11, 1). Durch die Gabe des Heiligen Geistes wird ihnen diese Nachahmung z. T. ermöglicht; doch auch dann, wenn sie befähigt werden, wenigstens teilweise solche Liebe zu reproduzieren, müssen die Menschen erkennen, daß ihre Liebe von der Liebe Gottes abgeleitet ist. „Wir lieben, weil er uns zuerst liebte“ (1. Johannes 4, 19). Die Liebe ist also Offenbarung Gottes, die aus Gott selbst hervorgeht, eine klarere und tiefgründigere Offenbarung als jede von der Weissagung oder der Erkenntnis abgeleitete Offenbarung. Die Liebe versagt nie (V. 8), sondern bleibt bis in das zukünftige Zeitalter hinein, weil sie Wesen und Natur Gottes selbst ist und weil sie im Gegensatz zur Weissagung und Erkenntnis wesentliche Offenbarung des wahren Gotteswesens innerhalb der menschlichen Beziehungen darstellt. Sie ist also keine Tugend unter anderen, die sich der Mensch aneignen muß. „Jedes Verständnis der Liebe als Tugend und Werk verkehrt das Evangelium von 1. Kor. 13 ins Gesetz“ (Bornkamm, *Das Ende des Gesetzes*, S. 111).

Glaube, Hoffnung, Liebe: an keiner Stelle sonst verbindet Paulus so deutlich diese drei Begriffe, obwohl es die natürliche Tendenz seines Denkens gewesen sein muß, sie zusammenzubringen und sie als die zentralen, wesensmäßigen, und nie versagenden Elemente des Christentums darzustellen. Siehe Kol. 1, 4 f.; 1. Thess. 1, 3; 5, 8. Darum kann es nicht überzeugen, wenn Knox, *Gentiles*, S. 120 behauptet: „Die Anordnung (arrangement) der wesentlichen Gaben als Dreiergruppe hat Paulus dem Stil des hellenistischen Zeitalters entliehen“ (s. dazu den Exkurs bei Lietzmann, der wichtige Informationen enthält, die allerdings von Kümmel zu Recht verbessert werden). Noch weniger kann es überzeugen, wenn behauptet wird, daß Paulus seine Trilogie durch Streichen der Gnosis aus einer hellenistischen Tetralogie von *πίστις, ἔρως, γνῶσις* und *ἐλπίς* erreicht habe.

Glaube, Hoffnung und Liebe sind alle drei also von ewiger Wichtigkeit. **Aber die größte unter ihnen** (Paulus benutzt hier den Komp. *μείζων*, vielleicht weil er die *Liebe* dem *Glauben* und der *Hoffnung* als einer Einheit gegenüberstehen will; wahrscheinlich jedoch ist der Vorschlag, *μέγιστος* sei einfach im hellenistischen Griechisch rar geworden – es kommt im NT nur 2. Pet. 1, 4 vor; s. M. I, S. 78) **ist die Liebe.** Die *Liebe* ist eine Eigenschaft Gottes. Wenn Menschen ihr Vertrauen auf Gott setzen, erklären sie, daß er vertrauenswürdig ist – und daher, daß er die Liebe ist. Als selbst nicht liebenden Sündern bleibt ihnen nichts anderes übrig, als ihm zu vertrauen, und das Vertrauen – der Glaube (*πίστις*) – wird dadurch zur unerläßlichen Bedingung des Eintritts in das christliche Leben bzw. des Beharrens in diesem Leben. Aber Gott selbst vertraut nicht (in dem Sinn, daß er sein Vertrauen auf ein anderes Wesen setzt oder sich auf ein anderes Sein verläßt). Wenn er das täte, wäre er nicht Gott. Wenn die Menschen auf Gott hoffen, erkennen sie an, daß er Herr der Zukunft ist, und daß ihre Abhängigkeit von ihm in alle Ewigkeit bleibt. Die Hoffnung des Menschen legt Zeugnis für die Ewigkeit und die Souveränität Gottes ab. Aber Gott selbst hofft nicht; er ist, wer er ist und wer er sein wird; obwohl er sich uns in der Zeit anpaßt, wird er nicht durch die Folge von Vergangenheit, Gegenwart, Zukunft bestimmt. Wenn Gott hoffen müßte, wäre er wiederum nicht Gott. Aber wenn Gott nicht liebte, dann wäre er auch nicht Gott. Die Liebe ist eine Tätigkeit – die eigentlichste Tätigkeit – Gottes; wenn ein Mensch ihn oder seinen Nächsten liebt, tut er, was Gott tut. *„Deus non dicitur fides aut spes absolute, amor dicitur“* (Bengel). Vor allem in diesem Sinn ist die Liebe die größte unter allen Gaben, obwohl es auch wahr ist, daß sie eher als jede andere Gabe (wie z. B. die der Wunder) eine christliche Gemeinde in der Einheit und der Harmonie wachsen lassen kann. Das ist kein Widerspruch zu dem, was Paulus ansonsten über den Glauben sagt. Der Glaube, durch den allein der Mensch die gnädige Gabe der Rechtfertigung für sich in Anspruch nimmt, drückt sich in der Liebe aus (Gal. 5, 6).

29. 14, 1–40: Zungenreden und Weissagung am Prüfstein gemessen

(1) Verfolgt als Ziel die Liebe, strebt aber nach den geistlichen Gaben, und vor allem nach der Weissagung. (2) Denn wer mit einer Zunge redet, redet nicht zu Menschen, sondern zu Gott, denn niemand versteht ihn, da er im Geist[85] Geheimnisse ausspricht. (3) Wer aber weissagt, spricht Menschen Erbauung, Ermahnung und Trost zu. (4) Wer mit einer Zunge redet, erbaut sich selbst, wer aber weissagt, erbaut die versammelte Gemeinde. (5) Ich möchte, daß ihr alle in Zungen redet, aber noch mehr, daß ihr weissagt; denn der, der weissagt, ist größer als der, der in Zungen spricht (es sei denn, dieser lege das Gesagte aus). (6) Aber nun überlegt euch, Brüder: Wenn ich zu euch käme und in Zungen redete, was würde ich euch nützen, wenn ich nicht zu euch reden würde durch eine Offenbarung oder durch Erkenntnis oder durch Weissagung oder durch[86] Lehre? (7) In der gleichen Weise die leblosen Gegenstände, die Laute von sich geben, ob Flöte oder Leier – wenn sie nicht deutlich zwischen den Tönen, die sie von sich geben, unterscheiden, wie wird jemand wissen, was auf der Flöte oder der Leier gespielt wird? (8) Und wenn die Trompete einen undeutlichen Ton von sich gibt, wer wird sich da zum Kampf rüsten? (9) Genauso steht es auch mit euch, wenn ihr in einer Zunge redet – wenn ihr nicht verständlich redet, wie wird die Bedeutung dessen, was ihr sagt, erkannt werden? Denn ihr werdet in den Wind reden. (10) Es gibt ich weiß nicht wie viele Arten von Sprachen in der Welt, und nichts ist ohne eigene Sprache; (11) wenn ich nun die Bedeutung der Sprache nicht kenne, werde ich dem Redenden ein Fremdling sein, und in meinen Augen[87] wird der Redende ein Fremdling sein. (12) Also auch ihr: Da ihr Menschen seid, die nach geistlichen Gaben streben, trachtet danach, daß ihr sie überfließend habt zur Erbauung der Gemeinde.

(13) Laßt also den, der in Zungen redet, darum beten, daß er es auslege. (14) Denn wenn ich in einer Zunge bete, betet mein Geist, aber mein Verstand ist inaktiv. (15) Was ist also zu tun? Ich werde mit dem Geist beten[88], doch werde ich auch mit dem Verstand beten[88]. Ich werde mit dem Geist Loblieder singen, doch werde ich auch mit dem Verstand Loblieder singen. (16) Denn wenn du im Geist preist, wie wird der, der den Platz des einfachen Zuhörers einnimmt, zu deiner Danksagung „Amen“ sagen kön-

nen? Denn er versteht nicht, was du sagst. (17) Du sprichst zwar ein gutes Dankgebet, aber der andere wird dadurch nicht erbaut. (18) Ich danke Gott dafür, daß ich mehr als ihr alle in Zungen rede[89]; (19) aber in der Versammlung möchte ich lieber fünf Worte mit meinem Verstand reden, damit ich auch andere unterweise, als Zehntausende von Worten in einer Zunge.

(20) Brüder, seid, was den Vorstand betrifft, keine Kinder; seid in der Bosheit unmündig, werdet aber im Verstand reif. (21) Es steht im Gesetz geschrieben: Ich werde durch Männer mit fremden Zungen und durch die Lippen von Fremdlingen[90] zu diesem Volk reden, doch werden sie auch so nicht auf mich hören, spricht der Herr. (22) Daraus geht hervor, daß die Zungen nicht für die Gläubigen, sondern für die Ungläubigen als Zeichen dienen; die Weissagung hingegen dient als Zeichen nicht für die Ungläubigen, sondern für die Gläubigen. (23) Wenn also die ganze Gemeinde zusammenkommt und alle Gemeindeglieder in Zungen reden, und es kommen ungläubige Außenstehende herein, werden sie nicht sagen, daß ihr verrückt seid? (24) Aber wenn alle weissagen, wenn ein ungläubiger Außenstehender hereinkommt, wird er von allen überführt, von allen gerichtet, (25) die Geheimnisse seines Herzens werden bloßgestellt, und also wird er auf sein Angesicht fallen und Gott anbeten und erklären, daß Gott wahrhaftig unter euch sei.

(26) Was ist also zu tun, Brüder? Wenn ihr zusammenkommt, hat jeder von euch ein Lied, eine Lehre, eine Offenbarung, eine Zunge, eine Auslegung. Alle diese Dinge sollen zur Erbauung der Gemeinde eingesetzt werden. (27) Wenn in Zungen geredet wird, dann zwei- oder höchstens dreimal bei jeder Gelegenheit und der Reihe nach, und einer soll auslegen. (28) Aber wenn kein Ausleger da ist, soll der, der in Zungen reden möchte, in der Gemeinde schweigen und nur zu sich selbst und Gott reden. (29) Laßt zwei oder drei Propheten sprechen und die anderen das Gesagte beurteilen. (30) Wenn einem, der dabei sitzt, eine Offenbarung zuteil wird, soll der erste schweigen; (31) denn ihr könnt alle einer nach dem anderen weissagen, damit alle lernen und alle ermahnt werden. (32) Und die Geister, durch die die Propheten sprechen, sind den Propheten untertan, (33) denn Gott ist nicht ein Gott der Unordnung, sondern des Friedens, wie in allen Gemeinden der Heiligen.

(34)[91] Die Frauen sollen in den Versammlungen schweigen, denn es ist ihnen nicht gestattet zu reden, sondern sie müssen sich unterordnen, wie es auch das Gesetz fordert. (35) Wenn sie etwas lernen wollen, sollen sie zu Hause ihre eigenen Männer fragen; denn es ist für eine Frau etwas Schändliches, in der Versammlung zu reden. (36) Oder ist das Wort Gottes von euch ausgegangen? Oder seid ihr die einzigen, zu denen es gelangt ist?

(37) Wenn sich jemand für einen Propheten oder geistlichen Menschen hält, soll er anerkennen, daß das, was ich euch schreibe, vom Herrn kommt[92]; (38) Wenn jemand dies nicht anerkennt, wird er nicht anerkannt[93].

(39) Strebt also, Brüder, nach der Gabe der Weissagung, und verbietet es niemandem, in Zungen zu reden; (40) und laßt alles in anständiger und ordentlicher Weise vor sich gehen[94].

Zwar wird am Anfang des neuen Kapitels der Vorrang der Liebe (Kap. 13) anerkannt, doch ist die natürliche Verbindung zu 12, 31 unübersehbar, so daß wir unsere Theorie für bestätigt halten, Kap. 13 sei ursprünglich in anderem Zusammenhang geschrieben worden. Unter den 12, 28 aufgezählten Gaben wird die Liebe nicht erwähnt, weil sie einen anderen Bedeutungsumfang hat und auf einer höheren Ebene steht. Es ist gut, sich daran zu erinnern, daß diese höhere Ebene existiert und daß sie die Norm bildet, nach der die anderen Gaben beurteilt werden müssen; bei der Klärung einer solchen Situation, wie sie in Korinth vorlag, ist die Liebe tatsächlich der praktischste Maßstab; doch müssen andere praktische Überlegungen ebenfalls berücksichtigt werden.

Verfolgt (V. 1; *διώκειν*; vgl. Röm. 9, 30f.; 12, 13; 14, 19; das Wort ist mit dem nächsten Verb praktisch synonym, und Weiß weist zu Recht darauf hin, daß die Steifheit dieses Unterschieds, der doch keiner ist, die künstliche Verbindung der Kapitel 12, 13 und 14 unterstreicht) **als Ziel die Liebe.** Diese Aufforderung gilt allen Christen und läßt sich auf jeden Fall mit der Ausübung von geistlichen Gaben vereinbaren. Wenn wir dies voraussetzen, können wir fortfahren mit: **Strebt nach** (*ζηλοῦν*; dieses Verb läßt besonders die Verbindung mit 12, 31 deutlich werden) **den geistlichen Gaben, und vor allem nach der Weissagung** (wörtlich: *vor allem, daß ihr weissagt*; nach Schlatter richten sich diese Worte an die *Gemeinde*, von der behauptet werden kann, daß sie *weissage*, wenn in ihrer Mitte Propheten vorhanden sind; es ist jedoch eher anzunehmen, daß die gleiche 2. Pers. Plur. für den ganzen Satz gilt: alle sollten sich nach der Liebe ausstrecken, alle sollten nach geistlichen Gaben trachten, alle sollten die Gabe der Weissagung erstreben). Wir erkannten schon (s. zu 12, 10), daß in Korinth eine Tendenz vorhanden war, die Bedeutung der Zungengabe zu überschätzen – eine Tendenz, mit der Paulus nicht einverstanden sein konnte. Diese Unwilligkeit bringt er nun ausdrücklich zur Sprache. *Vor allem* (*μᾶλλον*) ist ein Komparativ und zeigt, daß Paulus die Gabe des Zungenredens mit der der Weissagung vergleichen will, wie er dies auch in den nächsten Versen tut. Nicht, daß die Zungenrede keine gute Gottesgabe wäre; aber gerade weil sie von Gott kommt, wäre es unrecht, wenn sie die Menschen mißbrauchen würden. Diese Gabe hat ihren eigenen Wert. **Denn wer mit einer Zunge redet, redet nicht zu Menschen** (V. 2; die ja doch nicht verstehen, was er sagt)**, sondern zu Gott** (der selbst diese Rede inspiriert und sie darum auch verstehen kann, obwohl sie an normalen Maßstäben gemessen unverständlich wäre; vgl. Röm. 8, 26f.). Offensichtlich gelten die Zungenreden nicht den Menschen, **denn niemand versteht** (wörtlich: *hört*) **ihn, da er** (wörtlich: aber . . .; die attraktive, jedoch nicht ganz überzeugende westliche Lesart hat: *aber der Geist redet Geheimnisse*) **im Geist Geheimnisse ausspricht.** Zu den *Geheimnissen* s. 13, 2; 15, 51 und Komm. zu den Stellen. Es handelt sich hier einfach um verborgene Wahrheiten, die Gott mit dem Redenden teilt; andere haben keinen Anteil daran. **Wer aber weissagt** (V. 3; das Wort bezieht sich weniger auf das Prophezeien im Sinne einer Vorhersage als auf die Ermahnung und die Auslegung christlicher Wahrheit)**, spricht Menschen Erbauung** (d. h.: erbaut sie im christlichen Lebenswandel und als christliche Gemeinschaft; vgl. 3, 10–17, usw.)**, Ermahnung und Trost zu.**

Man sollte also nicht zu dem Schluß gelangen, das Reden in Zungen sei vollkommen unnütz; jedoch kann es nur von begrenztem Nutzen sein, weil die versammelte Gemeinde nicht verstehen kann, was gesagt wird. **Wer mit einer Zunge redet, erbaut** (das Verb zum Substantiv in V. 3) **sich selbst** (V. 4; also ist sein Zungenreden nützlich, so weit nur er selbst davon betroffen ist)**, wer aber weissagt, erbaut die versammelte Gemeinde** (nicht: die

Gemeinde schlechthin, denn *ἐκκλησίαν* steht hier ohne Artikel: wörtlich also *erbaut eine Gemeinde* oder *Versammlung;* gemeint ist jedoch gewiß: *die Gemeinde, zu der er gehört*; in diesem Kapitel steht das Wort *ἐκκλησία* oft im Sinne einer *Versammlung*). Die unvermeidliche Schlußfolgerung lautet: **Ich möchte, daß ihr alle in Zungen redet** (V. 5; denn das Zungenreden ist etwas Positives, eine Gottesgabe, durch die ihr euch selbst erbauen könnt), **aber noch mehr, daß ihr weissagt** (denn dadurch wird die ganze Gemeinde auferbaut). Mit anderen Worten: **Der, der weissagt, ist größer als der, der in Zungen spricht (es sei denn, dieser lege das Gesagte aus).** Er ist größer, weil er ein besserer Diener ist (Mk. 10, 43 f. und Parallelen). Anscheinend wurde die Zungenrede oft von einer Auslegung begleitet (s. 12, 10), die aus der Zungenrede eine Weissagung machte. Der letzte Teil des Satzes, den ich in Klammern gesetzt habe, wird in ungewöhnlicher Weise ausgedrückt (*ἐκτὸς εἰ μὴ διερμηνεύῃ*; es überrascht nicht, daß mehrere Lesarten zu finden sind), doch kann es über den Sinn des Ganzen keinen Zweifel geben. Zur Grammatik s. BD § 376.

Man hätte vielleicht damit gerechnet, daß Paulus hier aufgehört hätte, dieses Thema zu erörtern. Daß er noch weiter darüber schreibt, muß wahrscheinlich als Hinweis darauf verstanden werden, daß die Überbetonung der Zungenrede in Korinth so sehr überhandnahm, daß Paulus seine eigene Meinung so zwingend wie irgend möglich an den Mann bringen wollte. **Aber nun überlegt euch** (V. 6; das Verb fehlt im Griechischen), **Brüder: Wenn ich zu euch käme** (der Gebrauch der 1. Pers. Sing. ist für das Argument nicht wesentlich, gibt ihm aber mehr Gewicht; vgl. *Romans*, S. 152) **und in Zungen redete, was würde ich euch nützen, wenn ich nicht zu euch reden würde** (zusätzlich wohl oder vielleicht durch die Auslegung der Zungenrede) **durch** (wörtlich: *in*) **eine Offenbarung oder durch Erkenntnis oder durch Weissagung oder durch** (s. Fußnote 86, S. 357 zu den Hinweisen, daß man diese Präposition fortlassen könnte) **Lehre?** Das Wort *Offenbarung* (*ἀποκάλυψις*) benutzt Paulus manchmal, um die apokalyptische Offenbarung am letzten Tag („Jüngsten Tag“) zu bezeichnen (Röm. 2, 5; 8, 19; 1. Kor. 1, 7; 2. Thess. 1, 7), doch können auch übernatürliche Offenbarungen sowohl des Evangeliums (Röm. 16, 25 – wenn diese Stelle als echt paulinisch anzusehen ist) wie auch himmlischer Wahrheiten (2. Kor. 12, 1.7) und christlicher

Pflicht (Gal. 2, 2) gemeint sein. In diesem Sinn kann eine *Offenbarung* kaum von einer *Weissagung* unterschieden werden. Zur *Erkenntnis* siehe 12, 8 usw. Wenn wir vor *Lehre* die Präposition *durch* (*ἐν*) weglassen, stehen Lehre und Weissagung als Paar zusammen; somit würde die Verbindung zwischen beiden viel enger sein als die zwischen *Offenbarung* und *Erkenntnis*; doch dürfen wir bezweifeln, daß der kürzere Text ursprünglich ist – oder daß Paulus solche feinen Unterschide im Sinn gehabt haben wird. Zur *Lehre* siehe Röm. 6, 17; 16, 17; 1. Kor. 14, 26; zum Verb ebenfalls Röm. 12, 7 (vgl. Gal. 6, 6). Gemeint ist die Erklärung oder Auslegung der christlichen Wahrheit. Diese Aktivitäten also, die alle so eng miteinander verwandt sind, daß es überflüssig wäre, zwischen ihnen unterscheiden zu wollen, bringen der christlichen Versammlung Nutzen; ohne sie ist die Zungenrede (was die Gemeinde betrifft) nur ein inhaltsloser Lärm.

Die Sache wird anhand eines Beispiels verdeutlicht. Die Hauptaussage des Bildes ist klar. Genauso wie ein Mann, der in Zungen redet, unverständliche Laute von sich geben kann, die denen, die ihn hören, keinen Nutzen bringen, oder aber durch Weissagung verständliche Rede von sich geben kann, genauso kann auch ein Musikinstrument eine Reihe deutlich voneinander zu unterscheidender Töne (eine erkennbare Melodie) von sich geben, oder aber es produziert nichts als Lärm. Unklar ist hier nur die Konstruktion des griechischen Satzes. Das erste Wort des Satzes – *„In der gleichen Weise“* – kann je nach Akzentsetzung verschiedene Bedeutungen annehmen. In dieser Übersetzung gehen wir davon aus, daß wir *ὁμῶς* lesen sollen; möglich wäre aber auch *ὅμως*, dann müßten wir mit *dennoch, nichtsdestotrotz* o. ä. übersetzen. Beide Auffassungen sind mit Schwierigkeiten verbunden. *ὁμῶς* kommt im hellenistischen Griechisch sehr selten vor, obwohl es Paulus anscheinend auch in Gal. 3, 15 benutzte; hellenistische Parallelen sind von J. Jeremias und R. Keydell (ZNTW Bd. 52, S. 127 ff.; Bd. 54, S. 145 f.) gesammelt worden; *ὅμως* hingegen würde bedeuten, daß wir es hier mit einem Hyperbaton zu tun hätten, so daß wir etwa wie folgt übersetzen müßten: „Leblose Gegenstände, obwohl sie Laute von sich geben können, doch, wenn sie nicht deutlich . . . unterscheiden, wie soll es erkannt werden . . .?“ Es gibt letztlich keinen Grund, warum sich Paulus nicht eines ungewöhnlichen Wortes hätte bedienen können (vielleicht als Abkürzung von *ὁμοίως*, welches er in 7, 3.4.22; Röm. 1, 27 verwendet), und wir dürfen (so BD § 450; M. III, S. 337 zögert) die hier bevorzugte Übersetzung bejahen, ohne jedoch hundertprozentige Gewißheit zu haben. **In der gleichen Weise die leblosen Gegenstände, die Laute von sich geben, ob Flöte oder Leier – wenn sie nicht deutlich zwischen den Tönen, die sie von sich geben, unterscheiden** (V. 7; wenn sie also alle Töne auf einmal von sich geben; vgl. 13, 1), **wie wird jemand wissen** (wörtlich: *Wie wird es erkannt werden*), **was auf der Flöte oder Leier gespielt wird?** Dies ist besonders wichtig, wenn eine bestimmte Melodie gespielt werden soll, um eine Botschaft weiterzugeben. **Wenn die Trompete einen undeutlichen Ton von sich gibt, wer wird sich da zum Kampf rüsten** (V. 8; *παρασκευάζεσθαι* ist vielleicht etwas allgemeiner gemeint, kommt aber auch mit *ὅπλα* = *Rüstung* vor; darum ist diese Übersetzung im Lichte des Zusammenhangs zu rechtfertigen)**?** Die Antwort ist so selbstverständlich, daß sich Paulus nicht die Mühe macht, sie auszudrücken. **Genauso steht es auch mit euch, wenn ihr in einer Zunge redet – wenn ihr nicht verständlich redet** (V. 9; diese Übersetzung umgeht eine Schwierigkeit im griechischen Text; zur doppelten Vorwegnahme der Protasis s. K. Beyer, *Semitische Syntax im Neuen Testament* I/1, 1962, S. 82; *verständlich* ist *εὔσημον*, hier im Gegensatz zu *undeutlich*, V. 8; in einer Ekstase äußert Alexander, der falsche Prophet, *φωνὰς ἀσήμους* – s. Lukian, *Alexander* 13)**, wie wird die Bedeutung dessen, was ihr sagt, erkannt werden? Denn ihr werdet in den Wind** (wörtlich: *in die Luft*) **reden.** Vgl. 9, 26: jemand, der nur Lufthiebe macht, wird seine Kämpfe nicht gewinnen können; ein Redner, dessen Worte nicht in die Ohren und in den Verstand seiner Hörer eindringen, wird seine Botschaft nicht an den Mann bringen können. Es handelt sich hier um eine sprichwörtliche Redensart: Beispiele bei Weiß z. St.

Paulus scheint wiederum seine Argumention beendet zu haben, setzt sie dann aber doch mit einer weiteren Analogie fort, ehe er sich der praktischen Anwendung zuwendet. **Es gibt ich weiß nicht wie viele** (*εἰ τύχοι*; vgl. 15, 37) **Arten von Sprachen in der Welt, und nichts** (Paulus begnügt sich mit dem Pronomen *οὐδέν*; attraktiv ist jedoch Lietzmanns Vorschlag, Paulus habe *οὐδὲν ἔθνος* = *keine menschliche Rasse* gemeint) **ist ohne eigene Sprache** (V. 10). Dieser Vers will einfach hervorheben, daß es so viele Sprachen auf der Welt gibt, daß kein Mensch sie alle verstehen kann. **Wenn ich nun die Bedeutung der Sprache nicht kenne** (in der ich angeredet werde)**, werde ich dem Redenden ein Fremdling** (*βάρβαρος*) **sein, und in meinen Augen** (s. Fußnote 87, S. 357); M. I, S. 103f.; BD § 220) **wird der Redende ein Fremdling sein** (V. 11). Die Griechen (und Römer) bezeichneten jeden als *Barbaren*, dessen Sprache sich wie ein Geplapper anhörte, weil sie sie ja nicht verstehen konnten. Ovid (*Tristia* V. 10) erklärte, als er nach Tomi am Schwarzen Meer verbannt wurde: *„Barbarus hic ego sum, quia non intellegor ulli."* **Also auch ihr** (V. 12)**: Da ihr Menschen seid, die nach geistlichen Gaben streben** (wörtlich: *Da ihr nach Geistern Strebende seid*; das Wort *Geist* steht bei Paulus normalerweise in der Einzahl und meint den Geist Gottes; hier denkt er jedoch an verschiedene Geisteskräfte, die die unterschiedlichen Geistesgaben hervorbringen; s. V. 14.15.16.32 und vgl. 1 Joh. 4, 1)**, trachtet danach, daß ihr sie überfließend habt zur Erbauung der Gemeinde** (oder: *der versammelten Gemeinde*; vgl. Komm. zu V. 4). Hier wird also die Argumentation der Verse 1–5 wiederholt.

Laßt also den, der in Zungen redet, darum beten, daß er es auslege (V. 13). Dadurch wird die Zungengabe zur Weissagung oder Lehre: vgl. V. 5. Paulus setzt seine Abhandlung nun fort, indem er auf das Thema „Gebet" eingeht. Es kann in Zungen (vgl. V. 2: *redet zu Gott*) oder verständlich gebeten werden. **Denn wenn ich in einer Zunge bete, betet mein Geist, aber mein Verstand ist inaktiv** (V. 14; wörtlich: *unfruchtbar*, d. h. er trägt keine Frucht, trägt nichts zum Gebet bei). Mit *Verstand* wird offensichtlich die Ratio des Menschen bezeichnet, die von vielen Zeitgenossen des Paulus als höchstes und wesensmäßig gutes Element der menschlichen Natur angepriesen wurde. Paulus selbst konnte den Verstand nicht so hoch einschätzen; der *Verstand* ist nicht sündlos, sondern muß erneuert werden (Röm. 12, 2). Den Ausdruck *mein Geist* können wir nicht so leicht verstehen. Wenn wir ihn zusammen mit dem Wortlaut des nächsten Verses betrachten, in dem das Wort *Geist* – diesmal allerdings ohne Possessivpronomen, was man aber nicht betonen darf – wieder vorkommt, ergeben sich drei Auslegungsmöglichkeiten, die wir in Betracht ziehen können: (a) *Mein Geist* ist der irrationale, als Gegenstück zum *Verstand* dienende Teil meines psychologischen Wesens.

(b) *Mein Geist* ist die mir anvertraute geistliche Gabe (vgl. V.12) oder vielmehr die geistliche Quelle, aus der ich meine inspirierte Rede schöpfe. (c) *Mein Geist* ist der *mir* gegebene Heilige Geist. In diesem Fall würde unser Vers Röm. 8, 26 entsprechen, wo gesagt wird, daß der Geist in unaussprechlicher Rede für die Erwählten Fürbitte tut. Für (a) spricht die Parallele, nicht jedoch der übliche paulinische Gebrauch des Wortes *Geist.* (b) würde einleuchtend sein, wenn nicht das Wörtchen *mein* dazwischen käme: Es ist undenkbar, daß Paulus den Heiligen Geist als „meinen Geist" bezeichnen würde. Darum ist (c) wahrscheinlich die beste Auffassung, obwohl auch sie dem Einwand unterliegt, daß eine Gabe kaum beten kann. Die Sprache von Paulus ist hier unklar und ungenau, weil er in wenigen Worten alle folgenden Gedanken zum Ausdruck bringen will: (1) Daß es der Heilige Geist ist, der die christliche Anbetung und das Gebet inspiriert; (2) daß das Werk des Heiligen Geistes in einer speziellen Gabe zum Ausdruck kommt; (3) daß diese Gabe mir persönlich so gegeben ist, daß ich von ihr als von *meiner* Gabe sprechen kann – als *meinem Geist*, der als solcher unabhängig vom Verstand, aber durch die vorgegebenen psychologischen Kanäle wirkt.

Wenn ich also in Zungen bete, bleibt ein bedeutender Teil meines Wesens inaktiv. Dies ist für mich selbst nicht gut und kann der Gemeinde nicht dienlich sein, die ich eigentlich auferbauen sollte. **Was ist also zu tun? Ich werde mit dem Geist beten** (V. 15; das Pronomen wird jetzt fallen gelassen, doch ebenfalls mit *Verstand*)**, doch werde ich auch mit dem Verstand beten.** Siehe Fußnote 88, S. 357. Vielleicht sollten wir übersetzen: *Soll ich beten . . .? Laßt mich beten . . .* Verstandesmäßiges Gebet ist nicht weniger geistlich als das Zungengebet. **Ich werde mit dem Geist Loblieder singen** (*ψάλλειν*, ursprünglich: *Harfe spielen*, später: *Zur Harfe singen*; hier liegt der alttestamentliche Gebrauch vor, vgl. Ps. 7, 18; ein anderes Prinzip als das des Betens wird nicht gemeint sein)**, doch werde ich auch mit dem Verstand Loblieder singen.** Der Beweggrund für diesen Satz ist klar; wie immer denkt Paulus auch hier an die Erbauung der ganzen Gemeinde. So wie der Christ nicht frei ist, ohne Rücksicht auf den Bruder Götzenopferfleisch zu essen (8, 13; 10, 29), so ist er ebenfalls nicht frei, im Anbetungsgottesdienst alles zu tun, was er will; er muß auf die Bedürfnisse anderer Rücksicht nehmen. **Denn wenn du im Geist**

(V. 16; also: *nur* im Geist und nicht mit verständlicher Rede) **preist** (vgl. 10, 16; gemeint ist wahrscheinlich ein Dankgebet – dies geht aus der zweiten Hälfte des Verses hervor; doch zeigt der jüdische Gebrauch des Wortes, z. B. im berühmten Synagogen-Gebet, das als „die achtzehn Segensgebete" bekannt ist, daß im Grunde genommen jegliches Gebet mit eingeschlossen ist), **wie wird der, der den Platz des einfachen Zuhörers einnimmt** (d. h. *die Rolle . . . einnimmt*; zum Ausdruck s. Epiktet II 4, 5 und das talmudische male' m^e^qom – s. Bachmann; es gibt absolut keinen Grund hier anzunehmen, daß besondere Plätze in der Versammlung z. B. für Katecheten vorgesehen waren; der *einfache Zuhörer* = *ἰδιώτης*; ins Hebräische oder Aramäische übersetzt bezeichnet dieses Wort jemand, der außerhalb eines besonderen Amtes oder einer besonderen Tätigkeit steht – so Schlatter; bald füllt der, bald jener den Platz des *ἰδιώτης* aus, je nachdem wer gerade in Zungen spricht; nur wird *ἰδιώτης ihr* in V. 23 f. gegenübergestellt, so daß an einen Nichtchristen zu denken sein wird), **zu deiner Danksagung „Amen" sagen können?** Es war jüdische und frühchristliche Sitte, daß die Gemeinde ihr Einverständnis mit einem laut gesprochenen Gebet durch die Antwort *„Amen"* zum Ausdruck brachte; s. Deut. 27, 14–26; Ps. 106, 48; 2. Esdras 15, 13; 18, 6; SB Bd. 3, S. 456–461; Apk. 5, 14; 7, 12; 19, 4; Justin, *Apol.* I 65, 3; 67, 5. Unter solchen Umständen wird diese Antwort unmöglich; **denn er versteht nicht, was du sagst.** Die Verantwortung der ganzen Gemeinde wird unterstrichen, zu hören, zu verstehen, zu prüfen und zu bestimmen; s. Schweizer 7 fk; 23 c.

Nicht daß das Zungenreden an sich verkehrt wäre; s. V. 2. **Du sprichst zwar ein gutes Dankgebet, aber der andere** (V. 17; *ὁ ἕτερος*; vgl. Röm. 13, 8; 1. Kor. 10, 29) **wird dadurch nicht erbaut.** Vgl. V. 4. Das Reden in Zungen an sich ist etwas Gutes; Paulus selbst besitzt diese Gabe und übt sie oft und dankbar aus. **Ich danke Gott dafür, daß ich mehr** (V. 18; wahrscheinlich quantitativ, nicht aber qualitativ, obwohl beides gemeint sein könnte) **als ihr alle in Zungen rede** (wir lesen *λαλῶ* in Asyndeton; zu dieser Lesart s. Fußnote 89, S. 358 und BD § 415 gegen M. III, S. 160). Wenn diese Meinung überhaupt abgeschwächt wird, dann im Interesse *des anderen* (V. 19). **Aber in der Versammlung** (*ἐκκλησία*; vgl. V. 4) **möchte ich lieber fünf** (eine runde Zahl, im Judentum als solche gebraucht – SB Bd. 3, S. 461 f.; s. auch G. Kittel,

Rabbinica, 1920) **Worte mit meinem Verstand** (vgl. V. 14) **reden, damit ich auch andere** (vgl. V. 3) **unterweise, als** (das vorhergehende *lieber* fehlt im griechischen Text; der Gebrauch von *ἤ* kann auf eine semitische Redewendung zurückgehen, aber es sind auch klassische Parallelen vorhanden; M. II, S. 442; III, s. 32 und BD § 245) **Zehntausende von Worten in einer Zunge** (die sich nicht an die Menschen, sondern an Gott richten würden). *Unterweisen* ist ein neues Wort (*κατηχεῖν*), das 12, 8.28f.; 14, 3.6 nicht gebraucht wird; siehe Gal. 6, 6. Paulus hielt die Unterweisung offensichtlich für eine der christlichen Versammlung angemessene Tätigkeit. Paulus baut hier keinen Gegensatz aus dem Reden mit dem Verstand und dem Reden mit dem Geist auf – vgl. Bornkamm, *Gesammelte Aufsätze* II, 1959, S. 134 –, sondern nennt die Zungenrede als Gegenstück zur verständlichen Rede. Die Weissagung und die Zungenrede sind sich insofern ähnlich, als beide ein Reden im Geist darstellen; doch unterscheiden sie sich darin, daß der Prophet mit dem Verstand, also verständlich, redet.

Mit **Brüder** (V. 20) fängt ein neuer Absatz an; Paulus schwächt mit dem Wort ein im Ausdruck drastisches Gebot (vgl. z. B. 1, 10) ab. Es ist für die Korinther höchste Zeit, ihre Werturteile zu berichtigen und reife christliche Urteile zu fällen. Vgl. 3, 1ff. **Seid, was den Vorstand betrifft, keine Kinder**, indem ihr nach den äußerlich beeindruckenden Gaben verlangt. **Seid in der Bosheit unmündig** (Paulus benutzt hier ein anderes Wort für **Kinder,** das eigentlich jüngere Kinder bezeichnet: erst *παιδία*, dann *νηπιάζεσθαι*)**, werdet aber im Verstand reif** (*τέλειοι*; zu diesem Wort s. 2, 6; 13, 10). Aus dem ganzen Brief sowie aus 2. Kor. geht hervor, daß die Korinther noch viel lernen mußten. Sie waren stolz auf ihre Leistungen, doch waren sie unter sich zerstritten und zogen die Zungengabe allen anderen Charismen vor. Paulus stützt seine Argumentation durch ein Zitat aus dem Alten Testament.

Es steht im Gesetz geschrieben (V. 21; das Zitat entstammt Jes. 28, 11f.; wir sehen, daß *νόμος* nicht nur für den Pentateuch, sondern für das ganze Alte Testament stehen kann; vgl. Röm. 3, 19; Joh. 10, 34; 12, 34; 15, 25 und den rabbinischen Gebrauch)**: Ich werde durch Männer mit fremden Zungen** (*ἑτερογλώσσοις*) **und durch die Lippen von Fremdlingen zu diesem Volk reden, doch** (*καί* wird gebraucht, um einen Gegensatz aufzuzeigen) **werden sie auch so nicht auf mich hören, spricht der Herr.** Dieses Zitat stimmt nicht mit LXX überein; wir haben einen Hinweis (Origenes, *Philokalia* 9, 2) darauf, daß Paulus eine Version benutzt haben könnte, die dem späteren Übersetzer des Alten Testaments, Aquila, bekannt war. Wahrscheinlich fiel hier Paulus das Wort „Männer mit fremden Zungen" auf und führte ihn zu der Anwendung des Textes auf die Zungenrede. Auf jeden Fall steht das eine Wort im Vordergrund, nicht jedoch der Zusammenhang bei Jesaja, wo der Prophet dem Volk des Landes, weil es nicht auf ihn gehört hat, mit der fremden Sprache assyrischer Eroberer droht. Es geht Paulus um die einfache Wahrheit, daß die Menschen auch dann nicht auf Gott hören (mit dem Gehör des Gehorsams und des Glaubens), wenn er durch fremde Sprachen zu ihnen redet. Dies stimmt mit dem überein, was Paulus im ganzen Kapitel unterstreichen will: Als Mittel zur Erbauung anderer sind die Zungen einfach nicht geeignet. **Daraus geht hervor** (V. 22; d. h. aus der Tatsache, daß Gott selbst hat voraussagen lassen, wie man auf das Wunder der fremden Sprachen nicht hören wird)**, daß die Zungen nicht für die Gläubigen, sondern für die Ungläubigen als Zeichen dienen** (nicht der semitisch-prädikative Gebrauch des *εἶναι εἰς*; s. BD § 145). Inwiefern? Wahrscheinlich als Zeichen des Gerichts, wie an einer naheliegenden Jesaja-Stelle (20, 3), wo der nackte und barfüßige Prophet als Zeichen des bevorstehenden Untergangs, der militärischen Niederlage und der gesellschaftlichen Knechtschaft auftritt. Wenn ihnen kein Glaube entgegengebracht wird (vgl. Heb. 4, 2), verhärten die Zungen den Ungläubigen und tragen zu seiner Verurteilung bei (vgl. V. 23 f.); dies ist jedoch nicht der einzige Zweck der Zungenrede (was auch für die Gleichnisse Jesu gilt – trotz Mk. 4, 11 f.), denn durch sie wird der Redner erbaut, und sie bereitet einer rein christlichen Versammlung, die den Vorgang versteht, auch keinen Anstoß. Zur zweifachen Auswirkung eines einzigen Phänomens können wir die Zitate aus Jes. 8, 14 und 28, 16; Röm. 9, 33 heranziehen: Vom gleichen Stein kann gesagt werden, daß er „ein Stein des Anstoßes" und „ein Fels des Ärgernisses" sei, aber „wer an ihn glaubt, der soll nicht zuschanden werden". Ebenso ist es mit der Gabe der Zungenrede. Vielleicht wäre die Sache klarer, wenn Paulus gesagt hätte, daß durch die Zungenrede Gläubige von Ungläubigen unterschieden werden, denn letztere werden durch ihre V. 23 beschriebene Reaktion offenbar.

Paulus hat also das Alte Testament angeführt, um das zu beweisen, was er über die Zungenrede sagen wollte. Aber im ganzen Kapitel ging es ihm um einen Vergleich zwischen der Zungenrede und der Weissagung; und da er nun gesagt hat, daß *die Zungen nicht für die Gläubigen, sondern für die Ungläubigen als Zeichen dienen*, kann er ganz natürlich den ausgleichenden Satz hinzufügen: **die Weissagung hingegen dient als Zeichen nicht für die Ungläubigen, sondern für die Gläubigen.** Wir müssen uns hier fragen, ob diese zweite Vershälfte die erste wirklich ausgleicht. Oft wird behauptet, wir müßten hier *Zeichen* in einem neuen, anderen Sinn verstehen – nicht als Zeichen des Gerichts, sondern als Zeichen der Gnade. Die Weissagung ruft zum Glauben auf und ruft den Glauben hervor – und zeigt so die gnädige Anwesenheit Gottes in der Gemeinde auf. Die Ausführungen von Paulus gehen in den nächsten Zeilen tatsächlich in diese Richtung, nur scheint hier der Gedanke, daß die Weissagung die gleiche Wirkung auf die korinthischen Gläubigen wie die Zungenrede auf die „Außenstehenden" hat, bestimmend zu sein. Die Korinther neigten dazu, der Weissagung ihre Ohren zu verschließen, weil es ihnen besser gefiel, einer Zungenrede zu lauschen, als zu hören, wie ihre Fehler aufgedeckt und ihnen ihre Pflichten in verständlicher Form dargelegt wurden. Aber durch diese Einstellung setzten sie sich dem Gericht aus (vgl. 11, 34).

In den Versen 20 ff. ist die Darstellung von Paulus tiefgründiger und zusammenhängender, als einige Ausleger es wahrhaben wollen, doch sind seine Gedanken schwer zugänglich. Wenn er sich jedoch den praktischen Erfordernissen der evangelistischen Aufgabe der Gemeinde zuwendet, werden seine Gedanken leichter verständlich. **Wenn also die ganze Gemeinde zusammenkommt** (V. 23; griechisch: *συνέλθῃ . . . ἐπὶ τὸ αὐτό*; Paulus benutzt dieses Verb in V. 23.26 und auch 11, 17.20, um die Gemeindeversammlung zu beschreiben, so daß wir wohl davon ausgehen können, daß er die gleiche Versammlung meint) **und alle Gemeindeglieder** (das Substantiv fehlt im griechischen Text, der aber nicht anders verstanden werden kann) **in Zungen reden** (nicht unbedingt alle auf einmal, obwohl aus V. 27 hervorgeht, daß dies manchmal geschah, was zu einer schlimmen Verwirrung führte)**, und es kommen ungläubige Außenstehende herein, werden sie nicht sagen, daß ihr verrückt seid?** *„Ungläubige Außenstehende"* übersetzt zwei griechische Substantive, die im Grundtext mit *oder* verbunden sind; das erste ist das Wort ἰδιώτης, das schon V. 16 vorkommt und dort mit „einfachem Zuhörer“ übersetzt wurde; das zweite ist das gleiche Wort wie in V. 22 und wird von Paulus häufig gebraucht. ἰδιώτης wird jetzt in einem neuen Sinn gebraucht, denn in V. 16 wurde sicherlich ein Glied der Gemeinde als ein solcher bezeichnet. Weder hier noch in V. 16 haben wir es mit irgendeiner „Zwischengruppe“ zu tun – mit Menschen also, die weder zur Gemeinde gehören noch ganz als Außenstehende betrachtet werden könnten. Schon V. 21 f. und die Bemerkung: *„Ihr seid verrückt“* zeigen, daß weder ein Gemeindeglied noch ein Glied einer Zwischengruppe gemeint sein kann. Wie wir in der Übersetzung zu zeigen versuchten, drücken die beiden Substantive einen einzigen Inhalt aus: die subjektive (*ungläubig*) und objektive (*Außenstehender*) Bezeichnung des Nichtchristen (so Lietzmann z. St.). Bedeutsam ist, daß in V. 24 die Reihenfolgle umgekehrt wird. Die Außenstehenden sind wichtig; sie sind „der eigentliche Maßstab zur Bewertung der Dienste“ (Schweizer 22 f, vgl. 28 c).

Es ist interessant, daß solche Menschen den Weg in die christliche Versammlung zu Korinth finden konnten. Paulus sagt nicht, daß solche Außenstehenden bei jeder Versammlung zugegen waren, doch findet er den Gedanken der Anwesenheit Ungläubiger im Gottesdienst nicht unvorstellbar. Dies geschah auch in den Synagogen sowie bei heidnischen religiösen Versammlungen (Apuleius, *Metam.* 11, 15: *Videant irreligiosi; videant, et errorem suum recognoscant* – „Laßt die Außenstehenden sehen; laßt sie sehen und ihren Irrtum einsehen“ – d. h. während ihr am religiösen Umzug der Isis teilnehmt; darauf folgte gewiß ein Ritus, den Lucius nicht für die Öffentlichkeit freigeben durfte). Welche Art von Versammlung wird Paulus also im 14. Kapitel beschreiben? Es wird oft im Hinblick auf V. 26 behauptet, daß es sich hier um eine Art zwanglose Versammlung unter dem Wort gehandelt haben wird, bei der Lieder, Gebete und eine Predigt ihren Platz hatten, nicht jedoch das christliche Abendmahl. Aber es gibt keine Belege für diese Auffassung; höchstens spricht dafür die Tatsache, daß im 14. Kapitel vom Essen oder Trinken nirgends die Rede ist. Doch das beweist nichts, denn Paulus behandelt hier das Thema christlicher Rede und bleibt bei der Sache. Wir dürfen nicht davon ausgehen, daß spätere Praktiken schon zur Zeit des

Apostels üblich waren, und es gibt keinen triftigen Grund, warum sich 11, 17–34 und 14, 1–40 nicht auf die gleiche Versammlung beziehen sollten; s. G. Bornkamm, *Das Ende des Gesetzes*, 1952, S. 113 (Fußnote 2) und Allos Exkurs zum Thema; allerdings vertritt Allo ohne jegliche Begründung die Meinung, daß solche Außenstehenden, die bei der gemeinsamen Mahlzeit anwesend waren, vor dem Anfang der eigentlichen Eucharistiefeier ausgeschlossen wurden. Aber das Abendmahl in Korinth (s. Komm. zu 10, 16–22 und 11, 17–34 und Einleitung, S. 39f.) war eine gemeinsame Mahlzeit, während der ein Brotlaib (von wem, wissen wir nicht) gebrochen und verteilt und ein Weinkelch herumgereicht wurde. Diese Mahlzeit stellt die wichtigste, vielleicht die einzige wöchentliche Gemeindeversammlung dar; und es ist schwer vorstellbar, daß in einer der Zungenrede so verpflichteten Gemeinde kein solches Reden oder Weissagen das Mahl begleitet haben soll; der Inhalt der Kapitel 11 und 14 gehört untrennbar zusammen. Es gibt ebenfalls keinen Grund anzunehmen, daß diese Versammlungen immer in geschlossenen Räumen stattfanden. Nicht jede jüdische Gemeinde verfügte über ein eigenes Versammlungsgebäude (vgl. Apg. 16, 13). Ob draußen oder drinnen konnten auf alle Fälle Außenstehende zufällig hinzukommen oder von christlichen Freunden herzugebracht werden. Der nächste Vers zeigt, warum ein solcher Versammlungsbesuch erwünscht war.

Die Bemerkung des Außenstehenden zur Zungenrede („*Ihr seid verrückt*") darf nicht mißverstanden werden. Der griechische Ausdruck *μαίνεσθε* bedeutet nicht: Ihr seid geisteskrank, sondern: Ihr seid besessen; vielleicht ist so etwas wie die bacchische Raserei von Menschen gemeint, von denen geglaubt wurde, sie seien von übernatürlichen Mächten ergriffen worden. Der moderne Beobachter (sowie einige Zeugen des Altertums wie Festus – Apg. 26, 24) würde vielleicht annehmen, die Korinther seien wahnsinnig geworden; viele ihrer Zeitgenossen werden jedoch davon ausgegangen sein, es handle sich bei der Zungenrede um ein übernatürliches Phänomen. Wer aber akzeptiert, daß die Zungengabe aus einer übernatürlichen Quelle stammt, ist deswegen noch lange kein Christ; s. 12, 1ff. Der große Mangel der Zungengabe liegt darin, daß sie die grundlegende Voraussetzung der Herrschaft Jesu Christi nicht klarmachen kann. Als Mittel der Evangelisation sind Zungen also gänzlich unangemessen. Vgl.

Apg. 2, 13: Dort werden die Zungenredner für betrunken gehalten.

Aber wenn alle weissagen, wenn (V. 24; Paulus' *καί* gibt der Konstruktion einen etwas semitischen Beigeschmack) **ein ungläubiger Außenstehender** (s. oben) **hereinkommt, wird er von allen überführt** (*ἐλέγχεται*; vgl. Joh. 16, 8; das Wort wird von griechischen Moralisten benutzt, um das Werk des Gewissens zu beschreiben)**, von allen gerichtet** (*ἀνακρίνεται*; vgl. 4, 3 – das Werk des Geistes in der Weissagung stellt mehr als ein rein menschliches Urteil dar)**, die Geheimnisse seines Herzens werden bloßgestellt.** Das Gewissen des Menschen wird aufgedeckt und erneuert. Völlig überflüssig ist Hérings Annahme einer übernatürlichen Gabe des Gedankenlesens. Die in der inspirierten Rede verkündigte moralische Wahrheit des Christentums und das Zeugnis derer, die Unzüchtige und Götzendiener gewesen, nun aber abgewaschen, geheiligt und gerechtfertigt waren (6, 9ff.), das prophetische Wort Gottes, das schärfer ist denn jedes zweischneidige Schwert (Heb. 4, 12) reichen aus, um einen Sünder zu überführen. Das Wort Gottes findet durch das Gewissen Eingang und erzeugt religiöse Überführung. **Und also wird er auf sein Angesicht fallen** (Haltung der Anbetung, vgl. z. B. Gen. 17, 3; Luk. 5, 12; Offb. 7, 11; 11, 16; sie zeigt, daß der Anbetende nicht nur die Gegenwart Gottes, sondern auch seine eigene Unwürdigkeit zutiefst verspürt) **und Gott anbeten und erklären, daß Gott wahrhaftig unter euch sei** (*ἐν ὑμῖν*, nicht *in euch*; das wäre eher der Eindruck, der durch die enthusiastische Zungenrede erweckt wurde). Das neutestamentliche Christentum unterscheidet sich von anderen Formen religiösen Gefühls durch die moralische Überführung. Auch Dionysos konnte Ekstase (auch Zungenrede) unter seinen Anhängern hervorrufen, aber nur der Gott, den Paulus vom Alten Testament her kannte, und der der Vater Jesu Christi ist, ist Richter der ganzen Erde. Vielleicht dachte Paulus hier an 1. Kön. 18, 39 (Schlatter) oder an Dan. 2, 47; Jes. 45, 14; Sach. 8, 23 (Wendland). Es wird keinesfalls angedeutet, daß solche Menschen, die sich überführen ließen, vom Abendmahl ausgeschlossen wurden; vielmehr dürfen wir vom Gegenteil ausgehen. Siehe 16, 22 und Komm. z. St. und vgl. Bornkamm, *Das Ende des Gesetzes*, 1952, S. 126.

Es folgen noch einige Anweisungen zum Verhalten bei

Gemeindeversammlungen, wo das Reden in Zungen und die Weissagung zu erwarten waren. **Was ist also zu tun, Brüder?** (V. 26). Die Besprechung entstand nicht allein aus rein praktischen Überlegungen, denn wichtige Fragen des Prinzips und der Prioritäten wurden angesprochen, doch muß der Abschluß praktisch gehalten werden. **Wenn ihr zusammenkommt, hat jeder von euch** (diese letzten beiden Worte nur in einigen griechischen Hss. als Ergänzung) **ein Lied** (*ψαλμόν*; gemeint ist nicht ein alttestamentlicher Psalm, sondern ein frisches, bewegendes, vielleicht spontan entstandenes Lied; vgl. Kol. 3, 16; Eph. 5, 19)**, eine Lehre** (hierzu und zum nächsten Wort vgl. V. 6)**, eine Offenbarung, eine Zunge**(nrede)**, eine Auslegung** (einer Zungenrede)**.** Wie in 12, 7 muß auch hier *jeder von euch* ernstgenommen werden. Die Gemeindeversammlungen in Korinth werden alles andere als langweilig gewesen sein, darum war die Ermahnung des Paulus durchaus relevant: **Alle diese Dinge sollen zur Erbauung der Gemeinde eingesetzt werden.** *Der Gemeinde* fehlt im griechischen Text, ergibt sich jedoch aus dem Zusammenhang – Paulus wendet wiederholt (vgl. V. 4) das Bild der Erbauung auf den ganzen Leib Christi und nicht nur auf den Einzelnen an. Es kann kaum bezweifelt werden, daß viele der korinthischen Christen ihre Gaben im Interesse des eigenen Wachstums und vielleicht sogar aus Sensationslust ausübten; aber dies widersprach dem Gesetz der Liebe, das alles christliche Verhalten bestimmen sollte. Möglicherweise könnte man mit Lietzmann den Satz übersetzen: „Jeder, der einen Psalm oder eine Unterweisung usw. vortragen will, soll es zur Erbauung tun"; doch lautet der griechische Satz nicht so, und wir können ihn getrost wörtlich auffassen. **Wenn in Zungen geredet wird** (wörtlich: *Wenn jemand in Zungen redet*)**, dann zwei- oder höchstens dreimal bei jeder Gelegenheit** (hier die Bedeutung von *κατά*) **und der Reihe nach** (zu *ἀνὰ μέρος* s. Moule, S. 67)**, und einer soll auslegen** (V. 27). Die Zungenrede hatte nur Wert, wenn sie ausgelegt wurde (V. 5), damit die ganze Gemeinde das Gesagte verstehen konnte; wenn aber mehrere Zungenredner gleichzeitig oder eine größere Anzahl hintereinander sprachen, war eine Auslegung praktisch unmöglich. Die Auslegung konnte allerdings fehlen, wenn kein Christ mit der nötigen Gabe vorhanden war. **Aber wenn kein Ausleger da ist, soll der, der in Zungen reden möchte** (V. 28; im Griechischen ist hier kein

Subjekt vorhanden; um der Eindeutigkeit willen muß aber eines hinzugefügt werden), **in der Gemeinde** (*ἐν ἐκκλησίᾳ*; s. V. 4 und vgl. V. 33; er wird vergeblich reden und Außenstehende abstoßen; was er allerdings zu Hause macht, ist eine andere Sache) **schweigen und nur zu sich selbst und Gott reden.** Vgl. V. 2. Die beiden Dative sollte man vielleicht verschieden übersetzen, etwa: *zu Gott* (*τῷ θεῷ*) und *für sich selbst* (*ἑαυτῷ*), d. h. zum eigenen Vorteil. Paulus will nicht sagen, daß das Zungengebet einen Selbstbetrug darstellt. Es ist ein wirkliches, an Gott gerichtetes Gebet, aber nur der Betende kann sich daran beteiligen.

Es folgen Regeln für Propheten. **Laßt zwei oder drei Propheten sprechen** (V. 29; bei jeder Versammlung; die Begrenzung erfolgt wie auch bei den Zungenrednern aus Zeitgründen) **und die anderen das Gesagte beurteilen** (*διακρίνειν*; vgl. 11, 29.31 und Komm.). *Die anderen* sind vielleicht die anderen Propheten, die bei dieser Gelegenheit nicht weissagen; es können aber auch einfach die anderen Gemeindeglieder gemeint sein. Wahrscheinlich ist die zweite Auslegung vorzuziehen, denn Paulus nennt uns nie einen Grund, warum nur Propheten prophetische Gaben beurteilen können, und an anderer Stelle haben wir es gewiß mit der ganzen Gemeinde zu tun: 1. Thess. 5, 21; vgl. 1. Joh. 4, 1; *Didache* 11, 2–7. Der lange Abschnitt über die geistlichen Gaben (Kap. 12–14) setzt durchgehend voraus, daß alle Gaben des Geistes beurteilt werden; der 12, 3 genannte Maßstab zur Beurteilung kann von jedem Christen angewendet werden, ob Prophet oder nicht.

Im nächsten Vers werden wir daran erinnert, daß es sich bei der Weissagung nicht um vorbereitete Predigten, sondern um übernatürlich inspirierte Reden handelt. **Wenn einem der dabei sitzt, eine Offenbarung zuteil wird** (V. 30; das Verb, *ἀποκαλυφθῇ*, ist mit dem oben V. 6 benutzte Substantiv *ἀποκάλυψις*, *Offenbarung*, verwandt), **soll der erste** (d. h. der, der schon angefangen hat, zu weissagen) **schweigen** (vgl. V. 34). Es wird klar, daß der Geist jetzt eine neue Wahrheit durch einen anderen Redner an die Gemeinde weitergeben möchte; nur in der Autorität des Geistes darf die Ordnung der Gemeindeversammlung umgeändert werden; s. Schweizer 7m; 241 (gegen Knox, *Gentiles*, S. 121). Es wird hier nur angedeutet (später aber ausdrücklich behauptet), daß die Propheten trotz ihrer Inspiration in der Lage sind, ihre Gabe dem eigenen Willen unterzuordnen. **Denn ihr könnt alle einer nach dem anderen weissagen, damit alle lernen und alle ermahnt werden** (V. 31). Das Wort *alle*, das hier dreimal vorkommt, muß in jedem Fall das gleiche bedeuten. Darum müssen wir davon ausgehen, daß es *allen* Gliedern der Gemeinde erlaubt war, bei Gelegenheit zu weissagen. Trotz 12, 29 sind also die *Propheten* von 12, 28 keine kleine Gruppe neben der Gemeinde, sondern es gehören vielmehr alle Christen zu ihnen (vgl. Num. 11, 29; Apg. 2, 16 ff.). Und doch behauptet Paulus nicht, daß alle Christen in der Tat weissagen sollen oder werden, nur daß sie es alle dürfen und können. Es ist keine menschliche Entscheidung, die einen Menschen zum Propheten macht – oder ihn davon abhält, Prophet zu werden. Die Entscheidung liegt im Bereich der Freiheit des Heiligen Geistes; die Weissagung ist eher eine Funktion als ein Amt.

Nachdem er betont hat, daß jedes Gemeindeglied unter der Leitung des Heiligen Geistes als Prophet auftreten kann, kehrt Paulus zum Thema der notwendigen Vorsicht zurück. **Und die Geister, durch die die Propheten sprechen** (wörtlich: *Die Geister der Propheten*; zu diesem Gebrauch des Wortes *Geist* in der Mehrzahl s. V. 12 oben)**, sind den Propheten untertan** (V. 32). Ein Prophet kann und darf sich nicht, wie es vielleicht einige in Korinth taten, auf die Ausrede berufen, der Geist habe ihn gezwungen, zu reden; der Prophet kann schweigen, wenn die Umstände dies erforderlich machen. **Denn Gott ist nicht ein Gott der Unordnung, sondern des Friedens** (V. 33). Die Unordnung ist keine Eigenschaft Gottes, darum darf nicht behauptet werden, er wäre der Stifter der Unordnung, die in der korinthischen Gemeindeversammlung entstand. Dagegen ist der Friede in der Gemeinde ein Zeichen der Anwesenheit und des Wirkens Gottes. Dieses Prinzip gilt nicht nur in Korinth, sondern für alle Gemeinden – **wie in allen Gemeinden der Heiligen** (vgl. 1, 1). Dieser Gedanke wird in V. 36 noch einmal aufgegriffen; es sind andernorts andere christliche Versammlungen vorhanden, an deren Beispiel die Korinther einiges lernen könnten; sie dürfen sich nicht für Anfang und Ende des Evangeliums oder für das ganze Volk Gottes halten. Vielleicht sollte V. 36 unmittelbar hinter V. 33 stehen, s. unten.

V. 33 b wird oft mit V. 34 zusammengenommen, wo ein besonderes Beispiel der Unordnung in der korinthischen Versammlung aufgeführt wird. Gegen diese Auslegung spricht jedoch die Folge *in allen Gemeinden ... in den Versammlungen* (beides: ἐν ταῖς ἐκκλησίαις). Besser ist die Auffassung, mit V. 34 beginne ein neuer Absatz. Diese Beobachtung ist wichtig, weil der westliche Text (s. Fußnote 91, S. 359) die Verse 34 und 35 erst nach V. 40 bringt, und wenn man diese Umstellung für einleuchtend hält, wird man auch davon ausgehen, es liege hier die ursprüngliche Lesart vor. Möglich wäre aber auch, daß die Verse 34 und 35 eine Randbemerkung darstellen, die auf 1. Tim. 2, 11 f. zurückgeht und die dann von späteren Kopisten an verschiedenen Stellen in den Text geschrieben worden wäre. Für diese Ansicht spricht der Widerspruch zwischen den Versen 34 f. und der Beschreibung der Rolle der Frau in 11, 5. Andererseits könnte man aber auch argumentieren, die Verse 34 und 35 stören den Fluß der Abhandlung über die Weissagung und seien darum von Kopisten ausgelassen worden, die einen fließenderen Text herstellen wollten. Das textkritische Problem hängt von unserer Exegese dieser Stelle ab, darum wollen wir erst auf die Glaubwürdigkeit und Stellung der Verse 34 f. zurückkommen, nachdem wir über ihre Bedeutung nachgedacht haben.

Die Frauen sollen in den Versammlungen schweigen, denn es ist ihnen nicht gestattet zu reden, sondern sie müssen sich unterordnen (V. 34; Imperativ *ὑποτασσέσθωσαν*; wenn wir mit dem westlichen Text den Infinitiv lesen, haben wir zwar eine andere Konstruktion, der Sinn bleibt jedoch der gleiche; s. BD § 479 und Barth, KD III/4, S. 192–196), **wie es auch das Gesetz fordert.** Paulus gibt keinen Anhaltspunkt, anhand dessen wir wissen könnten, auf welche alttestamentliche Stelle er sich beziehen will (mit *Gesetz* kann das ganze Alte Testament bezeichnet werden; s. V. 21); er wird vornehmlich an Gen. 3, 16 gedacht haben. Zum Verhältnis zwischen Mann und Frau s. Komm. zu 11, 3–15. Unsere jetzige Stelle scheint hölzern und gesetzlich zu sein und nimmt keine Rücksicht auf die Erneuerung der Schöpfungsordnung in Christus. Vielleicht haben wir es in diesen Versen mit dem Werk eines deuteropaulinischen Schreibers (wie des Autors von 1. Tim.) zu tun; oder vielleicht verzichtet hier Paulus selbst auf eine Angabe von Gründen und nennt einfach seine praktische Schlußfolgerung. Das Schweigegebot für die Frauen bedeutet auf keinen Fall, daß sie den Verlauf der Versammlung nicht mit Interesse verfolgen sollten; sie sind auch Glieder der Gemeinde. Wenn sie auch nichts beitragen – doch **wenn sie etwas lernen wollen, sollen sie zu Hause ihre eigenen Männer fragen** (V. 35). Es geht in diesen Versen um verheiratete Frauen, deren Ehemänner gläubig sind. Unverheiratete Frauen und solche, deren Ehemänner ungläubig sind, werden ebenfalls (*a fortiori*) in der Versammlung schweigen; wenn diese lernen wollen, müssen sie wohl zu verheirateten Freundinnen gehen und diese dazu bewegen, an ihrer Stelle ihre Männer zu fragen. Es wird hier kein christlicher Prediger oder Lehrer erwähnt, an den man sich in Fragen der Auslegung oder Anwendung christlicher Wahrheit wenden sollte. Wie auch 11, 13f. beruft sich Paulus (nicht nur auf das Alte Testament, sondern auch) auf das gemeinsame Empfinden aller Menschen. **Denn es ist für eine Frau etwas Schändliches, in der Versammlung zu reden.** (*In der Versammlung* = ἐν ἐκκλησίᾳ; vielleicht könnte man einmal übersetzen: *in der Öffentlichkeit.*) Der Leser wird unwillkürlich an Aristophanes' *Ekklesiazusae* erinnert, indem die Frauen von Athen die *Ekklesia* der Stadt übernehmen. Aristophanes fand dies lustig, aber ein solches Lustspiel würde Paulus bestimmt in seinen Ansichten bestätigt haben, wenn er es einmal aufgeführt gesehen haben sollte. Kümmel (S. 191) zitiert sehr passend Plutarch, *Praec. conj.* 31 (142c): „Nicht nur nicht der Arm, sondern nicht einmal das Wort der züchtigen Frau soll öffentlich sein, und sie soll die Stimme wie eine Entblößung scheuen und vor den Menschen draußen behüten." Auch Absatz 32 enthält einen passenden Satz: „Sie soll nur entweder zu ihrem Mann oder durch ihn sprechen." – „Die alte Synagoge hat den Frauen das öffentliche Sprechen in den gottesdienstlichen Versammlungen nicht prinzipiell verboten, aber es wurde doch danach gehandelt" (SB Bd. 3, S. 467).

Ist es möglich, diese Verse mit 11, 5 in Einklang zu bringen, wo Paulus voraussetzt, daß die Frauen beten und weissagen werden, und ihnen befiehlt, bei dieser Tätigkeit das Haupt verhüllt zu haben? Es darf nicht behauptet werden, daß er es in 11, 5 den Frauen nur widerwillig erlaubt, daß sie reden; auch nicht, daß er sich auf eine Praxis bezieht, die er selber mißbilligt; hierfür haben wir keinerlei Anhaltspunkte, auch nicht für die Annahme, es handle sich in 11, 5 nur um eine ganz private Hausversammlung und nicht um eine öffentliche Gemeindeversammlung. Schlatter kann kaum überzeugen, wenn er leugnet, daß im 11. Kapitel den Frauen das Recht eingeräumt werde, in der öffentlichen Gemeindeversammlung zu beten und zu weissagen. Es kann ebenfalls kaum überzeugen, wenn argumentiert wird, daß das Verb *reden* (V. 34), *λαλεῖν*, sich nicht auf das Beten und Weissagen, sondern auf das Stellen von Fragen beziehe, die das Gesagte untergraben könnten. Zwar bedeutet *λαλεῖν* im klassischen Griechisch „plaudern“, und es wäre durchaus verständlich, wenn Paulus nur den Wunsch hätte, die weibliche Beredsamkeit einzudämmen; aber ansonsten hat das Verb im ganzen NT nicht diese Bedeutung; in diesem Kapitel (Verse 2.3.4.5.6.9.11.13.18.19.21.23.27.28.29.39) bezeichnet es stets die inspirierte Rede. Zwar wäre es nicht undenkbar, daß Paulus hier einmal eine neue Bedeutung einführt und V. 39 wieder zur alten zurückkehrt; doch wäre dies zumindest unwahrscheinlich. Nach Apg. 21, 9 waren weibliche Propheten kein unbekanntes Phänomen in der Gemeinde Jesu, so daß uns zur Auslegung dieser Verse nur zwei Möglichkeiten übrigbleiben:

(a) Die Verse 34f. wurden nicht von Paulus geschrieben. Sie wurden später als Randbemerkung dem Text hinzugefügt. (Die Annahme, Paulus habe die Randbemerkung selbst hinzugefügt, verdient keine Beachtung.) Eine solche Randbemerkung wäre zu einer Zeit entstanden, in der man die gute Ordnung für wichtiger als die Geistesfreiheit hielt. Für diese Ansicht spricht vieles, zumal die Sprache der „Randnotiz“ evtl. auf 1. Tim. 2, 11f. zurückgeht; aber zwingend kann sie nicht sein, weil die textkritischen Belege nicht beweiskräftig genug sind. Die Redaktoren des westlichen Textes können die Verse deswegen verschoben haben, weil sie sie für unpassend eingereiht hielten. Wenn wenigstens eine wesentliche Handschrift die Verse ganz auslassen würde, wäre es wahrscheinlich richtig, dem zu folgen.

(b) Paulus hatte eine Auskunft über weiblichen Druck (vielleicht über Geschwätz von Frauen) erhalten, der nicht wenig zur Unordnung der korinthischen Gemeindeverhältnisse beitrug, und nahm sich vor, energisch dagegen vorzugehen. Prinzipiell war er nicht dagegen, daß Frauen zum christlichen Gottesdienst Beiträge leisteten, sonst hätte er 11, 5 nicht stehengelassen, aber im Interesse des Friedens und der Ordnung konnte er den Frauen gebieten, zu schweigen – ebenso wie er dem männlichen Propheten gebieten konnte, zu schweigen, wenn sein Weissagen nicht mehr erbaulich war (V. 30). Sevenster, *Seneca*, S. 198, meint (vielleicht zu Recht): „Paulus bezieht sich in erster Linie auf eine Diskutierleidenschaft, die zu erregten Argumenten zwischen Eheleuten führen konnte."

Für (a) spricht, daß Vers 36 sich gut an Vers 33 anschließt. Für (b) spricht, daß die Verse 34 f. auf eine speziell korinthische Praxis oder Situation zurückzuführen sind, die die Antwort von V. 36 nahelegen. Persönlich möchte ich die Richtigkeit von (a) annehmen, eine letzte Gewißheit ist hier jedoch nicht möglich. Calvin (S. 446) geht zwar nicht ausdrücklich auf das Problem des Widerspruchs zu 11, 5 ein, doch dürfen wir ihm das letzte Wort überlassen: „Aber in dieser ganzen Erörterung handelt es sich um Dinge, die nur, insofern sie Anstand und Andacht stören, verboten sind; im übrigen kann jeder für sich entscheiden."

Die Korinther werden gut beraten sein, wenn sie beachten, wie die Christenheit im allgemeinen verfährt. Sie haben kein Monopol am Evangelium; sie sind nicht die einzigen, die das Evangelium auslegen und praktizieren wollen. **Oder ist das Wort Gottes von euch ausgegangen?** (V. 36). Aus der zweiten Hälfte des Verses geht hervor, daß hier nicht behauptet wird, die Gemeinde zu Jerusalem habe allein das Recht, die christliche Praxis zu regeln. **Oder seid ihr die einzigen, zu denen es gelangt ist?** Mittlerweile gibt es viele christliche Gemeinden; und obwohl Paulus die Möglichkeit nicht ausdrücklich ausschließt, daß alle Gemeinden außer einer in Irrlehre verfallen wären (Paulus glaubte bestimmt daran, daß die Apostel zu Jerusalem Fehler machen konnten: Gal. 2, 11), wäre es seitens der Korinther äußerst kühn, zu behaupten, nur sie hätten Recht und alle anderen Christen seien im Unrecht.

Dieser Gedanke, sowie die Befürchtung, einige in Korinth könnten sich gegen diese Worte auflehnen, führen zu den letzten Versen des Kapitels, die den Abschluß seiner Aussage und nicht nur eine Zusammenfassung der vorherigen Auseinandersetzung mit der Weissagung darstellen. **Wenn sich jemand für einen Propheten oder geistlichen Menschen hält ...** (V. 37; vgl. 12, 1: es muß sich hier um geistliche *Menschen*, nicht um geistliche *Gaben* handeln). Zweifellos wird es einige in der Gemeinde zu Korinth gegeben haben, die sich für solche hielten; vielleicht waren darunter Frauen, die das natürliche Verlangen nach Unterhaltung mit der Inspiration des Heiligen Geistes verwechselt haben. Das

Kennzeichen wahrer geistlicher Inspiration aber liegt in der Anerkennung, **daß das, was ich euch schreibe, vom Herrn kommt** (s. Fußnote 92, S. 359; viele Hss. bieten hier: „... ein Gebot des Herrn ist" oder „Gebote des Herrn sind"; es ist wahrscheinlicher, daß der kürzere Text später ergänzt wurde als umgekehrt). Vgl. 7, 25.40. Paulus meint hier nicht, daß er aus der Lehre Jesu zitiert, sondern daß er auch „den Sinn Christi" besitzt und die Macht hat, die Gemeinde aufzuerbauen. **Wenn jemand dies nicht anerkennt, wird er nicht anerkannt** (V. 38). Siehe Fußnote 93, S. 359. Paulus meint, daß er den, der nicht mit ihm übereinstimmt, nicht als inspiriert ansehen kann – nicht aber, daß dieser kein Christ sei. Der Vers spricht nicht von einem Gemeindeausschluß, und man kann auch nicht (wie Lietzmann) vermuten, daß der Mensch *von Gott nicht (an-)erkannt wird.* Vgl. dazu jedoch 1. Joh. 4, 6 (Allo).

Nun faßt Paulus zum letzten Mal seine Hauptaussage zusammen. **Strebt** (*ζηλοῦν*; vgl. V. 1) **also, Brüder, nach der Gabe der Weissagung, und verbietet es niemandem** (vielleicht besser: *Versucht nicht, jemandem zu verbieten* ...; so M. I, S. 25; wahrscheinlich ist dieser Satz ganz allgemein aufzufassen: es darf niemandem verboten werden, in Zungen zu beten)**, in Zungen zu reden** (V. 39). Diese Einstellung zur Zungenrede und die Bevorzugung der Weissagung entspricht dem Geist des gesamten Kapitels. Vgl. 1. Thess. 5, 19 ff. **Und laßt alles in anständiger und ordentlicher Weise vor sich gehen** (V. 40) – indem ihr die Ratschläge der Verse 26–33 (35) befolgt. Zu *anständig* vgl. 7, 35; 12, 23 f.; Röm. 13, 13; 1. Thess. 4, 12. Diese Gruppe von Worten ist typisch für Paulus. *Ordentlich* weist darauf hin, daß die Gemeindeglieder der Reihe nach und nicht gleichzeitig reden sollen, obwohl man auch noch mehr darunter verstehen kann. Der Beweggrund für die Ratschläge des Apostels findet sich in V. 33 a.

(e) Die Auferstehung

30. 15, 1–11: Das gemeinsame Evangelium

(1) Brüder, ich möchte eure Aufmerksamkeit auf das Evangelium lenken, das ich euch verkündigte, das ihr auch annahmt, durch das ihr auch steht, (2) durch das ihr auch gerettet werdet; ich bitte

euch, zu Herzen zu nehmen, mit welcher Rede ich euch das Evangelium verkündigte – angenommen ihr haltet es fest[95], es sei denn, ihr wurdet vergeblich gläubig. (3) Denn ich überlieferte euch vor allem, was ich auch empfing, nämlich daß Christus nach den Schriften für unsere Sünden starb, (4) und daß er begraben wurde, und daß er nach den Schriften am dritten Tag auferweckt wurde, (5) und daß er Kephas, dann den Zwölfen erschien[96]; (6) dann erschien er mehr als fünfhundert Brüdern auf einmal, von denen die Mehrheit bis heute blieben, obwohl einige entschlafen sind; (7) dann erschien er Jakobus, dann allen Aposteln. (8) Als letztem von allen, wie einem vor seiner Zeit überstürzt in die Welt Herbeigeholten, erschien er auch mir. (9) Denn ich bin der geringste der Apostel, der ich nicht würdig bin, Apostel genannt zu werden, da ich die Gemeinde Gottes verfolgte. (10) Aber durch die Gnade Gottes bin ich, was ich bin; und die Gnade, die er mir verlieh, erwies sich nicht als vergeblich, denn ich arbeitete reichlicher als sie alle – obwohl nicht ich es war, sondern die Gnade Gottes, die mit mir ist[97]. (11) Ob nun ich es war oder sie – so predigen wir, und so habt ihr geglaubt.

Die meisten Abschnitte des Briefes begannen mit einer klaren Bezugnahme auf die Gründe, die Paulus veranlaßten, sie zu schreiben – z. B. auf die Nachricht, die er von „denen der Chloë" erhalten hatte (1, 11), oder auf eine Frage im Brief der Korinther (7, 1 usw.). In diesem Abschnitt finden wir keine solche Bezugnahme; wir erfahren erst in 15, 12, daß einige in Korinth die Ansicht vertraten, es gebe keine Auferstehung der Toten. Vielleicht hatte Paulus durch Stephanas, Fortunatus und Achaikus davon erfahren (16, 17). Im ganzen 15. Kapitel seines Briefes geht Paulus auf diese irrige Meinung ein und zeigt deren Voraussetzungen und Folgen auf. Um dies jedoch gründlich zu tun, muß er auf die Vergangenheit zurückgreifen; darum schrieb er diesen Absatz, in welchem er die Korinther daran erinnern will, welche Rolle die Auferstehung Christi in seiner – sogar in aller – christlichen Predigt spielte. Paulus wechselt ohne Umschweife zum neuen Thema.

Brüder (vgl. 1, 1)**, ich möchte eure Aufmerksamkeit auf das Evangelium** (s. 1, 17) **lenken** (V. 1; das Verb, *γνωρίζω*, übersetzen wir 12, 3 mit *erklären*; die Grundbedeutung lautet: *wissen las-*

sen, aber bei jeder Übersetzung muß man auf den Zusammenhang achten; hier will Paulus die Korinther wieder einmal an etwas erinnern, das sie nie hätten vergessen dürfen – vgl. Gal. 1, 11)**, das ich euch verkündigte, das ihr auch** (hier und in den nächsten beiden Nebensätzen leitet *καί* die Schritte ein, die auf die Predigt des Evangeliums folgen sollten) **annahmt** (s. V. 3)**, durch das ihr auch** (*καί*) **steht** (die folgenden Verse ziehen die Gewißheit des Glaubens der Korinther durchaus in Zweifel, doch glaubt und schreibt Paulus stets das Beste über „seine" Leute; zu diesem Gedanken s. Röm. 5, 2)**, durch das ihr auch** (*καί*) **gerettet werdet** (V. 2). Angesichts des üblichen Gebrauchs des Wortes *retten* (*σώζειν*; Röm. 5, 9f.; vgl. 13, 11) bei Paulus, sollten wir *gerettet werdet* wahrscheinlich als futurisches Präsens auffassen. Wenn sie nicht vergeblich geglaubt haben (eine ernstzunehmende Möglichkeit; s. V. 10), ist die Rettung gewiß, wenn auch noch zukünftig. Diese ersten Worte werden den Korinthern vielleicht ein wenig geschmeichelt haben (jeder gute Lehrer oder Pastor weiß, wie er durch ähnliche Redewendungen, die sich wie Schmeichelei anhören, seine Hörer ermutigen kann), doch haben sie gleichzeitig den Weg für eine Zusammenfassung des Evangeliums gebahnt.

Zuerst muß sich Paulus jedoch gegen mögliche verderbliche Nebenwirkungen dieser *captatio benevolentiae* anhand einer eindringlichen Warnung wehren; die gedankenmäßige (also nicht nur grammatische) Parenthese, die diese Warnung bildet, ist vielleicht Ursache der grammatischen Unklarheit des nächsten Verses. Diesen kann man zweifach auslegen (ausführlicher bei anderen Kommentaren, z. B. Héring und Allo): (a) Nach dieser Auffassung ist das erste Wort (*τίνι*) ein Interrogativpronomen und wir dürfen nach *gerettet werdet* einen Punkt setzen. Unser Vers würde sich dann als Frage darstellen: *Mit welcher Rede* (oder: *Mit welcher Logik – λόγῳ) habe ich euch ... verkündigt?* (b) Besser ist die Auffassung (Robertson, S. 738 und 954; ebenfalls Kümmel, S. 191), daß sich das Verb von V. 1 („Ich mache euch aufmerksam") noch auf den nächsten Teil des Satzes bezieht, so daß man das Ganze als indirekte Frage übersetzen kann, die sich kaum von den vorhergehenden Relativsätzen unterscheidet (*das ich verkündigte, das ihr annahmt, durch das ihr steht, durch das ihr gerettet werdet*). Um eine fließende Übersetzung zu erreichen, haben wir ein zusätzliches Verb eingeführt, das im griechischen Text fehlt:

Ich bitte euch, zu Herzen zu nehmen, mit welcher Rede ich euch das Evangelium verkündigte. Paulus will jetzt anscheinend die Inhalte wiedergeben, die er damals seinen Bekehrten zu Korinth überlieferte.

Diese Inhalte, das Evangelium selbst, sollten eigentlich geläufig sein; aber Paulus ist sich dessen nicht gewiß und fügt hinzu: **... angenommen ihr haltet es fest** (s. Fußnote 95, S. 381)**, es sei denn** (*ἐκτὸς εἰ μή*; die gleiche Konstruktion wie 14, 5)**, ihr wurdet vergeblich gläubig.** Die genaue Bedeutung von *vergeblich* (*εἰκῇ*) ist ungewiß; wahrscheinlich wird Origenes Recht haben, wenn er es so definiert: „Solche, die eine Zeitlang glauben und dann in Zeiten der Schwierigkeit sich abwenden, glauben *vergeblich εἰκῇ*)." Nach dieser Auffassung sind „festhalten" (vgl. 11, 2) und „vergeblich gläubig werden" gegensätzliche Begriffe, und es wird hier zweimal hintereinander, einmal positiv und einmal negativ, das gleiche gesagt. Es gibt keinen Grund, warum dies nicht richtig sein soll; und es ist unsinnig, behaupten zu wollen, der Konditionalsatz von Paulus sei unlogisch (weil er den Wortlaut seines Evangeliums zitieren konnte, ob die Korinther daran festhielten oder nicht). Paulus äußert einfach seine Ungewißheit darüber, ob er sich auf die Korinther verlassen kann oder nicht, ehe er zum Inhalt des Evangeliums übergeht.

Denn ich überlieferte euch vor allem (V. 3; dieser Ausdruck soll die Zweideutigkeit des griechischen *ἐν πρώτοις* beibehalten; er kann zeitlich verstanden werden = *zuerst*, oder er kann den Vorrang des Gesagten bezeichnen; vielleicht ist beides gemeint)**, was ich auch empfing.** Paulus ist nicht Ursprung der Überlieferung, sondern nur ein Glied in der Überlieferungskette (s. Schweizer, Fußnote 306). Zur Sprache vgl. 11, 23. Paulus sagt nicht, daß er die fragliche Überlieferung *vom Herrn* empfing; dies ist jedoch wahrscheinlich unwichtig. Im 11. Kapitel wollte Paulus den vollmächtigen Ursprung dessen unterstreichen, was er den Korinthern überliefert hatte; hier liegt die Betonung mehr auf dem Inhalt als auf dem Ursprung seiner Verkündigung. Es ist nicht möglich, anhand dieses Verses zwischen der öffentlichen Evangeliumsverkündigung des Apostels und seiner persönlichen Unterweisung der Neubekehrten zu unterscheiden. Der Inhalt seiner Verkündigung war *Christus als der Gekreuzigte* (2, 2); die nächsten Verse zeigen, daß die Überlieferung damit übereinstimmte.

Das heißt: Es ist hier zwar wichtig, daß Paulus die Sprache der Überlieferung benutzt, denn dies beweist wiederum, wie sehr er darum besorgt war, die wahre christliche Lehre zu bewahren; doch darf diese Sprache nicht als Anlaß genommen werden, zu viel zu beweisen. Es stimmt, daß Paulus sozusagen ein christlicher Rabbiner war, der ein System überlieferter Wahrheiten an seine Jünger weitergibt, doch war er gleichzeitig evangelistischer Prediger; er predigte seine Lehre und lehrte das, was er predigte.

Der Inhalt des Evangeliums wird mit drei kurzen Sätzen zusammengefaßt. Es war also die Lehre des Paulus, **daß Christus nach den Schriften für unsere Sünden starb, und daß er begraben wurde, und daß er nach den Schriften am dritten Tag auferweckt wurde** (V. 4). Die drei Sätze sind einfach parataktisch durch *und* (*καί*) aneinandergereiht. Dies erinnert an den semitischen Stil der Evangelien, muß aber nicht bedeuten, daß wir es hier mit einem Semitismus zu tun haben; die kurzen, unabhängigen Aussagen spiegeln eher das Wesen der Verkündigung wider.

Die erste dieser Aussagen bringt ausdrücklich den Tod Christi in eine Beziehung zur Sünde, führt jedoch nicht genau aus, wie diese Beziehung eigentlich zu verstehen ist. *Christus starb für* (*ὑπέρ*) *unsere Sünden.* Die Präposition bedeutet normalerweise „um ... willen" und bezieht sich deshalb üblicherweise auf Personen (z. B. Röm. 5, 8). Diese Bedeutung ist hier jedoch unmöglich. In diesem Satz wird *ὑπέρ* genau die gleiche Bedeutung wie *περί* in Gal. 1, 4 besitzen (vgl. Röm. 8, 3). Beide Präpositionen kann man also übersetzen: „betreffs", „in bezug auf" oder „um (damit) fertigzuwerden". In hellenistischer Zeit wurde der Unterschied zwischen den Präpositionen nicht mehr so genau genommen (s. M. I, S. 105), und es ist sogar möglich, daß Paulus hier einen doppelten Sinn beabsichtigte: Christus starb um unseretwillen und für unsere Sünden (um mit ihnen fertig zu werden, um sie „abzuschaffen"). Nicht erläutert wird die Frage, wie der Tod Christi mit unseren Sünden fertig wurde. Die urchristliche Verkündigung begnügte sich mit der Aussage, er habe dies getan. Diese Aussage wird an anderer Stelle von Paulus ausführlich begründet, aber hier geht er nicht weiter darauf ein – teils weil es hier nur seine Absicht war, Inhalt und Wortlaut der Verkündigung zu wiederholen, teils weil er sich eher mit der Auferstehung als mit dem Tode Christi beschäftigen wollte.

Und doch liefern die Worte *nach den Schriften* den Anfang einer theologischen Auslegung der Tatsache des Todes Jesu. Dieser Tod sei gemäß der Heiligen Schrift erfolgt. Mit anderen Worten: Er sei nicht zufällig erfolgt, sondern gemäß dem Willen und Ratschluß Gottes als Teil seines ewigen Ziels; er war also eines jener eschatologischen Ereignisse, die an der Grenze zwischen dem gegenwärtigen und dem zukünftigen Zeitalter, in dem der göttliche Plan seinen Abschluß erreicht, stattfinden. Man darf hinzufügen, daß ein Tod, der *nach den Schriften* erfolgt ist, am natürlichsten anhand alttestamentlicher Kategorien ausgelegt werden kann – im Lichte der alttestamentlichen Lehren vom Sühnopfer, von Strafe und Stellvertretung, vom gläubigen Rest und von den Leiden des zur Seligkeit pilgernden Gottesvolkes. So viel können wir allgemein sagen. Es bleibt jedoch die Frage: Von welchen Schriftstellen glaubten Paulus und seine apostolischen Kollegen, daß sie durch den Tod Christi in Erfüllung gingen? Oft wird sie mit den Weissagungen über den leidenden Gottesknecht (Jes. 52, 13–53, 12) beantwortet; man darf sich die Sache jedoch nicht zu leicht machen. Für diese Identifizierung spricht O. Cullmann (*Christologie des Neuen Testaments*, S. 76: Es besteht kaum ein Zweifel, daß mit der „Schrift" an dieser Stelle Jes. 53 gemeint sein muß; s. auch S. 79), dagegen sind u. a. M. D. Hooker, *Jesus and the Servant*, 1959, S. 117–120 und F. Hahn, *Christologische Hoheitstitel*, 1964, S. 56 f., S. 197–213. Die Beziehung zu *unseren Sünden* ist nicht unbedingt ausschlaggebend, denn Paulus kann die Worte *für unsere Sünden* zu der urchristlichen Formel selbst hinzugefügt haben (so Hooker, S. 119). Auf jeden Fall sieht sich Paulus sonst in der Lage, das Verhältnis des Todes Christi zur Sünde ohne jeglichen Hinweis auf Jes. 53 zu erörtern; er beruft sich überhaupt sehr selten auf dieses Kapitel. Vielleicht wurde der Hinweis auf *die Schriften* ganz allgemein geprägt, ehe man an besondere Stellen dachte. Nach christlicher Überzeugung wurde im Tode Christi eine göttliche Handlung erkannt, die schon deswegen vorhergesagt worden sein mußte, weil sie Offenbarung des ewigen Gotteswillens war; aus dieser Überzeugung heraus entstand die Suche nach alttestamentlichen Belegstellen, die zu den späteren Aufzählungen führte. Vgl. Héring, der Bezugnahmen auf Ps. 118, 22 und Deut. 21, 22 für unwahrscheinlich hält. Schlatter nennt Ps. 143, 2 (vgl. Röm. 3, 20; Gal. 2, 16), Ps. 69, 10 (vgl.

Röm. 15, 3), die Bezugnahme auf das Passahmahl in 1. Kor. 5, 7 und den Gebrauch des Wortes *ἱλαστήριον* in Röm. 3, 25 als Beispiele der Berufung auf die Schrift bei Paulus im Hinblick auf den Tod Christi.

Der Zusatz *daß er begraben wurde* überrascht. Wahrscheinlich „wurde das Begraben-Sein Jesu nicht deshalb im *Kerygma* erwähnt, weil es an sich von Bedeutung war oder weil es als Erfüllung der Schrift angesehen wurde, sondern weil es einen notwendigen Übergang vom Tode zur Auferstehung darstellte und die Realität beider bestätigte" (Hooker, S. 120). Wenn Jesus begraben wurde, muß er zuerst wirklich gestorben sein; wenn er begraben wurde, muß die Leiche tatsächlich wieder belebt worden sein. Paulus berichtet nicht von der in den Evangelien hervorgehobenen Entdeckung des leeren Grabes. Dies könnte bedeuten – da die Überlieferung in 1. Kor. 15 früher ist als alle vier Evangelien –, daß die ganze Geschichte vom leeren Grab eine spätere Erfindung ist, die auf die durch die Erscheinungen Jesu begründete Überzeugung zurückging, daß er auferstanden sei. Andererseits kann man jedoch davon ausgehen, daß die Schlußfolgerung gestimmt haben muß: War Jesus begraben worden und hatte man ihn danach außerhalb des Grabes als Auferstandenen gesehen, so muß das Grab auch leer gewesen sein, und es gibt keinen Grund, warum es niemand hätte leer sehen sollen.

Der dritte Satz, bzw. das Verb im dritten Satz, hat eine andere Zeitform: *Und daß er . . . auferweckt wurde* (*ἐγήγερται*, Perfekt). Diese Zeitform gibt (im Gegensatz zu *starb*, *ἀπέθανεν*, und *wurde begraben*, *ἐτάφη*, beide Aorist) zu verstehen, daß die beschriebene Handlung nicht nur in der Vergangenheit passierte, sondern daß sie heute noch in Kraft ist. Christus starb, aber er ist nicht länger tot; er wurde begraben, aber er ist nicht länger im Grab; er wurde auferweckt und lebt noch heute. (Vgl. hierzu M. II, S. 137 und 141; BD § 342; Robertson, S. 896). Die griechische Wortfolge macht unsere Übersetzung wahrscheinlich: er *wurde nach den Schriften am dritten Tag auferweckt*, d. h. nicht nur die Auferweckung, sondern auch der Zeitpunkt ist von der Schrift vorausgesagt worden. Dagegen spricht sich allerdings B. M. Metzger, JTS (neue Folge) 8, S. 118–123, unter Hinweis auf 1. Makk. 7, 16f. aus. Für den Zeitpunkt *am dritten Tag* ist es nicht leicht, alttestamentliche Belege aufzuführen. Hos. 6, 2 kann kaum überzeugen; Jon. 2, 1f. wird in Matt. 12, 40 zitiert, aber ansonsten interessiert sich keiner der neutestamentlichen Autoren für die Geschichte von Jona und dem Wal; auch 2. Kön. 20, 5 und Lev. 23, 11 sind nicht besonders hilfreich (s. B. Lindars, *New Testament Apologetic*, 1961, S. 60). Die Geschichte der Auferstehung Jesu findet im Alten Testament keine genaue Parallele und wird dort nie ausdrücklich vorausgesagt, doch hielten einige frühchristliche Schrciber gewisse Stellen (z.B. Ps. 16, 10; Jes. 54, 7) für bedeutungsvoll. Es wird das Erleben des Auferstandenen sowie der Glaube an seine Auferstehung der Überzeugung vorausgegangen sein, diese Auferstehung sei in der Schrift geweissagt worden; und erst daraufhin wird die Belegsuche erfolgt sein.

Dieser Umriß der christlichen Verkündigung, den Paulus offensichtlich für maßgeblich und wesentlich hält, besteht allein aus Aussagen über den Verlauf der Ereignisse am Ende des Lebens Jesu (sein irdischer Dienst wird überhaupt nicht erwähnt): Er starb, er wurde begraben, er wurde auferweckt. Diese historischen Aussagen (das gilt auch für *den dritten Tag*, s. unten) werden in zweifacher Weise gedeutet: (a) Das Ganze stellte eine teilweise Erfüllung des in der Schrift schon geoffenbarten, ewigen Ratschlusses Gottes dar. (b) Beim Tod Jesu wurde Gott mit unserer Sünde fertig. Es wird hier klar vorausgesetzt, daß die Sünde das große Dilemma des Menschen darstellt, von dem er befreit werden muß.

Wir haben uns auf die Auferstehung als auf ein geschichtliches Ereignis bezogen. Dies ist nur begrenzt wahr. Paulus schreibt im Passiv: *Er wurde auferweckt*; daraus ergibt sich jedoch das Aktiv: Gott erweckte ihn von den Toten (vgl. V. 15; 6, 14 und sonst häufig bei Paulus). Das ist aber eine Behauptung über Gott, die man anhand von geschichtlichem Beweismaterial nicht belegen kann. Das will jedoch nicht sagen, daß es sich bei der Auferstehung um etwas Ungeschichtliches handelt, denn die Aussage über die Auferstehung wurde zu einem bestimmten, anhand von historischen Belegen feststellbaren Zeitpunkt gemacht, und sie wurde durch Ereignisse motiviert, die sich im Sinne der Geschichte beschreiben lassen. Anhand eines kurzen Berichts über die Erscheinungen des auferstandenen Jesus vor verschiedenen Zeugen dokumentiert Paulus diese Ereignisse. Natürlich können diese Erscheinungsberichte, so wichtig sie für die Geschichte des Urchristentums gewesen sind, nur beweisen, daß gewisse Menschen nach der Kreuzigung Jesu glaubten, ihn wieder gesehen zu haben; sie können keinesfalls das christliche Dogma der Auferstehung beweisen, denn dieses macht eine Behauptung über eine weder zu beobachtende noch empirisch zu demonstrierende Handlung Gottes. Wenn sie Paulus zu diesem Zweck benutzt haben sollte, dann hat er in dem Augenblick die Logik hinter dem eigenen Argument nicht mehr recht erfaßt (vgl. Bultmann, *Theologie*, S. 295 und 305); doch dem ist nicht so: Paulus zählt die Erscheinungen als Teil des urchristlichen Zeugnisses auf, das er von V. 3 b an wiedergibt, und unterstreicht durch die Erwähnung der eigenen Christuserscheinung die Hauptaussage des ganzen Absatzes, nämlich daß die Auferstehung Jesu einen wesentlichen Teil jeder bekannten Art von christlicher Verkündigung darstellte.

Die Erscheinungsliste wird in einfachem, parataktischem Stil wiedergegeben. **Er erschien Kephas, dann den Zwölfen** (V. 5). Kephas (= Petrus) war in Korinth nicht unbekannt (s. 1, 12; 11, 5). In den Evangelien wird eine Erscheinung vor Petrus zwar nicht ausdrücklich berichtet, doch wird eine solche auch dort vorausgesetzt (Luk. 24,34; vgl. Mk. 16, 7). Diese Erscheinung könnte zusammen mit seinen besonderen Fähigkeiten die Vorrangstellung des Petrus in den ersten Kapiteln der Apostelgeschichte erklären; vielleicht können wir Worte wie Matt. 16, 18 anhand einer solchen Erscheinung erklären. Danach erschien Jesus *den Zwölfen*. Dies ist die einzige Stelle, wo sich Paulus auf *die Zwölf* bezieht, was als Hinweis darauf verstanden werden darf, daß er hier aus einer Formel, die er nicht selbst erfand, zitiert – und daß die Idee einer Zwölfergruppe von besonderen Jüngern vorpaulinisch ist und darum auch sehr früh entstanden sein muß. Die Zwölf spielten anscheinend eine Rolle in der Geschichte um Jesus und dienten als Zeugen für die Kontinuität zwischen Jesus von Nazareth und dem auferstandenen Herrn, doch waren sie keine besonders bedeutenden Gestalten in der frühen Gemeinde, ausgenommen vielleicht die allererste Zeit. Die Evangelien enthalten Berichte über Erscheinungen vor *den Zwölfen* (obwohl es eigentlich nur noch elf waren, nachdem Judas Ischarioth sich von der ursprünglichen Gruppe abgesetzt hatte; vgl. Fußnote 96, S. 381): Matt. 28, 16f.; Luk. 24, 33–51 (es sind hier andere außer den Zwölfen anwesend); Joh. 20, 19–23 (Thomas fehlt, dafür sind vielleicht andere anwesend); vgl. Apg. 1, 3.

An dieser Stelle scheint die urchristliche Überlieferung aufzuhören (so J. Jeremias, *Die Abendmahlsworte Jesu*, S. 95 ff.; dagegen ist Héring der Meinung, sie setze sich nur bis V. 4 fort; andere wieder wollen annehmen, Paulus zitiere bis einschließlich V. 7 aus der Tradition).

Dann erschien er mehr als fünfhundert Brüdern auf einmal, von denen die Mehrheit bis heute (V. 6; etwa 20 Jahre später) **blieben** (am Leben geblieben sind)**, obwohl einige entschlafen sind** (zum Bild des Todesschlafes vgl. 7, 39; 11, 30; 15, 18.20.51; 1. Thess. 4, 13.14.15; s. Barth, KD III/2, S. 778 f.; seltsamerweise nimmt O. Glombitza, *Novum Testamentum* II, S. 285 f., an, Paulus habe gemeint, nur einige der 500 wären ihrem apostolischen Auftrag treu geblieben). Diese Erscheinung ist ohne Parallele in den Evangelien. Wie wir oben anmerkten, wird zwar angedeutet, daß auch andere dabei waren, als Jesus den elf Jüngern erschien, doch wird nie an Zahlen wie 500 gedacht. Man hat vorgeschlagen, diese Erscheinung mit der Geistverleihung an die 120 Jünger (s. Apg. 1, 15; 2, 1–13) gleichzusetzen, denn es kamen sofort etliche Tausend Jünger hinzu (Apg. 2, 41). Diese Theorie ist möglich; die frühe Überlieferung (einschl. Paulus und Johannes) weiß nichts von einer gemeinsamen Geistverleihung, sondern nur von Christuserscheinungen; vielleicht ist Apg. 2 eine lukanische Umdichtung einer solchen Erscheinung. Aber dies kann nicht belegt werden; darum sollten wir wahrscheinlich einfach annehmen, daß sich die paulinische Liste und die Berichte der Evangelien nicht chronologisch harmonisieren lassen; das dürfte man eigentlich kaum erwarten. Wir können ebenfalls nicht wissen, ob alle 500 zu Aposteln wurden (vgl. 9, 1). Wenn wir von der weiten paulinischen Auffassung des Apostelamtes, nicht aber von dem engen Blick des Verfassers der Apostelgeschichte, ausgehen, dürfen wir annehmen, daß zumindest einige von ihnen ein Apostelamt innegehabt haben werden. Wenn Lukas tatsächlich die Pfingstgeschichte anhand eines Berichts über eine Auferstehungserscheinung herausarbeitete, dann vielleicht nicht nur wegen seines Interesses am Werk des Heiligen Geistes, sondern auch wegen seines Wunsches, möglichst wenige Christen als Apostel auftreten zu lassen (vgl. Apg. 1, 21 f.).

In den kanonischen Evangelien wird ebenfalls keine Christuserscheinung vor **Jakobus** (V. 7; wohl dem Herrenbruder) berichtet; siehe jedoch das *Hebräerevangelium* (Fragment 21, bei M.R. James, *Apocryphal New Testament*, 1924, S. 3f.); Hieronymus, *de viris illustribus* 2. Unklar ist, ob Paulus den Jakobus für einen Apostel hielt; siehe Gal. 1, 19. Ebenfalls unklar bleibt, wer mit dem Sammelbegriff **alle Apostel** bezeichnet wird; die Bezugnahme auf diese Apostel unterstreicht allerdings die Erwähnung seines eigenen Erlebens als ihm nicht zukommend im nächsten Vers. Die griechische Wortfolge (*τοῖς ἀποστόλοις πᾶσιν*) legt die Betonung eindeutig auf das Substantiv (s. BD § 275; M. III, S. 200); vielleicht wird dadurch Jakobus von den Aposteln unterschieden, doch ist dies keinesfalls gewiß. Einige Ausleger sind der Meinung, Paulus beziehe sich auf die Zwölf mit Jakobus zusammen (so Heim, der auf S. 218 schreibt: „Ich glaube, Holl hat recht, wenn er sagt, das seien die Apostel mit Einschluß des Jakobus, des Bruders des Herrn, der nicht von Anfang an dazugehörte, der erst später hinzukam"). Dies ist jedoch eher unwahrscheinlich. Paulus fügt jetzt der urchristlichen Aufzählung Namen hinzu (s. oben), und wir dürfen nicht davon ausgehen, daß er „die Zwölf" noch einmal wiederholt. Es wird kaum denkbar sein, daß er hier „die Zwölf mit Jakobus" meinen kann. Statt dessen wird er den Begriff *Apostel* im üblichen Sinn gebrauchen (s. 12, 28 und Komm.): Es sind Missionare, und zwar nicht nur die Zwölf, sondern eine größere Gruppe, die er jedoch nicht als unbegrenzt betrachtet. Die in V. 6 erwähnten 500 werden nicht alle dazuzählen.

Allen Aposteln meint offensichtlich „allen außer mir". Paulus zweifelte das eigene Apostelamt natürlich nicht an, aber er wußte, daß andere es in Frage stellten. Die Zweifel am Apostolat des Paulus werden vielleicht in erster Linie aus lehrmäßigen Unterschieden hervorgegangen sein, aber die Gegner des Paulus werden zur Untermauerung ihres Standpunktes darauf hingewiesen haben, daß es schon eine festgelegte Apostelzahl gegeben habe, während Paulus noch die Gemeinde verfolgt habe. Zwecklos ist allerdings die Frage, ob die Erscheinungen des Auferstandenen durch die Himmelfahrt zum Abschluß gebracht worden seien, sowie der Einwand, Paulus könne Jesus nicht mehr gesehen haben, nachdem dieser schon in den Himmel aufgenommen worden sei. Dieser Tatbestand war ein Problem für den Verfasser der Apostelgeschichte, nicht jedoch für Paulus, der von einer Himmelfahrt, wie sie in Apg. 1, 9ff. beschrieben wird, nichts weiß.

Der letzte Zeuge des auferstandenen Christus war also Paulus selbst. Zwar können wir **als letztem** im Sinne von „als dem geringsten" verstehen – was mit V. 9 in Einklang stehen würde, aber nach dieser Liste, die immer wieder mit *dann ... dann* fortgesetzt wird, muß die rein zeitliche Bedeutung wahrscheinlicher erscheinen. Wenn wir dies zugestehen, dann sehen wir auch, daß die Chronologie die folgenden sehr schwierigen Worte beeinflußt haben muß (s. J. Munck in: *New Testament Essays: Studies in Memory of T. W. Manson*, 1959, S. 180–193; T. Boman in: *Studia theologica* Bd. 18, S. 46–50). **Wie einem vor seiner Zeit überstürzt in die Welt Herbeigeholten** (*τῷ ἐκτρώματι*; die Annahme einiger Ausleger, wir sollten hier *τῳ ἐκτρώματι = einer Art Fehlgeburt* lesen, könnte eher überzeugen, wenn die Form *τῳ* sonst im NT vorkäme)**, erschien er auch mir.** Das hier von Paulus benutzte Wort beschreibt keinen Vorgang (Fehlgeburt), sondern das Ergebnis eines solchen Vorgangs (was man in unserer Sprache schlecht unterscheiden kann) – und weil es sich um die Folge des Vorgangs handelt, ist das zeitliche Element nicht unwichtig. Das Wort hat den Anschein, gänzlich unangebracht zu sein, denn als Apostel wurde Paulus nicht früher, sondern später als die anderen „geboren". Man könnte jedoch sagen, daß Paulus im Vergleich zu den Jüngern, die Jesus während seines irdischen Lebens begleitet hatten, nach einer kürzeren als der normal üblichen „Schwangerschaftsdauer" geboren wurde. Insofern wurde der letzte der Apostel vorzeitig geboren; das war notwendig, wenn er überhaupt noch Apostel werden sollte. Allerdings müssen wir zugeben, daß die Wahl dieses Wortes recht eigenartig war, so daß wir vermuten können, Paulus habe hier den Wortschatz seiner Gegner übernommen. Das Wort ruft nämlich Vorstellungen eines noch nicht voll ausgereiften, unterentwickelten, abscheulichen und möglicherweise leblosen Fötus hervor. Vielleicht sollte das Wort nicht nur die angeblichen Mängel des Paulus als Apostel, sondern sein physisches Erscheinungsbild beschreiben, denn aus 2. Kor. 10, 10 geht hervor, daß die Gegner des Paulus nicht davor zurückschreckten, auch seine körperlichen Eigenschaften zu verspotten. Als Apostel (wenn er wirklich ein solcher sei) könne Paulus als Mißgeburt abgetan werden. Im 1. Korintherbrief geht schon aus 9, 1f. hervor, daß man den apostolischen Status von Paulus in Frage gestellt hatte; die Auseinandersetzung wird in viel schärferer Form im 2. Korintherbrief, besonders in den Kapiteln 10 bis 13, fortgesetzt. In seinem Brief an die Römer (9, 2) spielt Ignatius wahrscheinlich auf diesen Abschnitt an, doch ohne daß er den Begriff *ἔκτρωμα* genau definiert.

Die Erscheinung Christi (9, 1) und die Berufung hatten Paulus zum Apostel gemacht; davon war er überzeugt und nicht wieder abzubringen. Doch versuchte er deswegen nicht, seine Vergangenheit zu verheimlichen. **Denn ich bin der geringste der Apostel** (vgl. Eph. 3, 8; vgl. 1. Tim. 1, 15)**, der ich nicht würdig bin, Apostel genannt zu werden, da ich die Gemeinde Gottes verfolgte** (V. 9). In dieser Aussage bewertet sich Paulus vom Standpunkt Christi, nicht von dem seiner Gegner, aus. Den Gegnern gegenüber besteht er darauf, keineswegs hinter den „Überaposteln" zurückzustehen (2. Kor. 11, 5; 12, 11). Aber wirklich wichtig ist nur das Urteil Christi (vgl. 4, 3f.), und es war die schöpferische Liebe – Gnade (V. 10) – Christi, die Paulus zum Apostel gemacht hatte. Zur Christenverfolgung des Paulus siehe Apg. 8, 1.3; 9, 1–2; 22, 4–5; 26, 9ff.; Gal. 1, 13. Zu *Gemeinde Gottes* siehe 1, 2; vgl. 12, 28. Hier wird kaum die christliche Gemeinde zu Jerusalem gemeint sein, und wir dürfen davon ausgehen, daß das Wort *Gemeinde* hier die ganze Schar der Gläubigen bezeichnet.

Der Hintergrund des Paulus, dem ehemaligen Christenverfolger, stellt deutlich heraus, daß er – wie alle Christen – auf die Güte Gottes angewiesen ist. **Durch die Gnade Gottes bin ich, was ich bin** (V. 10) – nämlich Christ und Apostel. Vgl. Joh. 15, 16. Alle Christen leben unter der Gnade (Röm. 6, 14); und weiter (Paulus benutzt das Wort *Gnade* in mehr als nur einem Sinn, obwohl eine gewisse Grundbedeutung stets vorhanden ist) sind sie alle so mit *Gnade* beschenkt worden, daß die Gabe zur Befähigung für besondere Dienste führt (Röm. 12, 6). Im 1. Korintherbrief hat Paulus sich schon auf die ihm für seine Aufgabe als Apostel verliehene Gnade bezogen (3, 10). Im 2. Korintherbrief (6, 1) fleht er seine Leser an, die Gnade Gottes nicht vergeblich zu empfangen; bei ihm war es nicht der Fall. **Die Gnade, die er mir verlieh, erwies sich nicht als vergeblich.** Dies hätte also wirklich geschehen können; vgl. V. 2: Auch die Korinther hätten *vergeblich* glauben können.

Daß Paulus durch die Gnade Gottes wirklich Christ und wirklich Apostel war, bewies seine Tätigkeit als Apostel. **Ich arbeitete**

reichlicher als sie alle – als alle anderen Apostel. Paulus nennt in 2. Kor. 11, 23–27 weitere Einzelheiten, obwohl er in diesen Versen eher seine Sorgen und Leiden betont; an unserer Stelle denkt er wahrscheinlich mehr an seine größeren Leistungen; seine Kollegen waren bereit, in Gemeinden zu arbeiten, die von anderen gegründet worden waren; er selbst hatte es sich zum Ziel gesetzt, stets neuen Boden zu erobern und das Evangelium denen zu bringen, die noch nicht davon gehört hatten (Röm. 15, 20; 2. Kor. 10, 12–16). Und doch kann er sich deswegen nicht rühmen; denn diese apostolische Tätigkeit ist nichts eigenes, sondern die Gottes: **Obwohl nicht ich es war, sondern die Gnade Gottes, die mit mir ist.** Siehe Fußnote 97, S. 381. *Die Gnade Gottes, die mit mir ist* (oder: *war*) ist Subjekt des nicht ausgedrückten Verbs *arbeitete.*

Die Besprechung der Einzelheiten hat Paulus von seinem Hauptthema weggeführt. Eigentlich wollte er festhalten, daß die Auferstehung Christi ein unverzichtbares Element aller christlichen Verkündigung sei. Jetzt kommt er darauf zurück und faßt zugleich den Absatz zusammen (V. 11): **Ob nun ich es war oder sie** (gemeint sind wohl die anderen Apostel, die bei der Liste der Christuserscheinungen erwähnt wurden; möglicherweise galten sie im gewissen Sinne – auch ungewollt – als Rivalen des Paulus) – **so predigen wir, und so habt ihr geglaubt.** Wir verkündigen alle, daß Christus starb, daß er begraben wurde, daß er auferstand. Es kann kein Christentum geben, wo diese Wahrheiten nicht gepredigt werden. Und – so fügt Paulus hinzu – ihr habt das angenommen. Wenn ihr überhaupt Christen seid, dann seid ihr dem Glauben an die Auferstehung Christi verpflichtet. Nun müßt ihr aber bereit sein, die Konsequenzen dieses Glaubensbekenntnisses zu ziehen.

31. 15, 12–22: Folgerungen aus dem Evangelium

(12) Wenn nun diese Verkündigung Christi geltend macht, daß er auferweckt wurde, wie können einige unter euch sagen, es gebe keine Totenauferstehung? (13) Wenn es keine Totenauferstehung gibt, wurde auch Christus nicht auferweckt; (14) und wenn Christus nicht auferweckt wurde, taugt unsere Predigt nichts, ebenso euer Glaube. (15) Außerdem erweisen wir uns noch als falsche

Zeugen Gottes, denn wir haben von Gott bezeugt, daß er Christus auferweckte, den er aber nicht auferweckt hat, wenn, wie sie sagen, die Toten nicht auferweckt werden. (16) Denn wenn die Toten nicht auferweckt werden, dann ist Christus auch nicht auferweckt worden. (17) Wenn aber Christus nicht auferweckt wurde, dann ist euer Glaube vergeblich, und ihr seid noch in euren Sünden; (18) ja, auch die, die in Christus entschlafen sind, sind dann verlorengegangen. (19) Wenn wir in diesem Leben auf Christus gehofft haben – das und nichts mehr –, dann sind wir die bemitleidenswertesten aller Menschen.

(20) Nun aber ist Christus tatsächlich auferweckt worden, und zwar als Erstling der Entschlafenen. (21) Da nämlich der Tod durch einen Menschen kam, so kam auch die Auferstehung der Toten durch einen Menschen; (22) denn wie in Adam alle sterben, so werden auch in Christus alle lebendig gemacht werden.

Das Fundament für seine weiteren Ausführungen hat Paulus nun gelegt. Die christliche Botschaft an sich enthielt keine Aussagen über die Unsterblichkeit oder die Auferstehung der Christen. Hierin unterschied sie sich von einigen anderen zeitgenössischen „Evangelien“, die in der Hauptsache aus dem Angebot der Unsterblichkeit für den Hörer bestanden. Im christlichen Evangelium bleibt dies ungesagt, was jedoch nicht heißt, daß es nicht aus dem Evangelium gefolgert werden dürfe. Diese Folgerung ist sogar zwingend, weil die Botschaft des Evangeliums von Tod und Auferstehung Jesu Christi ausgeht. Paulus baut nun auf dieser Prämisse auf. **Wenn nun diese** (V. 12; von Paulus und allen anderen christlichen Predigern verkündigte) **Verkündigung Christi geltend macht, daß er auferweckt wurde** (hier und in den nächsten Versen wird das 15, 4 erstmals gebrauchte Perfekt wiederholt; auf eine Wiedergabe in der Übersetzung habe ich verzichtet, weil es Paulus hier um die einmalige Tatsache der Auferweckung Jesu geht)**, wie können einige unter euch sagen, es gebe keine Totenauferstehung?** Vgl. Verse 16.29.32. Wer dieses Kapitel nur überfliegt, könnte vielleicht den Eindruck gewinnen, die Gegner von Paulus seien Materialisten gewesen, die jegliche Vorstellung eines Jenseits ablehnten. So einfach wird die Lage jedoch nicht gewesen sein; hätte es wirklich solche Skeptiker unter den Christen geben können? Nach Schweitzer, *Mystik* (S. 93) vertraten die Gegner von Paulus die Ansicht, nur die bei Jesu Wiederkunft Überlebenden seien zur Teilnahme am messianischen Reich (Gottesreich) bestimmt. Die vor der Wiederkunft Gestorbenen seien verloren. Es kann jedoch sein, daß nur die Auferstehung als Begriff geleugnet wurde, während das Überleben oder die Unsterblichkeit der Seele weiterhin bejaht wurde; so Lietzmann, der sich auf Justin *dial.* 80 beruft: „(Es gibt sogenannte Christen, die nicht als Christen zu akzeptieren sind), die sagen, es gebe keine Totenauferstehung, sondern ihre Seelen werden nach dem Tod in den Himmel aufgenommen." Einige Ausleger sind der Meinung, dies sei auch in Korinth die Situation gewesen, die aber Paulus verkehrt aufgefaßt habe, indem er von der Voraussetzung ausgegangen sei, die Auferstehungsleugner würden jegliches zukünftige Leben abstreiten. Aber ganz so einfach war es wieder nicht (s. Kümmels Kritik an Lietzmann, S. 192f.). Die Juden, wie auch Paulus, kannten nicht nur eine Auferstehungs-, sondern auch eine Unsterblichkeitsüberlieferung. Kümmels Hinweis auf 4, 8 wird wahrscheinlich zutreffen. Die Korinther scheinen geglaubt zu haben, eschatologische Zustände seien schon eingetreten; vgl. 2. Tim. 2, 18, wo es heißt, daß nach Hymenäus und Philetus die Auferstehung schon geschehen sei. Diesen Glauben teilte in gewissem Sinne auch Paulus, denn seiner Ansicht nach waren die Christen mit Christus auferweckt worden (Röm. 6, 5–8; 2. Kor. 5, 15; Gal. 2, 19f.; Kol. 3, 1–4); die Auferstehung Christi war nicht bloß Beleg für die Möglichkeit der Auferstehung überhaupt, sondern Quelle übernatürlichen Lebens. Dennoch hielt Paulus daran fest, daß es eine zukünftige Auferstehung noch geben werde; wie wir im Laufe der folgenden Verse erkennen können, verteidigte Paulus nicht nur den Gedanken einer Auferstehung schlechthin, sondern auch noch die zukünftige Erfüllung dieses Gedankens. Die Vorstellung einer schon geschehenen Auferstehung war also eine echt christliche, nur konnte sie von gnostisch veranlagten Christen einseitig beansprucht und ausgelegt werden. Paulus bestätigt beides, daß es eine Auferstehung gibt, und daß sie in der Zukunft stattfinden wird.

Auf diese Ausführungen folgt nahtlos die nächste Stufe der Argumentation (V. 13 und 14): **Wenn es keine Totenauferstehung gibt, wurde auch Christus nicht auferweckt; und wenn Christus nicht auferweckt wurde, taugt unsere Predigt nichts** (da sie die

Tatsache dieser Auferstehung als wesentlichen Bestandteil hat), **ebenso euer Glaube** (da ihr euch zu dem bekannt habt, was gepredigt wurde). Wörtlich übersetzt werden hier Predigt und Glaube für *leer* (*κενόν, κενή*) erklärt; ohne Auferstehung bleibt nichts mehr übrig. „An einen Toten kann sich der Mensch nicht ergeben, von einem Toten kann er nichts erwarten und nichts empfangen" (Schlatter, S. 405). Siehe auch Vers 17. **Außerdem erweisen wir uns noch als falsche Zeugen Gottes, denn wir haben von Gott bezeugt, daß er Christus auferweckte, den er aber nicht auferweckt hat, wenn, wie sie sagen** („das klassisch gebrauchte *ἄρα*" – BD § 454)**, die Toten nicht auferweckt werden.** Wenn es keine Auferstehung gäbe, wäre die christliche Verkündigung eine Lüge, die als Aussage über Gott höchst schädlich ist. Der nächste Satz ist nach dieser Aussage so gut wie überflüssig, doch möchte Paulus nicht, daß die Gegner seiner Logik ausweichen. **Denn wenn die Toten nicht auferweckt werden, dann ist Christus auch nicht auferweckt worden** (V. 16).

Der nächste Schritt ist der Hinweis darauf, daß es sich hier um mehr als eine rein geschichtliche Aussage handelt, bei der sich der Historiker ganz ohne Absicht irren könnte. **Wenn aber Christus nicht auferweckt wurde, dann ist euer Glaube vergeblich** (V. 17; nicht das gleiche Wort wie in V. 14, sondern *ματαία* – nicht in der Lage also, die Vergebung oder ein zukünftiges Leben zu empfangen)**, und ihr seid noch in euren Sünden; ja, auch die, die in Christus entschlafen sind, sind dann verlorengegangen** (V. 18). Mit anderen Worten: Das Christentum wird durch diese irrige Auffassung der Auferstehung gänzlich vernichtet. Wenn sie stimmt, nützt euch all euer Glauben überhaupt nichts. Und da die Rechtfertigung aus dem Glauben geschieht, wäret ihr dann vor Gott noch in euren Sünden – d. h. er würde euch nach euren Sünden richten. Später (15, 56) argumentiert Paulus, daß die Sünde der Stachel des Todes ist; hier merkt er an, daß ein unnützer Glaube an einen toten Christus niemandem die Vergebung schaffen kann; der Tod behält dann seinen Sieg (vgl. Röm. 6, 23; ebenfalls 4, 25; 5, 10; 6, 10f.). Wie auch Lietzmann anmerkt: „*κοιμηθέντες ἐν Χριστῷ* ist *cum grano salis* gesagt, denn wenn es keinen auferstandenen = erhöhten Christus gibt, ist die ganze Vorstellung des *ἐν Χριστῷ εἶναι* . . . ein Wahn. Korrekt wäre ‚die entschlafen sind in der Einbildung, in Christus zu sein'". Wenn es hingegen tatsächlich möglich ist, in Christus zu sein, dann werden die in ihm Entschlafenen (vgl. 15, 6) ebensowenig wie er selbst tot bleiben. Beim ersten Blick scheint Paulus hier die Wahrhaftigkeit des christlichen Glaubens von der Erforschung der Auferstehung Christi abhängig zu machen; doch kann dies nicht stimmen, denn, wie wir gesehen haben, ist die Auferstehung Christi nur dem Glauben zugänglich. Hier laufen wir natürlich Gefahr, im Kreis zu argumentieren: der Glaube gründe sich auf den Glauben und rechtfertige somit die eigene Existenz. Aber der Glaube, wie er Paulus vorschwebte, war anfechtbar: Er würde durch die Entdekkung des toten Jesus im Grab zerstört werden. Andererseits konnte der Glaube jedoch nicht einfach aufgrund der Entdeckung eines leeren Grabes entstehen.

Der nächste Satz ist für Übersetzer und Ausleger schwer verständlich. **Wenn wir in diesem Leben auf Christus gehofft haben – das und nichts mehr –, dann sind wir die bemitleidenswertesten aller Menschen** (V. 19). (a) *Wir haben gehofft* steht nicht, wie zu erwarten wäre, im Perfekt (*ἠλπίκαμεν*), sondern besteht aus einem Partizip und einer Form des Verbums *sein* (*ἠλπικότες ἐσμέν*). Sogenannte analytische Zeitformen dieser Art kommen im neutestamentlichen Griechisch recht häufig vor, doch kann man nicht immer unterscheiden, ob damit eine echte Zeitform gemeint oder ob das Verb eine einfache Kopula ist, dann steht das Partizip für ein Substantiv. Einige Ausleger möchten hier übersetzen: *Wir sind Männer, die gehofft haben* oder: *Wir sind Hoffende.* (b) Am Ende der Protasis steht das Wort *nur* (*μόνον*), und es ist nicht möglich, festzustellen, auf welches Element des Satzes es sich bezieht. „Nur in diesem Leben" (Moule, S. 170, zögernd; vgl. 2. Baruch 21, 13: „Wenn es nur dieses Leben gäbe, das allen Menschen gemein ist, könnte es nichts Bittereres geben")? Oder: „Wir haben nur gehofft" (M. III, S. 228)? In meiner Übersetzung ließ ich das Wort für den ganzen Satz gelten (so Bachmann und Harris); die Stellung am Ende des Satzes scheint diese Möglichkeit zu rechtfertigen und die unter (a) aufgeworfene Frage mehr oder weniger gegenstandslos zu machen. Wenn „Leben als Christ" nur das Hoffen auf Christus im gegenwärtigen Leben meint, dann ist es eine recht trübe Angelegenheit; dann haben Christen nicht nur ihre Zukunft eingebüßt, sondern auch die Freude, die ihnen das ewige Leben bereits jetzt schenkt. Paulus sagt sogar noch mehr;

sie sind nicht nur bemitleidenswert, sondern *die bemitleidenswertesten aller Menschen*. Vielleicht ist dies rhetorische Übertreibung, lebhafte Schilderung des Schicksals derer, die sich plötzlich auf der gleichen Ebene wie ihre sterblichen Genossen und Mitsünder befinden. Solche Rhetorik wäre durchaus paulinisch und bedeutsam. Doch können wir hier davon ausgehen, daß Paulus genau das meint, was er sagt. Wenn Christus nicht auferweckt wurde, tragen Christen das Todesleiden Jesu an ihrem Leib (2. Kor. 4, 10) ohne jegliche Hoffnung, daß sein Leben auch an ihnen geoffenbart wird. Sie würden also nicht nur Wahnvorstellungen nachgehen, sondern gleichzeitig den Tod auf sich ziehen. Wie Paulus später (15, 32) hinzufügt, wäre es dann besser, zu essen und zu trinken und (7, 31) dieses Leben voll auszunutzen.

Es handelte sich in den letzten Versen um eine unwirkliche Spekulation, die den Leser daran erinnern sollte, wie das Leben ohne Christus aussehen würde. Paulus – und seine Leser in Korinth – wissen, daß es sich mit der Wahrheit anders verhält. **Nun aber** (*νυνὶ δέ*; ganz nach Art des Paulus, Röm. 3, 21) **ist Christus tatsächlich auferweckt worden** (V. 20). Dies behaupten ja auch alle christlichen Verkündiger, denn es kann ohne Bejahung der Auferstehung kein christlicher Glauben entstehen. Und Christus ist nicht allein auferweckt worden, sondern **als Erstling der Entschlafenen** (der Gestorbenen; vgl. V. 18). Zum Ausdruck *Erstling* siehe Röm. 8, 23; 11, 16. Mit anderer Bedeutung wird das Wort auch 1. Kor. 16, 15 gebraucht – siehe Komm.; der Sinn des Ausdrucks erklärt sich anhand von Kol. 1, 18 (Christus ist der Anfang – *ἀρχή*; *Erstling* heißt: *ἀπαρχή* – der Erstgeborene der Toten); vgl. Röm. 8, 29. Wie aus den Römerstellen ersichtlich wird, versteht Paulus dieses Wort – im Einklang mit dem Alten Testament – als erste Abgabe einer Ernte; diese zeigt an, daß später die ganze Ernte dargebracht werden soll. Weil Christus von den Toten auferstanden ist, ist die Auferstehung der übrigen Menschen (oder wenigstens der Menschen, die in Christus Jesus sind, s. unten) gesichert. Der Sinn des Abschnitts ist also klar; nur ist ungewiß, ob sich Paulus hier ausdrücklich auf das Opfer der ersten Erntegarbe (LXX: *ἀπαρχή*) am Tage nach dem Sabbat nach dem Passahfest beruft (Lev. 23, 10 f.) – an diesem Tag ist Jesus nach dem Zeugnis der Evangelien auferstanden. Der Bezug ist wahrscheinlich, und nach Philo wurde dieser Tag als „Erstling" (*ἀπαρχή*) bezeichnet. In *de specialibus legibus* 2, 162 f. erklärt Philo weiter den Gebrauch dieses Namens: „Die jüdische Nation ist für die ganze, bewohnte Erde, was der Priester für den Staat ist." Vielleicht war Paulus eine solche Auslegung des Ritus bekannt (er muß nicht unbedingt Philo gelesen haben), so daß es ihm leichtfiel, das Wort *ἀπαρχή* auf das Verhältnis zwischen Christus und dem Rest der Menschheit zu beziehen. Auf dieses Verhältnis will er in den zwei folgenden Versen eingehen. Wir dürfen dies aber nicht ohne Vorbehalte behaupten; ungewiß bleibt ebenfalls, ob Paulus diese Bildsprache deswegen benutzen konnte, weil er gerade zur Passahzeit schrieb (s. 5, 7 und Einleitung).

Die nächsten beiden Verse sind äußerst bedeutsam, denn sie legen anhand eines doppelten Parallelismus das Verständnis von Paulus über das Verhältnis Christi zur Menschheit dar.

Da nämlich der Tod durch einen Menschen kam,
so kam auch die Auferstehung der Toten durch einen Menschen (V. 21);
Denn wie in Adam alle sterben,
so werden auch in Christus alle lebendig gemacht werden (V. 22).

Die beiden Verse sind zusammen zu besprechen, denn der zweite verdeutlicht den ersten, wie auch der erste herangezogen werden muß, um den zweiten auslegen zu können. In Adam als *Menschen* sterben alle; in Christus als *Menschen* werden alle lebendig gemacht. In diesen beiden Bildern (s. *Adam*) wird die Gesamtgeschichte der Menschheit nicht nur zusammengefaßt, sondern gleichsam aktiviert oder in Bewegung gesetzt. Etwas später im Kapitel (V. 45–49; s. Komm.) wird das Thema wieder aufgegriffen und ausführlicher behandelt. Der Tod kam durch Adam in die Welt (Paulus spricht von Adam als von einer historischen Person), weil Adam durch sein Übertreten des göttlichen Gebots das in Gen. 2, 17 angedrohte Todesurteil auf sich zog. Adams historische Sünde war Anlaß des historischen Auftretens des Todes als Phänomen – denn Adam selbst starb. Dadurch wird jedoch nicht erklärt, inwiefern alle Menschen *in Adam* sterben. Aus Röm. 5, 12 (s. *Romans* z. St.) geht möglicherweise hervor, daß andere wegen ihrer Sünde starben, wie auch Adam wegen seiner Sünde starb. Der Rest von Röm. 5 zeigt jedoch, daß Paulus einen weiteren Gedanken ausführen will: Die Gemeinsamkeit des menschlichen Geschlechts geht soweit, daß die Sünde ihres ersten Vaters die ganze Menschheit zu Sündern machte (Röm. 5, 19); sie wurden jedoch nicht ohne eigene Willensentscheidung zu ethisch bösen Wesen, sondern sie wurden dadurch in eine Gemeinschaft hineingeführt, die als Ganzes Gott entfremdet ist. Hier ist diese Aussage zwar weniger deutlich, doch können wir vom gleichen Argument ausgehen. *Durch einen Menschen* und *in Adam* (Adam ist das hebräische Wort für Mensch), d. h. als Mitglieder des von seiner ursprünglichen, dem Willen Gottes entsprechenden Berufung abgekommenen Menschengeschlechts, ererben alle Menschen den Tod als Schicksal. Wenn wir es so sagen, müssen wir die Historizität Adams nicht in Betracht ziehen (obwohl Paulus daran nicht interessiert gewesen wäre).

Die parallele Aussage über Christus und die Auferstehung ist der ersten ähnlich, unterscheidet sich jedoch von ihr in einigen wichtigen Einzelheiten. Aus dem Parallelismus könnten wir schließen, Paulus wolle die Gewißheit der Auferstehung für alle Menschen behaupten. Dies paßt aber schwerlich zum Kontext, wo – wie überhaupt bei Paulus – die Auferstehung als Vorrecht derer gesehen wird, die zu Christus gehören. Wir können vielleicht annehmen, daß der Wortlaut des Textes durch den Parallelismus beeinflußt worden ist, daß aber Paulus nur die Auferstehung der Christusgläubigen feststellen will; vgl. 1. Thess. 4, 16: „Die in Christus Verstorbenen werden auferstehen". Diese Auslegung leugnet nicht, daß sich vielleicht am Ende alle Menschen als in Christus erweisen werden, was durchaus der Fall sein könnte. Christi Akt der Gnade und Gerechtigkeit, der die Übertretung des Adam übertrifft, wird Röm. 5 geschildert, hier nur vorausgesetzt. Aufgrund dieser Handlungsweise wird die Herrschaftsbestimmung des Menschen über den Tod hinaus wiederhergestellt. Das Todes- bzw. Auferstehungsmuster wird zum Gerüst menschlichen Lebens; vielleicht ist dieses Muster bedeutungsvoller als die ungeprüfte Unschuld und Seligkeit Adams vor dem Sündenfall (vgl. Augustins *felix culpa*). Doch darf man nicht vergessen, daß Paulus sowohl in diesem Brief wie in seinen anderen Schreiben von solchen spricht, die verlorengehen (1,18; 3, 17; 5, 13; 6, 9 ff.; 9, 27; vgl. 10, 12; 11, 30; s. *Romans*, S. 225–228; *Adam*, S. 113–119).

An diesem Punkt wird ein zweiter Unterschied sichtbar. Die Sünde und der Tod, die nach Paulus auf Adam zurückgehen, sind die Beschreibung des erfahrungsmäßigen Zustandes der Menschheit. Darum ist die Frage der Historizität Adams von keinerlei Bedeutung. Daraus geht keinesfalls hervor, daß die Historizität Christi ebenso unwichtig wäre. Die Bedeutung Christi liegt darin, daß er die historische Folge von Sünde und Tod auflöste. Um bildlich zu sprechen, können wir sagen, daß Sünde und Tod das Feld beherrschen; wenn sie vertrieben werden, so durch die Ankunft neuer Truppen, die den Ausgang der Schlacht entscheiden. Es geht also um ein neues Ereignis. Paulus wußte, dieses Ereignis war vor kurzem eingetreten; für ihn war die Geschichtlichkeit des Ereignisses an sich gar nicht problematisch. Somit werden die Evangelien als Geschichtswerke keinesfalls verteidigt; sie müssen in aller Offenheit befragt werden und müssen für sich Rede und Antwort stehen. Aber insofern der zweite Adam oder „himmlische Mensch" mythologisch ist (s. V. 45–49), hat Paulus den Mythos historisiert – nicht nur, weil er sich bewußt war, es in Jesus mit einer historischen Persönlichkeit zu tun zu haben, sondern weil die theologische Argumentation einer solchen historischen Persönlichkeit bedurfte.

Die Beschäftigung mit Adam und Christus als Metaphern entfaltet sich erst in 15, 45–49 (s. aber auch V. 25.27 und Komm.). Erst geht Paulus auf das Thema der Auferstehung aus apokalyptischer Sicht ein, was er ja auch tun muß, wenn er die Zukunftsbezogenheit der Auferstehung beweisen will. Die Verse 23 bis 28 und wieder die Verse 50 bis 57 stellen eine kleine Apokalypse dar, die Paulus möglicherweise übernahm und entzweischnitt, um sie seinen sonstigen praktischen und theologischen Themen anzupassen. Der Übergang ist hier einigermaßen zufriedenstellend, obwohl der Themawechsel hervorsticht. In den Versen 21 f. wird ein Prinzip genannt; in den Versen 23 ff. wird dieses Prinzip chronologisch und folgerichtig ausgearbeitet.

32. 15, 23–28: Christliche Apokalypse (a)

(23) Jeder aber wird nach seinem eigenen Rang lebendig gemacht werden: Christus als Erstling, dann solche bei seiner Ankunft, die Christus gehören. (24) Dann kommt das Ende, wenn er das Reich dem Gott und Vater übergibt, nachdem er zunichte gemacht hat jeden Herrscher und jede Autorität und Kraft. (25) Denn Christus muß fortfahren, in seinem Reich zu herrschen, bis er alle seine Feinde unter seine Füße gelegt haben wird. (26) Der Tod ist der letzte Feind, der vernichtet wird.

(27) Wenn es nun heißt, daß ihm alles unterworfen sein wird, dann offenbar mit Ausnahme dessen, der ihm alles unterwarf. (28) Aber wenn ihm alles unterworfen ist, dann wird auch der Sohn selbst dem unterworfen sein, der ihm alles unterwarf, damit Gott alles in allen sei.

Dieser neue Abschnitt ist sehr eng mit dem vorhergehenden verbunden; der erste Satz weist im Griechischen kein eigenes Verb auf, so daß wir in der Übersetzung das Verb aus V. 22 wiederholen müssen. *In Christus werden alle lebendig gemacht werden.* **Jeder aber wird nach seinem eigenen Rang lebendig gemacht werden** (V. 23). Ich habe mich trotzdem dafür entschieden, an dieser Stelle den Text zu trennen, weil Paulus meiner Meinung nach hier mit einem neuen Thema beginnt. In den Versen 12–22 ging er zuerst von den allgemeinen Prinzipien der Logik, danach von der Grundlage seiner adamitischen Christologie (sie ist nicht so dogmatisch, wie sie anhand dieser Beschreibung erscheint) aus, um die Lehre der Auferstehung der Toten zu bestätigen. Die Lehre einer Auferstehung kann nicht bezweifelt werden, ohne die Auferstehung Christi und dessen Beziehung zu Adam und zur Menschheit in Frage zu stellen. Das adamitische Argument wird in Vers 45 wieder aufgegriffen, aber dazwischen haben wir diesen ersten apokalyptischen Abschnitt (der in V. 50 fortgesetzt wird) und zwei weitere Absätze. Darum wollen wir diesen Abschnitt für sich besprechen.

Was die Christen (jedoch nicht Christus) betrifft, ist die Auferstehung eine Zukunftshoffnung. *Rang* (*τάγμα*) wurde im klassischen Griechisch fast ausschließlich im militärischen Sinn gebraucht; es bezeichnet eine Truppe, über die gemäß der Entscheidung des Befehlshabenden verfügt wird. Im späteren Griechisch (einschl. LXX) wurde die Bedeutung verallgemeinert, so daß das Wort auf fast jede Gruppe von Menschen, ob zum Heer gehörig oder nicht, angewandt wurde. Weitere Bedeutungen kamen hinzu: Ort, Stelle, sogar Verordnung (s. Allo; vgl. 1. Kl. 37, 3; 41, 1 – das gleiche Wort hat bei einem Autor zwei Funktionen). Ich habe die Wiedergabe *Rang* bevorzugt, weil diese etwas von der Zweideutigkeit des griechischen Ausdrucks beibehält; darum habe ich nicht mit *Gruppe, Abteilung* oder *Schar* übersetzt. Es wird von den meisten Auslegern als schwierig empfunden, daß die Übersetzung *jeder ... nach seiner eigenen Gruppe*, die mit der üblichen Bedeutung des Wortes übereinstimmt, über das im nächsten Teil des Satzes Ausgesagte hinauszugehen scheint: **Christus als Erstling, dann solche bei seiner Ankunft, die Christus gehören.** Es handelt sich hier anscheinend zuerst um einen Einzelnen, dann um eine einzige Gruppe. Eine dürftige Erklärung soll hier genügen: Christen dürfen nicht davon ausgehen, daß die Auferstehung schon vorbei ist; zwar ist Christus schon auferstanden (zum Ausdruck *Erstling* s. 15, 20) und die Christen werden auch auferweckt werden, doch nicht zur gleichen Zeit. Diese Schwierigkeit würde sich erübrigen, wenn wir die im Kommentar zu Vers 24 abgelehnte Auslegung jenes Verses annehmen könnten. Dann hätten wir es hier mit drei verschiedenen Gruppen zu tun, die alle zu verschiedenen Zeiten auferweckt werden: Christus, der am dritten Tag auferweckt wurde; Christen, die bei der *Parusie* auferweckt werden; die restlichen Menschen, die zu einem späteren Zeitpunkt auferstehen. Aber in der Tat können wir diese dritte Gruppe in Vers 24 nicht entdecken; die gibt es im griechischen Satz einfach nicht. Die Lösung des Problems finden wir eher in einem Vergleich mit 15, 50–53 und 1. Thess. 4, 15 ff. Paulus unterscheidet zwischen denen, die vor der *Parusie* sterben, und solchen, die bei der *Parusie* noch leben. Diese Unterscheidung liegt in den Versen 23–28 nicht auf der Hand, doch wird sie in dem späteren Teil der gleichen Apokalypse deutlich und darf deshalb hier vorausgesetzt werden. Wir wissen auf alle Fälle, daß Paulus eine solche Unterscheidung befürwortete. Somit verschwindet die Auslegungsschwierigkeit. Christus ist schon auferweckt worden, und zwar als Vorgeschmack und Unterpfand der kommenden Auferstehung. Wenn diese geschieht, werden alle, die zu Christus gehören, *lebendig gemacht werden:* Diejenigen, die schon starben, werden zum Leben auferweckt werden; diejenigen, die noch am Leben sind, werden mit Unsterblichkeit überkleidet werden (15, 53; 2. Kor. 5, 3f.). *Solche, die Christus gehören* (vgl. 3, 23; Gal. 3, 29; 5, 24) sind wohl die Christen; da Paulus sich nicht eingebildet haben wird, bis zur *Parusie* die ganze Welt zu bekehren, sollten wir vielleicht *die Auserwählten* verstehen (wir werden uns noch mit der Naherwartung der *Parusie* zu beschäftigen haben – s. Komm. zu 15, 51f.).

Nach dieser Auslegung erfahren wir hier nichts über das zukünftige Leben derer, die keine Christen sind, und wir müssen uns mit diesem Schweigen zufriedengeben. Auch die anderen Paulusbriefe machen diesbezüglich keine eindeutigen Aussagen. Dieser Fragenkomplex führt jedoch zur Auslegung des nächsten Verses. **Dann kommt das Ende** (*τὸ τέλος*)**, wenn er das Reich dem Gott und Vater übergibt** (V. 24). Wir deuteten schon an, daß einige Ausleger hier gern eine dritte Gruppe von Personen finden möchten, die an der Auferstehung teilhat. Um zu dieser Auffassung zu kommen, muß das Wort *Ende* anders übersetzt werden, und zwar als *Rest:* Erst Christus, dann die Christen, dann (nach dem angeblichen irdischen Gottesreich) der Rest der Menschheit. Es kann nicht behauptet werden, daß die (insbesondere von Lietzmann unternommenen) Versuche, diese Bedeutung des Wortes zu belegen, erfolgreich gewesen wären (vgl. Kümmel, Allo, Héring u. a.). Auch wenn diese Bedeutung des Wortes *τέλος* an den zwei oder drei Stellen, wo sie vorkommen soll, wirklich vorhanden wäre, könnten diese das Gewicht der vielen Stellen, wo das Wort unzweideutig *Ende* bedeutet, nicht ausgleichen. Die Übersetzung *Ende* ist gesichert; es ist besser, das Wort als Substantiv aufzufassen als zu versuchen, ein Adverb daraus zu machen (= *dann, schließlich* ...). „Die allgemeine Totenauferstehung und das auf sie folgende Endgericht über alle Menschen und über die überwundenen Engelwesen führt Paulus in der Aufzählung von 1. Kor. 15, 23–28 nicht an. Dies alles fällt für ihn unter den allgemeinen Begriff des ‚Endes' (*τέλος* 1. Kor. 15, 24) und wird als bekannt vorausgesetzt" (Schweitzer, *Mystik*, S. 69). Dies sagt vielleicht schon zu viel, doch ist die Tendenz richtig.

Es bleiben dennoch Ungewißheiten. In Vers 23 ist die *Parusie* (Wiederkunft) Christi eben erwähnt worden; *dann kommt das*

Ende – aber sofort oder einfach als das nächste bedeutende Ereignis? Wenn Letzteres zuträfe, könnte man hier das in einigen christlichen Apokalypsen vorausgesagte Tausendjährige Reich (s. Offb. 20, 6) unterbringen: Dieses wäre zwischen der *Parusie* und dem Ende aller Dinge einzuordnen. Ein solches *Zwischenreich* wird hier auch von Schweitzer und Lietzmann entdeckt; doch scheint es mir unmöglich, daß Paulus, wenn er wirklich an ein solches Zwischenreich glaubte, es schweigend übergehen würde; das Wort *dann* (εἶτα) kann durchaus *sofort darauf* meinen: Siehe Besprechung bei Davies, S. 291–298. Die *Parusie* Christi und die sie begleitende Auferstehung der Gläubigen führt zum *Ende*, das in der Übergabe des Reiches durch Christus an Gott seinen Höhepunkt hat. *Gott* wird hier als *Gott und Vater* (wohl Jesu Christi selbst) bezeichnet; dieser ganze Abschnitt lehrt eine Unterordnung Christi unter den Vater. Siehe V. 28. In jenem Augenblick wird das Reich Gottes endgültig errichtet. Das apokalyptische Gedankenschema versteht Gott als den rechtmäßigen König des Alls. Auf irgendeine – von Paulus nie näher definierte – Weise ist die Autorität auf böse Gewalten übergegangen, die Gott erst überwinden muß, ehe er wieder die ihm zustehende Herrschaft ausüben kann. Im vor uns liegenden Abschnitt erscheint Christus als während der Zeit des Überwindens Regierender; unter seiner Herrschaft wird ein Feind nach dem anderen vernichtet (s. V. 26). Wenn die Gottesherrschaft ganz und gar wiederhergestellt sein wird, überreicht der Sohn dem Vater das Reich. Aus dem Reich Christi wird das Reich Gottes. Es wird nichts ausgesagt, was uns auf den Gedanken bringen könnte, das Reich Christi spiele sich zwischen der *Parusie* und dem Ende ab; vielmehr gipfelt das Reich Christi in der *Parusie*. In den folgenden Versen wird diese Auffassung bestätigt, denn dort erfahren wir, daß Christus herrschen wird, bis alle seine Feinde überwunden sind. Der letzte Feind, der überwunden wird, ist der Tod. Und die Überwindung des Todes findet zur Zeit der Auferstehung des Gottesvolkes statt (V. 23). Für Paulus ist also Gott ein letzter Begriff, Christus ein vorletzter. Die Schöpfung ist von Gott und durch Christus; die Erlösung ist durch Christus und von Gott (8, 6). Dadurch wird nicht unbedingt ein unterschiedlicher Status vorausgesetzt; es wird zwischen der Rolle und dem Wirken *ad extra* unterschieden. Die einzige andere Stelle im paulinischen

Korpus, wo ein „Reich Christi“ erwähnt wird, finden wir in Kol. 1, 13 – wobei die Frage nach der Echtheit des Kolosserbriefs außer acht gelassen werden muß.

Die nächsten Worte sind schon kommentiert worden. Die Übergabe des Reiches Christi an Gott den Vater findet dann statt, **nachdem er** (Christus; es kann hier nur Christus gemeint sein, denn die beiden Verben *καταργήσῃ* und *παραδιδοῖ* müssen das gleiche Subjekt haben) **zunichte gemacht hat** (vgl. 2, 6) **jeden Herrscher und jede Autorität und Kraft.** Die griechischen Verben (*παραδιδοῖ; καταργήσῃ*) sind in der Zeitform verschieden, so daß eine entsprechende Übersetzung unbedingt gerechtfertigt ist. Der eine Satz beschreibt, was beim *Ende* geschieht, der andere, wann das *Ende* kommen wird. Mit *Herrscher* ist eigentlich ein Abstraktum wiedergegeben worden (*ἀρχή*; vgl. Röm. 8, 38); die Bedeutung wird wahrscheinlich der von *ἄρχων* (2, 6.8) ähneln. In Kap. 2 wird ja auch ausgesagt, daß die Herrschenden zunichte gemacht werden. *Autorität* (*ἐξουσία*) wird auch in Kol. 2, 10.15 in diesem Sinne gebraucht. *Kraft* (*δύναμις*) hat die gleiche Bedeutung wie in Röm. 8, 38. Es ist müßig, zwischen diesen Substantiven unterscheiden zu wollen; sie stehen für die bösen Gewalten (also nicht für gute Engelwesen, die „unter Einstellung ihrer Funktion“ im kommenden Zeitalter „entmachtet“ werden – Barth KD III/3, S. 587f., 598), unter deren Macht die Welt geraten ist. Zur Zeit der Niederschrift des Briefes, mitten im christlichen Missionszeitalter, bestehen also diese Gewalten weiter als Feinde, doch sind ihre Tage gezählt und ihre Niederlage gewiß: **Denn Christus** (V. 25; Griechisch: *er*; wer gemeint ist, ist hier keine Frage) **muß fortfahren, in seinem Reich zu herrschen** (Inf. Präs. von *βασιλεύειν*), **bis er** (hier ist es nicht so deutlich, wer gemeint sein wird) **alle seine Feinde unter seine Füße gelegt haben wird** (gleiche Zeitform wie zunichte gemacht hat, V. 24). Dieser letzte Satz ist Zitat aus Ps. 110, 1:

So spricht der Herr zu meinem Herrn:
Setze dich mir zur Rechten,
Und ich lege dir deine Feinde als Schemel unter die Füße.

Paulus versteht diesen Psalm als Weissagung auf den endgültigen Sieg des Messias (vgl. Mk. 12, 35ff.; Apg. 2, 34f.; zum Gebrauch des Psalmes überhaupt s. F. Hahn, *Christologische Hoheitstitel*, 1964, S. 126–132). Die Form des Zitats weist darauf hin, daß wir Gott als Subjekt des *gelegt haben wird* (ϑῇ) von Vers 25 verstehen sollten; ähnliche Schlußfolgerungen ziehen wir in Vers 28. Mit der Herrschaft des Christus ist also sein Sitzen zur Rechten Gottes gemeint; während dieser Zeit wird ein Feind nach dem anderen ihm unterworfen. **Der Tod ist der letzte Feind, der vernichtet wird** (V. 26). Obwohl die endgültige Niederlage des Todes in der Zukunft liegt, benutzt Paulus hier das Präsens, weil er die Situation in ihrer Gesamtheit überblickt. Wörtlicher könnten wir vielleicht übersetzen: *Der Tod* (wird Subjekt des Satzes sein, weil mit bestimmtem Artikel) *wird als letzter Feind* (prädikativ – ohne Artikel) *vernichtet.* Vgl. 2. Tim. 1, 10, wo allerdings der Sinn anders ist, denn dort steht „vernichtet" in der Vergangenheit und bedeutet eher „entmachtet" als „vernichtet"; danach könnte man argumentieren, daß der Tod nach seiner Niederlage weiter existiert, jedoch nicht als wirksamer Gottesfeind, sondern als Werkzeug Gottes, das er vielleicht gegen solche gebraucht, die er bestrafen will.

Das Zitat aus Ps. 110, 1 führt Paulus (die exegetische Methode heißt *g^e^zerah schawah*; s. *Romans*, S. 89) zu einer ähnlich klingenden Stelle aus Ps. 8, 7 (s. C. H. Dodd, *According to the Scriptures*, 1952, S. 32 f., 120, 122):

Du hast ihm alles zu Füßen gelegt (*ὑπέταξας*).

In den beiden Psalmstellen wird in der griechischen Übersetzung jeweils ein anderes Verb benutzt (in der hebräischen Bibel hingegen das gleiche), aber die Parallelen zwischen beiden Psalmen sind trotzdem auffallend. In Ps. 8 geht es eigentlich nicht um den Messias, sondern um den Menschen oder den „Sohn des Menschen" (Ps. 8, 5). Diesem Menschen wird die ganze Schöpfung unterworfen. Die Begriffe Messias und Mensch können sich also gegenseitig auslegen. Daran müssen wir denken, während wir die weiteren Worte des Paulus betrachten.

Wenn es nun heißt . . . (V. 27). Die Konstruktion (*ὅταν* mit Aor. Konj.) wird hier anders als in V. 24 wiedergegeben. Man könnte ebenfalls übersetzen: *Wenn er nun gesagt haben wird . . .* „Er" wäre dann entweder Gott selbst (der erklärt, daß entweder Christus oder ihm selbst alle Dinge unterworfen worden sind) oder Christus (der erklärt, daß entweder Gott oder ihm selbst alle Dinge unterworfen worden sind – so Bachmann). Wir müssen nicht zwischen diesen verschiedenen Möglichkeiten entscheiden, denn die Fortsetzung macht deutlich, daß Paulus hier die Schrift auslegt und sich darum bemüht, eine mögliche, aus seiner Sicht aber falsche Auslegung der von ihm angeführten Stelle auszuschließen. In der Schrift heißt es also, **daß ihm alles unterworfen sein wird.** Es wird hier nicht ausgesagt, wem alles unterworfen sein wird. Es kann sich um Christus handeln (dem in erster Linie alles unterworfen wird) oder um Gott (an den Christus die Herrschaft übergibt, nachdem ihm alles unterworfen worden ist). Die nächsten Sätze zeigen durch ihre Reihenfolge, daß es sich um Christus handeln wird. In Vers 28 muß *dem ..., der ihm alles unterwarf* die Unterwerfung des Alls unter Christus durch Gott beschreiben; dadurch wird die Bedeutung der Worte aus Vers 27b festgelegt; und dadurch wieder wird die Bedeutung von Vers 27a bestimmt. Paulus erkennt die Erfüllung von Ps. 8 im Vertreter der Menschheit, Jesus Christus. Diesem Jesus Christus wird zwar nicht jetzt, doch in einer gesicherten Zukunft die ganze Schöpfung unterworfen. Die ganze Schöpfung wird ihm unterworfen, mehr nicht: Wenn die Schrift von der Unterwerfung aller Dinge unter den Vertreter der Menschheit spricht (zu diesem Thema s. V. 45–49 unten), **dann offenbar mit Ausnahme dessen** (nämlich Gott)**, der ihm** (nämlich Christus) **alles unterwarf.** Man könnte meinen, es wäre nicht notwendig, diese Ausnahme ausdrücklich zu erwähnen. Paulus will jedoch auf die Aussage des nächsten Verses vorbereiten; nicht Gott ist Christus unterworfen, sondern Christus wird Gott unterworfen; vielleicht glaubten die Korinther (wir haben keine anderen Belege dafür), daß Christus bei seiner Erhöhung zum einen, höchsten Gott wurde. Ob die Korinther dies glaubten oder nicht – auf jeden Fall stimmte es nicht. Der Gehorsam gehörte zur göttlichen Tugend des Sohnes; dieser Gehorsam bleibt in Ewigkeit. **Aber wenn ihm alles unterworfen ist** (V. 28; eigentlich *sein wird*; wiederum *ὅταν* mit Aor. Konj.)**, dann wird auch der Sohn selbst dem unterworfen sein** (M. I, S. 163 bevorzugt die Übersetzung *„wird untertan sein"*, aber wir dürfen hier davon ausgehen, daß wir es hier mit einem echten Passiv zu tun haben, allerdings ohne eine dritte Partei vorauszusetzen, die etwa den Sohn dem Vater unterwirft: Der Sohn unterwirft sich freiwillig)**, der ihm** (Christus) **alles unterwarf, damit Gott alles in allen sei.** Der Sohn ist seitens des Vaters mit einem Auftrag betraut worden. Rebellische Gewalten haben die

Souveränität des Vaters abgelehnt und bis zu einem bestimmten Maß an sich gerissen. Der Sohn hat den Auftrag, diese Souveränität wiederherzustellen, indem er die Gewalten überwindet, die Feinde überwältigt und die erneute Unterordnung der gesamten Schöpfung bewerkstelligt. Diesen Auftrag wird er zu gegebener Zeit ausführen; dabei wird der Tod als letzter zu vernichtender Feind sichtbar werden; nach Vollendung des Auftrags gibt der Sohn die Herrschaft über das All an den Vater zurück. Dieser mythologische Bericht über das Erlösungsgeschehen geht offensichtlich zur entwickelten gnostischen Lehre parallel; mit dem urchristlichen Evangelium von 15, 3–5 hat er aber nichts zu tun, so daß wir wohl annehmen können, Paulus habe die Mythologie aus einer schon bestehenden Quelle übernommen und überarbeitet.

Im letzten Akt des Mythos erkennen wir dessen radikale Christianisierung durch Paulus. An anderer Stelle zeigt er nämlich, daß die Botschaft auf die Demut und die Dienstbereitschaft des Menschensohnes zurückgeht (Phil. 2, 6ff.); diese Eigenschaften werden bis ans Ende beibehalten, da der Sohn sich freiwillig unterordnet (vgl. V. 24; die beiden Verse beziehen sich auf dieselbe Sache). Die Christologie geht an dieser Stelle (vgl. *Adam*, S. 102) auf die stellvertretende Erfüllung des 8. Psalmes durch Christus zurück. Nach diesem Psalm übt der Mensch, der „ein wenig niedriger als Gott" ist, die ihm vorherbestimmte Herrschaft über die Schöpfung aus. Dies stimmt mit dem Schöpfungsbericht (Gen. 1, 28) überein. Aber wenn der Mensch versucht, sich über seine eigentliche Stellung hinaus zu erheben und die Stellung Gottes zu übernehmen, gelangt er nicht in eine höhere, sondern in eine niedrigere Stellung – er verliert diese seine Herrschaft (Gen. 2, 17; 3, 17ff.; Röm. 1, 21ff.; 5, 12–21). Durch den gehorsamen Stellvertreterdienst Christi wird die Herrschaft des Menschen wiederhergestellt, deren Gewißheit aber nur in der unveränderlichen Unterordnung Jesu unter seinen Vater zu erkennen ist. Siehe auch Kommentar zu 15, 45–49 und vgl. O. Cullmann, *Christologie des Neuen Testaments*, Tübingen, 1957, S. 300: „Hier liegt der Schlüssel für alle neutestamentliche Christologie. Vom Sohn zu sprechen, hat überhaupt nur einen Sinn im Hinblick auf das Offenbarungshandeln Gottes, nicht auf das Sein Gottes. Gerade deshalb aber sind in diesem Handeln Vater und Sohn wirklich eins.

Wie vom Logos, so können wir jetzt auch vom ‚Gottessohn' sagen: Er ist Gott, insofern Gott sich im Heilsgeschehen offenbart."

Das Endziel wird genannt: **Damit Gott alles in allen sei.** Dies müssen wir im Hinblick auf Röm. 11, 36; 1. Kor. 15, 54–57 „soteriologisch, nicht metaphysisch" (Bachmann; vgl. Knox, *Gentiles*, S. 128) verstehen. Christus wird nicht zusammen mit der Menschheit in Gott aufgenommen, so daß er die eigene Identität verliert. Vielmehr wird Gott allein in seiner Eigenschaft als reine Güte ohne Herausforderung herrschen.

An diesem Punkt hätte Paulus das Kapitel beenden können. Aber (vgl. 14, 5) er hat noch mehr Argumente für die Korinther bereit, die so töricht sind, die Totenauferstehung zu leugnen.

33. 15, 29–34: Argumente ad hominem *für und über die Auferstehung*

(29) Wenn es keine Auferstehung gibt, was werden jene tun, die sich um der Toten willen taufen lassen? Wenn die Toten überhaupt nicht auferweckt werden, was lassen sie sich um ihretwillen taufen? (30) Warum schweben auch wir jede Stunde in Gefahr? (31) So wahr ihr in Christus Jesus, unserem Herrn, mein Ruhm seid, Brüder, täglich sterbe ich. (32) Wenn ich aus rein menschlichen Überlegungen in Ephesus mit wilden Tieren kämpfte, was nützt es mir? Wenn die Toten nicht auferweckt werden, so „laßt uns essen und trinken, denn morgen sterben wir."

(33) Laßt euch nicht irreführen! „Schlechter Umgang verdirbt gute Sitten." (34) Erwacht richtig zu einem nüchternen Leben und hört auf, zu sündigen; denn was einige haben, ist Unkenntnis Gottes. Dies sage ich, um euch zu beschämen.

Mit Vers 28 schloß Paulus den ersten Teil seiner Argumentation über die Zugehörigkeit der Auferstehung zum christlichen Glauben. Er stellte fest, daß die Auferstehung eschatologisch zu verstehen ist. Sie gehört zur Absicht Gottes mit der Menschheit. Zwar bringt der Glaube an eine Totenauferstehung Probleme mit sich, doch werden diese in V. 35 explizit betrachtet. Die Besprechung der Schwierigkeiten führt – nach einer wichtigen christologischen Aussage, Verse 45 ff. – zu einer weiteren apokalyptischen

Ausführung über die Hoffnung der Christen. Ehe er sich jedoch mit diesen weiteren Punkten befaßt, sieht Paulus noch weitere Möglichkeiten, die Tatsache zu beweisen, daß sich christliche Existenz nur im Hinblick auf die Zukunft verstehen läßt. Er argumentiert auf der Grundlage der christlichen Sakramente, der christlichen Leiden und der christlichen Ethik.

Zuerst lädt Paulus seine Leser dazu ein, eine Praktik zu betrachten, die ihnen bestimmt genauso bekannt war, wie sie uns rätselhaft bleibt. **Wenn es keine Auferstehung gibt** (V. 29; *ἐπεί*, „da sonst"; vgl. 5, 10; 7, 14)**, was werden jene tun, die sich um der Toten willen taufen lassen? Wenn die Toten überhaupt** (*ὅλως*) **nicht auferweckt werden, was** (*τί καί* – betont; BD § 442; ist es vorstellbar, daß sie überhaupt einen Grund angeben können?) **lassen sie sich um ihretwillen taufen?** *Was werden jene tun?* kann in zwei verschiedene Richtungen gedeutet werden: (a) Was erreichen sie durch diese Handlungsweise? (b) Was werden sie als nächstes tun, wenn sie entdecken, daß diejenigen, um derentwillen sie sich taufen ließen, in der Tat tot, vernichtet sind, da es keine zukünftige Auferstehung gibt? (a) und (b) schließen sich nicht gegenseitig aus, so daß man vielleicht umschreiben könnte: „Werden nicht diese Menschen ziemlich dumm dastehen, wenn es offenbar wird, daß es keine Totenauferstehung gibt und daß ihre Mühe vergeblich war?" Da das Wort *taufen* nicht weiter erläutert wird, müssen wir davon ausgehen, daß es hier seinen üblichen paulinischen Sinn hat. Richtig ist, daß Paulus von einer Taufe in den Tod (Röm. 6, 3) spricht; doch wird dadurch Schlatters Ansicht nicht bestätigt, daß es sich bei den „Getauften" um Christen (und besonders Apostel) gehandelt habe, die gestorben seien, um den Toten ein Zeugnis zu sein. Es geht hier vielmehr in erster Linie um die christliche Taufe. Einige Menschen (*οἱ βαπτιζόμενοι* meint eine bestimmte Gruppe von Christen, nicht alle Christen schlechthin) lassen sich unter anscheinend sehr seltsamen Umständen taufen. Sie werden *um der Toten willen* getauft. Darauf folgt ganz natürlich der zweite Teil des Verses: Wenn die Toten tot sind und darum nicht wieder zum Leben auferweckt werden, hat es keinen Zweck, sich um ihretwillen sich taufen zu lassen oder auch sonst irgend etwas zu unternehmen. Aber was hatte es mit der Praxis der Taufe um der Toten willen auf sich? Konnte Paulus eine solche Praxis billigen? Die Geschichte der

Deutung dieses Verses bei M. Rissi, *Die Taufe für die Toten* (Abh. z. Theol. d. A. u. N. T. 42), 1962.

Sehr unwahrscheinlich ist, daß man zum Adjektiv *tot* (νεκρός) ein Substantiv wie *Werke* (vgl. Heb. 6, 1) ergänzen sollte. In diesem Kapitel sowie allgemein bei Paulus sind die „Toten" tote Menschen. Ebenso unwahrscheinlich ist die Annahme, man solle die Präposition *um . . . willen* (ὑπέρ) lokal verstehen: Eine Taufe *über* den Toten, d. h. über ihren Gräbern. Am verbreitesten findet die Ansicht Zustimmung, Paulus habe sich hier auf eine Art stellvertretender Taufe bezogen, bei der ein Christ sich anstatt eines ungetauft verstorbenen Freundes oder Verwandten taufen ließ. Es gibt Belege für eine solche stellvertretende Taufe bei verschiedenen Sekten. Lietzmann zitiert hierzu Chrysostomos, der von den Markioniten berichtet: „Wenn unter ihnen ein Katechumene stirbt, verstecken sie einen Lebendigen unter dem Bett des Verstorbenen, nähern sich dann dem Toten, sprechen ihn an und fragen ihn, ob er die Taufe empfangen möchte; wenn er dann keine Antwort gibt, sagt derjenige, der unter seinem Bett versteckt ist, an seiner Statt, daß er getauft zu werden wünscht, und also taufen sie ihn anstelle des Verstorbenen." Parallelen aus der Welt der hellenistischen Religionen lassen sich zwar erbringen, sie können jedoch kaum überzeugen (s. Schweitzer, *Mystik*, S. 276f.). Stauffer legt großen Wert auf die vermeintliche Parallele 2. Makk. 12, 40–45. Doch haben wir außer im 1. Korintherbrief keine Belege dafür, daß eine solche Praxis schon in den 50er Jahren des ersten christlichen Jahrhunderts bekannt war. Allerdings wird unsere Stelle dadurch nicht unmöglich, denn in Korinth gingen einige seltsame Dinge vor sich. Aber kann Paulus diese Praxis bejaht haben? Es wird oft und zu Recht darauf hingewiesen, daß er hier weder Billigung noch Mißbilligung ausspricht, und man könnte vielleicht mit der Annahme Recht haben, er argumentiere hier *ad hominem:* Wenn die Korinther bei dieser Praxis bleiben, zerstören sie die eigenen Argumente gegen die Auferstehung. Doch muß als wahrscheinlich gelten, daß Paulus eine Praxis, die er nicht befürworten konnte, nicht ohne Tadel erwähnt hätte. Ausleger, die diese Voraussetzung bejahen, kommen zu der Schlußfolgerung, Paulus könne hier die stellvertretende Taufe doch nicht gemeint haben – oder er betrachte die ganze Sache als harmlos, zumal er selber die Taufe als beinahe magischen Ritus (*ex opere operato*) aufgefaßt habe. In neuerer Zeit will M. Raeder, Artikel „Vikariatstaufe in 1. Kor. 15, 29?" (ZNTW, Jg. 1955, S. 258 ff.), daß das *ὑπέρ* mit dem Genitiv in finalem Sinn zu deuten sei; es wäre hier das *ὑπέρ* der „Abzweckung" zu sehen (BD § 231[2]). Danach wären also die Toten verstorbene Christen; die getauft werden, sind Bekehrte, die das Christentum annehmen, damit sie bei der Auferstehung mit ihren Verstorbenen wieder vereinigt werden können. Nun ist diese Auslegung zwar möglich, doch muß zugegeben werden, daß die Präposition nur sehr selten in diesem Sinne gebraucht wird; es ist schwerlich einzusehen, warum sich Paulus hier so ausgedrückt hätte, wenn er dieses gemeint hätte. Aus dem Kontext können wir keinerlei Begründung für die Ansicht Schweitzers (*Mystik*, S. 276 ff.) ableiten, die Totentaufe ziele darauf ab, eine Auferstehung der Verstorbenen am Anfang statt erst am Ende des messianischen Reiches zu bewirken (vgl. Komm. zu 15, 24). Auch Bachmanns Auslegung (*ὑπὲρ τῶν νεκρῶν* wäre also dann als Breviloquenz = „für sich als die künftig Toten" zu verstehen) läßt zu wünschen übrig.

Die Idee einer stellvertretenden Taufe (der Taufe also, von der nach dem natürlichen Verständnis der Worte des Paulus hier die Rede sein muß) wird normalerweise mit einer sakramentalistischen (andere würden sagen: magischen) Auffassung der Taufe in Verbindung gebracht. Nach dieser Auffassung ist das Untertauchen in Wasser an sich so wirksam, daß es (scheinbar) unwichtig ist, welcher Körper untergetaucht wird. Bereits das Untertauchen eines lebendigen Menschen könne für einen Toten (zumindest für einen toten Katechumenen) Segen erwirken. Paulus war jedoch nicht dieser Auffassung. Er selbst widmete der Taufe keine große Aufmerksamkeit (1, 14–17). Obwohl es wahrscheinlich ist, daß die meisten Christen getauft wurden, die zu Gemeinden gehörten, die von Paulus gegründet wurden, ist es doch möglich, daß einige der korinthischen Christen nicht getauft worden waren. Auch wenn wir (gegen Rissi) keinen Grund haben, an eine Epidemie oder einen Unfall zu denken, so können eine Anzahl Christen in Korinth ungetauft gestorben sein. Diese Menschen zu Christen zu machen, stellte keine Frage dar; Christen waren sie auch dann, wenn sie ungetauft geblieben waren. Aber die Taufe beinhaltet eine mächtige Proklamation des Todes und der Auferstehung, so daß es in diesem Zusammenhang vorstellbar wäre, daß ein solcher

Ritus der Totentaufe u. U. von Paulus nicht ausdrücklich mißbilligt werden würde, wobei aber betont werden muß, daß er keine Schritte unternahm, um die Korinther darin zu ermutigen. Vielleicht ist eine solche Taufe für die Toten nur ein einziges Mal praktiziert worden. Auf jeden Fall wäre sie wirklich sinnlos, wenn die Toten nicht in der Tat auferweckt werden.

Und welchen Sinn hätte es dann für Paulus, sich den Gefahren eines apostolischen Dienstes auszusetzen? **Warum schweben auch wir** (V. 30; das *καί* gehört ausschließlich zu *wir*, nicht zum ganzen Satz) **jede Stunde in Gefahr?** Wie auch immer die in Vers 29 erwähnte Taufe gestaltet war, sie proklamierte den Tod und die Auferstehung. Es ging Paulus um andere Formen, die gleichen Wahrheiten zu verkündigen; die Schwierigkeiten, die er dabei auf sich nahm, faßte er nicht lange nach Niederschrift des 1. Korintherbriefs in 2. Kor. 11, 23ff. zusammen. Sogar der Tod ist als Beschreibung dieser Schwierigkeiten kaum zu hoch gegriffen. **So wahr ihr in Christus Jesus, unserem Herrn, mein Ruhm seid, Brüder** (vgl. 1, 1; allerdings müßte man hier aufgrund der Textkritik das Wort *Brüder* wahrscheinlich streichen)**, täglich sterbe ich**(V. 31). Diese starke Beteuerung (eingeleitet durch die Partikel *νή*, nach der üblicherweise der Name eines Gottes oder einer Göttin folgte, und die in der griechischen Bibel sonst nur in Gen. 42, 15f. vorkommen) wird nicht so sehr durch die Gewalt der Sprache hervorgerufen (Paulus benutzt ähnliche Ausdrücke an anderer Stelle ohne solche Formeln: z.B. 4, 9–13) als durch den Wunsch des Paulus, die Korinther sollten das Los eines wahren Apostels wirklich begreifen und es im richtigen Zusammenhang sehen. Paulus hat seinen Ruhm an den Korinthern, weil sie sich bekehrt haben, weil sie aus der heidnischen Welt heraus für Christus gewonnen werden konnten. Für diese Bekehrung lohnt es sich, oftmals zu sterben. Paulus rühmt sich nicht mit einer menschlichen Leistung, sondern rühmt sich vielmehr des Herrn (1, 31) – dessen, was der Herr getan hat. Paulus spricht allerdings häufig in dieser Weise von den Menschen, die er für Christus gewonnen hat: vgl. z. B. Phil. 4, 1.

Es folgt ein besonderes Beispiel für das Erdulden von Leid und Gefahr im Lichte der Auferstehungshoffnung. Die Umstände werden in Ephesus und wahrscheinlich auch in Korinth bekannt gewesen sein; uns sind sie allerdings nicht bekannt, so daß wir des

Lichtes neuer Entdeckungen bedürfen, wenn wir sie verstehen sollen. **Wenn ich aus rein menschlichen Überlegungen in Ephesus mit wilden Tieren kämpfte, was nützt es mir?** (V. 32). Nicht nur die historischen Umstände, auch die Grammatik läßt sich nur unvollkommen begreifen. *Aus rein menschlichen Überlegungen* ist die Übersetzung des Ausdrucks (*κατὰ ἄνθρωπον*), der in 3, 3 („in Übereinstimmung mit menschlichen Maßstäben"); 9, 8 („mit... menschlicher Autorität"); Röm. 3, 5 („... menschliche Argumente"); Gal. 1, 11; 3, 15 benutzt wird. Er kann also eine menschliche Redewendung oder Erfahrung bezeichnen, die eine theologische Wahrheit illustriert; des öfteren bezeichnet er jedoch ein menschliches Vorurteil oder einen menschlichen Maßstab, das oder den Paulus verwirft. In diesem letzteren Sinn wird er hier gebraucht sein; der Ausdruck steht aus Betonungsgründen am Anfang der Protasis. Der Konditionalsatz (ohne *ἄν* in der Apodosis) scheint einfacher Art zu sein: Wenn ich dies tat, so folgt das. Jedoch ist es nicht unmöglich, daß in der Protasis eine unerfüllte Bedingung gemeint sein könnte: Wenn ich gekämpft hätte, was würde ...? Eigentlich bildet der ganze Satz eine Zwischenform, denn die eine Bedingung wurde erfüllt (Paulus kämpfte tatsächlich mit den wilden Tieren), die andere hingegen nicht (er tat dies nicht aus rein menschlichen Überlegungen).

Wir müssen uns aber noch mit der Frage beschäftigen: Was meinte Paulus, als er schrieb: *Ich kämpfte mit wilden Tieren?* Es ist schwerlich vorstellbar, daß dieses Wort (*θηριομαχεῖν*) hier wörtlich gemeint sein könnte. Trotz der apokryphen Märtyrergeschichten konnten nicht einmal Apostel den Tierkampf überleben; außerdem hätte Paulus, wenn er zum Tierkampf verurteilt worden wäre, sein römisches Bürgerrecht verloren; nach Apg. 22, 25 usw. blieb er jedoch im Besitz dieses Bürgerrechts und machte es mehr als einmal geltend. Die Leidensaufzählung in 2. Kor. 11, 23 ff. ist ausführlich und geht auf alle Einzelheiten ein, doch werden dort keine wilden Tiere erwähnt; und ist es denkbar, daß Lukas, wenn er etwas von einem Kampf mit wilden Tieren gewußt hätte, dies nicht in der Apostelgeschichte berichtet hätte? – Das Wort konnte aber bildlich gebraucht werden, so z. B. Ignatius (möglicherweise in Nachahmung des Paulus, den er bewunderte; Ignatius hatte den 1. Kor. gelesen) IgRöm. 5, 1: Von Syrien bis Rom, auf dem Land und auf dem Meer kämpfe ich mit wilden Tieren ($\vartheta\eta\varrho\iota o\mu\alpha\chi\tilde{\omega}$) ..., indem ich an zehn Leoparden gebunden bin, mit denen ich eine Abordnung von Soldaten bezeichne. Wahrscheinlich gebraucht Paulus das Wort ebenfalls in übertragenem Sinn; die Bildlichkeit des Ausdrucks mindert die Realität und Ernsthaftigkeit der Gefahr und der Härte nicht im geringsten. Vgl. 4, 9. Vielleicht liegt hier eine Anspielung auf den Tumult, Apg. 19, 23–40, vor; dies bleibt zwar ungewiß, doch muß Paulus in Lebensgefahr gestanden haben, sonst wäre die Anspielung im Zusammenhang unverständlich (so Weiß). Vgl. Röm. 16, 4.

Was auch immer gemeint sein mag: Wenn Paulus allein aus menschlicher Kraft und menschlicher Hoffnung diese Schwierigkeiten erduldet hätte, hätte er keinen Nutzen davon gehabt. Nur die christliche Auferstehungshoffnung verleiht einem solchen Erleben einen Sinn, verspricht für ein solches Erleben eine Belohnung.

Es ist argumentiert worden, daß die Worte *„in Ephesus“* nicht in Ephesus selbst geschrieben worden sein können. Dies leuchtet jedoch keinesfalls ein.

Paulus setzt seine Ausführungen fort: Wenn wir die christliche Zukunftshoffnung leugnen, berauben wir den Menschen nicht nur seiner Motivation zum Durchhalten im Leid, sondern auch seiner moralischen Maßstäbe. **Wenn die Toten nicht auferweckt werden, so „laßt uns essen und trinken, denn morgen sterben wir.“** Das Zitat entstammt wörtlich Jes. 22, 13, obwohl der Kontext bei Jesaja ein ganz anderer ist. Noch passendere Zitate entdeckt man in literarischen und nicht-literarischen, heidnischen Quellen. A. Deißmann, *Licht vom Osten*, 4. Aufl., 1923, S. 251, gibt ein Epigramm der Kaiserzeit aus Kos wieder, in dem der tote Chrysogonos den Vorübergehenden anredet: „Der Chrysogon heißt, liegt hier, der Nymphen Verehrer. Jeglichem Waller er sagt: ‚Trinke! Du siehst ja den Tod (*πεῖνε, βλέπις τὸ τέλος*)!‘“ Wenn mit dem Tod alles aus ist, bleibt uns nichts anderes übrig als der gegenwärtige Genuß. Nicht alle Auferstehungsleugner würden diese Schlußfolgerung aus ihrer Prämisse ziehen; Paulus weist auf die Logik einer derartigen Schlußfolgerung hin. Vielleicht gab es einige in Korinth, die danach lebten.

Aber eine solche moralische Unbekümmertheit, aus welcher Quelle sie auch stamme, wie anziehend sie auch sei, hat mit dem Christentum nichts gemein. **Laßt euch nicht irreführen** (wie 6, 9).

„Schlechter Umgang verdirbt gute Sitten“ (V. 33; möglicherweise könnte man hier übersetzen: ... verdirbt den guten *Charakter*). Dieses Zitat stammt nicht aus dem AT, sondern aus Menanders verlorenem Lustspiel *„Thais“*. Es handelt sich hier um das einzige nicht-biblische Zitat in den echten Paulusbriefen; vgl. Apg. 17, 28 (nach Aratus) und Titus 1, 12 (nach Epimenides). Vollkommen überflüssig ist die Annahme, Paulus habe Menanders Lustspiel gelesen oder gesehen; wie auch andere Zitate nach Menander war dieses zum Sprichwort geworden (und wenn Paulus das Zitat erkannt hätte, hätte er elidiert und *χρήσθ' ὁμιλίαι*, nicht *χρηστὰ ὁμιλίαι* geschrieben, obwohl zur neutestamentlichen Zeit die Elision eher gesprochen als geschrieben wurde: s. M. I, S. 45; M. II, S. 61, 63; Robertson, S. 207; BD § 17). Das christliche Verhalten der Korinther wird verdorben werden, wenn sie mit denen Umgang pflegen, die die Auferstehungshoffnung nicht teilen und dementsprechend auch leben. Paulus hatte den Korinthern schon deutlich gemacht (5, 10), daß er es nicht von ihnen verlangte, gänzlich die Welt zu verlassen; er hatte grundsätzlich ihrem Wunsch zugestimmt, zusammen mit ihren heidnischen Freunden Feste zu feiern (10, 27); doch war es eine ganz andere Sache, wenn sie absichtlich den Umgang mit Menschen verwerflicher Moral suchten. Und vielleicht war dieser schlechte Umgang, wie Héring vorschlägt, sogar innerhalb der Gemeinde möglich.

Der Rest des Briefes gibt zu verstehen, daß die Korinther in dieser Hinsicht keinesfalls ohne Schuld waren; dies wird schon durch die folgende scharfe Ermahnung bestätigt (V. 34): **Erwacht richtig** (*δικαίως*; nicht *gerecht* – s. Kümmel) **zu einem nüchternen Leben und hört auf, zu sündigen.** Der erste Imperativ von Paulus kann nur mit mehreren deutschen Worten übersetzt werden. Das Wort hat die Grundbedeutung: Sich nach einem Trinkgelage ausschlafen; aber der hier verwendete Aorist deutet auf die Vollendung des Vorgangs und die darauffolgende Nüchternheit hin. Der zweite Imperativ (mit negativer Partikel *μή*) ist im Präsens und weist also auf die Beendigung einer Handlungsweise hin, mit der schon begonnen worden ist. Paulus sieht gefährliche Tendenzen im Leben seiner Gemeinde. Er erkennt deren Ursachen. Wir kamen schon zur Schlußfolgerung, es habe in der korinthischen Gemeinde eine Art primitiver Gnosis gegeben (vgl. 1, 5; 8, 1; 13, 2.8 und *„Christianity at Corinth“*); oder wenn wir noch nicht von einer regelrechten Gnosis sprechen können, dann wenigstens davon, daß eine Anzahl Christen behaupteten, durch ihre Erkenntnis ihr Verhalten, z. B. im Hinblick auf das Essen von Götzenopferfleisch, zu regeln (8, 1–13). Aber wenn ihre Erkenntnis zur moralischen Gleichgültigkeit (V. 32) führt, haben sie sich irreführen lassen. **Denn was einige haben** (Paulus möchte hier keine Namen nennen; das würde nur die Unruhe in der Gemeinde und die Beschämung der Einzelnen unnötig steigern)**, ist** nicht Erkenntnis (*γνῶσις*), sondern **Unkenntnis** (*ἀγνωσία*) **Gottes.** Vgl. Mk. 12, 24. Wir haben hier also einen handfesten Beleg für die Existenz einer Gruppe von Christen in Korinth, die von sich behaupteten, eine besondere Gotteserkenntnis zu besitzen. Paulus glaubte, diese besondere (vermeintliche) Erkenntnis würde unvermeidlich zu bedauerlichen moralischen und ethischen Konsequenzen führen – wenn diese nicht schon eingetreten waren. Solche Spekulation geziemt sich für Christen nicht. **Dies sage ich, um euch zu beschämen.** Der Kontrast zu 4, 14 macht deutlich, wie ernst es Paulus in dieser Sache gewesen sein muß; vgl. aber 6, 5.

34. 15, 35–49: Das alte und das neue Menschsein

(35) Aber es wird jemand sagen: Wie werden die Toten auferweckt? Mit was für einem Leib kommen sie? (36) Narr! Was du selbst säst, wird nur lebendig gemacht, wenn es zuvor stirbt. (37) Und was du säst, ist nicht der zukünftige Leib, sondern ein bloßes Samenkorn, von Weizen etwa oder irgendeinem anderen Gewächs. (38) Es ist aber Gott, der ihm einen Leib gibt, und dies tut er, wie er selbst beschlossen hat, und jedem Samen gibt er seinen eigenen Leib. (39) Nicht jede Art von Fleisch ist dasselbe Fleisch, sondern eine Art ist für die Menschen, eine andere für die Tiere, eine andere für die Vögel, eine andere für die Fische. (40) Es gibt auch himmlische Leiber und irdische Leiber; aber die Herrlichkeit der himmlischen ist anders als die der irdischen. (41) Es gibt eine Herrlichkeit für die Sonne, eine andere für den Mond, eine andere für die Sterne; ja, ein Stern unterscheidet sich vom anderen durch die Herrlichkeit. (42) Genauso ist es auch mit der Auferstehung der Toten. Das Säen findet in Vergänglichkeit

statt, die Auferweckung in Unvergänglichkeit; (43) das Säen findet in Unehre statt, die Auferweckung in Herrlichkeit; das Säen findet in Schwäche statt, die Auferweckung in Kraft. (44) Es wird gesät ein natürlicher Leib, es wird auferweckt ein geistlicher Leib.

Wenn es einen natürlichen Leib gibt, so gibt es auch einen geistlichen. (45) Und so steht geschrieben: Der erste Mensch, Adam, wurde zu einer lebendigen Seele. Der letzte Adam wurde zu einem lebenspendenden Geist. (46) Nur kommt der geistliche Leib nicht zuerst, sondern der natürliche; danach der geistliche. (47) Der erste Mensch stammte von der Erde und war aus Staub gemacht; der zweite Mensch kommt vom Himmel[98]. (48) Dem einen Menschen aus Staub entsprechen auch die Menschen, die aus Staub sind; und dem himmlischen Menschen entsprechen die himmlischen Menschen. (49) Und wie wir das Bild des Menschen aus Staub getragen haben, so werden wir auch das Bild des himmlischen Menschen tragen[99].

Im vorigen Abschnitt schweifte Paulus ab, obwohl der Bezug zum Thema erhalten blieb. Er führte *ad-hominem*-Argumente für die Lehre der Auferstehung an und ging dann zu einer ethischen Ermahnung über, da man bei Ablehnung der Auferstehungslehre mit negativen moralischen Konsequenzen zu rechnen habe. Aber diese Lehre ist noch nicht völlig ausgelegt oder angemessen begründet worden, und im neuen Abschnitt wendet sich Paulus diesen Punkten zu. Die Fragen des Verses 35 sind angesichts des *„Du Narr“* (V. 36) als Einwände zu verstehen, die eine *reductio ad absurdum* der paulinischen Lehre durchführen wollen. Aber Paulus benutzt sie nun selbst, um seine Ausführungen weiterzuführen.

Aber es wird jemand (wohl kaum eine Redewendung; s. 15, 12) **sagen** (V. 35; zu dieser Formel s. Röm. 9, 19; 11, 19; es handelt sich um den lebhaften Stil der Diatribe)**: Wie werden die Toten auferweckt?** Zur Besprechung dieser Frage bei den Anhängern Hillels und Schammais siehe SB Bd. 3, S. 473 f. **Mit was für einem Leib kommen sie?** Es wäre möglich, diese Frage anders zu formulieren: „Was für einen Leib werden sie haben?“ (Einheitsübersetzung). Jedoch denkt Paulus aller Wahrscheinlichkeit nach an ein echtes *Kommen*, und zwar aus den Gräbern heraus, mit Christus. Vielleicht reden Paulus und sein Gegendisputant hier aneinander vorbei (vgl. 6, 13), so daß Paulus diesen mißversteht. Der Gegner ist der Meinung, Paulus lehre eine Auferstehung des natürlichen Leibes, so daß eine Frage über die Art des Leibes die Lehre sofort in einen üblen Ruf bringen würde. Aber das lehrt Paulus eben nicht, und die Frage kann ihn deswegen nicht beunruhigen. Ein ähnliches Gespräch findet sich in Apk. Bar. 50; 51. Die Antwort des Apostels erinnert den Gegner daran, daß die Natur mit Veränderungen und Vielfalt erfüllt ist. **Narr!** Zu dieser Bezeichnung vgl. Ps. 14, 1. **Was du selbst säst, wird nur lebendig gemacht, wenn es zuvor stirbt** (V. 36). Dasselbe Argument wird in Joh. 12, 24 (im Hinblick auf Christus selbst) gebracht; und an einigen Synoptikerstellen (z. B. Mk. 4, 30 ff.) wird an einen ähnlichen Vorgang gedacht. Paulus will anhand des Bildes nicht die Notwendigkeit des Todes aufzeigen; vielmehr unterstreicht er die Realität der Verwandlung über den Tod hinaus durch die Wiederbelebung. **Und was du säst, ist nicht der zukünftige Leib** (V. 37; d. h. die reife Ernte)**, sondern ein bloßes Samenkorn, von Weizen etwa oder irgendeinem anderen Gewächs** (wörtlich: *oder irgendeines anderen*). Es ist nicht notwendig, das Bild eingehender auszuführen; Säen, Keimen, Sprossen ist bei allen Samenarten die Reihenfolge. Der Mensch sät den Samen, die Pflanze kann er nicht herstellen. **Es ist aber Gott, der ihm** (V. 38; dem gesäten Samenkorn) **einen Leib** (nach der Analogie einen „Pflanzenleib") **gibt, und dies tut er** (Zusatz zum griechischen Text)**, wie er selbst beschlossen hat** (seine Wahl wird nicht durch den menschlichen Akt des Säens bestimmt)**, und jedem Samen gibt er** (*gibt er* fehlt im griechischen Text) **seinen eigenen Leib.** Paulus bewegt sich in diesem Vers von einer Analogie zur anderen. Zuerst sagt er, daß der Tod, obwohl nicht unser Ziel, eine Veränderung mit sich bringt; zweitens fügt er hinzu, daß das Wort *Leib* nicht immer das gleiche bedeutet: Es gibt viele verschiedene Arten von *Leibern*, und Gott selbst hat sie zu verschiedenen Zwecken nach seinem Willen geschaffen und eingesetzt. Die Aussage von Paulus erinnert an die Antwort des Rabbiners Meir (*Sanhedrin* 90 b) auf die Frage: „Wenn die Toten auferstehen, werden sie nackt oder bekleidet sein?" Er antwortete: „Vom Weizenkorn kann man *a minori ad maius* (qal waḥomer) schließen. Wenn das Weizenkorn, das nackt in die Erde gelegt wird, mit wer weiß wie vielen Kleidern aufwächst, wieviel mehr gilt das den Gerechten, die mit ihrer Kleidung begraben werden!" Siehe weiter bei Davies, S. 305 ff.

Paulus geht nun weiter auf seine zweite Analogie ein, obwohl er jetzt nicht mehr das Wort *Leib*, sondern *Fleisch* (statt *σῶμα*, *σάρξ*) benutzt; vielleicht ist dieser Übergang angesichts der theologischen Bedeutung des Wortes *Fleisch* in den anderen paulinischen Schriften etwas unglücklich (s. *Romans*, S. 155–162). In der Natur hat Gott eine Vielfalt geschaffen; also: Es **ist nicht jede Art von Fleisch dasselbe Fleisch, sondern eine Art ist für die Menschen, eine andere für die Tiere, eine andere für die Vögel, eine andere für die Fische** (V. 39). Dies ist reine Physiologie (ob korrekt oder nicht, sie war im Judentum gängig; s. SB Bd. 3, S. 475 f.) und hat für die Theologie nur den Wert einer Analogie. Und nun kehrt Paulus zum Wort *Leib* zurück, um zwischen himmlischen und irdischen Leibern zu unterscheiden. **Es gibt auch himmlische Leiber und irdische Leiber** (V. 40). Die irdischen sind eben erwähnt worden: Menschen, Tiere, Vögel, Fische. Die *himmlischen Leiber* sind *Himmelskörper* (s. Einheitsübersetzung). Die Sterne werden als lichtspendende lebendige Wesen aufgefaßt. (Vielleicht hielt sie Paulus für Wesen aus einer Lichtsubstanz). **Aber die Herrlichkeit der himmlischen ist anders als die der irdischen.** Lietzmann wendet hier ein: „Zu *ἡ τῶν ἐπιγείων* ist nach mechanischer Syntax *δόξα* zu ergänzen, aber uneigentlich zu verstehen, denn die Erdenleiber haben keine *δόξα*, sondern *σάρξ*." Vielmehr sollten wir sagen, daß die Herrlichkeit der irdischen Leiber nicht offenbar ist, wie die der himmlischen im Lichtglanz. Aber auch unter den Himmelskörpern gibt es Unterschiede (und gerade die Unterschiede will Paulus hier herausstellen). **Es gibt eine Herrlichkeit für die Sonne, eine andere für den Mond, eine andere für die Sterne** (V. 41). Paulus meint, sie leuchten nicht alle mit gleicher Intensität. **Ja** (*γάρ* kann hier unmöglich *denn* bedeuten)**, ein Stern unterscheidet sich vom anderen durch die Herrlichkeit** (den Lichtglanz).

In der natürlichen Schöpfungsordnung herrscht also die Vielfalt. Auch die Auferstehung des *Leibes* muß im Lichte dieser Tatsache verstanden werden; und da dies jetzt festgestellt worden ist, kann Paulus einen Schritt weitergehen. **Genauso ist es auch mit der Auferstehung der Toten** (V. 42). Auferstehung bedeutet Verwandlung. Dies wird in einer Reihe antithetischer Parallelismen (s. BD § 490) zum Ausdruck gebracht; müßig ist die Suche nach einem poetischen Ursprung für diese Satzpaare, die sich ganz natürlich auch als Prosa verstehen lassen. **Das Säen findet in Vergänglichkeit statt** (oder: *Es wird ... gesät*; die Verben *σπείρεται* und *ἐγείρεται* müssen in den Versen 42 f. als unpersönliche Passivformen aufgefaßt werden – so Allo)**, die Auferweckung in Unvergänglichkeit.** Paulus meint hier nicht nur, daß der im Grab liegende Leib dem Vorgang der Verwesung unterliegt, obwohl dies natürlich stimmt und die Wahrheit am deutlichsten zum Ausdruck bringt. *Vergänglichkeit* ist aber eine bösartige Macht, von der die Welt im früheren Zeitalter beherrscht wurde (Röm. 8, 21). Sie beeinflußt nicht nur das menschliche Leben, sondern auch die ganze Schöpfung. Ihre Herrschaft wird im kommenden Zeitalter, an dessen Anfang die Auferstehung stattfindet, beendet. Also geht es Paulus hier nicht nur um die Tatsache, daß wir einen neuen, unvergänglichen Leib empfangen werden, sondern auch darum, daß dieser neue Leib dem neuen Zeitalter angemessen sein wird, in dem Gott, nachdem er seine Herrschaft wiederhergestellt hat, *alles in allen sein wird* (V. 28). Die nächsten beiden Sätze kommen einer Beschreibung der Verwandlung des Leibes am nächsten: **Das Säen findet in Unehre statt, die Auferweckung in Herrlichkeit; das Säen findet in Schwäche statt, die Auferwekkung in Kraft** (V. 43). *Kraft* (*δύναμις*) ist oft ein eschatologischer Begriff – vgl. Mk. 9, 1. Das nächste Argument ist der Kontrast zwischen den beiden Arten von Leib. **Es wird gesät ein natürlicher Leib, es wird auferweckt ein geistlicher Leib** (V. 44). Was Paulus eigentlich unter *natürlich* (*ψυχικός*) und *geistlich* (*πνευματικός*) versteht, muß hier erörtert werden. Siehe W. D. Davies, S. 182 ff. Die deutschen Adjektive können die griechischen Begriffe nur unvollkommen wiedergeben. Mit *natürlich* übersetzen wir ein Adjektiv, das mit dem griechischen Substantiv *Seele* (*ψυχή*), das auch *Leben* bedeuten kann, verwandt ist. Es beschreibt den von der Seele belebten Leib, mit dem der Mensch während seines Lebens in diesem Zeitalter bekleidet ist (vgl. Bultmann, *Theologie*, S. 204 f.). Das Adjektiv *geistlich* beschreibt nicht einen höheren Aspekt menschlichen Lebens. Das Substantiv *Geist* (*πνεῦμα*), auf das das Adjektiv zurückgeht, ist Benennung des Geistes Gottes; der *geistliche Leib* ist der neue, vom Geist Gottes belebte Leib, mit dem der gleiche Mensch im zukünftigen Zeitalter bekleidet und ausgerüstet sein wird. Dieses zukünftige Zeitalter erreicht er durch den Tod hindurch, wenn er vor der

Parusie stirbt. Vgl. 2. Kor. 5, 1. Das gleiche, geschichtliche Ich (Kümmel, S. 195; s. auch M. E. Dahl, *The Resurrection of the Body*, 1962) wird hintereinander mit zwei verschiedenen Arten von Leib bekleidet. Daß es diese zwei verschiedenen Arten von Leib gibt, sollte niemanden überraschen, der die Verse 38–41 aufmerksam gelesen hat, aber Paulus untermauert sein Argument mit mehr als naturalistischen Argumenten und Apriorischlüssen. Vgl. Phil. 3, 21.

Wenn es einen natürlichen Leib gibt, so gibt es auch einen geistlichen. Von dieser These hängt die Gültigkeit des Argumentes von Paulus ab, das die Unmöglichkeit der einfachen Wiederbelebung von Leichen annimmt. Hier beantwortet Paulus die Frage von Vers 35, und zwar mit den gleichen Voraussetzungen, wie sie derjenige hatte, der die Frage zuerst stellte. Dieser Skeptiker hatte gefragt, mit was für einem Leib die Toten auferstehen werden; hinter der Frage lag die Aussage, die Wiederbelebung des irdischen Leibes sei eine Absurdität, die er nicht hinnehmen könne. Paulus antwortet: Die Toten werden eine andere Art Leib erhalten, und denkt dabei nicht an irgendeinen universalen Auferstehungsleib Christi, sondern an Leiber, mit denen die einzelnen Auferstandenen erscheinen werden. Zwar ist ihre Auferstehung vollkommen von der Auferstehung Christi abhängig, doch behalten sie ihre eigene Individualität (Whiteley, S. 192 f.). Doch ist es notwendig, das Argument mit Christus zu beginnen; und um Christus im richtigen Zusammenhang zu sehen, muß man auf die Schöpfungsgeschichte zurückgreifen. Zu den nächsten Versen siehe W. D. Davies, S. 43–57. **Und so steht geschrieben: Der erste Mensch, Adam, wurde zu einer lebendigen Seele** (V. 45). Dieses Zitat aus Gen. 2, 7 wird durch zwei Worte ergänzt: einmal durch das Adjektiv *erste*, das Paulus darum hinzufügt, weil er nachher von einem *letzten* Adam sprechen will, und zum anderen durch den Eigennamen *Adam*, den Paulus hinzufügt, weil er ein Gegenüber zu *Christus* braucht. (Christus will er ohnehin als den *letzten Adam* beschreiben.) *Seele* (ψυχή) ist das Substantiv, von dem sich das Adjektiv *natürlich* (ψυχικός) ableitete (s. oben zu V. 44), und es ist diese Verbindung, die Paulus dazu bewegt, das Zitat gerade an dieser Stelle einzufügen. Adam, der gemeinsame Vorfahr des Menschengeschlechts, hatte einen *natürlichen Leib*. Eine solche Leiblichkeit gehört ja zum Wesen des Menschseins, in

Übereinstimmung mit unser aller Erfahrung. Aber – und darin liegt die Kraft der Argumentation in diesem Abschnitt – die Rede vom *ersten Menschen* erinnert unvermeidlich an die Tatsache der Existenz einer ähnlichen, vergleichbaren Gestalt. Seine Existenz muß Paulus hier nicht beweisen, denn im Judentum und möglicherweise darüber hinaus wurde sie allgemein anerkannt. Die vielfältigen Spekulationen über die Existenz eines Urmenschen, eines archetypischen Menschen, eines himmlischen Menschen, die wir in einem Kommentar dieser Größenordnung nicht zusammenfassen können, waren – was kaum überrascht – sehr unterschiedlich. Eine einheitliche Vorstellung konnte nur da entstehen, wo die Spekulationen anhand einer historischen Gestalt gedeutet und verdeutlicht werden konnten. Wahrscheinlich werden also viele der jüdischen Zeitgenossen des Apostels, wenn auch nicht so viele seiner korinthischen Leser, nach der Erwähnung des Adam aus Gen. 1–3 sofort an einen anderen Adam gedacht haben. Und von daher ist es ganz natürlich, wenn Paulus seinem alttestamentlichen Zitat die Worte hinzufügt: **Der letzte Adam wurde zu einem lebenspendenden Geist.** Für Paulus erhält der Begriff eines neuen Menschen durch die Auferstehung konkrete Gestalt. Nach seiner Auferstehung wurde Jesus durch den Geist zum Sohn Gottes in Kraft (Röm. 1, 4). Die Auferstehung ist mit dem Geist gleichzusetzen, und der Geist ist für Paulus sowie für die biblischen Autoren im allgemeinen nicht nur eine lebendige, sondern auch eine lebenspendende Kraft (vgl. Joh. 6, 63). Es gibt eine Analogie zwischen Christus und Adam (wie auch der Name *letzter Adam* zeigt), aber sie ist derart, daß sie nicht nur Parallelen, sondern auch Gegensätze hervorbringt (s. Röm. 5, 15–19 und *Romans* z. St.). Wir werden auf die christologischen Folgen dieser Aussage noch zu sprechen kommen; im unmittelbaren Zusammenhang geht es um einen Beweis der Realität der zwei Arten von Leib; wie *lebendige Seele* auf den *natürlichen Leib* hinweist, so auch der *lebenspendende Geist* auf den *geistlichen Leib*. Von einem Sündenfall Adams ist hier nicht die Rede (Bultmann, *Theologie*, S. 177).

An die oben herausgearbeitete Verbindung muß gedacht werden, wenn wir zum nächsten Vers übergehen, wo die Adjektive *natürlich* und *geistlich* ohne Substantive aber im Neutrum gebraucht werden. Wir haben also nicht *Mensch* (*ἄνθρωπος*, Mask.), sondern *Leib* (*σῶμα*, Neutr.) zu ergänzen. **Nur kommt**

der geistliche Leib nicht zuerst, sondern der natürliche; danach der geistliche (V. 46). Paulus hält seinen Blick immer noch auf das Hauptziel seiner Argumentation gerichtet. Die Lehre der Auferstehung ist deswegen akzeptabel, weil es zwei Arten von Leib gibt: einen natürlichen und einen geistlichen Leib. Die Tatsache, daß es einen ersten Menschen und einen letzten Adam gibt, ist der Beweis hierfür. Wichtig ist aber die Reihenfolge, die wir am besten erklären können, wenn wir (mit O. Cullmann, *Christologie des Neuen Testaments*, 1957, S. 171 ff.) voraussetzen, daß Paulus mit einer Exegese wie der Philos vertraut war. Philo (*Legum allegoriae* 1, 31: „Es gibt zwei Arten von Menschen; die eine ist ein himmlischer Mensch, die andere ein irdischer" – usw.) erkannte in den beiden Schöpfungsberichten in Gen. 1, 27 und 2, 7 eine Bezugnahme auf zwei verschiedene Menschen: (a) auf einen himmlischen Urmenschen, der etwa der platonischen Idee des Menschen entspräche; und (b) auf den historischen, aus dem Staub der Erde geschaffenen Adam. Dieses dualistische Menschenbild konnte Philo in seiner philosophischen Neuinterpretation des Judentums verwerten. Zwar besitzen wir keinerlei Hinweise darauf, daß Paulus Philo gelesen hatte, aber es ist ebenso ungewiß, daß nur Philo diese Auslegung von Gen. 1 und 2 vertrat. Paulus kannte diese Auslegung wohl, bestritt allerdings, daß sie die Beziehung der beiden Menschen zueinander und die zwei Arten von Leib, die sie darstellen, richtig schilderte. Der himmlische Mensch mit seinem geistlichen Leib war kein platonisches Menschheitsmuster, sondern eher eine eschatologische Gestalt (V. 47). Auch für den Rest der Menschheit gehört der geistliche Leib, der nach dem Bild des himmlischen Menschen geschaffen wird, der eschatologischen Zukunft an (V. 49) und hängt nicht vom eigentlichen Wesen der Natur, sondern von einem freien Gnadenakt Gottes ab. Weitere Vergleiche zwischen Paulus und Philo bei Bachmann, S. 467.

Paulus kommt auf die beiden Menschen, Adam und Christus, zurück, weil sie nicht nur die zwei Arten von Leib verdeutlichen, die für sein Argument so wichtig sind, sondern sie ermöglichen es ihm gleichzeitig, den Erlösungsakt zu erläutern, kraft dessen allein die Menschen den geistlichen Leib und das Leben des zukünftigen Zeitalters erhalten können. **Der erste Mensch stammte von der Erde und war aus Staub gemacht** (V. 47). Hier haben wir es mit einer einfachen, sich an die LXX anlehnende Umschreibung von Gen. 2, 7 zu tun. **Der zweite Mensch kommt vom Himmel.** Im griechischen Text stehen in diesen beiden Sätzen keine Verben; die in unserer Übersetzung benutzten Verben bieten sich vom Zusammenhang her an, wobei für den ersten Satz eine Vergangenheitsform angebracht zu sein scheint. Vielleicht sollten wir den zweiten Satz als Futurum lesen: *Der zweite Mensch wird vom Himmel kommen.* Aber dieser Gedanke wird auch durch das Präsens ausgedrückt, das nicht nur Bewegung, sondern auch den Gedanken des Ursprungs zum Tragen kommen läßt. Von welchem Menschen aber kann man sagen, er komme vom Himmel? Hier denkt Paulus wahrscheinlich an die Vision (Dan. 7, 13) von einem, der eines Menschen Sohn gleich war und auf den Wolken des Himmels kam. Was auch immer diese Vision ursprünglich bedeutet haben mag, zur Zeit von Paulus wurde sie auf einen himmlischen Menschen gedeutet, der im Himmel lebte oder aus dem Himmel erscheinen sollte. So 1. Hen. 46, 1 ff.:

> „Und dort (im Himmel) sah ich Einen, der ein Haupt der Tage hatte, und sein Haupt war weiß wie Wolle, und mit ihm war ein anderes Wesen, dessen Antlitz die Erscheinung eines Mannes war, und sein Antlitz war voller Gnade, wie einer der heilgen Engel. Und ich fragte den Engel, der mit mir ging und mir all die verborgenen Dinge zeigte, wer dieser Menschensohn sei und woher er komme und warum er mit dem Haupt der Tage gehe. Und er antwortete mir und sprach: Dies ist der Sohn des Menschen, der Gerechtigkeit hat."

Siehe ebenfalls 4. Esra 13, 1 ff.:

> „Und es geschah nach sieben Tagen, daß mir des Nachts ein Traum träumte; und ich sah, und siehe! es entstand ein gewaltiger Wind vom Meer her, der die Wogen hochpeitschte. Und ich sah, und siehe! der Wind ließ aus dem Herzen des Meeres einen heraufkommen, der wie ein Mensch war. Und ich sah, und siehe! dieser Mann flog mit den Wolken des Himmels."

Wir müssen uns hier nicht mit der Frage beschäftigen, ob das Judentum diese Gestalt schon mit der des Messias gleichgestellt hatte; auf jeden Fall identifizierte sie Paulus mit Jesus Christus, dem Messias. (Zu den Lesarten s. Fußnote 98, S. 419.) Es gehört hier nicht zur Argumentation des Apostels zu sagen, daß der himmlische Mensch schon in der Form eines irdischen Menschen gekommen sei; aber seine Behandlung des Themas vom Kreuz macht seine hohe Einschätzung der Wichtigkeit des Lebens und besonders des Todes Jesu unverkennbar. Er drängt hier vorwärts zur zukünftigen Erscheinung Jesu als des Menschen, der der Herr ist, nachdem er die Herrschaft wiederhergestellt hat, die ursprünglich dem Menschen gehörte (Gen. 1, 28; Ps. 8, 6). Diese Wiederherstellung bewirkte Jesus durch den demütigen Gehorsam, den Gott auch für den Menschen bestimmt hatte. Zum zukünftigen Kommen Jesu siehe 15, 23; 1. Thess. 4, 16; 2. Thess. 1, 7. Bei diesem Kommen findet die Auferstehung und die Vollendung der Erlösung statt (Röm. 8, 23).

Paulus geht hier nur nebenbei auf die Christologie ein. Er verliert sein Hauptthema, die Rechtfertigung der Auferstehungslehre, nie aus dem Blick. Keiner der beiden Menschen, von denen die Rede war, war einfach Einzelmensch für sich. Jeder von ihnen war ein *Adam*, ein Stellvertreter-Mensch; und was jeder war, wurden auch andere. **Dem einen Menschen aus Staub entsprechen** (V. 48; das Wort *einen* fehlt im griechischen Text, wird aber in die Übersetzung zur Verdeutlichung des Kontrastes eingefügt; es handelt sich bei diesem um den ersten Adam – Gen. 2, 7) **auch die Menschen, die aus Staub sind; und dem himmlischen Menschen entsprechen** (dem Menschen also, der aus dem Himmel kommt, V. 47 – nicht dem ϑεῖος ἀνήϱ – gegen Betz, S. 102) **die himmlischen Menschen.** Das Gedankengut dieses Verses ist nicht so kompliziert, wie es einem vielleicht zuerst erscheinen mag. Man muß in Erinnerung behalten, daß es Paulus in diesem ganzen Absatz um *Leiber* geht. Es gibt mehr als nur eine Art Leib, denn es gibt natürliche und geistliche Leiber. Alle Nachkommen von Adam sind wie er aus Staub gemacht und haben daher natürliche, aus Staub gemachte Leiber, die durch eine *Seele* (ψυχή) belebt sind. Aber die Existenz eines anderen Adam, der einen geistlichen Leib hat, deutet auf die Existenz eines anderen Menschengeschlechts mit geistlichen Leibern hin. Der geistliche Leib wird – sowohl im Falle von Christus persönlich als im Falle der restlichen Menschheit – bei der Auferstehung empfangen; nur ist diese Auferstehung für Christus schon etwas Vergangenes, für alle anderen Menschen hingegen ist sie noch etwas Zukünftiges. Es geht in diesem Vers also nicht um ethische Werte; er sagt nicht aus, daß die Christen eine moralische Christusähnlichkeit erleben werden (wiewohl dies durchaus wahr sein mag); die Aussage geht einfach dahin, daß die Christen bei der Auferstehung ihren natürlichen Leib gegen einen geistlichen (vgl. Phil. 3, 21) austauschen werden – und so zu einem Geschlecht himmlischer Menschen werden. Zum Parallelismus in V. 48 siehe V. 42ff.

Im nächsten Vers wird die gleiche Sache noch einmal unterstrichen. **Und wie wir das Bild des Menschen aus Staub getragen haben** (V. 49; die Vergangenheitsform deutet nicht auf ein Bekehrungserlebnis, denn wir tragen dieses Bild immer noch)**, so werden wir auch das Bild des himmlischen Menschen tragen** (vgl. Fußnote 99, S. 419; die Kopisten, welche hier die Form *laßt uns tragen* einsetzten, gingen – wie Calvin feststellt – davon aus, daß Paulus hier nicht *pura doctrina,* sondern eine Ermahnung weitergibt). Paulus spricht hier nicht vom Ebenbild Gottes (vgl. 11, 7). Zum Ebenbild des ersten Adam siehe Gen. 5, 3 (LXX): Adam lebte 230 Jahre und zeugte (einen Sohn) ihm gleich (*ἰδέα*) und in seinem Bilde (*εἰκών*). Seth war wie sein Vater; er gehörte zur gleichen Wesensordnung. Auch wir haben diese Art von vergänglichem Leib – bis zur Auferstehung. Dann, also in der Zukunft, *werden wir* ein anderes Bild *tragen*, nämlich das des himmlischen Menschen, dessen Leib geistlich ist. Die Wurzeln des paulinischen Gedankens sind in Gen. 1, 26f. zu finden, obwohl Paulus vorher den bei Philo anzutreffenden Gedanken eines nach dem Bild Gottes geschaffenen Urmenschen abgelehnt hatte. Er wird wahrscheinlich von der Idee beeinflußt sein, die Weisheit habe im Ebenbild Gottes existiert (Weish. 7, 26). Im wesentlichen sagt dieser Vers das gleiche aus wie Röm. 8, 29; Phil. 3, 21.

35. 15, 50–58: Christliche Apokalypse (b)

(50) Das sage ich euch, Brüder: Lebende Menschen können Gottes Reich nicht ererben, noch erbt die Vergänglichkeit durch den Tod die Unvergänglichkeit. (51) Siehe, ich sage euch ein Geheimnis. Wir werden nicht alle entschlafen, doch werden wir alle verwandelt werden[100], (52) in einem Nu, in einem Augenblick[101], bei der letzten Posaune. Denn die Posaune wird erschallen, und die

Toten werden in einem Zustand der Unvergänglichkeit auferweckt werden, und wir werden verwandelt werden. (53) Denn dieser vergängliche Leib muß die Unvergänglichkeit anziehen, und dieser sterbliche Leib muß die Unsterblichkeit anziehen. (54) Wenn aber dieser vergängliche Leib die Unvergänglichkeit angezogen haben wird, und wenn dieser sterbliche Leib die Unsterblichkeit angezogen haben wird, dann wird das geschriebene Wort erfüllt sein: Der Tod ist verschlungen in den Sieg. (55) Wo, o Tod, ist dein Sieg? Wo, o Tod, ist dein Stachel? (56) Der Stachel des Todes ist in der Tat die Sünde, und die Kraft der Sünde ist das Gesetz; (57) aber Dank sei Gott, der uns durch unseren Herrn Jesus Christus den Sieg gibt.

(58) Daher, meine lieben Brüder, seid fest, nicht wankend, nehmt zu im Werk des Herrn allezeit, da ihr wißt, daß euer Mühen im Herrn nicht vergeblich ist.

Nun will Paulus die Argumentation dieses langen Kapitels zum Abschluß bringen. Er verteidigt die These, daß es eine leibliche Auferstehung geben wird. Diese Lehre kann nicht dadurch für absurd erklärt werden, daß man die Unvorstellbarkeit der Wiederbelebung einer unzähligen Menge von Leichen hervorhebt; denn die Auferstehung wird von einer Verwandlung begleitet. Das Säen findet mit einem *natürlichen Leib* statt, die Auferstehung jedoch mit einem *geistlichen Leib* (V. 44). Absurd ist jedoch die Position der Gegner, denn (15, 14.32 f.) Glaube und Ethik sind ohne Auferstehungshoffnung sinnlos. Letztlich wird die zukünftige Auferstehung der Christen dadurch glaubhaft, daß Christus selbst auferstand; nicht nur weil die Auferstehung Christi eine Art Präzedenzfall ist, sondern weil Christus als himmlischer Mensch Ursprung und Haupt einer neuen Menschheit ist, wie auch der erste Adam Ursprung und Haupt der alten Menschheit war. Allerdings wird sich dieser Tatbestand erst in der Zukunft offenbaren (vgl. Röm. 8, 19). Die den Christen durch Glauben und Taufe geschenkten Erlebnisse stellen keine Vorwegnahme der Auferstehung oder der Verwandlung des Leibes dar.

Das sage ich euch, Brüder (V. 50; s. 1, 1). Ähnlich faßt Paulus in 7, 29 zusammen. **Lebende Menschen** (wörtlich: *Fleisch und Blut*) **können Gottes Reich nicht ererben, noch erbt die Vergänglichkeit durch den Tod** (*durch den Tod* fehlt im griechischen Text)

die Unvergänglichkeit. Die Bedeutung dieses Verses wurde im einzelnen von J. Jeremias dargestellt (s. NTS II, S. 151–159). Das semitische Wortpaar „Fleisch und Blut" wird nur benutzt, um lebende Menschen zu bezeichnen. Beide Ausdrücke schließen eine Bezugnahme auf Tote aus. In der zweiten Hälfte des Parallelismus wird das Substantiv *Vergänglichkeit* als Abstraktum statt eines Konkretum gebraucht und bedeutet: verwesende Leichen. Die beiden Zeilen dieses 50. Verses stellen also den Gegensatz zwischen lebenden Menschen einerseits und verwesenden Leichen andererseits heraus. Mit anderen Worten: Die erste Zeile bezieht sich auf solche, die bei der *Parusie* noch leben, die zweite auf solche, die vor der *Parusie* schon starben. Die Parallele ist also nicht synonym, sondern synthetisch. Vers 50 bedeutet: Weder die Lebendigen noch die Toten können, so wie sie sind, am Reiche Gottes teilhaben (so nach Jeremias).

Dies stimmt völlig mit dem überein, was bisher über die zwei verschiedenen Arten von Leibern gesagt wurde: Für die Auferstehung wird eine neue Art von Leib notwendig sein. Es stimmt ebenfalls mit der in den nächsten Versen festgehaltenen Unterscheidung zwischen solchen, die bis zur *Parusie* leben, und solchen, die vorher schon sterben, überein. Der Vers hat aber in der Hauptsache eine negative Bedeutung. Paulus will hier keine Unvereinbarkeit zwischen *Fleisch* und dem *Reich Gottes* lehren, sondern nur, daß sowohl Lebende als auch Tote eine Verwandlung erleben müssen, durch die sie mit einem neuen Leib ausgestattet werden.

An dieser Stelle fängt Paulus an, speziell in der Sprache der Apokalypsen zu sprechen, indem er beschreibt, was beim *Telos* geschehen wird (vgl. 15, 23–28). Dieses apokalyptische Material wird mit großer Feierlichkeit eingeführt (V. 51): **Siehe, ich sage euch ein Geheimnis.** Das Wörtchen *siehe* (*ἰδού*) benutzt Paulus nicht oft; damit betont er das, was er gerade sagen will: 2. Kor. 5, 17; 6, 2.9; 7, 11; 12, 14; Gal. 1, 20; sonst nur im Zitat Röm. 9, 33. Zum Ausdruck *Geheimnis* siehe Röm. 11, 25, wo er eine geheime Wahrheit bezeichnet, die zuerst Paulus persönlich geoffenbart wird, die aber anschließend von ihm gepredigt wird. Inhalt dieser Wahrheit ist ein Ereignis der Endzeit. Sonst wird im 1. Korintherbrief das Wort etwas anders gebraucht (13, 2; 14, 2), obwohl seine Bedeutung in 2, 1.7; 4, 1 der von diesem Vers ähnelt, denn auch das Evangelium ist ein Geheimnis, weil es eine eschatologische Wahrheit darstellt. Der Unterschied zu diesen Versen liegt darin, daß das hier erwähnte Geheimnis kein wesentlicher Schlüssel zum Verständnis des Evangeliums ist. Die Ereignisse der letzten Tage dürfen wir getrost den Händen Gottes überlassen. Wir sind nicht besser daran, wenn wir wissen, was geschehen wird – es sei denn, wir werden dadurch demütiger (Röm. 11, 25).

Wir werden nicht alle entschlafen, doch werden wir alle verwandelt werden. Nach Robertson, S. 753, muß der erste Teil des Satzes (*πάντες οὐ κοιμηθησόμεθα*) so übersetzt werden: „Keiner wird entschlafen." Andere Grammatiker jedoch (Moule, S. 168; BD § 433; M. III, S. 287) und die meisten Kommentatoren sind sich darin einig, daß diese Worte angesichts des Zusammenhangs den Sinn haben müssen: „Nicht wir alle werden entschlafen" – so als hätte Paulus geschrieben: *οὐ πάντες κοιμηθησόμεθα*; als Vergleichsstelle nennt Schlatter 2. Kor. 7, 3, wo *πρὸς κατάκρισιν οὐ λέγω* vermutlich nicht das Reden, sondern den Zweck der Rede verneinen soll. Nicht alle werden also das Entschlafen erfahren, die Verwandlung hingegen erleben alle. Schlafen oder *Entschlafen* ist bei Paulus Synonym für den Tod (vgl. 15, 6), und er meint hier, daß nicht alle Christen (darum 1. Pers. Plur.) sterben werden, da einige bis zur *Parusie* Christi leben werden. Diese, wie auch die folgenden Verse im einzelnen ausführen, werden direkt die Verwandlung erleben, die Toten hingegen werden mit einem anderen Leib auferstehen, was einer ähnlichen Verwandlung gleichkommt. Ehe wir zum nächsten Vers übergehen, sollten wir anmerken, daß V. 51 in verschiedenen Lesarten überliefert worden ist. Die folgenden Alternativen sind erwähnenswert: (a) Wir werden nicht alle entschlafen, aber wir werden nicht alle verwandelt werden (P^{46}). Diese Lesart ist wahrscheinlich durch unachtsames Wiederholen der Partikel entstanden. (b) Wir werden alle entschlafen, doch werden wir nicht alle verwandelt werden (א A C G 33). Die für diese Lesart Verantwortlichen hatten nicht begriffen, daß Paulus die *Parusie* noch zu seinen eigenen Lebzeiten erwartete. (c) Wir werden alle auferstehen, doch werden wir nicht alle verwandelt werden (D* lat Markion). Diese Lesart führt einen neuen Gedanken ein, um den es Paulus hier gar nicht geht, nämlich das Schicksal der Verlorenen. Wir dürfen zuversichtlich davon ausgehen, daß der hier übersetzte Text der richtige ist; die Lesarten beweisen nur, daß wir nicht die ersten sind, die den Gedanken des Apostels schwierig finden. Aber aus V. 50 geht hervor, daß sowohl für Tote als auch für Überlebende eine Art Verwandlung nötig ist, wenn sie das Reich Gottes ererben sollen.

Diese Verwandlung wird, wenn der Augenblick da ist, sofort geschehen, **in einem Nu** (V. 52; *ἄτομον*, bezeichnet im Volksmunde eine unteilbare Einheit der Zeit; s. aber Aristoteles, *Physik* VI 2, 13)**, in einem Augenblick** (s. Fußnote 101, S. 428; in beiden Fällen bleibt die Übersetzung jedoch gleich – s. Bauer; vgl. auch Weish. 18, 12 und Moule, S. 186)**, bei der letzten Posaune.** Vgl. 1. Thess. 4, 16, wo in einem ähnlichen Zusammenhang von einer Posaune Gottes die Rede ist. Vgl. ebenfalls Matt. 24, 31; Offb. 1, 10; 4, 1; 8, 2.6.13; 9, 14. Nur dürfen wir hier *die letzte Posaune* nicht als letzte einer Reihe (wie der sieben Posaunen der Apokalypse) auffassen; gemeint ist die Posaune, die das *Telos* einleitet. Dieser Gedanke war im Judentum geläufig; s. Joel 2, 1; Zeph. 1, 16; weitere Parallelstelleln bei G. Friedrich, Art. *σάλπιγξ* in: TWNT Bd. 7, S. 84. Paulus hat diese Beschreibung des Endes ganz und gar übernommen (vielleicht zitiert er hier eine jüdische Apokalypse). **Denn die Posaune wird erschallen** (Paulus sagt nicht, wer in die Posaune stoßen wird, aber im Lichte anderer Apokalypsen kann man wohl davon ausgehen, dies werde die Aufgabe eines Engels sein)**, und die Toten werden in einem Zustand der Unvergänglichkeit auferweckt werden** (bei ihrem Tode waren sie noch im Zustand der Vergänglichkeit oder Verwesung: 15, 42.50)**, und wir werden verwandelt werden.** Wie im 50. Vers unterscheidet Paulus auch hier zwischen solchen, die bei der *Parusie* schon tot sind, und solchen, die noch am Leben sind. Diese Unterscheidung wird in V. 51 wiederholt, so daß dort schon auf etwas hingewiesen wird, was jetzt eindeutig zum Ausdruck gebracht wird: Paulus rechnet nicht damit, daß er selbst bei der *Parusie* zu den Toten zählen wird, denn er spricht in der 3. Pers. von den Toten und in der 1. Pers. von den Lebenden. Er erwartete, daß die *Parusie* noch zu seinen Lebzeiten stattfinden würde. Allerdings ist die Frage umstritten, ob Paulus später seine Meinung änderte oder nicht. Wir können hier nicht darauf eingehen, denn wir müßten dann die ganzen paulinischen Schriften und Kommentare zu Rate ziehen. Siehe meine Anmerkungen zu

2. Kor. 5, 1–5 (*A Commentary on the Second Epistle to the Corinthians* in der Reihe *Black's New Testament Commentaries*). Wenn sich die Perspektive änderte, dann wahrscheinlich deshalb, weil Paulus den Tod kommen sah, nicht weil er die *Parusie* als zeitlich entfernter auffaßte. Wichtiger als die Frage nach der Entwicklung der Gedanken des Paulus ist das Problem urchristlicher Eschatologie. Auf dieses Problem können wir hier ebenfalls nicht eingehen; es wurde schon zu neutestamentlicher Zeit vornehmlich durch Johannes wahrgenommen und abgehandelt.

Die Verwandlung, die die Toten erleben werden, wurde schon in 15, 42 geschildert und dürfte ohne weiteres zu verstehen sein. Der alte, *natürliche Leib* erlebt den Vorgang der Verwesung; er wird aber durch den neuen, *geistlichen Leib* ersetzt werden, der unvergänglich und unverweslich ist. Aber solche, die bei der *Parusie* noch leben, sind immer noch mit ihrem natürlichen Leibe „bekleidet", der einer ähnlichen Verwandlung unterzogen werden muß.

Denn dieser vergängliche Leib (V. 53; im griechischen Text fehlt das Substantiv *Leib*, aber das Adjektiv ist hier sächlich, was mit dem Substantiv *σῶμα* übereinstimmen würde; wer wörtlich übersetzen will, kann dies mit dem allgemeinen Ausdruck *das Vergängliche* tun) **muß die Unvergänglichkeit anziehen** (wie ein Kleidungsstück; zu dieser Bildsprache s. 2. Kor. 5. Ansonsten ist dieser Vers schon oben besprochen worden)**, und dieser sterbliche Leib** (oder „das Sterbliche") **muß die Unsterblichkeit anziehen.** *Sterblich* bezeichnet wohl die Natur des Menschen, der zwar noch nicht tot, jedoch der Sterblichkeit unterworfen ist. Das gilt auch für solche, die bei der *Parusie* noch leben. Auch sie müssen verwandelt werden, damit sie nicht länger der Macht des Todes unterworfen bleiben. Diese Verwandlung zeigt die Überwindung des Todes (15, 26) auf, denn danach gibt es niemanden, über den der Tod herrschen könnte (außer vielleicht über die Ungläubigen). Somit wird die neue Menschheit geschaffen sein. **Wenn aber dieser vergängliche Leib die Unvergänglichkeit angezogen haben wird, und wenn dieser sterbliche Leib die Unsterblichkeit angezogen haben wird, dann wird das geschriebene Wort erfüllt sein: Der Tod ist verschlungen in den Sieg** (V. 54; vgl. 15, 26). Die Schriftstelle entstammt Jesaja 25, 8, wobei Paulus den hebräischen Text ziemlich frei übersetzt, statt aus der LXX zu zitieren, die den Vers anders auffaßt. Er nimmt sich in den nächsten beiden Zeilen die gleiche Freiheit (V. 55): **Wo, o Tod, ist dein Sieg? Wo, o Tod, ist dein Stachel?** Hier entnimmt Paulus seine Worte Hosea 13, 14, wo der hebräische Text lautet: O Tod, wo sind deine Plagen? O Scheo, wo ist deine Zerstörung? Im hebräischen Text scheint es darum zu gehen, daß dem Tode und dem Scheol verboten wird, ihre Schrecken zur Bestrafung des schuldigen Volkes hervorzubringen; nur haben wir Belege dafür, daß einige jüdische Interpreten die rhetorischen Fragen genauso wie Paulus in diesem tröstlichen Sinn auffaßten. Siehe E. E. Ellis, *Paul's Use of the Old Testament*, 1957, S. 138; C. H. Dodd, *According to the Scriptures*, 1952, S. 76. Dies gilt auch für die Übersetzer der LXX, denn sie schrieben: Tod, wo ist dein Gericht (*δίκη*)? Hades, wo ist dein Stachel? Somit wird die Andeutung von Paulus verständlich. Man muß jedoch bedenken, daß er hier nicht auf Schriftaussagen aufbaut, sondern in freier, schriftähnlicher Sprache den endgültigen Sieg über den Tod ausdrückt. Er stellt sich gleichsam an das Ende des Zeitlichen und verspottet den Tod, den er aus dieser Stellung heraus als schon Besiegten erkennt, dessen Stachel wirkungslos geworden ist. Der Begriff *Hades* kommt hier nicht vor; vielleicht befürchtete Paulus, die Korinther könnten den Eigennamen als Bezugnahme auf einen heidnischen Götzen auffassen.

Paulus wird allerdings von seiner eigenen Rhetorik und seiner Begeisterung nicht über die Grenzen der Wirklichkeit hinausgetragen. Der Tod ist zwar der letzte Feind, der besiegt wird, doch ist er gerade deshalb noch nicht besiegt. Der Tod besitzt immer noch eine Vorherrschaft, er hat immer noch einen Stachel, einen Stachel der desto gewaltiger ist, da er letzten Endes Werkzeug Gottes ist. **Der Stachel des Todes ist in der Tat die Sünde; und die Kraft der Sünde ist das Gesetz** (V. 56). Die Verbindung zwischen dem Tod und der Sünde, die Paulus Gen. 2, 17 entnimmt, wird in seinen Schriften oft hervorgehoben (Röm. 5, 12f.; 6, 23 – s. *Romans*). Von ihrer Entstehung her gesehen bedeutet diese Verbindung, daß die Sünde die Ursache des Todes ist. Hier wird sie jedoch empirisch gesehen. Wenn wir den Tod als vorgegebenes Faktum akzeptieren, so wird er durch die Sünde vergällt, und zwar nicht nur psychologisch durch die Reue, sondern theologisch: Die Sünde stellt deutlich heraus, daß der Tod kein natürliches Phänomen, sondern vielmehr eine Strafe, ein Übel ist, das nicht existieren müßte und nicht existieren würde, wenn nicht der Mensch in der Rebellion gegen seinen Schöpfer leben würde. Da er einmal mit diesem Thema angefangen hat, kann Paulus, wenn er es auch nicht weiter ausführen will, nicht umhin, den dritten Faktor des Komplexes, in dem die Sünde und der Tod zwei Teile darstellen, zu erwähnen: das *Gesetz*, das zu den beiden anderen Faktoren gleichermaßen in einer Beziehung steht. Zum Verhältnis zwischen dem Gesetz und der Sünde bzw. dem Tod vgl. Röm. 5, 13 und 7, 7–25 und die entsprechenden Stellen in *Romans*. Das Gesetz macht durch die Übertretung die Sünde feststellbar und vervielfältigt dadurch die Sünde. Das Gesetz ist Anlaß zur Sünde, das Sprungbrett, von dem aus die Sünde wirksam wird. Nach Röm. 6, 14f. wird deutlich, daß die Sünde überall dort unvermeidlich ist, wo sich der Mensch unter dem Gesetz befindet – nicht weil das Gesetz an sich böse wäre (es ist im Gegenteil heilig, gerecht und gut – Röm. 7, 12ff.), sondern weil der Mensch, der unter die Sünde als Sklave verkauft ist (Röm. 7, 14), durch die Ge- und Verbote dazu gereizt wird, entweder dem Gesetz gegenüber ungehorsam zu sein oder es zu seinen eigenen, eigennützigen Zwecken zu gebrauchen. Nach Kümmel (S. 196) wendet hier Paulus den rabbinischen Satz „Die Kraft Jahwes ist die Thora" an. Wie Kümmel ebenfalls anmerkt, ist dies ein Argument für die Ursprünglichkeit des Verses (gegen Weiß, der den Vers für eine „theologische Glosse" und „fremde Exegese" hält, die nachträglich hinzugefügt worden sei). Die Auffassung von Weiß (und auch Moffatts: „eine prosaische Bemerkung, die (Paulus) im leidenschaftlichen Drängen siegreicher Überzeugung nicht eingefallen wäre") stellt jedoch ein grundlegendes Mißverständnis dieses Abschnitts dar, denn V. 56 trägt nicht unerheblich zur Steigerung der Aussage bei. Dieser Vers ist „keine trockene dogmatische Glosse" (Bachmann). Die vorhergehenden Verse schauen in die apokalyptische Zukunft hinein und freuen sich über die endgültige Niederlage des Todes. In V. 56 wird dessen gegenwärtiger Stachel und jetzige Macht betrachtet; und in V. 57 jubelt Paulus nicht mit unbegründetem Optimismus, sondern mit der Gewißheit eines schon gewonnenen Sieges über den Tod und über die Sünde. **Aber** (V. 57; zu diesem großen *Aber* vgl. 15, 20 und die dort angegebenen Parallelstellen) **Dank sei Gott** (vgl. Röm. 7, 24), **der uns durch unseren Herrn Jesus Christus den Sieg gibt** (vgl. Röm. 8, 39). Der Sieg Jesu Christi war ein Sieg über die Sünde, weil er der Sünde starb. Die Menschen müssen diesen Tod teilen (Röm. 6, 10f.); der *Stachel des Todes* wird also schon jetzt in Christus entschärft. Christi Sieg war aber auch ein Sieg über den Tod, weil er selbst als Erstling auferstand – als Unterpfand dafür, daß alle, die in ihm sind, ebenfalls auferweckt werden (15, 20.23). Für die ganze Menschheit wird der Sieg erst am Ende (15, 26) gänzlich gewonnen sein, doch ist die Siegesgewißheit des Paulus so groß, daß er sich im Präsens ausdrücken kann: *der uns den Sieg gibt* (vgl. Röm. 8, 37).

Man muß sich nicht sehr anstrengen, um Paulus bei diesem Höhepunkt predigen zu hören, doch ist er nicht einer jener Prediger, die ihre Botschaft mit bloßer Rhetorik zu einem glänzenden aber unpraktischen Abschluß bringen. Seine Apokalypse und auch die Begeisterung, mit der er sie schildert, dienen beide einem praktischen Zweck: **Daher** (*ὥστε*)**, meine lieben Brüder, seid fest, nicht wankend** (V. 58; die Korinther hatten bisher bewiesen, daß sie, was das christliche Verhalten und die christliche Überzeugung in solchen Angelegenheiten wie der Auferstehung betrafen, recht schwankend waren)**, nehmt zu im Werk des Herrn allezeit.** Vgl. 3, 13ff.; 9, 1; 16, 10. An allen diesen Stellen ist die christliche Arbeit (das „Werk") der Gemeindegründung und des Gemeindeaufbaus gemeint. Dies war Aufgabe der Apostel und ihrer Helfer (wie z. B. Timotheus), aber auch eines jeden Christen, da alle zum Leib Christi gehören. Die Mühe wäre allerdings vergeblich, wenn es keine Auferstehung gäbe, und die Arbeiter könnten sich dann genauso gut dem irdischen Vergnügen hingeben (15, 32). Aber dies muß nicht befürchtet werden, und die Korinther können sich dem Werk des Herrn immer fleißiger hingeben, **da ihr wißt, daß euer Mühen im Herrn nicht vergeblich ist** (wörtlich: *nicht leer = κενός ist*). *Im Herrn* bezieht sich sowohl auf die *Mühe* (Paulus spricht ja von christlicher Arbeit) als auf die Tatsache, daß sie *nicht vergeblich* ist. Da sie *im Herrn* geschieht, wird ihr Ergebnis ebensowenig wie der Herr selbst vergehen. Vgl. 3, 14.

(f) Die Kollekte

36. 16, 1–4: Anweisungen und Pläne für die Kollekte

(1) Betreffs der Sammlung für die Heiligen: Macht es genauso, wie ich es für die Gemeinden in Galatien anordnete. (2) Am ersten Tage einer jeden Woche laßt jeden von euch für sich beiseite tun und sparen, was er an Gewinn hat, damit die Sammlungen nicht stattfinden, wenn ich komme. (3) Wenn ich ankomme, werde ich Leute eures Vertrauens mit Briefen senden, um eure Liebesgabe nach Jerusalem zu bringen; (4) und wenn es richtig erscheint, daß ich auch selber fahren soll, dann sollen sie mit mir reisen.

Im Kommentar zu 7, 1 merkte ich an, daß es im Brief einige Abschnitte gibt, in denen sich Paulus anscheinend auf spezielle Fragen und Erkundigungen bezieht, die die Korinther in ihrem Brief an ihn gerichtet hatten. Wir haben jetzt fast das Ende dieser Abschnitte erreicht. Wahrscheinlich hatten die Korinther – vielleicht von den Galatern – von der von Paulus organisierten Geldsammlung gehört; nun fragten sie, welche Rolle sie denn dabei zu spielen hätten. **Betreffs** (V. 1; vgl. 7, 1; 8, 1; 12, 1) **der Sammlung** (das griechische Wort für *Sammlung*, *λογεία*, war lange Zeit nur von der Bibel her bekannt; später tauchte es in Papyrusinschriften auf, und zwar hauptsächlich in bezug auf Steuergelder) **für die Heiligen** (zum Gebrauch dieses Wortes als Bezeichnung für die Gemeinde zu Jerusalem vgl. Röm. 15, 26; ansonsten bezeichnet es die Christen überhaupt, z. B. 1. Kor. 1, 2). In Jerusalem hatte Paulus versprochen, der Armen zu gedenken (Gal. 2, 10). Seine diesbezüglichen Aktivitäten werden in Apg. 11, 30; 24, 17; Röm. 15, 25–28; 2. Kor. 8 und 9 erwähnt. Seine Sammlung ist mit der Didrachmensteuer verglichen worden, die alle Juden an den Tempel zu Jerusalem zu zahlen hatten (s. J. Jeremias, *Jerusalem zur Zeit Jesu*, 1958, I S. 86; vgl. II A S. 48; II B S. 118), doch hat Kittel (TWNT Bd. 4, S. 286) gezeigt, daß der Gedanke an eine Steuer hier irreführend ist. Paulus betont ja die Freiwilligkeit dieses Dienstes, den die Heidenchristen an der Muttergemeinde tun konnten. Der einzige Anspruch der Jerusalemer Gemeinde war ein moralischer (Röm. 15, 27), und Paulus hegte über die Art und Weise Zweifel, wie die Liebesgabe in Jerusalem aufgenommen werden würde (Röm. 15, 31). Er führte die Sammlung durch, weil man ihn dazu aufgefordert hatte, weil ihm zweifellos die Bedürftigen wirklich leid taten, und wahrscheinlich auch weil er die Hoffnung hatte, diese Liebesgabe würde die beiden Teile der Gesamtgemeinde, die jetzt schon Schwierigkeiten bei der Zusammenarbeit hatten, zusammenschmieden.

Im Hinblick auf die Sammlung erteilt Paulus den Korinthern eine Anweisung durch eine Anspielung, die wir heute nicht mehr auslegen können. **Macht es genauso, wie ich es für die Gemeinde in Galatien anordnete** (zu diesem Wort, *διέταξα*, vgl. 7, 17). Wir wissen nicht, welche Anweisungen Paulus den *galatischen Gemeinden* erteilt hatte; wir müssen aber davon ausgehen, daß die Korinther davon gehört hatten. Wahrscheinlich können wir diese Anweisungen aus dem Inhalt der nächsten Verse rekonstruieren. Sie sind im Galaterbrief unseres Neuen Testamentes nicht enthalten; vielleicht wurden sie während der Reise in Apg. 18, 23 oder in einem anderen, nicht überlieferten Brief erteilt. Welches Gebiet Paulus mit *Galatien* meinte, ist ein bekanntes Problem der Auslegung, und wir können hier nicht auf eine solch komplizierte Frage eingehen. Einige Ausleger sehen hier eine Bezugnahme auf die Gemeinden der sogenannten ersten Missionsreise (Apg. 13; 14): Antiochien, Ikonium, Derbe, Lystra; doch sollten wir hier wahrscheinlich an Gemeinden im nördlichen Kleinasien denken, an Pessinus, Gordium, Germa und Doryläum.

Zu tun ist Folgendes: **Am ersten Tage** (V. 2; im Griechischen steht hier nicht die Ordinal-, sondern die Kardinalzahl, *μίαν*; vielleicht spiegelt diese Tatsache die semitische Tradition wider, in der Paulus aufgewachsen war; vgl. Apg. 20, 7; BD § 247) **einer jeden Woche** (also am *Sonntag*; der Sonntag wird zwar bei Paulus nicht als Tag der christlichen Anbetung hervorgehoben, doch vgl. Offb. 1, 10) **laßt jeden von euch für sich beiseite tun** (nicht etwas in eine Gemeindekollekte hineinlegen; gegen Justin, *apol.* 1, 67; Paulus wollte die Möglichkeit einer Beschwerde wegen widerrechtlicher Aneignung, vielleicht sogar die widerrechtliche Aneignung selbst verhindern) **und sparen, was er an Gewinn hat** (wir verstehen das Verb, *εὐοδῶται* als Konjunktiv; so M. I, S. 54; M. II, S. 191.200; Röm. 1, 10 wird das Wort in einem allgemeineren Sinn gebraucht, doch muß hier die finanzielle Bedeutung gemeint sein), **damit die Sammlungen nicht stattfinden, wenn ich komme.** Offensichtlich hätte Paulus es gerne gehabt, wenn bei seiner Ankunft in Korinth jedes Gemeindeglied eine vorher gesammelte Geldsumme bereitgehalten hätte, die er dann zum zentralen Fonds dazugetan hätte. Die Sammlung an sich war eine gute Sache, nur sollte sie nicht zu viel Zeit in Anspruch nehmen, die anderweitig benötigt wurde. In der Tat dauerte es sehr lange, bis die Sammlung in Korinth vollendet wurde, und Paulus mußte sich darum sehr viel mühen; siehe 2. Kor. 8 und 9.

Nach der Sammlung würde Paulus dafür sorgen, daß das Geld überbracht würde. **Wenn ich ankomme** (V. 3; s. unten zu den V. 5–9), **werde ich Leute eures Vertrauens** (Paulus hatte also nicht vor, sich ein eigenes Team auszusuchen; hier wird es ihm auch darum gegangen sein, möglichst aller üblen Nachrede aus dem Wege zu gehen; vgl. 2. Kor. 8, 16 ff.) **mit Briefen** (Empfehlungsschreiben, wie allgemein in der Antike) **senden, um eure Liebesgabe** (*χάρις*; bezeichnet sonst die *Gnade* Gottes; vgl. 2. Kor. 8, 1.4.6.7.9 usw.) **nach Jerusalem zu bringen.** Der Ausdruck *mit Briefen* (*δι' ἐπιστολῶν*) könnte sich auch auf die Handlung der Korinther beziehen: „... werde ich die Leute, die ihr durch Briefe empfehlt, senden ..." Doch scheint diese Auslegung nicht so gut zum Zusammenhang zu passen.

Die eigenen Pläne von Paulus sind noch ungewiß. **Wenn es richtig erscheint** (so Allo; andere übersetzen weniger überzeugend: *Wenn es sich lohnen wird*), **daß ich auch selber fahren soll, dann sollen sie mit mir reisen** (V. 4). Als Paulus Röm. 15, 25 schrieb, erwartete er, daß er nach Jerusalem reisen würde; und in Apg. 20, 3–21, 17 lesen wir von einer Reise nach Jerusalem, bei der Paulus von einer Anzahl Kollegen begleitet wird. Zwar wird in Apg. 20, 4 kein Korinther erwähnt, doch scheint der Erfolg der korinthischen Geldsammlung durch Röm. 15, 26 bestätigt zu sein.

Weitere Ausführungen zur Kollekte siehe 2. Kor. 8 und 9 und Kommentar dazu.

D. SCHLUSS

37. 16, 5–12: Weitere Ausführung der Pläne des Paulus

(5) Ich werde zu euch kommen, wenn ich durch Mazedonien gereist bin; denn ich habe die Absicht, Mazedonien zu durchreisen, (6) aber bei euch will ich vielleicht bleiben oder gar den Winter zubringen, damit ihr mir bei meiner Weiterreise das Geleit geben könnt. (7) Denn ich möchte euch jetzt nicht nur auf der Durchreise sehen, weil[102] ich hoffe, einige Zeit bei euch bleiben zu können, wenn der Herr es zuläßt. (8) Ich werde aber bis Pfingsten in Ephesus bleiben, (9) denn eine große und wirksame Tür steht mir offen, und es gibt viele Widerstrebende.

(10) Falls Timotheus kommen sollte, sehet zu, daß er ohne Furcht bei euch bleiben kann, denn er treibt wie auch ich das Werk des Herrn; (11) niemand soll ihn also verachten. Gebt ihm in Frieden das Geleit, damit er zu mir komme, denn ich warte zusammen mit den Brüdern auf ihn.

(12) Was den Bruder Apollos angeht[103], so habe ich ihn dringend gebeten, zusammen mit den Brüdern zu euch zu kommen, aber es war einfach nicht der Wille Gottes, daß er es jetzt tun sollte; aber er wird kommen, sobald es ihm gelegen ist.

Der Plan für die Kollekte (16, 1–4) gipfelt in dem baldigen Besuch von Paulus in Korinth, bei dieser Gelegenheit sollte das Geld zusammengetragen und anschließend nach Jerusalem überbracht werden. Anläßlich der Schilderung dieses Planes eröffnet Paulus den Korinthern etwas ausführlicher seine eigenen Zukunftsabsichten, ehe er den Brief zum Abschluß bringt. Er hatte die Leser schon darauf vorbereitet, daß er zu ihnen kommen wollte; wann würde dies aber geschehen?

Ich werde zu euch kommen, wenn ich durch Mazedonien gereist bin (V. 5). Paulus befindet sich zur Zeit in Ephesus (V. 8); von dort aus will er wahrscheinlich auf dem Landweg nach Norden reisen und von Troas aus mit dem Schiff nach Mazedonien fahren, wo er vielleicht in Thessalonich oder Beröa an Land gehen wird (er könnte auch direkt von Ephesus aus mit dem Schiff fahren, doch ist dies nicht so wahrscheinlich). In Mazedonien angelangt, würde er nach Westen und Süden nach Athen und schließlich nach Korinth reisen. Die Reise ist also schon fest geplant. **Denn ich habe die Absicht, Mazedonien zu durchreisen** (wörtlich: *Ich durchreise Mazedonien.* Im Lichte von V. 8 kann das Präsens unmöglich bedeuten, daß Paulus schon unterwegs war, darum wird es seine feste Absicht zum Ausdruck bringen; zu *διέρχεσθαι* s. Apg. 20, 25)**, aber bei euch will ich vielleicht bleiben** (V. 6; im Gegensatz zum verhältnismäßig kurzen Aufenthalt in Mazedonien) **oder gar den Winter zubringen, damit ihr mir bei meiner Weiterreise das Geleit geben könnt.** Anscheinend wußte Paulus noch nicht genau, wohin er nach dem Aufenthalt in Korinth reisen wollte; vgl. 16, 4 – vielleicht würde er nach Jerusalem mitreisen. Als er dann in Korinth war, entschloß er sich, tatsächlich nach Jerusalem zu reisen (Röm. 15, 25). Es war Pflicht der Christen, ihren Mitchristen bei ihren Reisen behilflich zu sein; vgl. V. 11; Röm. 15, 24; 3. Joh. 6. Offensichtlich macht sich Paulus darüber Sorgen, ob nicht die Verzögerung seiner Ankunft in Korinth mißverstanden werden könnte; deswegen fügt er gleich den Grund hinzu, warum er in Ephesus bleiben will. **Denn ich möchte euch jetzt** (V. 7; *ἄρτι*; die lange Besprechung bei Allo ist eigentlich überflüssig, denn der Sinn ergibt sich deutlich genug aus dem Zusammenhang) **nicht nur auf der Durchreise sehen** (ein früherer Besuch würde also nur einen kurzen Aufenthalt des Paulus in Korinth ermöglichen; er würde wahrscheinlich über Korinth nach Mazedonien reisen)**, weil ich hoffe, einige Zeit bei euch bleiben zu können, wenn der Herr es zuläßt.** Vgl. Jak. 4, 15. Die Korinther neigten überhaupt dazu, die Motive und Pläne von Paulus mißzuverstehen; vgl. 2. Kor. 1, 15 ff.

Eine frühere Weiterreise aus Ephesus, wo Paulus zur Zeit weilt, ist unmöglich. **Ich werde aber bis Pfingsten** (V. 8; bis zu dem großen Fest, das sieben Wochen nach dem Passah gefeiert wurde; s. 5, 7; 15, 20) **in Ephesus bleiben** (oder: *Ich bleibe . . .*; den griechischen Text kann man entweder als *ἐπιμενῶ* oder *ἐπιμένω* lesen)**, denn eine große und wirksame** (*ἐνεργής*; auf Tür angewandt, klingt dieses Adjektiv reichlich seltsam, doch wird es durch die Metapher gerechtfertigt) **Tür steht mir offen, und es gibt viele Widerstrebende** (V. 9). Paulus meint, daß er große evangelistische Möglichkeiten hat, obwohl er gleichzeitig viele Gegner (möglicherweise Nicht-Christen, möglicherweise Judenchristen) bekommt. Beide Umstände waren gute Gründe für einen längeren Aufenthalt in Ephesus. Darum wird es noch einige Zeit dauern, ehe er in Korinth ankommt; ganz gewiß ist nur, daß er kommt. Vgl. aber 4, 19: *Ich werde zu euch kommen, und zwar schnell.* Einige Ausleger (z. B. Héring) sind der Meinung, der Unterschied zwischen den beiden Versen sei so groß, daß beide unmöglich zu einem einzigen Brief gehören könnten. Es sollte uns jedoch in Erinnerung bleiben, daß Paulus für die Niederschrift vom 1. Korintherbrief eine ganze Zeit gebraucht haben wird; das allein erklärt schon die veränderte Stimmung in Kap. 16. In Kap. 16 beschreibt Paulus ganz nüchtern seine Pläne und versucht, sich zeitlich festzulegen; in Kap. 4 macht er denen Vorwürfe, die sein Apostelamt in Frage stellen und die Gemeindeleitung übernehmen möchten. „Man könnte fast meinen, ich würde nie wieder nach Korinth kommen; paßt auf! Ich bin eher wieder da, als ihr denkt!"

So weit die Reiseabsichten von Paulus. Ehe er ankommt, wird möglicherweise Timotheus die Gemeinde besuchen. **Falls Timotheus kommen sollte, sehet zu, daß er ohne Furcht bei euch bleiben kann** (V. 10). Das erste Wort des Satzes, *falls*, gibt schon zu verstehen, daß Paulus die Ankunft von Timotheus in Korinth bezweifelt. Es gibt hier allerdings einen Widerspruch zu 4, 17, wo wir erfahren, daß Timotheus schon nach Korinth geschickt worden ist (wenn es sich bei *ἔπεμψα* nicht um den Aorist des Briefstils handelt; aber auch wenn das so wäre, würde es nur bedeuten, daß Timotheus den Brief überbringt; doch erscheint er nicht im Gruß 1, 1 – vgl. 2. Kor. 1, 1). Es kann sein, daß Paulus in Kap. 4 ein wenig zu viel sagt, um die Korinther eindringlicher zu warnen. Wir wissen nicht, worin die Ungewißheit der Ankunft von Timotheus bestanden haben mag. Alle Reisenden waren sowieso erheblichen Gefahren ausgesetzt; vgl. 2. Kor. 11, 23 ff. Nach Apg. 19, 22 (hier geht es um ungefähr die Zeit, in der Paulus den 1. Korintherbrief geschrieben haben wird) schickte Paulus Timotheus und Erastus nach Mazedonien. Vielleicht (genau wissen wir es nicht!) handelte es sich um die hier erwähnte Reise. Es könnte sein, daß Erastus im 1. Kor. nicht erwähnt wird, weil er selbst Korinther war (Röm. 16, 23); es würde sich bei ihm nicht um einen Besuch in Korinth handeln, sondern um die Heimreise. Vielleicht war Timotheus mit dem Auftrag nach Mazedonien geschickt worden, bei entsprechenden Umständen oder bei weiteren Anweisungen von Paulus (die ihn vielleicht nicht erreichen würden) nach Korinth zu reisen. Die Übersetzung der nächsten Worte ist unsicher; der Aorist *γένηται* scheint darauf zu deuten, daß Paulus sagen will: *Wenn er ankommt*, aber das wäre in diesem Zusammenhang unsinnig. Wir können ohnehin nicht wissen, warum sich Timotheus fürchten sollte. Vielleicht war Paulus schon den Aspekten des korinthischen Verhaltens begegnet, auf die er im 2. Kor. anspielt (10, 10; 11, 6.7.29; 12, 11.16.21 u. a.): Wenn sie wollte, konnte die korinthische Gemeinde zu einer sehr unangenehmen und bedrohlichen Gesellschaft werden; Paulus wird den Wunsch gehabt haben, seinen Mitarbeiter zu beschützen. Offensichtlich gab es einen (vermeintlichen?) Grund, warum die Korinther Timotheus verachten könnten (V. 11). Wahrscheinlich sollten wir annehmen, die Quelle der Furcht habe nicht in den Umständen, sondern bei Timotheus selbst gelegen; nur müßten wir uns dann die Frage stellen, warum sich Paulus einen Feigling als Vertrauensmann ausgesucht habe. Wir müssen unsere Unwissenheit in diesem Punkt zugeben.

Paulus verteidigt Timotheus, **denn er treibt wie auch ich das Werk des Herrn.** Er erfüllt den gleichen Auftrag der Evangelisation und des Gemeindebaus und dies in Übereinstimmung mit der Arbeitsweise von Paulus. **Niemand soll ihn also verachten** (V. 11). Vgl. 1. Tim. 4, 12, wo allerdings ein anderes Verb benutzt wird. Grund der Verachtung ist dort die Jugend des Timotheus.

Die Korinther sollen Timotheus keinesfalls schlecht behandeln, sondern **ihm in Frieden das Geleit geben** (vgl. V. 6; Hilfe für reisende Brüder war offensichtlich ein wichtiger Erweis christlicher Liebe; ohne diese Hilfe hätte es Paulus wohl sehr schwer gefunden, seine Missionsarbeit weiter zu betreiben)**, damit er zu mir komme** (nach Apg. 19, 22 erscheint Timotheus 20, 4 wieder), **denn ich warte zusammen mit den Brüdern auf ihn** (nach dem griechischen Text kann man nicht erkennen, ob die Brüder zusammen mit Paulus auf Timotheus warten, oder ob sie zusammen mit Timotheus reisen, so daß Paulus auf sie alle wartet; wenn Paulus meint, die Brüder warten zusammen mit ihm, so waren es wahrscheinlich Stephanas, Fortunatus und Achaikus). Ein Versuch, die hier geschilderten Ereignisse zu rekonstruieren, findet sich in der Einleitung, Seite 17f.

Ein weiterer reisender Evangelist der Gruppe um Paulus muß erwähnt werden. **Was den Bruder Apollos angeht** (V. 12; zur Konstruktion s. 7, 1; es kann sein, daß die Korinther in ihrem Brief nach *Apollos* gefragt hatten; vielleicht baten sie Paulus, Apollos zu ihnen zu schicken; vielleicht fragten sie, warum er nicht schon gekommen sei – und ob das an Paulus liegen würde; zu Apollos s. Kommentar zu 1, 12), **so habe ich ihn dringend gebeten, zusammen mit den Brüdern** (vielleicht mit Timotheus, wenn dieser *Brüder* mitgenommen hatte – vgl. V. 11; wir können nur Vermutungen anstellen) **zu euch zu kommen, aber** (im Griechischen steht *καί*, hier als Einleitung eines Gegensatzes) **es war einfach** (*πάντως*; vgl. 9, 10) **nicht der Wille Gottes** (im Griechischen nur: *der Wille*; es kann auch der eigene Wille von Apollos gemeint sein, so Robertson-Plummer; vgl. aber G. Schrenk, TWNT Bd. 3, S. 59), **daß er es jetzt tun sollte** (im Griechischen steht hier wieder *kommen*, *ἔρχεσθαι*); **aber er wird kommen, sobald es ihm gelegen ist.** Wir können vermuten, daß Paulus und Apollos beide der Meinung waren, es diene den Interessen der Einheit der korinthischen Gemeinde besser, wenn Apollos im Augenblick fernbliebe; es bleibt jedoch bei der Vermutung. Wir wissen ebenfalls nicht, ob Apollos jemals wieder Korinth besuchte. Im 2. Kor. wird er nicht mehr erwähnt. Siehe weiter die Einleitung, Seite 21ff., und die dort besprochene These Montefiores.

38. 16, 13–24: Letzte Worte an die Gemeinde und Grüße

(13) Wachet, stehet fest im Glauben, seid mannhaft, seid stark. (14) Alles, was ihr tut, geschehe in Liebe.

(15) Ich habe eine Bitte an euch, Brüder. Ihr wißt, daß das Haus des Stephanas die erste Frucht Achaias ist, und daß sie sich in den Dienst der Heiligen gestellt haben; (16) ordnet euch eurerseits solchen Leuten unter und überhaupt jedem, der mitarbeitet und sich als Christ Mühe gibt.

(17) Ich freue mich über die Gegenwart von Stephanas, Fortunatus und Achaikus, weil sie mir das ausgefüllt haben, was ihr nicht konntet; (18) denn sie erquickten meinen Geist, und dadurch auch euren. Solche Männer müßt ihr anerkennen.

(19) Die Gemeinden von Asien lassen euch grüßen. Aquila und Priska[104]**, zusammen mit der Gemeinde, die sich bei ihnen zu Hause trifft, lassen euch im Herrn herzlich grüßen. (20) Alle Brüder lassen grüßen. Grüßt einander mit dem heiligen Kuß.**

(21) Dieser Gruß ist von meiner, des Paulus, Hand.

(22) Wenn jemand den Herrn nicht liebhat, der sei verflucht! Marana tha. (23) Die Gnade des Herrn Jesu sei mit euch. (24) Meine Liebe ist mit euch allen in Christus Jesus.

Außer den Grüßen hat Paulus nur noch einige Anweisungen, die ihm einfallen, während er noch einmal die korinthische Situation im Ganzen überblickt.

Wachet, stehet fest im Glauben, seid mannhaft, seid stark (V. 13). Das Verb *wachen* (*γρηγορεῖν*) steht oft im Neuen Testament (z. B. Mk. 13, 37; Offb. 3, 3) nicht allein für allgemeine, ethische Wachsamkeit, sondern auch für das Ausschauhalten nach den eschatologischen Ereignissen, die in Kürze geschehen sollten. Es ist uns schon klargeworden, daß Paulus das baldige Eintreffen der letzten Ereignisse erwartete (15, 52; vgl. 7, 29). Angesichts dieser Ereignisse müssen die Christen ihr Verhalten entsprechend ordnen; nur diese Einstellung garantiert ihnen gebührende Ernsthaftigkeit (vgl. Mk. 13, 35 f.). Dadurch werden sie *feststehen* können; vgl. *nicht wankend*, 15, 58. Der Glaube ist eine Einstellung Gott gegenüber, die gleichzeitig Vertrauen und Gehorsam fordert; Paulus erwartet konstantes Vertrauen und konstanten Gehorsam. *Seid mannhaft* (*ἀνδρίζεσθε*) ruft zu einer in der Antike anerkannten Tugend auf; zu dieser Wortgruppe siehe außer den Kommentaren Betz, S. 208 (Tugendkataloge).

Alles, was ihr tut, geschehe in Liebe (V. 14). Zu dieser christlichen Haupttugend siehe besonders Kap. 13.

Bisher kamen nur Verallgemeinerungen, wenn auch solche, die zur korinthischen Situation paßten. Nun wird Paulus aber genauer – und persönlicher. **Ich habe eine Bitte an euch, Brüder** (V. 15; s. 1, 1 und Komm.). **Ihr wißt, daß** (im Griechischen ist die Wortstellung anders; es handelt sich zur Abwechslung um einen Fall des Hyperbaton) **das Haus des Stephanas die erste Frucht Achaias ist** (d. h. sie haben sich in Achaia als erste bekehrt, was aber schlecht zu Apg. 17, 34 paßt; vielleicht dachte Paulus hier aber nur an Korinth; vgl. Röm. 16, 5)**, und daß sie sich in den Dienst der Hei-**

ligen gestellt haben (vgl. 1, 2). Wörtlich heißt dies: *Daß sie sich selbst zum Dienst an den Heiligen bestellt haben* (*εἰς διακονίαν τοῖς ἁγίοις ἔταξαν ἑαυτούς*). Die Bedeutung vermittelt eine Parallele aus Platons *Republik* (II 371 C): „Es gibt solche, die dies (eine Not) sehen und sich in diesen Dienst stellen (*ἑαυτοὺς ἐπὶ τὴν διακονίαν τάττουσι ταύτην*)." In ähnlicher Weise hatten Stephanas und seine Familie eine Not gesehen und sich daraufhin dem Dienst an den Heiligen gewidmet (vgl. 2. Kor. 8, 17). Sie waren von Paulus nicht eingesetzt worden und auch nicht von der Gemeinde. Nicht im Geist der Selbstbehauptung, sondern des Dienstes und der Demut setzten sie sich selbst ein. Mit anderen Worten: Es war Gott selbst, der sie eingesetzt hatte, denn er zeigte ihnen die Dienstgelegenheit und (so müssen wir annehmen) gab ihnen die nötige Ausrüstung. Jetzt liegt es an der Gemeinde, diesen Dienst so anzuerkennen, wie dies Paulus selbst tut. In dieser Anerkennung christlicher Dienstbereitschaft und geistlicher Ausrüstung sind die Wurzeln des vollzeitlichen christlichen Dienstes zu sehen (s. T. W. Manson, *The Church's Ministry*, 1948, bsd. S. 55; und ders., „The Ministry in the New Testament" in: *The Doctrine of the Church*, Hrsg. Dow Kirkpatrick, 1964, S. 39–63). Die hier erwähnten *Heiligen* sind nicht die von 16, 1, denn Stephanas hatte mit seinem Dienst schon angefangen; die Kollekte für die Heiligen zu Jerusalem sollte erst noch beginnen. Es sollte hier angemerkt werden, daß das Haus des Stephanas nur aus Erwachsenen bestanden haben muß, denn sonst hätten sie sich nicht dem Dienst an den Heiligen widmen können. Dies beweist nicht, daß das Haus des Stephanas oder andere „Häuser", von denen an anderen Stellen im NT berichtet wird, sie hätten sich taufen lassen (1, 16), ausschließlich aus Erwachsenen bestanden, doch gibt es jedenfalls keinen Grund, an eine Kindertaufe zu denken. Andererseits dürfen wir jedoch durchaus davon ausgehen, daß es im „Haus des Stephanas" auch Frauen gegeben haben wird.

Wo natürliche Führungspersönlichkeiten wie Stephanas vorhanden sind (vgl. 12, 28; Röm. 12, 8; 1. Thess. 5, 12 f.), sollten sie auch anerkannt werden; und diese Anerkennung sollte möglichst praktisch sein. **Ordnet euch eurerseits** (zum imperativischen *ἵνα* s. 7, 29) **solchen Leuten unter** (V. 16). Aus dem ganzen Brief erhalten wir den Eindruck, die Korinther würden es alles andere als leicht finden, sich diesem Wunsch zu fügen; aber gerade deshalb war es notwendig, sie daran zu erinnern, daß nicht Selbstverwirklichung, sondern Selbstbeherrschung das Kennzeichen christlichen Lebens, insbesondere aber des christlichen Gemeindelebens sei. Niemand, nicht einmal Paulus selbst (2. Kor. 1, 24), hat das Recht, über den Glauben anderer Leute zu herrschen; aber alle haben das Vorrecht, sich in gegenseitiger Liebe zu dienen (Gal. 5, 13).

Stephanas und seine Familie sind nicht die einzigen führenden Persönlichkeiten, denen Anerkennung zu erweisen war. Die Korinther müssen sich in ähnlicher Weise **jedem, der mitarbeitet und sich als Christ** (*als Christ* steht nicht im Griechischen) **Mühe gibt**, unterordnen. Es ist nicht klar, ob diejenigen, die mitarbeiten, als Mitarbeiter von Paulus oder Stephanas aufzufassen sind; die Präposition in *συνεργοῦντι* kann uns hier nicht weiterhelfen. *Mühe geben* ist *κοπιᾶν*, das an anderer Stelle, z. B. 15, 10, in diesem Sinn gebraucht wird (*als Christ*). Wir tun gut daran, uns zu erinnern, daß es in der ansonsten recht heftig von Paulus und auch von diesem Kommentator kritisierten korinthischen Gemeinde eine Anzahl solcher Respektspersonen gegeben hat. Eine solche aus der Nachbargemeinde Kenchreä – Phöbe – reiste später in ein anderes Land (Röm. 16, 1).

Einige sind schon gereist. Der paulinische Missionsauftrag machte erhebliches Reisen erforderlich. **Ich freue mich über die Gegenwart** (V. 17; das Wort könnte auch *Ankunft* bedeuten; aber hier geht aus dem Zusammenhang hervor, daß die Ankunft in der Vergangenheit lag, das Sich-Freuen des Paulus jedoch in der Gegenwart; darum ist unsere Übersetzung gerechtfertigt) **von Stephanas** (wir müssen davon ausgehen, daß dies der Stephanas von V. 15 ist)**, Fortunatus und Achaikus** (diese beiden werden im NT sonst nicht erwähnt)**, weil sie mir das ausgefüllt haben, was ihr nicht konntet** (*τὸ ὑμέτερον ὑστέρημα*; vielleicht: *sie haben meinen Mangel an euch ausgefüllt*, d. h. sie ersetzten mir eure Gegenwart)**; denn sie erquickten meinen Geist** (V. 18; durch ihre christliche Gemeinschaft und die Dienste, die sie taten; die Nachrichten, die sie aus Korinth gebracht haben, können Paulus kaum erquickt haben)**, und dadurch auch euren** – sicherlich werden sich die Korinther darüber freuen, daß ihre Abgesandten durch ihren Dienst dem Apostel Erleichterung verschafften. **Solche Männer müßt ihr anerkennen.** Vgl. V. 15. Diese sind wahre Diener Christi in der Gemeinde.

Es folgen die abschließenden Grüße. **Die Gemeinden von Asien lassen euch grüßen** (V. 19). Paulus schrieb aus Ephesus (16, 8), doch pflegte er offensichtlich die Verbindungen zu allen Teilen der Provinz Asien (vgl. Apg. 19, 10.26). **Aquila und Priska** (s. Röm. 16, 3 und *Romans* z. St.)**, zusammen mit der Gemeinde, die sich bei ihnen zu Hause trifft** (andere übersetzen: mit *ihrer Hausgemeinde*)**, lassen euch im Herrn herzlich grüßen.** Sie lassen ihre Mitchristen in christlicher Art grüßen. Aquila und Priska sind jetzt anscheinend in Ephesus. Nach Röm. 16, 3 befanden sie sich zu der Zeit, als Paulus aus Korinth den Römerbrief schrieb, zu Rom (es sei denn, wir schließen uns der Meinung an, Röm. 16 sei nicht an die Gemeinde zu Rom, sondern an die zu Ephesus gerichtet; s. *Romans*, S. 12 f., 281 f.). Wir können uns durchaus vorstellen, daß sie umgezogen waren. Nach Apg. 18, 2 traf Paulus das Ehepaar in Korinth; als Juden waren sie aus Rom verbannt worden. Es ist durchaus möglich, daß sie unter Beibehaltung ihrer im Osten gelegenen Wohnräume nach Ablauf des Edikts des Klaudius (spätestens bei seinem Tode, 54 n. Chr.) nach Rom zurückkehrten. Nach ihrer Mobilität zu urteilen, müssen sie einiges an Geld gehabt haben; sonst hätten sie auch kein Haus besitzen können, das groß genug war, um eine Gemeindeversammlung unterzubringen. Wenn wir nicht annehmen, daß die christliche Gemeinde zu Ephesus so klein war, daß sie sich in einem Privathaus versammeln konnte, dann müssen wir davon ausgehen, daß es in dieser Stadt mehrere Versammlungsstätten gegeben hat.

Alle Brüder (vgl. 1, 1) **lassen grüßen** (V. 20). Diese Brüder gehörten vielleicht zur Gemeinde in Ephesus, versammelten sich jedoch nicht im Hause des Aquila und der Priska. Sie sind nicht mit den *Gemeinden in Asien* identisch, denn Ephesus wird hier aus ganz natürlichen Gründen für sich behandelt. Es wäre aber möglich, unter *Brüder* solche zu verstehen, die von Korinth nach Ephesus gereist waren. **Grüßt einander mit dem heiligen Kuß.** Siehe Röm. 16, 16 und die entsprechende Anmerkung in *Romans*. Die Briefe von Paulus werden in den Gemeinden laut vorgelesen worden sein, und zwar während der Gemeindeversammlung. Paulus bittet die Anwesenden, sich so zu grüßen, wie er es persönlich getan hätte, wenn er dabei wäre. Möglicherweise hatte sich der *heilige Kuß* schon zu einem kultischen Ritus entwikkelt; siehe Kommentar zu V. 22 f.

Dieser Gruß ist von meiner, des Paulus, Hand (V. 21). Zu dieser Art der Beglaubigung eines Schreibens siehe Gal. 6, 11. Anscheinend hat Paulus seine Briefe üblicherweise diktiert (s. Röm. 16, 22), doch fügte er gewöhnlich einen Absatz in der eigenen Handschrift hinzu (diese Sitte ist in Papyrusbriefen belegt). Einiges von dem, was Paulus in diesen letzten Sätzen schreibt, kommt uns recht rätselhaft vor, weil wir nicht mehr in der Lage sind, wie die ersten Leser zwischen den Zeilen zu lesen.

Wenn jemand den Herrn nicht liebhat, der sei verflucht (V. 22; *ἀνάθεμα*; der Fluch dient dazu, ihn von Gott zu trennen – s. 12, 3; Röm. 9, 3). Es ist verständlich, daß Paulus diese Worte schreibt, warum er sie gerade hier einfügt, liegt nicht auf der Hand. Wahrscheinlich zitiert er eine gängige christliche Formel, denn er benutzt nicht sein Lieblingswort für „lieben" (*ἀγαπᾶν*), sondern ein anderes (*φιλεῖν*), das in seinen Briefen sonst nicht vorkommt. Die Wirkung des Satzes ist ähnlich wie die von 12, 3; der endgültige Prüfstein für die christliche Jüngerschaft ist die persönliche Treue gegenüber dem Herrn Jesus. C. Spicq (*Novum Testamentum* I, S. 200–204 – ein sehr lesenswerter Artikel mit einer Fülle von bibliographischen Angaben) hat darauf hingewiesen, daß das hier von Paulus benutzte Verb „die religiöse Hingabe des Gläubigen an seinen Gott und seine Anbetung seines Gottes" bedeute. Wenn also Paulus die Formel übernahm, so doch im Bewußtsein: die Aussage eignet sich für die korinthische Gemeinde. Die Parteiungen und die ethische Laschheit der Gemeinde würden nur durch Hingabe an Jesus aufgehoben werden.

Vielleicht sollten wir unsere Exegese dieses Textes etwas präzisieren. Es wird oft behauptet (s. unten), der Zusammenhang sei hier der der Liturgie. Wenn dies der Fall sein sollte, dann müßten wir anmerken, daß die Begrenzung: *Wenn jemand den Herrn nicht liebhat*, auf keinen Fall solche ausschließt, die als Ungläubige in den Gottesdienst gekommen waren und dort durch die überzeugende Kraft der Weissagung zu dem Bekenntnis geführt wurden: *Gott ist wahrhaftig unter euch.* Obwohl sie noch nicht getauft sind, dürfen solche Leute in der Versammlung bleiben und weiter am Mahl des Herrn teilnehmen. Siehe Kommentar zu 14, 25 und G. Bornkamm, *Das Ende des Gesetzes*, 1952, S. 126. Schlatter merkt hier ähnlich an: Paulus „verweigert den Gegnern die

Gemeinschaft nicht wegen ihrer Herkunft aus einem anderen Kirchengebiet, nicht wegen ihrer Lehrsätze . . ., nicht wegen ihrer Auflehnung gegen sein Apostolat . . Paulus bricht die Gemeinschaft ab, *εἴ τις οὐ φιλεῖ τὸν κύριον*" (wenn jemand den Herrn nicht liebhat).

Marana tha ist aramäisch, von Paulus in griechische Schrift transkribiert. Darum geben wir den Ausdruck hier in lateinischen Buchstaben wieder. Die Worte bedeuten: *„Unser Herr, komme!"*; möglich wäre allerdings auch die Wiedergabe *Maran atha* (die frühesten Hss. wurden ohne Trennungen zwischen Wörtern niedergeschrieben): *Unser Herr ist gekommen!* Beide Sätze ergeben einen befriedigenden Sinn. Paulus glaubte beides, daß der Herr gekommen sei und daß er noch komme. Im Zusammenhang gesehen, scheint jedoch das Gebet um die Ankunft des Herrn eher angebracht; Paulus hat seine Leserschaft sozusagen auf die begrenzt, die des Herrn Erscheinung liebhaben (2. Tim. 4, 8); jetzt drückt er ihren gemeinsamen Wunsch aus, den Herrn willkommen zu heißen. Vgl. Offb. 22, 20, wo das gleiche Gebet in Griechisch geäußert wird (Amen, komme, Herr Jesus!), und *Didache* 10, 6, wo der Kontext zugleich eucharistisch und eschatologisch ist (Laß Gnade erscheinen und diese Welt vergehen! Hosianna dem Gott Davids. Wenn jemand heilig ist, der komme; wenn es jemand nicht ist, der tue Buße. Marana tha. Amen). Wenig überzeugend sind die von einigen Theologen vertretenen Übersetzungen von *Maranatha:* „Unser Herr ist das Zeichen (*'oth*)" oder: „Unser Herr ist das *Aleph* und das *Tau*" (der erste und der letzte Buchstabe des hebräishen Alphabets = das *Alpha* und das *Omega*).

Die hier aufgeführten Parallelen und Verbindungen haben zu der weit verbreiteten Ansicht geführt, Paulus habe in diesen letzten Versen seines Briefes aus der Liturgie zitiert, während der sein Brief angeblich vorgelesen wurde. Nach dieser Ansicht ersetzte der Brief die Predigt; danach tauschten die Gemeindeglieder den heiligen Kuß aus und die Ungläubigen wurden aus der Versammlung ausgeschlossen (s. oben); die Worte *Marana tha* leiteten dann das Mahl des Herrn ein, und zwar als Gebet um seine Gegenwart während des Mahls sowie um seine Wiederkehr in apokalyptischer Herrlichkeit (besonders betont wird dieser doppelte Aspekt des Kommens und der Gegenwart Christi im Abendmahl und am Jüngsten Tag durch O. Cullmann, *Christologie des Neuen Testaments*, 1957, S. 214–218; s. ebenfalls F. Hahn, *Christologische Hoheitstitel*, 1964, S. 100–110). Daß diese Ansicht (s. J. A. T. Robinson, JTS neue Folge IV, S. 38–41) kaum belegt werden kann, zeigt C.F.D. Moule (NTS VI, S. 307–310), für den der Ausdruck **Marana tha** „den Bannfluch stärken oder bestätigen" soll (vgl. *Anathema*, oben). Die beiden Auslegungen schließen sich nicht gegenseitig aus. Das Dankgebet der *Didache* (s. 10, 5) sucht das Kommen des Herrn, damit er seine Gemeinde sammle und sie ins Reich hineinbringe; bei dieser Sammlung werden naturgemäß solche ausgeschlossen sein, die nicht zum Volke Gottes gehören. So auch hier: Das Kommen des Herrn, nach dem sich die Auserwählten wie nach ihrem Heil sehnen, würde den Bannfluch über solche, die den *Herrn nicht liebhaben*, bestätigen.

Meistens schließt Paulus seine Briefe mit einer Danksagung oder, genauer, Bitte um Gnade für die Leser. **Die Gnade des Herrn Jesu sei mit euch.** Vgl. Röm. 16, 20. Nach paulinischem Verständnis ist die *Gnade* Handlung und Geschenk (s. *Romans*, S. 76 u. a.); mit diesen Worten betet Paulus um eine Fortsetzung und Vertiefung dessen, was in Korinth schon getan und geschenkt worden ist (s. 1, 4). Nach der üblichen Formel folgt ein menschlicher (darum nicht weniger christlicher!) Gruß an diese problematische, jedoch stets geliebte (2. Kor. 11, 11; 12, 15) Gemeinde: **Meine Liebe ist mit euch allen in Christus Jesus.** Die letzten drei Worte beziehen sich vielleicht auf die *Liebe* (sie ist nicht bloß menschliche, sondern christliche Liebe), vielleicht aber auf *euch alle* (*mit euch allen*, die ihr Christen seid); noch wahrscheinlicher ist es, daß sie sich auf den ganzen Satz beziehen. Dem Sinn – obwohl nicht der Konstruktion – nach gelten sie dem ganzen Brief.

Zusätzliche Anmerkung zu 12, 2

Wie ihr zu den stummen Götzen irregeführt und fortgerissen wurdet. Hier habe ich den iterativen Sinn des *ἄν* vorausgesetzt: vgl. M. I, S. 167; Robertson, S. 974; man könnte jedoch *ἀνήγεσθε* als ein einziges Wort auffassen oder *ὥσαν* als ein einziges Wort mit *ἀπαγόμενοι* zusammen übersetzen: *sozusagen fortgerissen*. Professor C.F.D. Moule teilte mir in einem persönlichen Brief mit, er finde die Stellung des iterativen *ἄν* vor dem Verb und getrennt von einem relativen *ὡς* schwierig. Er macht folgenden Vorschlag: „Das Original war ein sehr holperiger Satz, aus dem ein Wort durch eine frühe Haplographie ausgefallen ist: *οἴδατε ὅτι ὅτε ἔθνη ἦτε* (= ‚ihr wißt, daß, als ihr Heiden wart'), *ἦτε . . . ὡς ἄν ἤγεσθε ἀπαγόμενοι* (‚ihr irregeführt wurdet' – periphrastisch – ‚wie ihr gerade geführt wurdet')". Mir scheint, Professor Moule und ich sind beide gezwungen, einem sehr schweren griechischen Satz Gewalt anzutun: Er dadurch, daß er einen sehr frühen Schreibfehler postuliert; ich dadurch, daß ich eine Wortstellung akzeptiere, von der ich weiß, daß sie ungriechisch ist. Vielleicht wird der Leser seine Gewalttätigkeit der meinen vorziehen.

REGISTER

a) Namen

b) Behandelte griechische Wörter

„Ausführliche, auch für weitere Kreise bestimmte, aber streng wissenschaftliche Auslegung“ (W. G. Kümmel)

1 Siehe z. B. Thukydides VIII 7: „Die Spartaner entsandten drei Vollbürger (*Spartiatae*) nach Korinth, damit, wenn sie so schnell wie möglich die Boote über den Isthmus vom anderen Meer zu dem bei Athen gebracht hatten, sie ihnen allen den Befehl erteilen könnten, nach Chios zu segeln.“

2 Siehe z. B. Plutarch, *Aratus* XVI, XVII (1034): „Akrokorinth, ein sehr hoher Berg, der sich mitten in Griechenland erhebt (d. h. zwischen dem Pelopennes und dem Epirus), versperrt, wenn er mit einer Besatzung versehen ist, den Weg und schneidet alles Land innerhalb des Isthmus vom wirtschaftlichen und militärischen Verkehr ab und hindert alles Reisen, ob über Land oder Meer, und läßt den, der den Ort besetzt hält, zum Herrscher werden ... Der Ort wurde stets umkämpft von Königen und Herrschern ....“

3 G. Roux, *Pausanias en Corinthe* (1958), S. 29, nennt als Zeit der Abfassung von Pausanias' zweitem Buch, in dem er Korinth beschreibt , ca. 155 bis ca. 170 n. Chr.

4 Siehe C. K. Barrett (hrsg.): *The New Testament Background: Selected Documents*, 1956, S. 50.

5 Siehe 9, 5; und „Cephas and Corinth“.

6 Siehe Hurd, S. 41 f.

7 Das Datum leitet sich von einer Inschrift ab, die zu Delphi gefunden wurde; siehe C. K. Barrett (hrsg.), *The New Testament Background: Selected Documents*, 1956, S. 48 f. und *Romans*, S. 4 f.

8 Siehe Abkürzungsverzeichnis: Hurd.

9 Black's New Testament Commentaries (1964).

10 Der Unterschied kann kaum Montefiores Beschreibung des Verfassers des Heb. als „Semipelagianer“ und des Paulus als „Semiaugustiner“ rechtfertigen.

11 Wie Montefiore zugibt, ist der Vorschlag einer Verfasserschaft des Apollos nicht neu; auch Luther vertrat diese Meinung. Die Argumente, die dafür sprechen, sind zwar interessant, können jedoch nichts an der Tatsache ändern, daß alle Vorschläge betreffs der Verfasserschaft des Heb. weiterhin im Bereich der Spekulation bleiben.

12 Dieses Datum wird meistens für den 1. Kl. akzeptiert; vgl. jedoch E. T. Merrill, *Essays in Early Christian History* (1924), S. 235–241, der ein Datum um ca. 140 n. Chr. vorschlägt. Dadurch wäre zwar der Wert des 1. Kl. als Beweisquelle verringert, jedoch nicht erheblich.

13 S. Abkürzungsverzeichnis: Héring.

14 In seinem Kommentar (s. Abkürzungsverzeichnis: Weiß) und seinem Buch *Das Urchristentum* (Göttingen, 1917).

15 Weiß setzt seine Rekonstruktion der korinthischen Geschichte fort, aber nach diesem Punkt geht es nur noch um den 2. Kor.

16 Was allerdings theologische Widersprüche betrifft, wird der Situation schwerlich dadurch abzuhelfen sein, daß man einen Zeitraum von lediglich einigen Monaten zwischen der Abfassung der verschiedenen Teile annimmt.

17 S. auch „Christianity at Corinth“, S. 275–286.

18 S. außerdem Röm. 5, 12–21; Phil. 2, 6–11; *Adam* (s. Abkürzungsverzeichnis).
19 Zum Wesen der Kontinuität s. Kommentar zu Kap. 15; außerdem M. E. Dahl, *The Resurrection of the Body* (*Studies in Biblical Theology* 36), 1962.
20 S. T. W. Manson, *Studies*, S. 191–207.216.
21 Vgl. H. Chadwick, Art. „All Things to All Men", in: NTS I, S. 261–275.
22 Hurd, S. 281. Nirgends deutet Hurd auch nur an, daß Paulus für die hohe Einschätzung der Zungengabe bei den Korinthern verantwortlich war.
23 Ob Kephas selber in Korinth war, ist nicht gewiß; vgl. aber „Cephas and Corinth".
24 S. D. Georgi, *Die Geschichte der Kollekte des Paulus für Jerusalem* (*Theologische Forschung: Wissenschaftliche Beiträge zur kirchlich-evangelischen Lehre 38*), 1965; ebenfalls K. F. Nickle, *The Collection* (*Studies in Biblical Theology 48*), 1966.
25 S. Art. „The Ministry in the New Testament" in: *The Doctrine of the Church* (hrsg. v. Dow Kirkpatrick), 1964, S. 39–63.
26 Barth, *KD* I/1, S. 3.
27 *Die aus Menschen . . . geheiligt* steht P^{46} B D^* G it direkt nach **Gemeinde Gottes.**
28 Statt *bis ans Ende* (*ἕως τέλους*) liest P^{46} interessanterweise *vollkommen* (*τελείους*); dies ist aber wahrscheinlich schon ein Schreibfehler (vgl. Zuntz, S. 20).
29 P^{46} und einige andere Zeugen lesen hier *σχίσμα* (Einzahl).
30 Die Mehrheit der Hss. lesen durch Angleichung an andere Texte: (*meinem*) *Gott.*
31 Viele Hss., auch der „westliche Text", lesen: *„Ich taufte"* – eine attraktive Lesart, die wahrscheinlich durch Angleichung an V. 14 und 16 enstand.
32 Zuntz (S. 137) läßt *ἡμῖν* (mit dem westlichen Text) aus: *denen, die auf dem Weg . . .*
33 Statt *Zeugnis von Gott* (*μαρτύριον τοῦ θεοῦ*) haben P^{46} $\aleph^*$ und andere Hss. *Geheimnis von Gott* (*μυστήριον τοῦ θεοῦ*). S. Komm.
34 Der Text ist an dieser Stelle verwirrend. Ich übersetze den Text *πειθοῖς σοφίας λογοῖς*, die Lesart bei B $\aleph^*$ D pc vg(cod d). Die Mehrheit der Hss. lesen so, nur wird vor *σοφίας ἀνθρωπίνης* eingefügt. Dieser Zusatz ist sicherlich sekundär. Die wichtigste Alternative findet sich in P^{46} G pc: *πειθοῖς σοφίας*. Diese Lesart macht einen Zusatz wie *λογοῖς* im längeren Text erforderlich, könnte jedoch auch als versehentliche Schreibweise von *πειθοῖ σοφίας* verstanden werden, wobei *πειθοῖ* (das in einigen Hss. geboten wird) Dat. v. *πειθώ* (Überzeugung, Überredung) ist. Zuntz setzt sich (S. 23 ff.) vehement für diesen Text ein (meine Rede war nicht in Überzeugung der Weisheit, sondern in Erweis des Geistes). Aber es ist Paulus durchaus zuzutrauen, das Eigenschaftswort *πειθός* zu erfinden, auch wenn er dabei den Unwillen der Grammatiker hervorruft, obwohl M. II S. 78 und BD § 112 (unter Angabe der Parallelbildung *φειδός*) ihm anscheinend recht geben; wir dürfen nicht voraussetzen, daß sich das Wort auch in Zukunft nicht in neuen Papyrifunden nachweisen lassen wird.
35 *Aber* (*δέ*) ist die Lesart der meisten Hss. (einschließlich des „westlichen Textes"); P^{46} B 69 1739 und einige andere lesen hingegen *denn* (*γάρ*).
36 Wörtlich: *Wer der Menschen?* (*τίς ἀνθρώπων*). Héring läßt hier mit A 33 *ἀνθρώπων* aus, da gemeint sei: *Welcher Teil des Menschen*, nicht *welcher Mensch* (unter anderen).
37 Ohne jegliche Unterstützung der Hss. lassen Weiß und Héring *Worten* (*λόγοις*) aus und beziehen somit das Adjektiv (*διδακτοῖς*) auf Menschen: Wir reden Weisheit nicht unter denen, die in der menschlichen Weisheit unterrichtet sind (sondern unter den geistlich Reifen – V. 6).
38 B 33 lesen statt *πνευματικοῖς: πνευματικῶς*, wahrsch. ein Schreibfehler.
39 Paulus scheint in diesem Vers *σαρκίνοις* geschrieben zu haben, obwohl viele Hss. *σαρκικοῖς* lesen. Es gibt einen Unterschied zwischen den beiden Wörtern (Robertson, S. 158 f.); der eigentliche Sinn von *σάρκινος* (fleischern) steht 2. Kor. 3, 3; von *σαρκικός* (mit den Eigenschaften von Fleisch) 1. Kor. 9, 11. Aber *σαρκικός* steht in V. 3, so daß es als sehr unwahrscheinlich gelten muß, daß Paulus in diesem Absatz einen Unterschied machen will (so Lietzmann, gegen Bachmann und Schlatter).
40 P^{46} B om. *ἔτι*. Diese kurze, aber wahrscheinlich sekundäre Lesart (Zuntz, S. 40 und 285) berichtigt die Satzkonstrukion, in der „noch auch jetzt (*οὐδὲ νῦν*) könnt ihr" und „auch jetzt (*ἔτι καὶ νῦν*) könnt ihr nicht" anscheinend zusammengezogen wurden.

41 An diesen Stellen steht nicht fest, ob *σαρκικός* oder *σάρκινος* (wie V. 1) zu lesen ist. S. Fußnote 39, S. 101.

42 Viele Hss., einschließlich P^{46} D G it, fügen dem Text hier die Worte *καὶ διχοσταίαι* (*und Auseinandersetzungen*) hinzu. Wenn diese Worte im ursprünglichen Text gestanden haben, gab es keinen Grund, sie fortzulassen. Sie sind wahrscheinlich aus den „Fleischeswerken" von Gal. 5, 20 übernommen worden (so Zuntz, S. 170).

43 Viele Hss., auch P^{46} und der westliche Text, lesen nicht *Was?*, sondern *Wer?* Aber das sächliche *τι* in V. 7 muß auch für V. 5 ausschlaggebend sein; da die Antwort „nichts" lautet, kann es in der Frage nicht *Wer?* geheißen haben (s. Zuntz, S. 131).

44 Zuntz (S. 47) folgt hier P^{46} und läßt *τοῦ θεοῦ* aus, um den „wahren Parallelen" in Röm. 12, 3 und Gal. 2, 9 gerecht zu werden. Es ist aber mindestens genauso wahrscheinlich, daß P^{46} diesen anderen Stellen angeglichen wurde, als daß fast alle anderen Hss. davon abgewichen wären.

45 *ζητεῖται*, 3. Pers. sing. pass., steht in der Mehrheit der griech. Hss., aber auch in B und in lat, syr. Andere Hss. (einschließlich P^{46} A D G) lesen *ζητεῖτε*, ℵ* liest *τί ζητεῖτε;*. S. Komm.

46 Nach der schwierigeren Lesart *νουθετῶ* (P^{46} B D G und die Mehrheit der Hss.); das Partizip *νουθετῶν* liest sich glatter, ist aber deswegen als sekundär zu betrachten.

47 Einige Hss. lesen: „aus demselben *Grunde*" (*Διὰ τοῦτο αὐτό*); doch ist es besser, mit P^{46} B C D G u.v.a.m. das *αὐτό* wegzulassen.

48 P^{46} (nur) bietet: *Richtet selbst, die drinnen* (*ἔσωθεν*, nicht *ἔσω*) *sind*. Diese Lesart können wir nur als freie Umdichtung des Paulustextes auffassen.

49 In den Hss. ist die Zeitform dieses Verbs ungewiß. Einige lesen Präs. (einschl. des ersten Kopisten v. P^{46}), einige lesen Fut. (auch die erste „Korrektur" von P^{46}), und einige ziehen den Aor. vor (so auch die zweite Korrektur von P^{46}!). S. Kommentar.

50 Zweifellos gibt die Übersetzung den ursprünglichen Text dieses Verses wieder, aber es gibt einige interessante Lesarten. Im Lateinischen steht: *Verherrlichet und traget Gott* (*... et portate*). Es wird vermutet, daß diese Übersetzung auf die griechische Lesart *ἄρα γε* statt *δή* zurückgeht. Diese Lesart wäre dann später fälschlich als *ἄρατε* gelesen worden. Am Ende des Verses fügen viele Hss. hinzu: *und in eurem Geiste, welche Gott gehören.* Das schwächt Paulus' Argument über die leibliche Verherrlichung Gottes erheblich ab. S. dazu den Text des Kommentars.

51 Paulus meint hier die sexuelle Pflicht, die der Mann der Frau schuldig ist. Für viele Kopisten war diese Aussage allerdings eine zu starke Kost; sie wandelten sie ab in: die ihr zustehende Güte.

52 *Zu heiraten* bieten P^{46} B D G, doch muß diese Lesart aus innertextlichen Gründen verworfen werden.

53 Die Lesart *εἴ τις* soll hier mit P^{46} ℵ D G und Lat gelesen werden; *ἥτις* ist eine glattere, darum sekundäre Lesart.

54 Wahrscheinlich sollte hier mit P^{46} B *εὐδοκεῖ* gelesen werden.

55 *τῇ πιστῇ* (D G Lat Syr) ist eine richtige Auslegung.

56 *ἀδελφῷ*; die Varianten lassen sich auf Versuche zurückführen, den Satz dem vorhergehenden anzugleichen.

57 *ἡμᾶς* (P^{46} B D G u.v.a.m.) ist grammatisch leichter, doch stellt das *euch* die Tatsache heraus, daß dieser Satz in Verbindung mit dem nächsten Vers zu lesen ist (s. Kommentar).

58 So bieten P^{15}, B, die Vulgata und die sahidische Übersetzung. Alternative Lesarten sind: *die unverheiratete Jungfrau; die Jungfrau; die unverheiratete Frau und die unverheiratete Jungfrau.* Dazu s. Kommentar.

59 D* G et *al.* lesen die Einzahl (*γαμείτω*). Aber die Mehrzahl (die allerdings die Möglichkeit, daß es sich um einen Vater handelt, der seine Tochter zur Ehe freigibt, praktisch ausschließt – s. Kommentar) ist ganz bestimmt die primäre Lesart.

60 *ἑδραῖος* (fest) steht an verschiedenen Stellen und wird von P^{46} G und der alten lateinischen Version ganz weggelassen – zu Recht. Zuntz' Verteidigung des Wortes (S. 96 f.) kann nicht überzeugen. *ἕστηκεν* allein bedeutet schon fest stehen.

61 *οἴδαμεν*; es ist durchaus möglich und vielleicht sogar besser, dieses Wort getrennt zu lesen: *οἶδα μέν*, *ich weiß*. S. Jeremias, *Studia Paulina*, S. 151.

62 P^{46} und Klem. läßt *τὸν θεόν* (Gott) und (zusammen mit ℵ* 33) *ὑπ' αὐτοῦ* (*von ihm*; in dieser Übersetzung: *von Gott*). Zuntz, S. 31f., meint, der längere Text „ruiniere" den Sinn des Satzes; in diesem Kommentar sind wir anderer Meinung.

63 Statt *συνηθείᾳ* liest die Mehrheit der Hss., einschließlich D G und lat *συνειδήσει*; s. Kommentar.

64 Die Reihenfolge dieser Nebensätze ist in ℵ D G und in der Mehrheit der Hss., deren Text von Zuntz (S. 161f.) gebilligt wird, umgekehrt.

65 P^{46} B G und lat lassen *σε* aus; dann müßten wir übersetzen: „Wenn jemand einen anderen, der Erkenntnis hat, zu Tische sitzen sieht . . ." Dadurch würde die Aussage jedoch erheblich abgeschwächt werden.

66 B D G, andere griechische Hss. und die lateinischen Versionen lassen alle *ἤ* aus. S. die interessante Anmerkung bei Zuntz, S. 104f.

67 Es gibt verschiedene Lesarten, von denen *ἵνα τις κενώσει (–η)* am zahlreichsten bezeugt ist. Alle Varianten sollten diesen schwierigen Text einfacher machen.

68 ℵ* D G und die alte lateinische Version bieten statt *καύχημα*(*Grund zum Rühmen*): *χάρις* (*Dank*).

69 Die Hss. haben teils *ἐβαπίσαντο* (P^{46} B und die Mehrheit der späteren Hss.), teils *ἐβαπτίσθησαν* (ℵ A C D G). S. Kommentar. Zuntz (S. 234) setzt sich überzeugend für das Medium ein.

70 P^{46} A läßt *αὐτό* aus; ℵ* läßt *τὸ αὐτό* aus.

71 P^{46} A läßt *αὐτό* aus.

72 Statt *den Herrn* bieten P^{46} D G und viele andere griechische und lateinische Hss.: *Christus*. Einige Hss. bieten: *Gott*.

73 Die zweite Frage (*ἢ ὅτι εἴδωλόν τί ἐστιν;*) fehlt in P^{46} ℵ* A C und einigen anderen Hss.

74 Der übersetzte Text, *παραγγέλλων οὐκ ἐπαινῶ*, steht ℵ G und in der Mehrheit der Hss.; A C* lat und syr bieten: *παραγγέλλω οὐκ ἐπαινῶν*; B bietet: *παραγγέλλων οὐκ ἐπαινῶν*; D* und einige Minuskelhs. bieten: *παραγγέλλω οὐκ ἐπαινῶ*. S. Kommentar.

75 *ἐπαινέσω; ἐπαινῶ* (P^{46} B u. a.) geht wahrscheinlich auf eine Anpassung an das nächste Vorkommen des Verbes zurück.

76 Der westliche Text fügt hier hinzu: *ἀναξίως, unwürdig*.

77 Der westliche Text sowie die Mehrheit der Hss. bieten: *wenn er den Leib des Herrn* (*τὸ σῶμα τοῦ κυρίου*) *nicht unterscheidet*.

78 Viele Hss. (auch ℵ D) bieten *in demselben* (*αὐτῷ*). Dies wird auf Angleichung an den vorherigen Satz zurückgehen; P^{46} hat aber möglicherweise die ursprüngliche Leseart: gar kein Adjektiv.

79 P^{46} D it (vg) und andere bieten Einzahl *δυνάμεως*. Dies würde einfach die Wirkung einer einzigen übernatürlichen Kraft bezeichnen; die Mehrzahl, die einen konventionelleren Sinn ergibt, könnte daher (verfehlte) Korrektur sein. So Zuntz, S. 100; doch können sich hier die Experten nicht einigen. Alle lesen *δυνάμεως*, überzeugen jedoch nicht damit.

80 Viele Hss. (einschl. ℵ D*) bieten Mehrzahl, *σχίσματα*, Spaltungen; dies ist offensichtlich Anpassung an 1, 10.

81 Statt *ἔτι* bieten P^{46} D* *ἔι τι*. S. Kommentar.

82 C D G, die Mehrheit der griechischen Hss., lat und syr sowie viele Kirchenväter bieten *καυθήσομαι* oder *καυθήσωμαι*. P^{46} ℵ A B und einige Minuskelhss. bieten *καυχήσομαι*. S. Kommentar.

83 *ἀσχημονεῖ*; P^{46} bietet *εὐσχημονεῖ* = „macht sich nicht (nach außen hin) fein (durch gute Manieren)". Interessante Lesart, doch wahrscheinlich ein Schreibfehler.

84 Statt *τὰ ἑαυτῆς* bietet P^{46} B *τὸ μὴ ἑαυτῆς* = „sucht nicht das, was nicht das Ihre ist". Unmögliche Lesart! Beschreibt höchstens heidnische Ehrlichkeit, nicht aber die christliche Liebe.

85 Statt *πνεύματι* bieten G it *πνεῦμα*.

86 *Durch* (*ἐν*) vor *Lehre* (*διδαχῇ*): ausgelassen in P^{46} ℵ* D* G.

87 Fälschlicherweise lassen P^{46} D G 1739 *ἐν* aus; entweder sollte dadurch eine Parallele zum Vorsatz hergestellt werden oder es sollte die Auslegung unmöglich gemacht werden: Der in mir Redende (nämlich der Geist) wird ein Fremdling sein. S. Zuntz, S. 104.

88 In beiden Fällen steht der Konjunktiv (*προσεύξωμαι*) als alternative Lesart zum Ind. Fut.

89 Ich übersetze: *λαλῶ*; die Mehrheit der Hss. bieten allerdings *λαλῶν*, P46 *λαλεῖν*. Diese Varianten sind jedoch wahrscheinlich Verbesserungsversuche, die als sekundär abgelehnt werden sollten.

90 Statt *ἑτέρων* bieten P46 D G die Mehrheit der griechischen Hss. lat und syr *ἑτέροις*. Diese Lesart ist trotz ihres hohen Alters wahrscheinlich zu verwerfen, denn sie stellt eine Angleichung an die Endung von *ἑτερογλώσσοις* dar; s. Zuntz, S. 174.

91 V. 34, 35 stehen in D G 88 vg (2) arm Ambst erst nach V. 40. S. Kommentar.

92 Übersetzt nach dem kürzeren Test von D* G lat. Viele Hss. fügen entweder *ἐντολή* oder *ἐντολαί* hinzu.

93 Übersetzt nach ℵ* A* G: *ἀγνοεῖται*. Zuntz, S. 107 f. bevorzugt *ἀγνοείτω*, das sich P46 B und in der Mehrheit der Hss. findet. Aber wenn wir im Komm. Recht haben, wäre *ἀγνοεῖται* nicht so schwierig, wie Zuntz annimmt. Allerdings bietet D* *ἀγνοιεῖτε*, wobei *-ε* vielleicht nur aufgrund der Aussprache irrtümlich für *-αι* geschrieben wurde (M. II, S. 70).

94 S. Fußnote 91, S. 359.

95 Statt *εἰ κατέχετε* bieten D G: *ὀφείλετε κατέχειν* = *„ihr solltet es festhalten"*. Dies ist eine versuchte Verbesserung des ursprünglichen Textes. BD § 476 (ältere Auflagen) betrachten das *εἰ* (das P46 fehlt) ebenfalls als Korrektur, aber der hier übersetzte Text, obwohl schwierig, ist keineswegs unmöglich und darum vorzuziehen. S. die wichtige Anmerkung bei Zuntz, S. 254 f.

96 Hier verbessert der westl. Text in pedantischer Weise und bietet „den Elfen". Es besteht kein Anlaß, wie Weiß den ganzen Nebensatz als Glosse aufzufassen.

97 P46 und viele andere Hss. bieten *ἡ σὺν εμοί* – eine sekundäre Lesart, die dennoch eine richtige Interpretation der Stelle vertritt.

98 Der hier übersetzte Text ist bestimmt korrekt; viele Hss. fügen jedoch hinzu, daß der zweite Mensch *Herr* (*κύριος*) sei, P46 nennt ihn *geistlich* (*πνευματικός*).

99 *φορέσομεν*. Die Mehrheit der Hss. bieten *φορέσωμεν* = *laßt uns tragen* (die Aussprache war identisch – M. II, S. 74). Ursprüngliche Lesart und eigentlicher Sinn des Textes können nur durch die Exegese festgestellt werden. S. Kommentar.

100 Für diesen Vers existieren unzählige Lesarten. Die wichtigsten werden im Text des Kommentars aufgeführt. S. Clark in: *Studia Paulina*, S. 63 f.

101 *ῥιπῇ*; P46 D G 1739 lat bieten *ῥοπῇ*, was aber aller Wahrscheinlichkeit nach nicht stimmen wird. S. Zuntz, S. 37 ff.

102 Viele Hss. bieten statt *γάρ, weil: δε, aber*. Diese Lesart ist eindeutig sekundär, denn sie stellt ein Mißverständnis dessen dar, was Paulus hier sagen will. S. Komm.

103 ℵ* D* G vg^s, cl Ambst fügen hinzu: *δηλῶ ὑμῖν ὅτι* = *Ich sage euch, daß* . . . Vielleicht stellt diese Lesart einen sekundären Versuch dar, einen grammatisch schwierigen Text zu verbessern. Wenn es Paulus jedoch peinlich war, daß Apollos nicht in Korinth erschienen war (s. Komm.), so wäre es für ihn typisch gewesen, in dieser energischen Weise zu schreiben: Was den Bruder Apollos betrifft, so *sage ich euch, daß* es nicht an mir liegt, daß er nicht gekommen ist; denn ich habe ihn darum gebeten . . .

104 Der westliche Text (D G* und lat) fügt hier hinzu: *bei denen ich wohne*. Diese Lesart wird auf Röm. 16, 4 zurückgehen. Der Zusatz wirkt zwar sekundär, in der Sache wird er aber wahrscheinlich richtig sein (so Weiß z. St.).

Dieser Kommentar
von C. K. Barrett bildet zusammen
mit dem Studienführer

Die Korintherbriefe

von G. D. Fee

den ICI-College-Kurs
„Die Korintherbriefe“

*

Informationen
über das ICI-College-Programm
sind unter folgender Anschrift
erhältlich:

ICI — Deutsches Büro
Postfach 23 01 40

D-6100 Darmstadt 23

In dieser Reihe sind außerdem folgende Bücher erschienen:

J. K. Moon:	Studienführer „Einleitung in das Neue Testament“
M. C. Tenney:	Die Welt des Neuen Testaments
A. Palma:	Studienführer „Galater- und Römerbrief“
R. A. Cole:	Der Galaterbrief
F. F. Bruce:	Der Römerbrief
P. Kuzmiĉ:	Studienführer „Das Evangelium des Johannes“
M. C. Tenney:	Johannes — Das Evangelium des Glaubens
D. Pecota:	Studienführer „Soteriologie“
C. M. Horne:	Das Heil — Soteriologie
H. Freligh:	Von neuem geboren
L. J. Walker:	Studienführer „Evangelisation heute“
R. E. Coleman:	Des Meisters Plan der Evangelisation
J. V. Rozell:	Studienführer „Der Hirtendienst“
E. M. Bounds:	Kraft durch Gebet
C. Jefferson:	Der Hirtendienst
J. R. W. Stott:	Der Verkündiger
W. H. G. Thomas:	Leben und Arbeit im geistlichen Dienst
F. J. Greve:	Studienführer „Seelsorge“
H. Clinebell:	Modelle beratender Seelsorge

Informationen über das ICI-College-Programm
sind ebenso wie die aufgeführten Bücher
unter folgender Anschrift erhältlich:

ICI — Deutsches Büro
Postfach 23 01 40, D-6100 Darmstadt 23